Dieter von der Nahmer
Bibelbenutzung in Heiligenviten
des Frühen Mittelalters

BEITRÄGE ZUR HAGIOGRAPHIE

herausgegeben von Dieter R. Bauer,

Klaus Herbers, Volker Honemann und Hedwig Röckelein

Band 19

Dieter von der Nahmer

Bibelbenutzung in Heiligenviten des Frühen Mittelalters

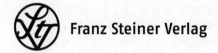
Franz Steiner Verlag

Der Druck dieses Buches wurde unterstützt
von Ferdinand Graf Dücker-Plettenberg.

Das vorliegende Werk ist die überarbeitete deutsche Ausgabe des 2001
bei Liguori Editore erschienen „Agiografia altomedievale e uso della bibbia"

Bibliografische Information der Deutschen Nationalbibliothek:
Die Deutsche Nationalbibliothek verzeichnet diese Publikation in der Deutschen
Nationalbibliografie; detaillierte bibliografische Daten sind im Internet über
<http://dnb.d-nb.de> abrufbar.

Dieses Werk einschließlich aller seiner Teile ist urheberrechtlich geschützt.
Jede Verwertung außerhalb der engen Grenzen des Urheberrechtsgesetzes
ist unzulässig und strafbar.
© Franz Steiner Verlag, Stuttgart 2016
Druck: Offsetdruck Bokor, Bad Tölz
Gedruckt auf säurefreiem, alterungsbeständigem Papier.
Printed in Germany.
ISBN 978-3-515-11518-6 (Print)
ISBN 978-3-515-11520-9 (E-Book)

INHALTSVERZEICHNIS

1. Einführung 7
2. Des Athanasius Leben des heiligen Antonius 23
3. Das Leben des heiligen Pachomius 53
4. Des Paulinus Leben des heiligen Antonius 75
   Anhang zur Ambrosiusvita des Paulinus 83
5. Eugipps Leben des heiligen Severin 89
6. Des Ferrandus Leben des heiligen Fulgentius 115
7. Das Leben des heiligen Caesarius 129
8. Die Darstellung des heiligen Benedikt von Gregor dem Großen 145
9. Des Jonas von Bobbio Leben des heiligen Columban 169
10. Das Leben des heiligen Wandregisel 189
11. Radberts von Corbie Leben des heiligen Adalhard 209
12. Rimberts Leben des heiligen Ansgar 255
13. Rückblick und Ausblick 285
14. Endnoten 317
15. Siglen, Abkürzungen und Quellen 333
16. Literaturverzeichnis 339

Diese Arbeit erschien 2001 in italienischer Übersetzung durch Iolanda Ventura unter dem Titel „Agiografia altomedievale e uso della Bibbia" als Band 48 der Reihe „Nuovo Medioevo", herausgegeben von Massimo Oldoni, bei Liguori Editore in Neapel. Die ursprüngliche deutsche Fassung erscheint nun mit Genehmigung von Liguori Editore. Dafür wurde neuere Literatur nachgetragen.

Dank einer Unterstützung durch Ferdinand Graf Dücker-Plettenberg konnte dieses Buch gedruckt werden.

1 EINFÜHRUNG

Als Ernst Robert Curtius 1948 nach umfangreichen Vorarbeiten sein Werk über „Europäische Literatur und lateinisches Mittelalter" veröffentlichte, war der Stoff seiner Darlegungen nicht neu oder unbekannt.[1] Er lag aber vereinzelt vor, etwa in der Literatur zu den verschiedenen „Renaissancen", oder in den Quellennachweisen großer textkritischer Ausgaben. Curtius lenkte den Blick auf die handwerkliche Seite der Literatur, indem er auf die große Zahl tradierbarer und tradierter Elemente der europäischen Literatur verwies. Er isolierte kleinste Bausteine thematischer Art und verfolgte ihr Auftreten durch oft mehr als ein Jahrtausend; ein weithin schulgebundener Traditionsstrom von der Antike bis zur Neuzeit wurde so bloßgelegt. Als Belege dienten Texte nahezu jeder Gattung, nicht nur der Literatur, sondern auch Texte, die wir zur Theologie, Philosophie oder auch zur Historiographie zu rechnen gewohnt sind, dazu auch Schultexte rhetorischen Inhalts. Solch nachdrückliches Insistieren auf der handwerklichen Seite der Literatur mag u. a. gegen jene über 200 Jahre alte Vorstellung vom Genie gerichtet gewesen sein, das sich dadurch ausweist, daß es alles neu und anders macht; auch gegen jene aus der Romantik herrührende Art, das Vermitteln und Erregen von Empfindung allein schon für Kunst zu erklären. Es sei hier aber gleich ausgesprochen, daß die Betonung des Handwerks gegenüber den solange gepflegten und als Individualität gelobten Weisen des Willkürlichen die Wissenschaften hätte zur Ordnung rufen, nicht aber an die Ursprünge bedeutender Werke führen können. Ob letzteres Curtius' Anspruch war, mag hier unerörtert bleiben.[2]

Um zu seinem Ziel zu gelangen, hatte Curtius damals darauf verzichtet, die von ihm benutzten Werke nach ihrem Rang zu unterscheiden und die von ihm als Traditionsgut isolierten Elemente in dem Kontext zu behandeln, in dem er sie angetroffen hatte. Es ist kaum vorstellbar, daß Curtius selbst dies nicht als Aufgabe gesehen haben sollte. Die alsbald einsetzende Toposforschung ist weithin andere

---

1   Ernst Robert CURTIUS' Verhältnis zur vorherigen Literatur ist weniger aus seinem Werk: Europäische Literatur und lateinisches Mittelalter, Bern 1948 u. ö., als aus dem Aufsatz „Begriff einer historischen Topik", (Zur Literaturästhetik des Mittelalters II; 1), Zeitschrift für Romanische Philologie 58 (1938), S. 129–143 (ND in der in Anm. 16 genannten Aufsatzsammlung), sowie aus den in seinem Buch genannten Vorarbeiten zu ersehen. Fraglos besaß z. B. Eduard NORDEN, Die antike Kunstprosa, 2 Bde., Leipzig 1898, zumal S. 883–908, Klarheit über die Bedeutung der Rhetorik für die Poesie zumal der römischen Antike und des Mittelalters. Gelegentlich wurden schon vor CURTIUS einzelne Topoi für einen längeren Zeitraum untersucht, z. B. Franz ERBIG, Topoi in Schlachtenberichten römischer Dichter, Diss. phil. Würzburg 1931.
2   Es wird davon abgesehen, daß CURTIUS den Anspruch erhob, eine Jahrtausende umfassende Literaturwissenschaft zu begründen. Zur philosophischen Orientierung des Vorworts s. weiter unten.

Wege gegangen.³ Wohl aber hat Helmut Beumann rasch auf die Gefahr reagiert, die in der Isolierung des Traditionsgutes aus den Texten liegen konnte: Die Vorstellung schülerhaft abschreibender Autoren. Beumann zeigte,⁴ wie Einhard als weltlicher Geschichtsschreiber sich in fast polemischer Weise mit Sulpicius Severus auseinandersetzte, um sich Raum für die Darstellung von Herrschertaten zu verschaffen. Beumann konnte darlegen, daß und wie Einhard sich ausschließlich in Traditionsgut bewegte, die überlieferten Gedanken neu ordnete und akzentuierte und so mit demselben Gut wie Sulpicius Severus seinen festumrissenen Standpunkt formulierte.

Dennoch ist es heute wohl überwiegend so, daß der Hinweis auf den topischen Charakter eines Berichtes genügt, um diesen als Quelle zu entwerten. Es wäre aber danach zu fragen, ob sich nicht im menschlichen Leben selber immer wieder verwandte Situationen ereignen, die zu gleichartigen Schilderungen Anlaß geben; ob nicht gerade die Ausrichtung der Menschen auf bedeutende Vorbilder in den wichtigsten Bereichen der Schilderung menschlichen Lebens zu Ähnlichkeiten führen mußten. Was irritiert und ein quellenkritisches Problem aufwirft, ist die relative Häufigkeit der je im Text isolierten Einheit. Dies trifft nicht nur auf die Topoi, sondern auch auf andere festgefügte Formen zu, ob man nun an die vor allem in der protestantischen Theologie zur Bedeutung gelangte Formengeschichte denkt, oder an den Begriff der Typisierung, wie er bisweilen in der Vorstellung von Heiligen gebraucht wird und dort doch besagen soll, daß ein Autor in einer Heiligenvita den Lebenslauf nach der Fiktion eines Ideals preßt und somit verfälscht.⁵

Zu Recht behandelt František Graus die Frage der Topoi in der Hagiographie in seinem Kapitel „Die Typisierung in der Legende".⁶ Er hält es für geradezu zwangsläufig, daß die Hagiographie Topoi verwendete oder ausbildete und erklärte dies mit dem Charakter der Texte als Propaganda. „Denn jede Propaganda muß einfach sein und wiederholen, eine Tatsache, die sich besonders eindeutig auch in der modernen Propaganda manifestiert hat" (S. 73; s. auch S. 77). Doch ist es wohl ein Mißgriff, im Begriff der Propaganda die Hagiographie mit Werbespot, Slogan oder gar der Öffentlichkeitsarbeit gewisser Staaten, die für solche Aufgaben einen eigenen Minister bestellen, auf eine Ebene zu stellen. Dies ist nur möglich, wenn man die Inhalte nicht bedenkt, und könnte zudem auf die völlige Verkennung des

---

3   S. die Aufsatzsammlungen von BÄUMER und JEHN, Anm. 16.
4   Helmut BEUMANN, Topos und Gedankengefüge bei Einhard, Archiv für Kulturgeschichte 33, 1951, ND in ders.: Ideengeschichtliche Studien zu Einhard und anderen Geschichtsschreibern des frühen Mittelalters, Darmstadt 1961, S. 1–14.
5   Die Methode der Formengeschichte ist verbunden mit den Namen Martin DIBELIUS, Die Formengeschichte des Evangeliums, Tübingen 1919 u. ö. und Rudolf BULTMANN, Die Geschichte der synoptischen Tradition, Göttingen 1921 u. ö.; daneben als Einführung Klaus KOCH, Was ist Formengeschichte, Neukirchen 1964. Inzwischen versucht auch die Mediävistik, sich dieser Methode zu bedienen: Friedrich LOTTER, Severin von Noricum. Legende und historische Wirklichkeit, Monograhien zur Geschichte des Mittelalters 12, Stuttgart 1976; dazu s. unten.
6   František GRAUS, Volk, Herrscher und Heiliger im Reich der Merowinger, Prag 1965, S. 62–68.

wirklichen Beweggrundes wichtigster hagiographischer Überlieferung hinauslaufen. Ferner leidet auch diese Erklärung der Topoi daran, daß das jeweils geringste denkbare Motiv menschlichen Handelns auch von vorne herein für das wahrscheinlichste gehalten wird. Nun reicht, wie einzuräumen ist, diese Feststellung nicht aus, Graus' Werk zu charakterisieren und zu beurteilen. Graus bestreitet zu Recht, daß nur aufgrund von Topoi Abhängigkeiten unter Autoren erkannt werden können und wichtiger noch: „Ebenso darf uns die Feststellung eines Topos nicht dazu verleiten, die Nachricht oder Behauptung, die topisch dargestellt ist, einfach a limine als ‚unhistorisch' zu verwerfen".[7] Es ist nicht ohne Reiz, daß Graus seinen Lesern Wichtigkeit und Brauchbarkeit sogenannter Topoi am eigenen Briefeschreiben deutlich macht – wer mit Hinweis auf Topoi eine Quelle beiseiteschiebt, besteht also mit seinen eigenen schriftlichen Äußerungen nicht vor der eigenen kritischen Methode. Anders: Die tausendfach niedergeschriebene Behauptung, etwas sei nur ein Topos, ist längst nur ein Topos der Wissenschaft geworden. Mit Curtius' Vorstellungen trifft sich Graus in dem Bestreben, Veränderungen von Topoi festzustellen. Auch bei der Erörterung der „Typisierung" geht Graus mit Behutsamkeit vor, indem er auf moderne Entsprechungen verweist.[8] Er denkt an den Detektivroman, an den „tapferen Soldaten", die „mißverstandene Frau" etc. und spricht von „Wissenschaftshagiographie"; seine Beispiele reichen bis in das Alltagsleben.

Dies alles hat den Vorteil lebensnaher Warnung vor voreiliger Geringschätzung; Graus macht zudem darauf aufmerksam, daß Menschen offenbar gar nicht anders miteinander reden, nicht darstellen können, ohne an bekannte Vorstellungen anzuknüpfen. Man muß fragen, ob die Vielfalt der Erscheinungen überhaupt beliebig sein kann, ob nicht nach verhältnismäßig wenigen Typen in freilich zahlreicher Vielfalt der Varianten geordnet werden könne, ja müsse. Der Nachteil der Beispielsammlung von Graus liegt m. E. darin, daß der Rang der Texte nicht bedacht wird; dadurch bleibt auch der Grund sogenannter Typisierung im Dunkel. Der Heilige als Gegenstand einer Literaturgattung unterscheidet sich doch erheblich von allen Beispielen, die Graus nennt. Der Heilige hat seine Existenz auf seinen Schöpfer und Herrn ausgerichtet; Graus hat selber zutreffend festgestellt, daß der Tod die Vollendung dieses Lebens ist,[9] eines Lebens, das in wachsender Bereitschaft für diesen Herrn besteht. Einige der bedeutendsten Heiligen hätten, gäbe es diesen Herrn nicht, vielleicht nichts Sinnvolles auf dieser Erde getan, und ihre Vita könnte nur noch als Zeugnis des Abstrusen, Zeugnis endlich überwundener Irrtümer gelten. Indem nun diese Heiligen alle demselben Herrn zustrebten, müssen zahlreiche Lebensumstände, die den Historiker interessieren mögen, für den Heiligen, und deshalb auch für den Hagiographen unwichtig werden, muß dem Heiligen selber, nicht erst der Vita und ihrem Verfasser, die Tendenz zur Einheitlichkeit innewohnen. Es erscheint von vorneherein zweifelhaft, ob der Grund sogenannter Typisierung überhaupt, oder vorwiegend beim Autor der Vita zu suchen ist. Erst wenn es stimmt,

---

7   S. 75; so ähnlich Wolfgang BRÜGGEMANN, Untersuchungen zur Vitae-Literatur der Karolingerzeit, Diss. phil. Münster 1957, S. 33–36.
8   S. 62f.
9   S. 63f.

daß die Strenge der Heiligen selber ihrem Leben verwandte Grundzüge gab, gewinnt die andere Möglichkeit Gewicht, daß ein späterer Autor die mangelnden Kenntnisse auffüllte, oder überspielte, indem er aus eigener allgemeiner Kenntnis heiligen Lebens ältere Geschichten seinem Heiligen zuschrieb, die ihm prinzipiell als Heiligem hätten gehören können, daß spätere Vitenüberarbeitungen auf ebendiese Art den ursprünglichen Textbestand erweiterten. Wenn man damit Glauben fand, so doch wohl deshalb, weil das Leben der Heiligen selbst solcher Einheitlichkeit zustrebte; noch der Mißbrauch lebte davon, daß es jene Heiligen gab, deren Leben vom gleichen Ziel her auch zur Gleichartigkeit tendierte,[10] solch mindere Texte führten eine geliehene Existenz.

Friedrich Prinz hat einerseits Schilderungen von Klostergründungen *in eremo*, *in solitudine* o. ä., fast immer als „hagiographischen Topos"[11], gar als „Eremitenromantik"[12] verworfen. Anderseits stellte er bei der Behandlung der monastischen Wertschätzung der Arbeit fest: „Vor allem die Erfordernisse der Rodung bei den zahlreichen Klostergründungen ‚in eremo' gaben der Heiligung der Arbeit in christlicher Sicht einen starken Auftrieb"[13]. Der Reflexion über Topoi widmet er eine halbe Seite und bezieht sich auf Äußerungen merowingischer Heiligenviten, die den Heiligen in herrscherlicher Tätigkeit zeigen, und ihm sei zugestimmt, wenn er hier schreibt, man könne diese Berichte nicht als Topoi abtun.[14] Was stört, ist die Willkür, mit welcher das eine beiseitegeschoben, das andere als verläßlicher Bericht ausgewertet wird. Nur die Beschäftigung mit dem Einzelfall wird klären, ob ein topisch anmutender Bericht zu verwerfen ist, und der Historiker ist gegenüber der Quelle in der Beweispflicht. Es genügt nicht, sich auf die Frage nach der Veränderung von Topoi, oder dem Aufkommen neuer zu reduzieren. Nicht folgen wollen wir auch der Behauptung, „auch Topoi entstehen nur durch die prägenden Kräfte bestimmter historisch-gesellschaftlicher Momente". Bedingungen werden hier zum handelnden Subjekt gemacht.

Zwei Aufsatzsammlungen geben den raschesten Überblick der zum eigenen Forschungszweig erhobenen Beschäftigung mit Topoi. In den Sammelbänden von M. L. Baeumer und P. Jehn erfährt man, daß die Literaturwissenschaft sehr bald bemerkt hat, daß Curtius' Toposbegriff keineswegs Aristoteles entnommen ist, der Beweismöglichkeiten für unwahrscheinliche Schlüsse im Dialog suchte, deshalb die Topik der Dialektik zuordnete; oder der römischen Rhetorik, die sich um handwerkliche Systematisierung der Beweismöglichkeiten bemühte, wohl auch vorgefertigte Beweismuster anbot. Zu Recht warf man Curtius vor, er habe verschiedene Begriffe durcheinandergeworfen: Topos, Metapher, Bild, Motiv, Formel, Klischee

---

10 Fehl geht m. E. der Vergleich des Heiligen mit Helden S. 77. Man gewinnt auf dieser S. den Eindruck, als halte GRAUS Helden wie Heilige für das Produkt eines literarischen Tricks.
11 S. Endnote I.
12 Fr. PRINZ, Frühes Mönchtum im Frankenreich, München-Wien 1965 (ND 1988) S. 315.
13 S. 538.
14 S. 499.

etc. Die Arbeiten von Mertner, Veit, Emrich und Obermayer seien genannt.[15] Die Möglichkeit, zu jener älteren und am rhetorischen Unterricht und Gebrauch orientierten genaueren Begrifflichkeit zurückzukehren, ist wohl nicht gegeben. Der Sprachgebrauch ist wohl der, daß kleine und kleinste Elemente eines Textes – Bilder, Metaphern, einzelne Gedanken, auch fertige, in sich vollkommene Schilderungen wie der locus amoenus als Topoi bezeichnet werden, wenn diese als Einheit isolierbar und in den Texten eines bestimmten Zeitalters öfters anzutreffen sind.

Max L. Baeumers Versuch, die Entwicklung einzelner Topoi nach einem System hegelscher Dialektik durchzuführen ist gescheitert.[16] Peter Jehn verfolgte aus

---

15 Die Arbeiten der genannten Autoren in den Aufsatzsammlungen von M. L. BAEUMER, Toposforschung, Wege der Forschung 395, Darmstadt 1973, und Peter JEHN, Toposforschung., Respublica 10, Frankfurt am Main 1972.

16 Max L. BAEUMER, Dialektik und zeitgeschichtliche Funktion des literarischen Topos, in: Toposforschung, Wege der Forschung 395, Darmstadt 1973, S. 299–348, an drei Beispielen: „Goldene Zeit", „Dionysos", „Fülle des Herzens"; dazu der Abriß zum Begriff „Romantik", zu „Dichtung als verborgene Theologie" und „edle Einfalt". BAEUMER erliegt einer Gefahr, die schon CURTIUS' Methode innewohnte: Es wird alles zusammengetragen, was je in der Literatur unter dem Namen des Dyonisos dargeboten worden ist. Die Erscheinungsformen des Dionysoskultes stehen in einer Linie mit der „niedersten sexuellen Brutalität" (336ff; leider fehlt der Platz, die Fülle der Fehleinschätzungen im Einzelnen nachzuweisen) moderner Texte, was schon deshalb nicht unter den Begriff hegelscher Dialektik paßt, weil da nichts aufgehoben ist von dem, was Dionysos oder das Dionysische als Inbegriff rauschhaften Schaffens je bedeutet haben. Dialektik ist nur noch ein Begriff, unter dem das Inkommensurable zusammengepreßt wird. Der Pendelschlag zwischen zwei beziehungslosen Polen ergibt noch keine Dialektik, hier keine Fortentwicklung des Geistes. Nur noch als grotesk läßt sich die Harmonisierung Nietzsches bezüglich seines Begriffs des Dionysischen mit seinem Zeitalter bezeichnen (S. 315). Dies war für BAEUMER notwendig, um den Anschluß an die „zeitgeschichtliche Funktion" – die Hegels Zeitgeist offenbar ersetzen soll – zu gewinnen. Nietzsches Begriff des Dionysischen gerät zu einer „völlig undemokratischen Verherrlichung der ‚höchsten Typen' des Lebens und der ‚eigenen Unerschöpflichkeit' des großen Herrenmenschen"; dies drücke „die überhebliche zeitgeschichtliche Auffassung der Gründerzeit treffend aus", als hätte dies alles außer äußerer Gleichzeitigkeit irgendetwas miteinander zu tun.

Ähnlich geht es mit dem Wort von der *abundantia cordis*. Auch hier ist zu fragen, was die verschiedenen Zitate überhaupt außer den drei Worten „Fülle des Herzens" miteinander gemein haben. In der biblischen Vorlage meinte Christus das Herz als Gefäß, und in der Matthäusdarstellung schalt er die Pharisäer, die zuvor behauptet hatten, Christus treibe den Teufel durch Beelzebub aus. So waren sie „Otterngezücht", nichts Gutes war in ihren Herzen. Demgegenüber gab es die Möglichkeit eines gotterfüllten Herzens. So etwa hätten Paulus oder Bernhard von Clairvaux reden können. BAEUMER hat entsprechende Belege aus dem Pietismus. Was hat das nun damit zu tun, wenn Goethe Werther am 20. Januar an Lotte schreiben läßt: „Wie ausgetrocknet meine Sinne werden, nicht einen Augenblick der Fülle des Herzens, nicht eine tränenreiche Stunde!" (S. 338–343; Mt. 12,34; das Goethezitat bei BAEUMER S. 340). Fülle des Herzens ist ein leeres Wort; zur selben Stunde können verschiedene Menschen von gänzlich verschiedenen Dingen erfüllt sein, eine dialektische Beziehung ist da nicht auszumachen. Das Unzusammenhängende ist auf eine Schnur gezogen, kein „dialektisch wechselnder Gebrauch von Topoi" wurde nachgewiesen. Kein Hinweis darauf, „daß die historische Entwicklung von Topoi, bzw. ihre Anwendung nach der Gesetzlichkeit eines dialektischen Prozesses Hegelscher Auffassung in einer aus dem Widerspruch resultierenden Bewegung fortschreitet und so den geschichtlichen Wandel des gesellschaftlichen und geistigen Geschehens in Wort und Schrift ausdrückt". Es sei übergangen, daß weder der Begriff des Gesellschaftlichen eingelöst wird –

ideologischer Bindung das bekannte Entlarvungsmuster, das Curtius mit seinem gesamten Werk unter den Begriff der Restauration zwängt, unter dem qualitative Unterscheidungen nicht möglich und für den in ideologischer Fixierung gefangenen Autor auch nicht nötig sind. Dies mag insofern im intellektuellen Trend liegen.[17]

Es ist nicht von der Hand zu weisen, daß Curtius' Bemühungen, seiner Entdeckung, seinem Ergebnis im Denken seiner Zeit einen Platz zuzuweisen, zu fast absurden Anlehnungen an Toynbee, Bergson und C. G. Jung geführt hat. Aber weder diese, noch die ideologischen Zuweisungen Jehns nützen uns angesichts der Entdeckung Curtius'. Einmal unterläge ja auch Jehns Vorgehen derartigen Zuweisungen zu geistigen Trends und würde so seines Erkenntniswertes beraubt; zum anderen: Was Curtius abweichend vom antiken Sprachgebrauch Topos nannte, ist in der Literatur aller Jahrhunderte aufzuweisen; wir haben es einzuordnen und zu erklären. Dies läßt sich aber nicht dadurch erreichen, daß man die beobachtete Erscheinung isoliert und entweder aus sich selbst erklärt, oder aus dem Werk gerissen und verselbständigt als eigene Größe bestimmten Verhältnissen zuordnet. Der Ort des Topos ist das Werk, in dem er aufgefunden wird. Darüber ist folglich im Gesamten des Werkes nachzudenken; dieses ist die Einheit, von der auch dann noch auszugehen ist, wenn man den Blick auf einen Längsschnitt durch eine größere Epoche richten will. Der Autor des Werkes aber bleibt das handelnde Subjekt, er entscheidet sich aus eigenem Antrieb oder im Auftrag eines anderen handelnd; aus sich selbst ist kein Topos eine geschichtliche Erscheinung.

Als Gustavo Vinay 1960 seine Kritik an Curtius' Buch, auf die französische Übersetzung bezogen, in den Studi Medievali veröffentlichte,[18] war die kritisierte Arbeit bereits derart als Grundbuch in den Lehrbereich aufgenommen, daß nicht nur in Deutschland eine Kritik keinerlei Gehör mehr fand. Auch Baeumer und Jehn ist Vinays Rezension entgangen. Und doch war es Vinay, der das völlig Disparate, oft Ungeordnete, Zusammenhanglose der Stoffanordnung wie –behandlung beobachtet hatte, den Dogmatismus, mit dem einleitend aus Toynbee, Bergson, Jung argumentiert wird, die erstaunliche Dürftigkeit seiner geschichtlichen Erklärungen (S. 198). Diese Art der „Wissenschaft von der europäischen Literatur" (Curtius S. 25) war Vinay einfach zu oberflächlich, ohne Eindringen in Autoren und Werke, dafür in der Ausweitung eines qualitativ nicht geschiedenen Stoffes uferlos. Für die mittelalterliche Disziplin war ihm damit nichts gewonnen. Das eklektische Gerüst einer Geschichtsbetrachtung, wie Curtius es im Vorwort zur Voraussetzung seines Arbeitens erklärte, war Vinay nicht jene „consapevolezza filosofica", die Curtius selbst fordern wollte. Vinay beobachtete, ohne damit nur Curtius zu meinen: „In luogo della filosofia si ideologgia la tecnica". Aber er fand, daß in Curtius' Werk

---

eher ist konventionelle Geistesgeschichte und das Wort, nicht der Begriff der Dialektik am Werk – noch ist gezeigt, inwiefern etwas fortschreitet. Auf weitere Beispiele sei verzichtet.

17 Peter JEHN, E. R. CURTIUS, Toposforschung als Restauration, Einleitung zu dem in Anm. 15 genannten Sammelband.

18 Filologia e ambizioni storiografici, Studi Medievali, 3ª serie (1960) S 195–202. Zur Wirkung von CURTIUS in Italien: Massimo OLDONI, E. R. Curtius e gli studi mediolatini in Italia, in: E. R. Curtius, Werk, Wirkung, Zukunftsperspektiven, Heidelberger Symposion zum 100. Geburtstag 1986, hg. von Walter BERSCHIN und Arnold ROTHE, Heidelberg 1989, S 209–214.

der philosophische Eklektizismus des Vorwortes im Weiteren einem „paludato empirismo" wich. Ihn störte die Reduktion der Literatur „a problema tecnico, anziché un pericolo, l'ampiezza dell'indagine viene considerato prova della fruttuosa validità di un metodo. Siamo ammalati di tecnicismo e di empirismo." Den Erfolg des kritisierten Buches erklärte er sich zumal damit, daß Autor und Leser in diesem tecnicismo einander verbunden waren. Dem läßt sich nicht widersprechen.

Freilich bedeutete Curtius' Buch keineswegs den Höhepunkt technischer Auffassung von Literatur, eigentlich sollte man sagen: Der Künste. Die Vorstellung von einem verfügbaren Fundus von Topoi, die man zum Werk zusammensetzt, steht als Produkt technischer Auffassung von Literatur nicht allein. Aus der Auffassung, Literatur sei als Produkt rhetorischen Handwerks erklärbar, sind auch jene Methoden hervorgegangen, die einen zwingenden Charakter der literarischen Gattung, literarischer Kleinformen unterstellen, wie etwa die aus der Theologie entlehnte Methode der Formengeschichte. Hatte eine mittelalterliche Geschichtsschreibung oberhalb des Individuums von allem einen prüfenden, strafenden, aber auch gnadenvollen Gott erkannt, der die Geschichte zu seinem Ziel führen würde, so hat die neuere Historiographie solch überindividuelle Macht zwar aus ihren methodischen Überlegungen verbannt, dafür aber die erstaunlichsten überindividuellen Geschichtsmächte eingeführt, die einen entscheidenden und handelnden Menschen gar nicht mehr in den Blick zu nehmen erlauben. Die Vita ist so zu einer Gattung geworden, in der dem Hagiographen Raum zu Eigenem nicht mehr bleibt, gerade als würde Eigenes nur in ständiger Erfindung neuer Gattungen erwiesen, so als schlösse der Begriff der Gattung den Begriff des Individuums aus. Was aber, da es doch immer wieder einen Heiligen zu rühmen gab? In der Vita treten unentwegt Kleinformen wie Motive, Topoi auf, die wohl auch an andere Werke erinnern mögen. Also ist dies weitgehend aus solch frei herumirrender Motiv- und Toposmasse zusammengeklebt und –gekittet. Man behilft sich z. B. mit erbaulicher Absicht und der Behauptung, ein Anspruch auf geschichtliche Überlieferung bestehe kaum. Da braucht nicht gefragt zu werden, ob nicht in Gattung, Kleinformen, Motiven etc. Einsichten ihren Niederschlag gefunden haben, die sich bewährten, wiewohl sie modernen Auffassungen widersprechen mögen, so daß man sich erkennend in einem Traditionsrahmen bewegte, der weit genug war, das Eigene darin auszusprechen.

In der systematischen Anwendung dieses technizistischen Methodenspektrums bedeutete Fr. Lotters Arbeit über die Severinvita des Eugipp den fortgeschrittensten Zustand, den Inbegriff, die Aufgipfelung des Trends. Die vorangetriebene Ausschärfung allenthalben bereitliegender Methoden zeigt in Anwendung und Ergebnis eine solche Ambi- oder gar Polyvalenz, daß man häufig nur noch von einer völligen Verdrehung des Quellenbestandes reden kann, dem Vitenautor aber eine Chance des Entkommens nicht mehr gegeben ist. Beschreibt Eugipp sein Commemoratorium Vitae S. Severini als eine Materialsammlung, so wird rasch affektierte Bescheidenheit diagnostiziert, wiewohl die Vorstellung einer Materialsammlung so rasch kein zweites Mal in der Vitenliteratur anzutreffen ist. Somit ist Lotter sicher, das Gegenteil, nämlich die ausgearbeitete Vita, liegt uns vor. Dann aber wird Eugipp attestiert, er sei zu einer einheitlichen Konzeption seines Stoffes, zu einem

Werk aus einem Guß nicht fähig gewesen. Dies ist Willkür als Methode, so läßt sich alles „beweisen", oder auch „widerlegen".

Auf eine eingehende Besprechung dieses Buches sei verzichtet.[19] Zu verwerfen ist die zugrundeliegende Vorstellung eines sich nach gattungsgebundenen Gesetzen vollziehenden Überlieferungsvorganges, den der Historiker zum Zwecke der Geschichtserkenntnis methodisch reversibel machen kann. Selbst wenn der Weg vom Leben des Heiligen zu seiner Überlieferung der einer der Gattung zugehörigen Methode wäre, die den vorgegebenen Stoff formt und verändert, so handelt doch auch der Wissenschaftler mit seinen Methoden formend und verändernd; es gibt die proklamierte Reversibilität nicht. Unsere Überlieferung ist in den Auffassungen und Sehweisen der beteiligten Personen tief verankert, damals wie heute, und diese sind mit keiner Säure oder Lauge auflösbar. Solche Überzeugungen bestimmen selbst die Wahrnehmung, heute wie damals, da das menschliche Auge keine photographische Linse ist, deren Reproduktionsgrenzen nur vom Objektivwinkel und dem Auflösungsvermögen begrenzt werden. Was wahrgenommen, oder nicht gesehen; wie begründet, wie gehandelt wird; wie für die Überlieferung Wichtiges von Unwichtigem, Würdiges von Unwürdigem geschieden wird, das erklärt sich zu allererst nicht aus Methode, sondern aus lebensbestimmenden Auffassungen – heute wie damals. Insofern ist die Vita nicht ätzend auflösbar, in der Hoffnung, daß im Säurebad historischer Methode der nüchterne Grundstoff der Geschichte übrigbleibe. Solche Verätzung zerstört unseren Quellenbestand total und gibt Wege frei für die Spekulation unter modernen Gesichtspunkten, schafft die Möglichkeit, vergangene Generationen nach unserem Maß neu zu zeichnen – zu verzeichnen. Damit sind sie aber jedem geschichtlichen Verständnis endgültig entzogen.

Die Heiligenvita als Überlieferung von einer geschichtlichen Gestalt wirft eigene Probleme auf, die in der Literatur – als Dichtung – nicht bestehen. Hier darf nicht ignoriert werden, daß eine Vita zunächst das Werk eines Autors ist, der einen nach seiner – und nicht nur nach seiner – Meinung vollkommenen Menschen vor-

---

19 Friedrich LOTTER, Severin von Noricum, wie Anm. 5. Meine Rezension: Mittellateinisches Jahrbuch 15 (1980), S. 228–235. Aus den von R. NOLL, Literatur zur Vita S. Severini verzeichneten Rezensionen sei herausgehoben Marc von UYTFANGHE, Les avatars contemporains de l'„hagiologie", und die kurze Notiz von A. CAMERON, American Hist. Review 83 (1978), S. 139, der, ohne sich auf eine Methodendiskussion einzulassen, den von Lotter mit Severin von Noricum identifizierten Konsul des Jahres 461 noch nach Severins Tod in Rom inschriftlich nachweisen kann. So einfach war das komplizierte Gebäude einzureißen. Zu Recht hat Harald DICKERHOFF, De institutione Sancti Severin, Zs. für bayrische Landesgeschichte 46 (1983) S. 3–36, sich nicht irritieren lassen und teilt beachtenswerte Überlegungen zur Entwicklung des Mönchsvaters Severin mit. Lotter hat in einem Rundumschlag (Zur Interpretation hagiographisicher Quellen) allen denen den Marsch geblasen, die ihm zu widersprechen wagten; dabei würdigt er meine 7seitige Rezension eine fast 8seitige Erwiderung. Aber sinnlose Methode führt zu falschen Ergebnissen. Es ist bemerkenswert, daß Lotter selbst sein unhaltbares personengeschichtliches Ergebnis einschränkt (SS. 39 und 60), dem er zuvor einen hohen Stellenwert beigemessen hatte. Die Methode hat nun einen Wert an sich; das Ergebnis wäre ja nur ein geschichtliches Faktum. Mit Nachdruck sei betont, daß seine verfehlte Methode ja gerade jene „intentionalen Fakten", denen er nachjagt, die auch mein Interesse wecken, nicht greifen kann.

stellen und dem Andenken bewahren, ja seine Mitmenschen auch späterer Generationen damit auffordern will, von sich die gleiche Vollkommenheit zu verlangen. Es war ja jener Autor, der sich entschloß, auch jene Elemente zu verwenden, die wir Topoi nennen. Soweit sich dies nur auf die literarische Formung, das sprachliche Gewand bezog, wählte er zwischen oft mehreren Möglichkeiten; soweit es die Umstände des Lebens betraf, mögen wir die allgemeinen Verhältnisse der Zeit darin vermuten; wo es in die Substanz des Heiligenlebens selber reicht, wird immer zu bedenken sein, daß der Heilige selber ja Vorbilder kannte, die er nachahmen, denen er es dem Rang nach gleich tun wollte, an deren Leben er erkannt hatte, was Vollkommenheit im menschlichen Leben vor den Augen eines nicht nur als gütig vorzustellenden Gottes bedeutete. Das Übernehmen des Traditionsstoffes, die Anlehnung an ein Vorbild, jenes Sich-dem-Größeren-Nachbilden gehört prinzipiell dem Heiligen, der Hagiograph kann dies vornehmlich vom Heiligen lernen. Dabei ist im Einzelfall nicht ausgeschlossen, daß aus mangelnder Kenntnis oder ungenügender Einsicht der Vitenautor in die falsche Richtung weist. Da der Heilige einem unwandelbaren Gott entgegenstrebte, konnte er das nur Neue, das Originelle nicht im Sinne haben; er konnte und mußte reiner sein wollen als andere Menschen. Einen Mose oder Elias, einen Johannes den Täufer oder auch einen Antonius konnte er nicht übertreffen wollen; solchen Gestalten konnte man sich nähern, ihnen je unter neuen Bedingungen nachstreben, doch blieben sie unerreicht.

Die vorliegende Arbeit nahm also ihren Ausgang an der Unzufriedenheit über das beschriebene Vorgehen und die damit verbundene Zerstörung unserer Quellentexte. Doch wollte ich von der erneuten Aufarbeitung eines typischen Toposstoffes Abstand nehmen. Die aus der Literaturwissenschaft stammende historische Topik bezog sich vornehmlich auf antike Stoffe und deren Weiterleben. Sie konnte für sich ins Feld führen, daß die Rhetorik selbst an festen, tradierbaren Gefügen interessiert war; so stellte der Unterricht des Grammatikers und Rhetorikers z. B. in der Behandlung der *inventio*, der *elocutio* mancherlei bereit, das zu topischer Prägung der Literatur beitragen mußte, leitete auch zu aufmerksamer Lektüre älterer Autoren unter diesem Gesichtspunkt an. Zwar beschäftigten sich die Klosterschulen des frühen Mittelalters mit der rhetorischen Hinterlassenschaft der Antike, entnahmen ihr die Schulbücher oder schrieben nach ihnen neue.[20] Wir kennen jedoch keinen Hinweis auf eine entsprechende Systematisierung des hagiographischen Stoffes. Es mag Grenzen der Vergleichbarkeit geben, wenn man der Frage nach dem Ursprung von Topoi nachgehen will.

Eine neue Aufarbeitung des von Curtius vorgelegten Materials konnte ohnehin nicht Aufgabe und Absicht eines Historikers sein. Dies führte zu dem Entschluß, einen anderen Stoff zu untersuchen, der manche Verwandtschaft, aber auch starke Unterschiede zur Toposfrage bietet: Die Benutzung der Bibel in der Hagiographie des frühen Mittelalters.

Verwandtschaft: Es handelt sich auch in diesem Fall um bewußte Benutzung eines älteren Buches. Bilder, Gleichnisse, Sprüche werden entlehnt; manches ließe

---

20 Günther GLAUCHE, Schullektüre im Mittelalter, Münchener Beiträge zur Mediävistik und Renaissanceforschung 5 (1970).

sich unter den Toposbegriff bringen, etwa die Vorstellung von den Waffen des Glaubens, das Licht, das man nicht unter den Scheffel stellen soll, die Stadt auf dem Berge. Unterschiede: Die Bibel hebt sich von der klassischen Literatur der Antike dadurch ab, daß sie als Gottes Wort uneingeschränkte Verbindlichkeit besaß. Der Wille, dieses Buch als Gottes verbindliches Wort anzunehmen, reichte so weit, daß die Deutung des Hohen Liedes immer das Verhältnis des Menschen – ob nun als einzelne Person, als Maria oder als *ecclesia* – zu Gott im Liebeslied abgebildet fand.[21] Dies läßt vor allen einzelnen Textbetrachtungen vermuten, daß der Blick auf die Bibelbenutzung doch in andere Bereiche führt, als das Schmücken eines Textes, die angemessene Ausdrucksweise, oder was sonst rhetorische Bildung fordern wollte oder konnte. Ferner: Biblische Stoffe und Gedanken waren für solche Zwecke nicht ähnlich dem rhetorischen Lehrstoff aufgearbeitet und rubriziert. Der Autor mußte, wie vor ihm der Heilige, aus seiner Kenntnis des gesamten biblischen corpus schöpfen, wie er sie in der Schule, in täglicher Lektüre, in liturgischen Begehungen, im Gespräch mit den *fratres* gewonnen hatte. Dies führte dazu, daß es neben immer wieder zitierten Schriftworten in großer Zahl auch solche gab, auf die man selten in Viten stößt. Die Hagiographie bietet sich für solche Untersuchung deshalb an, weil die Darstellung eines groß gesehenen Menschen auch ein höheres Maß an Gestaltung, die häufig strengere und bewußtere Auswahl des aufgenommenen Stoffes, insgesamt also die stärkere Formung gegenüber einer typischen historiographischen Gattung wie der Annale verlangte. Es mag zu denken geben, daß die intensivere Formung des Stoffes offenbar im Allgemeinen auch ein mehr an Schriftzitaten und Topoi mit sich brachte.[22]

Im Folgenden wird eine sehr begrenzte Anzahl von Heiligenviten in ihrer Schriftbenutzung kommentiert. Dabei geht es um erkennbare Schriftzitate oder um Anlehnungen an Bibelworte. Unberücksichtigt bleibt z. B. die Frage, wieweit die Evangelien literarische Vorbilder der Heiligenviten sein konnten, oder auch, wieweit die Sprache eines Vitenautors an der Vulgata oder an altlateinischen Bibelversionen gebildet ist. Das erkannte Schriftwort wird nun freilich in seinem Textzusammenhang gelassen und in diesem erklärt – ein Verfahren, das nur die Behandlung weniger Vitentexte zuläßt. Es ergibt sich daraus, daß statistische Fragen etwa nach der Bevorzugung einzelnen biblischer Bücher in einer bestimmten Epoche nicht verfolgt werden. So geht es um die Bedeutung des Schriftwortes im Leben des Heiligen und der sein Andenken begründenden Vita.

Hier sei hingewiesen auf die gelehrte Thèse von Marc van Uytfanghe.[23] Van Uytfanghe verfolgt jedoch ein anderes Ziel als ich, indem er auf bestimmte Typen

---

21 S. Friedrich OHLY, Hoheliedstudien, Schriften der Wissenschaftlichen Gesellschaft der Johann-Wolfgang-Goethe-Universität Frankfurt/Main, Geisteswissenschaftliche Reihe I, Wiesbaden 1958.
22 Felix THÜRLEMANN, Der historische Diskurs bei Gregor von Tours, Topoi und Wirklichkeit, Geist und Werk der Zeiten 39, Bern-Frankfurt/Main 1974, stellt S. 100 fest, daß sich „der hagiographische Diskurs bei Gregor deutlich vom historischen unterscheidet".
23 Marc VAN UYTFANGHE, Stylisation biblique et condition humaine dans l'hagiographie mérovingienne, 600–750, Verhandellingen van de Koninklijke Academie voor Wetenschappen, Letteren en Schone Kunsten van België, Klasse der Letteren, Jaargang 49 (1987) Nr. 120; meine

des Zitierens und der Exegese zielt, dann bestimmte Themen der Hagiographie (La providence et la volonté de Dieu; oder: L'action de Satan ...) und schließlich das Verhältnis zum irdischen Leben wie auch zu Tod und Jenseits nach ihren biblischen Grundlagen wie auch deren Veränderung in der Hagiographie untersucht. So bestehen beide Arbeiten nebeneinander mit geringen Überschneidungen, weshalb hier auf ein ständiges Verweisen verzichtet werden kann – der Interessierte wird ohnehin beide Arbeiten zurate ziehen.

Elf Vitentexte führen im Folgenden durch fünf Jahrhunderte; der Ausgang liegt im Südosten des Mittelmeerraumes im vierten Jahrhundert, und der Weg endet im neunten Jahrhundert an den nördlichen Grenzen der Christianisierung. Die behandelten Texte möchte ich zu den bedeutendsten der Gattung zählen. Solche Auswahl ist rigide, und es läßt sich nicht bestreiten, daß es ohne Willkür dabei kaum abgehen kann. Mit Recht wird man fragen können, weshalb die Texte Lérins fehlen, oder die Viten der Juraväter, die Martinsvita des Sulpicius Severus, die Viten des Germanus von Auxerre, der Radegunde oder Balthilde, des Leodegar oder Praefectus, des Emmeram oder Corbinian, oder des Bonifatius ... Doch jede Auswahl müßte wichtige Texte ausscheiden und wichtiger als ein vollständiger Vitenkanon erscheint die genaue Besprechung der einzelnen Texte.

Die Schriftworte selber werden in der Form zitiert, die der Vitentext gibt. Bisweilen ist dem der Wortlaut der Vulgata gegenübergestellt. Soweit die Schriftstellen in deutscher Sprache aufgeführt werden, ist nach Möglichkeit vermieden worden, eigene Übersetzungen der lateinischen Texte einzufügen; diese hätten sich sprachlich kaum von den eigenen Kommentierungen abgehoben. So sind die Übersetzungen Martin Luthers und Martin Bubers benutzt worden, obwohl diese nicht aus der lateinischen Bibel gearbeitet worden sind und folglich an dieser Stelle ungenau sein können. Hier hilft dann der mitgegebene Vulgatatext weiter. Ich wollte einen deutschen Bibeltext, der nicht anders als der lateinische Text damals die Alltagssprache des Lesers verläßt und sich durch Inhalt und – wenn dies heute noch gesagt werden darf – Ehrwürdigkeit aus dem Kontext heraushebt.

Fragt man nach der Rolle der Bibel für die Mönche, so ist zu bedenken, daß dieses Buch seine Leben bestimmende Gewalt ausübte, unabhängig von der Frage,

---

Rezension in Francia 16,1 (1987) S. 251–254. Victor SAXER, Bible et Hagiographie, Bern-Frankfurt-New York 1986, untersucht die frühen authentischen Märtyrerakten. Seine Beobachtung, daß die frühen Texte, wiewohl von biblischen Gedanken erfüllt, die Bibel nicht zitieren, die so erst zu einem späteren Zeitpunkt zu einem recueil de référence wird (S. 254), betrifft einen vor unseren Texten liegenden Zeitraum. Martin BIERMANN, Die Leichenreden des Ambrosius von Mailand, Hermes-Einzelschriften LXX, Stuttgart 1995, zeigt insbesondere bei der Behandlung der Reden auf Valentinian und Theodosius die Umsicht und Sorgfalt, mit der Ambrosius auf biblische Texte zurückgriff, um die verstorbenen Herrscher darzustellen. Es handelt sich hier freilich nicht um Hagiographie, aber doch um Charakterisierung und Beurteilung einer menschlichen Person. Einen kurzen Überblick, der die Gesichtspunkte der Christusnachfolge ins Zentrum rückt, bietet A. DEGL'INNOCENTI, La Bibbia e l'hagiografia, in: La Bibbia nel Medioevo, ed. Giuseppe Cremascoli e Claudio Leonardi, Bologna 1996, S. 341–362.

welche Textversion an welchem Ort zu welcher Zeit benutzt worden ist.[24] Treffend schrieb Wolfram von den Steinen: „Was von dem Buch der Bücher ausging, wirkte auf jene Jahrhunderte noch so urgründig, so grandios und in so unübersehbarer Fülle, daß Fragen der verbalen Einzelauslegung etwa so viel bedeuten mochten, wie hydrographische Untersuchungen für den, der zum ersten Mal den Rhein sieht".[25] Bei vielen Heiligen, selbst bei vielen Vitenautoren wird man fragen müssen, ob sie sich je Rechenschaft davon abgelegt haben, daß die lateinische Bibel – von der griechischen oder gar der hebräischen braucht hier gar nicht erst geredet zu werden – in mehreren Rezensionen vorlag. Die hier gestellte Frage nach der Bedeutung des Bibeltextes in der Heiligenvita läßt sich nur mit dem Wortlaut des Bibelzitates, der Schriftanlehnung behandeln, wie er im Vitentext vorkommt, gleichgültig, welcher Rezension er angehört. Einige Worte zur Frage der in den Viten benutzten Bibelrezensionen sollen aber vorausgeschickt werden, wiewohl dies auf die Kommentierung der Vitentexte keinen Einfluß haben kann.

Zwar ist die Bibel das heilige Buch der Christenheit, diese Einschätzung hat aber nicht verhindert, daß der Text der aus vielen Jahrhunderten stammenden biblischen Bücher ständig in Bewegung war. So war denn die lateinische Bibel von Anfang an Gegenstand philologischer Bemühungen; und dies ist bis in unsere Tage so geblieben. Die gegenwärtigen Unternehmungen finden ihren wichtigsten Niederschlag in der römischen Vulgataausgabe und der Beuroner Edition der sogenannten Vetus latina. Es ist zu bedauern, daß aus diesen Editionsunternehmen noch keine neuere Gesamtdarstellung der Textentwicklung der lateinischen Bibel hervorgegangen ist. Deshalb sei auf die alte Arbeit von Samuel Berger verwiesen, obwohl dessen wichtigste These von der Mischung spanischer und insularer Texte im Frankenreich überholt ist, und auf The Cambridge History of the Bible.[26]

Der als Vulgata bezeichnete Text trägt diesen Namen erst seit dem ausgehenden Mittelalter; unter vulgata editio verstand man an der Wende von der Antike zum Mittelalter die Septuaginta. Eine einheitliche Übersetzung ist die lateinische Vulgata nicht. Zum größten Teil geht sie auf die von Hieronymus unternommene Neuübersetzung zurück. Nachdem dieser zunächst im Auftrage Papst Damasus II. eine Revision einer älteren lateinischen Bibelübersetzung versucht hatte, entschloß sich

---

24 Zur Bibel in der Schule s. Pierre RICHÉ, Education et culture dans l'occident barbare, Patristica Sorbonnensia, Paris 1962, und Le psautier, livre de lecture élémentaire d'apres les vies des saints mérovingiens, in: Études Mèrovingiennes, Paris 1953.

25 Wolfram VON DEN STEINEN, Notker der Dichter und seine geistige Welt I, Bern 1948, S. 35; überhaupt kann man das Schulkapitel zu Notkers Leben nur mit größtem Nutzen lesen.

26 Samuel BERGER, Histoire de la Vulgate pendant les premiérs siècles du moyen âge, Paris 1893; dazu Bonifatius FISCHER, Bibelausgaben des frühen Mittelalters, in: Settimane di Studio del Centro Italiano di Studi sull'Alto Medioevo 10 (1962), Spoleto 1963, S. 19–60. Ders., Beiträge zur Geschichte der altlateinischen Bibeltexte, Vetus Latina. Aus der Geschichte der lateinischen Bibel 12, Freiburg 1986. Diese Reihe enthält weitere Arbeiten zu Erforschung des lateinsichen Bibeltextes. The Cambridge History of the Bible, vol. 2, The West from the Fathers to the Reformation, Cambridge 1969, darin besonders die Beiträge von Fr. E. F. SUTCLIFFE, Jerome, S. 80–101, und von Raphael LOEWE, The Medieval History of the Latin Vulgata, S. 102–154. Einen guten Einblick bietet der knappe, perspektivenreiche Band: Peter STOTZ, Die Bibel auf Latein – unantastbar? Mediävistische Perspektiven 3, Zürich 2011, ³2015.

Hieronymus schließlich zu einer Neuübertragung aus dem hebräischen Text. Für den Psalter enthält die spätere Vulgata jedoch nicht diese Neuübertragung („iuxta Hebreos"), sondern die vorher gefertigte Revision eines altlateinischen Psalters nach der Hexapla des Origines (Psalterium Gallicanum, die römische Version blieb altlateinisch); dies geht auf die Tätigkeit Alkuins zurück. Hier ist die Neuübersetzung des Hieronymus also nicht offizieller Text geworden. Das Neue Testament der Vulgata ist keine Neuübertragung, sondern nur eine Revision eines altlateinischen Textes nach griechischen Vorlagen; die Urheberschaft des Hieronymus gilt nur für die Evangelien als gesichert.[27]

Schwieriger liegen die Verhältnisse noch für die sogenannte Vetus Latina. Der Begriff suggeriert zu Unrecht die Vorstellung, es habe einen einzigen lateinischen Bibeltext vor Hieronymus gegeben. Tatsächlich führen die ältesten Spuren lateinischer Bibeltexte in das Nordafrika Cyprians (†258). Man rechnet dabei kaum mit einem einheitlichen Übersetzungsvorgang. Als Anfang vermutet man Teilübersetzungen der für den liturgischen Gebrauch benötigen Stücke.[28]

Alle europäischen Textzeugen sind jünger und werden als Europäisierung des afrikanischen Textes charakterisiert.[29] Jedoch hat man nicht nur in Europa den afrikanischen Text rezensiert, sondern auch in Afrika selbst.[30] Nach den Ergebnissen der Forschung zumal im Zusammenhang mit der Edition der Vetus Latina wurde die Entwicklung des lateinischen Bibeltextes vornehmlich von Italien und Südgallien getragen,[31] die hervorragenden Textzeugen sind dabei nicht die Vollbibeln, sondern Handschriften einzelner biblischer Bücher. Sehr häufig liegt ein Text der Hieronymusübersetzung zugrunde, der jedoch nach altlateinischen Texten revidiert wurde. Schrieb man ein gesamtes Bibelcorpus ab, wozu oft mehrere Bände benötigt wurden, so gab es immer auch Bücher, die in altlateinischer Version abgeschrieben wurden. So waren die Bibeltexte, die den Vitenautoren vorlagen, gleich in mehrfacher Hinsicht Mischversionen: Übernahm man ein Buch in der Übersetzung des Hieronymus, so waren darin Korrekturen nach altlateinischen Texten vorgenommen worden. Neben den nach altlateinischer Vorlage korrigierten Hieronymustexten standen aber Bücher in altlateinischer Version. Hinzu kommt, daß zu liturgischem Gebrauch gesonderte Psalterhandschriften – häufig um biblische Cantica erweitert – vorlagen. In der Liturgie aber hielten sich die Cantica besonders lange in

---

27 Dazu sei verwiesen W. J. FREDE, Epistola ad Ephesos, Freiburg i. Br. 1962–1964, Teil B, S. 29ff.
28 B. FISCHER Bibelausgaben S. 521; FISCHER schließt parallele Übersetzungen etwa in Rom und Gallien nicht aus.
29 B. FISCHER, Genesis, 4 Bde., 1951–1954; Bd. I, 14.
30 Augustinus blieb gegenüber dem Unternehmen des Hieronymus skeptisch und wurde selber tätig mit einer Revision nach der Septuaginta; s. D. DE BRUYNE, Saint Augustin reviseur de la bible, Miscellanea Augustiniana II, Roma 1931, S. 521–606, und J. SCHILDENBERGER, Die Itala des hl. Augustinus, Colligere fragmenta, Festschrift A. Dold, Texte und Arbeiten I,2, Beuron 1952, S. 84–102.
31 B. FISCHER, Bibelausgaben, S. 527–544.

altlateinischer Version.[32] So muß damit gerechnet werden, daß in einem Kloster mindestens für bestimmte Teile der Bibel zwei Textversionen vorhanden waren, einmal eine wie immer rezensierte Hieronymusübersetzung, die dem Vorlesen im Gottesdienst diente, oder auch bei persönlicher Bibellektüre benutzt wurde, und eine oft noch im 8. Jahrhundert der Liturgie dienende altlateinische Version.

In karolingischer Zeit ist an fast allen Plätzen von geistiger Bedeutung auch am Bibeltext gearbeitet worden.[33] Drei Bibelrevisionen ragen jedoch aus der großen Zahl heraus: Die des Corbeier Abtes Maurdramnus (772–781), die Alkuins und diejenige Theodulfs. Die Arbeit des Maurdramnus ist nur in Bruchstücken auf uns gekommen, nach Auskunft der Fachleute fehlt bislang eine gründliche Bearbeitung dieses Textes. Der Alkuintext, wohl 800 fertiggestellt, bleibt in Bewegung, auch unter den Nachfolgern Alkuins. Dieser entschied sich für das Psalterium Gallicanum, die hexaplarische Revision des Hieronymustextes gegen dessen „iuxta Hebreos". B. Fischer hält die Gründe der Durchsetzung des Psalterium Gallicanum für ungeklärt, da den Angelsachsen für die Liturgie das Psalterium Romanum und in der Bibel das „iuxta Hebreos" geläufig war.[34]

Ist Alkuins Bibel auch nicht auf Anweisung Karls des Großen entstanden, so handelte Alkuin doch im Rahmen der Richtlinien Karls, wie viele andere. Der von ihm korrigierte Text kam als Geschenk an Karls Hof. Groß ist die Zahl der nach diesem Text in Tours abgeschriebenen Bibeln, die in alle Teile des Reiches versandt wurden. Alkuins Text wurde schließlich zum Normaltext der Bibel im Frankenreich und bestimmte so, was später Vulgata werden sollte. So wurde Alkuins Bibelrevision die folgenreichste seit Hieronymus. Weiter reichten aber die philologischen Intentionen Theodulfs,[35] er entschied sich für das Psalterium iuxta Hebreos gegen das Gallicanum, dem Alkuin den Vorzug gegeben hatte, und das in der Liturgie verwandt wurde. Einzigartig ist sein Versuch, Hieronymus nach dem hebräischen Text zu korrigieren, wofür er die Hilfe eines getauften Juden in Anspruch nahm.[36] Daneben war er bemüht, sich eine breitere Handschriftengrundlage zu verschaffen. In der Wirkung kam die Revision Theodulfs derjenigen Alkuins nicht gleich.

Nach diesen Hinweisen zur Textentwicklung der lateinischen Bibel müssen freilich einige Überlegungen zur Textkenntnis und –benutzung in der Hagiographie angefügt werden. Der spätantike Geistliche erwarb seine Ausbildung bei weltlichen Lehrern und war so zunächst Rhetoriker. Schriftlektüre und –kenntnis sind oft erst nach der Entscheidung zum geistlichen Beruf an der jeweiligen mensa episcopalis

---

32 Dazu H. SCHNEIDER, Die altlateinischen biblischen Cantica Texte und Arbeiten 29/30, Beuron 1938.
33 FISCHER, Bibeltext und Bibelreform unter Karl dem Großen, Karl der Große, Lebenswerk und Nachleben, Bd. 2 Das geistige Leben, Düsseldorf 1965, S. 156–216.
34 FISCHER, Bibeltext S. 193f.
35 FISCHER, Bibeltext S. 177ff zum wissenschaftlichen Programm Theodulfs.
36 FISCHER, Bibelausgaben S. 593ff; zu einem ähnlichen Fall in Mainz ders., Bibeltext S. 178f mit Anm. 37 (mit der Möglichkeit, daß Hebreus einen gelehrten Spezialisten meint) und S. 200.

gewonnen und begonnen worden. Anders lagen die Dinge, wenn der Autor monastischen Kreisen entstammte.[37] In den Klöstern wurde von Anfang an auf die Bibel hin und mit biblischen Texten unterrichtet. Der Mönch gewann seine Bibelkenntnis jedoch nicht nur aus Schulstunden; man muß überlegen, ob nicht Liturgie, Lesung bei Tisch, das Gespräch mit Brüdern und auch individuelle Lektüre noch wichtiger waren. Dabei haben wir keinen Grund anzunehmen, daß die Frage nach der Textrevision von Bedeutung war. Das Gegenteil ist solange anzunehmen, als etwa in der Liturgie eine andere Psalterversion benutzt werden konnte als in der Vollbibel desselben Klosters.

Dies wirft ein Licht auf die Abweichungen der Bibelzitate von den Vulgatatexten in den Viten. Wer einen Bibelkommentar schrieb, wird die Bibel zur Hand gehabt haben. Anders der Hagiograph. Er zitierte wohl auswendig, wie die oftmals falschen Ankündigungen von Schriftworten schlagend beweisen. Einerseits mochten bei auswendigem Zitieren Abweichungen sich von selbst einstellen, ohne daß deswegen schon sicher auf eine Vetus-Latina-Überlieferung geschlossen werden kann. Zum anderen wird das auswendige Zitieren oft genug der Liturgie entstammen und folglich deren Textversion wiedergeben, woraus dann nicht auf die im Kloster überlieferte Bibelversion geschlossen werden kann.

Der Auswertung der Viten für die Textgeschichte der lateinischen Bibel sind somit Grenzen gesetzt. Da es hier aber um die Bedeutung des Bibelwortes im Vitentext geht, sind die Anlehnungen an die Schrift, die ja kein wörtliches Zitat enthalten, von mindestens ebenso großer Bedeutung wie unmittelbare Zitate, und sie lassen sich fast nie auf bestimmte Textversionen zurückführen, da der Wortlaut des Bibelverses fehlt. Ja, die Zitate selber bereiten der Identifizierung der Textversion wegen der Kürze ihres Wortlautes oft genug Schwierigkeiten, da es in den seltensten Fällen um die Frage altlateinisch oder hieronymianisch geht. Gibt ein kurzer Vers einen altlateinischen Wortlaut wieder, so bezeugt er oft nicht die Benutzung einer altlateinischen Übersetzung, sondern einen altlateinisch korrigierten Hieronymustext.

Im Folgenden wird also nicht die Frage verhandelt, welche lateinische Bibelversion für den Text benutzt wurde, hier soll die Rede sein von der Bedeutung, die ein Schriftwort im Zusammenhang des Vitentextes hat.

---

37 Heiligenviten sind in den meisten Fällen Werke von Mönchen (die ursprünglich keine Priester waren) oder Geistlichen. Gelegentlich gibt es davon Ausnahmen, wie etwa Sulpicius Severus, Vita S. Martini, ed. Jacques FONTAINES; oder der Westgotenkönig Sisebut, der ein Leben des Bischofs Desiderius von Vienne schrieb.

2 DES ATHANASIUS LEBEN DES HEILIGEN ANTONIUS

Des Athanasius Leben des heiligen Antonius steht an der Schwelle des Nachruhmes dieses wohl bedeutendsten Eremiten.[38] Die Kenntnis seines ungewöhnlichen Lebens hatte sich zuvor schon, offenbar bereits zu seinen Lebzeiten, verbreitet. So war das Interesse für die Vita geweckt, ehe Athanasius zu Feder griff,[39] und dies mag die rasche Verbreitung, ja die frühe zweifache lateinische Übersetzung des Werkes erklären helfen.

Es gibt bedeutende Heilige, wie z. B. Severin von Noricum oder Martin, über deren Jugend wir nichts wissen. Antonius wird uns vorgestellt als ein Kind, das wohlbehütet aufwuchs, aller kindlichen Zügellosigkeit fernblieb, wenn es sich auch weigerte, die von den Eltern angebotene Schulbildung zu durchlaufen.[40] Sein aufmerksames Zuhören, seine Bescheidenheit möchten rasch unter den Topos des *puer senex*[41] subsummiert werden. Das genaue Vorbild solcher Schilderung hätte die Geschichte vom 12jährigen Jesus im Tempel (Lc. 2,41ff) sein können; allein Athanasius griff auf die Patriarchenerzählung des Alten Testamentes zurück: *secundum quod scriptum est, innocenter habitabat domi* (Gen. 25,27). Athanasius kennzeichnet hier, wie zahllose Male im Verlauf seines Berichtes, selber die Anlehnung an die Bibel; sie soll dem Leser bewußt werden, und wir können sie nicht als von der Bibel beeinflußten Sprachgebrauch einer allgemeinen Sprachgeschichte zuschlagen. Die Vita nutzt ein Wort, mit dem Jakob im Unterschied zu Esau charakterisiert wird: ... *factus est Esau vir gnarus venandi et homo agricola; Jacob autem vir simplex habitabat in tabernaculis*. Man sieht, daß hier nicht Kinder geschildert werden. Nicht an einem Spätzeitideal, so Curtius zum *puer senex*, nicht an dem *puer senex* ist die Kindheitsschilderung orientiert, sondern am Gegensatz zweier erwachsener, keineswegs alter Männer, deren Leben dem bibelkundigen Leser älterer Zeiten vor Augen stand. Nicht von greisenhafter Weisheit war der junge Antonius, sondern ein frommes Kind, nicht ohne Eigenwilligkeit, wie die Ablehnung der Schule zeigt. Die Vita setzt die Kenntnis der biblischen Geschichten voraus; andererseits erlaubte die verbreitete Kenntnis der Bibel, sich so knapp charakterisierend auszudrücken.

---

38 S. Endnote II.
39 S. Endnote III.
40 C. 1; VON HERTLING, Studi storici antoniani negli ultimi trent'anni, in: Antonius Eremita, Studia Anselmiana 38, 1956, vertraut dem Bericht über die Jugend nicht zu unrecht (S. 23f). Zur Frage der Schule und Bildung speziell: Annick MARTIN, Athanase d'Alexandrie et église d'Égypte au IVe siècle, Collection de l'École Française de Rome 216, Rome 1996, S. 609f. Man wird Antonius trotz dieses Berichtes vielleicht nicht für einen völligen Analphabeten halten wollen, gebildet im Sinne der Zeit war er sicher nicht.
41 CURTIUS Europäische Literatur (wie Anm. 1) S. 108ff. Die S. 110 genannten Bibelstellen gehören schwerlich hierher. Sein Hinweis auf das Mönchtum ist zumindest äußerst flüchtig.

Keine weitere Begebenheit aus der Jugend des Antonius ist überliefert; sei es, daß Antonius selber alles, was vor dem Asketenleben lag, nicht für berichtenswert hielt, sei es, daß Athanasius überging, was er erfahren haben mag. Der knapp 20jährige, verwaist, verantwortlich für die Erziehung der Schwester, entschloß sich offenbar plötzlich zum asketischen Leben.[42] Die Vita berichtet von einem Kirchenbesuch, bei dem Antonius darauf aufmerksam wurde, daß die Apostel alles verlassen hatten, um Christus zu folgen;[43] daß viele Glieder der Gemeinde zu Jerusalem alle Habe verkauft hatten, den Erlös aber den Bedürftigen gaben,[44] und er erfuhr von der Hoffnung der Christen auf ein jenseitiges Leben (Col. 1,5). Ferner hörte er von Jesu harter Forderung an einen reichen Jüngling, wenn er vollkommen sein wolle, so solle er alles verlassen und ihm, Christus, folgen; damit erwürbe er einen Schatz im Himmel.[45] Diese Worte nahm er wie um seinetwillen gesprochen auf, ohne ihrer Unerbittlichkeit durch den Versuch einer Interpretation auszuweichen. Er verkaufte seinen Besitz bis auf das Nötigste und beschenkte Arme. Als er dann noch in der Kirche Christi Wort vernahm, man solle nicht für den morgigen Tag sorgen (c.3; Mt. 6,34), da verteilte er den Rest seiner Habe, gab seine Schwester in die Obhut würdiger Damen und entschloß sich zu asketischem Leben. Am Beginn seines Weges standen Christusworte von geradezu alttestamentlicher Unerbittlichkeit, vergleichbar etwa dem Gebot an Abraham: *Egredere de terra tua ...* [46] Christus selber duldete keinen Gedanken, der nicht auf Gott bezogen war, die Menschen hatten sich zu entscheiden für ihn oder für vielleicht sehr vernünftige, geradezu

---

42 Es mag dahingestellt bleiben, ob Antonius sich tatsächlich von einer Stunde zur anderen zum Asketenleben entschloß; wichtiger wäre, daß die Erzählung deutlich macht, daß Antonius nicht zufällig in solches Leben hineinglitt, sondern durch einen Entschluß Asket wurde. Wenn später AUGUSTINUS, De ordine II 29 zu Alypius über den jüngeren Gesprächsteilnehmer sagt: *quis istos adulescentes, qui antea noverat, facile credat tam studiose magna quaerere, tantas repente in hac aetate indixisse inimicitias voluptatibus*, so meint auch er, daß solche Entschlüsse eine plötzliche Wendung bedeuten.

43 Mt. 4,18 und 9,9; Mc. 1,16ff und 2,13ff; Lc. 5,1ff und 5,27ff; Joh. 1,35ff.

44 Act. 4,35. Die Erzählung von der ersten Gemeinde in Jerusalem hatte Pachomius zu einer bestimmten Vorstellung von coinobitischem Leben geführt (s. unter Pachomius). Antonius bezog dieses Wort nicht auf die Gemeinschaft, ihn bewegte der Verzicht, man könnte sagen, das erste Gebot; deshalb die Nähe zur Geschichte vom reichen Jüngling. Die Armutsforderung eremitischer wie coinobitischer Art wird notwendig aus schroffen Texten des NT hergeleitet. Für die großen Gestalten der Patriarchenzeit ist Reichtum etwas selbstverständlich Gegebenes. Wer hätte auch bei Abraham den Eindruck, daß seine Wohlhabenheit ihn je von Gott abgezogen hätte? Noch das Buch Hiob gäbe zu dieser Frage interessanten Stoff; Hiobs Zweifel haben mit Reichtum oder dessen Verlust nichts zu tun. Erst eine spätere Zeit mußte sich von diesen Dingen befreien, um die Grundtatsachen der Schöpfung und der Forderungen des Schöpfers wieder zu erkennen und zu befolgen. Zur monastischen Armut und der Unterscheidung von Eremiten und Coinobiten in ihrem Armutsideal: H. BACHT, Das Armutsideal des Pachomius und seiner Jünger, in DERS.: Das Vermächtnis des Ursprungs, Studien zur Theologie des geistlichen Lebens V, Würzburg 1972, S. 225–243; caritative Zwecke waren schwerlich der Ursprung.

45 Mt. 19,21; Mc. 10,21; Lc. 18,22.

46 Gen. 12,1. Zu dieser Gruppe von Zitaten, die bei vielen *conversiones* eine Rolle gespielt haben: U. RANKE-HEINEMANN, Das frühe Mönchtum, Essen 1964, S. 34ff, ferner A. ANGENENDT, Monachi peregrini, München 1972, S. 126ff.

menschliche Verpflichtungen.⁴⁷ Antonius entzog sich solch unerbittlicher Forderung nicht, wich auch nicht, ins scheinbar Prinzipielle interpretierend, aus, sondern trat die Nachfolge an.⁴⁸

Die Verbindung der drei Christusworte sowie die Begebenheit aus der Gemeinde zu Jerusalem mit dem Pauluszitat ist nicht gegeben. Paulus leitete die christliche Jenseitshoffnung aus der *fides in Christo Jesu* ab und der *dilectio in sanctos omnes*. Antonius, und mit ihm der Autor, machten hingegen die bedingungslose Nachfolge – in der man die Konsequenz der *fides* sehen kann – zum Grund der eigenen Hoffnung in einer Härte, die die Schicksale der Patriarchen und Propheten in Erinnerung ruft.⁴⁹ Von dieser Art, Schriftworte unvermittelt auf sich anzuwenden, zeugen weitere Stellen, etwa der Hinweis auf den Unterhalt aus eigener Arbeit, *sciens scriptum esse: Qui non operatur non manducet*; oder der Bericht seines ständigen Betens, *quippe qui didicerat, quod oportet sine intermissione Dominum orare* (2. Thess. 3,10 und 1. Thess. 5,17). So faßte Evagrius (in geringfügiger Veränderung des Textes) sehr genau zusammen, Antonius habe der Schriftlesung aufmerksam zugehört, daß nichts seinem Gedächtnis entfiel, *sed universa Domini praecepta custodiens*, diente das Gedächtnis als Buch, das als *praecepta* umschrieben werden konnte. Waren es Zitate aus dem Neuen Testament, denen sich Antonius fügte, so sprach aus ihnen der fordernde Gott, den das alte Israel gekannt hatte. Der Eintritt ins Eremitenleben geschah nicht unter dem Eindruck der Erlösungslehre, oder der Bergpredigt, nicht im Vertrauen auf die Güte, sondern in Erkenntnis der Strenge Gottes, wie Antonius sie im Neuen Testament verkündet fand. Erst nachdem er den ersten Ansturm der Versuchung überwunden hatte, die ihn in das soeben verlassene Alltagsleben mit all seinen Verlockungen zurückholen wollte, erfahren wir, daß Gott *victoriam corpori contra diabolum largitus est, ut singulis ita certantibus, apostolicum licet proferre sermonem: Non autem ego, sed gratia Dei, quae mecum*

---

47 Man hätte ebenso an Mt .8,19ff oder 22,1ff sowie Lc. 9,57ff und 14,15ff denken können. Vielleicht ist man heute wenig geneigt, die Plötzlichkeit solcher Entscheidungen zu glauben und könnte versuchen, den Tod der Eltern oder uns unbekannte Schwierigkeiten begründend heranzuziehen. Der Bericht über die stetige Frömmigkeit des Heranwachsenden zeigt deutlich die Bereitschaft des Knaben für Gott. Da bedurfte es vielleicht eines deutlichen Anstoßes und nicht tiefgreifender Erschütterungen, die dann einen resignierten Rückzug aus der Welt bewirkt hätten. Antonius zieht heiter und kampfbereit in sein neues Leben.

48 HARMLESS, Desert Christians, Oxford 2004, weist S. 60 darauf hin, daß Athanasius Antonius keineswegs als ersten Mönch oder Einsiedler schildert, da er c. 3 mitteilt, damals habe es noch nicht so viele Einsiedeleien in Ägypten gegeben, und von der Wüste hätten jene nichts gewußt. Darüberhinaus sei darauf hingewiesen, daß Athanasius schildert, wie Antonius, zunächst von seinem Haus aus einen altem Einsiedler in seinem Quartier nacheiferte, dann aber in der Umgebung seines Heimatortes zu Asketen zog, deren jeder eine besondere Tugend an sich vervollkommnete (c. 3 und 4). Er selber aber wollte nicht irgendeine Tugend an sich ausbilden, er wollte die Fülle der Tugenden zu einem solchermaßen allseitigen Menschsein in sich vereinen. Dies war nach Athanasius neu wie auch der weitere Weg in die Wüste.

49 Die Schicksale der Patriarchen und Propheten waren verhängt, keiner von ihnen ist durch eigenen Entschluß geworden, als was er in der Überlieferung vor uns steht. Dies unterschied sie von den meisten späteren Mönchen, denen die Härte nicht widerfuhr, sondern die sie willentlich auf sich nahmen.

est (c. 4; 1. Cor. 15,10). Erscheint das Pauluszitat hier als Urteil des Verfassers, so gibt Antonius selber seiner neu gewonnenen Verachtung des Satans Ausdruck: *Nulla mihi iam de te cura est. Dominus mihi adiutor est, et ego exsultabo super inimicos meos* (Ps. 117,7), ein Wort des Psalters, das die intellektuelle Art des nüchtern feststellenden Theologenwortes um den jubelnden Ausdruck der Freude übertrifft. Sollte es später den Reformatoren um die Gewißheit eines gnädigen Gottes angesichts des Jüngsten Gerichtes gehen, so erfuhr Antonius die gnädige Hilfe des zugleich streng fordernden Gottes hier in der eigenen Bewährung.[50]

Satan zu schildern, dienten Zitate aus dem Neuen Testament: *secundum quod scriptum est stridens dentibus* (Mc. 9,17), oder *iste ut leo rugiens* (c. 5, Petr. 5,8). Dies zeigt erneut, wie stark man damals die alttestamentlich harte Seite des Neuen Testamentes gesehen hat und sich ihr stellte. Paulusworte unterstreichen auch die lehrhafte und die praktische Konsequenz dieser ersten Eremitenerfahrung: Lehrhaft war die Verbindung des Bisherigen mit der Erlösungslehre des Neuen Testamentes: *Haec autem Antonii contra diabolum fuit prima victoria, imo virtus in Antonio salvatoris, „qui peccatum in carne condemnavit, ut iustificatio legis in nobis compleretur, qui non secundum carnem ambulans sed secundum spiritum"* (Rom. 8,3f), ein umso erstaunlicheres Wort, als zuvor (c. 4) gesagt worden war *victoriam corpori contra diabolum largitus est*. Antonius sprach später Satan einen Körper ab, er täusche ihn nur vor (c. 16, col. 140). Praktisch: Er bedachte *scripturarum doctus eloquio, multos esse daemonum captiones ... Idcirco magis ac magis subjugabat corpus suum, ne victor aliorum in aliis vinceretur* (Eph. 6,11 und 1. Cor. 9,27).

Als der Unterlegene, Satan, als häßlich-schwarze Knabengestalt seine Ohnmacht eingesteht, nennt er sich auf des Antonius Fragen *spiritus fornicationis* (c. 4). Er brüstet sich: *Ego sum, propter quem propheta lapsos increpat dicens spiritu fornicationis seducti estis*. Hatte Hosea (Os. 4, 12)[51] die Wankelmütigkeit Israels, seine Hinwendung zu fremden Göttern als Hurerei bezeichnet, so traf das Zitat hier die gleiche Erscheinung – die Hinwendung des Menschen zu Dingen, die von Gott ablenken.[52] Die generelle Umschreibung der menschlichen Lage und Gefährdung wurde mit dem Wort des Propheten verdeutlicht.

---

50 Das Zusammenwirken menschlicher Bemühung und der Gnade Gottes, die Bestätigung dieser Grundgegebenheiten des menschlichen Lebens, wird durch die gesamte Hagiographie des frühen Mittelalters zu verfolgen sein, ist aber auch in ganz anderen Texten greifbar, bedeutend z. B. in der Urkunde Bernwards, mit der dieser St. Michael zu Hildesheim stiftete; vgl. W. VON DEN STEINEN, Bernward von Hildesheim über sich selbst, Deutsches Archiv 12 (1956) S. 187–192 und D. VON DER NAHMER, Die Inschrift auf der Bernwardstür in Hildesheim im Rahmen bernwardinischer Inschriften, in: Bernwardinische Kunst, Schriftenreihe der Kommission für niedersächsische Bau und Kunstgeschichte III, Göttingen 1988, S. 51–70.

51 A. NITSCHKE, Heilige in dieser Welt, Stuttgart 1962, S. 35, setzt den *spiritus fornicationis* mit *eros-cupido* gleich, gemäß einer späteren Aussage der Vita selbst: Die Götter der Heiden seien Dämonen. Die verschiedenartigen Versuchungen des Antonius in c. 4 wie auch das Hoseazitat legen den Gedanken nahe, daß *der spiritus fornicationis* jede Ablenkung von Gott meint. Zudem: Die Antoniusdämonologie col. 137 zeigt, daß die Beschränkung der Dämonen auf heidnische Götter nicht ausreicht.

52 Aufgezählt in c. 4 u. a. *memoriam possessionum, sororis defensionem, generis nobilitatem, amorem rerum, fluxam saeculi gloriam ...*

Die bisherige Erfahrung führte Antonius zu der Entscheidung, die Askese zu steigern. Darum suchte er bald eine Grabeshöhle, dann ein Brunnenhaus, schließlich den Berg Kolzim auf. In drei Stufen wird die Steigerung der Askese biblisch begründet: Der Verzicht auf alles, was den Körper pflegt und kräftigt – Schlaf, Nahrung etc. beschränkte er auf das Allernötigste – seine Kraft sollte nicht die des Körpers, sondern die Empfangsbereitschaft für Gott sein.[53] Die Steigerung der Askese sollte zudem heißen: *praeterea obliviscens, et in futurum convalescens* (Phil. 3,13). Dies bedeutete nicht nur kein Ausruhen auf dem Erreichten, Antonius wollte, wie ausdrücklich dargelegt, nur aus der Spannung auf das vorgesetzte Ziel leben. War dies von der Seite seines Wunsches her gesagt (*amor et famulus spontaneus; ad perfectum divini metus desiderium*), so ergänzte er dies alttestamentlich mit einem Prophetenwort des Elia, auch dieses wie die anderen beiden als Schriftwort angekündigt; *vivit Dominus, cui adsto hodie ante ipsum*[54]. Für Elia war die Praesenz Gottes eine Beschwörungsformel dafür, daß er nun vor seinen Verfolger Ahab treten wollte (Gottesurteil auf dem Karmel). Für Antonius und den Verfasser der Vita wurde es Bezeichnung einer täglichen Situation des Menschen und der ständigen Möglichkeit des Todes,[55] zur Verpflichtung, sich als der zu bewähren, *qualem sciebat dignum Dei esse conspectibus, purum corde, et paratum obedire voluntati eius*. Diesen Elias wählte er sich zum Vorbild, zum Spiegel, dem das eigene Leben anzugleichen war. So begab er sich in die nahe gelegene Grabhöhle. Als man ihn nach neuen Dämonenkämpfen regungslos fand und zur Beerdigung in die Ortschaft trug, erholte er sich und kehrte in die Höhle zurück. Seine neue Kampfansage an die Dämonen ist geeignet, deutlich zu machen, wie wenig Antonius zwischen dem alten und den Neuen Testament unterschied: Er fürchtete die Dämonen nicht, *nullus me separabit a charitate Christ* (c. 7; Rom. 8,35); und dazu das Psalmzitat: *Si consistant adversum me castra, non timebit cor meum* (Ps. 26,3). Seine Kämpfe in der Grabhöhle endeten mit einer Lichterscheinung, in der er seinen Herrn erkannte (Evagrius drückt sich hier schärfer aus, als Athanasius). Christus versprach ihm von nun an seine Hilfe. Leicht hätte solche Erscheinung in Anlehnung an Engels- und Gotteserscheinungen beider Testamente geschildert werden können. Wich also schon des Antonius Bericht von denkbaren biblischen Vorlagen ab?

Antonius' nächste Station war jenes Brunnenhaus (c. 11ff) das er zwanzig Jahre bewohnt haben soll. Der Weg dorthin wie auch die Dämonenkämpfe sind ohne bib-

---

53 C. 6; 2. Cor. 12,10: *Quando infirmior, tunc fortior sum*; nicht wörtlich Vulgata. Paulus bezog sich auf seine Krankheit. Die Vita fährt fort: *Asserebatque sensum animi sic posse revivescere, si corporis fuisset impetus fatigatus*.
54 3. Reg. 18,15; Vulgata: *Vivit dominus execituum, ante cuius vultum sto ...*
55 An keiner Stelle werden Sünde und Sündenstrafe so manifest, wie am Grab: Der Tod ist der Sünde Sold, das besagen schon z. B. Gen. 2,17 und 3,19; dann: Rom.5,12 und 6,23. Insofern ist dies ein Platz, an dem die Herrschaft Satans sichtbar wird. Man mag überlegen, ob bei Antonius der Gedanke an den Sieg Christi über den Tod, als Sieg über Gottes Widerpart überhaupt, auch in dem Augenblick gegenwärtig war, als er das Grab als Kampfplatz wählte. Pachomius zog sich als Schüler des Palaemon häufiger in ein Grab zum Gebet zurück, und der Platz, an dem er dabei stand, war vom Schweiß seines Körpers schlammig: Bo. c. 12; LEFORT S. 87.

lische Anspielungen vorgetragen. Die Besucher, von Antonius nie in seine Behausung eingelassen, hörten freilich nicht nur das Getöse der Kämpfe, sondern auch den Psalmen singenden Eremiten: *Exsurgat Deus, et dissipentur inimici eius, et fugiant, qui oderunt eum, a facie eius. Sicut deficit fumus, deficiant, ut liquescit cera a facie ignis, ita pereant peccatores a facie Dei* (c. 12; Ps. 67,2f). *Et iterum: Omnes gentes circumdederunt me, et in nomine Domini vindicavi in eis* (Ps. 117,10). Psalmworte im Munde eines Heiligen, dies könnte ein gesondertes Thema sein. Seine Zuversicht hatte Antonius schon mehrfach mit Psalmversen gesungen: Zuerst gegenüber jener schwarzen Teufelserscheinung (*spiritus fornicationis*), die ihre Ohnmacht bekannt hatte, dann nach seiner Rückkehr in die Grabeshöhle (c. 8), zum dritten Mal nun, im Dämonenkampf des Brunnenhauses. Da mag es auf sich beruhen, ob es gerade diese Verse waren, die Antonius sang und an denen er sich aufrichtete; der Psalter war das Buch der Zuversicht und der Freude für Antonius und viele Spätere.

Mehrere Reden des Antonius sind in die Vita eingearbeitet. Die umfangreichste ist die erste,[56] eine Lehrrede an Mönche, die um *institutoria praecepta* baten, um eine Regel, so möchte man verstärkend übersetzen. Diese gab Antonius nicht, *ad omnem quidem mandatorum disciplinam Scriptura posse sufficere;* ein weiterer Hinweis, in welchem Grade für Antonius die Hl. Schrift ein fordernder Text war. Für das Schriftverständnis der Eremiten oder des Verfassers der Vita ist der Text der Rede folglich ein aufschlußreicher Text. Es versteht sich von selbst, daß nicht angenommen werden kann, Athanasius gäbe hier eine gehaltene Rede wörtlich wieder; jedoch gibt es keinen Grund, daran zu zweifeln, daß er aus guter Kenntnis Authentisches vorträgt. Die Antonius vorgelegte Frage entspricht sehr genau einem natürlichen Interesse der zweiten Mönchsgeneration, die Bereitschaft zur Beantwortung ist außerordentlich gut durch Vätersprüche belegt.[57] Daß daraus gelegentlich Reden wurden, ist schon deshalb wahrscheinlich, weil von Christus, in dessen

---

56 C. 15ff; col. 135ff. Der rigorose Umgang K. HEUSSIS, Der Ursprung des Mönchtums, Tübingen 1936, S. 87, mit den Antoniusreden ist wohl unhaltbar. Man müßte schon klären, wie Autoren zu solchen Reden kommen und Leser sie hinnehmen. Reden waren ein wichtiges Element antiken Geschehens, und der Autor, eine Rede nachbildend, traf die antike Realität im Prinzipiellen sehr genau, schuf und gestaltete Dramatik und Lebendigkeit einer Situation neu; gewiß mit eigenen Worten. Aber wie sollte hier nicht stehen, was Antoniusschüler, was Athanasius von Antonius wußte? HEUSSI a. a. O. ist mit der Vita überhaupt schnell fertig, gewiß hat die Vita eine „erbauliche" Absicht; aber HEUSSI hat wie zahlreiche andere Autoren in ähnlichen Fällen nicht den mindesten Gedanken darauf verwandt, ob nicht der Gegenstand, daß tatsächliche Leben dieses Eremiten „erbaulich" gewesen ist und nur deshalb in einer Vita dargestellt wurde. Chr. MOHRMANN beschäftigt sich in ihrer Einleitung zu Bartelinks Edition der älteren lateinischen Übersetzung (s. Endnote II) S. LXXVIIIff mit der Bewertung der Reden des Antonius und erkennt, daß Athanasius nicht antiker literarischer Tradition folgt, sondern Rede und Gespräch als Kennzeichen der älteren monastischen Kultur zumal in Ägypten sehr genau nachformt.

57 DÖRRIES, Die Vita Antonii als Geschichtsquelle, Nachrichten der Akademie der Wissenschaften zu Göttingen, phil.-hist. Kl, 1949, S. 357–410, erarbeitet den Unterschied zwischen den Antoniusapophtegmata und der Vita und hebt hervor, daß die Vätersprüche den der Zelle ver-

Nachfolge die Mönche stehen wollten, Lehrreden überliefert sind, und weil das Thema der *institutoria praecepta* – Regel nicht in einem Väterspruch abzuhandeln war. Verwandte Fragen werden öfter an Antonius gestellt worden sein – hier sind sie ein für allemal abgehandelt, hier wird zusammengedrängt sein, was Antonius zum Thema Mönchsleben gelehrt hat.[58] Der Bericht des Athanasius trifft so in Situation und Antwortrede das Richtige, ohne daß das Ereignis an dieser Stelle und mit genau diesen Worten stattgefunden haben müßte. Schon der Hinweis, die hl. Schriften genügten als Lebensvorschrift der Mönche, läßt eine von Bibelworten durchtränkte Rede erwarten. Damit müßte man annehmen, daß hier kein Tagesablauf gegeben wird, sondern eine Schilderung der Lage des Menschen, und die mönchische Art, sich darin zu bewähren. Aus eigener Kraft konnte der Eremit die dafür nötige Autorität nicht besitzen, nur das Schriftwort war von solchem Rang – es wurde ja zu Personen gesprochen, die sich dem schriftgebundenen Glauben in ihrem Leben fügen wollten. Antonius forderte die gemeinschaftliche Bewältigung der Schwierigkeiten, die den Mönch bedrängten, zumal das Gespräch mit dem *pater*[59] und das unablässige Festhalten an dem gefaßten Vorsatz. Und nun folgt eine Einschätzung des irdischen Menschenlebens, immer im Vergleiche zu einer geglaubten und erhofften Ewigkeit. Dem steht nach einem bekannten Psalmwort ein irdisches Leben von 70, höchstens 80 Jahren gegenüber, das aus Mühen besteht (Ps. 89,10). Ist diese Mühe aufgewandt, um *in Dei opere* zu leben, so lohnt dies Gott nicht mit gleicher Zeit, sondern *omnium nobis saeculorum regna tribuentur*, Irdisches wird gegen Himmlisches gegeben, für einen verweslichen Leib ein unverweslicher gewonnen (nach 1. Cor. 15,42 und 53). Diese Zukunft soll über jede Ermüdung, über die Verlockung des Ruhmes hinweghelfen, die Leiden des Erdenlebens stehen in keinem Verhältnis zum künftigen Ruhm (Rom. 8,18). Es ist bei aller harten Forderung der Askese nicht davon die Rede, daß durch irdische Leistungen ein jenseitiges Leben „verdient" würde. Nur herausgerissene Sätze könnten solchen Eindruck erwecken. Vor der Größe der Verheißung verblassen alle menschlichen Leistungen; der Mensch ist der Beschenkte. Um die Grenzen irdischen Lebens darzulegen, benutzte der Redner ein Psalmzitat, dessen Inhalt vielleicht nichts Spezifisches des Alten Testamentes zu sein braucht; wo hatte man nicht die Kürze des Erdenlebens und seine Nöte erfahren? Freilich konnte das Neue Testament nicht leicht ein Zitat von solcher Resignation und Traurigkeit bieten, war doch aus der Hoffnung auf

---

bundenen Mönch deutlich zeigen, während die Vita vom Besucher oder Betrachter her geschrieben ist. Darin liegt wohl ein hoher Zeugniswert; Antonius ist für den Betrachter der Sieger vor allem, und dies kann er von sich selber im Väterspruch kaum aussprechen. Es ist richtig, daß die Vita den Spruch, die inspirierte Weisung, nicht kennt; der Typus: Fragender Besucher – Antwort des Eremiten ist reichlich vertreten; und sollte der kurze Spruch die einzige Form der Auskunft gewesen sein; bezeugt nicht auch Cassian lange Gespräche?

58 Für eine gelegentliche Lehrtätigkeit dieser Art sprechen auch die cc. 51 und 53; er begab sich für solche Besucher vom Berg herab.
59 Zu den Ursprüngen H. DÖRRIES, Die Beichte im älteren Mönchtum, in DERS.: Wort und Stunde I, Göttingen 1966, S. 225–250; vgl. Cassian, Collationes II, 10; Regula Magistri c. 15; Benedicti Regula, c. 7,44ff.

einen irdischen Messias die Jenseitshoffnung geworden, und sind deshalb die folgenden beiden Texte von der Hoffnungsfreudigkeit der Paulusworte, deren frohe Gewißheit vor dem Hintergrund des Psalmwortes umso deutlicher hervortritt. Möchte das Psalmwort allgemein erfahrenen Inhalt haben, was Antonius mit den Paulusworten dem entgegenhält, war als menschliche Versicherung sinnlos, erst als weitergegebenes Gotteswort konnte es Gewicht haben; auf dem Gewicht des Schriftwortes aber ruht ein großer Teil der Gültigkeit der Antoniusrede.

So ruft Antonius zum Verzicht auf irdische Annehmlichkeiten auf, es sei nichts Großes, das man da hinter sich lasse, man dürfe sich dessen nicht einmal rühmen. Der Tod trenne uns plötzlich und ohne unsere Zustimmung von allen irdischen Gütern (vgl. Eccl. 2,18f, oder 4,8). So mühe man sich um Dinge, die nicht über die Grenze des Todes hinweg getragen werden können (vgl. 1. Tim 6,7), sondern um das was zum Himmel führt: Weisheit, Keuschheit, Gerechtigkeit, Standhaftigkeit, Wachsamkeit, Fürsorge für Arme, unerschütterlichen Glauben an Gott, den Sieg über den Zorn, Gastfreundlichkeit; damit bereite man sich eine Wohnung im Himmel (Joh. 14,2f und 23). Die ständige Gefährdung des Menschen durch den Tod spricht Antonius mit alttestamentlicher Spruchweisheit aus, um dies dann mit Christusgleichnissen zu wiederholen. Vor den Erfahrungssätzen des Alten Testamentes nimmt sich das Pauluszitat in seiner schlußfolgernden Art fast intellektuell aus. Die Verheißung hat ihr Gewicht als Christuswort aus der Abschiedsrede; Christus bereitete seine Jünger auf seinen Tod und seine Rückkehr vor. Er verband damit das Versprechen seiner Nähe trotz körperlicher Abwesenheit. Antonius ging nicht wie Christus auf die Traurigkeit und Unsicherheit der Jünger ein, sondern stellte mit der Verheißung strenge Forderungen der Tugend und – wiederum biblisch – des Gehorsams, ja der Knechtschaft gegen Christus auf. Er beruft sich auf ein Gleichnis Christi von einem saumseligen Haushalter (Lc. 12,43ff), um die überraschende Ankunft des Herrn darzulegen; keine vorherige Leistung rechtfertigt ein Nachlassen. Im Gleichnis straft der Herr nach dem, was er bei der Rückkehr vorfand, nicht die vergangene Leistung wird bewertet. Sogleich wird dieses Gleichnis von drohenden Prophetenworten bestätigt (Ez. 18,24ff und 33,12ff), denen zufolge ein gesetzestreu lebender Mensch, der plötzlich von der Bahn des Gesetzes abweicht, dem Tod verfällt. Dies wieder wird förmlich belegt mit dem Schicksal des Judas, dessen mühevolle Jüngerschaft in der *impietas* einer Nacht verlorenging. So sollte man ständig, auf die versprochene Hilfe Christi vertrauend (vgl. Rom. 8,28), *continuu*(m) *instituti rigor*(em) bewahren.

Schärfer wird in weiteren Sätzen die Furcht vor dem Jüngsten Gericht allen weltlichen Verlockungen entgegengesetzt, der gerade Blick auf das Ziel verlangt.[60] Dann tut Antonius den nächsten Schritt und handelt von der Möglichkeit, der Anlage des Menschen zur Tugend (*homini inserta natura*, col. 136f). Tugend wird wirksam, indem der Mensch seinen Willen darauf richtet (*eiusmodo res est, quae*

---

60 Phil. 3,13; Gen. 19,26; Luc. 9,62; col. 136. Später entwickelte Gregor d. Gr. eine Lehre von der Furcht als einer gottgegebenen Hilfe zum rechten Weg: G. G. CARLUCCIO, The Seven Steps to Spiritual Perfection according to St. Gregory the Great, Universitas Cattolica Ottaviensis, Dissertationes, Series Theologica, Ottawa 1949, S. 75ff.

nostram tantummodo exspectat voluntatem). Die *naturalis animae puritas* ist Quelle und Ursprung aller Tugend, wenn der Mensch nicht auf ein Laster verfällt und so die Reinheit beschmutzt.[61] Hatte Antonius die Anlage des Menschen zur Tugend mit Christi Worten belegt: *Regnum Dei intra vos est* – Christus beantwortete die Pharisäerfrage, wann das Reich Gottes komme, und wies so jede äußerlich sichtbare Erscheinung eines Imperiums von sich – so findet er die Begründung in der Weltenschöpfung: *bonum eam necesse est creavit bonus Creator.* So ist es *virtus, si bona conditio* (der Seele) *servatur.* Der Mensch hat die Seele rein zu erhalten, wie er sie empfangen hat. Es ist also der Ursprung seiner Lehre in der Schöpfungsgeschichte zu finden, das Christuswort aber belegt die unwandelbare Wahrheit ältester Überlieferung; in diesem Kontext bestätigte Christus als Gottes Sohn den Schöpfungsbericht.[62] Daß der menschliche Wille zum Guten notwendig und von Gott gefordert ist, wird mit zwei beiden Testamenten entlehnten Zitaten dargelegt, die wie Gebote aufgefaßt werden, sehr im Unterschied zum Rückgriff auf die Schöpfungsgeschichte; da ging es um die richtige, alles weitere begründende Schilderung des Zustandes der Menschen. Josua forderte – vom Volk Israel Abschied nehmend – die Ablehnung aller fremden Götter. *Rectum facite cor vestrum ad dominum Deum Israel* (col. 137; Jos. 24,23); er erneuerte den Vertrag Gottes mit dem Volk, legte diesem aufs Neue die mosaischen Gesetze vor. Die Verbindung dieses Josuawortes zur Aussage des liber Genesis, daß der Mensch (die Seele) gut geschaffen sei, ist Eigentum dieser Rede. Bei Josua steht nur die unerbittliche Forderung. Man darf aber kaum annehmen, daß Antonius die Mönche nur beruhigt über solchem Gebot, indem er die ursprüngliche Anlage der Seele zur *virtus* darlegt, – zugleich wird die Forderung erhärtet, indem ihre Möglichkeit von der Schöpfung her begründet wird. Von Josuas Wort her mochte es naheliegen, auf den Ausspruch Johannes des Täufers zu kommen, *Rectas facite semitas eius*[63]. Dieses war gewiß treffend angewandt; Johannes' Wort in Verbindung mit seinem Bußruf war ja gedacht, daß die Menschen sich selber für die Ankunft des Messias bereiten sollten.

Waren dies die Grundgegebenheiten des Menschen nach dem Sündenfall, so geht Antonius nun zu den Schwierigkeiten täglichen Mönchslebens über. Nicht eine Laster- und Tugendlehre in Gegenüberstellung beherrschen den weiteren Verlauf der Rede. Zwei Grundübel entnimmt Antonius dem Jakobusbrief (Jac. 1,20 u. 15). Zorn: *Iracundia viri iustitiam dei non operatur*; Begehrlichkeit: *Desiderium concupiscens parit peccatum, quo profecta mors gignitur.* Den gemeinsamen Nenner fand er in den Sprüchen; es sei Gottes Befehl, *ut iugi custodia teamur animam nostram*

---

61 Bei CASSIAN ist die *puritas cordis* die Voraussetzung der Erkenntnis und eines vollkommenen Lebens; sie ist durch Askese zu erstreben; etwa: Inst. I,11; IV, 43; V, 22, u. 33f; XII, 15. Coll. I,6f; II, 11 gegen Ende.
62 Lc. 17,21; H. DÖRRIES, Vita Antonii (wie Anm. 57), S. 190, sieht in diesen Ausführungen griechische Herkunft.
63 Mt. 3,3; Lc. 3,4; Joh. 1,23; Joh. d. T. berief sich auf Is. 40,3.

(vgl. Prov. 4,23). Die Sprüche galten als Werk Salomos; dies interessiert nicht: *divinae vocis praeceptum*[64].

Sollte der Mensch sein Herz (Seele) bewachen, so drohte ihm Gefahr in des Antonius Darstellung von außen: *quia exercitatos ad supplantandum habemus inimicos, daemones scilicet, contra quos nobis, secundum apostolicam contestationem pugna sine intermissione est* (col. 137B). ein Nachlassen in der Wachsamkeit hätte also den Zorn oder irgendeine Begehrlichkeit, unbedachtes Handeln also, erzeugt. Der wichtigste biblische Beleg der ständigen Kampfsituation ist an dieser Stelle, und vielleicht in der monastischen Literatur überhaupt Eph. 6, hier v. 12: *Non est nobis conluctatio adversus carnem et sanguinem, sed adversus principes et potestates adversus mundi rectores tenebrarum harum, contra spiritalia nequitiae in coelestibus*. Schon Paulus hatte Glauben, Wahrheit, Gerechtigkeit etc. als Waffen gegen Satan (*diabolus*) beschrieben.[65] Von hier aus entwickelt nun Antonius seine Dämonologie und verbindet mit ihr eine Lehre, wie von den Dämonen Engelserscheinungen unterschieden werden können.

Dämonen sind nicht als böse Wesen geschaffen, sie sind von ihrer Schöpfungsnatur abgefallen (*perversitas ista non naturae sed voluntatis est vitium*, col. 137C). Auf sie gehen die heidnischen Kulte zurück; gegen die Christen, zumal die Mönche wenden sie ihre ganze Kraft auf, um ihre letzten Sitze und Heiligtümer zu behaupten. Bei der grenzenlosen Vielfalt ihrer Anschläge muß der Mönch von Gott das *donum spirituum discernendorum* (1. Cor. 12,10) erbitten und gegen die Dämonen Christi Kreuz als Zeichen der Überwindung aufrichten.[66] Paulus ist das große Beispiel dessen, der die Gabe der Unterscheidung besaß und sagen konnte: *Non enim eius ignoramus astutias* (2. Cor. 2,11). So erkennt auch Antonius viele Erscheinungsformen der Dämonen,[67] sie versuchen den Menschen in seinen Gedanken, und dies wird überwunden in Gebet und Fasten. Konzentrierte das Gebet die Ge-

---

64 Der Zusammenhang der Werke Salomos untereinander nach dem mehrfachen Schriftsinn: Fr. OHLY, Hoheliedstudien, (wie Anm 21) Origines S. 23; Ambrosius S. 33 und S. 36; Hieronymus S. 49f; Gregor d. Gr. S. 60; Isidor von Sevilla S. 62.

65 In der Antoniusvita gewinnt dieses Epheserzitat ein weiteres Mal Bedeutung (c. 37, col. 155): Antonius sah: Seine Seele wird empor getragen und von Dämonen am Aufstieg gehindert. Die seine Seele tragenden Engel werden in Auseinandersetzungen verwickelt, in der die Dämonen Rechenschaft fordern. Die Engel erklären, Gott habe alle Schuld aus der Zeit vor dem Mönchsleben gestrichen; für die Zeit danach haben die Dämonen nur Lügen vorzubringen, so daß der Aufstieg für Antonius frei wird. Dies hatte ihm die Feinde der Menschen sinnenhaft vergegenwärtigt und jene von Paulus beschriebene Kampfsituation zur Lage der Menschen überhaupt gemacht; und er verbindet das: *Assumite arma Dei, ut possitis resistere in die mala* (Eph. 6,13) mit Tit. 2,8: *ut nihil mali habens, quod de vobis dicere possit inimicus*. S. auch c. 25, col. 149B.

66 Col. 138A wird das Kreuzeszeichen zum Vertreiben der Dämonen empfohlen; vgl. auch Athanasius, Über die Menschwerdung des Logos c. 31 und 47; Wilhelm SCHNEEMELCHER, Das Kreuz Christi und die Dämonen, Bemerkungen zur Vita Antonii des Athanasius, in: Pietas. Festschrift für Bernhard Kötting, Jahrbuch für Antike und Christentum, Ergänzungsband 8, Münster 1980, S. 381–392.

67 *Eorum* (scil. *monachorum*) *semitis laqueos praetendunt* (nach Ps. 139,6). Der Psalm ist auf menschliche Gegner bezogen und wendet sich zur Zuversicht auf Gottes Hilfe.

danken auf den geglaubten und erkannten Herrn, so mochte das Fasten die Bedürfnislosigkeit steigern. Die Dämonen aber kehren zurück, indem sie die unterschiedlichsten Gestalten annehmen; diese Erscheinungen wollte Antonius mit dem Kreuzeszeichen vertreiben. Nun versuchen die Dämonen, den Mönch mit Weissagungen zu gewinnen. Bleibt der Mönch auch hier der Stärkere, dann erst rufen sie *nequitiae principem ac totius mali summitatem*[68]. So wird hier in der zusammenfassenden Lehre eine Steigerung der Macht des Bösen vorgetragen, wie sie Antonius wohl auch selber erlebt hat. Es mag gleich hier gesagt werden, daß solche monastische Lehre von einer aktiven Kraft des Bösen sich von der augustinischen Vorstellung wohl unterscheidet, das Böse sei der Mangel, die Abwesenheit des Guten[69], ohne daß deshalb die Lehre eine manichäische Gleichmächtigkeit Satans und Gottes kennte; auch ohne daß hier ein Mönch seine Gerechtigkeit aus eigenem Verdienst erwerben wollte.

Antonius berichtet von einem eigenen Kampf mit einem Schrecken erregenden Dämon, der an Gestalt der Schilderung Hiobs vom Leviathan gleichkommt.[70] Die Schilderung des Buches Hiob betraf ein gefährliches Tier, das Krokodil, und Gott wollte Hiob mit solchen Worten dessen menschliche Hilflosigkeit bewußt machen. Auch die weiteren alttestamentlichen Zitate zur Darstellung der Gefährlichkeit Satans betreffen irdische Wesen: *Persquens comprehendam* legt Mose in seinem Lobgesang dem Pharao, der das Volk Israel verfolgt, in den Mund (Ex. 15,9). Der König der Assyrer sprach das hybride Wort: *omnem orbem terrarum manu mea ut nidum obtinebo et ut ova derelicta auferam* (Is. 10,14).

War der Leviathan des Hiob dem Menschen gefährlich überlegen, so war er gewiß ein Geschöpf Gottes, in dessen Hand. Das stolze Wort Pharaos scheiterte an den von Gott entfesselten Gewalten des Meeres und des Wetters; durch Jesaia aber ließ Gott verkünden, daß er Assur um des Hochmuts willen an einem Tage vernichten wolle. In keinem Falle deutete die Vita solchen Fortgang der Zitate an, doch solche Kenntnis darf vorausgesetzt werden. So lag in den Schreckensschilderungen schon die Hoffnung, der Grund für des Antonius Warnung vor der Furcht gegenüber Erscheinungen, die nur täuschen. Hatte Gott Hiob gefragt, wer dem Nilpferd den Angelhaken durch die Nase ziehen oder es mit dem Halfter einschirren könne, so

---

68 Col. 138B; vgl. Athanasius, Menschwerdung des Logos c. 52.
69 Vgl. Auch col. 140A. Augustinus, de ordine II,10 wohl erstmals als Mangel des Guten begriffen (Licht – Finsternis); vgl. auch II,23 (*nihil, quod dicitur malum*). Insofern hier dem Bösen ein Anfang in der Ordnung zugesprochen wird, ist offenbar von Beginn der Geschichte die Rede, was sich wieder mit der Dämonenlehre des Antonius verbindet. Augustinus entwickelt seine Gedanken vom Bösen vor allem im Kampf gegen den Manichäismus: *malum non est nisi privatio boni* (de diversis quaestionibus 13; ähnlich confessiones III,7); als *corruptio boni, cuique generi malum est ... deficere ab essentia ...* (De moribus Manichaeorum 2,2,2). Aus dem Guten ist das Böse hervorgegangen, *ex bonis igitur inferioribus atque mutabilibus orta sunt mala ... vita naturarum* (Contra Julianum Pelagianum I 8,37) *... cum superiora ad inferiora declinant ubi est omne peccatum et omne quod dicitur malum (in his quae facta sunt) vis imitatur virtutum*. Die Sündigen ahmen Gott *impia superbia* nach, die Gerechten *pia liberalitate* (Contra Secundium Manichaeum 10). In jedem Falle ist das Böse nicht eine von Gott unabhängige, aus eigener Macht wirksame Kraft.
70 C. 16, col. 138B; Job 41,9ff und 18–23.

antwortete Antonius darauf: *hamo crucis ut draco aduncatus a Domino est, et capistro ligatus ut jumentum ... et armilla labia perforatus,* wie der Spatz sei er *ludum irretitus a Christo* (Job 40,20f und 24); seine Genossen seien wie Skorpione und Schlangen, die von den Christen zertreten werden (Lc. 10,19).

Ägypter, Assyrer erscheinen so als satanische Mächte, denen Gott einen gewissen Raum zugestanden hatte. Sie werden direkt neben die Dämonen gestellt. Wenn hier alttestamentliche geschichtliche Personen und Ereignisse unmittelbar auf Satan bezogen werden, so liegt kein typologischer Bezug zugrunde, es ist dieselbe Macht, die damals in Ägypten oder Assur und nun als Dämon vor den Mönchen auftritt, nicht eine Steigerung zu geistiger Bedeutung.

Ein besonderer Typ diabolischer Erscheinung tritt in frommer Pose auf (col. 139, vgl. col. 146D/147A; c. 22), zu asketischen Werken mahnend, frühere Verfehlungen vorhaltend. Er predigt unerfüllbare Härte; und dies führt zu Verzweiflung und Mißmut. Dagegen erhob schon der Prophet Habakuk seine Stimme (vgl. Hab. 2,15): *Vae qui potat proximum suum subversione turbida*; Christus selber verbot Dämonen, die ihn erkannt hatten, seinen Namen zu verkünden, damit Wahrheit und verderbliche Falschheit nicht sich vermischten (Lc. 4,41); wie auch Gott nach einem Psalmwort den Sündigen fragte: *Quare tu enarras justitias meas, et assumis testamentum meum per os tuum* (Ps. 49,16)? Dies forderte die besondere Wachsamkeit des Mönches. Als Vorbild eigenen Tuns in solcher Bedrängnis (*vestigiis sanctorum inhaerentes*) zitiert Antonius zwei Psalmverse: *cum consisteret adversum me peccator, obmutui, et humiliatus sum, et silui a bonis,* und: *Ego vero tamquam surdus non audiebam, et factus sum ut homo non audiens* (Ps. 38,2d; 37,14f). So soll der Asket seinen normalen Tageslauf unbeirrt vollenden, auf die Dämonen nicht hören, noch sie fürchten.

Schriftworte waren so ein reicher Schatz an Erfahrung und Vorbildlichkeit. Wenn es auch zu den Asketen des vierten Jahrhunderts in ihrer gewollten Askese keine biblische Parallele gibt, so fanden sie selber ihr Tun und die Situationen und Schwierigkeiten, in denen sie sich befanden, nicht neu. Fällt es dem Heutigen leicht, das Unterscheidende zu artikulieren, so suchten jene offenbar das Grundsätzliche und Verwandte.

Nach solcher Darstellung verschiedener Erscheinungsformen der Dämonen beschäftigt Antonius die Frage nach Macht und Ohnmacht dieser Wesen: Satan ist durch Christi irdische Wirksamkeit gestürzt (col. 140A); wenn er nun zum Verderben der Menschen wütet, so tut er es ohne die Macht *firmum Deo pectus cogitationum et caeterarum fraudum arte pervertere.* Es gäbe keinen Sieg über Satan und seine Knechte, wenn diese noch Macht hätten.

Christus hatte ja bestätigt, *(diabolum) homicidam et patrem malitiae ab initio fuisse* (Joh. 8,44). Die Vielfalt der Trugbilder beweist ebenfalls die gebrochene Macht. Wer Macht hat, setzt diese ein und vollzieht seine Absicht. Ein einziger Engel, von Gott gesandt, tötete 185.000 Assyrer (IV. Reg. 19,35). Ein solcher Satz bot sich zur Gegenüberstellung an, den Gedanken zu entwickeln und zu bestätigen. Es ist ein eigenartiges Zusammenspiel der Erfahrung, die Antonius in seinem Asketenleben machte, und des Umgangs mit den Büchern der Bibel. Äußerungen wie diese über die Macht Satans waren erst möglich, wenn man beides aufeinander bezog und aneinander maß. Die Frage, wie es kommt, daß Satan dennoch schädigen könne, hätte Antonius am eigenen Leben erläutern können; er tut dies jedoch am Beispiel Hiobs (c. 14; col. 140D; Job 1 und 2). So ohnmächtig ist Satan, daß er sogar gegen den einzelnen Menschen nur etwas ausrichtet, wenn Gott ihm die Macht einräumt, *vel ad gloriam, si probamur, vel ad poenam, si delinquimus.* Und nun die neutestamentliche Bestätigung der Ohnmacht Satans: Christus hatte am See Genezareth Teufel ausgetrieben, und diese baten ihn. *Si ejicis nos hinc, mitte nos in gregem porcorum* (Mt. 8,31). Selbst die Macht über die Schweine – ein dort damals verachtetes Tier – mußten sie erbitten.

Im Folgenden weist Antonius erneut auf die Asketentugenden hin, auf denen die von Christus versprochene Macht über Satan beruht (Lc. 10,19). Er untersucht die scheinbare Macht der Dämonen vorherzusagen; eine Kunst, die zudem nicht hilft, das Ziel des asketischen Lebens zu erreichen. Wichtig ist im Verlauf der Lehrrede seine Unterscheidung engelhafter und dämonischer Erscheinungen (c. 18; col. 142f). Wieder hätte er aus dem eigenen Leben berichten können, aber solche Erzählungen haben offenbar ihre Bedeutung erst vor dem Hintergrund biblischer Wahrheit. Der Anblick der Engel ist *amabilis et tranquillus, „quia non contendunt neque clamant"* (Is. 42,2). So schildert Jesaia den „Knecht des Herrn", der Gottes Recht unter den Heiden künden soll. Sie bereiten Freude und Vertrauen, weil Gott mit ihnen ist, *qui est fons et origo laetitiae.* Wer aber aus menschlicher Schwäche vor ihrem Licht erschrickt, dessen Furcht wird weichen; dafür gibt er biblische Beispiele (Lc. 1, 13; 2, 11; Mt. 28,5; Joh. 8, 56): Zacharias, die Hirten auf dem Felde, die Frauen am Grab Christi – „Fürchtet euch nicht", war der Zuruf der Engel – Abraham, als er Christus/Gott sah (*videns Deum*). Man hätte hier den Verweis auf Gen. 18 erwartet, wo aber nichts von solcher Freude steht, sondern eine schöne Szene antiker Gastfreundschaft ausgebreitet wird. Die Johannesstelle setzt Abrahams Teilnahme am Fortgang der Geschichte seines Volkes aus dem Jenseits voraus. Weitere Beispiele: Die Begegnung des ungeborenen Propheten Johannes des Täufers mit dem ungeborenen Christus (Mariae Heimsuchung; *exultavit infans in utero eius*) und die Verkündigung des Erzengels Gabriel an Maria (Lc. 1, 41 und 25ff). Dem stand die Furcht entgegen, die jede Dämonenerscheinung verursachte, eine Furcht, die nicht aus der Großartigkeit der Erscheinung, sondern aus dem schrecklichen Anblick hervorging. Christus, von Satan versucht, hatte diesen von sich gewiesen und ihm entgegengehalten, man solle Gott allein anbeten, ihm allein dienen (Mt. 4,10 nach Deut. 6,13; 10,12 oder 20; 13,4; I. Reg. 7,3). Diese Worte seien den Menschen gegeben, daß durch Christi Worte die Macht ähnlicher Versuchungen gebrochen werde. Die Macht über Dämonen ist Gottes Macht, nicht Grund zu menschlichem Stolz. Antonius warnt mit dem Hinweis auf jene, die sich brüsteten, in Christi Namen Wunder getan zu haben, die Christus aber dennoch verwarf. (c. 19; col. 143f; Lc. 10,20; Mt. 7,22f).

Die folgenden Dämonenerscheinungen des Antonius zeigen die Macht biblischer Worte, vor denen Dämonen ihr Vorhaben aufgeben müssen. Als sie eine größere drohende Streitmacht vortäuschten, mußten sie dem Psalmwort weichen: *Hi in curribus et hi in equis, nos autem in nomine Domini Dei nostri magnificabimus* (c.

20; Ps. 19,8). Eine andere, in ihrer Riesenhaftigkeit erschreckende Dämonenerscheinung wich dem paulinischen Wort: *Nullus me separabit a charitate Christi* (Rom. 8,35 und 39). Es ist Christi Macht, der die Dämonen weichen, wie das schon jene siebzig von Christus Entsandten erfahren hatten (Lc. 10,18). So ist es der Abschluß dieser Dämonologie, daß Satan selbst erschien, seine Ohnmacht zu bekennen (col. 145). Nicht er verwirre die Christen, sie verwirrten sich selber; er sei schwach. Er zitiert einen Psalm: *Quia defecerunt inimici frameae in finem, et civitates eorum destruxisti* (Ps. 9,7). Noch seine Ohnmacht konnte Satan nur mit einem Schriftwort glaubwürdig darlegen. Die Ausbreitung des Christentums und das monastische Leben hatten ihm nun keinen Platz mehr gelassen. Hier erkannte Antonius, daß der immer Lügende die Wahrheit sagte. In solcher Weise sahen sich die Eremiten an einem übergeschichtlichen Kampf beteiligt.

Die Erlebnisse des Antonius bestätigen alte Erfahrungen in den eigenen Tagen. Die so erkannte Ohnmacht Satans mochte Zuversicht geben, der Hilfe Gottes gewisser machen.[71] Hüten sollte man sich vor den eigenen Gedanken, denn es sind die eigenen Gefährdungen, die Satan ausnutzt. *Si autem alacres fuerimus in Domino, et futurorum bonorum cupido nos succenderit, si semper omnia manibus Dei committamus, nullus daemonorum ad expugnandum valebit accedere* ... Beispiel und Gegenbeispiel: *Job firmatum in Domino diabolus refugit*; auf der anderen Seite: *infelicissimum Judam exspoliatum fide, vinculis captivitate innexuit ... Laetitia spiritalis et animae Dominum semper cogitantis jugis recordatio*, dies sind die Kräfte, denen die Dämonen weichen. Spröde ist der Abschluß der Rede, die Unterscheidung der Erscheinungen nach Freude und Furcht, die Frage an die Erscheinungen nach ihrer Herkunft. So erkannte Josua einen Helfer – ihm erschien ein Engel mit einem Schwert, und Josua fragte, ob er Freund sei oder Feind, als hätte er einen menschlichen Krieger vor sich, und ebenso erkannte Daniel den Engel im Gespräch (Jos. 5,13; Dan. 10,11 und 18f).

Athanasius verzichtet darauf darzustellen, wie aus der Wirksamkeit des Antonius ein blühendes Mönchsleben hervorging (*cunctorum mentibus sermo eius afflaverat*), er notierte nur das Ergebnis in einem kurzen Abschnitt (c. 21, col. 146B/C): Die *monasteria* (doch eher Einsiedeleien) gleichen den Hütten (*tabernacula*) *plena divinis choris psallentium, legentium, orantium*. Hatte Jeremia geklagt (Thren. 5,14), daß die *iuvenes de choro psallentium* fehlten, so sind sie hier, *divini chori*, singend, lesend und betend, in der Askese nicht irdischen Wünschen nachgebend, sondern wie sie es verstanden, auf Gott hörend, *ut ... ad charitatem mutuam et misericordias indigentibus exhibendas iugi studio laborarent*; ohne Frage neutestamentliche Forderungen etwa der Bergpredigt (*misericordia*), die *mutua charitas* wird auf ein Johanneswort, oder auf den 1. Petrusbrief zurückgehen (Joh. 13, 35; 1. Petr. 4,8). *In hoc cognoscent omnes quia discipuli mei estis, si dilectionem habueritis ad invicem*. Der Besucher aber ist von der Harmonie der Mönchsgemeinschaft bezwungen und bricht in die Worte des heidnischen Propheten Bileam aus, der für die Moabiter gegen Israel arbeiten sollte, der aber durch Gottes Dazwischentreten

---

71 Joh. 15,4: *manete in me et ego in vobis*. Die Vita: *Dominus enim, qui nostros prostravit inimicos, manens, ut promisit, in nobis.*

gehindert wurde und prophetisch über Israel sprach: *Quam bonae domus tuae, Jacob! tabernacula tua, Israel tanquam nemora abumbrantio, tamquam paradisus super fluvios, tanquam tabernacula quae fixa sunt a Domino, tanquam cedri circa aquas* (vgl. Num. 24,5f).

Die nächsten Stationen des Antoniuslebens sind das unerschrockene Eintreten für die Märtyrer der Verfolgung von 310[72] — Antonius hat wohl für sich selber das Martyrium ersehnt — und ein erstes Heilungswunder (c. 24, col. 147f). Antonius hatte nur die eigene menschliche Schwäche hervorgehoben und den Bittenden aufgefordert, in festem Glauben an Gott um Heilung seiner Tochter zu bitten. Dies erinnert an biblische Worte von der Kraft des Glaubens, Berge zu versetzen und von der Bitte in Christi Namen.[73] Solches Gebet bewirkte die Heilung. Bis hierher ließ sich sagen, Antonius tat gar kein Wunder, er stärkte nur den Glauben des Bittenden. Athanasius freilich bemerkte, Gott habe durch Antonius noch viele Wunder bewirkt; der versprochen habe *petite et dabitur vobis* (Mt. 7,7; Lc. 11,9), habe seine Macht dem nicht versagt, der seine Gnade zu empfangen verdiene (so die erweiternde Übersetzung). Der Hinweis auf weitere Heilungen zeigt, wie es immer um jenes Gebet aus gestärktem Glauben ging, zu dem Antonius die Besucher anhielt.

Antonius entzog sich dem Besucherstrom dadurch, daß er sich am Berge Kolzim niederließ, wo er sich vornehmlich durch eigenen Ackerbau ernährte (c. 24, col. 148). Aufs Neue hatte er an diesem Ort Kämpfe mit Dämonen auszutragen. Wie er in seiner Rede vorgetragen hatte, ist dies auch hier dargestellt als Kampf, von dem Paulus im Epheserbrief geschrieben hatte.[74] Antonius wird nun geschildert als ein Mensch, der in unerschrockener Ruhe alle Anfechtungen besteht. Es sind vornehmlich Psalmworte, die seine Zuversicht wiedergeben, nicht so, daß Antonius diese gesungen hätte; Athanasius findet sie aufs Neue bestätigt. *Juste David cecinit: Qui confidunt in Domino, sicut mons Sion non commovebitur in aeternum* (Ps. 124,1). Auch Satans Kampfeswut umschreibt Athanasius mit Worten eines davidischen Psalms: Das *frendebat dentibus suis* (Ps. 34,16) galt im Psalm irdischen Feinden; sofern an David als Autor gedacht wurde, könnte man überlegen, gegen wen dieser je hatte kämpfen müssen. Hier aber wurden alle Feinde Israels, alle Feinde der Christen, der Mönche als satanische Mächte erkannt. Demgegenüber bewahrte Antonius die Festigkeit des Geistes, schlug die Dämonen in die Flucht und schuf Frieden zwischen den wilden Tieren und sich selber — *et feras, sicut scriptum est, secum pacificavit* (Job 5,23). Dieses Hiobwort entstammt der ersten Rede des Eliphas, der Hiob überzeugen will, daß er alles Erlittene als Strafe anerkennen muß, Gott werde ihn dann nicht im Stich lassen. Das Zitat ist Teil eines Versprechens künftigen Friedens, der aus solcher Annahme göttlicher Strafen folgen werde. Ganz

---

72 C. 23, col. 147. Die Verfolgung: Hans LIETZMANN, Geschichte der Alten Kirche 3, Berlin 1953, S. 55; Geschichte der Kirche, hg. von Rogier u. a., I, S. 245ff und S. 282, Handbuch der Kirchengesch. (Hubert JEDIN) I, S. 441ff; II, S. 357.
73 Mt. 17,20; vgl. 1. Cor. 13,2; Joh. 14,13 — hier alle nicht herangezogen, wohl aber in c. 52, col. 163f.
74 C. 25, col. 149; c. 15, col. 137; s. auch c. 37, col. 155.

entgegen dem Worte des Eliphas ist es hier Antonius, der den Frieden mit den Tieren aufrichtet. Hier kam es darauf an, daß ein solcher Friede, der außerhalb menschlicher Alltagserfahrung lag, und von vielen späteren Heiligenviten berichtet wird,[75] Zeichen des vollkommenen Lebens, der Nähe des Paradieszustandes ist. Ein solch paradiesischer Friede unter Tieren war einst von Jesaia verkündet worden als ein künftiger Zustand (Is. 65,25). In der Vita jedoch ging es darum, eine Kraft des Antonius, eine Wirkung seines vollkommenen Lebens zu zeigen, das auf diese Weise bestätigt wurde.

Weitere Kapitel berichten von neuen wunderbaren Taten des Antonius. Die Vita sieht hier jedoch nicht menschliche, sondern Gottes Kraft am Werk. Und so mögen solche Wundertaten Gottes Bestätigung dafür sein, daß dieser Eremit auf dem rechten Wege weit fortgeschritten war. Auch bietet ein Kapitel (c. 28, col. 150f) weitere Lehrsätze des Antonius, die vornehmlich auf Pauluswort beruhten. Entnahm er die Warnung vor allem Verlangen des Körpers den Sprüchen (Prov. 20?), so schloß er dem Aufruf des Paulus: *Sol non occidat autem super iracundiam vestram* (col. 151; Eph. 4,26; vgl. c 15, col. 137) seine strenge Auslegung an: *iracundia* wurde ihm pars pro toto, stand für alle Sünde; jeder Fall sollte sogleich bereinigt werden. Zorn war nur ein Beispiel dafür, daß der Mensch zu geringen Regungen folgte, statt den hohen Anforderungen seines Herrn. Mit Paulus (2. Cor. 12,5) verordnete er die strenge Prüfung seiner selbst, die Rechenschaft über den vergangenen Tag; hatte man gefehlt, so lasse man davon ab; wo man sich hatte bewahren können, sollte man sich nicht überheben; dies wäre das untersagte Urteil vor der Zeit, kommt doch das endgültige Urteil Christus zu (2. Cor. 13,5). Sogleich folgte eine warnende Begründung aus den Spruchweisheiten des Alten Testamentes (Prov. 14, 12; nur bei Evagrius): *Multas esse – ut scriptum est – vias quae videntur hominibus iustae, sed fines earum ad profundum respicere inferni*. In solcher Gefahr des Irrtums über die Qualität des eigenen Lebens sucht er das Gespräch mit der Mönchsgemeinschaft über alle Verfehlungen, wie man dies später in den Regeln wiederfindet.[76] Es sind dies Äußerungen, die anders als die Dämonologie und die Lehre von der *discretio* in eine Regel als Teil der Lebensordnung eingehen konnten.

Weitere Reden überliefert Athanasius: Gegen Arianer und gegen Philosophen.[77] Es sind dies die Fronten, denen auch die Mönche damals kaum ausweichen konnten: Häretiker und Heiden. Im Tenor wird die Ansicht des Antonius zu diesen Themen getroffen sein. Gegen die Arianer trat er *rogatus ab episcopis et universis fratribus* (c. 41, col. 157) öffentlich auf und verkündete Christus als *filium Dei, non factum, non ex nullis exstantibus, ad proprium, unius cum patre substantiae, ne creatura potius, aut adoptio an apellatio*. Und so folgerte er die scharfe Trennung der Christen von den Arianern: *Quae enim societas luci ad tenebras* (2. Cor. 6,14?).

---

75 Beispiele bei A. NITSCHKE, Heilige und Tiere, in: Dauer und Wandel in der Geschichte, Festgabe für Kurt Raumer, Münster 1965, S. 62–100.
76 S. c. 15, col. 135 und die Anm. 59 gegebenen Stellen aus Cassian, RM und RB.
77 C. 41 und 46–49; dazu H. DÖRRIES, Vita Antonii,(wie Anm. 57), S. 178ff, wo die Parallelen zur Theologie des Athanasius behandelt werden. Belege für die Furcht vor Häresien bei den Mönchen bei HEUSSI, Ursprung (wie Anm. 56) S. 272ff, dort auch ein Besuch von Antonius bei Sisoes. W. HARMLESS (wie Anm. 48), S. 93–97, zur Frage der Häresien in der Antoniusvita.

So stellte er die tiefe Kluft dar mit Worten des Paulus, der die Unvereinbarkeit des Christentums mit den heidnischen Religionen aussprach. Es sind die Arianer ohne weitere Erklärung durch das Zitat den Heiden gleichgeordnet. War die arianische Verkündigung Häresie, Unglauben, so stellte Antonius das eigene Lob Gottes dagegen: Jene folgten ihrem Geschöpf-Sein, nicht ihrem Schöpfer; *qui est benedictus in saecula* (Rom. 1,25). Paulus redete vom Zorn Gottes über die Heiden, die ja die Schöpfung Gottes kannten. Sie hatten aber nicht Gottes Lob verkündet nach seinen Werken, sondern die Geschöpfe statt des Schöpfers gepriesen. Diesem Satz fügte er seine *benedictio* an. Und ist es nicht arianische Sünde, den Bedenken des Verstandes zu folgen und Christus zum Geschöpf zu machen? Indem sie so der Schwäche ihres Geschöpf-Seins folgten, begannen sie, ein Geschöpf zu verehren. So sieht Antonius die Elemente sich erzürnen über solche Irrlehre und die Welt der Geschöpfe seufzen (vgl. Rom. 8,22), weil der zu den Geschöpfen gerechnet wird, *per quam omnia et in quo omnia facta sunt* (Rom. 11,36). Das Seufzen der Geschöpfe schilderte Paulus im Zusammenhang seiner Vorstellung von der Befreiung (Erlösung) auch der Kreatur, und auch diese Erlösung der geschaffenen Welt war abhängig von der Sohnschaft Christi, die von den Arianern bestritten wurde – so das „Interesse" der Kreatur an der rechten Lehre

Die Rede, die Antonius an einige Philosophen richtete (c. 46-49, col. 158D-162A), konnte kaum auf Schriftzitate aufbauen. Für die Heiden war die Bibel keine Autorität, sie zu zitieren hätte vor solchen Zuhörern die eigenen Worte nicht beglaubigen können. Fanden jene die Lehre von Leiden und Kreuzigung Christi lächerlich, so hob Antonius alle schändlichen Geschichten hervor, die man von den Göttern Griechenlands überlieferte; dazu die Verehrung von Geschöpfen. Lehrten nicht sogar die Heiden die Herabkunft der Seele vom Himmel selbst in die Tiere? Die Christen lehrten die Selbsterniedrigung Gottes zu irdischem Leben, um die Menschen zu retten. Schriftgemäß mußte die Rede schon sein, auch wenn sie keine Zitate verwandte. Bauten die Philosophen auf die Kraft schulmäßiger Dialektik, des Wortbeweises, so hielt Antonius die Priorität des Glaubens dagegen, die ihm die Philosophen einräumen mußten; auf ihm, nicht auf dem Beweis beruhte die *cognitio Dei*. So kommt es auf die Werke des Glaubens an, nicht auf Folgerungen der Philosophen, und in der Tat hatten der Glaube und das aus ihm hervorgegangene Leben vor jeder Argumentation die Verbindlichkeit voraus. So ist dies ein ungleiches Gespräch: Antonius will durch Wort und Werk bezeugen, nicht durch Schlußfolgerungen bezwingen wie die Philosophen; und er unterstützt dies dadurch, daß er die keiner Logik standhaltenden Götter- und Orakelgeschichten der alten Welt in Erinnerung ruft. Einzig auf ein paulinisches Wort beruft er sich, ein Wort des Apostels, der dem Griechen ein Grieche geworden war: *Ecce nos, ut dixit doctor noster, non in gentili persuasione sed in fide apertissima suademus, quae verborum affirmationem praevenire consuevit*[78]. Nach der Rede wurde die Macht Christi gar an von Dämonen besessenen Personen erwiesen. Vor solcher Aufgabe versagen die Mittel

---

78 1. Cor. 2,4; sehr ungenau, wenn auch, wie die meisten anderen Schriftzitate, als solches angekündigt.

der Philosophen, erst die Anrufung Christi, das über den Besessenen geschlagene Kreuzeszeichen erlöste die Gequälten.

Als Antonius nach einem langen Asketenleben, zu hohem Ansehen gelangt, um Rat oder Heilung selbst von Kaisern und Offizieren gefragt, von Bischöfen um Hilfe gebeten, den Tod nahen fühlte, da nahm er mit einer Rede von jenen beiden Mönchen Abschied, die seit fünfzehn Jahren als asketische Schüler dem alten Eremiten gedient hatten. Ihnen trat er mit Worten Josuas gegenüber, der vom Volk Israel schied, mit denen auch David seine letzten Ermahnungen an Salomo begann: *Ego quidem, filioli, secundum eloquia scripturarum, patrum gradior viam*[79]. Josua und David, Gründergestalten für Volk und Königreich Israel, hatten gesagt: *Via universae terrae.* Es hat Bedeutung, daß hier abweichend von Bibeltext *via patrum* gesagt ist, denn diese Patriarchenworte rücken Antonius an die Seite der Patriarchen und Begründer des alten Israel – und war Antonius nicht ganz unabhängig von der Frage, ob es vor ihm schon Asketen gab – die Vita bezeugt dies selbst – nicht Patriarch und Begründer monastischer Lebensweise schon deshalb, weil er die einzelnen Asketentugenden zu harmonischer Einheit verband und die Gefahren jeder Übertreibung klar bekämpfte?[80] So entsteht angesichts des Todes von Antonius das Bild eines scheidenden Patriarchen, der zu seinesgleichen, den großen Patriarchen und königlichen Figuren des Alten Testamentes eingeht. Denn, da die *patres* die Vorfahren des Antonius sicher nicht waren, können es nur die Patriarchen sein.[81] Dies mag das Werk des Athanasius, sein abschließendes Urteil sein, wenn auch nicht ausgeschlossen sein soll, daß Antonius in deutlichem Bewußtsein des eigenen Lebens Abschied nehmend, mit solchen Worten vor seine Weggefährten trat.

Wie Josua und auch David, so ermahnte auch Antonius scheidend die Bleibenden, wie es ein solcher Augenblick fordert. Antonius ermunterte zu den Tugenden und dem Kampf der Asketen, wie er dies ja vorgelebt hatte. *In hoc autem magis*

---

79 C. 58, col. 166D–167C; Jos. 23,14; III. Reg. 2,2; man könnte auch an Gen. 47,30 oder 49,29 denken. W. HARMLESS (wie Anm. 48) S. 93f sieht den Patriarchenbezug nicht. Ihn interessiert, daß der sterbende Antonius Athanasius zwei Kleidungsstücke vermachte. Er sieht darin eine Anspielung an Elias, dessen Kleidung Elisa aufhob; „Athanasius was the new Elisha", was mir aber fraglich erscheint. Zum Tod des Antonius s. auch D. VON DER NAHMER, Der Heilige und sein Tod, Darmstadt 2013, S. 83–92.

80 Sehr schön sagte eine koptische Version des Antoniuslebens (L. Th. LEFORT, Les vie coptes de S. Pachôme et de ses premièrs successeurs, Bibliothèque du Muséon 16, Louvain 1943, S. 276; S⁵) als Ausspruch des Pachomius von Theodor überliefert: „Actuellement dans notre génération en egypte je vois trois chose capitales qui prospèrent avec l'aide de Dieu et des hommes. La première est le bienheureux athlète, le saint apa Athanase, archevêque d'Alexandrie, qui combat jusqu'à la mort pour la foi. La seconde est notre saint père apa Antoine, qui est la forme parfaite de la vie anachorétique. La troisième est cette congregation, qui est le modèle pour quiconque desire réunir des âme selon Dieu pour les aider jusque'à ce qu'elles deviennent parfaits." In seiner Vollkommenheit begründete Antonius das eremitische Leben. Sehr eindrucksvoll erscheint hier auch jene Dreiheit bedeutender Gestalten nahezu einer Generation in Ägypten: Athanasius, Antonius und Pachomius, der sich hinter der Kongregation verbirgt.

81 Auch die knappen Worte in c. 59 und 60 zum unverbrauchten Äußeren des Antonius mögen an Deut. 34,7 erinnern, wo Moses volle Kraft im Tode in wenigen Worten dargelegt wird. Kaum ein wörtlicher Anklang, aber solche Äußerung an solchem Platz, das mag verwandt erscheinen.

estote solliciti, ut Domini praecepta servetis, ut post mortem vestram sancti quique, quasi amicos et notos, in aeterna vos recipient tabernacula (vgl. Lc. 16,9). Ein seltsamer Satz, er entstammt dem Gleichnis vom ungerechten Haushalter, der von seinem Herrn zur Rechenschaft gezogen wird. Da er nun sieht, daß er sich nicht verteidigen kann, ermäßigt er den Schuldnern seines Herrn noch eilig ihre Schulden. Und Christus lobte seine Klugheit, sich so noch Freunde zu schaffen, die ihn in der Not aufnahmen. So empfahl auch Christus, alles aufzuwenden, sich so Hilfreiche zu gewinnen, *ut cum defeceritis, reccipiant vos in aeterna tabernacula.* Dieses Wort an dieser Stelle mag Zeugnis ablegen von dem tief verwurzelten Bewußtsein und der Erfahrung eigener Sündhaftigkeit trotz aller asketischen Bemühung. Bestimmungen über die Geheimhaltung seines Begräbnisplatzes, das Verbot, seine Gebeine als Reliquien zu behandeln,[82] ein Bekenntnis zur Auferstehung und die Verteilung seiner Kleidung bilden das Ende der Abschiedsrede des Eremiten-Patriarchen. Die Heiterkeit auf dem Antlitz des Sterbenden war den Umstehenden Zeugnis der Ankunft der Engel, die seine Seele empor tragen sollten. *Hos intuens tanquam amicos videret, animam exhalavit et aditus est patribus secundum ordinem scripturarum*[83]. So hat denn Athanasius den Eremiten unter die großen Gestalten der Frühgeschichte Israels nachdrücklich eingereiht, und dieses sein Urteil nicht umständlich begründet, oder mit eloquenten Worten ausgesprochen, sondern wenige erkennbare Worte solcher *patres* ihm in den Mund gelegt, seine Seele unter die *patres* hinauffahren lassen, um sein höchstes Urteil zu sagen, ein Urteil, das anders, schon gar in eloquentem Vortrag, kaum hätte glaubwürdig ausgesprochen werden können.

Am Beginn unserer Überlegungen stand die Vorstellung vom Topos als einem unbedacht vorgetragenen Klischee. Dies erforderte, die Bibelworte im Vitentext zu belassen; nur so erfährt man, was sie an ihrem Platz bedeuten, wie sie mit Bedacht gewählt sind. Dadurch ist es aber auch bedingt, daß wir davon abgekommen sind, die Stationen eines häufig verwandten Zitates über Jahrhunderte hinweg aufzugreifen, da wir uns mit dem einzelnen Text, seinem Stoff, seinem Ziel befassen müssen. Schriftworte umgaben das Leben des Antonius von der *conversio* an. Dies war sicher ein Element eremitischen Lebens selbst. Antonius wollte sein strenges Leben an der rechten Lehre ausrichten,[84] wie auch Athanasius die Schriftgemäßheit des Eremitenlebens darstellen wollte. Einen sicheren Weg zu scheiden, welche Schriftbezüge auf Antonius selber, welche auf Athanasius zurückgehen, gibt es nicht. Mancher lebensbestimmende Satz mag echte Überlieferung sein, auf des Antonius Erzählung beruhen: Man möchte vor allem an alles denken, was mit der *conversio* zusammenhängt. Athanasius wies durch ein häufiges *sicut scriptum est* (o. ä.) die

---

82 Dazu auch c. 57, col. 166 und die Herleitung der Bestattung dort auch Joh. 19,41 und Mt. 27,60 (Bestattung Christi).
83 Evagrius geht in seinen Worten über Engel und *ordo scripturarum* über Athanasius hinaus.
84 Apophtegmata partum, Antonius 3: „Was du auch tust, oder was du auch redest, für alles suche ein Zeugnis der Heiligen Schrift." Mit Recht stellte DÖRRIES diesen Satz an den Anfang seiner Studie „Die Bibel im ältesten Mönchtum", in: Theologische Literaturzeitung LXXII (1947), neu in DERS.: Wort und Stunde I, 1966, S. 251ff.

Leser nachdrücklich auf die das Leben begleitenden Schriftstellen hin, und es werden die Mehrzahl der so eingeführten Zitate zu seinem Begreifen und Deuten gehören, was nicht ausschließt, daß zugleich die Vorstellung des Eremiten selber getroffen sind.

Die Schriftworte geben den Horizont dieses Lebens an: Einmal als Ganzes, die Schrift als einheitliche Überlieferung von Gott, der Antonius sich unterstellte; dann in der Auswahl: Welche Seite der Überlieferung sprach Antonius wirksam an? Schließlich in einzelnen: Zitate, Namen weckten Erinnerungen an Berichte, Gestalten, Darlegungen der Bibel, die kundige Leser für mehr als ein Jahrtausend in ihre Lektüre der Vita mit einbezogen. Dies befreite das einzelne Leben aus bloßer Zeit- und Ortsgebundenheit, stellte es in eine universelle Weite, stellte es unter das Angesicht seines göttlichen Herrn und Schöpfers. Dies ermöglichte umgekehrt dem Autor bisweilen eine größere Knappheit seiner Darlegungen. Wir müssen uns oft den Rahmen solcher Vitenstellen erst wieder erarbeiten. Gleich das erste Zitat – *innocenter habitabat domi* über die Kindheit – kann als Beispiel dafür gelten, ebenso der Abschluß, die *via patrum*, der Weg aus dem irdischen Leben in das Jenseitige. Häufig wird der heutige Leser, geschult, auf das Unterscheidende zu schauen, den Umgang mit den Schriftworten gewaltsam finden. Man halte sich aber vor Augen, daß Antonius kein Exeget war und Athanasius als Verfasser der Vita keiner sein wollte. Aus bestimmter Situation wurde die Bibel befragt, stiegen ihre Gestalten aus der Erinnerung des Eremiten und seines Biographen herauf, und da möchte einem Antonius, dem der Text auswendig zur Verfügung war, mancher Satz in den Sinn gekommen sein, der ursprünglich in eine andere Richtung wies. Im Folgenden soll darauf näher eigegangen werden.

Auffallend ist die unvermittelte Art, in der sich der Heilige dem Schriftwort selber stellt, es als Gebot entgegennimmt und befolgt.[85] Es beginnt gleich anfangs mit der *conversio*, die geradezu die Geschichte einer Berufung ist. Es liegt nahe, die vorbehaltlose Nachfolge, die Antonius beginnt, mit dem ersten Gebot – … du sollst nicht andere Götter haben neben mir[86] – in Beziehung zu setzen. Der Vitentext beruft sich auf andere Schriftstellen: Das Vorbild der Jünger und der Mitglieder der frühen Gemeinde zu Jerusalem und erst recht die Christusworte, die ja immer an bestimmte Personen gerichtet waren, sprachen aufs Neue eine Person an, die solchen Ruf zu hören willens und bereit war. Der nun beginnende Gang einer vollkommener werdenden Nachfolge[87] bleibt bestimmt und begleitet davon, daß immer

---

85 Treffend von den Apophtegmata her DÖRRIES, Die Bibel, S.253ff; für den Umkreis des Pachomius vgl H BACHT, Pakôme et ses disciples. Théologie de la vie monastique, in: Theologie 49, Paris 1969, S. 42–48.
86 Ex. 20,3 (Buber: Nicht sei dir andere Gottheit, mir ins Angesicht). Der Sache nach besteht eine Beziehung zum Hoseazitat des 4. Kap.
87 Den Gedanken stufenweiser Vervollkommnung hat an der Vita K. HOLL, Die schriftstellerische Form des griechischen Heiligenlebens, in: Neue Jahrbücher für das klasische Altertum XXIX (1912), neu in DERS.: Gesammelte Aufsätze II, 1928, S- 249–269, aufgezeigt. Die Einwände R. REITZENSTEINS (wie Anm. 38) dagegen überzeugen nicht; s. auch DÖRRIES, die Vita Antonii (wie Anm. 57) und D. HOSTER, Die Form der frühesten lateinischen Heiligenvita von der Vita Cypriani bis zur Vita Ambrosii, Diss.phil. Köln 1963 (Hinweis von M. Heinzelmann).

wieder Schriftworte als Gebot begriffen und befolgt werden, wie des Antonius' Verhältnis zur Bibel auch einmal treffend bezeichnet wird: *Universa Domini praecepta* (womit die ganze Heilige Schrift gemeint ist) *custodiens*[88]. Außer den schon oben zusammengefaßten Stellen gehört hierher z. B. auch, was Antonius über den ägyptischen Bestattungsbrauch sagt und so auch für seinen eigenen Tod fordert: Er lehnt eine besondere Aufbewahrung der Gebeine für heilig erachteter Personen zur Verehrung ab, und forderte deren, auch seine eigene Beerdigung, indem er auf den biblischen Brauch der Patriarchen und Propheten hinwies.[89] Dies war verpflichtend und wurde wie ein Gebot aufgenommen, auch wenn es nicht als solches, sondern als historischer Bericht gemeint war. Als Antonius sich entschloß, den Umkreis seiner Ortschaft zu verlassen und in eine entferntere Grabhöhle zu ziehen, da wählte er sich Elias zum Vorbild, der unter Entbehrungen zweimal sich vor Ahab und Isabel verbergen mußte. (c. 7; 3. Reg. 17 und 19). Elias war ohne eigenen Willen, nur dadurch, daß er einem Auftrag Gottes folgte, in Not geraten, zu Entbehrungen gezwungen und hatte sogar in die Wüste gehen müssen. So ist Elias kein Asket, dies könnte eher schon von Johannes dem Täufer behauptet werden, der hier aber nicht erwähnt wird, vielleicht wegen seiner öffentlichen Tätigkeit. Des Antonius auf wachsende Vollkommenheit gerichteter Sinn nahm die Gestalt des Elias bei ihrem unbedingten Gehorsam gegen Gott und bei der Härte der aufgezwungenen Lebensweise, es ihr freiwillig gleichzutun. Dies ist sicher eines der schlagendsten Beispiele für die Art des Antonius, sich den Worten der Schrift ohne Zögern zu stellen, sie als unausweichliche Aufforderung hinzunehmen und zu befolgen, was offenbar nicht nur für einzelne, einem Gebot ähnliche Worte, sondern auch für Berichte und Gestalten gilt. Das Eliaswort, das die Vita im Zusammenhang jenes Auszuges in die Grabhöhle aufgreift, sprengt freilich diesen Rahmen. Elias, der seinem Auftrag gemäß sich Ahab zeigen und den Kampf mit den Priestern Baals aufnehmen wollte, bekräftigte diese seine Absicht vor Obadja mit den Worten: *Vivit Dominus cui asto hodie ante ipsum* (nicht wörtlich Vulgata; c. 6 Ende; III. Reg. 18,15). War dies vielleicht eine sogar geläufige Beschwörungsformel, so beschrieb für Antonius dieser Satz die Lage des Menschen überhaupt, der sich der Gegenwart Gottes nicht entziehen kann. Aus dem *hodie* als einem bestimmten Zeitpunkt wird so „täglich", „ständig". Offenbar gehört solche Darstellung der Lage des Menschen eng zusammen mit dem Gehorsam,[90] den Elias leistete, wiewohl er ihn in große Not brachte. Sonst hätte es näher gelegen, den 138. Psalm zu zitieren, dessen Autor – man möchte sagen – darunter litt, daß man der Gegenwart Gottes keinen Moment entfliehen kann, und der erst in der zweiten Hälfte seines Liedes darin etwas Großartiges zu sehen lernt, das ihn zu Dankbarkeit verpflichtet. In der Antoniusvita war diese Erkenntnis gültige Feststellung, aus der abgeleitet wurde, daß es um das

---

88 C. 4, col. 129B–130B; vgl c. 15, wo eingangs die Bibel *institutoria praecepta* ersetzen soll.
89 C.57, zu Christi Grab: Mt. 27,60 und Joh. 19,41; zu den Gräbern alttestamentlicher Patriarchen und Propheten: Die Verehrung der Gebeine gefalle Gott nicht: *quippe cum patriarcharum et prophetarum sepulcra, quae ad nos usque perdurant, haec facta convincerent.*
90 An die Erläuterung des beschwörenden Wortes des Elias knüpft die Vita an: *Igitur sanctus Antonius secum reputans oportere Dei famulum ex institutio magni Eliae exemplum capere.*

„heute", die Gegenwart gehe, die tägliche Bewährung, *quia non computabat Elias praeteritum tempus*. So gibt es denn kein Ausruhen auf einem erreichten Zustand.

War soeben Elias als Vorbild des Antonius benannt und begründet worden, so mag es verwundern, daß Antonius im weiteren Verlauf nicht in Anlehnung an das Bild dieses Propheten geschildert wird. Überhaupt ist in der Vita nicht der Versuch unternommen worden, den Eremiten unter einer biblischen Gestalt darzustellen, etwa als „alter Elias", „alter Johannes", oder wer immer als leitende Gestalt gedacht werden könnte.[91] Wohl hinterläßt die Vita dem Leser abschließend das Bild des alten Eremiten am Berge Kolzim, der auch gelegentlich den Bitten einiger Besucher zugänglich ist, der einige Schüler dort duldet. Erst gegen Ende auch ist offenbar jener Grad der Vollkommenheit erreicht, der es erlaubt, nicht mehr zu sagen, Antonius wollte sich dieser Gestalt als Vorbild angleichen, sondern ihn darzustellen wie einen der großen Patriarchen- oder Königsgestalten des Alten Testamentes: In seiner Abschiedsrede an die beiden ihm zu nächst stehenden Schüler.

Mehrfach hatte sich die Gelegenheit ergeben darauf hinzuweisen, daß im Text der Antoniusvita Neues und Altes Testament gleichwertig, mit gleicher Verbindlichkeit zitiert werden.

Des Paulus zurückhaltende Äußerung über ein körperliches Gebrechen besagte, daß er für seine Aufgabe umso stärker sei, je schwächer er körperlich sei. Dies bedeutete, daß die Kraft Christi umso stärker in ihm zur Geltung komme. Für Paulus war dies ein verhängtes, gewiß nicht erwünschtes Hindernis. Antonius begründete damit den Verzicht auf körperliche Annehmlichkeit, um so den Geist zu stärken (c. 6; 2. Cor. 12,9f). Wie selbstverständlich entwickelte er dies zu einem leidenschaftlich ersehnten Fortschreiten in der Furcht Gottes (*ad profectum divini metus desiderium*), eine Steigerung, die dem Schriftwort so nicht eigen war, und nun durch ein neues Schriftwort, ebenfalls aus einem Paulusbrief, hereingeholt wird: *Praeterita obliviscens, et in futurum convalescens* (nach Phil. 3,13). Nun wird erläutert, Antonius habe sich an jenes Eliaswort erinnert: *Vivit Dominus, cui asto hodie ante ipsum*; Antonius habe erklärt, das ‚heute' sei hinzugesetzt, weil für Elias die Vergangene nicht gezählt habe, es gehen um den täglich erneuten Kampf, in dem man sich vor Gott bewähren müsse. Ein moderner Exeget würde schwerlich solche Schriftworte zusammenbringen wollen. Das Zitat aus dem Philipperbrief mag am ehesten mit seiner Zielgerichtetheit den Intentionen des Antonius, dem Willen nach Steigerung und Vervollkommnung entsprechen, das Pauluswort des Korintherbriefes wollte wohl die gegen beständige Hindernisse vollbrachte Leistung als Gottes Kraft sichtbar machen, da die eigene Kraft doch so gering war, und so auch nicht in falsche Richtung drängen konnte; das Eliaswort war die Formel, mit der Elias, wie dargelegt, Obadja versichern wollte, daß er nun vor den zürnenden Ahab treten werde. Erst der leidenschaftliche Ernst, mit dem Antonius selber vor seinem Herrn vollkommen werden wollte, konnte diese Worte zusammenfügen, erst vor solcher

---

91 HEUSSI (wie Anm.56) S. 278 fand im Geronticum Noah, Abraham, Joseph, Hiob, David, Daniel, die hier alle nicht genannt sind.

Absicht enthielt die beschwörende Formel des Elias, die vielleicht sogar ein konventionelles Wort war, plötzlich einen bedeutenden Inhalt, den sie tatsächlich tragen konnte, wenn man sie aus der Situation herausnahm.

Für Antonius oder für den durch das Leben des Antonius berührten Athanasius muß gleichgültig gewesen sein, was Elias in dem Augenblick sagen wollte, oder woran Paulus bei der Niederschrift seines zweiten Korintherbriefes dachte, er fragte nur nach der im Worte selber als dem Wort Gottes liegenden Bedeutsamkeit und Wahrheit, und so fügten sich alle diese Worte derselben harten Forderung gegen den Vollkommenheit suchenden Eremiten.[92]

Nicht nur in der Forderung, auch in der Verheißung ergänzten sich die Testamente. In der Grabeshöhle trat Antonius den Dämonen entgegen mit des Paulus zuversichtlichem Wort: *Nullus me separabit a charitate Christi*, und zugleich dem Psalmwort: *Si consistant adversum ma castra, non timebit cor meum*[93], ein trutzighartes Wort, das den drastischen Kampfesschilderungen sehr viel genauer entspricht, als das Pauluszitat.

In seiner großen Lehrrede legt Antonius den Wert irdischen Menschenlebens dar. Das Wort von einem siebzig, höchstens achtzig Jahre währenden Lebens, das in jedem Falle mühevoll sei, wird dem Glanz jenseitigen Lebens entgegengestellt, und beide Aussagen sind gleichsam zusammengefaßt in einem Römerbriefzitat: „Denn ich halte dafür, daß dieser Zeit Leiden der Herrlichkeit nicht wert seien, die an uns soll offenbart werden (Ps. 89,10; 1. Cor. 15,42 und 53; Rom. 8,18). Gleich darauf ergänzt ein Satz des 1. Timotheusbriefes, daß der Mensch nichts im Tode aus der Welt hinaustragen könne – Paulus leitete daraus Genügsamkeit ab – die Klage des Propheten, daß der Tod uns ohnehin von unseren Gütern trenne (1. Tim. 6,7; Ez. 2,18f). Mögen diese Stellen Verwandtes sagen, Paulus klagte nicht über diese Erkenntnis, die Vita aber fügte diese Sätze neu zusammen zu der Aufforderung, sich um das zu bemühen, was über den Tod hinaus besteht, was zum Himmel führt: Tugenden des Glaubens. Christi Verheißung der Wohnungen in seines Vaters Reich vollendet diese Hoffnung, ganz ohne jeden Anklang an die Traurigkeit der um ihren Herrn fürchtenden Jünger.[94]

Zu gleicher Härte sind Christi Gleichnis von einem saumseligen Haushalter, der von des Herrn Ankunft überrascht wird und ein bedrohliches Prophetenwort des Hesekiel verbunden, das verkündet, der Mensch werde nicht nach vergangenem Verdienst gerichtet, sondern so, wie er im Augenblick vorgefunden wird (Lc. 12,43ff; Ez. 18,24ff und 33,12ff). Die Gültigkeit der Aussagen wird am Schicksal des Judas aufgewiesen, der mit einer Tat das Verdienst langer Jüngerschaft verlor. Die Reinheit ist eine Qualität der menschlichen Seele von der Schöpfung her; Gott hat sie notwendig gut geschaffen. Man muß sich entschließen, diese Qualität zu bewahren; die Möglichkeit dazu bezeugt Christi Wort, *regnum Dei intra vos est*

---

92 Vgl. DÖRRIES, Die Bibel (wie Anm. 84) passim.
93 Rom. 8,35; Ps. 26,3. Worte wie diese sollten immer davor warnen, den Mönchen zu unterstellen, sie hätten Vollkommenheit aus eigener Kraft erwerben wollen. Ganz im gleichen Sinn: c. 4; 1. Cor. 15,10 und Ps. 117,7.
94 Joh. 14,2f und 23; aus Christi Abschiedsrede.

(Lc. 17,21) – mit diesem Satz versagte sich Christus den Bemühungen der Pharisäer, das Reich des Messias zeitlich zu bestimmen. Für Antonius besagt dieses gänzlich anders gerichtete Wort, daß auch im Menschen die ursprüngliche Qualität der Schöpfung überdeckt, aber doch vorhanden war, und dies war die Grundlage und Möglichkeit zu allen Forderungen, die er an sich stellte. Darin mag das christliche Mönchtum überhaupt begründet sein, die von der Schöpfung her gegebene Vollkommenheit von allen Verkrustungen wieder freizulegen.

Wenn man in solcher Weise biblische Bücher, ja die beiden Testamente gleichzeitig benutzt, miteinander zitiert, als wären sie ein Buch ein und desselben Verfassers; sie sich stützen, erläutern, ergänzen läßt, so setzt dies die Einheit aller Überlieferung von Gott voraus; man darf wohl sagen, die Unwandelbarkeit Gottes selbst, gleichgültig, was der Moderne darüber denkt. Man wird fragen müssen, welches Gewicht den historisch gewiß unterscheidbaren Meinungen biblischer Verfasser zukam, wurden ihre Texte doch kaum auf das Zeitgebundene hin gelesen, sondern als Zeugnis oder Offenbarung der unwandelbaren Gottheit bedacht. War da Raum für die Unterschiede in den Ansichten menschlicher Mittler?[95]

Es mag noch gesagt sein, daß vor einem solchen Text ein statistisches Aufrechnen der Zitate nach biblischen Büchern und ihre Verteilung auf die Testamente nur einen falschen Eindruck herbeiführen könnten. Wichtiger ist die Beobachtung, wie stark auch aus den neutestamentlichen Zitaten der fordernde Gott spricht, wie sehr auch Worte des Alten Testamentes zeigen, daß Gott seine Geschöpfe nicht sich selber überlassen hat, waren es doch die härtesten Evangelienworte, die Antonius zum Eremitenleben riefen, ist doch die Zuversicht in Gottes Hilfe in Psalmworten ausgesprochen.[96]

Heussi konnte anhand des Gerontikums feststellen, daß auch die Bergpredigt ihre Wirkung auf die Eremiten getan hat (S. 279), ein Satz, der freilich nur dann die

---

95 H. BACHT, Vom Umgang mit der Bibel im ältesten Mönchtum, in: Theologie und Philosophie XLI (1966), S. 558f, und DERS.: Die Rolle der Heiligen Schrift bei Horsiesius, in: DERS.: Das Vermächtnis des Ursprungs, Würzburg 1972, Exkurs I,.S. 196f stellt fest, daß im liber Orsiesii die gesamte Bibel als Einheit gesehen wird, weil sie göttliche Schrift ist; der Heilige Geist sich zu Wort meldet. In der letztgenannten Arbeit S. 198f Belege für das Eindringen des mehrfachen Schriftsinnes in das pachomianische Mönchtum.

96 Die hohe Bedeutung des Alten Testamentes in der Umgebung des Pachomius: H. BACHT, Pakhôme et ses disciples, in: Théologie de la vie monastique, Théologie 49, Paris 1961, S. 48ff, wo freilich die AT-Zitate isoliert genommen werden. F. RUPPERT, Das pachomianische Mönchtum und die Anfänge des klösterlichen Gehorsams, Münsterschwarzacher Studien XX, Münsterschwarzach 1971, S. 109, wendet sich gegen BACHTS Formulierung, das Gottesbild der Pachomianer sei hauptsächlich von der Strenge und Härte der Sinaioffenbarung geprägt und sagt, je nach der Absicht, die verfolgt wurde, hätte man sehr wohl Güte und Strenge Gottes hervorgehoben. Eremiten und Coinobiten des alten Ägypten konnten die Botschaft der Evangelien nicht übergehen wollen, doch hat diese Botschaft die Forderungen Gottes nicht überdeckt. Ob BACHTS Formulierung von der Sinaioffenbarung glücklich ist, mag man bezweifeln, denn sie verleitet zu der Vorstellung äußerer Gesetzeserfüllung. Der Begriff einer reinen Seele, der gelehrte und gelebte Weg, die Seele rein zu erhalten, zielt letztlich nicht auf ein gesetzhaftes Verständnis, sondern auf die ständige Bereitschaft für Gott.

Mönche richtig charakterisiert, wenn man, wie Heussi dies tat, zuvor klarstellt, welche Rolle der fordernde Gott des Alten Testamentes in den Eremitenkolonien gespielt hat; wie sehr dieser auch im Neuen Testament wiedergefunden wurde. Zur Antoniusvita: Zitate aus den Seligpreisungen sind nicht zu notieren. Der Text ist angelegt, den Eifer eines Asketen zu zeigen, der das Seine tut, die Reinheit seiner Seele neu zu gewinnen, wie es die Schöpfung eigentlich verlangt. Und so spannt die Vita die Kräfte des Antonius auf Gott, nicht auf Mitmenschen, so wenig diese ignoriert werden. Wir sehen darin das wichtigste Element des Antoniuslebens selber, war Antonius doch unter den härtesten Forderungen Christi aufgebrochen, selbst die Verantwortung für die Schwester von sich weisend: Dieser Gott konnte sehr wohl unausweichlich Alternative zu wichtigsten menschlichen Verpflichtungen werden. Freilich, als er in jenem Brunnenhaus Sieger über die Dämonen geblieben war, wurde er zugänglich für Schüler und für Menschen, die seinen Rat suchten. Wenn die Vita das Bild des Eremiten am Kolzim hinterläßt, der von Schülern umgeben ist und Rat suchende Besucher nicht abweist, so mag darin ein Einfluß der Bergpredigt oder ähnlich gerichteter Texte gefunden werden, wie ja der Meister mit den Schülern auch eine Nachbildung des Jüngerkreises Christi sein kann. Ein schönes Beispiel sei gegeben, das als den Horizont wechselseitiger Liebe und des Mitleidens die Gemeinschaft der Asketen setzt. Athanasius hat das Aufblühen des Mönchtums nicht nachgezeichnet. Wohl entnahm er den Klagen Jeremias den Satz: Daß die Jünglinge *de choro psallentium* (c. 21; Thren 5,14) fehlten: Hier waren sie in den neuen *monasteria*, diese gleichen Hütten (*tabernacula*) *plena divinis choris psallentium*. Antonius hielt die anderen zu Gesang, Schriftlesung, Gebet, asketischer Übung an, *ut futurae spei aviditate et charitatem mutuam et misericordias indigentibus exhibendas iugi studio laborarent*. Die *mutua charitas* ist wohl ein Zitat aus dem Johannesevangelium oder dem ersten Petrusbrief, das ganze mag in *charitas* und *misericordia* den Vorstellungen der Bergpredigt entsprechen oder nahekommen. Der Anblick, den diese so vollkommen lebende Eremitenkolonie bot, ließ sich mit Worten schildern, die Bileam verheißend über das gelobte Land Israels hatte begeistert aussprechen müssen (Num. 24,5f). Auch hier sieht man wieder, wie sehr selbst da, wo wir dem Neuen Testament spezifisch zugehörige Worte zu entdecken glauben, Altes und Neues Testament ineinander gewirkt sind, und man betritt unsicheren Boden mit der Überlegung, ob hier eine alttestamentliche Hoffnung, ob ein neutestamentliches Gebot Erfüllung gefunden hat.

Für das Leben des Antonius haben nach dem Zeugnis der Vita Dämonen eine hervorragende Bedeutung.[97] Athanasius hatte sich in seinen Schriften „Gegen die

---

[97] Mit der Dämonologie des Antonius hat sich L. DANIELOU, Les démons de l'air dans la vie d'Antoine; Antonius Magnus Eremita, Studia Anselmiana 38, Roma 1956, S. 136–147 auf Athenagoras und Origines eingehend, beschäftigt; s. auch DERS.: Démons, Dictionnaire de Spritualité ascétique et mystique III, 1957, col. 142–239. Er berührt vor allem die Luft als den Raum der Dämonen und ihre Bemühung, die Seele am Aufstieg zu hindern; das in die Luft als Raum der Dämonen aufragende Kreuzeszeichen. N. H. BAYNES, St. Antony and the Demons, Journal for Egyptian Archeology 40 (1954), S. 7–10 erzählt des Antonius Dämonologie nach, soweit sie auf die praktischen Bedürfnisse des Asketen gerichtet ist, ohne die Dimension als Darstellung von Geschichte zu erkennen.

Heiden" und „Über die Menschwerdung des Logos"[98] über Charakter der Dämonen geäußert. Das Böse ist für ihn keine Substanz oder Wesenheit, das Seiende geht aus Gott hervor und ist gut. Das Böse ist menschlichem Sinn entsprungen, in Ermanglung einer Vorstellung vom Guten ausgedacht, eingebildet.[99] Die Gedanken an das Böse verdecken den Spiegel, in dem die Seele das Bild Gottes schauen konnte. So wurde der Gottesname auf sichtbare Dinge übertragen. Hier sieht Athanasius die Quelle der Verehrung nichtseiender Götter.[100] Solche Gedanken kehren in der Vita etwa zur Reinheit der Seele oder gegen die Arianer wieder. Götter und Dämonen sind Trugbilder und weichen deshalb dem Kreuzeszeichen.[101] Wenn sich die Menschen von Göttern und Dämonen nach Christi Sieg über den Tod lossagen, so trennen sie sich folglich von ihren Einbildungen.[102] In späteren Kapiteln scheint er dann Dämonen doch eine eigene Existenz zuzusprechen: Sie täuschen die Menschen, lassen sich an Quellen, Flüssen etc., nieder.[103] Nach der göttlichen Erscheinung des Logos hört der Spuk auf. Die Dämonen sind sich ihrer Ohnmacht bewußt und hetzen deshalb die Menschen zum Krieg gegeneinander, damit sie nicht gegen die Dämonen kämpfen können. Die Jünger Christi befehden sich nicht gegenseitig, sondern setzen in tugendhaftem Lebenswandel sich gegen die Dämonen zur Wehr, verjagen sie und schlagen selbst den obersten Teufel in die Flucht.[104] Dies ist eine eigenartige Begründung des Friedens unter den Jüngern Christi, und man darf darin einen möglichen Horizont der *mutua charitas* in den Zellen am Kolzim sehen, der den Bezug zur Bergpredigt stark einschränkt. Gerade diese letzten Äußerungen über die Existenz der Dämonen und ihre Schwäche bilden eine Brücke zur Vita, ohne die Dämonologie des Antonius schon zu erklären. Wenden wir uns nun dieser zu:

Zunächst scheint der geschundene Körper des halbtot aufgefundenen Antonius in der Grabhöhle der Vorstellung von Dämonen als reinen Trugbildern zu widersprechen.[105] Wenn Antonius später am Buch Hiob die Lehre entwickelt, die Dämonen hätten ihre Macht gegen einen Menschen von Gott, aus eigener Macht vermöchten sie nichts, so setzt dies immer ein, wenn auch ohnmächtiges Wesen voraus (c. 17, col. 140ff). Später widerfährt dem Eremiten solche Schädigung nicht mehr,

---

98 ROLDANUS, Die Vita Antonii als Spiegel der Theologie des Athanasius und ihr Weiterwirken bis ins 5. Jahrhundert, Theologie und Philosophie 58 (1983), S. 194–216, geht auf die Differenz zwischen Antoniusvita und den Werken des Athanasius nicht ein. Einiges bei A. RECHEIS, Engel, Tod und Seelenreise, Temi e Testi IV, Roma, 1958, z.B. S. 33ff; 122ff; 164ff.
99 Gegen die Heiden c. 4 und 7.
100 Ibd. c. 8, vgl. c.43.
101 Über die Menschwerdung c.31.
102 Ibd. c. 46.
103 Ibd. c. 47.
104 Ibd. c. 52; c. 30 und 31 stellen die Schwäche der Dämonen – als wirkliche Wesen – vor der Erscheinung Christi dar, dessen Macht und Lebendigkeit so erwiesen wird.
105 C. 7, col. 131C. Antonius leugnet nicht die Kraft der Dämonen: *saepe quoque me a daemonibus verberatum* ... c. 20, col. 144D. Doch haben sie keinen Körper, c. 16, Col 140A: *cum nec humana carne sint saepti, ut causari valeant*. Ihre eigentliche Machtlosigkeit durch Christi Sieg s. u., sie wird auch demonstriert durch die ständig wechselnden Trugbilder, c. 16, col. C/D: *At tunc dum theatrali imitatione formarum, quasi rudem infantiam scenica niteris simulatione deludere exhaustas vires manifestius probas.*

auch darin zeigt sich der Aufstieg, den er genomen hat. Seine Lehre von den Dämonen entwickelt Antonius, nachdem er in der Grabhöhle und dem Brunnenhaus mit ihnen gekämpft und sich eine Schülerschaft um ihn versammelt hatte. Diese Lehre ist eng verbunden mit des Antonius Vorstellung von der Erschaffung der Welt und des Menschen. Dieser war gut, seine Seele rein geschaffen, und es bedurfte der Tugendanstrengung, diesen Zustand zu bewahren. Sünde ist es, diese ursprüngliche Natur zu verändern, zu beschmutzen (c. 15, col. 136f). In Gefahr bringt den Menschen dabei der Kampf gegen die Dämonen, von dem Paulus im Epheserbrief (Eph. 6; s. Anm. 64) redet. Nun hat aber Gott nichts Schlechtes geschaffen – ein Satz, der aus Genesis 1 abgeleitet und zugleich bedachte Erfahrung des Antonius (Athanasius) sein kann: Nicht aus seiner Schöpfung nehmen die Dämonen ihren Anfang, ihre Verkehrtheit ist nicht Mangel ihrer Natur, sondern Bosheit ihres Willens. Gut waren sie von Gott erschaffen, aus der Willkür aber des eigenen Geistes sind sie aus den Himmeln zur Erde gestürzt. Dort haben sie sich im Schmutz gewälzt und die gottlosen heidnischen Kulte gegründet. Nun aber bringen sie ihre versammelte Kraft gegen die Mönche auf, die ihre Sitze bedrohen.[106]

Die Übersetzung des Evagrius ist hier ausführlicher als der Text des Athanasius[107], der besagt: „Denn Gott hat nichts Schlechtes gemacht, vielmehr sind auch sie gut gewesen, aber sie stürzten aus dem Reiche der himmlischen Weisheit, trieben sich auf der Erde herum und täuschten die Hellenen durch Erscheinungen, auf uns Christen aber sind sie neidisch und setzen alles in Bewegung, da sie uns auf unserem Weg zum Himmel hindern wollen". Sind beide Texte auch nicht gleichlautend, so liegt ihnen doch die Vorstellung zugrunde, daß Satan und die Dämonen einst Engel waren,[108] die gegen ihren Herrn und Schöpfer aufgestanden sind und deshalb aus ihrem ursprünglichen Stande geworfen und gestürzt wurden. Dieser Engelsturz kann den ägyptischen Mönchen, und wäre es nur mittelbar, durch die Henochapokalypse[109] bekannt geworden sein, von der es eine äthiopische Version gibt. Der Sturz der aufbegehrenden Engel ist nun offenbar kein Ereignis, das vor, oder zu Beginn der Geschichte geschehen und abgeschlossen gewesen wäre, sondern etwas, das sich während des Verlaufs der Geschichte, oder als Geschichte ereignet. Die wichtigste Station ist der Sieg Christi, der Satan die angemaßte Macht

---

106 *Hoc primum debemus mentibus affligere, nihil Deum fecisse, quod malum est, nec ab eius institutione daemonorum coepisse principia: perversitas ista non naturae, sed voluntatis est vitium. Boni enim, utpote a Deo conditi, ex proprio mentis arbitrio ad terras ruere de coelis; ibique in coeni sordibus voluntati, gentilitatis impias constituere culturas; et nunc de nobis torqueantur invidia, atque universa mala commovere non cessant, ne pristinis eorem sedibus succedamus* (col. 137C). Haß auf die Mönche: col.137/8. Solche Analogie zum Abfall der Menschen von Gott habe ich bei Athanasius nicht gefunden.
107 MPG. XXVI, hier c. 22, col. 876 A/B.
108 C 20, col.145C: *et honore nudatus angelico.* U. RANKE-HEINEMANN, Das frühe Mönchtum (wie Anm. 46), S. 50ff hat zur Bedeutung der Dämonen für die Mönche vieles klargestellt und zurechtgerückt. Sie betont, daß die Mönche sich auf eine „kosmische" Wirklichkeit bezogen, ohne den Engelsturz als einen geschichtlichen Zusammenhang zu erkennen.
109 S. Endnote IV.

nahm.¹¹⁰ Diese ursprüngliche Macht zu schildern, griff Antonius zum Buch Hiob, wo in Kap. 41 Gott in einer Rede an Hiob darlegt, wie ohnmächtig der Mensch, wie mächtig er selber ist: Die Feuerhitze der Augen, der alles versengende Atem des Leviathan, seine Kraft, vor der Eisen wie Stroh ist, die Erde zur Salbdose wird (Job 41,9–11; 18–23). Dies alles wurde hier nun zum Satan, dessen Zerstörungswut mit Worten des Exodus und Jesaias beschrieben ist (Ex. 15,9; Is. 10,14): „Ich werde in der Verfolgung ergreifen" – dies aus dem Lobgesang Moses, nachdem Israel den Ägyptern glücklich entronnen war, die Gedanken Pharaos wiedergebend. Und: „Die ganze Welt habe ich mit meiner Hand wie ein Vogelnest ergriffen und hebe sie wie verlassene Eier empor" – so der Hochmut des Königs von Assur. Hier wird in der Vita nicht übertragen geredet, sondern Wut und Hochmut der heidnischen Könige sind teuflische Macht und Anmaßung der Feinde Israels als Gottesvolk, das in der Christenheit fortgesetzt ist; Satan als Gegner Gottes, nicht eine Vielzahl heidnischer umwohnender Völker und Mächte. Hiob hatte vor solchen Worten über den Leviathan seine Ohnmacht erkennen sollen, und in den Fragen, ob etwa er, Hiob, den Behemoth am Halfter führen oder am Angelhaken ziehen könne (Job 40,20), wurde deutlich, was Hiob nicht vermochte, wohl aber Gott. Der Rückgriff auf diese Hiobstellen zeigte die grundsätzliche und ständige Überlegenheit Gottes über den Widersacher; im Vitentext dienten diese Worte aber auch, die Macht Christi, seinen Sieg über Satan zu kennzeichnen: Wie einen Drachen hat Christus Satan am Halfter gezogen, wie einen Sperling gebunden etc. (Job 40,24), hier ist also vollbracht, was im Buch Hiob als Möglichkeit bildhaft gesagt war, und dies wird sofort aus dem Evangelium bestätigt: „Wie Schlangen und Skorpione werden Satan und seine Dämonen von den Christen zertreten" (Lc. 10,19).

So ist in dieser Schilderung der Sturz der aufbegehrenden Engel Geschichte, nicht eine ferne, diese Erde nicht berührende, sondern die Geschichte der Menschheit überhaupt, in die an wichtigem Platz der Eremit verwickelt ist, in der Christi Leben einen wichtigen Einschnitt bedeutet, da es die Grenzen satanischer Macht sichtbar werden ließ und den Nachfolgern Mut macht und zur Nachfolge auffordert. In diesem Rahmen erst ist das Pauluswort aus dem Epheserbrief (Eph. 6,10ff) vom Kampf gegen Gewalten und Mächte dieser Welt und der Bewaffnung mit Wahrheit

---

110 C. 16, col. 138C/D: *De qua Dominus triumphavit ...* col. 140A: *adveniente Domino destructus est inimicus*, 140C: *Infirmatus est a Domino*; 145B/C: *vere enim Jesus tuas funditus subruit vires.* H. SPILLING, Die visio Tnugdali, Münchener Beiträge zur Mediävistik und Renaissanceforschung 2, München 1975, handelt S. 129–142 und in einem Exkurs S. 216–225 von Lucifer-Satan im Hinblick auf die Erklärung einer Jenseitsvision des 12. Jahrhunderts. Dabei berührt sie nicht die AT-Apokryphen, aus denen wir besonders Henoch heranziehen mußten. Ihr Gegenstand verlangte auch nicht die Beschäftigung mit Dämonenkämpfen irdischer Menschen, der Sturz Satans tritt so auch nicht als Inhalt der Geschichte hervor wie in der Antoniusvita. Eine wichtige Ergänzung des hier Vorgetragenen ist SPILLINGS Verweis auf die Vorstellung, Christus habe auf seiner Höllenfahrt zwischen Tod und Auferstehung Satan besiegt und entmachtet, eine Vorstellung, die auf das im 3. Jahrhundert entstandene Nikodemusevangelium zurückgeführt wird (S. 138f). Die Antoniusvita redet zwar von Christi Sieg über Satan, geht dabei aber nicht auf die Lehre des Nikodemusevangeliums ein.

und Gerechtigkeit, mit dem Glauben und dem Schwert des Geistes nicht mehr Beispiel übertragener Redeweise, sondern genaue Schilderung monastischen Lebens, wie es Antonius hat führen wollen; wie ja wohl alle kämpferischen Töne der Vita ihren Sinn in diesem Zusammenhang erst erhalten. Das Ende der Geschichte als eines Sturzes der aufbegehrenden Engel ist deren endgültige Unterwerfung: Was Satan vortäuscht, *non veri splendor est luminis sed quibus arsurus est indicat flammas* – ist nicht der Glanz wahren Lichtes, sondern Widerschein der Flammen, in denen er brennen wird.[111]

Der Engelsturz ist der Rahmen menschlicher Geschichte, dies war bei Athanasius so nicht aufzufinden.[112] Es ist Eigentum der Vita. Diese stellt den Eremiten, eigentlich die Menschheit in diesen überirdischen Kampf hinein, ohne daß daraus der erzählerische Rahmen der Lebensbeschreibung würde. Wohl aber lehrte Antonius jene, die seinen Kampf mitkämpfen wollten, in welchem Streit sie Partei nahmen, welchen Rang, welche Bedeutung seine mit eigenen oder biblischen Worten vorgetragenen Aufrufe hatten, und daß es im Mönchsleben um weit mehr als die eigene Vorsorge für das gefürchtete Jüngste Gericht ging. Dies war gewiß keine Theorie monastischen Lebens, gehörte aber zu der Bewußtheit, mit der allein monastisches Leben begonnen und geführt werden konnte. Die Furcht vor der Rechenschaft, die der einzelne wird ablegen müssen, gehört wohl ebenfalls in den Zusammenhang des Engelsturzes, dessen Ende zugleich Ende der Geschichte ist. Die Vita, vor allem zu Beginn der ersten Lehrrede, zeichnete das positive Bild, die Hoffnung auf die Ewigkeit, den unverweslichen Leib, wie nun gesagt werden kann, als Verheißung Gottes an jene, welche die rechte Partei ergriffen, nicht auf Seiten der aufbegehrenden Engel gestanden haben. Wer sich gegen die Dämonen entschieden hatte und in wachsender Vollkommenheit Herr seiner Schwächen geworden war,[113] dessen Leben war Kampf (gemäß Eph. 6), oder Mühe und Arbeit (nach Ps. 89), deren Gewicht nicht überbewertet werden durfte vor der Verheißung. Die Furcht

---

111 C. 16, col. 138D; vgl. c. 20, col. 140A: *Non est enim nescius Satanas ignium futurorum, et aestuantis gehennae copiosa noscit incendia;* dazu vgl. Apoc. 20,10; s. auch Henoch c. 9/10, wo die Teufel im letzten Gericht in den Feuerpfuhl, das Gefängnis geworfen werden. S. auch Mt. 25,41.

112 H. DÖRRIES, Vita Antonii (wie Anm. 57), hat in seinem Kap. „Die Grundgedanken der Vita und die Theologie des Athanasius" (S. 177–193) die Dämonologie nicht behandelt. St. LYONNET, Démon I, col. 145 beobachtet, daß die Dämonologie des Neuen Testamentes der außerkanonischen jüdischen Theologie entstammt, sich aber im Unterschied zu den apokryphen Texten auf kurze Andeutungen beschränkt; col. 147f zum Sieg Christi über die Dämonen. Zu den Darlegungen des Origines DANIÉLOU, Démon II col. 182ff. Origines geht von der ursprünglichen Reinheit der Dämonen und Engel aus. Einer von ihnen, Satan, wollte sich Gott widersetzen und wurde verworfen, mit ihm stürzten alle andern Gewalten. Durch Sünde unrein wurden die einen zu Dämonen, andere, weniger sündig, Engel. Zu Seelen wurden jene, die weniger sündig als die Dämonen waren, deren Schuld aber die der Engel übertraf. Diese Systematik ist weder durch das Henochbuch abgedeckt, noch entspricht sie der Antoniusvita; sie zeigt aber die eifrige Beschäftigung der Alexandriner mit diesem Stoff. D. HOSTER, Die Form (wie Anm. 87) wehrt sich S. 19, Anm. 20 gegen den Versuch, die Dämonologie des Antonius psychologisch zu erklären.

113 Ausnutzung menschlicher Schwächen durch die Dämonen: c. 20, col. 145D.

vor dem Ende, falls man sich nicht der dämonischen Anschläge erwehrte und den eigenen geringen Wünschen nachgab, hatte wohl die Frage nach dem Ende des Antonius hervorgebracht,[114] sie griff jene Lukasstelle auf (c. 15, col. 135f; Lc. 12,43ff), der zufolge der Knecht nur dann der Strafe entgeht, wenn er beständig des Herrn Willen befolgt, sich nicht auf vorigem Verdienst ausruht, und verband dies mit des Hesekiel bedrohlicher Warnung (Ez. 18,24ff und 33, 12ff), daß der Mensch gerichtet werde, so wie er im Augenblick angetroffen wurde. Judas sei so um die Frucht seiner Jüngerschaft gekommen. Die Gefahr täglichen Todes vor Augen, werde man nicht sündigen – dies als Auswertung des Pauluswortes von seinem täglichen Sterben (c.15, col. 136B; hierher auch 1. Cor. 15,31). Gerade dieses Kapitel geht sehr stark von der Gefahr eines stündlich zu erwartenden Lebensendes aus. Da schwinden die Versuchungen, „die letzte Vergeltung beständig vor Augen, denn die Furcht vor dem Gericht, die schreckliche Angst vor den Strafen löst die Reizungen des Körpers und stützt die stürzende Seele wie von einem Felsen her".[115] Solche Furcht bedeutete nicht ein Schüren von Angstzuständen, sondern war in dieser Lehre die ständig gegenwärtige Einsicht in die Verhältnisse und Zusammenhänge geschichtlichen Lebens, die außerhalb menschlicher Verfügung liegen. Nachdem Antonius den ersten Ansturm der Versuchungen überstanden, Satan zum ersten Mal besiegt hatte, soll er geäußert haben,[116] er messe den Weg der Tugend nicht nach der Zeit der Ausdauer, sondern in Liebe und dienender Hingabe (*famulatu*, wenn man eine härtere Übersetzung bevorzugt: Knechtschaft) erregte er den Wunsch nach wachsender Gottesfurcht – *divini metus desiderium*: Darauf konnte der Wunsch eines Menschen sich richten, und so kann die zitternde Angst nicht gemeint sein.[117]

---

114 Praefatio col. 125f: *qualem etiam habuerit terminum vitae ...*
115 C. 15, col. 136B/C: *ante oculos semper habentes ultimate retributionis adventum, quia maior formido judicii et poenarum timor horridus, simul et lubricae carnis incentiva dissolvit, et ruentem animam quasi ex aliqua rupe sustentat.*
116 C. 6, col. 131A *unde nec temporum longitudine laborum merita pensabat sed amore et famulatu spontaneo semper tanquam in principiis constitutus ad profectum divini metus desiderium concitabat.* Weiter unten: *... quia non computabat Elias praeteritum tempus ...*
117 Einige in der Tendenz vergleichbare Zitate aus dem Alten Testament: *Timor domni gloria et gloriatio et laetitia et corona exsultationis. Timor Domini delectabit cor et dabit laetitiam et gaudium et longitudinem dierum* (Eccli. 1,11ff). *Initium sapientiae timor Domini* (Ps. 110,10). *Timor Domini fons vitae, ut declinent a ruina mortis* (Prov. 14,27). *... per timorem autem Domini declinat omnis a malo* (Prov, 15,27). Eine eigentümliche Fortführung des Gedankens bietet das Antoniusapophtegma 32: Ich fürchte Gott nicht mehr, sondern ich liebe ihn, denn die Liebe treibt die Furcht aus (1. Joh. 4,18). Es beleuchtet die Genauigkeit des Vitenberichts, wenn Athanasius das Wort von dem *divini metus desiderium* an den Anfang des Eremitenlebens stellt.

3 DAS LEBEN DES HEILIGEN PACHOMIUS

Die Überlieferung, die von dem Eremiten Antonius berichtet, liegt in der Antoniusvita des Athanasius einheitlich vor uns. Dieser Text konnte späteren Generationen – keineswegs nur Mönchen – Gottzugewandtheit an der Person dieses Eremiten darstellen, wiewohl die Zukunft gerade nicht dem Eremitentum, sondern der coinobitischen Lebensweise gehörte. Auf lange Sicht war es nicht die Eremitenkolonie, die des Antonius Andenken, seine Vita bewahrte. An sehr verschiedenen Stellen taucht der Text auf: Gewiß in vielen späteren Klöstern, aber man denke auch an des Augustinus Bericht, der beweist, daß dieses Antoniusleben in lateinischer Übersetzung sich auch in Laienhänden befand und in Laienkreisen wirkte, keineswegs immer zum Eremitentum hin, wie an Augustinus selber wahrgenommen werden kann.[118] Nicht strukturelle Elemente der Organisation des Lebens, sondern die außerordentlliche Gottzugewandtheit und Reinheit des Lebens selber bilden den Grund der Beschäftigung mit dieser Lebensbeschreibung und ihrer Überlieferung.

Man hätte meinen sollen, daß der Begründer des Coinobitentums, Pachomius, gerade der klösterlichen Überlieferung wichtiger gewesen wäre. So sind auch tatsächlich seine Regeltexte in lateinischer Übersetzung[119] etwa in der Benediktregel benutzt worden (z. B. c. 33,3 und 78,7),[120] in die Regelsammlung des Benedikt von Aniane eingegangen.[121] Die Vitenüberlieferung von Pachomius jedoch ist alles andere als einheitlich, und die Zusammenhänge der Texte und Fragmente in verschiedenen Sprachen des östlichen Mittelmeerraumes und der griechisch-lateinischen Überlieferung sind nicht abschließend geklärt. Die Breite der Wirkung in alter Zeit

---

118 Augustinus, Confessiones, ed. Luc VERHEIJEN, CCSL XXVII, Turnholti 1981; dt. J. BERNHART, München ²1960, VIII,6.
119 Pachomiana latina, ed. Dom Amand BOON, Biblothèque de la Revue d'Histoire Ecclesiastique VII, Bruxelles 1932; zu Authentizität, Abfassungszeit etc.: A. DE VOGÜÉ, Les pièces latine du dossier pachomien, Revue d'Histoire Ecclesiastique 67 (1972), S. 26–67. Editionen der Werke des Pachomius: L. Th. LEFORT, Oeuvres de S. Pachôme et de ses disciples, CSCO 159/160, Louvain 1956 (mit französischer Übersetzung; Englisch: A. VEILLEUX, Pachomian Koinonia, The Lives, Rules and other Writings of St. Pachomius and his Disciples, Cistercian Studies 45–47, Kalamazoo 1980–1982. H. R. DROBNER, Lehrbuch der Patrologie, Frankfurt am Main u. a., 2004, S. 359–362 mit Literatur. S. auch das Kapitel „Pachomius" bei W. HARMLESS (wie Anm. 38), S.115–163.
120 Regula Benedicti, ed. Rudolf HANSLIK, CSEL 75, ²1977, ed. Adalbert *de Vogüé*, Sources Chrétiennes 181–183, Paris 197, s. Bd. II, Table des Auteurs, S. 899.
121 Codex Regularum; Concordia Regularum benutzt die Texte der Pachomiusregel mehrfach; beide Texte in MPL 103.

ist überaus eindrucksvoll: Koptische, syrische, arabische, griechische und ein lateinischer Text.[122] Wichtig ist hier, daß die lateinische Fassung des sechsten Jahrhunderts Übersetzung der wohl ältesten griechischen Vita ist, die zwar aus älteren Stücken kompiliert, dies aber sehr getreu.[123] Es darf als sicher gelten, daß der verlorene Text nicht in einem Kloster entstanden ist, in dem die Pachomiusregel bekannt war.[124] Dies kann hier insofern übergangen werden, als Viten gerade nicht Regelüberlieferung sein wollen, das Gewicht also nicht auf dem geregelten Ablauf des Tages und Jahres liegt. Der lateinische Text ist der einzige, der im Abendland wirken konnte, und da er eine verhältnismäßig alte Überlieferung repräsentiert, dürfen wir ihn mit gutem Recht zugrundelegen.

Dionysius Exiguus[125] übergab seiner Auftraggeberin seine Übersetzung der Pachomiusvita mit einem Widmungsbrief, in dem er Bedeutung und Anspruch eines solchen Vitentextes darlegte und mit dem Lob der Angeredeten verband. Sie habe tun wollen, was aus der Gnade Christi zu lesen und nachzuahmen sei, habe gewünscht, die Einrichtungen der Altväter kennenzulernen, um nach deren Studium die eigenen Werke zu vollbringen. Das Leben Heiliger fordert also ein Leben gleichen Ranges heraus. Nur wer sich in solcher Weise aufgefordert sieht, beschäftigt sich angemessen mit solchem Text. Und so heißt es dann weiter von der so angeredeten Tochter des Symmachus[126], sie habe sich um Tugenden bemüht, die sie an der Lebensführung der Heiligen geliebt habe. Niemand aber liebt Tugenden, es sei

---

122 E. AMÉLIEAU, Vie de Pakhôme (arabischer Text mit französischer Übersetzung) Paris 1889; L. Th. LEFORT, Sancti Pachomii Vita bohairice scripta CSCO 89, 107, Paris 1925 u. 1936; DERS. Sancti Pachomii Vitae sahidice scriptae, CSCO 99/100, Paris 1933; engl. A. VEILLEUX, wie vorige Anm.: Les vies coptes de Saint Pachôme et de ses premiers successeurs, trad. Française par L. Th. LEFORT, Louvain 1943 (wichtige Einleitung zur Vitenüberlieferung). Die griechischen Texte: Sancti Pachomii Vitae grecae, ed. Fr. HALKIN, Subsidia Hagiographica XIX, Bruxelles 1932; der lateinische Text: La vie latine de Saint Pachôme, ed. H. VAN CRANENBURGH, Subsidia Hagiographica XLVI, Bruxelles 1969. Während LEFORT die koptische Überlieferung für ursprünglich hält, tritt Dewas J. CHITTY, Pachomian Sources reconsidered, Journal of Ecclesiastical History 5 (1954), S. 38–77, für die Priorität der griechischen Überlieferung ein. Dagegen: LEFORT, Les sources coptes pachômiens, Le Muséon 61 (1954), S. 217–229. Ferner: A. VEILLEUX; La liturgie dans le cénobitisme Pachômien au IVe siècle, Studia Anselmiana 57, Roma 1968. H. BACHT, Das Vermächtnis des Ursprungs (s. Anm. 95), und RUPPERT, Das pachomianische Mönchtum (s. Anm. 96). Zur Frage der Priorität der Überlieferungen steht mir kein Urteil zu. Zur Frage der Verbreitung und Wirkung der Pachomiusvita gibt die Handschriftenliste der genannten Edition der lateinischen Vita keine ausreichende Grundlage ab; die Überlieferung innerhalb der Vitae (oder Vitas) Patrum müßte dafür geklärt werden; s. C. M. BATTLE, Die Adhortationes Sanctorum Patrum (Verba Seniorum) im lateinischen Mittelalter, Beiträge zur Geschichte des alten Mönchtums und des Benediktinerordens 31, Münster 1972, und Ph. ROUSSEAU, Pachomius. The Making of a Community in the Fourth Century Egypt, Berkeley, Los Angelos, London 1985.
123 Lefort, vies coptes, S. XXVIff, dem VAN CRANENBURGH folgt (S. 9).
124 Lefort, vies coptes, S. XXVIII, danach VAN CRANENBURGH S. 24.
125 Über diesen M. MÄHLER im Vorwort der Edition VAN CRANENBURGHS S. 38ff; ferner H. MORDEK in: LMA III (1986) col. 1088–1092. Dionysius Exiguus lebte in der 1. Hälfte des 6. Jahrhunderts als Mönch in Rom.
126 Symmachus: PLRE II Symmachus 9, Schwiegervater des Boethius; MÄHLER S. 38f denkt an dessen Tochter Proba.

denn, er befolgt sie. Wo die Tugenden nicht befolgt werden, entsteht Streit; so werden die Untugenden aufgezählt, jede als Widerspruch zu einer Tugend, dann aber mit einem Pauluswort zusammengefaßt.[127] Dionysius sieht den Menschen in unausweichlicher Alternative: Gott zu lieben, woraus notwendig folgt, daß man sein Leben an den Tugenden (also an den Heiligen) ausrichtet, oder Gott zu verachten und so den Untugenden anzuhängen. Wenn es heißt, *dum Deus contemnitur, voluptates amantur*, so steht außer Frage, daß nicht nur der Plural – *voluptates* – sondern der ganze Kontext die Summe aller Untugenden unter diesem Begriff zusammenzufassen fordert. Was nicht zu Gott führt, sind Begehrlichkeiten. Das ist die Stunde des *diabolus*. Er verführt, verlockt, um zu täuschen; schmeichelt, um den Untergang herbeizuführen. Er will erreichen, daß der Mensch die himmlische Zukunft nicht der irdischen Gegenwart vorziehe. Dionysius beruft sich wieder auf Paulus: Die Menschen lieben ihre Gier mehr als Gott, sie lieben den Schein der Frömmigkeit, lehnen aber deren Tugend (Luther: Kraft) ab; Dionysius erläutert, dem Namen nach scheinen sie Christen zu sein, nicht aber in ihrem Tun. Vor solchen Menschen warnt er; wieder an Paulus gemahnend. Die sind die Feinde in der Kirche, die äußerlich nicht auffallen und darum gefährlicher sind, als solche, die außerhalb der christlichen Gemeinschaft stehend, das Christentum bekämpfen. Ganz wird der Mensch gefordert, ihm bleibt keine Ausflucht, zumal vor den Worten des Neuen Testamentes. Nirgends sind die *opera* als Verdienst geschildert, auf das der Mensch von Gott pochen könnte, sie sind selbstverständliche Äußerung des Glaubens, Gehorsam gegenüber den Forderungen der Schrift.

Der unbekannte Verfasser der von Dionysius übersetzten Vita überschaut in seinem Prolog[128] die Geschichte der Menschen in ihrem Verhältnis zu Gott bis zu dem Punkt, an dem Christen als Mönche ihren Glauben in besonderer Deutlichkeit darstellen. Er eröffnet seinen Text mit dem Christentum begründenden Ereignis: Christus habe für die zur Sünde neigende Menschennatur Heilung dargeboten – *plura circa nos remedia suae pietatis*. Christus ist biblisch bezeichnet als *sapientiae fons*[129] und *scientiae verum lumen verbumque Dei patris, per quod facta sunt omnia* (Joh. 1,3). Ist Christus *sapientiae fons*, so kaum um der Erlösungstat willen. Der Rückgriff gerade auf die Spruchsammlungen des Alten Testamentes zeichnet Christus als Lehrer des rechten Lebensweges; nicht anders *verum lumen*[130]. *Verbum Dei Patris*, das Fleisch gewordene Wort erinnert an den Anfang des Johannesevangeliums, wie auch der Nachsatz, *per quod facta sunt omnia*, ohne wörtliches Zitat zu sein. Gewiß ist dies nicht nur johanneische Theologie, sondern zugleich Zusammenfassung der Schöpfungsgeschichte. Daß Christus aber dieses Wort sei, das

---

127 2. Tim. 3,2–5: *Erunt enim homines seipsum amantes, cupidi, elati, superbi, scelesti, sine affectione, sine pace, criminatores, incontinentes, immites, sine benignitate, proditores, protervi, voluptatum amatores magis quam Dei, habentes speciem quidem pietatis, virtutem autem eius abnegantes.*
128 *Prologus autoris* S. 80/82/84.
129 Wohl Eccli. 1,5; evtl. Prov. 18,4; kaum Bar. 3,12, wie VAN CRANENBURGH will.
130 Kommt so in der Bibel nicht vor, wiewohl der Leser sich an die Bibel erinnert fühlt.

rückt die ganze auf Gott bezogene Geschichte zusammen und konzentriert sie stärker, als jede trinitarische Formulierung auf den einen, Geschichte bestimmenden Gott und läßt keine Veränderung durch Christi Erdenleben zu.

Nun setzt der Bericht über Geschichte ein. Anfangs ist es der eine, Abraham – *pater noster* – der in Gehorsam gegen Gott seinen einzigen Sohn zu opfern bereit war und in solchem Gehorsam Gott gefiel, um seines Glaubens willen nicht nur einen Erben erhielt, sondern einen Lohn empfing: Gott versprach Abraham seinen Segen und reiche Nachkommenschaft, wie der Sand am Gestade des Meeres. *In semine* Abraham sollten alle Völker der Erde gesegnet sein (Gen. 22, 15–19). Hier nun folgte der Autor Paulus (Gal. 3,16): Hier stehe der Singular, nicht der Plural, so sei nur einer gemeint: Christus. In großem Bogen sind Abraham und Christus verknüpft, ereignishaft, nicht in typologischem Bezug. Propheten füllen den Raum unter diesem Bogen. Sie sahen und verkündeten aus der Offenbarung des Heiligen Geistes Christi Ankunft zur Heilung menschlicher Schwäche, forderten (*poscebant*) sie auch in ständiger Bitte. Gott erfüllte sein Versprechen, da er nie verläßt, die ihn suchen – so ein Psalm (Ps. 9,11), der Gott als gerechten Richter, als Helfer der Gläubigen, als Herrn der Völker rühmt. So sandte er seinen Sohn, „geboren von einem Weibe und unter das Gesetz getan"[131], sterblich geworden litt er auf menschliche Weise und zerstörte mit seinem Tod den, der des Todes Gewalt hat.[132] Unverletzt in seiner Göttlichkeit kaufte er die Menschen frei von der Vernichtung. Durch das Bad der Wiedergeburt (*lavacrum regenerationis*; Tit. 3,5) machte er alle Völker der Vergebung teilhaftig. Die Lehre der Apostel führte sie alle zum wahren Glauben gemäß dem Befehl Christi, alle Völker zu lehren und zu taufen (Mt. 28,19). Dies sollte zeigen, wie Christus sie alle *gremiis infinitae suae pietatis complexus est*. Unvermittelt, so mag es heute erscheinen, geht der Text über zu den Christenverfolgungen im Römerreich, die der Ausbreitung des Evangeliums folgten. Doch sind es nicht die römischen Kaiser, sondern der *inimicus humani generis*, der gegen die Christen in wilderen Versuchungen (*saeviora tentationum proelia*) tobt als zuvor, in der Absicht, die von Christus erwirkte Sündenvergebung zu verhindern. So ist schon eingangs deutlich, daß die dem Neuen Testament entlehnte Darstellung der Liebe Gottes nicht ein höheres irdisches Glück meinte, sondern geradezu das Gegenteil bewirkte, die gesteigerte Schwierigkeit für den, der das Anerbieten Gottes annahm. Die Hilfe Gottes gegen die Anschläge Satans hatte also keine Erleichterung zur Folge, sondern ein Durchkreuzen der *insidiae*, der Listen. Mit Gottes Erlaubnis[133] – seine Liebe war soeben betont worden – haben die heidnischen Kaiser die Christen verfolgt, deren Glauben und Ausdauer zu prüfen. So haben auch in Ägypten zahlreiche Märtyrer standgehalten. Der Glaube aber breitete sich aus, und so entstanden Kirchen und Gedenkstätten der Märtyrer und in großer Zahl Klöster

---

131 Gal. 4,4; das folgende über das menschliche Leiden und Sterben erläutert das *factum sub lege*.
132 Aus 1. Petr. 4,1 und Hebr. 9,14 zusammengesetzt, richtige Fortführung von Gal. 4,4, denn Gal. 4,5 sagt, daß Christus unter das Gesetz getan worden sei, die zu erlösen, die unter dem Gesetz waren; das ist „den Tod besiegen".
133 *Iuxta Domini permissionem* – unabhängig von der Formulierung scheint mir diese Ansicht auf Job 1 und 2 zurückzugehen. Ähnliche Äußerungen des öfteren in der Antoniusvita und den Pachomiusviten.

derer, die als Asketen in die Einsamkeit gingen. Angeregt waren diese von Glauben und Leiden der Märtyrer. Nachahmen wollten sie das Leben der „Heiligen", von denen der Apostel sagt: Sie wandelten in Schafspelzen und Ziegenfellen mit Mangel, mit Trübsal, mit Ungemach, deren die Welt nicht wert war und sind im Elend umhergeirrt auf den Bergen und in den Klüften und Löchern der Erde.[134] Dies war als Zitat eines Apostelbriefes angekündigt, und der Hebräerbrief sprach in diesen Versen von Gideon, Barak, Simson, Jephta, David, Samuel und den Propheten; die Pachomiusvita nennt im ersten Kapitel Elia, Elisa und Johannes den Täufer. Die neuen Asketen suchten also die Abgeschiedenheit, die Freude des eigenen Heils und des Glaubens *divino munere* und gaben den anderen Beispiel höheren heiligmäßigen Lebens. Dem Autor erschienen diese Männer der Heiligkeit der Engel nahe (*aemulati*), so daß sie den alten Patriarchen nicht nachstanden, an Verdienst den Märtyrern gleich, die Anstrengungen des unsichtbaren Feindes zunichte machend. Größe und Bedeutung ihres Kampfes erhellt aus dem Epheserzitat (Eph. 6,12): „Denn wir haben nicht mit Fleisch und Blut zu kämpfen, sondern mit den Fürsten und Gewaltigen, nämlich mit den Herren der Welt, die in der Finsternis dieser Welt herrschen, mit den bösen Geistern unter dem Himmel". So erlangten sie den Lohn ihres Herrn, dessen Unaussprechlichkeit mit dem Apostelwort (1. Cor. 2,9; vgl. Is. 64,4) wiedergegeben ist: „Was kein Auge gesehen hat und kein Ohr gehört und in keines Menschen Herz gekommen ist, was Gott bereitet hat denen, die ihn lieben."

Dies ist ein Abriß von Geschichte, auf das Nötigste beschränkt. Zwei Figuren nur ragen heraus: Abraham und Christus. Abraham ist so über alle Patriarchen Israels hinausgehoben, und indem er *pater noster*[135], Vater der Mönche ist, gliedert der Autor die Mönche dem Volk Israel ein. Es sei vor allem daran erinnert, daß Johannes der Täufer den Pharisäern, deren Leben seinen Forderungen nicht genügte, verwehrt hat, Abraham ihren Vater zu nennen (Mt. 3,9; Lc. 3,8); Gott könne Abraham aus diesen Steinen Kinder erwecken. So ist es das in seiner Gottzugewandtheit reinere Leben, das man von sich forderte, das allein solches Wort rechtfertigte. Die Vollkommenheit Abrahams repräsentierte, ein Leben gleichen Ranges fordernd, die Zeit des Alten Testamentes; Christi Erdenleben brachte den frohen Ton der Erlösung, aber auch die gesteigerte Gegnerschaft Satans: Christenverfolgung und Martyrium. So erreicht der Prolog den Beginn des Mönchtums, das es an Reinheit des Lebens, an Nähe zu Gott, den Patriarchen, an Glaubensfestigkeit den Märtyrern gleichtun wollte.

Die Antoniusvita des Athanasius kannte solchen Abriß von Geschichte nicht, hatte auch nicht von der Bedeutung der Taufe als Zeichen der Liebe Christi zu seiner Menschheit gesprochen. In der Pachomiusvita war mit der gleich darauf vorge-

---

134 Hebr. 11,37f; ein Zitat, das einem geschichtlichen Abriß entnommen ist, der die Bedeutung des Glaubens an Gott an einzelnen Gestalten der Geschichte Israels darstellt; Abraham nimmt darin einen besonderen Rang ein.
135 Abraham als *pater noster* ist in der Bibel häufig; einige Beispiele: Judith 8,22 (dt. 19); Is. 51,2; Mt. 3,9; Lc. 1,73; Joh. 8,53 und 56; Jac. 2,21.

tragenen Märtyrergeschichte deutlich geworden, daß auch dieser Autor die strengen, fordernden Seiten der christlichen Lehre ernst nahm, aus der höheren Wahrheit der geglaubten Botschaft nicht größeres irdisches Glück, nicht ein leichteres Leben ableiten wollte, sondern gesteigerte Hingabe und Anstrengung. Dies ist auch eine die Antoniusvita beherrschende Einsicht. So ist auch in diesem Prolog der Anteil der neutestamentlichen Zitate nicht etwa um Texte nach Art der Seligpreisungen gruppiert, sondern bezieht sich ebenso auf die Taufe und die Freude jenseitigen Lebens, wie auf die Härte des Kampfes mit den teuflischen Dämonen. Dafür verwandte der Verfasser dieselben Epheserzitate wie Athanasius, und er erinnert ebenso an die Antoniusvita, wenn die römischen Kaiser in der Christenverfolgung nur die ausführenden Figuren des von Satan und seinen Dämonen geführten Kampfes sind,[136] wenn der Sieg Christi über den Tod und dessen Herrn, Satan, dessen letztlich ohnmächtiges Wüten steigert.[137] Sind Anfang und Ende des Kampfes, den Satan führt, nicht genannt, so ist dieser Kampf doch die Geschichte begleitend dargestellt: Satan versuchte auch Gottes Diener im alten Israel, nun aber wütet er noch viel schlimmer. Über Satan und seine Dämonen enthielt die Antoniusvita zwar kein abgeschlossenes Lehrstück, wohl aber war dieses Thema, über den Text verstreut, allenthalben gegenwärtig. Anfang und Ende der Geschichte, ihre Stationen, der eigentliche Hintergrund auch wesentlicher Tagessituationen der Menschen wurde von der Dämonologie umfaßt, von ihr her erläutert. Dem entspricht die Pachomiusvita nicht in vollem Umfang. Sie spricht nicht vom Engelsturz, nicht davon, daß dieser Sturz den Zeitraum der Geschichte ausfüllt und mit der Bestrafung der rebellierenden Engel endet. Doch kennt sie den schon biblisch bezeugten Sieg Christi über Satan, die wichtigste Station in der so verstandenen Geschichte, und die gesteigerte Wut Satans als Antwort auf diese Tat Gottes. Damit ist schon der Rahmen gesprengt, den die Beschreibung der Situation des Menschen im Kampf mit Satan und seinen Dämonen etwa nach Epheser 6 individualisierend setzen würde. Die Niederlage Satans als Widerpart Gottes ist somit im Prolog der Vita das zentrale Geschichtsereignis, ohne daß deshalb bereits Anfang und Ende der Geschichte aus dieser Sicht beschrieben würden. Auch darin ist dieser Text der Antoniusvita verwandt, daß Widersacher derer, die an Gott glauben, nur die Erscheinungsform satanischer Mächte sind, hier die römischen Kaiser als Verfolger, dort die Feinde des alttestamentlichen Volkes Israel.

Einst erschien nachts den auf- und abschreitenden Pachomius und Theodor Satan in Gestalt einer schönen Frau (c. 49). Pachomius beruhigte den erschrockenen Theodor und betete um die Befreiung von dieser Erscheinung. Diese jedoch näherte sich, von einer großen Anzahl Dämonen umgeben, und sprach Pachomius an: Es sei zwecklos, gegen sie zu wirken, von Gott hätten sie die Macht erhalten, Theodor und ihn selbst zu versuchen. Dies war alttestamentliche Einsicht, wie auch die Antoniusvita sie kannte, daß Satan seine Macht, Menschen zu versuchen, zu schädigen, von Gott hatte (s. Job. 1 und 2). Eine Erklärung verlangt der Satz; „*Ego sum,*

---

136 Vgl. auch c. 20 der Pachomiusvita, wo Ps. 17,39f, ursprünglich gegen die Feinde Davids gerichtet, auf die Dämonen angewandt wird. Antoniusvita: vgl. z. B. c. 16, col. 138C.
137 Vgl. Antoniusvita c. 15, col. 137C–138B, oder 140A.

quae (!) *sancta lumina in terra praecipito et caligine mortiferae voluptatis involvo* – ich bin, der die heiligen Lichter zur Erde stürzt und mit der Finsternis todbringender Gier umhüllt". Die Bibel kennt einen Sturz der Sterne in jener großen Erschütterung des gesamten Kosmos bei der Wiederkehr Christi.[138] Dies ist hier offenbar nicht gemeint. Mit diesem Sturz ist verbunden, daß die Lichter ihre Kraft in der Sünde verlieren, und dies erinnert an den Engelsturz (Luzifer); die Henochapokalypse berichtet,[139] daß jene aufbegehrenden Engel sich an den Frauen der Menschen vergingen und mit ihnen das Geschlecht der Riesen zeugten. Die Riesen wurden getötet, die Engel aber in die Finsternis geworfen. Henoch aber sah auf seiner Reise die gefesselten Sterne (Engel, Henoch 18–21). In jenen Umkreis mag ein solcher Satz führen, Satan als oberster einer Engelgruppe habe diese zum Aufbegehren gegen Gott geführt. Wie in der Antoniusvita nimmt Satan für sich in Anspruch, Judas um die Frucht der Christusjüngerschaft gebracht zu haben[140] und erklärt nun seine besondere Wut damit, daß niemand so wie Pachomius den Dämonen widerstanden habe. Seine, des Pachomius Lehre habe Satan gar Kindern und Greisen unterworfen,[141] er habe die Mönche zu einem Heer versammelt; die Gottesfurcht ist die Mauer, die Satan nicht zu überwinden vermag. Dies alles widerfährt Satan *propter verbum Dei, factum hominem*, das den Mönchen die Macht gab, die Kraft Satans und der Dämonen zu brechen. Frei ist dies nach dem Anfang des Johannesevangeliums formuliert – *verbum caro factum est*. Das Mensch gewordene Gotteswort – in solch auffallenden Worten fand das Ereignis Anschluß an die Existenz des Gottessohnes von Ewigkeit her. Und Satan bezeugte selbst, daß Christi Erdenleben der entscheidende Sieg über die dunklen Mächte war (S. 216 und S. 220). Die Teufelserscheinung selbst mußte nun eingestehen, Pachomius nicht schädigen zu können; doch konnte er nicht ewig bei seinen Mönchen bleiben, sie mit Gebet und Ermahnung schützen, er sieht seine Stunde nach des Pachomius Tod kommen. Pachomius hingegen hofft, daß Größere nach ihm kommen, als er selber es war; Satan aber beschuldigt ihn mit Daniels Worten an die Alten, die Susanna lügenhaft bezichtigten:[142] *contra caput tuum mentitus sis*, muß sich aber das Evangelienwort entgegenhalten lassen:[143] *Tu mendacii principium geris*. Er mußte eingestehen, keine Kenntnis der Zukunft zu besitzen, sondern nur aus dem Geschehenen Schlüsse auf die Zukunft zu ziehen.[144] So bedeutend aber und vollständig ist Christi Sieg, daß Satan völlig machtlos ist, *ita ut ab his, qui credunt in nomine eius* (scil. Christi), *illudamur*

---

138 Mt. 24,29f; Apoc. 6,13; 9,1; auch Is. 14,12 und Lc. 10,18.
139 Auch hier soll nicht behauptet werden, die Henochapokalypse müsse die Vorlage sein. Henoch 7,10 (wo Asasel selbst mit der Finsternis bedacht werden soll), 14.
140 Antoniusvita col. 136A; Lc. 22,3: *Intravit autem Satanas in Judam*.
141 Solches Vokabular mag Fortbildung von Eph. 6 sein.
142 Dan. 13,55 und 59. Luther: Geschichte von Susanna und Daniel.
143 Joh. 8,44. Christus zu den Pharisäern, die ihm nachstellen: *Vos ex patre diabolus estis et desideria patris vestri vultis facere. Ille homicida erat ab initio et in veritate non stetit, quia non est veritas in eo: cum loquitur mendacium ex propriis loquitur, quia mendax est et pater eius.* Vgl. Vita Antonii c. 16, col. 140B, wo dasselbe Zitat verwandt wird.
144 Vgl. Antoniusvita col. 141f.

ut passeres.[145] Im Hiobbuch hatte Gott Hiob mit diesen Worten gefragt, ob er mit dem Leviathan wie mit einem Vogel zu spielen vermöchte, damit Hiob seine menschliche Ohnmacht erkenne (Job 40,24; vgl. c. 28, S. 178). Was damals auch dem reinen Menschen Hiob gegenüber einem solchen Ungeheuer nicht möglich war, das hatte Christus den Seinen gegeben. Dies wird erläutert: Satan versucht, die Gedanken der Menschen zu verwirren, Gedanken der Verkommenheit zu erregen. Die Wachsamkeit im Glauben ist die unüberwindliche Festung gegen solche Anschläge, davor muß Satan fliehen. Nicht nur die *potentia crucifixi*, auch die Gebete des Pachomius schützen die Mönche. Nachdem Satan so seine Absichten und Mittel, aber auch die Grenzen seiner Macht hatte bekennen müssen, seufzte Pachomius und begriff, daß Christus (*divina virtus, id est Dei filius*) erst ein weiteres Mal herabsteigen muß, Satan endgültig zu vernichten.

Verwandte oder gleichartige Erfahrungen haben hier verwandte Worte über Satan und den Kampf mit diesem, dessen Abhängigkeit von der Erlaubnis Gottes, über die Macht Christi hervorgerufen; z. T. sind dieselben Schriftstellen zurate gezogen, wo es um den Kampf als die Situation des Menschen, oder um Macht und Ohnmacht Satans geht. Wenigstens in Andeutungen wird auch hier die Dämonologie zum Hintergrund menschlicher Geschichte. Wie im Prolog ist das Leben Christi, sein Sieg, der entscheidende Einschnitt in der Geschichte. Das zuletzt besprochene Kapitel fügt der Vita die Anspielung an das Ende der Geschichte, das auch das Ende dämonischer Wirksamkeit ist, hinzu. Groß scheint der Unterschied zwischen den Viten des Antonius und des Pachomius nicht zu sein, wo es um Satan und die Dämonen als Widerpart Gottes und Feinde der Menschen geht.

In einer Vision erfuhr Pachomius in allgemeinen Zügen die Zukunft des von ihm gegründeten Mönchtums (c. 45). Nicht bestimmte Ereignisse sind es, die er vorhersieht; und sein Interesse war ja auch darauf gerichtet, ob nach seinem Hinscheiden die strengen Grundsätze bewahrt werden, ob die Nachfolger nicht vom Wege abweichen. Er sieht die Mönche in einem tiefen dunklen Tal, und viele wollen ihm entsteigen, ohne daß sie dieses vermöchten. In solch bedrohlicher Lage sieht er viele durcheinander laufen, ohne sich gegenseitig zu erkennen – d. h. doch auch, ohne sich zu helfen. Bei dem Versuch aufzusteigen stürzen andere kraftlos herab, andere liegen heulend am Boden. Viele aber mühen sich mit großer Anstrengung, diesem Tal zu entsteigen, und im Aufstieg kommt ihnen ein Licht entgegen. Kaum daß sie dieses Licht umschlossen hat, so sagen sie Gott Dank, daß sie diesem Tal haben entrinnen können.

Das Tal als Bedrohung ist ein bekanntes Bild, es sei nur an den Psalter erinnert (z. B. Ps. 22,4): „Auch wenn ich gehen muß durch Todesschattenschlucht, fürchte ich nichts Böses, denn Du bist bei mir" (Buber). Hier ist auch gleich der Unterschied zur Pachomiusvision: Die äußere Bedrohung und die Ruhe des Gläubigen im Vertrauen auf die unsichtbare Gegenwart, den Schutz Gottes. Die Mönche der Vision sorgen sich um das Entkommen in vielfältiger Antwort auf die Gefahr; zudem ist das Tal offenbar Ferne von Gott; Gegensatz zu seiner strahlenden Höhe. Auch die Henochapokalypse kennt Tal und Schlucht (c. 18f und 21); sie mögen Bestandteil

---

145 Vgl. Antoniusvita c. 16, col. 138C/D.

jener Engelsturzüberlieferung sein, die schwerlich nur an den Henochtext gebunden war. Zwei Stellen seien herausgegriffen: Henoch reist durch die Unterwelt und sieht den Strafort der gefallenen Engel: Ein tiefer Abgrund mit Säulen himmlischen Feuers, dahinter das Ebene, ohne Himmelsfeste darüber, ohne festen Erdengrund oder Wasser; ein grausiger Ort, darin sieben gefesselte Sterne, wie große brennende Berge. Uriel erläutert dies als das Gefängnis der Sterne, die bei Beginn ihres Aufganges Gottes Befehl übertraten. Hier werden die sündigen Engel bis zum Gericht ihren Aufenthalt haben, deren Wechselgestalten die Menschen in die Irre leiten, zur Dämonenverehrung verführen etc. Auf der Reise zur Erdmitte (c. 26f) sieht Henoch in blühendem Land eine tiefe, enge, leblose Schlucht. Nach der Erklärung des Uriel ist sie für die in Ewigkeit Verdammten bestimmt.

Die Schluchten der Henochüberlieferung sind wie in der Pachomiusvita grausige Orte – Pachomius kennt als einzige Beschreibung Tiefe und Finsternis – sie geben einen Zustand an, einen unentrinnbaren, durch göttliches Urteil bestimmten Geschöpfen zugemessen. Die Schlucht der Pachomiusvita ist Ort der Bewährung und Überwindung, an dem die künftigen Mönche sich nach eigener Kraft gebärden. Der grausige Ort ist nicht Platz künftiger Strafe, sondern Ausgangspunkt menschlichen Lebens, über den sich zu erheben Aufgabe ist, vor der viele versagen. Sehr unterschiedlich reagieren die Mönche auf ihre unheilvolle Lage, weinerlich, wirr, mit zu leichter Mühe, einige aber, indem sie ihre ganze Kraft aufbieten.[146] Und diese erfahren Hilfe: Die Anstrengung des Menschen und das rettende Licht: Sie streben zueinander,[147] und so entweichen diese Mönche der Finsternis der Schlucht. Wie Daniel in der Vision des Nebukadnezar die Zukunft sicher erkannte (Dan. 2, 28), so erkennt Pachomius *quae novissimis essent eventura temporibus*, erkennt die Schwächen zukünftiger Mönchsgenerationen. Blindheit des Geistes, Irrtum des Herzens, Mangel an rechtem Tun, Nachlässigkeit der *praepositi* etc., das durch Taten nicht wahr gemachte Mönchskleid. Pachomius sieht erschrocken die Vergeblichkeit seiner Gründerarbeit; der Blinde wird den Blinden führen, beide fallen in die Grube[148]. Pachomius, für die künftigen Mönche betend, beschwört Gott bei seinem Wort, bis zum Ende der Welt bei den Seinen zu sein,[149] hält aber auch seine und anderer Mühen Gott vor. Da muß er sich maßregeln lassen: Er solle sich nicht überheben, als Mensch benötige auch er Gottes Barmherzigkeit. Und so beschwört er mit dem Psalter diese *misericordia* (Ps.118,77 und 39,12). Eine Christuserscheinung, biblisch bezeichnet mit den wichtigsten Attributen, *qui missus est in hunc mundum* (1. Joh. 4,9), für das Heil der Menschen gekreuzigt, *spineam ferens in*

---

146 Welche Aufmunterung hier Pachomius für die Seinen bedeutete s. c. 23.
147 Dies mag sich berühren mit Rupperts Feststellung (wie Anm. 96) S. 109, daß die Pachomianer nicht nur den strengen Gott der Sinaioffenbarung kannten, sondern auch die Güte Gottes. Freilich, das Bild ist hier präziser; es addiert nicht zwei Seiten Gottes, sondern sieht die Einheit des Fordernden mit dem Helfenden.
148 Mt. 15,14; der Satz ist umso treffender, als Christus die Pharisäer, die es ja, wie die *praepositi*, wissen mußten, blinde Blindenführer nannte, ein Wort von größter Schärfe, dessen Herkunft auch den Ausspruch des Pachomius ätzender macht.
149 Mt. 28,20; auch das *memento testamenti tui* ist biblisch, z. B. Judith 9,18; Ps. 104,8; 105,45; 110, 5; Lc. 1,72. Der Bund ist ein Vertrag.

capite coronam (Mt. 27,29; Joh. 19,5); beruhigt ihn, *animaequior esto* (Mc. 10,49) – Christi Wort an den Heilung suchenden blinden Bartimäus – *confortetur cor tuum* (Ps. 26,15; oder 30,25) – ein Satz aus einem davidischen Psalm, in dem David Zuversicht aus der Kraft Gottes schöpft. Pachomius erfährt, daß das Mönchtum nicht untergehen wird, daß auch nach ihm noch Mönche sein werden, die richtig unterscheiden, *quae appetenda sunt quaeve fugienda*, deren Liebe der *vita aeterna* gilt.

War hier von Satan und Dämonen nicht die Rede, so ist interessant, was Pachomius, von diesem Gesicht erschüttert, als Lehrer seinen Mönchen vorträgt (c. 46). Er versammelt sie, *qui aperiens os suum docebat eos, dicens* – so leitet das Evangelium die Seligpreisungen ein (Mt. 5,3) – so verkündet Pachomius, wenn seine Worte Seligpreisungen auch sehr fern liegen: Er fordert seine *filioli*, seine geistlichen Söhne auf, mit aller Kraft, nach ihren Möglichkeiten den *armatum hostem* männlich zu bekämpfen; dies gehört zum Umkreis von Eph. 6, 10ff, wo der Christ zur Schlacht gerufen wird. *Cum tota alacritate* in den Tugenden zu leben, in aller Heiterkeit, Fröhlichkeit, fordert er. Er erinnert daran, was die Menschen im Gericht im Guten wie im Schlechten erwartet. So nennt er nicht nur die Qualen einer künftigen Strafe in einer kurzen Bemerkung, sondern erläutert den Weg zu Gott: *quatenus in exitu vitae laetus existens, ad caelestem Regem cum magna laude perveniat quando terrestre hoc habitaculum deserens anima ad cognitionem suae substantiae properat*; dies also ist der Moment, in dem der Mensch seine eigentliche Qualität erkennt, und das verweist auf die Schöpfung (S. 204; S. 206). Solch möglicher Zukunft steht eine vergängliche Gegenwart entgegen.[150] In diesem irdischen Leben sei Sünde zu bereuen, *in inferno autem, sicut a sancto David propheta didicimus, quis confitebitur Domino* (Ps. 6, 5f)? Der Psalmist sucht die Gnade Gottes und bittet für jetzt um seine Güte; im Tode gedenke man Gottes nicht und „wer will Dir bei den Toten danken"? – ein problematischer Satz für den, der auf die Auferstehung hin lebt. Pachomius wollte aber auch nicht vor Gott argumentierend Gnade erflehen, indem er ihm darlegte, daß die Lob singenden Stimmen versiegen, wenn sie ohne Erweis göttlicher Gnade vergehen müssen; er kehrte den Sinn des Satzes völlig um: Wenn wir verstorben sind, bleibt für Reue keine Zeit mehr. So warnt er mit biblischen Worten vor jedem Nachlassen, vor jedem Rückfall in die vorige Lebensweise. Deshalb *totis certemus viribus, ne ab hoste superemur. Ille semper insistit ut perimat, nos sollicite vigilemus, ne (quod absit) eius fraude perimamur.*[151] Künftige Leiden und Freuden einander gegenüberstellend erläutert er seinen Weg einer sich selber erkennenden Seele, die sich den Körper gefügig macht, unter seiner Widersetzlichkeit leidet *donec spiritus sancti calore succensa, supernae contemplationis mereatur auxilium et, a contagiis exsoluta terrenis, divinis iugiter exsatietur alloquiis*. So wird der Mensch *templum Domini et Spiritus sanctus habitabit in nobis* (1. Cor. 3,16), *nec ulla nos Satanae poterit circumvenire versutia*. Paulus hatte die getauften Christen zu Korinth angeredet als Tempel Gottes, in dem Gottes Geist wohne. Er warnte vor der Gefahr, diesen Tempel zu schädigen. Für Pachomius ging es darum, ein solcher Tempel zu werden. Mit dem Nachsatz über

---

150 Eccli. 10,9; *quid superbit terra et cinis?*
151 Dies ist mit Bibelworten unterstrichen: Os. 9,10; Jer. 13,18f; Is. 26,10.

die *versutiae Satanae* berühren wir wieder den Gedankenkreis von Eph. 6.[152] Mehr als die Lehre von 10.000 Lehrern[153] bilde durch solche Gedanken die Furcht Gottes in uns heran. Was aber den Menschen unerreichbar ist, das werde der Heilige Geist eingeben, wie der Apostel sagt: Denn wir wissen nicht, was wir beten sollen, wie sich's gebührt, sondern der Geist selber vertritt uns aufs beste ... (Rom. 8,16) – dies ist das Licht, das denen entgegen kam, die alle Kraft aufgewandt hatten, dem Tal zu entkommen.

Früh schon haben die Dämonen Pachomius nicht standgehalten. Das noch ungetaufte Kind heidnischer Eltern behinderte ungewollt eine Opferhandlung, an der es mit den Eltern teilnahm (c. 3). Das 17. Kapitel berichtet Kämpfe mit Dämonen, die er besteht. Den ersten Angriff überwindet er ein Psalmwort singend: „Gott ist unsere Zuversicht und Stärke, eine Hilfe in den Nöten, die uns betroffen haben. Darum fürchten wir uns nicht, wenngleich die Welt unterginge."[154] Vor solch fester Zuversicht können die Dämonen nicht bestehen. Ein andermal versuchten sie, Pachomius als weibliche Erscheinungen zu verführen; *exteriores oculos claudens*[155] *et interiores ad Dominum reserans* überwindet er die Versuchung. Der Autor aber erläutert, in seiner Güte sei Gott mit Pachomius gewesen. Die Geschichte zeigte gleichsam die Wahrheit des Evangeliensatzes: Fürchtet euch nicht, ich bin bei euch alle Tage, bis an der Welt Ende (Mt. 28,10 und 20).

Nicht anders als Antonius ist auch Pachomius von den Angriffen Satans körperlich verletzt worden (c. 17f). Nach mehreren Siegen aber über die Dämonen kam ein fremder Mönch, Apollo, Pachomius zu besuchen (c. 18). Dieser belehrte ihn nach Art der Altväter über *ea, quae pertinent ad salutem* und über die vielfältigen Anschläge Satans. Apollo aber tritt vor den, den er ursprünglich aufgesucht hatte, ihn zu fragen: *Viriliter age et confortetur cor tuum* (Ps. 26,14 oder 30,25). Der Satan wisse, wenn er Pachomius besiege, besiege er auch die anderen Mönche, die nach ihrer Kraft im Streit Pachomius folgen, ihn zum Tugendvorbild nehmen. Aus diesem Grunde bekämpfe Satan ihn, Pachomius, mit besonderer Leidenschaft. Apollo forderte Pachomius auf und bat ihn, unter Gottes Schutz standzuhalten, sonst würde er auch über die anderen Rechenschaft ablegen müssen; er sei ihnen vorangestellt, lasse er irgend nach, so sei das für viele das Verderben. Dies steigerte des Pachomius Kräfte gegenüber Satan, er lobte Gott um dieses Besuches willen und bat um die Kraft, nicht nachzulassen.

---

152 Eph. 6,11: *induite armaturem Dei, possitis stare adversus insidias diaboli.*
153 1. Cor. 4,15; im Nachsatz vom Ephesertext abweichend. Paulus beansprucht dennoch der Vater der Christen zu Korinth zu sein.
154 Ps. 45,2f; vgl. c. 16, wo einleitend zu den folgenden Dämonenbegegnungen gesagt wird: *cui diabolus coepit vehementer obsistere, stridensque super eum dentes* (Mc. 9,17), *veluti singularis ferus* (Ps. 79,14) ... *Sed hic scuto fidei* (Eph. 6,16) *communitus, vigilanter inimici declinabat insidias, sanctas scripturas memoria retinens atque decantans.* Das Aufsagen, oder stärker noch: Das Singen, wie hier in c. 17, lenkte die Gedanken in die rechte Richtung, vertrieb so, was man für satanisch erkannte und erfüllte den Geist mit bedeutenden Worten, die der Sänger zugleich in Freude, so will es scheinen, von sich gab.
155 Nach Is. 33,15 als Sich-Fernhalten von Schuld, was zugleich mit einer Verheißung verbunden war.

Liegt diese Erzählung auch vor der „Engelsregel", vor dem eigentlichen Coinobitenleben, so zeigt sie doch den Asketen Pachomius, der sein Gottvertrauen im Psalmwort gegen Satan singt; als einen Mönchsvater, der mit größter Kraft nicht nur Vorbild, sondern Vorkämpfer der anderen geworden ist mit einer schon auf den Abt der Klostergemeinschaft hindeutenden Verantwortung, der er nicht ausweicht. Sein standhafter Kampf gegen Satan fordert nicht nur zu gleicher Anstrengung auf, Satan selbst sah in ihm ein Bollwerk des Mönchtums und bekämpfte ihn deshalb mit besonderer Härte in der Hoffnung, mit dem Fall dieser Festung das ganze Land zu gewinnen.[156] Die Worte des Apollo zeigen Pachomius also schon als den künftigen Abt und Klostervorsteher, der er bald wurde. In welcher Weise er die Aufforderung des Apollo aufgriff, zeigen die beiden folgenden Kapitel, ein Dank- und Bittgebet für den Kampf mit den Dämonen. Pachomius weiß, wem er seine Kraft, Versuchungen standzuhalten, verdankt und lobt Gott als den Gott der Väter,[157] dessen Treue also in der Geschichte bewährt ist, der des Pachomius Demut wahrgenommen (vgl. Ps. 30,8) und ihn gelehrt hat, seinen, Gottes, Willen zu tun (vgl. Ps. 142,10), und er bittet weiter um die Kräfte, Satan zu besiegen, das Psalmwort betend: „Ich will meinen Feinden nachjagen, sie greifen und nicht umkehren, bis sie vertilgt sind; will sie zerschmettern, und sie können nicht widerstehen, sie werden unter meinen Füßen fallen, du hast mich mit der Stärke für den Kampf gegürtet" (Ps. 17,38ff). In solchem Psalmwort liegt eine große Zuversicht über die übernommene Aufgabe, die nicht nur Lehrerschaft, sondern auch ein Leben als stellvertretender Vorkämpfer bedeutete. Dies zeigt auch, daß in der Überlieferung Pachomius bei aller vorbildlichen Demut seine eigene Bedeutung sehr wohl gekannt hat.

Das erste bewußte Annehmen der Lehreraufgabe wird in Zusammenhang mit seinem Bruder Johannes berichtet (c. 15). Dieser wandte sich gegen des Pachomius Absicht, für das künftige große Kloster die Baulichkeiten zu erweitern und nannte diese überflüssig. Pachomius wurde von solch kränkender Zurechtweisung umso mehr erregt, als Johannes auch unrecht hatte; doch versagte er sich eine Antwort. In der folgenden Nacht warf er sich zum Gebet nieder und beklagte: *Vae mihi quia prudentia carnis*[158] *adhuc in me sibi vindicat locum.* Noch wandle er nach dem Fleisch; Paulus hatte in diesem Zusammenhang gesagt: „Fleischlich gesinnt sein ist eine Feindschaft wider Gott" (Rom. 8,7) und verlangte, daß Christen nach Christi Geist leben. Pachomius war darüber betroffen, daß eine Kränkung ihn noch solcherart erregen konnte. Er fürchtete, *ne peream, ne diaboli deceptus fraude succumbam.* Wenn ihn Gottes Gnade verließe, so könne Satan ihn seiner harten Knechtschaft unterwerfen, *quia scriptum est, a quo quis superatur, huic et servus addicitur* und *si totum legem quis impleverit, offendat autem in uno, factus est omnium reus*[159]. So will er sich verdienstlos auf Gottes Erbarmen verlassen, daß er helfe, *viamque sanctorum tuorum per te illuminatus ingrediar et in anteriora me*

---

156 Bestätigung in c. 45.
157 Dan. 3,26 oder 52.
158 Rom. 8,6: *prudentia carnis mors est*; vgl. 8,13.
159 2. Petr. 2,19 und Jac.2,10; vgl. Antoniusvita c. 15; col. 136.

semper extendens, obliviscar ea quae retro sunt (Phil. 3,13). Die apostolische Forderung, den Blick vorwärts zu richten, bedeutet so auch die täglich neue Aufnahme des Dämonenkampfes, das Sich-nicht-beirren-lassen von bisherigen Verfehlungen. Wie es auch die folgenden Sätze deutlich sagen, hatte er an sich erfahren, daß er die Vollkommenheit selber nicht besaß, die er als künftiger Lehrer der Mönche zunächst von sich fordern mußte, um die Mönche zu ihr zu führen.[160]

Zur Vita des Antonius, die dem Verfasser der hier besprochenen Pachomiusvita bekannt war (c. 1), bestehen offenbar Beziehungen. Wenn im 19.Kapitel des Pachomius Macht über die Dämonen biblisch umschrieben wird: *calcaret super serpentes et scorpiones* (Lc. 10,19), und der Text fortfährt *necnon crocodili, siquando necessitas fluvium transire compelleret, eum cum summa subiectione portabant, exponentes ad locum quocumque praecepisset*, so könnte ein Bericht der Antoniusvita die Vorlage sein (c. 14; col. 134D). Dies wäre gewiß eine sehr äußere Anlehnung. Die Verwandtschaft der Lehre beider Asketen ist nicht Gegenstand dieser Arbeit; zwei Bereiche sollen jedoch vergleichend besprochen werden: *Conversio* und Abschiedsrede:

Conversio: Für Antonius war dies ein bedeutender, einmaliger, die eigene Zukunft entscheidender Anstoß. Seine verständig-fromm durchlebte Jugend mag ihn für die Aufnahme jener bedingungslos fordernden Evangelienworte vorbereitet haben; einmal wurde die Entscheidung gefällt: Der Verzicht auf alles irdische Gut, das Aufgeben jeder menschlichen Sorge um die Zukunft.

Pachomius stammte nicht aus christlicher Familie (c. 2 und 4). Dem Christentum begegnete er bei Gelegenheit seines Militärdienstes; Christen hatten sich sorgend um die zu den Waffen Gerufenen bemüht, und Pachomius erkundigte sich, was dies heiße, *christianus* (c. 4–6). So ergriff ihn der *timor divinus*, nicht die Liebe zu Gott, nicht irgendeine Hoffnung. Folgerichtig zog er sich von den anderen zurück und sprach mit erhobenen Händen: Allmächtiger Gott, der du Himmel und Erde erschaffen hast[161] – ein Wort, das die Allmacht des gefürchteten Gottes vollkommen ausdrückt. Pachomius gelobte, in den Dienst Gottes zu treten, ihn über

---

160 *Ego autem, quomodo alios docere tentabo, quos per me ad monachorum propositum volare dignaberis, cum nec passions carnis, quae adversus animam militant, nec devicerim, nec legem tuam immaculate mente servaverim?* S. 114.
161 Act. 4,14, aus einem Lobpreis der Gemeinde. Vorauf gehen Predigt und Heilungswunder der Apostel Petrus und Johannes, die gefangen genommen, dem Hohen Priester vorgeführt, aber wieder freigelassen worden waren. Wir folgen hier der lateinischen Version, ohne behaupten zu wollen, sie repräsentiere in allem die beste Überlieferung. Was RUPPERT (wie Anm. 96), S. 11ff, aus den unterschiedlichen Bekehrungsversionen für das höhere Alter der sahidischen Texte gewinnen will, erscheint mir nicht zwingend, beruht auch nicht auf den ältesten sahidischen Textstücken, die die Bekehrungsgeschichte gar nicht mehr enthalten. Er zieht die caritative Erklärung der Bekehrung vor, da ja Pachomius durch caritative Leistungen auf das Christentum aufmerksam geworden war. Dies mag modernen Strömungen der Theologie entsprechen, doch ist nicht einzusehen, wie es aus solcher Wurzel nicht zu vergleichbarer caritativer Tätigkeit, sondern zu baldiger Anachorese, dann zur Klostergründung kommt. Pachomius zieht die asketischen Folgerungen nahezu sofort! Ferner: Auf seine Frage, was Christentum bedeute (S. 13), wird auf den Gottessohn und den allmächtigen Schöpfer verwiesen. Da ist die im lateinischen Text überlieferte Antwort der Gottesfurcht folgerichtig. RUPPERT hält den sahidischen

alles weltliche Gut zu stellen (*spretoque saeculo ...*). Vom Heeresdienst zurückgekehrt wurde er Katechumene und ließ sich taufen. Er hatte ein Gesicht: Tau fiel vom Himmel herab und erfüllte seine rechte Hand, wurde dort zu dickflüssigem Honig. Eine Stimme aber nannte dies ausdrücklich ein Zeichen der Gnade Christi. Da entschloß er sich: *monachorum se disciplinis atque institutionibus subiugavit.* Er begab sich zu Palaemon, dem Anachoreten. Dieser schilderte das Leben des Mönches in den abweisendsten Farben, kaum einer habe dies ausgehalten. Nur mit seiner Hartnäckigkeit konnte Pachomius den Altvater überzeugen und begann so als dessen Schüler. Taufe und Beginn des Mönchslebens lagen dicht beieinander. Kein Schriftwort erwirkte des Pachomius Entscheidung; er war vom tätigen Zeugnis einiger Menschen berührt und suchte dann einen überlegenen Lehrer; näherte sich also nicht langsam dem Christentum in wachsender Einsicht, sondern entschied sich sofort für den radikalen Weg. Die Vision, die Versicherung der Gnade, forderte dies in keiner Weise. Die *conversio* des Pachomius wich also im einzelnen stark von der des Antonius ab und war nur in der Bedingungslosigkeit der Entscheidung vergleichbar.

Im Leben des Antonius gab es nur eine einzige *conversio*, seine eigene. Pachomius aber als Abt eines Klosters hatte darüber immer wieder nachzudenken, jeder, der neu in die Gemeinschaft eintrat, vollzog eine *conversio*, und so wurde dies ein Problem des mönchischen Gesetzgebers und Abtes Pachomius, der auch in seiner Regel davon handeln mußte.[162] In diesen Bestimmungen liegt viel von der abweisenden Härte des Palaemon: Einige Tage muß, wer neu um Aufnahme bittet, vor der Tür des Klosters warten, das „Vater Unser" und mehrere Psalmen auswendig lernen, über seine Person Auskunft geben. Man will wissen, *utrum possit renuntiare parentibus suis et propriam contemnere facultatem*[163]. Erweist er sich in alledem als geeignet, dann soll er mit den Gepflogenheiten und Bestimmungen des Klosters vertraut gemacht werden, *ut instructus atque perfectus in omni opere bono fratribus copuletur.* Dann erst kann er eingekleidet und dem Konvent vorgestellt werden. Das ist nicht die Art, einen Neuankömmling willkommen zu heißen; er wird geprüft, ob er zu Demut und Entsagung fähig und willens ist. Die Verachtung des Reichtums, die gänzliche Trennung von diesem war schon in der Antoniusvita als Bibelzitat begegnet; von seinen Eltern mußte Antonius sich nicht trennen, sie waren verstorben. Wohl aber trennte er sich von seiner Schwester, nachdem er für

---

Bericht eines Gespräches des Pachomius mit einem Engel für alt. Darin des Pachomius bezeichnendes Wort: Den Willen Gottes suche ich, und du sagst mir, ich solle den Menschen dienen (S. 33, aus der späteren Berufung zum Klostergründer; was der Engel hier verlangt, ist also keineswegs eine caritative Leistung im üblichen Sinne, wie Pachomius selber als Soldat sie erfahren hatte, sondern bedeutet, daß Pachomius andere in der Lebensweise leiten sollte, die er selber erkannt und gelebt hat, zu christlicher Askese). Die caritative Absicht bildet sicher nicht den Kern des Christentums dieses Pachomius. ROUSSEAU S. 58 folgt der griechischen Überlieferung (G^1), ohne dies zu begründen.

162 C. 49 der Regel; s. de VOGÜÉ, Les pièces latines (wie Anm. 119), S. 58ff; zutreffend zur Schriftmäßigkeit der Pachomiusregel RUPPERT (wie Anm. 96) S. 130–142.

163 Mt. 19,21 und 6,34; vgl. Antoniusvita c. 2; zum Armutsideal s. oben Anm. 44. Des Pachomius Bestimmungen über die Trennung von Reichtum und Familie beruhen sicher auf Schriftworten, ohne daß bestimmte Zitate oder Anlehnungen erkennbar wären.

sie eine Obhut gefunden hatte. In der Pachomiusregel wird solche Trennung strikt verlangt. Nicht nur einige menschlich unbarmherzige Geschichten der Evangelien werden der Grund für solche Bestimmungen gewesen sein – wo es um Christi Nachfolge ging, da war nicht Zeit, den eigenen Vater zu beerdigen (Mt. 8,19–21; Lc. 9,57–62 und 14,15–24)! – sondern auch Christi Ablehnung der leiblichen Verwandtschaft (Mt. 12,46–56): „Denn wer den Willen tut meines Vaters im Himmel, der ist mein Bruder, Schwester und Mutter"; oder auch Johannes des Täufers scharfes Wort an die Pharisäer (Mt. 3,9; Lc. 3,8), sie könnten sich nicht auf Abraham als ihren Vater berufen; Gott könne aus diesen umliegenden Steinen Abraham Kinder erwecken. Des öfteren wird von Abraham als Vater Israels gesprochen (s. Anm. 134), und mochte dies nach Aussage der Erzvätergeschichten auch genealogisch zutreffen, so war es auch Grund für die Hoffnung auf die Gnade Gottes. Die oben gegebenen Beispiele der Evangelien – auch Paulus konnte sagen, nicht alle, die Abrahams Samen sind, sind auch seine Kinder (Rom. 9,7) – zerstören die Bedeutsamkeit des genealogischen Bandes und fordern Nachfolge, Gleichwertigkeit. Damit aber beginnt der Prolog dieser Vita – *Abraham pater noster* – und solchem Wort mag *Abba, pater*, für Pachomius, den Abt nachgebildet sein.[164]

---

164 Zur Auswahl eines vom leiblichen Vater unterschiedenen Vaters im Geistig-Sittlichen vgl. die identischen Vorworte der sahidischen Texte 8 und 3 (LEFORT, S. 4f und S. 54ff), wo dieses Thema ausführlich behandelt wird; dazu ebenfalls die Regula Magistri, ed. DE VOGÜÉ, Sources Chrétiennes S. 105–107, Paris 1964/65, Incipit Thema, Bd. 1, S. 296–302, die Auslegung des „Vater Unser" vorbereitend. Zwei große Bilder kennt die monastische Literatur für das Verhältnis zwischen Abt und Mönch: Lehrer-Schüler und Vater-Söhne. Der Begriff Vater entstammt dem Familienleben, bedeutet einen genealogischen Zusammenhang sowie eine durch Recht und Gewohnheit beschriebene Stellung und ist, außerhalb der Familie gebraucht, vergleichend. Vater – das verlangt nach dem Sohn als Entsprechung. Wer einen Anachoreten um einen Spruch bittet und ihn Apa nennt, begibt sich in diesem Augenblick in die Stellung eines Sohnes, der väterlichen, verbindlichen Rat sucht, und wäre es auch nur für eine kurze Stunde. Der als Klostergründer und -vorsteher Vater genannte Pachomius redete seine Mönche in der Abschiedsrede konsequenterweise als *filioli* an. Wenn H. BACHT, Vermächtnis (wie Anm. 122) S. 214f sagt, „wenn somit Horsieseus dem Pachomius den Namen Apa gibt, dann ist darin zunächst und vor allem dessen Charismatikertum angesprochen", so möchte ich dies einschränken. Des Pachomius überragende Leistung als Stifter einer Regel, Gründer eines, ja vieler Klöster, Ausleger der Heiligen Schrift, als kundiger und geliebter Führer seiner *filioli* ist es gewiß, dessentwegen die anderen ihn als Vater anerkennen und bezeichnen, und sich seiner Leitung unterstellen. Ein Problem liegt im Begriff des Charismatikers. Wir sind offenbar leichter bereit als die Mönche von Tabennisi, den hohen Rang einer Person aus besonderen Gaben zu erklären. Nicht daß jene diese hätten leugnen wollen oder können, aber in c. 23 der lateinischen Vita begriffen einige Mönche, daß der hohe Rang des Pachomius durch unablässige Arbeit an sich selber nicht nur gegeben, sondern auch erworben war; dem wollten sie nacheifern. Vertrauten sie nicht darauf, daß sie Geschöpfe desselben Schöpfers waren, daß sie demselben Maße des Menschseins nachzueifern hatten, das Pachomius so viel vollkommener erfüllte? Man bestaunte also nicht nur das unerklärliche Wunder des Charismas, sondern sah die Nachahmung fordernde Leistung. Damit war nicht bestritten, daß es verschiedene Gaben, und diese in unterschiedlicher Intensität gibt. Die Zugehörigkeit von Gabe und Leistung (Gnade und Leistung) scheint die Mitte der Lehre zu sein, wie das an der Vision von der Schlucht c. 45 zu erkennen war. BACHT hat dann für den Vaterrang des Pachomius im Verlaufe eines Exkurses (Unser Vater Apa Pachomius) überzeugende Gründe für diesen Titel angeführt. Es ist von Bedeutung,

Die erste Conversio einer anderen Person im Umkreis des Pachomius war die seines Bruders Johannes (c. 14). Die Vita erklärt sofort: *Ut vere Pachomii frater imitator eius effectus*, und er lebt in demselben asketischen Vorsatz wie Pachomius. Wenn es heißt: *quia in lege Dei diebus meditabantur ac noctibus* (Ps. 1,2; Is. 1,8), oder daß sie *iuxta praeceptum Domini de crastina minime cogitarent*[165] und alles den Armen gaben, was von ihrer Arbeit übrigblieb, so sind dies hier nicht die Gründe der *conversio*.

Nach dem Empfang der Engelsregel[166] nahm Pachomius alle auf, *qui per poenitentiam se Dei miserationibus offerebant ... primitus admonens ut generaliter monachus universo mundo renuntiet, deinde iuxta evangelicum praeceptum parentibus suis et ad postremum sibimet, ut ita possit tollere crucem suam*[167] *et Christi vestigia veneranda sectari*. Diese Lukasstelle sagt geradezu, „wer zu mir kommt und nicht Vater und Mutter haßt"[168] ... War hier die Frage wie in der Pachomiusregel grundsätzlich vom Schriftwort her bedacht als wichtiger, ja entscheidender Moment in jedem Mönchsleben, so wurde die *conversio* des Pachomiusschülers Theodor ausführlicher berichtet. Die Erzählung zeigt einen Knaben, der *per Dei gratiam compunctus corde* (c. 29; Act. 2,37) – dies war die Beschreibung der Wirkung der Pfingstpredigt des Petrus – von dem Evangeliensatz, „was hülfe es dem Menschen, so er die ganze Welt gewönne und nähme doch Schaden an seiner Seele" (Mt. 16,26). Im Gebet erbittet er mit den Worten der bedrängten Susanne und des Psalmisten Erkenntnis des rechten Weges.[169] Der Leser erfährt die Sorgen der Mutter um den Sohn, dessen Lebensweise sich zu ändern, der zu fasten beginnt und den Eintritt in ein Kloster erwägt. So durch eigenes Bedenken biblischer Worte vorbereitet, zieht er schließlich zu *quosdam religiosos viros*, über die wir nichts erfahren, als daß sie einer *optima institutio* folgten. In deren Kreis hört er eine Erläuterung des Zeltes (Stiftshütte) und des Allerheiligsten:[170] Das Zelt, das sei die Gestalt des alten Judenvolkes, das Allerheiligste bedeute die Berufung aller Völkerschaften. Anstelle der alten Opfergemeinschaft sei Christus erschienen und habe mit seiner

---

daß Pachomius nicht als Spender der Taufe Vater ist; er konnte, da er nicht Priester war, die Taufe nicht spenden S. 217 BACHT nennt S. 218ff folgende Qualitäten: Lehrer, Gesetzgeber, Vorbild. Die S. 221f besprochene Mittlerrolle überzeugt nicht in derselben Weise; ist doch das dort Gesagte nicht schon in den zuvor besprochenen Begriffen enthalten? Der Begriff des Mittlers und Fürsprechers S. 224 ist, wiewohl nicht quellenfremd, sicher konfessionell belastet. BACHT bezieht sich in seinem Exkurs nicht nur auf die hier herangezogene Geschichte von Johannes dem Täufer und die genannten koptischen Vitenvorworte. Literatur zum Vaterbegriff bei BACHT S. 213.

165 Mt. 6,34; vgl. Die *conversio* des Antonius in c. 3 der Vita.
166 C. 22; dies ist nicht die überlieferte Pachomiusregel. Hierzu LEFORT S. XXIX und VAN CRANENBURGH S. 11ff
167 C. 22 S. 160; Lc. 14,26f; im Folgenden fordert er nach Mt. 3,8 und Lc. 3,8 mit Johannes dem Täufer *fructus poenitentiae*.
168 Diesem Satz nimmt die koptische Überlieferung durchaus die persönlichen Haßgefühle (S.[10], LEFORt S 23 und S [11] S. 40; vgl. RUPPERT (WIE ANM. 96) zu Antonius S.149.
169 Dan. 13,42ff; Ps. 24,5 und 12,3.
170 C. 30; dem Volk Israel seit Ex. 26 bekannt. Schilderung nach Hebr. 9,1–3; Verse 8–14 eine Deutung, die das Opfer Christi an die Stelle der alten jüdischen Opfer setzt.

Gegenwart das Licht unter die Menschheit gebracht; ein Beispiel typologischer Bibeldeutung, wie es in der Antoniusvita fehlt.[171] Theodor erfuhr, daß Pachomius diese Deutung vorgetragen hatte. So wollte Theodor Pachomius kennenlernen und ließ sich zu ihm führen. Der wehrte sich gegen den Überschwang des Neuankömmlings, er selber sei auch nur ein Sünder, er habe nur angefangen, Gottes Werk zu tun,[172] mit diesen Worten nimmt er ihn in sein Kloster auf. Vor den strengen Forderungen der Regel geriet Theodor noch einmal in eine schwierige Lage, als seine Mutter, von einem bischöflichen Brief unterstützt, ihren Sohn aus dem Kloster heimholen wollte.[173] Pachomius besprach mit Theodor das Ansinnen der Mutter, und Theodor fürchtete, nach den bisher gewonnenen Einsichten in geistliche Dinge nur noch mit Schaden für sein ewiges Heil das Kloster verlassen zu können. Gott habe schon von den Kindern Levi die Trennung von den Eltern verlangt (Ex. 32,27; Lev. 21,11; Deut. 33,9), und so könne er sie nicht der Liebe zu Gott vorziehen, habe doch Christus gesagt, wer Vater oder Mutter mehr liebt als mich, ist meiner nicht würdig (Mt. 10,37). Pachomius konnte dem nicht widersprechen, wenn er Theodor auch die Möglichkeit einräumte, zur Mutter zurückzukehren. Das Ereignis fand eine denkwürdige Lösung: Um ihrem Sohn nahe zu sein, ihn vielleicht einmal wiederzusehen, trat sie in ein Frauenkloster ein.

Antonius hatte sich um seine, nicht aber um fremde *conversiones* gekümmert, wenn er auch mit seinem Rat, mit seinem Spruch, oder auch mit seiner Lehrrede Einsicht und Hilfe spendete, wo dies erbeten war. Er hatte für sich die Forderungen der Schrift in ihrer größten Unerbittlichkeit angenommen und damit vor anderen Zeugnis abgelegt. Pachomius selber ist nach dem Vitentext nicht einem bestimmten Schriftwort gefolgt, als er Anachoret wurde. Seine Regel jedoch drückt sich härter aus als die Vita des Antonius.[174] Als Klostergründer war er wohl der erste monastische Gesetzgeber und wandte sein Nachdenken auch dieser jedes Mönchsleben begründenden Entscheidung zu; gewann die Forderung und ihr Maß aus den abweisendsten Sätzen der Evangelien.

Zwei *conversiones* sind besprochen worden und zeigen, wie sehr der Lehrer Pachomius auf den einzelnen Menschen einzugehen willens war. Bei Johannes schien der Weg ins Kloster ruhig, fast selbstverständlich. Theodor besaß eine große

---

171 Zum Eindringen des mehrfachen Schriftsinnes s. BACHT wie Anm. 95, Ende der Anm. 157.
172 Lc. 5,8 und Joh. 6,29. Das Lukaswort ist Petri erschrockene Anrede Christi, als er diesen nach dem Fischzug erkennt. Das Zitat mag die Lebhaftigkeit des Sündenbewußtseins dieser frühen Mönchsgeneration bezeugen. Die Johannesstelle: Auf die Frage der Hörer an Christus, „was sollen wir tun, daß wir Gottes Werk wirken?" gibt Christus zur Antwort: „Das ist Gottes Werk, daß ihr an den glaubt, den er gesandt hat." Nimmt man die Zitate mit ihrem Kontext, so ergeben sie eine Antwort, in der Pachomius beansprucht, schriftgemäß den rechten Weg gegangen zu sein, zugleich aber seinen eigenen Abstand zur Vollkommenheit deutlich macht.
173 C. 31; zum Problem des Wiedersehens mit Verwandten: RUPERT (WIE ANM. 96) S. 142ff; B. STEIDLE, Das Wiedersehen des Mönchs mit Mutter und Schwester in der alten Mönchserzählung, in: Erbe und Auftrag XXXV (1959) S. 10–20, mit reichem Quellenmaterial.
174 C. 49 der Regel; vgl. auch c. 22 der Vita, die beschreibt, wie Pachomius nach dem Empfang der Engelsregel verfuhr.

Begeisterung für den verborgenen Sinn biblischer Erzählung, aber der nachdenkliche Jüngling benötigte einen langen Weg bis zur endgültigen Entscheidung, eine Hilfe in einem Bibelworte bedenkenden Gespräch, dessen Thema wohl des Pachomius Satz war, *a quo quis superatur, hinc servus efficitur*[175]. Gänzlich anders wieder verlief der Weg des Schauspielers Silvanus (c. 38), der ja auch die in der Regel vorgeschriebene Prüfung am Klostertor bestanden haben muß, sich aber an das strenge Klosterleben so wenig gewöhnen wollte, daß die *fratres* Pachomius oft bedrängten, diesen auszuschließen. Dennoch gelang es Pachomius in langer väterlicher Mühe, Silvanus zur Einsicht in sein bisher falsches Leben zu bringen. Als er nun in allem den rechten Wandel angenommen hatte, gab er *magnum caeteris documentum conversionis*. Nun war den anderen seine anhaltende Trauer über seine bisherige Sündhaftigkeit nicht recht. Umständlich mußte er den Brüdern deutlich machen, daß er fürchtet, seine späte Buße reiche nicht, er fürchtet – das mag biblisch gesprochen sein – wie die Rotte Korah, die sich gegen Mose empört hatte, vom Erdboden verschlungen zu werden (Num. 16,31–33); dies das erste Bibelwort im Zusammenhang mit Silvanus, das auch gleich Pachomius an die Seite des Mose stellt. Pachomius aber lobte Silvanus, seine *humilitas* sei unerreicht seit der Klostergründung. Solche Geschichten zeigen den *abba-pater*, der nicht nur in Spruch und Rede antwortet, sondern dem aufgetragen war, Menschen auf einem Weg zu führen, auf dem er selber fortgeschritten war. Lefort[176] legt überzeugend dar, welche Rolle der Lehrer Paulus für den Lehrer Pachomius gespielt hat. Dieser hat bei Paulus gelernt, mit den Schwachen schwach zu sein (1. Cor. 9,22), mit Milch zuerst und nicht gleich mit fester Nahrung zu ernähren (1. Cor. 3,2), einzugehen also auf den gegenwärtigen Zustand des Anvertrauten, auf die individuellen Möglichkeiten[177], anstatt sogleich die volle Härte der Askese zu verlangen, wie er selber das wohl bei Palaemon erlebt hat. Er sah, daß seine neuen Mönche noch nicht imstande waren, in vollkommener Gemeinschaft nach Art der ersten Gemeinde zu Jerusalem zu leben: „Sie waren ein Herz und eine Seele, auch keiner unter ihnen sagte von seinen Gütern, daß sie sein wären, sondern es war ihnen alles gemein (Act. 4,32). Die Erzählung von der ersten Gemeinde bot Pachomius das Beispiel vollkommener Gemeinschaft. Dieselbe Erzählung, nicht derselbe Vers, hatte den Anachoreten Antonius nicht zur klösterlichen Gemeinschaft geführt, sondern zum Verzicht auf seinen Besitz; und so war ihm jene Stelle bedeutend, die davon sprach, daß jene Christen das Ihre abgaben.[178]

Abschiedsrede: Antonius hatte, in hohem Alter um seinen Tod wissend, von der jüngeren Asketenschar am äußeren Kolzim Abschied genommen: Er warnte vor Häresie, ermunterte, den rechten Christenglauben zu bewahren, so zu leben, daß sie täglich zum Tode bereit seien, ihre Gedanken rein zu bewahren. Zudem hatte er Anordnungen für seine Bestattung getroffen, damit seine Gebeine nicht verehrt

---

175 2. Petr. 2,19; so Pachomius zu Theodor im Gespräch über die geforderte Rückkehr ins Elternhaus.
176 LEFORT, sources coptes (wie Anm. 122) S. 220f nach dem ms. S¹, bei LEFORT vies coptes (wie Anm. 122) S. 3.
177 S. auch S³, LEFORT, vies coptes s. 64f und Bo 23, S. 94.
178 Antoniusvita c. 2, wo Act. 4,34f herangezogen ist.

werden konnten. Danach versammelte er die beiden Mönche um sich, die seit fünfzehn Jahren auf dem inneren Berg mit ihm lebten. Er kündigte ihnen an, nun gehe er den Weg der Väter und ermahnte sie wie die andern zur Wachsamkeit gegen jede Versuchung, gegen die Anschläge der Dämonen; so zu leben, daß man jeden Tag sterben könne, nicht mit Häretikern Gemeinschaft zu haben. Dann gab er Anweisungen für seine Bestattung und zur Verteilung seiner geringen Habe. Von der Bedeutung des Weges der Väter – der *via patrum* – als einem abgewandelten bewußten Schriftzitat, das Rang und Bedeutung des Antonius zum Abschluß benennt und – ihm selber in den Mund gelegt – zeigt, daß er selber um seine Bedeutung wußte, war oben gehandelt worden.

Auch Pachomius wußte, wann die Stunde seines Todes kam. So nahm er Abschied und kündigte sein Hinscheiden an (c. 53). Er ermahnte die Mönche, in ihren Anstrengungen nicht nachzulassen. Gleichfalls warnte er vor Häretikern. Wenn er dabei unter anderem auch forderte: *Vos ergo mementote verborum, quae a me frequenter audistis*, so werden wir dies weniger auf die Regel beziehen, als auf seine Tätigkeit als Lehrer und Führer der Mönche, als der er ihnen nach Ausweis der Vita in einzelnem Gespräch, in der Lehrrede, aber auch als Schriftausleger zur Verfügung gestanden hat. Der Lehrer spricht auch aus dem Wort, mit dem er den baldigen Tod ankündigt: *Ego namque iam delibor et tempus meae resolutionis instat* (2. Tim. 4,6), deshalb müsse ein Nachfolger gewählt werden. Paulus hatte Timotheus eindringlich seine Prediger- und Missionsaufgabe dargelegt und schloß dies erklärend mit ebendiesen Worten. Suchte Paulus in Timotheus seinen Nachfolger, so Pachomius in Petronius, dessen Wahl er den Brüdern empfahl. Diese Lehrer- und Führerstellung unter den Brüdern, die Antonius wohl auch am Kolzim gehabt haben wird, aber frei, außerhalb jeder die Dauer begründenden Institution, ist bei Pachomius ein durch die Regel gefestigtes Amt geworden; und wenn Antonius die reichere Anregung bedeutet haben mag, so wird erst die Ausbildung der Institution die Lebensdauer monastischen Lebens ermöglicht haben. Der Unterschied zwischen Antonius und Pachomius ist hier bis in das zitierte Schriftwort zu verfolgen.[179] Ein Wort freilich ist in den Abschiedsreden gleich: Wie Antonius so kündigt auch Pachomius zu Beginn seiner Abschiedsrede an: *Ego, quidem, carissimi, viam patrum securus ingredior, nam video me a Domino protinus evocari*[180]. Auch Pachomius also schied mit einem Wort Davids oder Josuas und rückte so in die Nähe der Patriarchen Israels. Wie Antonius rückt auch Pachomius eine Beschreibung seiner geistigen Gegenwärtigkeit – *Et quamvis esset toto corpore nimis attenuatus ac debilis, faciem tamen habebat hilarem atque fulgentem ita ut ex hoc*

---

179 H. BACHT, Antonius und Pachomius, in: Antoniuis Magnus Eremita, Studia Anselmiana XXXVIII, Roma 1956, S. 66–107, zur Unterscheidung des Coinobiten Pachomius vom Anachoreten Antonius, zu den Dauer begründenden Eigenheiten: Gemeinsames Leben, Uniformität, Regel, coinobitischer Gehorsam.
180 Antonius c. 58, col. 166f: *Ego, quidem, filioli, secundum eloquia scripturarum partum ingredior viam. Iam enim Deus me invitat, iam cupio videre caelestia*. Die Ähnlichkeit der Texte wirft die Frage auf, ob diese Pachomiusvita nicht nur in Kenntnis, sondern unter Benutzung der Antoniusvita entstanden ist.

quoque videntibus piae mentis ac sincerissimae(!) conscientiae suae monstraret indicia – in die Nähe des sterbenden Mose.[181] Wie eigenständig dieser Schluß auch sein mag, wie genau oder ungenau diese Worte als Bericht immer sind, Antonius und Pachomius waren die Gründer-Patriarchen des Mönchtums,[182] kein Berichterstatter könnte ein treffenderes, wahreres Wort sagen als dies, daß sie – der Höhepunkt der Vita überhaupt – die *via patrum* gingen.[183]

Dem Leben des Lehrers und Abtes Pachomius wird ein Abschluß gegeben, der noch einen Gedanken erfordert: Die Wüstenväter haben nicht irdisches, sondern himmlisches Lob gesucht. Der Vitenbericht ist nötig, um die Nachlebenden zur Nachfolge aufzurufen; *precibus semper adiuti beatorum patrum, patriarcharum, prophetarum, apostolorum, martyrum omniumque sanctorum, per quos omnipotens et clemens Deus noster, beata et coaeterna et consubstantialis et inseparabilis Trinitas, Pater, Filius et Spiritus Sanctus glorificatur iugiter et collaudatur, quia ipsi debetur omnis laus et gloria in saecula saeculorum. Amen.* Der Leser mag Pachomius, den Lehrer bewundert haben; hier wird von ihm gesagt, woher alles Hervorragende seinen Ursprung nimmt. Trägt der Schluß auch deutliche Züge der trinitarischen Streitigkeiten der Spätantike, so wird der Leser doch verabschiedet, wie in einem Brief des Heidenlehrers Paulus,[184] und so darf zum Abschluß ein Wort zitiert werden, das zeigt, was seine Schüler-Mönche von ihm lernten:

Psenthesus, Suris und Opis gehörten zu den ersten, die in das neue Kloster eintraten (c. 23). Pachomius half ihnen mit seinem Wort und spornte sie *ad aemulationem spiritalis operis* an. Sie erkannten an seinem Leben das *specimen virtutis*, den Erweis, das Vorbild der Tugend und bewunderten dies und sprachen: „Sehr irren, die glauben, Menschen hätten von Geburt an das Vorrecht, heilig zu leben; so daß die Freiheit der Entscheidung verwehrt sei und der Sünder auch in Buße kein Werk der Tugend vollbringen kann. Hier ist es manifest, in diesem ehrwürdigen Vater

---

181 Die Beschreibung des Antonius c. 59 und c. 60 ist freilich in einigen Details der des Mose (Deut. 34,7) näher; vgl. Anm. 81.

182 Wie sehr gerade Antonius als Begründer des Mönchtums angesehen wurde, zeigen die von LEFORT, sources coptes, S. 229f benutzen Texte.

183 Mit der Angleichung des Pachomius an die Patriarchen Israels kommt man dicht an die Anfänge der Pachomiusüberlieferung: BACHT, Vermächtnis (wie Anm. 95), S. 214f Anm. 8 und 11, bringt Zitate wie: „Der Gott Abrahams, Isaaks und Jakobs und der Gott Apas" (=Pachomius). Eigenartig und bemerkenswert ist, daß die koptische Überlieferung die Schriftstellen richtig zitiert: S[7], LEFORT, vies coptes, S. 46: „je pense, mes frères et me fils, que mon heure est arrivée de prendre chemin de toute la terre, come l'ont fait tous mes pères". Der Verfasser irrt freilich, es ist kein Wort Samuels, wie es angekündigt wird, sondern Jos. 23,14 oder II. Reg. 2,2 (gleichlautend S[3]; LEFORT S. 73 und S. 76). Man vergleiche dazu die Schilderung des Todes Palaemons c. 13: *Venerabilis autem senex, quia virtutum gratia cummulatus, et plenus dierum, sicut scriptum est* (Iob 42,17) *quievit in pace.* Der großen und bewegenden Gestalt Hiobs galt: *mortuus est senex et plenus dierum.* Daran mochte Palaemon reichen, Antonius und Pachomius wurden den Patriarchen an die Seite gestellt.

184 In der Abschiedsrede suchte der Lehrer Pachomius seinen Tod ankündigend als „alter Paulus" gleichsam einen Nachfolger. Die Bedeutung des Paulus für Pachomius mag auch dem koptischen Fragment S[2] (LEFORT S.9) entnommen werden. Pachomius war erkrankt und erlebte den Aufstieg seiner Seele in den Himmel, wo sie bleiben wollte. Eine strahlende Gestalt schickte sie zur Erde zurück, und Engel sagten zu ihm: „Cet homme, qui te parle, c'est l'apotre Paul".

erblicken wir Gottes Freigebigkeit; von heidnisch-weltlichen Eltern geboren ist er solcher Seligkeit der Verehrung Gottes entgegen gestrebt, daß er alle Forderungen Christi erfüllt hat. Und so ist sicher, daß auch wir und wer immer es will, mit Gottes hilfreicher Gnade, dem Maß des heiligen Mannes folgen können, wie er der vollkommenen Väter Heiligkeit nachgeahmt hat. Was anders besagt jenes Wort Christi: ‚Kommet her zu mir alle, die ihr mühselig und beladen seid, ich will euch erquicken' (Mt. 11,28), als daß wir ungerechte Last abwerfen, die das Menschengeschlecht bedrückt und wir ohne Zwiespalt vereinigt werden? Deshalb wollen wir bis ans Ende mit dem Altvater ausharren, um mit ihm in jener ewigen Seligkeit Ruhm zu erlangen; nicht nur mit dem Wort, sondern viel wirksamer mit dem Beispiel hat er uns gelehrt." Hier war kein Raum für eine theologische Differenz zwischen menschlichem Verdienst und der Gnade Gotte, und selbst die mildesten Worte des Evangeliums enthielten für solche Hörer klare, unausweichliche Forderungen.

4 DES PAULINUS LEBEN DES HEILIGEN AMBROSIUS

Augustinus hatte dem Diakon Paulinus den Auftrag erteilt, das Leben seines eigenen Lehrers Ambrosius zu schreiben, so wie Athanasius die Antoniusvita, Hieronymus die Vita des Eremiten Paulus und Sulpicius Severus die Vita Martins von Tours aufgezeichnet hatten.[185] Werden solche monastischen Asketenviten genannt, so waren die bekannten Beispiele kirchlichen Andenkens an Menschen von besonderer Vorbildlichkeit gemeint; als literarische Muster kamen sie hier kaum in Frage, da der Bischof und der Eremit zu unterschiedliche Aufgaben und Lebensumstände hatten, auch wenn sie darin denselben Glauben leben und bewähren mußten. Die bedeutende öffentliche Tätigkeit des Bischofs, seine Auseinandersetzung mit der römischen Staatlichkeit, seine Autorschaft theologischer Werke konnte nicht in derselben Weise in einen Vitentext eingehen, wie die asketische Reinigung der Seele, die wachsende Kraft im Dämonenkampf, die darin erwiesene Ehrfurcht, das Vertrauen gegen den bezeugten Gott; auch die Beispiele des Abba-Lehrerdasein. So sei die Vermutung ausgesprochen, daß das Defizit zwischen dem Leben des Ambrosius und der Vita des Paulinus größer ist als etwa bei den schon besprochenen Viten des Antonius und Pachomius; die Vita konnte seine Lebensleistung nicht in derselben Weise umgreifen, wie die eines Mönches oder Eremiten.[186] Die Vita des Ambrosius

---

[185] Paulini diaconi Mediolanensis Vita S. Ambrosii, ed. M. S. KANIECKA, Washington 1928; Paolino di Milano, Vita di S. Ambrogio, a cura di M. PELLEGRINI, Roma 1962; Vita di Cipriano, Vita di Ambrogio, Vita di Agostino, a cura di A. A. R. Bastiaensen, Milano 1975. Zur Edition PELLEGRINIS s. A. PAREDI, Paulinus of Milan, Sacris Eruditi 14 (1963), S. 206–230, und R. MC CLURE, The Pellegriniedition of the „Vita Ambrosii" of Paulinus of Milan, Symbolae Osloenses 48 (1973), S. 117–130. Dt: Das Leben des heiligen Ambrosius. Die Vita des Paulinus und ausgewählte Texte aus den Werken des Heiligen und anderen Zeitdokumenten, eingeleitet von Ernst DASSMANN, Düsseldorf 1967, S. 37–69. Über Paulinus E. LAMIRANDE, Paulin de Milan et la „Vita Ambrosii", Paris-Montreal 1983, mit umfangreicher Bibliographie; Chr. MOHRMANN, Zwei frühchristliche Bischofsviten. Vita Ambrosii. Vita Augustini, Anzeiger der Österreichischen Akademie der Wissenschaften, phil.-hist. Klasse 112 (1979), S. 307–331; J. P. PALANQUE, La Vita Ambrosii de Paulin, Revue des Sciences Religieuses 4 (1924), S. 26–42; S. 405–420; D. HOSTER, Form (wie Anm.38), S. 119–144, der das veränderte unmonastische Heiligenideal dieser Vita darstellt und daraus den höheren Anteil historischen Berichtens erklären möchte. Schließlich M. VAN UYTFANGHE, L'empreinte biblique sur la plus ancienne hagiographie occidentale, in: Le monde latin antique e la bible, ed. Jacque FONTAINE et Ch. PIETRI, Paris 1985, S 656–610. Monographische Literatur zu Ambrosius z. B. bei E. DASSMANN in TRE II, S. 362–386 und neuer: H. R. DROBNER, Patrologie (wie Anm. 119), S. 319–329. Jüngere Monographie: Ernst DASSMANN, Ambrosius von Mailand, Stuttgart 2004; dort zur Vita S. 13–16.

[186] Ähnlich Chr. MOHRMANN Vorwort zur Edition von BASTIAENSEN, S. XXXIf, die feststellt, daß Paulinus keine literarischen Quellen angibt, nicht einmal die Werke des Ambrosius, wiewohl er einige Male dessen Briefe benutzt hat. Des Ambrosius bedeutende Predigttätigkeit hat nur in jener Erzählung von einem Bienenschwarm, der in den Mund des Kindes flog, um sich dann

ist, von wenigen Kapiteln abgesehen, an Schriftzitaten oder -anlehnungen ärmer, als die beiden genannten Asketenviten.

Des Ambrosius Herkunft, Schulbildung, sein Aufstieg in höhere weltliche Ämter gaben dem Verfasser keine Veranlassung, Worte der Bibel heranzuziehen, um diesen Weg zu schildern, seine Qualität zu bezeichnen. Sein Eintritt in ein geistliches Amt geschah 374, ganz gegen seinen Willen und ohne auffälliges Bekehrungserlebnis, als er in consularischem Rang für die Beilegung der Streitigkeiten um die Nachfolge des arianischen Bischofs Auxentius von Mailand Sorge tragen mußte. Die Bevölkerung von Mailand forderte ihn, Ambrosius, als neuen Bischof; Arianer wie Orthodoxe folgten einer Kinderstimme, die *„Ambrosius episcopus"* gerufen hatte, der Menge so die rechte Entscheidung weisend.[187] Ambrosius lehnte ab und versuchte, seine Unwürdigkeit zu erweisen.[188] Während nun er, nach einer Absprache in der Kirche zum Bischofsamt aufgefordert, vor dem Gebäude über den Aufstand zu Gericht sitzen will, ruft die Menge *„Peccatum tuum super nos"*[189] – dies erinnert an den Ausruf der Juden, die Freiheit für Barabbas statt für Christus von Pilatus gefordert hatten. Als Pilatus seine Hände in Unschuld gewaschen hatte, schrien sie: „Sein Blut komme über uns und unsere Kinder" (Mt. 27,25). Dies kann aber kaum sinnvoll als Hintergrund der Bischofserhebung in Erinnerung gerufen werden, deshalb erläutert Paulinus: Jene Mailänder hätten gewußt, Ambrosius sei Katechumene gewesen, und sie hätten ihm so die Vergebung aller Sünden durch die Taufe versprochen. Solche Erläuterung, die auf die Evangelienworte ausdrücklich Bezug nimmt, zeigt in ungewöhnlicher Klarheit, daß derartige Zitate, Anlehnungen oder Anspielungen an Bibeltexte durchaus den biblischen Kontext beachten, so daß wir ihn zurate ziehen müssen. Hier fassen wir freilich auch eine Unsicherheit des Autors, der sein Schriftzitat erläutern, gegen voraussehbare Mißverständnisse abgrenzen muß; und man darf durchaus fragen, ob nicht das zitierte Wort

in die Höhe zu erheben, Widerhall gefunden (c. 3). Wie hätte eine Vita auch Predigten, Exegesen, umfangreiche dogmatische Äußerungen spiegeln können? Dies einschränkend zu PAREDI, Paulinus S. 217: „The explanation of so many omissions must be sought only in the narrowness of the author's mental horizon." Paredi hat wohl die Grenzen und Absichten der Gattung außer Acht gelassen. Damit soll aber nicht dem gegenüber der Ambrosiusvita einschränkenden Urteil widersprochen werden, wie es etwa von LAMIRANDE S. 163–166, oder von Chr. MOHRMANN (wie oben) ausgesprochen worden ist. M. VAN UYTFANGHE, L'empreinte biblique (wie vorige Anm), S. 595 verweist auf Lc.1,15 und 32; wo aber ein dem Bienenschwarm vergleichbares Zeichen fehlt. Es gibt nur die generelle Verwandtschaft einer frühen Andeutung späterer Größe und Bedeutung, nicht aber jene göttliche oder Engelserscheinung, wie sie für den Täufer oder für Christus gegenüber der Mutter bezeugt ist. Verwiesen sei noch auf J. H. WASZINK, Biene und Honig als Symbol des Dichters in der griechisch-römischen Antike, Rheinisch-Westfälische Akademie der Wissenschaften, Geisteswissenschaften, Vorträge G 196, Opladen 1974.

187 VAN UYTFANGHE, L'empreinte S. 598, verweist zu dieser Erzählung (c. 6) auf Ps. 8,3 und sieht darin das Thema der für sich an Ambrosius erfüllenden Vorsehung Gottes fortgeführt. Zum Ereignis Y. M. DUVAL, Ambroise, de son élection à son consécration, Ambrosius episcopus, Bd. II Milano 1976, S. 243–283.

188 C. 6f; er setzte sich zu Gericht und übergab einige Personen der Folterung. Zur Würdigung dieses Berichtes s. P. COURCELLE, Recherches sur Saint Ambroise. „Vie" anciennes, culture, iconographie, Etudes Augustiniennes, Paris 1973, S. 16ff.

189 C. 7; dazu LAMIRANDE S.105f.

überhaupt unpassend war. Die Sünde, die in der Taufe ‚abgewaschen' wird, trägt Christus, nicht aber eine je wechselnde Ortsgemeinde.[190]

Solch unsicheres Bestreben, die Anlehnung an die Schrift zu erläutern und zu rechtfertigen, kehrt wenig später wieder. Während der von Justina angeregten Förderung der Arianer durch Valentinian soll man im Herrscherpalast der in der Kirche sichtbaren Gnade Gottes gespottet und behauptet haben, Ambrosius habe nicht unreine Geister ausgetrieben, sondern Menschen dafür bezahlt, daß sie vortäuschten, von Dämonen besessen zu sein und nun behaupteten, sie würden von den Märtyrern und von Ambrosius gequält.[191] Da hätten die Arianer wie einst die Juden geredet, die sprachen: „Er treibt den Teufel aus durch Beelzebub, den obersten der Teufel" (Lc. 11,15). Die Dämonen hatten gesagt: „Wir wissen, daß ihr Märtyrer seid", die Arianer sagen aber: „Wir kennen keine Märtyrer". Schon aus den Evangelien kenne man das Wort der Dämonen: „Wir kennen dich, du bist Gottes Sohn" (vgl. Mc. 1,24). Die Juden aber sagten: „Von wannen dieser aber ist, wissen wir nicht" (Joh. 9,29). So sind die Worte der Dämonen wahrer, als die der Arianer, die an die Seite der Christus verkennenden Juden gestellt werden. Paulinus glaubt auch hier mit einem Satz nicht ausreichend erklärt und beleuchtet zu haben und zieht seinen Vergleich Arianer-Juden gegenüber Christus und seinen Anhängern immer weiter, umschreibt neu mit eigenen Worten, auch wenn die Schriftzitate hier genauer gewählt sind.

Jedoch zurück zu der Erzählung von der Erhebung des Ambrosius zum Bischof von Mailand: Er versuchte, sich durch Flucht zu entziehen, wurde jedoch entdeckt (c. 8). So erbat man ihn vom Kaiser als Bischof: *Deus enim, qui ecclesiae suae catholicae murum parabat adversus inimicos suos et turrim erigebat David contra faciem Damasci, hoc est, contra perfidiam haereticorum, fugam illius impedivit.* Mehrerlei ist in diesem Satz der Bibel entlehnt. Das Auffälligste ist die *turris David*, sie ist aus dem Hohenlied den verehrenden Worten des Bräutigams an seine Braut entnommen: „Dein Hals ist wie der Turm Davids mit Brustwehr gebaut, daran tausend Schilde hangen und allerlei Waffen der Starken" (Cant. 4,4, bzw. 7,4).[192] Un-

---

190 Ähnliche Bedenken bei PAREDI S. 208. Anders VAN UYTFANGHE, L'empreinte (wie Anm. 185, S. 594, Anm. 54. Doch es geht Paulinus nicht darum, die Mailänder mit den Juden in Verbindung zu bringen, allein das Wort erscheint ihm treffend.
191 C. 15; LAMIRANDE (wie Anm. 185) S. 128f; zur Stelle VAN UYTFANGHE, L'empreinte, dem ich in der Bezeichnung „alter Christus" nicht folge. Man möge bedenken, was dieser – übrigens nicht quellenmäßige – Begriff theologisch besagen würde, ja müßte. Hier geht es nur um die Kontinuität der sich gleichbleibenden Christusgegnerschaft, die fraglos jeden Christusjünger treffen kann, ohne daß dieser dadurch Erlösercharakter gewinnt, oder auch nur gewinnen könnte. Chr. MOHRMANN in ihrem Editionsvorwort XXXIVf, zu dämonischen Erscheinungen S. XXXVIf; LAMIRANDE S. 128 zu dieser Geschichte. Vgl. auch c. 53 (VAN UYTFANGHE S. 596), wo Paulinus Ps. 100,5 und Prov. 20,13 zitiert, um die Gegner des Ambrosius zu bezeichnen.
192 PAREDI moniert S. 218, daß *contra* im Bibeltext (Cant. 7,4) nicht „against", sondern „towards" meine. Was sollte sich aber Paulinus unter einem Turm mit Blick nach Damaskus vorstellen, wo er doch aus den Königsbüchern wußte, welche Gefahr Damaskus für Israel bedeutete? Der Gedanke der Wehrhaftigkeit lag da nahe; VAN UYTFANGHE, L'empreinte, S. 595.

terstreicht der Fortgang des Satzes die Wehrhaftigkeit, so kann man kaum eine unmittelbare Beziehung zum Kontext des Hohenliedes herstellen, es sei denn, man denke hier – was aber gesucht erscheint – an eine übertragene Bedeutung des Hohenliedes: *Ecclesia* als Braut Christi,[193] der seine Kirche hier selber wehrhaft geschmückt hat. Wahrscheinlicher ist wohl doch das isolierende Herausgreifen des dann passenden Wortes.

Die Gegnerschaft gegen Damaskus ist eine alttestamentliche Situation der Davidzeit (s. II. Reg. 8,4ff und 10,6ff), hier vom historischen Sinn gelöst. Die irdischen Gegner des alttestamentlichen Judentums, das allein den wahren Gott verehrte, sind nun zu jeder Art von Häretikern geworden: Die Juden setzen sich in der Kirche fort, die Syrer in denen, die die Kirche bekämpfen; insofern war die Kirchengeschichte in der Geschichte Altisraels vorgebildet. Solche Gegnerschaft aber mag als beständige Konstellation gesehen werden,[194] kaum bedurfte es irgendwelcher verfeinerten Künste der Schriftdeutung, solche Verwandtschaft herzustellen. Die Mauer gegen die Feinde hat eine sehr direkte biblische Grundlage: Hier, da alles auf den Bischof Ambrosius zielt, sind es jene Personen, deren Mut und Glaubensstärke die Kirche immer gerettet hat. Jeremia war einst von Gott zur ehernen Mauer erklärt worden, er war als Prophet gesandt „zur ehernen Mauer … im ganzen Land wider die Könige Judas, wider ihre Fürsten, wider ihre Priester, wider das Volk im Lande" (Jer. 1,18; vgl. 15,20), auch hier im übertragenen Sinne, der eine Person in ihrer Festigkeit gegenüber den gegen die Wahrheit andringenden Mächten bezeichnet und rühmt. Jeremia stand in diesem Zitat allein als gesandter Vertreter Gottes. Da ist die Anwendung auf Ambrosius und andere bedeutende Gestalten der antiken Christenheit als Mauer der Kirche schon historisch-dinglicher als Verteidigungswall einer auch irdischen Gemeinschaft.[195]

---

193 Fr. OHLY, Hoheliedstudien (wie Anm. 21) S. 32ff zur Deutung der Kirche als Braut Christi im Werk des Ambrosius.

194 Immerhin ist dies etwas anderes, als die in den besprochenen Asketenviten erkannte Einheit solcher Gegner als satanische Mächte. Dort gab es nur eine einzige Gegnerschaft gegen Gott: Satan. Dieser, oder seine Dämonen erschienen in der Ambrosiusvita hin und wieder als schädigende Feinde, aber es fehlt jener zumal in den Asketenviten aufgefundene große geschichtliche Zusammenhang. Menschliche Geschichte, menschliches Tun im Kampf Satans gegen den allmächtigen Gott-Schöpfer – es fehlt in der Ambrosiusvita überhaupt der Versuch geschichtlicher Einordnung; s. den Anhang.

195 Das Charakterisieren und Einordnen mit biblischen Figuren hat Ambrosius selber getan: Bei der Andeutung der Rolle Justinas in allen die Arianer betreffenden Fragen bleibt die Vita hinter den von Ambrosius selber gebotenen Möglichkeiten zurück. Ambrosius beschreibt in Ep. 20 seiner Schwester Vorgänge und Hintergründe des Basilikenstreites. Zunächst findet er in den standhaften Gemeindegliedern den in keinem Leid in seiner Treue zu Gott nachlassenden Hiob wieder. Doch er variiert das Beispiel: Er selber ist nicht wie Hiob bis zur Verletzung seines Körpers geprüft, aber seine Söhne, die Gemeinde, will man ihm nehmen. Hiob wurde auch von seiner Frau versucht, *quae ait: Dic aliquod verbum in Deum, et morere* (Job 2,9). Dies entspricht der Aufforderung, die Kirche abzutreten; diese Aufforderung ist sogar noch mehr: Nicht: *Dic aliquod in Deum, sed etiam fac adversum Deum*. Hiob hatte geantwortet: *Tamquam una ex insipientibus locuta es* (Job 2,10), und Ambrosius sagte: *asperiores tentationes has esse cognovimus, quae fiunt per mulieres*. Dies aber sind seine Beispiele: Durch Eva ist es geschehen, daß Adam das Gebot verletzte und sich in seiner Nacktheit versteckte; die *bona indumenta*

Eigentümlich schwach spiegelt sich das Verhältnis des Ambrosius zu den Herrschern seiner Zeit in biblischen Gestalten und Zitaten.[196] Als Christen im Osten des Reiches eine Synagoge und einen Hain der Valentinianer zerstört hatten, wollte Theodosius vom Ortsbischof den Wiederaufbau der Synagoge verlangen.[197] Mag dies vom Standpunkt der Rechtsgleichheit her richtig sein, so war es einem Ortsbischof wohl kaum möglich, einen Kultplatz eines „Irrglaubens" aufzubauen.[198] Ambrosius schritt unter anderem mit einer Predigt dagegen ein, aus der Paulinus zitiert. Dies hätte Gelegenheit gegeben, Ambrosius in die Nähe jener alttestamentlichen Propheten zu rücken, die mutig Herrscher zurechtgewiesen hatten (Nathan,

fidei hatte er verloren. *Recedere a Domino Deo tuo propter unam mulierem desiderasti, propterea fugis quem videre quaerebas. Cum una muliere te ascondere maluisti, delinquere speculum mundi, incolatum paradisi, gratiam Christi. Quid dicam quod etiam Eliam Jezabel cernente persecuta est* (s. 3. Reg. 19,1ff), *quod Johannes Baptistam Herodias fecit occidi* (s. Mt. 14,3ff). Deutlich ist in all diesen Worten Justina gemeint. Sieht man auf diese biblischen Frauengestalten, so verbindet Eva, Jezabel, Herodias, das Weib des Hiob nicht, daß sie Adam, Ahab, Herodes, Hiob darin versucht haben, deren Gier zu erregen, sondern daß sie etwas so Verwerfliches zu ihrem Gefallen verlangten. So sah es Ambrosius und stellte es am Beispiel der Justina und ihres Kampfes für die Arianer gegen die Orthodoxie deutlicher dar, als etwa in *de Paradiso* (z. B. 12,54 und 15,73), *de Nabutho* (z. B. 5,25f und 109), *de interpellatione Job et David* (z. B. 2,4). Beachtung verdient diese Darstellung auch deshalb, weil man dazu neigt, alle monastische und priesterliche Ehelosigkeit nur als Übung sexueller Askese anzusehen. Bei Ambrosius und schwächer in der Vita ist darin ein Strang biblischer Erfahrung wieder aufgenommen: Diese Frauen verführten nicht zur Hingabe an sie selber, sondern zu einem kapitalen Unrecht, das sie als Gefälligkeit verlangten.

196 Erst am Ende von c. 47. Ambrosius reagiert durchaus als Amtsperson, nicht als „Prophet", und seine Maßnahmen sind wohl am ehesten aus seiner in der Praxis gewonnen Kenntnis römischen Amts- und Verwaltungsdenkens zu erklären. Dies trifft sich gut mit der von LAMIRANDE (wie Anm. 185, S. 69–86) für Paulinus so stark betonten Vorstellung der Kirche als Institution; s. auch S. 108: „Paulin parle de l'église en termes généralment plus proche du droit que de la théologie." Zum Verhältnis des Ambrosius zu den Herrschern DERS. S. 93–97.

197 C. 22ff. Des Ambrosius Zusammenstöße mit den Herrschern werden in der gesamten einschlägigen monographischen Literatur verhandelt.

198 Die Auffassung ist dieselbe wie im Basilikastreit. Die wissenschaftliche Literatur sieht die Hauptbedeutung des Ambrosius in der Ausgestaltung des Verhältnisses der Kirche zu den Herrschern. H. J. DIESNER, Kirche und Staat im ausgehenden 4. Jahrhundert, Kirche und Staat im spätrömischen Reich, ²Berlin 1964, S. 30, sagt über die Verteidigung des „kirchlichen Besitzstandes" durch Ambrosius: „Ambrosius ... kommt hier zu einem neuen eigenwilligen Durchdenken der Bibelworte: ‚Gebt dem Kaiser, was des Kaisers ist und Gott, was Gottes ist'". Das Christuswort ist im Vitentext nicht zitiert. Der Sache nach würde des Ambrosius Auftreten im Streit um den Viktoriaaltar auch hierher gehören. Die wichtigsten Texte bei R. KLEIN, Der Streit um den Victoriaaltar, Darmstadt 1972 und bei J. WYTZES, Der letzte Kampf des Heidentums in Rom, Leiden 1977.

Elias).¹⁹⁹ Es war dies, wie ein späteres Kapitel zeigt, Paulinus auch bewußt.²⁰⁰ Nach einem Tumult in Thessaloniki hatte Theodosius die Stadt den Soldaten überlassen, die offenbar ein grausiges Blutbad anrichteten (s. Anm. 197). Folgen wir Paulinus, so war es nicht Ambrosius, der hier den Herrscher zum sündigen David stempelte, sondern Theodosius hielt dem Buße fordernden Bischof David vor: *Cui imperator contra adserebat David adulterium simul et homicidium perpetrasse* (II. Reg. 11), und er mußte sich entgegenhalten lassen: *Qui secutus es errantem, sequere corrigentem* (II. Reg. 12,13ff)²⁰¹. Auch hier ist Ambrosius nicht, oder doch höchstens indirekt mit Nathan in Verbindung gebracht worden. Als Ambrosius im Gebet den Kampf des Theodosius gegen den Usurpator Eugenius unterstützte, tat er dies zwar mit einem Psalmwort: „*nec relinqueret virgam peccatorum super sortem iustorum, ne extenderent iusti ad iniquitatem manus suas* (Ps. 124,3), das auch die Furcht des Seelsorgers vor dem Sieg des Unrechten zeigt aus der Kenntnis der Verführungskraft, die darin liegt. Doch ist auch hier der Bischof nicht nach der Art des Mose geschildert, der mit erhobenen Händen für den Sieg Israels über die Amalekiter betete (Ex. 17,11).

In zwei Kapiteln ist Paulinus um eine direkte Charakteristik des Ambrosius bemüht.²⁰² Er rühmt die Tugenden des Wachens, Fastens und Betens, seine unablässige Mühe für alle Kirchen, seine Fürsorge für Schutz- und Hilfsbedürftige. Seinen Besitz übergab er der Kirche, der Schwester die nötige Nutznießung vorbehaltend,²⁰³ *ut nudus atque expeditus miles Christi dominum sequeretur, qui, cum dives esset propter nos pauper factus est, ut nos eius inopia ditaremur* (vgl. 2. Cor. 8,9). *Erat enim gaudens cum gaudentibus et flens cum flentibus* (Rom. 12,15)²⁰⁴. Der letzte Satz entstammte einer Aufforderung des Paulus an die römische Gemeinde, wie man sich zueinander verhalten sollte; hier war das herzliche Teilnehmen an den Geschicken der Mitchristen gemeint. Im Korintherzitat ging es um die Unterstützung der in Not geratenen Gemeinde zu Jerusalem, und hier war Christus das Vorbild, der um der Menschen willen auf seinen himmlischen Reichtum verzichtete. Ambrosius freilich ebnete nur einen irdischen Unterschied ein, nach seinem Maße

---

199 C. 23 und 24. Nathan:II. Reg. 12; Elias: III. Reg. 17ff; E. CASPAR, Geschichte des Papsttums, 2 Bde., Tübingen 1930–1933, Bd. 1, S. 275, bemerkte die Ähnlichkeit mit Handlungen der Propheten. D. HOSTER (wie Anm.38) S. 143 folgt ihm darin. So biblisch die Predigtworte klingen, sie enthalten keine Zitate; am stärksten ist man an frühe Davidgeschichten erinnert (VAN UYTFANGHE, L'empreinte, wie Anm. 185, S. 599). Hier sei nur auf ein Element hingewiesen, das Ambrosius von der Prophetenhaftigkeit des Severin von Noricum trennt: Der verweigert das Meßopfer, bevor nicht das Dekret zurückgenommen ist – dies war ein klerikaler Zug, der weder bei den Propheten, noch bei Severin anzutreffen ist.

200 S. Anm. 196. Ein weiteres bemerkenswertes Beispiel punktueller Schilderung des Ambrosius unter einer Prophetengestalt (Elisa, 4. Reg. 4) in c. 28; die Heilung eines Kindes, wobei Ambrosius ähnlich handelt wie Elisa bei der Auferweckung des Sohnes der Sunamitin (s. LAMIRANDE S. 115).

201 Ambrosius hatte in ep. 51, c. 7f das David-Nathan-Beispiel selber gegenüber Theodosius angewandt, als er das Blutbad gegen Thessaloniki behandelte und Theodosius zur Buße aufrief.

202 C. 38ff; vgl. LAMIRANDE (wie Anm. 185) S. 151–156.

203 Man vergleiche die so andere Entscheidung des Antonius, in der Vita c. 3.

204 M. VAN UYTFANGHE, L'empreinte (wie Anm. 185) S. 597;

Christus zu folgen. Eigentümlicher ist die Wendung, die das Römerzitat erfährt. Das *flere cum flentibus* bezieht Paulus auf Beichte und Buße; wer Ambrosius seine Irrungen beichtete, den bewegte dieser durch eigene Trauer zur Traurigkeit über das eigene Fehlen. So kennzeichnen diese Schriftworte den Bischof und Hirten seiner Gemeinde als Seelsorger; als solcher wird er auch im nächsten Satz beschrieben. Verfehlungen, die er in der Beichte erfuhr, trug er vor Gott, vor dem er für den Beichtenden eintrat. Darin war er nicht Ankläger des Menschen. Paulinus, der dies als vorbildlich darstellt, beruft sich auf Paulus, der im 2. Korintherbrief darlegt, wie die Gemeinde mit einem Mitglied umgehen soll, das schuldig geworden ist.[205] Er sei, sagt Paulinus, sein eigener Ankläger durch die Beichte, und erwarte deshalb keinen Kläger; durch sein Bekenntnis suche er Befreiung von seiner Schuld. Paulinus belegt dies auch aus dem Alten Testament: *Justus in principio sermonis accusator est sui,*[206] ein Satz, der es einem Menschen zur Gerechtigkeit anrechnet, daß er seine Schuld nicht verbirgt, sondern bekennt. Er nimmt damit dem *adversarius*, Satan, die Möglichkeit der Klage, und gibt Gott die Ehre, vor dem alle Dinge offenliegen (vgl. Hebr. 4,13), der die Buße des Sünders will, die Umkehr, nicht dessen Tod (Hes. 18,23 und 32; 33,11). Bis hierher hat man den Eindruck, die gütigmilden Seiten des neuen Testamentes seien der Ausgangspunkt solcher Darlegungen, fast in direktem Gegensatz zu dem, was an den Viten des Antonius und des Pachomius beobachtet werden konnte. Doch dann fährt Paulinus fort, das Bekenntnis allein nütze nichts, *nisi subsequatur emendatio facti, ut paenitens paenitenda non faciat, humiliet etiam animam suam, sicut David sanctus, qui postquam audivit a propheta: „Dimissum est peccatum tuum", humilior factus est in emendatione peccati ita ut cinerem sicut panem manducaret et potum suum cum fletu misceret* (II. Reg. 12,13ff und Ps. 101,10). So erst ist nach der Härte des Alten Testamentes die von Gott verfügte Ordnung und Gerechtigkeit anerkannt und wiederhergestellt. König David ist das Vorbild des Büßenden, wie das oben schon angedeutet wurde.

Auch die Ambrosiusvita kennt gegen Ende eine Steigerung oder Vollendung des beschriebenen Menschenlebens. Nicht lange vor seinem Tod, so berichtet Paulinus, hat Ambrosius über den 43. Psalm diktiert (c. 42). Paulinus beobachtete dabei eine Flamme, die in seinen Mund eindrang; des Ambrosius' Gesicht aber leuchtete dabei weiß wie Schnee. Paulinus war davon betroffen, so daß er seine Schreibarbeit erst fortsetzen konnte, als die Vision verschwand. Er befragte den Diakon Castus nach dieser Erscheinung, und der erkannte darin die Ankunft des Heiligen Geistes gemäß dem Pfingsterlebnis der Apostel (Act. 2,1–4). Hat man versucht, in dieser Erzählung eine Parallele zur Verklärung Christi auf dem Tabor zu erkennen (Mt. 17,2; Lc. 9,29), so sollte doch zunächst einmal des Paulinus Erläuterung ernst genommen werden, die von Christus fortweist und Ambrosius den Jüngern zu- und

---

205 2. Cor. 2,8; s. vorige Anm.
206 Prov. 18,17; van UYTFANGHE, L'empreinte (wie Anm. 185) S. 597.

also Christus unterordnet.²⁰⁷ Mag die Kindheitserzählung des Bienenschwarmes²⁰⁸ die Bedeutung des Predigers andeuten, so tut sie dies, indem sie mit der Süße des Honigs Sinne und Empfindungen des Menschen anspricht. Die Vision der Feuerzunge lebt von der Erinnerung an den Pfingstbericht und zeigt angesichts des Todes des Ambrosius, daß dieser nicht Gefällig-Schönes sagte, sondern Gottes Geist aus ihm sprach; als späte Bestätigung und Verklärung des Ambrosius könnte man diese Kapitel überschreiben; und dies ereignete sich am Ende seines Lebens, nicht zu Beginn der geistlichen Tätigkeit. Von solchem Ereignis aus kann Paulinus dann zum Tode des Ambrosius sagen,²⁰⁹ daß er nun in der Gemeinschaft der Engel weile, deren Leben er auf Erden gelebt habe, sich freue, als Genosse Elias, *quia ut Helias numquam regibus vel ullis potestatibus, ita et iste pro dei amore loqui veritus non est*.

---

207 VAN UYTFANGHE, L'empreinte (wie Anm. 185), S. 596; gegen Christusparallelen schon oben Anm. 191. Solche wurden sogar sorgfältig gemieden: c. 16 heißt es über Ambrosius: *Sanctus vero Ambrosius episcopus maioris humilitatis vir factus donatam sibi gratiam reservabat crescebatque cotidie fide et amore deo et hominibus.* M. VAN UYTFANGHE (S. 599) erkennt die Anlehnung an Lc. 2,52: *et Jesus proficiebat sapientia aetate et gratia apud deum et homines.* Der Altersunterschied des jugendlichen Christus zum erwachsenen Ambrosius mag hier übergangen sein. Paulinus folgt dem *proficiebat ... apud Deum et homines*, übernimmt aber nicht das *sapientia, aetatis et gratia* (diese hatte er in anderen Zusammenhang gebracht). Indem er *fide et amore* sagt, ordnet er Ambrosius als Menschen Gott/Christus unter, den zu glauben und zu lieben des Ambrosius Reichtum ausmacht. Zutreffend die Formulieung S 596 „... un saint égal aux apôtres", vgl. c. 7 ... *sed verus philosophus Christi, qui contemptis saecularibus pompis piscatorum secutus esset vestigia, qui Christo populous congregarunt non fucis verborum, sed simplici sermone et verae fidei ratione* ... mit Anspielungen an Mt. 4,19 (Mc. 1,17; Lc. 5,1–11 und 1. Cor. 2,4 und 13). Auf das Ereignis am Tabor hatten schon H. I. MARROU in der Besprechung der Edition PELLEGRINIS (Gnomon 34, 1962, S. 620) und LAMIRANDE (wie Anm. 185) S. 114, ebenso BASTIAENSEN in seiner Edition S. 326 im Kommentar zu c.42 hingewiesen. Hinweise auf Neuplatoniker oder Messalianer helfen wenig weiter, zumal die Nähe zum Pfingstwunder nicht zu übersehen ist. Wenn der Vergleich zur Weiße des Schnees aus Mt. 17,2 gewonnen ist, so muß bedacht werden, daß Christi Gewand weiß wie Schnee erschien (vgl. Mt. 28,3 von Engeln), aber *facies sicut sol*! Gerade dies ist von Ambrosius nicht behauptet. Die Heilung einer *balneatrix, quae paralitica in lecto iacebat* (c. 10) erinnert zumal an Christi Heilung des Gichtbrüchigen (Mt. 9,2–7; Mc. 2,1–12; Lc. 5,17–26). Eine Angleichung an Christus ist auch dies nicht. Das Wunder geschah, *ut impleretur illud dominicum ad apostolos: ‚Etiam maiora his factis, credentes in nomine meo'* (vgl. Joh. 14,12). Im übrigen darf nicht übersehen werden, daß Ambrosius beten mußte wie schon Elisa, hingegen Christus nicht; nicht der Heilige, nur Christus handelte aus eigener Vollmacht.

208 C. 3; s. Anm. 186; dazu *Lamirande* S.113f; *Bastiaensen* S. 284f; I. Oppelt, Das Bienenwunder in der Ambrosiusbiographie des Paulinus von Mailand, Vigiliae Christianae 22 (1968) S. 38–44. Es sei angemerkt, daß der Verweis auf ältere ähnliche Berichte an sich noch keine negative quellenkritische Feststellung sein kann.

209 C. 47; in seiner Todesstunde *expensis manibus in modum crucis oravit* – ein von Ambrosius selber hergestellter Bezug zum Leben, zum Tode Christi (im Gedanken an Lc. 9,23?). In jedem Falle war es ja der Mensch, der das Kreuz verdient hatte, nicht der schuldlose Gottessohn.

ANHANG ZUR AMBROSIUSVITA DES PAULINUS

Die hier behandelten Bischofsviten der Spätantike geben der Wirksamkeit des als heilig gerühmten Mannes keinen bestimmten Platz im Verlauf der Weltgeschichte, weisen überhaupt keinen Horizont von Geschichte für ihren Bericht auf, wiewohl sie an bedeutenden Ereignissen mehr mitteilen, als man dies von den zuvor untersuchten monastischen Texten sagen könnte. Dies ist beachtenswert, da mindestens Ambrosius (stärker gilt dies für Augustinus und das Verhältnis seiner Werke zur Augustinusvita des Possidius) dem Thema Geschichte nicht ferngestanden hat, und Paulinus nach dem Zeugnis des Vitenprologs die Antoniusvita kannte, deren Vorstellung von Geschichte oben untersucht wurde.

Gelegentliche Erwähnung der Dämonen (etwa c. 15, 21,43,48) als schädigende Feinde hat nie den Rang der Darstellung von Geschichte als dem Niederringen der gegen Gott aufbegehrenden Satansgewalt bis zu deren endgültigem Sturz und Bestrafung, wie das in der Antoniusvita zu erkennen war.[210] Ambrosius selber hat dieses Thema gekannt und beherrscht, wenn er ihm auch kein eigenes Werk gewidmet hat. Ohne Anspruch auf Vollständigkeit der Belege sei kurz darauf eingegangen. Am ausführlichsten ist dieser Gegenstand wohl im vierten Buch des Lukaskommentars im Zusammenhang der Versuchungen Christi von Ambrosius behandelt worden.

Seine Erläuterungen der Versuchungen Christi beginnt Ambrosius mit dem Satz, der einen entscheidenden Teil der Geschichte der Menschheit umschreibt: *Expositio Evangelii secundum Lucam* IV,7:[211] *convenit recordari quemadmodum de paradiso in desertum Adam primus eiectus sit* (Gen. 3,24); *ut advertas quemadmodum de deserto ad paradisum Adam secundus reverterit.* Dieser Satz steht zu Lc. 4,1: *Tunc Jesus ductus est in desertum ab spiritu, ut tentaretur a diabolo.* Christi Kampf mit Satan ist also das heilbringende Gegenstück des Sündenfalles. So umgreift des Ambrosius Wort einen großen Zeitraum menschlicher Geschichte und setzt Einschnitte nicht nach folgenreichen Ereignissen in der Auseinandersetzung irdischer Mächte, veränderten Strukturen etc., sondern nach der Stellung zu Gott. Darin liegt schon die Möglichkeit begründet, das von der Geschichte Gesagte auch auf das Individuum anzuwenden: Ein Abstieg und ein Aufstieg, die sich im Leben der Einzelperson wiederholen können. So ist Christus der einzige Führer aus der Verworrenheit der irdischen Kämpfe in Anlehnung an Eph. 6: *Nobis primo contra carnem et sanguinem, deinde contra potestates, contra rectores mundi tenebrarum harum, adversus spiritalia nequitiae, quae sunt in coelestibus, esse luctamen ...* Engelsgewalten kommen als Gegenmacht nicht in Frage, *et ipse* (scil. *angelus*) *lapsus est, legiones angelorum vix singulis profuerunt* (Expos. Luc. IV,9). In den folgenden Kapiteln werden die *laquei*, die Fallstricke Satans erläutert und dargelegt,

---

210 Zu den Dämonen in der Ambrosiusvita VAN UYTFANGHE, L'empreinte (wie Anm.185) S. 600.
211 Editionen von C. SCHENKL, Wien 1902; M. ADRIAEN, Turnholti 1957; G. *Tissot*, Paris² 1971/1978.

wie Christus sie zerrissen hat, indem er ihm seinen menschlichen Körper überließ (als *praeda* – dies als Täuschung, als *fraus*).

In den Versuchungen Christi erkennt Ambrosius drei Möglichkeiten des satanischen Angriffs (Expos. Luc. IV,17): Über Genußsucht, Prahlerei oder Geltungswillen, und über den Ehrgeiz. Ambrosius sieht, daß Satan zwar wußte, daß Gottes Sohn kommen werde, doch habe er ihn in Christus nicht erkannt und diesen wie einen Menschen versucht, um zu erkennen, ob er der Erwartete sei. Als besonders satanisch empfindet Ambrosius die Aufforderung Satans an Christus, von der Tempelzinne herabzuspringen. Kann es Satanischeres geben als eine Stimme, *quae mentem hominis de gradu altiore meritorum praecipitare contendit. Quid enim tam proprium diabolo, quam suadere ut unuquisque se mittat deorsum*? (Expos. Luc. IV, 23). Dem Leser aber, der sich aufrafft, Satan zu widerstehen, empfiehlt er, davon auszugehen, daß dieser ihn durch Menschen versucht: *Christus quasi fortior, faciem ad faciem tentatur, tu per hominem* (V,24). Dies entspricht der Erfahrung des Antonius, der auch wußte, daß Satan erst selbst erscheint, wenn alle Dämonen besiegt sind. Seelsorgerlich wird der Leser darauf aufmerksam gemacht, daß Satan *velut angelus lucis* erscheint, Schriftworte listig benutzt; so hat er Menschen zu Häretikern gemacht. Da er nicht selbst lehren will, sondern die Schrift sprechen läßt, erscheint er nicht einmal anmaßend (V,26) Ausführlich ist die Auseinandersetzung mit der Macht über die Reiche dieser Welt, die Satan Christus anbot. Alle Gewalt ist nach dem Römerbrief von Gott verordnet. *Ita etiam a Deo potestatum ordinatio: a malo ambitio potestatis.* Wenn Satan beansprucht, solche Macht sei ihm gegeben, so schränkt Ambrosius ein: *omnia tamen illa ad tempus permissa sibi esse non abnuit* (V,29). Am Beispiel des Kaisers und der ihm verliehenen Richtergewalt und deren unrechter Ausübung wird gezeigt, was zuvor am Römerbrief entwickelt worden war. Im raschen Erscheinen und Verschwinden der Reiche dieser Welt findet Ambrosius freilich auch den Hinweis auf den vorläufigen Charakter alles Irdischen, um das Streben der Leser vom Irdischen fort zur Erkenntnis Gottes zu lenken, wohl wissend, welchen Versuchungen ein derart Strebender ausgesetzt ist (V,13).

Satan wich vor Christus „eine Zeitlang" (*ad tempus*) zurück, und Ambrosius beobachtet, daß er folglich nicht hartnäckig sei, tugendhafter Kraft weiche. Er sei aber wiedergekehrt, nicht zu versuchen, sondern offen zu kämpfen; und dies wird Christi Gefangenahme und Tod meinen (V, 36). Dem Leser bedeutet Ambrosius, daß er (nach Eph. 6) nicht gegen irdische Mächte (*contra carnem et sanguinem*) sondern *contra insidias spiritales* kämpft. Bedenkt man, daß Ambrosius vorher deutlich zur Warnung ausgesprochen hatte, daß die Versuchungen Satans fast immer durch Menschen an Menschen herangetragen werden – *consequens est, ut per hominem diabolus te putet esse temtandum: Christus quasi fortior, faciem ad faciem temtatur, tu per hominem* (V,24) – so begreift man, daß es für Ambrosius wie zuvor für Antonius nur eine gegen Gott gerichtete, daher auch die Menschen versuchende Gewalt gibt. Sein seelsorgerliches Bemühen ist deshalb darauf gerichtet, Menschen wachsam und empfindlich zu machen, in ihren Tagesgeschäften zu erkennen, wann und wie diese satanische Macht ihnen versuchend gegenübertritt. So wird das Leben des Christen zu einem Teil des weltgeschichtlichen Kampfes, und die Bedeutung solchen Lebens und Kämpfens reicht über den Bereich des Vergänglichen hinaus, hängt nicht von irdischen Erfolgen oder Mißerfolgen, weitreichenden geschichtlichen Veränderungen ab, die der Heutige vielleicht zum Maßstab des in der Geschichte Bedeutenden machen würde. Die Würde solchen Lebens hängt nicht zuletzt an der Größe des Gegners und der Klarheit und Standhaftigkeit, die in solchem Kampf bewiesen wurde: *Vides magnificentiam christiani viri, qui certat cum rectoribus mundi et licet constitutus in terris, adversus spiritalia nequitiae, quae sunt in coelestibus, animi virtute decernit. Non enim de terrenis contendimus, ut dimicemus in terra, sed spiritualibus propositis praemiis de regno Dei et Christi ereditate necesse est spiritalia prius impedimenta superentur.*

Mögen einige verstreute Zitate das Bild vervollständigen: Satan verlor die Gnade seines Schöpfers durch *superbia* (in Ps. CXVIII Expos. 7,8 zu v. 51): *Ipse diabolus per superbiam naturae suae amisit gratiam. Denique dum dicit: Ponam thronum meum super nubes et ero similis Altissimo* (Is. XIV, 13f) *consortiis exidit angelorum: cuius criminis digna mercede damnatus, hominem sibi participem requisivit, in quem consortium suae transfunderetur offensae.* Ein Ende ist diesem zerstörerischen Tun jedoch gesetzt.[212] Im Anschluß an Sach. XIII,2 sagt Ambrosius: *Docemur ergo eo quod non semper manebunt* (scil. *Demoni,* bzw. *idola de terra*) *nec malitia eorum possit esse perpetua. Nunc igitur illam mettente poenam, aiunt: Venisti perdere nos* (Mt. 8,29). *Sed quia adhuc esse desiderant, jam ab hominibus recedentes, propter quos poenam sciunt sibi esse subeundum, petunt mitti in porcus.*

Wie wegen des Sündenfalles zu erwarten ist, steht in *De Paradiso* einiges über Satan und seine Kunst, den Menschen von Gott zu entfernen. Manches gehört in den hier besprochenen Zusammenhang: Zum Anfang der Weltgeschichte gehört der Neid Satans auf die Menschen, *quoniam ipse diabolus acceptam gratiam tenere non potuit, invidit homini, eo quod figuratus e limo, ut incola paradisi esset, eiectus est. Considerabat enim diabolus, quod ipse, qui fuisset superius naturae, in hac saecularis et mundana deciderat, homo autem inferioris creaturae sperabat aeterna ... Iste de terris migrabit ad coelum, cum ego de coelo lapsus in terra sim?*[213] Schon weil hier vom Paradies nach dem liber Genesis gesprochen wird, berührt solche Darstellung Satans und seiner Tätigkeit den Beginn der Menschheitsgeschichte. Einschränkend ist zu sagen, daß jenes Christuswort, *videbam Satanam fulgur de coelo cadentem* (Lc. 9,18), nicht zum Bild der Weltgeschichte des Ambrosius wird. Dieser sieht hier die geschehene Vernichtung Satans, der nun schwach ist (de Paradiso II 10). Darin lag ein endgültiges Urteil Gottes über Satan, das auch sein gesamtes Tun (Verführung, vom Baum der Erkenntnis zu essen) betrifft.

---

212 Expos. Luc. VI, 46, wo die Dämonenaustreibung Lc. 8,26–39 besprochen wird. Expos. In Psalmum CXVIII, ed. M PETSCHENIG, CSEL LXII, Wien 1912.
213 Ed. SCHENKL, S. 265–336.

Noch eine andere Ansicht vom Verlauf der Geschichte sei aus den Arbeiten des Ambrosius angedeutet. Symmachus hatte in seiner dritten *relatio* Rom als ehrwürdige Matrone auftreten lassen.[214] Alter, Ehrwürdigkeit der Bräuche und Institutionen, der Erfolg als Ordnung stiftende Macht rufen zur Achtung und Verehrung auf.[215] Ambrosius charakterisiert diesen Auftritt als weinerlich:[216] ... *flebili Roma questu sermonis inlacrimant vetere, ut ait, cultus caeremoniarum requirens*, und behandelt dann des Symmachus Ausführungen zu einzelnen Erscheinungen der Geschichte Roms. In c. 23 dieses an Valentinian gerichteten Briefes äußert er sich dann im Bilde zum Auf und Ab in der Geschichte. Er kennt eine Entwicklung zum Besseren im Verlauf der Zeiten: *Quid, quod omnis postea in melius profecerunt?* Er schildert die Entstehung der Welt als Zusammenballung kleinster Teilchen zu einer weichen Kugel, ohne Form und Ordnung, danach die Scheidung von Himmel, Meer und Land zu mannigfaltig schönen Formen. R. Klein verweist in den Anmerkungen seiner Ausgabe auf die atomistische Weltentstehungslehre Demokrits und belegt Vergilzitate zu dieser Stelle.

Wohl absichtlich greift Ambrosius hier in den Bildungshorizont seines Gegners, ihn darin anzugreifen. Jene Trennung von Himmel, Meer und Land entspricht aber wie zuvor schon das Ungeordnete und die Finsternis sehr genau Gen, 1,2–10, was Klein nicht anmerkte. In diesem Zusammenhang sei auch auf ep. 1,3 an Horontianus verwiesen, wo Gründe genannt werden, warum der Mensch als die vollkommenste Hervorbringung der Schöpfung nicht zuerst, sondern zuletzt geschaffen wurde. Eigentümlich ist, daß Ambrosius das Aufsteigen der Sonne, nur das Anwachsen des Lichtes sieht, ebenso nur den zunehmenden Mond. Weiteres Aufsteigen ist die unter der Arbeit des Menschen zunehmende Fruchtbarkeit – hier das antike Gefallen an der gestalteten Kulturlandschaft.[217] Gleichermaßen beschreibt Ambrosius an den Jahreszeiten den Vorgang vom Blühen zum Reifen. Ähnlich der Mensch, der die kindliche Schwäche des Geistes ablegt. Er redet nicht vom Welken und Vergehen und meidet jeden Anklang an sich wiederholende Zyklen. Symmachus, so meint er, hätte in seiner *relatio* verlangen müssen, daß alles bei seinem Anfang bleiben solle. Die Sonne hätte die Finsternis nicht vertreiben dürfen. *Et quanto gratius est animi tenebras depulisse quam corporis fideique iubar emicuisse quam solis* (ep. 18, 28)? Nun kommt er auf die Altersstufen der Welt: Die erste Altersstufe der Welt hat ihr Ende erreicht, das ist der Moment, in dem der ebenfalls alte und ehrwürdige Glaube der Bibel sich weltweit durchgesetzt hat – als Erntezeit beschrieben. Symmachus müsse die Erntezeit verwerfen, die an das Ende des Jahres fällt.

Ergo et messis nostra fides animorum est. Ecclesia gratis meritorum vindemia est, quae ab ortu mundi virebat in sanctis, sed postrema aetate se diffudit in populos, ut adverterent omnes non rudibus animis inrepisse fidem Christi – nulla enim

---

214 C. 9ff; ed. R. KLEIN, Streit (wie Anm. 198).
215 Dazu R. HÄUSLER, Vom Ursprung und Wandel des Lebensaltervergleichs, in: Hermes 92 (1964) S. 313–341, hier S. 332, der zu Recht kein Nachdenken über Lebensstufen in der Geschichte eines Volkes darin findet.
216 Ep. 18,4; bei R. KLEIN, Streit S. 132.
217 Gen. 3,17–19 sah das wohl anders, da war der Schöpfungszustand das Paradies.

sine adversario corona victoriae – sed explosa opinione, quae ante convaluit, quod erat verum, iure praelatum (c. 29). Dem Leser müssen Christi Worte über die Ernte in Erinnerung gerufen sein (Lc. 10,1ff); war damit nicht die Ausbreitung seiner Lehre als Ernte geschildert? Ebenso mögen Christi Weingberggleichnisse (Mt. 20 und 21; Joh. 15) erinnert werden, obwohl sie keine unmittelbare Anwendung finden. In den Heiligen (der alttestamentlichen Geschichte) war diese *vindemia* immer schon vorhanden und breitete sich nun über die Völker aus. Hier gibt es keine zyklische Wiederholung, hier rundet und vollendet sich die Weltgeschichte überhaupt zu ihrem Ende im Jüngsten Gericht. Da Ambrosius von der Ausbreitung der Kirche redet, nennt er auch nur das Einbringen der Seelen zum wahren Glauben; was bei solcher Ernte im Gericht vernichtet wird, steht in diesen Kapiteln nicht.

Dies ist Vollendung der Geschichte der Menschheit auf das Ende hin, und nicht Fortschritt, wie R. Klein S. 52 will. Vollendung beruht zuerst auf der ursprünglichen Anlage (Schöpfung), ist bei Ambrosius dem Vorgang des Blühens und Reifens, der Ernte verglichen. Die gesamte Vorstellung ist von großer Geschlossenheit. Der Vorgang der Vollendung kann nicht ins Ungewisse beliebig verlängert werden. Dies alles sind Elemente, die dem Fortschritt so nicht eigen sind, am wenigsten eine Vorstellung wie die der Ernte oder des Endgerichtes, was miteinander zu tun hat. Erst, wenn man der Vorstellung des Ambrosius den eschatologischen Horizont nimmt, kann man auf den Begriff des Fortschritts verfallen.

Die Vita, in der Paulinus das Leben des Ambrosius beschreibt, hat trotz des Vorbildes der Antoniusvita darauf verzichtet, das Leben des Heiligen in solchen Horizont von Geschichte einzuordnen. Hier sollte gezeigt werden, daß das Werk des Ambrosius, das Paulinus weithin bekannt sein mußte, Anlaß und Ansatzpunkte für eine Darstellung geboten hätte, das Leben dieses Bischofs in die von Gott ausgehende und zu ihm zurückkehrende Geschichte einzuordnen.

5 EUGIPPS LEBEN DES HEILIGEN SEVERIN

Eugipp nannte sein Werk *commemoratorium vitae s. Severini* – Entwurf oder ähnliches ist wohl zu denken.[218] Dieser Titel steht durchaus allein in der Vitenliteratur und ist schon deshalb gewichtig. Auf diesen Charakter einer nicht endgültig gestalteten Vita kommt Eugipp selbst zu sprechen – und es gibt kaum übersehbare Unterschiede zur Vitenliteratur.

---

218 Ausgaben: EUGIPP, Das Leben des Heiligen Severin, Einführung, Übersetzung und Erläuterungen von R. NOLL, Berlin 1963, Der Text nach Theodor MOMMSEN, MGH SSRG V, Berlin 1898; W. BULST druckte Mommsens Text mit Verbesserungen in: Editiones Heidelbergenses 10 (1948) und gab dem Werk gegen ältere Drucke seinen originalen Titel wieder. Der zweisprachige Abdruck in Reclams Bibliothek (T. NÜSSLEIN) Stuttgart 1985 folgt in seinem Kommentar unkritisch Fr. LOTTER, Severin von Noricum. (wie Anm. 5). Ähnlich Eugippe, Vie de Saint Séverin, Introduction, Texte latin, Traduction, Note et Index par Ph. RÉGERAT. Auf LOTTERS Buch wird hier nicht erneut eingegangen, vgl. meine Rezension in: Mittellateinisches Jahrbuch 15 (1980) S. 228–235. Die Rezensionen bei Rudolf NOLL, Literatur zur Vita S. Severini aus den Jahren 1975–1980, Anzeiger der phil.-hist. Klasse der Österreichischen Akademie der Wissenschaften, 118. Jahrgang 1981, S. 196–221, und in LOTTERS Rundumschlag (Zur Interpretation hagiographischer Quellen. Das Beispiel der ‚Vita Severini', Mittellateinisches Jahrbuch 19, 1984, S. 37–62). Die Diskussion war damit nicht beendet. Zu den historischen Gegebenheiten s. auch H. WOLFF, Über die Rolle der christlichen Kirche in den administrationsfernen Gebieten von Noricum im 5. Jahrhundert nach Chr., Religion und Gesellschaft im Römischen Kaiserreich, Kölner Historische Abhandlungen 35, Köln 1989, S. 265–293, und R. BRATOŽ, Der heilige Mann und seine Biographie (Unter besonderer Berücksichtigung von Eugipp, Leben des hl. Severin), Hagiographie im frühen Mittelalter, Veröffentlichungen des Instituts für Österreichische Geschichtsforschung XXXII, Wien-München 1994, S. 222–252. Als Ausgangspunkt für die neuere Forschung: Eugippius und Severin. Der Autor, der Text und der Heilige, Forschungen zur Geschichte des Mittelalters 2, Wien 2001. Auf einzelne Beiträge wird an geeigneter Stelle kurz eingegangen. Autoren dieses Bandes urteilen über über Eugipps Augenzeugenschaft verschieden. Während Andreas SCHWARCZ, Severin of Noricum between Fact and Fiction, S. 25–31, Eugipp schon in Favianis als Mönch in Severins Kloster sieht, so daß er Augenzeuge des Todes Severins wie auch des Auszuges aus Noricum ist (S. 26), steht Walter GOFFART, Does the Vita S. Severini have an Underside? (S.S 33 39) für die gegenteilige Auffassung (S.33). Für GOFFART ist das commemoratorum wegen seiner detailreichen historischen Berichterstattung verdächtig. Dem folge ich nicht. Ist eine Vita arm an historischem Detail, so taugt sie dem Historiker nicht viel, bringt sie ungewöhnlich genaues historisches Detail, so taugt das auch nicht. Zu den Voraussetzungen dieser Ablehnung gehört, daß Eugipp nicht zum Konvent Severins in Noricum gehört hat; darüber kann man aber ganz anderer Auffassung sein. Im übrigen haben die Berichte Eugipps durchaus mit der Tätigkeit Severins zu tun und erzählen nicht mehr, als für Severins Handlungen nötig ist. Darauf, und auf den Charakter der Tätigkeit Severins werde ich an anderem Ort noch eingehen. Eugipps Absicht war sicher nicht die Schilderung der Endphase und des Untergangs Noricums, dies sind aber die Umstände der Tätigkeit Severins. Ian WOOD, The Monastic Frontiers in the Vita Severini, ibd. S. 41–51 bietet u.a. eine intensive Beschäftigung mit den einleitenden Briefen. Er sieht Eugipp wie SCHWARCZ als Mitglied in Severins Konvent in Noricum und Teilnehmer des Zuges nach Lucullanum (S. 42).

Dem Text des *commemoratorium* sind zwei Briefe vorangestellt. Eugipp, durch eine verlorene Mönchsvita aus der Feder eines rhetorisch gebildeten Laien angeregt, hatte das uns vorliegende Werk geschrieben und dem römischen Diakon Paschasius übersandt, mit der Bitte, aus diesem Entwurf zum Leben Severins eine lesbare Vita zu formen, die den Ansprüchen kirchlicher Öffentlichkeit genügen könne. Paschasius, ohne den Entwurfscharakter ausdrücklich zu bestreiten, fand das Werk in seiner Antwort zu gut, als daß er es wirklich verbessern könnte; er erkannte an Eugipps Darstellung die Wahrhaftigkeit und Lebendigkeit, die nur der Miterlebende und Schüler aus unmittelbarer Erinnerung solchem Werk mitgeben konnte.

Die Wissenschaft befand – kaum zu recht – nur eines könne stimmen: Materialsammlung oder überzeugende Darstellung. Übertragen auf die schreibenden Personen: Entweder übte sich Eugipp in „affektierter Bescheidenheit",[219] oder Paschasius verfiel in unangemessenes Lob, aus welchen Gründen immer. Nach einigen Hinweisen von W. Bulst[220] hat sich Baldermann[221] der Mühe unterzogen, das *commemoratorium* als ein wohlgeordnetes Werk[222] auszuweisen, und dies legt den Schluß nahe, daß Eugipp mit dem Begriff der Materialsammlung in absichtsvoller Bescheidenheit sein Werk gegen sein eigenes Urteil geringer machte, als es ist.

Eugipp hat sehr überlegt in seine Schilderung Bibeltexte eingearbeitet.[223] Würde es sich bei dem *commemoratorium* um eine Materialsammlung handeln nach Art eines Zettelkastens, wie man ihn heute anzulegen gewohnt ist, so könnte jenes Einarbeiten biblischer Sätze und Geschichten – ein Element des Begreifens und Gestaltens – schwerlich stattgefunden haben. Der Zustand bloßer Stoffsammlung ist überwunden, wenn Severins Tätigkeit so genau in biblischen Horizonten begriffen, sein Rang darin bestimmt wird. Andererseits: Wenn Eugipp dem römischen Diakon, der Severin selbst nicht kannte, Stoff zur Abfassung einer Severinvita übersandte, so tat er dies offensichtlich nicht in der Form einer rohen Materialsammlung, sondern er hatte den Stoff wohlgeordnet,[224] zum guten Teil chronologisch, und er hatte die Bedeutsamkeit des Severinlebens biblisch ausgewiesen. Es

---

219 Eugipp, ep. 9/10; s. E. R. CURTIUS, Europäische Literatur (wie Anm 1) S. 93ff.
220 Walter BULST, Eugippius und die Legende des hl. Severin. Hagiographie und Geschichte, in: Die Welt als Geschichte 10(1950, S. 18–27.
221 R. BALDERMANN, Die Vita Severini des Eugippius, Wiener Studien 74 (1961), S. 142–155 und 77 (1964), S. 162–173, stellt eingangs die verschiedenen Standpunkte dar.
222 Es erstaunt, daß Wissenschaftler darüber verwundert sind, daß eine Materialsammlung wohlgeordnet ist! Ein solch durchaus normaler und natürlicher Zustand der Materialsammlung bedeutet keineswegs, daß schon eine endgültige Ausarbeitung vorliegt. Wie hätte übrigens Eugipp es wagen können, einen römischen Diakon eine ungeordnete Sammlung zu übersenden?
223 Dazu M. VAN UYTFANGHE, Élements évangeliques dans la structure et composition da la Vie de saint Séverin d'Eugippius, in: Sacris Erudiri 21 (1972/73) S. 147–157; DERS., La bible dans la vie de saint Séverin d'Eugippius, in: Latomus 33 (1974) S. 324–352; ausgreifender, aber für eine spätere Zeit: DERS., Stylisation biblique (wie Anm. 23).
224 S. Anm. 222 und meine Rezension zu Lotters Buch 230. Zum wohlgeordneten Charakter des *commemoratorium* s. auch E.M. RUPRECHTSBERGER, Beobachtungen zum Stil und zur Sprache des Eugipp, in: Römisches Österreich 4 (1976), S. 227–299. Auf die Frage, ob das *commemoratorium* eine Materialsammlung, oder ein Text ist, den Eugippius als endgültig ansah, geht Walter POHL in seiner Einleitung zu dem in Anm. 218 genannten Sammelband S. 19 ein. Hanns

kann daraus durchaus nicht geschlossen werden, daß Eugipp darin einen möglichen literarischen Endzustand erblickte. Kaum ist auszumachen, was in seinen Augen der Verbesserung bedürftig war. Es besteht Grund zu der Annahme, daß Eugipp Werke kannte, denen er einen bedeutend höheren Rang zuerkannte als dem eigenen: Zuallererst wären hier wohl biblische Texte zu nennen, aber gewiß auch Augustinus und sein Werk. Dies müßte ihn schon daran gehindert haben, das Eigene für endgültig, angemessen, kaum noch einer Verbesserung bedürftig anzusehen. Es sei nur gefragt, ob es Eugipp genügen konnte, alles, was zu Severins Leben vor dem Auftreten in Noricum zu sagen war, außerhalb des *commemoratorium*s, nur im Brief an Paschasius niedergelegt zu sehen, der seiner ursprünglichen Absicht nach Begleitschreiben an Paschasius, nicht aber Teil seiner veröffentlichten Vita war!

In seinem Brief an Paschasius erbittet Eugipp die vollkommene Ausarbeitung einer Severinvita mit großer Lebhaftigkeit. In der Ehrerbietung, die dem römischen Diakon geschuldet wurde, nennt er jenen Laienautor einer verschollenen Bassusvita ein Flämmchen im Vergleich zu der erstrahlenden Sonne des Paschasius – gewiß konventionelle Bilder. Nun sieht Eugipp die Ausflüchte des beschäftigten Mannes voraus und nimmt sie vorweg: Erwarte nicht Wasser aus einem Kiesel. Der Kiesel ist ihm das Stichwort biblischer Anspielung: Nicht aus einem Kiesel weltlicher Straßen, sondern aus härtestem Fels erwarte man – nicht Wasser – sondern den Honig überquellender Rede. Aus dem Felsen hatte Mose Wasser geschlagen (Num. 20, 11; vgl. Deut. 32,13),[225] auf den Fels (Petrus) hatte Christus seine Gemeinde bauen wollen (Mt. 16, 18). Honig diente im Alten Testament, das Üppig-Schöne des versprochenen Landes zu charakterisieren (z.B. Ex. 13, 5).[226] Das Bild des trockenen Steines, aus dem nichts zu gewinnen war, ist so von abwehrender Entschuldigung zu hoffnungsvoller Erwartung umgewandelt. Das klare Wasser, der süße

---

Christof BRENNECKE, Die Wunder und ihre theologische Reflexion im „Commemoratorium vitae S. Severini" des Eugipp von Lucullanum, in: Mirakel im Mittelalter, Beiträge zur Hagiographie 3, Stuttgart 2002, S. 62–76, hält S. 68 den Begriff des commemoratium für einen gattungsbedingten topos und ist überzeugt, daß Eugipp „seine Schrift natürlich genau als das Gegenteil ansieht". Dem folge ich nicht, Eugipp hat sicher nie geglaubt, daß er imstande sei, einen Text zu verfassen, der dem Rang des Lebens eines Severin angemessen, d.h. gleichrangig sei. Das Schwergewicht dieses Artikels liegt auf der theologischen Reflexion über die Möglichkeit, Wunder zu tun – Gott, nicht der Heilige tut Wunder, im Unterschied zu der Beurteilung der Wunder etwa bei Sulpicius Severus – und bei der Einstellung des Eugipp zu den Goten und zum Arianismus.

225 Denkt man das Bild weiter, so wird es Eugipps Aufgabe, Wasser (Honig) aus dem Fels zu schlagen, der Begleitbrief wird zum Stab, mit dem dies geschehen soll. Damit ist schon das Scheitern ausgesprochen: Konnte Eugipp so neben Mose stehen wollen? Wenn hier auch die Frage der vom Autor benutzten Bibelversion nicht behandelt wird: H. SCHMEJA, Zur Latinität der Vita s. Severini des Eugippius, Festschrift R. Muth, 1983, S. 425–436, zeigte an ausgewählten Beispielen, daß Eugipp einer bestimmten Version der Vetus Latina folgte.

226 E.M. RUPRECHTSBERGER, Beobachtungen (wie Anm.224), S. 233f, verweist für Honig und Nektar auf eine antike Tradition, die so von Dichtung sprach, gewiß ein möglicher Hintergrund der Worte Eugipps, wenn hier auch von Dichtung nicht die Rede ist. Daneben möchte ich auf Ex. 13, 5, evtl. auch Prov. 16, 24 verweisen. Schließlich erinnert man sich des Antonius (Migne PL 73, col. 128B), der *sicut apis prudentissima* in seinen Anfängen bei vielen Asketen das Beste suchte. Das Bild von Biene und Honig war Eugipp sicher vielfältig gegenwärtig.

Honig, dies wurde der weltlichen Rhetorik entgegengehalten. Dem rhetorischen Gepränge stellte Eugipp Paschasius gegenüber, *qui spiritalibus spiritalia comparans* (1. Cor. 2, 13) das Geistliche auch geistlich, also nicht nach weltlicher Rhetorik behandelte. Die verlockende Üppigkeit eines versprochenen Landes, das klare Wasser, nach dem das in der Wüste dürstende Volk verlangte, zeigen nicht nur den möglichen Rang des Paschasius als Verfasser einer Vita, sondern zumal den Rang eines heiligen Lebens und den Grad der Erwartung, mit dem der Leser dessen Beschreibung zur Hand nahm.

Eugipps Brief enthält die einzige Nachricht über Severins Herkunft. Nie hat Severin erzählt, woher er stammte, was er bisher getan hatte. Einzig ein Presbyter aus Italien fragte ihn danach und erhielt u.a. zur Antwort: Was nütze die Kenntnis von Heimatort und Familie? Das Schweigen dazu mindere die Versuchung der Prahlerei, *qua nesciente cupit omne opus bonum Christo donante proficere* (Phil. 1,6),[227] *quo mereatur dextris socius fieri et supernae patriae civis adscribi*. Erscheint so Severins Wirken nicht als sein, sondern Christi Werk, so wird sein ganzes Leben nach Severins eigenem Willen auf das Gericht am Weltende und auf das Reich nach dem Tode hin geordnet und über jedes pragmatische Vor-Sich-Hin-Stolpern hinausgehoben. *Dextris socius fieri*: Christus schilderte, wie im Gericht er wiederkommen und die Völker versammeln wird, die Menschen in Schafe und Böcke zu scheiden. Die Schafe stehen zur Rechten, die Böcke zur Linken. Bürger jenes höheren Vaterlandes: Das Buch des Lebens der Apokalypse (s. Mt. 25, 31ff; Apoc. 3, 5; 17, 8; 20, 15) ist zur Bürgerliste des Reiches Gottes geworden. Severins Leben ist also letztlich darauf gerichtet, nicht dieses oder jenes Nützliche zu tun, sondern vor dem Gericht zu bestehen. Severin versicherte dem Frager außerdem: *Verum tamen scito, quia deus, qui te sacerdotem fieri praestitit, ipse me quoque periclitantibus his hominibus interesse praecipit; divina compulsus revelatione* sei er nach Noricum gekommen.[228] Wenn diese Worte auch kein Bibelzitat, nach keinem Bibelvers formuliert sind, so bezeichnen sie doch eine Berufung, in diesem Lande zu

---

227 Zu diesem Stoff s. RUPRECHTSBERGER, Beobachtungen, S. 243ff; S. 239 zu der Vorstellung, das Werk Severins sei eigentlich das Werk Christi (zu *virtus*).

228 Man ist erinnert an Propheten, zumal aber an Paulus, den ein Gesicht nach Europa rief (Act. 10, 8–13). Vielleicht kann man mit VAN UYTFANGHE sagen, was für Christus einst Palästina war, habe für Severin Noricum bedeutet, doch war weder Noricum für Severin noch Palästina für Christus une terre élue (Élements (wie Anm. 223), S. 153ff, sondern das Land einer sehr schwierigen Aufgabe. Es ist richtig, daß Severin wie Christus helfend das Land bereiste. Dies ergab weniger eine Parallele zu Christus, sondern geschah aus Gehorsam gegen diesen. Severin ist eine Gestalt mit dem Gestus eines Propheten, wie sich noch zeigen wird, nicht des Gottessohnes und Heilandes, als den die Evangelien Christus schildern. A. QUACQUARELLI, La ‚Vita sancti Severini' di Eugippio: etopeia e sentenze, Vetera Christianorum 13 (1976), S. 229–253, hier S. 232, rückt Christus und den Heiligen zu dicht zusammen, dabei sollten die S. 234 verzeichneten Epitheta (*miles, famulus Christi* o.ä.) vor dem irrigen Begriff eines ‹alter Christus› warnen. Da QUACQUARELLI dem Titel gemäß auf die Zuordnung des *commemoratorium*s zu antiken rhetorischen Kategorien eingeht, sei darauf hingewiesen, daß naturgemäß Viten im Äußeren eine gewisse Verwandtschaft zu antiken Gattungen haben mögen, daß es aber einer Vita nicht eigentlich um ‹Charakter› geht, sondern zunächst darum, was dieser sich um seines Herrn willen abverlangt und darum auch um die auf dem Heiligen ruhende Gnade, um den Auftrag.

wirken, wie es das *commemoratorium* beschreibt. Und so ist es Severin selbst, der sich als Berufener neben biblische Gestalten stellt,[229] von denen zumal Propheten unausgesprochen den Hintergrund der Darstellung Severins bilden.

Paschasius, von der Lebendigkeit eugippscher Severinerzählung tief beeindruckt, sieht, daß die *facundia peritorum* dies nicht übertreffen kann; *elocutus es simplicius, explicasti facilius* – dies sollte davor bewahren, auf Merkmale rhetorischer Ausarbeitung (z.B. cursus) allzuviel Gewicht zu legen – wer derartiges gründlich gelernt hat, dem fließt dies auch in seine Alltagssprache! – nicht als rhetorisches Glanzstück rühmt Paschasius das Werk, sondern als lebendiges Zeugnis; er erinnert an die Bedeutung heiligen Lebens und seiner Überlieferung. *De qua re apostolicae vocis auctoritas latius innotescens: forma, inquit, estote gregi* (1. Petr. 5,3), *et beatus Paulus Timotheo praecipit: forma estote fidelibus* (1. Tim. 4,12). *Unde etiam apostolus iustorum catalogum summa brevitate contexens ab Abel incipiens insignium virorum pergit narrare virtutes* (Hebr. 11). Und er verweist auf die Vermächtnisrede des sterbenden Mattathias (I. Macc. 2,49ff), in der ebenfalls die Tugenden *filiis suis hereditario iure sanctorum exempla distribuit*, daß sie selbst diesen nacheiferten. So war es die biblische Überlieferung selbst in ihren vorzüglichsten Gestalten, die die Erinnerung an bedeutende Erscheinungen wachzuhalten befahl, damit die kommenden Generationen ihnen nachstreben konnten.

Severin tritt plötzlich aus dem Dunkel: Unvermittelt erscheint er, aus dem Orient kommend, in Asturis zu einer Zeit, die nicht nach Amtsjahren der ohnehin bedeutungslosen Konsuln bezeichnet ist, sondern grob mit dem Tode Attilas (453); ein Ereignis, das um des Schreckens willen, den dieser Herrscher verbreitet hatte, lange in aller Erinnerung haften mußte.[230] Kurz ist Severins Lebensweise charakte-

---

Soweit es eine Nähe zur Christusgestalt gibt, dann doch, weil Christus in dem Heiligen wirksam ist; insofern „continuatore della storia della salvezza", insofern „nuovo patriarca, profeta" (S. 232). Aber es kann nicht Tugend, Heroentum in antiker Weise dargestellt werden, sondern Gottes Werk durch einen Menschen. Dieser Unterschied ist fundamental. QUACQUARELLI formuliert S. 242: Eugippio, pur sequende il modello con cui la redazione evangelica presenta il Cristo, sa bene che Severino non é il verbo incarnato.

229 Vgl. c. 9, 4.

230 C. 1. Dies hat aber zur Folge, daß aus dieser eher pauschalen Datierung das Jahr des Erscheinens Severins in Noricum nicht einmal annähernd bestimmt werden kann. Zur ungenauen Datierung aller Ereignisse: VAN UYTFANGHE, Éléments (wie Anm. 223), S. 151ff. Er beobachtet die relative Chronologie innerhalb des *commemoratorium* und zeigt, daß die Vokabeln, die den chronologischen Zusammenhang der Geschichten untereinander hergestellen, dem Sprachgebrauch der Evangelien entsprechen. Über die Genauigkeit des Berichts und über die Frage einer mündlichen Tradition bis zur Abfassungszeit läßt sich daraus kaum etwas ableiten. War denn für die Ziele Eugipps oder auch der Evangelisten eine uns Heutige befriedigende Chronologie nötig oder auch nur sinnvoll? Hätte Eugipp nach Konsulatsjahren datieren sollen, wie er dies eingangs zum Empfang der Bassusvita tut? Die Frage ist absurd. Der Empfang der Bassusvita lag kurz nur zurück und betraf den Briefempfänger, nicht eine spätere Leserschaft. Das Incarnationsjahr war noch nicht üblich; es ging nicht um fixe Daten, sondern um den Ort im Zeitalter. Einer solchen Heiligenvita liegt ein bewährtes Urteil über den dargestellten Menschen zugrunde, und so hat Eugipp erzählt von dem, was Severin als Heiligen ausweist, und zwar in zwiefacher Weise: Einmal soweit es um den sittlich-religiösen Rang der Absichten und des

risiert: *vivens iuxta evangelicam apostolicamque doctrinam, omni pietate et castitate praeditus, in confessione catholicae fidei venerabile propositum*[231] *sanctis operibus adimplebat.* Zusammenfassend ist gesagt, daß Severin in der Nachfolge Christi und der Apostel lebte, daß er erst einmal durch sein Leben Zeugnis gab, ehe er öffentlich wirkte und Gehör beanspruchte. *Omni pietate et castitate praeditus* – dies war ein Rückgriff auf den 1. Timotheusbrief (c. 2,2) und unterstrich das Leben nach der Lehre der Apostel.

Eines Tages verkündete Severin in der Kirche *tota mentis humilitate ..., ut hostium insidias imminentes orationibus ac ieiuniis et misericordiae fructibus inhiberent. Sed animi contumaces ac desideriis carnalibus inquinati praedicentis oracula infidelitatis suae discrimine probaverunt.* Er kehrte zu seinem Wohnsitz zurück, nannte Tag und Stunde des Überfalls und *de contumaci, ait, oppido et citius perituri festinus abscedo.* So hatte es Christus bei der Aussendung der Jünger befohlen (Mt. 10,10; Mc. 6,11; Lc. 9,5 und 10,10f). Der Auftritt selbst erinnert vornehmlich an die Propheten Israels, die immer wieder zur Buße riefen, die ungehört den Alten Bund einzuhalten mahnten.[232] Wenn auch kaum Anklänge an bestimmte Sätze nachzuweisen sind, so ist doch Severins Auftreten, das Ziel seines Wirkens, seine Forderung aus dem Geist alttestamentlichen Prophetentums. Er ging nach Comagenis, wo er wieder die Kirche betrat, *cunctos de salute propria desperantes ieiunio et orationibus atque elemosynis hortabatur armari, proponens antiqua salutis exempla, quibus divina protectio populum suum contra opinionem omnium*

    Handelns geht, zum andern aber, wenn er den Mann schildert, dessen Wort und Erscheinung über andere, sogar über Mächtige, eine fast zwingende Gewalt ausübte. Chronologie in der von uns gewünschten Exaktheit hätte da nichts hinzugefügt, und dürfte deshalb von Eugipp und zahlreichen anderen Autoren nicht erstrebt worden sein. Siehe schon bei Wolfram VON DEN STEINEN, Heilige als Hagiographen, Historische Zeitschrift 143 (1931) S. 229–256, neu: DERS.: Menschen im Mittelalter, hg. von Peter von MOOS, Bern 1967, S. 7–31; hier ND S. 13ff). Einleuchtendes zur Datierung nach bedeutenden Persönlichkeiten bei D. HOSTER, Die Form der frühesten lateinischen Heiligenviten, S. 125. – Dies zu Fr. LOTTERS Chronologiekapitel, S. 201–222. Eine plausible Datierung der Ankunft Severins in Noricum bietet A. SCHWARCZ (wie Anm. 218) S. 29f mit 454, E. A. THOMPSON folgend: The End of Noricum, in: Romans and Barbarians. The Decline of the Western Empire, Madison-Wisconsin 1982, S. 113–133, hier S. 115f.

231 L.Th. LORIÉ, Spiritual Terminology in the Latin Translations of the Vita Antonii, Utrecht/Nijmwegen 1955, findet S. 80f für Evagrius zu *propositum* etwa die Bedeutung der asketischen Lebensweise. Dies hat m. E. nur Sinn, wenn man gegenwärtig hält, daß das eigentliche Ziel nicht Askese ist, das *propositum* hat ein jenseitiges Ziel; z.B. c. 39 heißt es, Antonius habe seinen Schülern seine Erscheinungen nicht verborgen, *praesertim cum huiusmodi signorum relatio et amorem ministraret proposito et fructum laboris ostenderet* (MPL 73 col. 156B); dies macht deutlich, wieweit über die bloße Askese, die ja dem Mönchtum keineswegs als Spezifikum anhaftete, hinausgeblickt wird. S. 101 stellt LORIÉ fest, daß unter den späteren Autoren nur Hieronymus gelegentlich *propositum* "in some general undefined sense" braucht. Im Anschluß an die Severinstelle sei gewarnt, das *venerabile propositum* nur als asketischen Lebensvorsatz zu begreifen: Es ist in aller Konsequenz immer die ganze Gottesbeziehung mitgedacht, die durch die Askese ihre Reinheit, ihre Beständigkeit gewinnt.

232 Prophetische Bußrufe sind in den Prophetenbüchern häufig, daß auf Einzelnachweise verzichtet werden kann. M. VAN UYTFANGHE sieht für Severin einen Anklang an Noah, der allein Gnade fand und an Lot, der allein dem Untergang Sodoms entkam (La bible, wie Anm.223) S. 342f.

mirabiliter liberasset. Der Bericht eines aus Asturis herbeieilenden alten Mannes überzeugte die Bewohner, und so folgte man Severin, Comagenis wurde gerettet.[233] Die Bevölkerung aber *armis didicit pugnare coelestibus.* Dies letzte folgt wieder, wie schon der Satz *ieiunio ... armari* der *doctrina apostolica*: Eph. 6. Die *antiqua salutis exempla* aber, das sind die großen Taten Gottes an seinem Volk, zumal beim Auszug aus Ägypten in das gelobte Land; Taten, die dem Volk in Psalmen und Prophetenworten immer wieder gegenwärtig gehalten wurden. So steht Severin auch in Comagenis wieder in der Linie der großen alttestamentlichen Propheten.

Zur Zeit einer Hungersnot sahen die Bewohner von Favianis ihre einzige Rettung in der Anwesenheit des Heiligen (c.3). Er folgte ihrer Einladung und predigte *paenitentiae fructibus poteritis a tanta famis pernicie liberari.* Johannes der Täufer hatte solche Worte der Buße verkündet, freilich unter anderen Umständen (Mt. 3,8; Lc. 3,8). Sie waren aber gerade dort von besonderer Bedeutung, wo man nicht in rechtem Glauben Gott folgte, und der Sache nach war dies der Grundton zahlreicher Prophetenworte. Wenn die Bevölkerung auch Severins Forderungen beachtete, so entdeckte Severin doch eine Witwe, die eine große Menge Getreides verborgen hielt. Er stellte sie öffentlich zur Rede: *Cur, inquit, nobilissimis orta natalibus cupiditatis te praebes ancillam et extas avaritiae mancipium, quae est docente apostolo* (Eph. 5,5) *servitus idolorum?* Paulus fuhr fort und verkündete, wer solcher *servitus* folgte, *non habet hereditatem in regno Christi et Dei.* Der Leser aber erwartet hier das Schicksal von Annanias und Saphira (Act. 5,1–11).[234] Jedoch überzeugt Severin die Witwe von der Verwerflichkeit ihres Tuns, und von Furcht ergriffen, verteilte sie ihre Vorräte unter die Not Leidenden. Severin hatte ihr die Nutzlosigkeit ihres Handelns erklärt *quam ob rem subveni tibi potius quam pauperibus ex his*

---

[233] c. 2; die Bewohner befolgten die asketischen Übungen. Am dritten Tag bewegte ein Erdbeben die Barbaren zu hastiger Flucht. Daß solche Naturereignisse von Christen wie Heiden als göttliches Wirken begriffen werden konnten, läßt sich nicht bezweifeln. Zu der Art, wie LOTTER dieses Ereignis los wird s. meine Besprechung (wie Anm. 218) S. 232. Charakteristisch für den spekulativen Zug in der Arbeit H.J. DIESNERS, Severinus und Eugippius, Wissenschaftliche Zeitschrift der Universität Halle-Wittenberg, geschichtliche und sprachwissenschaftliche Reihe 7 (1957/8) S. 1165–1172, und DERS., Kirche und Staat im spätrömischen Reich, ²Berlin 1964, S. 155–167, ist der Satz: "Die Vertreibung der Föderatenbesatzung von Comagenis hätte, falls das Erdbeben ausgeblieben wäre, von dem militärisch und diplomatisch versierten Severin auch auf andere Weise erreicht werden können" (S. 165). Er nennt sie leider nicht, die Methoden psychologischer Beeinflussung der Barbaren, die die militärische Schwäche der Provinzialen ausgleichen konnten. Severin hatte weder ein Amt noch militärische Macht, die auf die Barbaren hätte Eindruck machen können. DIESNER folgert, er müsse über besonders raffinierte Mittel verfügt haben. Eugipp, der, wie diese Geschichte zeigt, keinen Zufall kennt (der ohnehin nichts erklärt), kennt auch kein geheimes Raffinement, sondern ein göttliches Prophetentum in Severin, dem er selbst sich unterwirft.

[234] Vgl. VAN UYTFANGHE, La bible (wie Anm. 223) S. 331f. Max DIESENBERGER, Topographie und Gemeinschaft in der Vita Severini, in: Eugippius und Severin, (wie Anm. 218), S. 77–97, arbeitet *caritas* und als Gegensatz *cupiditas* als ein Thema der Severivita heraus und sieht darin einen augustinischen Hintergrund der Konzeption Eugipps. Er gewinnt dies durch den Vergleich mit den Augustinus-Exzerpten des Eugipp und der ganz anders orientierten Antoniusvita des Ennodius. Zu der Episode in Favianis in c. 3 der Vita S. 84ff.

quae adhuc te aestimas Christo esuriente servare. Christus hatte denen, die sich rechtschaffen dünkten, gesagt (Mt. 25,40ff): *Amen, dico vobis, quamdiu fecistis uni ex his fratribus meis minimis, mihi fecistis. Tunc dicet et his qui a sinistris erunt: Discedite a me, maledicti, in ignem aeternum, qui paratus est diabolo et angelis eius. Esurivi enim, et non dedistis mihi manducare, sitivi, et non dedistis mihi potum* ... Und so stellte Severin das Leben dieser Frau wie zuvor sein eigenes unter die so unerbittlichen Urteile des letzten Gerichts, so daß der Geiz oder die Furcht vor der Not der kommenden Tage von ihr wichen.

Bei einem plötzlichen Überfall nahm eine Barbarenschar alles mit, was sie außerhalb der Mauer von Favianis greifen konnte (c.4). Die Bevölkerung trat mit dieser Not an Severin heran, und dieser forderte den Tribun Mamertinus auf, mit einer Schar Soldaten die Räuber zu verfolgen. Mamertinus meinte, sie seien zu wenige und zu schlecht bewaffnet; doch, wenn er, Severin, es befehle, *credimus tamen tua nos fieri oratione victores.* Mit einem Schriftwort bestärkte Severin Mamertinus in solchem Glauben und forderte nur, daß die Gefangenen ihm unversehrt übergeben würden. *Dominus pro vobis pugnabit, et vos tacebitis* (Ex. 14,14).[235] Mit diesem Wort beruhigte Mose das Volk Israel, das die Truppen Pharaos hinter sich herjagen sah, vor sich das Rote Meer. Und dieses Mosewort steht somit eigentlich über dem ganzen Zug Israels durch die Wüste, auf dem das Volk viele Widerstände überwinden mußte, die nach menschlichem Ermessen zu groß waren. Mag des Mamertinus Vertrauen in Severins Anordnung an die Worte des Petrus erinnern, der gegen alle Vernunft nur auf Christi Wort hin bei Tag seine Fischnetze auswarf (Lc. 5,5); das Gebet des Heiligen während des Kampfes hat Vorbild und Parallele an Mose, der während des Kampfes Israels gegen die Amalekiter mit erhobenen Händen betete (Ex. 17,8ff; vgl. c. 27 *non tam materialibus armis quam sancti viri orationibus praemuniti*). So steht hier Severin nicht nur unter der großen Gestalt des Mose, sondern es klingt schon in diesem Kapitel das Motiv des Auszuges aus Ägypten an.

Rund eine Meile vor Favianis hatte Severin eine Zelle, die der gewöhnliche Platz seines Asketenlebens war. Auf göttliches Geheiß baute er schließlich ein Kloster nahe der Stadt, *factis magis quam verbis instituens animas auditorum* (c. 4,6ff). Er selber jedoch zog sich oft in seine Zelle zurück, um als Einsiedler ungestört im Gebet leben zu können. Dieser Wechsel zwischen einsiedlerischer Askese und öffentlichem Wirken ist durchaus biblisch, bei Elia, aber auch bei Christus anzutreffen.[236] Severin wurde *crebris revelationibus* – dies mag an Elia erinnern – gemahnt, der Bevölkerung in ihrer schwierigen Lage zu helfen. Als Asket wie als Nothelfer der norischen Bevölkerung war er bedeutend und berühmt, und wenn seine *fama virtutum* sich ausbreitete und mehrte, so sind *virtutes* wohl weniger

---

235 In der Gefangennahme der Feinde sieht VAN UYTFANGHE, La bible S. 338 eine Parallele zu 4. Reg. 6,8–23, wo die gefangenen Syrer ebenfalls nach Hause geschickt werden.
236 M. VAN UYTFANGHE (La bible, S. 347f) verweist auf Parallelen im Christusleben; J. FONTAINE, Sulpice Sévère, Vie de Saint Martin, Sources Chrétiennes 133–135, Paris 1967–1969, I, S. 149 zu ähnlichen Erscheinungen bei Martin. Elia nahm das einsiedlerische Leben nicht freiwillig auf sich, es wurde ihm als Flucht vor Ahab verordnet (III. Reg. 17,2ff oder 19,3ff).

Wundertaten als Tugenden und Tüchtigkeit, mit der er seine Aufgabe löste, um deretwillen Gott ihm Wunder gewährte.[237] Seine prophetenhafte Erscheinung, sein überall gesuchtes hilfreiches Tun, das gemahnte Eugipp an das Christuswort von dem Licht, das man nicht unter einen Scheffel stellt, von der Stadt auf dem Berge, die nicht verborgen bleiben kann (Mt. 5,14f; Mc. 4,2; Lc. 8,16 und 11,33). Severin selbst wehrte sich, seine harte Askese als Verdienst zu rechnen: *vestrae est potius salutis exemplum*. Solche Qualität des eigenen Lebens wollte er Gott verdanken und zitierte Paulus: (*Deus*) *qui elegit nos ante mundi constitutionem, ut essemus sancti et immaculati in conspectu eius* (Eph. 1,4).[238] Der Rugierkönig fürchtete die Goten, die ihm den Durchzug nach Italien verweigerten und fragte Severin *tamquam caeleste oraculum* (c. 5). Schroff bestimmte Severin zuerst den Rang, den er dem Bereich weltlicher Herrschaft und den damit verbundenen Sorgen einräumte: "Verbände uns derselbe katholische Glaube, du hättest mich wohl eher de *vitae perpetuitate* um Rat fragen müssen (vgl. Mt. 6,33), doch du fragst nur, um das uns gemeinsame irdische Wohl besorgt." Dies war der biblisch belegte absolute Vorrang, den Gott ohne Einschränkung für sich in Anspruch nahm. Solches Streben nach der Ewigkeit des individuellen Lebens, dies stellte Severin dem Arianer als das eigentlich Notwendige hin, um sich dann fast gütig-erbarmend um dessen irdische Nöte zu kümmern. Er beruhigte den König, die Goten würden bald abziehen, er käme zu ruhiger Regierung. Severin forderte zugleich Frieden auch für die Geringsten und warnte davor, sich auf seine nur menschlichen Kräfte zu verlassen: *maledictus, inquit scriptura, qui confidit in homine et ponit carnem bracchium suum et a domino recedit cor eius*. Er, Flaccitheus, werde eines friedlichen Todes sterben, müsse aber lernen, nicht Hinterhalt zu legen, sondern solchem aus dem Wege zu gehen. Weissagend vor einen feindlichen König zu treten, war mehrfach Aufgabe Josephs und Daniels gewesen. Das Schriftwort entstammte jedoch Jeremia (17,5). Der Prophet kündigte schwere Strafen für die Abgötterei Israels an, das Volk Gottes werde Knecht seiner Feinde in fremdem Lande sein. Der Zorn Gottes spricht aus jedem dieser Verse, und dazu gehört der Fluch, den Severin gegen Flaccitheus aussprach, der das Bibelwort wohl kaum selbst erkannt haben dürfte. Der Leser aber des *commemoratorium* mag wissen, daß zwei Verse weiter der Segen ausgesprochen wird über den, „des Zuversicht der Herr ist". Und so ist jenes Sich-auf-sich-selbst-Verlassen schon als Abgötterei erkannt, die zum Scheitern führen muß.

Feletheus (Fewa), König der Rugier und Sohn des Flaccitheus, suchte wie sein Vater häufig Severins Rat (c. 8). Seine Gemahlin Giso hinderte ihn oft, aus herrscherlicher Milde zu handeln und bemühte sich als Arianerin besonders, norische Katholiken gefangen zu nehmen und umzutaufen. Severin entsandte Boten und forderte die Freilassung solcher Gefangenen. Gisos wütende Antwort war: *Ora, inquit, serve dei, in tua cellula delitescens: Liceat nobis de servis nostris ordinare quod volumus*. Severin verließ sich darauf, daß Christus solches Unrecht nicht dulden und Giso zur Freilassung der Gefangenen zwingen werde. So geschah es denn, daß

---

237 Vgl. c. 4,8 und 11; Wundertaten wären nie ein *exemplum*.
238 BALDERMANN Die Vita Severini (wie Anm. 221), S. 109 verweist auf die Praedestinationslehre Augustins, doch ist dies zuerst ein Wort der Demut und des Dankes.

zwei unter strenger Bewachung arbeitende Goldschmiede des Königs solcher Knechtung überdrüssig den Königssohn als Geisel benutzten, um ihre eigene Freilassung zu erzwingen. Giso aber brach in den Ruf aus: *O serve domini Severine, sic, sic a deo tuo inlatae vindicantur iniuriae! Hanc mei contemptus ultionem effusis precibus postulasti, ut in mea viscera vindicares*! Sie sandte die gefangenen Katholiken zurück und ließ auch die Goldschmiede frei. Das alles versetzte sie aber derart in Furcht, daß sie versprach, künftig Severins Aufforderungen zu folgen. Feletheus – Giso – Severin, diese drei Personen wiederholen gleichsam Ahab – Isabel – Elia, ohne daß Anklänge der Formulierungen an die Königsbücher des Alten Testamentes aufzuweisen wären.[239] Freilich geht Severin der rächende Geist des Elia ab, der auf dem Karmel die Priester des Baal vernichtete. Auch erkannte Isabel nicht die Rache Gottes, verfiel nicht in jene Furcht, die sie zur Umkehr hätte zwingen können.

Eine Heuschreckenplage drohte, um Lucullis die gesamte Ernte zu vernichten (c. 12). So bat die Bevölkerung, Severin möge betend die Gefahr abwenden. Darauf Severin: *Non legistis, ait, quid auctoritas divina peccanti populo praeceperit per prophetam: convertimini ad me in toto corde vestro, in ieiunio et fletu; et post pauca: sanctificate, inquit, ieiunium, vocate coetum, congregate ecclesiam etc. quae sequuntur*? Dies sollte der Weg sein, der Not zu entgehen. Es waren Worte Joels (2,12; 2,15f), der eine Heuschreckenplage in Israel als Strafe erkannte und die aufrichtige Bekehrung zum alleinigen Gott als einzige Rettung verkündete. Der Erfolg des Gehorsams gegenüber solcher Forderung war umso deutlicher, als einer den Gottesdienst verließ, der die Umkehr einleitete, die Heuschrecken von seinem Acker zu vertreiben: Nur sein Acker war kahlgefressen. So erkannte man *quanti valeat fidelis oratio*. Dies nach einem Satz des Jacobusbriefes (5,10), der so eine neue Bestätigung erfuhr. Man wird annehmen dürfen, daß auch den Damaligen der Gedanke, Heuschrecken durch Gebet und Buße zu vertreiben, mehr als ungewöhnlich erschien. Dem aber zu folgen, verlangte einmal, daß man das verhängte Schicksal hinnahm, gleichgültig, wie Gott die Plage beenden würde. Zum zweiten setzte es voraus, daß Severin in der Plage eine Strafe sah, die deshalb nur durch Umkehr überwunden werden konnte (s. auch c. 11).

Eine todkranke Frau legte man fast leblos vor Severins Tür in der Hoffnung, sein Gebet könne sie vielleicht retten (c.14). Dies erinnert an Heilungswunder

---

239 Die Eliageschichten ab 3. Reg. 17; zu LOTTER, Antonius von Lérins und der Untergang Ufernorikums, Historische Zeitschrift 212 (1971) S. 265–315, S 287, und Severin von Noricum, S. 158f. Eugipps Räsonnement über den Verzug der Strafe an Giso sollte gewiß nicht den Verzug dieser Strafe rechtfertigen. Das hätte bedeutet, daß ein Mensch Gottes Handeln rechtfertigen will, was absurd ist. Gottes oft unverständliches Handeln wird dem Leser erklärt. Alle weitere Spekulation Lotters über die Überlieferungsgeschichte geht ins Leere; der Widerspruch, den er aufbaut, existiert nicht. LOTTER hätte unterscheiden müssen: Die Versklavung der Römer durch Giso, Severins Einspruch durch Mittelsmänner und die Verhöhnung Severins durch Giso. Daraufhin erfolgte rasch die Strafe; Giso erkannte, daß diese der Versklavung der Römer galt, weshalb sie diese sofort zurücksandte. Eugipp ist genauer, als Lotter es für seine Theorie gebrauchen kann; zwischen dem Vergehen der Giso und der Strafe liegt eine erfolglose Gesandtschaft.

Christi, zumal an jenen Gichtbrüchigen, den man durch das Dach herabließ, als Christus vor einer das Haus füllenden Menge predigte (Mt. 9,1–8; Mc. 2,1–12; Lc. 5, 17–26). Severin selbst mied jede Analogie zu Christus: So Großes könne man nicht von ihm, der dazu unwürdig sei, fordern, auch er suche Vergebung seiner Sünden – Christus hatte dem Gichtbrüchigen gesagt: "Deine Sünden sind dir vergeben", und damit Anstoß erregt. Erst danach forderte er ihn auf, sein Bett zu nehmen und zu gehen. So stellte sich Severin neben die Gestalt des Gichtbrüchigen, nahm dessen Rolle für sich in Anspruch. Dem Drängen der anderen folgend, betete er dann doch um die Genesung der Frau, und als sie sich erhob, wehrte er den Erfolg von sich ab, die Heilung sei der Lohn ihres Glaubens; dieses Christuswort (Mt. 9,22; Mc. 5,34; Lc. 7,5o; 17,19; 18,42) erlaubte es Severin, von sich fortzuweisen, und es sei in Erinnerung gerufen, daß Christus, aus eigner Macht handelnd, um eine Heilung nicht zu beten brauchte.[240]

Severin hatte bei Passau eine kleine Mönchszelle errichtet, verzichtete aber darauf, Reliquien zu beschaffen, da er den baldigen Untergang des Ortes erwartete (c.22). Aus diesem Grunde lehnte er es auch ab, den Passauer Kaufleuten eine Handelserlaubnis bei den Rugiern zu erwirken. So fühlte man sich von Severin nachlässig und lieblos behandelt; ein Presbyter fügte hinzu: Severin möge nur gehen, damit man endlich von Fasten und Nachtwachen ausruhen könne. Das törichte Wort erschütterte Severin zu Tränen, einmal, weil *aperta namque scurrilitas latentium est testificatio delictorum*. Von den Brüdern nach der Ursache seines Klagens gefragt, antwortete er: *Video, inquit, plagam gravissimam nobis absentibus huic loco protinus eventuram, et Christi sacraria, quod non sine gemitu cogor exprimere, humano sanguine redundabunt in tantum, ut etiam locus iste violandus sit*. Dies erinnert an Christi Ankündigung des Unterganges von Jerusalem und wird, wie Christi Weissagung, nicht ohne Zusammenhang mit den Drohreden der Propheten sein, die die Zerstörung der Stadt oder des Volkes als Strafe verkündet hatten (Lc.19,41ff).[241] So stehen auch in diesem Kapitel des *commemoratorium* Bibelanklänge, die die Gottlosigkeit der Bevölkerung bezeugen und das Gewicht solcher Sünde schärfer hervortreten lassen, als es jede direkte Nennung vermocht hätte.

Nach dem Verlust der Städte an der oberen Donau hatte sich die Bevölkerung, soweit sie dem Rat Severins gefolgt war, nach Lorch zurückgezogen (c.28). Dort ermahnte er die Menschen, *ne in sua virtute confiderent, sed orationibus et ieiuniis atque elemosynis insistentes armis potius spiritalibus munirentur*. Die geistlichen Waffen hatte Paulus (Eph. 6,10ff) einzeln benannt: Wahrheit, Gerechtigkeit, Glaube etc., sie sollten vor Satan schützen, dem eigentlichen Gegner. Geht man von

---

240 Gerade diese Geschichte zeigt, wie sehr Severin, und darstellend Eugipp, die Parallele zu Christus mied. In diesem Punkt folge ich nicht VAN UYTFANGHE, (Élements, S. 150), der Severin als „homme de Dieu parfait et irreprochable, c'est-á-dire l'image même du Christ" ... bezeichnet. Auch die S. 156f gemachte Beobachtung, daß Severin dreifach seinen Tod ankündigt (c. 40,1–13; 41; 42,1), erlaubt schwerlich solch weitgehende Folgerung.
241 Die Lukasstelle: Christi Tränen über Jerusalem, vgl. Mt. 23, 37–24,1ff; Mc. 13,1ff; s. vorige Anm. Als Vergleichspunkte sind vor allem die künftige Zerstörung und die Trauer darüber zu erkennen. Christus steht hier durchaus in prophetischer Tradition.

diesem Paulustext aus, so sind Kampf und Waffen in den Ermahnungen Severins sehr dinglich geworden. Es ist Satan als Gegner genannt, es geht um eine äußere Bedrohung der Bevölkerung durch andringende germanische Stämme, die dem katholischen Glauben nicht beigetreten waren. Diese Bedrohung soll durch Gebet, Fasten, Almosen, durch asketische Übungen, die einen festen Glauben voraussetzten und sichtbar machten, abgewendet werden. Severin sieht in den Nöten, denen die norische Bevölkerung ausgesetzt ist, Maßnahmen des strafenden Gottes. Gleichen so die Erfolge der Alemannen nicht denen der Assyrer oder anderer mächtiger Gegner des Volkes Israel? Gebet und Fasten, dies forderte der Hohepriester Jojakim, damit des Volkes Bitten erhört würden (Judith 4,12). Dies war auch die Zurüstung des alten Israel gegen Holofernes, und Jojakim erinnerte an das Gebet des Mose während der Schlacht gegen die Amalekiter. Als der Erzengel Raphael von Tobias und dessen Sohn Abschied nahm, von ihnen als Engel nicht erkannt, da wollten sie sich mit der Hälfte ihres Besitzes bedanken. Der Engel aber antwortete: *Bona est oratio cum ieiunio et elemosyna magis quam thesauros auri recondere* (Tob. 12,9). Der Vordersatz aber der Ermahnung des Severin, daß man sich nicht auf die eigene Kraft verlassen solle, ist oft in der Bibel anzutreffen, wie auch der komplementäre Satz, daß man auf Gott hoffen müsse, daß ihm letztlich alle Erfolge zu verdanken seien. Auch das Gegenstück ist vorhanden: Judith, die für ihren Rettungsplan auf Gottes Hilfe vertraute, nennt in ihrem Gebet die Ägypter, als sie das ausziehende Volk Israel verfolgten, *confidentes in quadrigas et in equitatu suo et in multitudine bellatorum* (Judith 9,6). Nahezu wörtlich steht dieser Satz – *qui confidant in virtute sua* – im Psalter (48,6f), der Psalmist will sich nicht fürchten in bösen Tagen, *iniquitas calcanei mei circumdabit me, qui confidunt in virtute sua et in multitudine divitiarum suarum gloriantur*. Solche setzten auf Vergängliches, das an der Grenze des Todes bedeutungslos wird. Der Psalm setzt Glück, Erfolg, Ansehen derer voraus, die auf ihre Kraft bauen und bedenkt Wert und Beständigkeit ihres Glücks. So verwirft der Psalmist dieses Auf-eigene-Kraft-setzen. Bei Jeremia aber steht (17,5 und 7; vgl. Severins Worte zu Flaccitheus in c. 5): *Haec dicit Dominus: Maledictus homo, qui confidit in homine et ponit carnem bracchium suum et a Domino recedit cor eius ... Benedictus vir, qui confidit in Domino, et erit Dominus fiducia eius ...* Das Psalmwort kommt der Geschichte darin am nächsten, als die sichtbaren Erfolge nicht bei der norischen Bevölkerung liegen, sondern bei den germanischen Stämmen, die diese bedrücken.

Zu Lorch versammelte Severin die Notleidenden in der Kirche, um Öl auszuteilen, an dem es so sehr mangelte (c.28). *Igitur tamquam benedictionis accipiendae gratia maior egenorum turba confluxit, pretiosius quippe ibidem huius liquoris alimentum auxit turbam numerumque poscentium. Tunc vir beatus oratione completa signoque crucis expresso solitum sibi scripturae sanctae sermonem cunctis audientibus exprimens ait: sit nomen domini benedictum.* Dies entspricht einer Vaterunserbitte (Mt. 6,9; Lc.11,2), ist aber auch im Alten Testament oft in schwieriger Situation ausgesprochen worden. Wenigstens ein Beispiel: Als Hiob im ersten Angriff Satans Hab und Gut, ja seine Kinder verloren hatte, sprach er: *Dominus dedit, Dominus abstulit; sicut Domino placuit, ita factum est: sit nomen Domini benedictum* (Job 1,21; vgl. Tob.3,23; Ps.71,18ff; 112,2; Dan.2,20). Unerbittlicher noch als die Vaterunserbitte zeigen diese Worte den absoluten Vorrang Gottes vor allen menschlichen Bedürfnissen und Wünschen; und so teilte Severin die irdische Gabe nicht aus, ohne den zu loben, dem er sie verdanken wollte. Severin übergab das Öl Dienern, die es den Bedürftigen ausschenkten. Er folgte seinem Herrn, *qui non ministrari venerat, sed potius ministrare* (Mt. 20,28). Die Szene selbst aber bietet dem Leser das Bild Christi und seiner Jünger bei der Speisung der 5000 (Mt.14,33ff; Mc.6,30ff; Lc.9,10ff; 4000: Mt.15,32ff; Mc.8,1ff). Wenn es heißt: *sequensque vestigia salvatoris gaudebat augeri materiam*, so will Eugipp sagen, daß auch Severin meinte, Gott tue durch ihn hier, was Christus einst getan hatte. Hier, wie oft genug in Heiligenviten, wird einer Einzeltat Christi Folge geleistet, ohne daß die Christusgestalt als ganze im Heiligen erblickt werden soll oder kann. Letzterem widerspräche nicht nur, daß Severin selbst seine eigene Erlösungsbedürftigkeit so stark betont hatte, sondern auch, daß das Vermehrungswunder nicht Frucht der Macht Severins war, sondern durch Gebet erwirkt, also von Gott getan wurde, daher auch bei sinnenfällig analoger Handlung es nicht heißt "*alter salvator*", sondern *sequens vestigia salvatoris*. Einer der Beschenkten freilich bemerkte das Wunder und gab laut seinem Erstaunen Ausdruck. Das Geheimnis war verraten, das Öl versiegte, und Eugipp war an eine Geschichte aus den Königsbüchern erinnert. Dort wird von einem Wunder des Propheten Elisa berichtet, bei dem sich das Öl einer Witwe vermehrte, so daß sie viele Gefäße füllen konnte. Als sie immer neue Gefäße verlangte, bis keines mehr vorhanden war, da hörte als Folge der Gier das Öl zu fließen auf (4. Reg. 4, 2–7).[242]

Severin, der einen nächtlichen Streifzug und Überfall feindlicher Horden voraussah, konnte nur mit größter Mühe die Bewohner von Lorch bewegen, in dieser Nacht besonders wachsam zu sein.[243] Tags darauf sahen sie an zurückgelassenen Leitern etc., daß Severin Recht gehabt hatte, *quapropter memorati cives veniam a Christi famulo precabantur, humiliter confitentes corda sua lapidibus esse duriora* (Ez.11,19 und 36,26), *qui rebus praesentibus agnoverunt in sancto viro gratiam*

---

242 Es besteht keinerlei Veranlassung, mit LOTTER, Severin (wie Anm. 5) S. 115 zu behaupten, Eugipp habe das Elisawunder verkannt. Den Unterschied beider Wunder beschreibt Eugipp so genau, daß LOTTERS Darstellung hier eher eine Paraphrase des Eugipptextes ist. Mithin muß nach einem allgemeinen Vergleichspunkt gesucht werden: Gott schenkt die Vermehrung des kostbaren Öles, und ein durchaus unterschiedliches menschliches Versagen führt zum Ende des Wunders. Immerhin ließe sich sagen, daß in beiden Fällen die Beschenkten die Gnade Gottes nicht erkennen und nicht würdigen.

243 c. 30; zu LOTTER, Antonius (wie Anm. 239) S. 284: Die Vita selbst gibt Hinweise darauf, daß die Bevölkerung sich auf ein stellenweise funktionierendes Warnsystem, feste Mauern etc. verließ, und daß der Klerus sich nicht anders verhielt, d.h. die Forderungen des Asketen Severin nicht annahm, seine Beurteilung der Lage nicht teilte. Auch dies gehört zur Prophetenrolle Severins. LOTTER verkennt dies gründlich, und meint, Severin sei von Eugipp möglichst als erfolgreich geschildert worden, und wäre es um den Preis falscher Berichterstattung. Hätte Severin in offiziellem Auftrag gehandelt, so hätten ihm Zwangsmittel zur Verfügung gestanden. Auch DIESNER, Kirche und Staat (wie Anm. 232 S. 156ff verkennt völlig Severins Prophetencharakter, zu dem die Widersetzlichkeit des angesprochenen Volkes gehört. Es ist wahrhaftig nicht Eugipps Absicht, Severin als Erfolgsmenschen zu schildern. Verdächtigungsstrategien sind als Methode der Quellenkritik untauglich.

viguisse propheticam: isset nempe tunc plebs inoboediens universa captiva, nisi eam liberam viri dei consueta servasset oratio, Jacobo apostolo protestante: multum, inquit, valet oratio iusti assidua (Jac. 5,16). Dieses Wort war schon zuvor begegnet (c.12), in seiner Wahrheit im *commemoratorium* erprobt. Neu ist das Hesekielzitat. Das steinerne Herz, das betraf das Volk Israel bis zum für Hesekiel gegenwärtigen Zeitpunkt; immer wieder war es von Gott abgefallen, der dieses Volk doch erwählt und in unzähligen Gefahren bewahrt hatte. Nun sprach er als Verheißung aus, daß er das steinerne Herz nehmen und ein Herz aus Fleisch geben wolle. So eröffnete er seinem Volk eine neue, menschlichere Zukunft; mit menschlicheren Regungen sollte es für die Taten seines Gottes empfänglicher sein. So wollte er das in der Fremde zerstreute Volk neu sammeln und heimführen. Doch steht auch in aller Klarheit geschrieben, Gott tue dies um seines Namens willen, den dieses Volk durch sein Tun verunehrt hat. Nicht Israel kehrt von seinem falschen Weg um, sondern Gott reinigt Israel. Die unverwechselbare Anspielung zwingt dazu, die Hesekielstelle in die Betrachtung des Eugipptextes einzubeziehen. Hier ist es die Bevölkerung von Lorch selbst, die ihren Zustand erkennt und für ihre widerstrebende Hartnäckigkeit um Vergebung nachsucht.

Der Rugierkönig Feletheus beabsichtigte, Bewohner und Flüchtlinge aus Lorch in ihm tributpflichtige Städte umzusiedeln (c.31). Die erschrockene Bevölkerung bat Severin, den König umzustimmen; so eilte Severin zu ihm und sprach den von der Ankunft des Heiligen betroffenen Herrscher an: *Pax, inquit, tibi, rex optime. Christi legatus advenio, subditis misericordiam precaturus; recole gratiam, divina beneficia recordare, quibus pater tuus se frequenter sensit adiutum.* Mit dem Friedensgruß begegneten Engel denen, die vor solcher Erscheinung erschraken (Tob. 12,17);[244] der auferstandene Christus trat mit diesem Wort Menschen gegenüber (Lc.24,36; Joh.20,19 und 21). Paulus redete die römische Gemeinde mit einem Friedensgruß an: *Gratia vobis et pax a Deo patre nostro* (Rom.1,7). Mit solchem Gruß einem erschrockenen Herrscher (*expavescens*) gegenüberzutreten, dies kennzeichnet Severin als einen besonderen Menschen.

Die Furchtlosigkeit vor dem feindlichen König stellt Severin erneut neben die Propheten des Alten Testamentes (Dan.5,18f; II. Reg.12; III. Reg.18 und 20; Jer.19,14ff). Die stärkste Ähnlichkeit besteht zum Auftreten Daniels vor Belsazar; *O rex, Deus altissimus regnum et magnificentiam, gloriam et honorem dedit Nabuchodonosor patri tuo, et propter magnificentiam, quam dederat ei, universi populi, tribus et linguae tremebant eum: quos volebat, interficiebat et quos volebat percutiebat et quos volebat exaltabat et quos volebat humiliabat. Quando autem elevatum est cor eius, et spiritus illius obfirmatum est ad superbiam, depositus est de solio regni sui, et gloria eius ablata est, et a filiis hominum eiectus est ... Daniel*

---

244 Christi Befehl an seine Jünger: Mt. 10,12; Lc. 10,5; vgl. Lc. 2,14. Giso hatte Severin als *servus dei* angeredet (c.8); dies ist vor allem Bezeichnung des Elias in den Königsbüchern, von Eugipp der Königin in den Mund gelegt. Der Kontrast gibt freilich zu bedenken: Der hochfahrenden Barbarenkönigin hätte es in ihrer Selbstherrlichkeit widerstrebt, sich einen Sklaven zu nennen, Sklave zu sein. Für Eugipp und Severin mußte dies vor Gott das Höchste sein. Hier nun nennt sich Severin *legatus Christi* – das heißt, für sich verlangt er nichts, für seinen Herrn alles.

hält Belsazar seine Verfehlungen vor und deutet die Geisterschrift an der Wand. Belsazar aber wird noch in dieser Nacht erschlagen.

Severins prophetisch-unerschrockenes Auftreten, die Erinnerung an den Vater des Ermahnten, die Warnung vor Hochmut mochte Eugipp und die auf norischer Seite als Christen die Schrift kannten, an Daniel erinnern; Feletheus geriet so in die Nähe zu Belsazar. Dieser selbst und seine Rugier konnten solche Verwandtschaft kaum sehen. Die Prophetengebärde ist deshalb nicht raffiniertes Mittel gegenüber den bedrängenden Barbaren, die den alttestamentlichen Zusammenhang schwerlich erkannten. Dennoch waren sie von dem Verehrung, ja Gehorsam heischenden Auftreten des doch machtlosen römischen Gegenübers so beeindruckt, daß sie sich kaum ihm zu entziehen vermochten. Die Menschen in der Umgebung Severins aber konnten in dessen Tun die Propheten des Alten Testamentes wiedererkennen und daran ihr Urteil über diesen bilden und schärfen.

In Severins kleinem Kloster zu Boiotro (Passau) waren zwei Mönche, deren *superbia* Severin nicht zu zügeln vermochte, und so betete er, *ut eos dominus, in adoptione recipiens filiorum, paterno dignaretur flagello corripere* (c. 36; s. Rom. 8,15 und 23; Gal. 4,5; Eph. 1,5). *Adoptio* ist ein Begriff der Paulusbriefe. Er bezeichnet das durch Christi Leben, Tod und Auferstehung bestimmte Verhältnis der Menschen zu Gott; ein von Gott gnädig begründetes Verhältnis. Von der väterlichen Züchtigung reden alttestamentliche Spruchsammlungen (Prov. 3,12f; Eccli. 30,1). Dem Verfasser des Hebräerbriefes ist solche Züchtigung mit der Gotteskindschaft der Christen verbunden (12,6f), und dies kommt Eugipps Text wohl am nächsten. Als nach Severins Gebet die Mönche von Satan heimgesucht werden, erscheint Eugipp dies sehr grausam, und zur Erklärung beruft er sich auf Ambrosius und die Martinsvita, vor allem aber auf ein Pauluswort über ein Mitglied der Gemeinde zu Korinth, um dessen Verfehlungen willen es nötig sei, *tradere huiusmodi Satanae in interitum carnis, ut spiritus salvus sit in die Domini nostri Jesu Christi* (1. Cor. 5,5).

Nach einem mühevollen Leben erkennt Severin die Nähe seines Todes und fordert das rugische Königspaar zu sich.[245] Er mahnte den Herrscher, mit seinen Untertanen so umzugehen, *quo se iugiter pro statu regni sui rationem domino rediturum, aliisque verbis intrepide monuisset.* Dann reckte er die Hand gegen Giso aus und fragte sie: *Hanc, inquit, animam, Giso, an aurum argentumque plus diligis*? Sie liebe ihren Gemahl vor allen Schätzen. Da forderte Severin, sie solle aufhören, Unschuldige zu unterdrücken, damit deren Bedrängnis nicht ihre Herrschaft zerstöre. *At ille: Cur, inquit, nos sic accipis*? Darauf gab der Heilige zur Antwort: Als ein Unbedeutender *iam profecturus ad deum* mahne er, von ungerechtem Tun abzulassen. Mit Gottes Hilfe habe ihre Herrschaft bisher geblüht, von nun an müsse das Königspaar wachsam sein,[246] und es folgt ein letzter Abschied von diesem nach Volk und Religion feindlichen Königspaar. Kein bestimmtes Wort erinnert an

---

245 C. 40. Zu den folgenden Kapiteln s. K. NIEDERWIMMER, Zu Eugippius, Vita s. Severini c. 43, Grazer Beiträge 11 (1984), S. 165–177.
246 vgl. c. 42 zu Ferderuch, dem Bruder des Feletheus.

Schriftworte, verwandte Szenen sind jedoch in den Berichten der Propheten zu finden. Die Art, wie Daniel Belsazar zurechtwies, möchte diesem kühnen Auftritt nahekommen (s.o.). Daniel wurde freilich trotz seiner grauenvollen Weissagung belohnt, Severin hatte als äußerlich machtloser Mönch das rugische Königspaar, dessen sich das römische Noricum nicht mehr ausreichend erwehren konnte, an sein Sterbelager gefordert, wie ja sein Auftreten gegen jene Germanenkönige überhaupt die sichtbaren irdischen Verhältnisse auf den Kopf stellte. Wegen des Königspaares und weil die treibende Kraft des Bösen die Königin war, möchte man an Ahab-Isabel denken.

Zu denen, die in Severins Nähe als Mönch gelebt hatten, wandte er sich mit einer Bitte (c.40,4ff): *Scitote, inquit, fratres sicut filios Israel constat ereptos esse de terra Aegypti, ita cunctos populos terrae huius oportet ab iniusta barbarorum dominatione liberari.* Man werde Noricum verlassen und in eine römische Provinz ziehen. *Sed mementote praecepti sancti Joseph patriarchae, cuius vos ego indignus et infimus attestatione convenio: visitatione visitabit vos deus: tollite ossa mea hinc vobiscum* (Gen. 50,24f).[247] Dies werde nicht ihm, Severin selbst, sondern ihnen nützen. Die Feinde werden alles verwüsten und selbst die Gräber der Heiligen durchwühlen. Eugipp aber setzte hinzu, seine Gebeine mitzunehmen, habe Severin deshalb befohlen, damit die Schar der Mönche vollzählig um die Gebeine versammelt aufbreche; so sollten die Mönche sich um ihren Gründervater scharen. Das selbst bedrohte und verarmte Italien des 5. Jahrhunderts war von Noricum aus gesehen immer noch ein gelobtes Land. Severin aber trug seine Bitte mit den Worten des Joseph vor, der ein schweres, wechselvolles Schicksal erlitten hatte, zu dem Severin als zu den Größeren aufschaute.

Waren alle Zeitangaben des *commemoratorium* bisher unbestimmt, so erinnert sich Eugipp der letzten Tage Severins mit größter Genauigkeit (c. 43): Am 5. Januar – das Jahr ist nicht genannt – begannen Seitenschmerzen, die nicht mehr wichen. Nach drei Tagen rief er die Seinen um Mitternacht zusammen – schon die Stunde der Zusammenkunft hob die Rede, mit der er von seinen *fratres* Abschied nahm, über alles Bisherige empor. Er nannte seine Mönche seine innig geliebten Söhne und maß seine Pflicht als Mönchsvater an Jacob, der angesichts des Todes seine zwölf Söhne versammelte und jedem einen prophetischen Segenswunsch mitgab.

---

247 LOTTER, Severin (wie Anm. 5) S. 77 genügt die Tatsache eines Schriftzitats, um zu erklären, daß die Mönche mit solchem Wort nur die Mitnahme der Reliquien rechtfertigen wollten; das ist eine bloße Verdächtigungsstrategie und hat mit wissenschaftlicher Methode nichts zu tun. Warum sollte sich Severin nicht selbst in entscheidenden Augenblicken eindrucksvoll auf die Bibel bezogen haben? Eher wäre das Gegenteil verwunderlich. Decouvrierend ist LOTTERS eigene Feststellung (S. 176), Severins Einsatz lasse sich nicht erklären, wenn dieser tatsächlich überzeugt gewesen wäre, daß das Land verloren war; schlimmer läßt sich eine Vita nicht mißverstehen, deutlicher kann man nicht sagen, daß "Methode" herhalten muß, bis der Heilige so ist, wie ich ihn haben will. Man mag durchaus fragen, ob der Hinweis auf die *terra Aegypti*, die *dominatio barbarorum* nicht besagen, daß Severin Noricum zu dieser Zeit kaum noch als römische Provinz ansah. – Zum Sterben Severins s.D. VON DER NAHMER, Der Heilige (wie Anm. 79) S. 113–117.

Er wählte Jacob, der sich an seine große Söhneschar wandte (Gen. 49,1–28)[248], nicht Mose oder David (Deut. 33; 3. Reg. 2), die als Herrscher sprachen. Hatte er damit Rang und Bedeutsamkeit seiner Pflicht als Mönchsvater und Lehrer an einem Patriarchen gemessen, seinen Mönchen dessen große Sterbeszene in Erinnerung gerufen, so vermaß er den Abstand zu der großen Gestalt der Vorzeit: *Nos vero infimi ac tepidi tantaeque impares pietati hanc praerogativam nostris usurpare viribus non audemus*. Da er selbst das Patriarchenmaß nicht erfüllte, verwies Severin – *quod humilitati congruit* – auf die *exempla maiorum* und beschwor die Mönche, auf deren Ende zu schauen, ihrem Glauben nachzueifern – dies ein Wort des Hebräerbriefes (13,7),[249] das jedoch nicht ins Alte Testament verweisen wollte, sondern die zeitgenössischen Lehrer des neuen Christenglaubens meinte. Die Frage nach dem Lebensende war schon in jenem Brief begegnet, der die Antoniusvita einleitete (MPL 73, col.125–128). Die *maiores*, deren Lebensende zu betrachten so gewichtig gemahnt wird, können nur die großen Gestalten des frühen Mönchtums und gewiß der frühen Geschichte Israels sein, wie das Severin in der Abschiedsrede auch darlegt. Er nennt die wichtigsten Beispiele: Abraham, das große Beispiel des Glaubens und Gehorsams, da er auf Gottes Geheiß in ein fernes, unbekanntes Land zog; so der Auffassung des Paulus (Rom. 4) und des Hebräerbriefes (11,8ff) folgend.[250] Und dies sind Severins Folgerungen: *Huius igitur beati patriarchae imitamini fidem, imitamini sanctitatem, terrena despicite, patriam caelestem semper inquirite*. Das Leben des Mönchs, des Christen überhaupt ist am Bilde Abrahams, der Heimat und Familie für ein Unbekanntes aufgab, begriffen: Der Aufbruch aus den irdischen Bindungen auf Gottes Geheiß, ein Entgegengehen dem Land, das Gott versprochen hat und zeigen wird jenseits der Todesgrenze. Dies hebt Abraham über den Rang eines Exemplums, das er auch war, hinaus. Sein Weg in das unbekannte Land ist zum verpflichtenden Bild menschlichen Lebens überhaupt geworden. Severin, sich selbst nicht zum Vorbild erhebend, hoffte dennoch, daß Gott es ihm lohnen werde,

---

248 M. VAN UYTFANGHE, Éléments (wie Anm. 223), sieht in der Abschiedsrede das Vorbild Christi, der sich als Lehrer an die Schüler wandte. Ich meine, Severin hielt es für seine – unerfüllbare – Pflicht, seinen "Söhnen" (nicht "Schülern") einzeln wie Jacob ein prophetisches Segenswort mitzugeben – *scitis, quod beatus Jacob* etc., Severin nennt dieses Vorbild selbst. Es liegt in der Zugehörigkeit zum christlichen Mönchtum begründet, daß in dieser Rede neutestamentliche Worte vorkommen. Die von VAN UYTFANGHE vorgeschlagene Parallele zu Christi Abschiedsreden (Joh. 14/15) sind m.E. nicht so genau, daß an eine Anlehnung an die Evangelientexte zu denken wäre; eine sachliche Verwandtschaft der Texte ist unleugbar. Dies ergäbe, daß Severin verpflichtende Worte Christi vermächtnishaft weitergab, da er sie selbst als Gebot annahm, als Christusfigur erscheint Severin dadurch nicht. Auch NIEDERWIMMER, Zu Eugippius (wie Anm. 245) S. 106f mit Anm. 7 und 10 verweist auf Jacob, dazu Paulus.
249 Die Patriarchen und Propheten empfingen ihre Aufträge oft in Wechselrede mit Gott. Dies kommt im *commemoratorium* nicht vor. Der Text berührt diesen Bereich des Prophetentums überhaupt nicht und zeigt nur den *vir dei*, der mit Gottes Vollmacht auftritt. Auch darin mag man einen Grund sehen für den geringen Rang, den sich Severin im Vergleich zu Jacob zumißt.
250 M. VAN UYTFANGHE, La bible (wie Anm. 223) S. 345f will diese Stelle in Verbindung mit c. 31,6 (Prophezeiung des Auszuges aus Noricum) sehen und so den Auszug nach Italien damit auch unter das Bild des aus Haran fortziehenden Abraham stellen. Hinweise auf Abraham als Vorbild im Mönchtum bei NIEDERWIMMER, Zu Eugippius (wie Anm. 245), S. 171 Anm. 28.

wenn seine Mönchsschar in ihrem geistlichen Eifer, in der Neigung zu Gerechtigkeit und gegenseitiger Liebe fortgeschritten war und wünschte, daß nicht nur ihm dies als Mensch so erscheine, sondern Gott dies durch sein Urteil bestätigen möge. Biblische Texte mahnten zur Vorsicht im Urteil: *Omnium corda scrutatur et omnes mentium cogitationes antevenit*, sagt Severin nach einem Wort Davids (I. Par. 28,9), der seinen Sohn Salomo aufforderte, Gott willig zu dienen. In beständigem Gebet sollen die Mönche hoffen, *ut oculos cordis vestri deus inluminet eosque, sicut optavit beatus Helisaeus, aperiat, quo possitis agnoscere, quanta nos circumstent adiumenta sanctorum, quanta fidelibus auxiliis praeparantur*. Sehr unterschiedliche Texte vereinigt dieser Satz. Paulus schrieb der Gemeinde zu Ephesus (Eph.1,18), er bitte für sie, Gott möge ihre Augen erleuchten für die Erkenntnis der Zukunft, die die Berufung zum Glauben an Christus eröffnet. Anders war jenes Wort gemeint, das Elisa gesprochen hatte (4. Reg. 6,17).[251] Der syrische König hatte eine erhebliche Macht entsandt, Elisa zu fangen, da dieser dem König Israels die syrischen Pläne entdeckt hatte. Elisas Diener sah um den Ort her das syrische Belagerungsheer und erschrak. Da sprach Elisa: *Domine, aperi oculos huius, ut videat*, und der Diener sah um Elisa Rosse und Wagen. Es ist nun nicht so, daß das Pauluszitat hier den Gegenstand träfe, die Stelle aus den Königsbüchern nur in übertragener Deutung Sinn hätte. Den Mönchen sollen die Augen geöffnet werden, damit sie sehen, wie Heilige sie hilfreich umgeben. Die Heiligen, das mögen hier wieder zuerst die Patriarchen sein, die großen Gestalten der Bibel überhaupt, und man darf vermuten, daß aus der Geschichte der Christenheit Menschen wie der Eremit Antonius hinzugerechnet wurden; ja, man muß wohl fragen, ob aus Eugipps Perspektive nicht auch Severin dazugehörte. So ist an ein umstehendes hilfreiches Heer gedacht, dem vergleichbar, das Elisa sah; der Gegner ist ein anderer geworden, Satan wohl, der daran hindern will, *patriam caelestem inquirere*. Nachdem er so seine Mönchsschar vor allem Abweichen vom Glauben gewarnt, sie auf die Hilfe hingewiesen hat, die auf solchem Wege gegeben wird, nimmt er Abschied mit den Worten des Paulus, der Ephesus verläßt: *et nunc commendo vos Deo et verbo gratiae eius, qui potens est conservare vos et dare hereditatem in omnibus sanctificatis* (nach Act. 20. 32), und er fügt aus der Apokalypse hinzu, *ipsi gloria in saeculo saeculorum* (1,6). Dies der Abschluß der Vermächtnisrede eines Sterbenden, gänzlich auf eine große Zukunft gerichtet, nicht aus der Empfindung, Großes zu verlieren.

Nach dem Empfang der Kommunion schlug Severin über sich das Kreuz und befahl, einen Psalm zu singen, mußte diesen aber selbst anstimmen, da seine Mönchsgemeinde, von Trauer überwältigt, kaum zu singen vermochte: *Laudate dominum in sanctis eius ... omnis spiritus laudet dominum* (Ps. 150,1 und 6); Anfang und Ende des letzten Psalmes, ganz aus dem Geist der letzten Vermächtnisrede angestimmt. Dies war nach Eugipp Severins Abschied und Ende.[252]

---

251 Die Rettung verläuft anders, als man vermuten möchte: Die Syrer, mit Blindheit geschlagen, kann Elisa nach Samaria in die Hände des Königs von Juda führen.
252 Im Februar 1996 machte P. Angelus HÄUßLING OSB mich brieflich darauf aufmerksam, daß Eugipp wirklich nur den Empfang der Eucharistie schildert, nicht eine Eucharistiefeier oder gar

Eine Lebensbeschreibung könnte hier schließen. Severins Leben aber war auf die Rettung der norischen Römer ausgerichtet gewesen; Severin selbst hatte vom Auszug aus Ägypten in ein gelobtes Land gesprochen, den die norischen Römer erleben würden. Und so ist berichtet, wie die norischen Römer nach einer immer heftiger werdenden Bedrückung durch die Rugier mit der Hilfe Hunwulfs und des Odoakar nach Italien ziehen können: *Tunc omnes incolae tamquam de domo servitutis Aegyptiae ita de cotidiana barbarie frequentissimae depraedationis educti sancti Severini oracula cognoverunt* (Ex. 13,3; Deut. 6,12).[253] Man öffnete Severins

> eine Messe. Daran erkennt P. HÄUßLING auch, daß Severin in der kirchlichen Hierarchie keinen Rang einnahm. Der Lobpsalm ist nicht nur Bibelzitat, sondern zugleich und vor allem Liturgiezitat; dazu schon A. HÄUßLING, Das Commemoratorium des Eugipp und die Regula Magistri und Regula Benedicti, Regulae Benedicti Studia V (1976) S. 33–42, was ich übersehen hatte. P. HÄUßLING sei an dieser Stelle aufrichtig gedankt.

253 Zu diesem Auszug in der Darstellung LOTTERS, Antonius (wie Anm. 239). Ein Vitentext hat naturgemäß wenig Interesse an Fragen der Quantität. Schon deshalb beansprucht das *commemoratorium* schwerlich, genaue Auskunft zu geben, wieviel Prozent der norischen Bevölkerung mit dem Leichnam Noricum verließen. Nicht wird man an der Tatsache eines solchen Auszuges zweifeln können. Es ist zu bedenken, daß die Vita nichts über das Verhalten der höheren Geistlichkeit Noricums berichtet. Was den von LOTTER, S. 267, zitierten (in Severin von Noricum S. 169f) Sarkophag mit Reliquiengebeinen angeht; s. L. ECKHART, Die archäologischen Ausgrabungen 1960 bis 1966 in der St. Laurentius-Basilica von Enns-Lorch-Lauriacum, Severin zwischen Römerzeit und Völkerwanderung. Katalog der Ausstellung des Landes Oberösterreich vom 24. April bis 26. Oktober im Stadtmuseum zu Enns, Linz 1982, S. 375–385. Dessen Zurückbleiben mag viele Gründe haben, die uns nicht bekannt sind; so einfach läßt sich keine positive Behauptung daraus machen, daß man hier offenbar nicht so verfuhr, wie in bekannten Fällen in Pannonien. Z. B. könnte – doch das ist natürlich ebenso hypothetisch – gefolgert werden, daß die Geistlichkeit der offiziellen Kirche anders dachte als Severins Anhänger und im Lande blieb mit ihren Reliquien (s. auch LOTTER, Antonius S. 283). Da Severin nicht der geistlichen Hierarchie angehörte, und auch seine Anhänger keine hohen kirchlichen Ämter besetzten, konnten sie nicht über die Reliquien der Kirchen verfügen. Selbst panische Flucht könnte eine Erklärung sein. Wo Eugipp recht harmlos von *cunctos populos* redet, sucht LOTTER alle diese Stellen zusammen und gibt ihnen durch Sperrdruck ein Gewicht, das sie bei Eugipp nicht haben. Lotter legt zutreffend aus der Vita selbst dar, daß viele nicht fortzogen, die Vita sagt es selbst. Die Schlüsse für Lorch (283f) bedürfen keiner Verdächtigung Eugipps. Entsprechendes gilt für den raschen Verfall des Landes, das von den Römern und ihrem Staat erst einmal geräumt war. Gewiß erwarten wir dort nicht *solitudo* in der Form, daß dort überhaupt keine Menschen mehr wohnten; aber es ergibt keinen Sinn zu bestreiten, daß der Wechsel vom römischen Staat zur Herrschaft germanischer Stämme einen rapiden Verfall zivilisatorischer Einrichtungen mit sich brachte. Ein differenziertes Bild solcher Vorgänge liegt fraglos nicht im Aufgabenfeld einer Heiligenvita, so nachteilig das für den heutigen Historiker ist. Ein vollständiges Zusammenbrechen jeglicher Verwaltungstätigkeit scheint mir aus dem Text des *commemoratorium* deshalb nicht ableitbar, weil der hagiographische Text auf ganz anderem Felde Genauigkeit beansprucht. Was LOTTER S. 288f über Verbindungen und Zwistigkeiten germanischer Könige und im rugischen Königshaus ausführt, ist eine an Quellen nicht mehr gebundene freie Spekulation, wenn auch nicht behauptet werden soll, das Ausgeführte verlasse völlig den Rahmen des in der Zeit überhaupt Denkbaren. Wenn LOTTER sagt, es sei recht wahrscheinlich, daß Odoakars Truppen als Befreier der römischen Provinzialbevölkerung auftraten, daß diese aber der neuen Invasion germanischer Truppen den doch verhältnismäßig gesicherten Friedenszustand unter der Rugierherrschaft, mit der sie sich arrangiert hatte, vorzog, so können wir mit besserem Recht – da quellengebunden – das Gegenteil behaupten, wohl wissend, daß

Grab sechs Jahre nach seinem Tod und führte den Leichnam mit, um ihn zunächst am Mons Feleter beizusetzen. Einige Wunder, die Severins Heiligkeit bestätigten und wenige Zeilen zur Überführung von Konvent und Reliquie nach Lucullanum bei Neapel, beschließen den Text (c. 44–46).

Seit langem war beobachtet worden, daß Severin uns als erwachsene Person erst entgegentritt, daß alle das Leben bestimmenden Entscheidungen gefallen waren, als er in Asturis zu wirken begann. So erscheint er fertig, ein errungenes Maß haltend, nicht sich steigernd und vollendend, eine Beobachtung, die sich ebenso an Prophetenbüchern des Alten Testamentes machen ließe. Es ist immerhin eigenartig, daß wir von den großen Patriarchen, von Samuel, zumal von Christus einiges über die Jugend, den Werdegang wissen, nicht aber von Richtern und Propheten Israels. Diese stehen plötzlich und unerwartet vor uns, nur bestimmt, ihren göttlichen Auftrag durchzuführen; was sie dabei zu erleiden hatten, das ist in ihren klagenden Worten überliefert (z.B. Jer. 20,7ff). Im plötzlichen Erscheinen des fertigen und berufenen Menschen liegt eine bedeutsame Parallele des Severinlebens – nicht nur in der Darstellung Eugipps – zu den Propheten, von der nicht angenommen werden müßte, sie sei gewollt.

Nach Severins eigenem Willen sollte sein Leben das eines Asketen sein; darin unterwiesen zu werden, war er in eine der Wüsten des Orients gezogen,[254] und wir

---

die Quellen vollständige Sicherheit hierfür auch nicht geben. Die Geschichte um den *magister militum Orestes* (Eugipp, ep. 8) bezeugt nicht mehr als die Existenz von Parteirichtungen. Der Darstellung Eugipps vom freiwilligen Auszug der Provinzialen aus Ufernoricum hat LOTTER den Boden wahrhaftig nicht entzogen, wie er auch nicht nachweisen kann, daß man sich mit den Rugiern wirklich arrangiert hatte: Die Not gebot manches, aber ob die Existenz in Italien nicht von vielen vorgezogen wurde, dazu ist Eugipps Darstellung das durch nichts entkräftete Zeugnis. Die Gefangenen, die später Hunwulf in großer Zahl mitgeführt haben soll, haben schwerlich etwas zu tun mit der von Eugipp gemeinten Personengruppe. Daß Hunwulf als siegreicher Truppenführer zahlreiche gefangene Gegner - vielleicht nicht nur Rugier - mit sich nahm, ist nicht verwunderlich. Wenn ein beachtlicher Teil der Provinzialen ihm folgte und in Italien eine sicherere Existenz erhoffte, so hat LOTTER nicht die Mittel, diese sicher nicht in allen Details genauen Aussagen Eugipps zu widerlegen oder auch nur begründet zu bezweifeln. – Übrigens, auch Israel maulte bald, Mose habe es um die Fleischtöpfe Ägyptens gebracht. Nichts hat LOTTER dafür beibringen können, daß die "Schutzherrschaft" der Rugier in Noricum ein halbwegs wünschenswerter Zustand gewesen sei; wieweit die Zinspflicht gegen den Rugierkönig die freien Bauern, von denen LOTTER redet, drückte, wie viel Plünderung man ertragen mußte u.a.m. liegt außerhalb des Wägbaren, außerhalb jeder Prüfbarkeit. Es müßte erst einmal gezeigt werden, wieweit man den geringen Landbesitz überhaupt erfolgreich bebauen konnte. Jene wenig seßhaft gewordenen Stämme stehen kaum in dem Ruf, diese Ackerbauern gefördert zu haben, eher haben sie sich besorgt, was sie in ihrer kriegerischen Lebensweise nicht selbst erzeugten. Ins Reich der Spekulation gehört schließlich die Furcht der Provinzialen, als Beute den Mannen Odoakars zugeteilt zu werden; das *commemoratorium* sagt es ausdrücklich anders.

254 Ep. Eugipps 9/10. Zu Severins Mönchtum s. die Studie von Harald DICKERHOF, De institutione sancti Severini, Zeitschrift für bayrische Landesgeschichte 46 (1983), S. 3–36; ferner U. PAVAN, Note sul monachesimo di s. Severino e sulla cura pastorale nel Norico, Vetera Christianorum 15 (1978), S. 347–360, und H. KOLLER, Die Klöster Severins von Noricum, Der Schild von Steier 15/16 (1978/79), S. 201–207.

wissen nicht, ob er einer eremitischen oder coenobitischen Richtung zuneigte, wissen auch nicht, ob nicht seine ursprüngliche Absicht war, in einem Kloster oder einer Eremitenkolonie des Morgenlandes zu bleiben. Seine Berufung führte ihn gegen seinen Willen nach Noricum, und dies hatte er im allgemeinen wieder mit den Propheten gemeinsam, im besonderen freilich mag man an Paulus denken, der anders als die Propheten zu einem fremden Volk gerufen wurde (s. Anm. 228).

Severins Leben blieb fortan beiden Bereichen zugehörig: Dem klösterlichen Dasein, wenn auch ohne die später verpflichtende *stabilitas* und dem öffentlichen Leben in Noricum. Einzigartig ist dabei, daß er nicht einmal in seinem Hauptkloster bei Favianis wohnte, sondern in der Nähe eine eigene Zelle als sein Zentrum betrachtete (c.4). Das selbst gewählte und bewahrte Leben als Asket blieb die Grundlage der öffentlichen Wirksamkeit Severins, seine Maßnahmen und Ratschläge sind darin verwurzelt. Keinen Sinn ergäbe es, ihm eine herrscherliche oder irgend politische Tätigkeit, ein Amt nachzusagen. Es ist nicht so, daß man von einer Konzeption reden könnte, die Kräfte Noricums zu sammeln, zu einen, zu organisieren. Er plante nicht, er verkündete die Rückführung der norischen Römer in eine römische Provinz, ein Ereignis, an dem er schon deshalb nicht teilnehmen konnte, weil er vorher starb. So besteht sein öffentliches Tun in Mahnen und Schelten der Bevölkerung wie auch der gegnerischen Germanenkönige; in gelegentlicher materieller Fürsorge, wenn die Not groß war; auch darin, daß er Teile der Bevölkerung aus unhaltbar bedrohten Gebieten zurückholte in Orte, die noch eine begrenzte Sicherheit boten. Darin mag man ein Vorspiel des großen Rückzuges nach Italien sehen. Hier wird eine Grenze zum Leben der Propheten sichtbar: Severin ist ihnen verwandt, wo er mahnend, zur Buße rufend vor Menschen tritt, Verquickung von Schuld und Schicksal aufzeigt, wo er im Auftrag Gottes handelt; das Leben im monastischen Verzicht trennt ihn von diesen, auch wenn die Umstände den Propheten oft ein Leben in härtester Entbehrung auferlegten, das sie unfreiwillig ertrugen.

Dies alles meint Ähnlichkeiten mit den Propheten Israels, die in Severins Leben tatsächlich bestanden, nicht erst Element der Einsicht, Auffassung und Darstellung sind, die Eugipp hinterlassen hat. War von Severins prophetischer Erscheinung die Rede, so denke man an das Gesamtbild der Person dieses Heiligen wie der Gestalten altisraelitischer Überlieferung. Mit dem Sprachgebrauch des *commemoratorium* stimmt dies nicht überein. *Vir propheticus, gratia prophetiae* beziehen sich auf die Gabe, Ereignisse vorherzusehen und zu -sagen.[255] Jedoch schränkt dies in keiner Weise die ganz anders begründete Verwandtschaft zu Prophetengestalten ein, wie sie beobachtet wurde und von Eugipp gelegentlich zu bestimmten Propheten aufgewiesen wird. Zur Gabe des Vorhersagens selbst muß gesagt werden, daß rationalistische Erklärungen bisher nichts geklärt haben. Treffend hat Marc van Uytfanghe beobachtet, daß das Kernstück in Severins Prophetie sich nicht als *prophetia post factum* erklären läßt:[256] Severin hatte gesagt, die norische Bevölkerung werde *ad romanam provinciam* ziehen (c. 40,4; vgl. 31,6). Dies wäre für eine aus den späte-

---

255 c. 9,1; 25,3; 30,5; s. VAN UYTFANGHE, La bible (wie Anm. 223) S. 339.
256 DERS. op cit. S. 346.

ren Fakten Severin von Eugipp zugesprochene Vorhersage eine unerklärliche Ungenauigkeit, wo man doch ins italische Mutterland gezogen war. Offenbar reichen bei Severins Prophezeiungen zur Erklärung die besonderen Kenntnisse nicht aus, die er auf seinen Reisen zu norischen Städten und zu Germanenkönigen als genauer Beobachter gewonnen haben mag, und die seine Gedanken täglich beschäftigen mußten.[257] Zunächst ist festzuhalten, daß Severin für diese Könige ein Vertreter der Feinde war, der diesen Feinden im begehrten Noricum ein erträgliches Leben zu sichern suchte. So tritt Severin dem Rugier- und dem Alemannenkönig nicht als vertrauter Freund, sondern vor allem zurechtweisend, als Prophet, dessen Gott von diesen Herrschern höchstens in haeretischer Form anerkannt wurde, entgegen. Es ergibt sich zwingend aus dieser Situation, daß man gerade Severin nicht in Pläne und Anschläge einweihte, die Noricum betrafen: Nicht von den Germanen konnte er solch spezifische Kenntnisse haben, wiewohl er eine zutreffende Allgemeinansicht von diesen Stämmen, ihren Gewohnheiten und Zielen, ihrer Kraft gewonnen haben mochte. Seine Vorstellung bezieht sich auf das christliche Noricum: Unglaube, Ungläubige als Geißel; sie beschworen Gottes Zorn über das Volk herauf. Nicht strategisches Kalkül führte Severin zu seinen Einsichten über die Zukunft, zu seinen Ratschlägen und Maßnahmen, sondern seine Kenntnis des strafenden und helfenden Gottes. Zu Recht sagt van Uytfanghe:[258] „que le saint ne cesse de mettre en évidence la continuité entre l'histoire d'Israel et celle du peuple chrétien du Norique", dies aus den Rückverweisen auf israelitische Geschichte schließend. So ist die Christenheit, zu der die norische Bevölkerung gehörte, das neue erwählte Volk, an dem Gott nicht minder strafend und helfend wirkt, wie einst an Israel. Die von van Uytfanghe beobachtete geschichtliche Kontinuität liegt somit letztlich nicht in der Kontinuität des betreffenden Volkes oder der Dauer einer geschichtlichen Konstellation, sondern in der Identität Gottes mit sich selbst.

In Passau (Batavis) hatte Severin eine kleine Zelle eingerichtet, da er auf Bitten der Bewohner sich gelegentlich dort wegen häufiger Alemanneneinfälle aufhielt, *quorum rex Gibuldus summa eum reverentia diligebat* (c.19). Gibuld wünschte sich eines Tages, Severin zu sehen und zog nach Passau. *Cui sanctus obviam, ne adventu suo eadem civitatem praegravaret, egressus est, tantaque constantia regem est allocutus, ut tremere coram eo vehementius coeperit, secedensque suis exercitibus indicavit numquam se nec in re bellica nec aliqua formidine tanto fuisse tremore concussum. Cumque dei famulo daret optionem imperandi quae vellet, rogavit doctor piissimus, ut sibi potius praestaturus gentem suam a Romana vastatione cohiberet et captivos, quos sui tenuerant, gratanter absolveret.* Der König gestand dies zu; die Schwierigkeiten bei der Durchführung und der endliche Erfolg dürfen hier außer Betracht bleiben.

Severin war ohne irdische Macht; nach modernem politischen Kalkül hätte Gibuld ihn ignorieren können. Er stand da ohne Amt, ohne Truppen, ohne ein

---

257 J. FONTAINE, Vita s. Martini III S. 940ff verzichtet auf solch oberflächliche Erklärung der Prophetie eines Asketen ganz im Unterschied zu DIESNER und LOTTER.

258 La bible S. 325 mit Verweis auf c.1,4; 21,1; 40,4; 44,5; er erweist das Verfahren des Rückverweisens selbst als biblisch.

Reich, das er beherrschte, ohne eine Provinz, die er verwaltete; mehr noch, er wollte solche Macht nicht besitzen oder ausüben, entwickelte auch nicht Pläne zur Festigung der Lage Noricums. Dennoch heißt es, Gibuld, der ja feindliche König, *summa eum reverentia diligebat*[259]. *Reverentia*: Ehrfurcht, Ehrerbietung brachte man einem Hochstehenden, wenn nicht gar einer über einen selbst erhobenen Person entgegen; *diligebat*, als Ausdruck einer Zuneigung, gibt dem noch eine besondere Färbung. Gibuld zog offenbar nicht nur mit kleinem Gefolge zu Severin. Daß nicht der König Severin zu sich befahl, sondern ihn aufsuchte, wäre schon ungewöhnlich genug, fast eine Geste der Unterordnung. Severin, für die ohnehin bedrängte Stadt Gefahr vermutend, eilt Gibuld entgegen und erregt durch seine bloße Erscheinung in Gibuld eine Furcht, wie dieser sie in keiner Kriegshandlung gekannt hat. Unter solchem Eindruck gewährt er Severin die Bitte, Gefangene freizulassen.[260]

Die Szene hat keine unmittelbare biblische Parallele, und dennoch erinnert die Ehrfurcht heischende Gestalt des Heiligen an die Propheten Israels, die nach der Überlieferung als Person wenig bedeuteten, aber um ihres Auftrages willen, weil in ihnen die Autorität Gottes erschien, beugten sich ihnen Könige. Das Prophetenhafte dieser Begegnung ist offenbar nicht Ergebnis der Darstellung durch Eugipp; dieser enthielt sich jeglicher deutlichen biblischen Anspielung. Wir haben keine Propheten- oder Patriarchengeschichte im Alten Testament gefunden, die eine ausreichende Ähnlichkeit zu diesem Geschehen böte, und Eugipp scheint nicht anders geurteilt zu haben, der doch sonst gerne Prophetengestalten für Severin in Anspruch genommen hat, wo die Anklänge der Ereignisse deutlich genug waren.

Zu Asturis war Severin erstmals öffentlich aufgetreten und hatte zur Buße aufgerufen (c.1); andernfalls würden Feinde den Ort überfallen. Der Bußruf, die Vorhersage feindlicher Gefahr waren oft Kern eines Prophetenauftrages, und so folgt schon Severins erster Auftritt dem Tun der Propheten. Zu Asturis verweigerte man sich dem Wort Severins, auch dies gehört zum Prophetenschicksal des Heiligen; seit Mose hatten die gottgesandten Führer Israels mit Unglaube und Abgötterei zu kämpfen. Das Leben der Propheten war kein Leben großer irdischer Erfolge, sondern begleitet von Enttäuschungen und Niederschlägen; nicht Anerkennung und wachsendes Sich-Durchsetzen begründeten das Dasein eines Propheten, sondern sein Auftrag, der ihn gegen jeden Mißerfolg oder Gefahr aufrecht erhielt. Da scheint das Schicksal der Propheten Israels härter noch gewesen zu sein als das des Severin.

Eugipp hat diesen Prophetencharakter Severins erkannt und geschildert. Den Leser macht er auf diesen Rang des Heiligen dadurch aufmerksam, daß er ihn gelegentlich unter der Gestalt israelitischer Propheten schilderte, wo immer die Ereignisse ausreichende Ähnlichkeiten boten; gern legte er Severin ein Prophetenwort in den Mund; so erscheinen Jeremia (c.5), Joel (c.12), Elisa (c.28), Hesekiel (c.30). Auch Mose gehört in den Kreis der Gestalten, an die das Severinleben erinnerte. Als er den Tribun Mamertinus zur Verfolgung der Feinde aufgefordert hatte, und dieser den desolaten Zustand der Truppen beschrieb, dennoch bereit, auf Severins

---

[259] In demselben Satz sind immerhin die häufigen Einfälle der Alemannen erwähnt!
[260] Vgl. c. 10,2 *cuius venerandam praesentiam non ferentes* (scil. latrones) *supplices quos ceperant reddidere captives.*

Aufforderung hin zu kämpfen, da legte Eugipp Severin die Worte Moses in den Mund: Der Herr wird für euch streiten, und ihr werdet stille sein (c. 4). Mit diesem Wort hatte Mose Israel beruhigt, das vor sich das Rote Meer sah und die verfolgenden Truppen Pharaos entdeckt hatte (Ex. 14,14). Die Vorstellung des Auszuges aus Ägypten als ein Bild des Fortziehens aus Noricum könnte hingegen sehr gut auf Severin selbst zurückgehen, der seinen Tod ahnend davon redete (c.40,4). Solche Rede war für den verehrenden Schüler gewiß eindrucksvoll und bewegend genug, um Wichtiges daraus für ein Leben zu behalten. Eugipp griff dieses Bild bereitwillig auf (c.44,5) Aber: An beiden Stellen ist Severin nicht Mose verglichen, und dies schon deshalb zu Recht, weil Mose der Führer des Auszuges war, Severin einen solchen nur angekündigt, nicht aber durchgeführt hatte.[261] Severin machte sich nur die Bitte Josephs zu eigen, daß bei dem Auszug seine Gebeine mitgenommen werden sollten; und auch dies wird auf Severin zurückgehen.

Deutliche Ähnlichkeiten waren zum Auftreten alttestamentlicher Propheten festgestellt worden, auch dort, wo Eugipp dies nicht hervorgehoben hatte. Die Berichte erinnerten an Mose, dessen Gebet den Sieg über die Amalekiter herbeiführte (c. 4), Daniel, wohl auch Joseph (c. 5, c. 31; c.40), Elia im Verhältnis zu Ahab und Isabel (c.8 und 40), c.31 gemahnten an das mutige Auftreten der Propheten vor Königen, man denke an Nathan, Elia, Jeremia (c.22). Der ständige Bußruf Severins[262] war der herausragende Zug seiner Prophetenstellung gegenüber der norischen Bevölkerung; Eugipp brauchte dies nicht erst zu formen, um im Leser die Erinnerung an die biblischen Gestalten zu wecken. So lag der Prophetencharakter im Tun Severins selbst und bedurfte kaum bedeutender literarischer Eingriffe Eugipps, ja Eugipp hat als Autor sogar wenig dafür getan, Severin als Propheten zu kennzeichnen, nur gelegentliche Schriftzitate und -anlehnungen genügten ihm, und wir haben unsere eigene Erinnerung, die nur durch den Bericht der Ereignisse geweckt wurde, davon zu trennen. Die Prophetenzüge Severins sind die Mitte, um die sich auch die neutestamentlichen Zitate des *commemoratorium* gruppieren.[263]

---

261 Die Moseparallele reicht m. E. nicht soweit, wie VAN UYTFANGHE, La bible (wie Anm. 223 S. 329f) will. Aber er hat sicher Recht, daß Eugipp sorgfältig mit den Schriftworten umging und sich an die in den Ereignissen selbst liegenden Ähnlichkeiten hielt (zumal S. 349f).

262 M. VAN UYTFANGHE op. cit. S. 320f mit Verweis auf J. FISCHER, Die Völkerwanderung im Urteil der zeitgenössischen Schriftsteller Galliens unter Einbeziehung des hl. Augustinus, Diss. phil Würzburg, Heideberg 1948, S. 171–208. Er denkt S 348f an Severins Kampf gegen heidnische Kulte als Parallele zum Kampf gegen Baal- und Astartekult. Dies kann man so sehen, wenn man dabei nicht vergißt, daß Eugipp eine solche Parallele nicht eben hervorgehoben hat. DIESNER, Kirche und Staat (wie Anm. 233) S. 164 kennt wenigstens in einer eher beiläufigen Bemerkung den Zusammenhang von Bußpredigt und Prophetentum, ohne zu bemerken, daß darin der Kern der öffentlichen Wirksamkeit Severins zu greifen ist. LOTTER, Severin (wie Anm. 5), redet zwar mehrmals von der Bedeutung alttestamentlicher Propheten für die Severindarstellung, zumal S. 115ff, verbindet dies aber nur mit Wundern und Vorhersagen. Gelegentliche Erwähnungen der Bußrufe Severins erkennen darin nie das Zentrum seines Prophetentums.

263 J. FONTAINE Vita s. Martini S. 127f will die Beziehung des hl. Martin zu den Propheten als Typologie beschreiben. Doch es fehlt der höhere Rang, den Martin als Antityp alttestamentli-

Als Severin sich scheidend an seine Mönche wandte, beschrieb er selbst deutlich das eigene Verhältnis zu den Gestalten der biblischen Überlieferung. Seinen *fratres* legte er eindringlich dar, daß die norische Bevölkerung vor der ungerechten Barbarenherrschaft fortziehen müsse in eine römische Provinz, so wie einst die Söhne Israels aus Ägypten in die Freiheit gezogen seien (c. 40,4). Sorgfältig ist hier jede Anspielung auf die Führung dieses Zuges, auf Mose als die große Führergestalt Israels vermieden. Severin beanspruchte nicht, ein ‹alter Mose› zu sein, und Eugipp unterstellte ihm diese Rolle hier auch nicht, wiewohl dies, seine, Eugipps Meinung gewesen sein mochte. Severins Beziehung zum Auszug ist nicht die des Mose, der sein Volk an die Grenzen des gelobten Landes führte, aber vor dem Einzug sterben mußte, sondern die Josephs, der sterbend erbeten hatte, daß seine Gebeine dereinst aus Ägypten mit heimgeführt werden sollten in das den Erzvätern versprochene Land. Severin kleidete seine Bitte in die Worte Josephs, dessen Befehles möge man sich erinnern – *mementote praecepti sancti Joseph patriarchae* – und fügte sofort hinzu: *cuius vos ego indignus et infimus attestatione convenio* (s. Gen. 50,25). Den Rang Josephs hatte er weder erfüllt noch beansprucht, nur dessen letzte Bitte war die seine, die so als Patriarchenwort eindringlicher vorgetragen war. Als er dann seine letzte Mahnung an die Mönche richtete (c.43), hielt er es für seine Pflicht zu tun, wie einst Jacob, der vor seiner Todesstunde seine Söhne versammelte und jedem mit einem Segensspruch seine Zukunft erschloß. Solch väterlicher Pflicht war er nicht gewachsen: *nos vero infimi ac tepidi tantaeque impares pietati hanc praerogativam nostris usurpare viribus non audemus*. Konnte er nicht jedem einzelnen Spezifisches sagen, so mahnte er sie doch alle zu den *exempla maiorum*, deren Lebensende zu betrachten, ihrem Glauben nachzustreben. Und er führte das Beispiel des gläubig-gehorsamen Abraham an. Jacob wie Abraham bleiben die unerreicht hohen, ein gleichwertiges Leben fordernden Bilder. Nicht Unterschätzung oder Geringschätzung des eigenen Lebens ist Grund für die Demutsäußerung Severins. Dieser kannte seinen Auftrag und seine Leistung; das zu beweisen, genügen seine fordernden Mahnworte, sein kühnes Auftreten gegenüber den fremden, arianischen Königen; genügt, daß er gegenüber den Mönchen, die er sterbend um sich versammelte, sich in der Vaterpflicht des Patriarchen Jacob sah. Das alles deutet auf ein Leben, dem es an hohem Sinn nicht gefehlt hat. So erlaubt das *commemoratorium* abzuschätzen, was Severin in eigenem Bewußtsein übertroffen und zurückgelassen hatte und was er erstrebt aber unerreicht vor oder über sich wußte und anderen, Gleichstrebenden als Leitstern aufzugeben bemüht war.

---

cher Propheten dadurch haben müßte, daß er Erfüllung der historisch-stofflichen alttestamentlichen Erscheinung in der mit Christus angebrochenen Zeit ist. Vom „typ du prophète chez le roi" zu sprechen, erscheint mir sinnvoll, aber nicht im Sinne einer letztlich auf Paulus zurückgehenden Typologie, sondern einer bedeutenden grundsätzlichen Möglichkeit menschlichen Lebens, die in den bestimmenden Zügen nicht an ein Zeitalter gebunden ist.

6 DES FERRANDUS LEBEN DES HEILIGEN FULGENTIUS

Fulgentius, in den ersten Jahrzehnten des 6. Jahrhunderts Bischof von Ruspe,[264] hatte auf unterschiedliche Weise Anteil am monastischen wie am bischöflichen Leben. Mönch wurde er aus eigener Entscheidung und blieb es auch als Bischof mit aller Konsequenz. Bischof wurde er gegen seinen Willen, versah dann aber dieses Amt mit hohem Einsatz, nahm dafür das Exil auf sich. Ob seine rühmende Vita von dem Schüler des Fulgentius und karthagischen Diakon Ferrandus verfaßt wurde, wird diskutiert.[265]

Im Prolog legt der Verfasser dar, daß die Lehrer der Kirche nach zwei Dingen beurteilt werden: *vita bona et sana doctrina. Vita enim bona commendat sapienter docentem; doctrina sana ornat bene viventem ... Vita bona tollit occasiones detrahentibus, doctrina sana resistit contradicentibus.* Darum, weil Fulgentius in beidem vorbildlich war, bedauert der Autor wortreich den Verlust, den die afrikanische Kirche mit seinem Tod erlitten hat. Richtigkeit und Verbindlichkeit entnimmt die Vita einem Gleichnis Christi: *Omnis novi Testamenti fidelissimus dispensator, in quo loquitur Christus ... ut exemplo suo credendum sibi facile persuadeat, operum bonorum curam maximam gerit, et quidquid aliis faciendum dicit, ipse primitus facit.* Christus stellte zwei *dispensatores* – Verwalter – einander gegenüber.[266] Der eine gibt dem Gesinde zur rechten Zeit, was ihm gebührt, wirtschaftet korrekt und genau. Der unerwartet heimkehrende Herr wird den lauteren und zuverlässigen *dispensator* über alle seine Güter setzen. Der andere, im Vertrauen auf die Abwesenheit des Herrn, folgt zunächst seinem Belieben und Vergnügen; mißhandelt das Gesinde, ißt und trinkt über alles Maß, wird so vom Herrn überrascht und empfängt für solches Tun seinen Lohn. Anders als die Vita redet das Gleichnis nicht davon, daß das vorbildliche Handeln des einen das Gesinde anspornt, das verwerfliche des anderen aber auch das Gesinde zur Nachlässigkeit und Faulheit verleitet. Alles ist darauf bezogen, vor dem Herrn, vor Gott also, zu bestehen. So sind es drei Dinge, die aus dem Schriftwort für den Vitentext zu folgern sind: 1) wird an Fulgentius als

---

264 Zu den möglichen Anfangs- und Schlußdaten seines Episkopats s. H. J. DIESNER, Fulgentius von Ruspe als Theologe und Kirchenpolitiker, Arbeiten zur Theologie, I. Reihe, Heft 26, Stuttgart 1966, S. 5ff.

265 Prolog, an den Nachfolger des Fulgentius gerichtet: ... *in quo* (scil. das Kloster des Fulgentius auf Sardinien) *simul nutriti sumus*. Der Bericht vom Leben des Fulgentius ist in das 16. Kapitel von L. DUCHESNE, L'église au VIe siècle, Paris 1925, S. 625, eingegangen, soweit er zur Schilderung der allgemein-kirchlichen und politischen Verhältnisse beiträgt. Zur Absicht des Verfassers, zumal soweit sie sich aus der Widmung an Felicianus, den Nachfolger des Fulgentius ergibt: LAPEYRE: Ferrand, Diacre de Carthage, Vie de S. Fulgence, ed. G. LAPEYRE, Paris 1929, XXVIIIff, über den Verfasser LIVff; dagegen A. ISOLA, Sulla paternità della Vita Fulgentii, der gute Gründe gegen die Verfasserschaft des Ferrandus geltend macht.

266 Mt. 24,45ff; Lc. 12,42ff; vgl. Tit. 1,7; s. auch c. 20 der Vita.

Bischof, als *dispensator*, Träger eines Amtes gedacht; 2) wird durch den Rückgriff auf das Gleichnis Christi um das Leben des Fulgentius der absolute Horizont des letzten Urteils Gottes als Richter gezogen; 3) aber wird zwischen Haushalter und Gesinde ein Band hergestellt, das Christus nicht ausschloß, aber selber nicht erwähnte, da er mit diesem Gleichnis anderes im Auge hatte. Es ist eine allgemeine menschliche Erfahrung dem Gleichnis hinzugefügt.

Die bewegte Klage über den Verlust eines solchen Lehrers nimmt den mittleren Teil des Prologs ein. Dann bemerkt der Autor, daß seine unvollkommene Darstellung die Verdienste des Fulgentius nicht mindern könne, *sed proficere tantummodo ad testimonium caritatis*. Der Verfasser erinnert sich dabei, daß er auf des Fulgentius Rat auf Sardinien in dessen Kloster eingetreten sei und gedenkt seines Lehrers Fulgentius: *Quando me super mel et favum dulciora caelestis eloquii flumina frequenter rigabant et nisi sterilitas arentis ingenii praepediret centesimum fructum gleba nostri pectoris attulisset.*[267] Die anziehende Kraft seiner geistlichen Reden und Gespräche ist mit biblischer Redewendung sinnenhaft dargestellt. Sich selber setzt der Autor mit einem Gleichnis Christi in Verbindung zu seinem Lehrer. Christus hatte von einem Sämann erzählt, dessen Aussaat unterschiedlich Frucht trug, je nach dem Boden, auf den das Saatkorn fiel. Hatte der Vitenautor das Lehren des Fulgentius mit einem Bild der Süße und des Behagens, der Üppigkeit geschildert, so wird das Lehren nun Aussaat, Fulgentius zum Sämann. Die üppige Saat aber hätte hundertfältig Frucht getragen, gliche er nicht selber dem trockenen Boden, auf dem die Saat nicht keimen, die Pflanze nicht gedeihen kann. Zugleich bildet die Trockenheit des Bodens einen präzisen Gegensatz zum Nektar der Rede des Fulgentius. Man mag das als Produkt herkömmlicher Bescheidenheit ansehen; doch spricht aus der ganzen Arbeit eine Verehrung für den Lehrer als Mönch und Bischof, daß man wohl besser tut, solchen Abstand als erkannt und ausgesprochen hinzunehmen, umso mehr, als der Autor darin Ansporn zum Nachstreben fand.

Das erste Kapitel berichtet die vornehme Herkunft des Fulgentius, überliefert das Schicksal der Familie in den Vandalenstürmen und stellt dem Leser den hohen Ehrgeiz vor Augen, den die Mutter mit diesem Sohn hatte.[268] Der frühe Tod des Vaters zwang dazu, bald die Leitung des väterlichen Hauses zu übernehmen: *Unde tamen, domesticorum negotiorum cogente necessitate, cito sublatus, paternae domus gubernationem suscepit adolecens, ita se maternis subdens imperiis, ut ibi quoque Christi existeret imitator, de quo sacra Evangelia contestantur: et erat subditus illis, id est parentibus* (Mc. 2,51). Ohne daß Fulgentius mit Christus gleichgesetzt würde: In beiden Fällen beugt sich der Überlegene. Für Christus gehörte dies zum vollen Menschsein, er erfüllte die Norm, wenn es in seinem besonderen Falle als Gottes Sohn auch sonst keinen Grund gegeben hätte. Wenn aber selbst Christus solchem menschlichen Maß sich gebeugt hatte, so kam dies Fulgentius umso mehr

---

267 Vgl. Ps. 18,11 und Eccli 24,27 zu *super mel et favum*; zur hundertfältigen Frucht: Mt. 13,3ff und die Erklärung v. 18ff; Mc. 4,3ff und v. 14ff; Lc. 8,5ff und v.11ff.
268 Zu Familienschicksal, Jugend, Ausbildung und weltlicher Tätigkeit s. DIESNER, Fulgentius 9ff. Yitzhak HEN widmet Fulgentius einige Seiten in: Roman Barbarians.The Royal Court and Culture in the Early Medieval West, New York 2007, S. 87–92.

zu; als der im Vergleich zu Christus Geringere folgte der künftige Bischof dem Beispiel seines Herrn.

Gemäß dem Ehrgeiz, mit dem die Mutter die Ausbildung des Sohnes betrieben hatte, erreichte er früh das Amt des Prokurators.[269] Die in solcher Tätigkeit erforderliche Härte widersprach jedoch seiner gütigen Art.[270] So besuchte er Klöster, beschäftigte sich mit monastischer Lebensweise und beobachtete – dies wohl der Beginn einer länger dauernden *conversio: inter abstinentes nulla sese gaudia saeculi, sed nulla etiam taedia ...* ferner: *neminem calumniatorem timere, sed se invicem diligere*; ein Gebot Christi an seine Jünger (Joh. 13,34f und 15,12 und 17). So ist dies die Beobachtung, daß dort gemäß den Anfängen der christlichen Gemeinschaft gelebt wurde. Fulgentius wägte nun weltliches und geistliches Leben gegeneinander ab und war berührt von der beständigen Zufriedenheit der Mönche, obwohl diese auf das irdisch Angenehme verzichteten; den erfolgreichen römischen Provinzialadligen senatorischer Herkunft beeindruckte die Hoffnung auf ein jenseitiges Leben, das höhere Leben eines „Totenreiches" könnte man sagen, wenn mit solchem Wort nicht von vorne herein der höhere Rang des Diesseitigen behauptet wäre, wenn nicht jenen das Gottesreich auch die höhere Lebendigkeit bedeutet hätte. Für Fulgentius kehrte sich die Rangordnung um: *Nitebamur prius inter amicos nobiles apparere nobiliores; nitamur modo inter servos Dei pauperes effici pauperiores*. Die Friedlichkeit des Klosterlebens hing nach Fulgentius' Beobachtungen zusammen mit der Bedürfnislosigkeit, mit der Aussicht auf eine überirdische Zukunft. Für sich selber beschloß er, das Eintreiben von Steuerschulden aufzugeben und Sünder zu bekehren. Sein Vorbild fand er in Matthäus, dem Zolleinnehmer, der ein Apostel wurde.[271] Offenbar war ihm sein wie des Matthäus voriges Tun sündig, so daß der eigene Entschluß nicht ausreichte zur *conversio*. Erst, daß Christus einen solchen Menschen rief, versichert ihm, daß auch er aufgenommen wird. So rief er mit dem Psalter: *Refugium nostrum Deus est* (s. Ps. 9,10; 17,3; 30,4; 45,2; 58,17 u. ö.). *Nulla de aetatis inbecillitate nascatur escusatio: potens quippe*

---

269 C. 1 Ende; die Schilderung der Ausbildung ist ein wichtiger Text für die spätantike Bildungsgeschichte; für die griechische Orientierung im römischen Afrika.

270 C. 2; bei DIESNER (wie Anm. 264) S 11 wird nicht deutlich, wo er über den Vitenbericht hinaus allgemeine Überlegungen über die Gründe der *conversio* anstellt. C. 2. der Vita nennt die *gravis sarcina*, die *vana felicitas* des Procuratorenamtes, die *crudelitas*, die zum Steuereinnehmen gehört; nichts von riskantem Leben, von einem Streit, der mit der vandalischen Obrigkeit leicht entstehen konnte; nichts von möglichen Bedrängnissen wegen des katholischen Glaubens, oder daß ein Procurator eventuell hohe Einbußen des Vermögens erleiden konnte. Solchen Gefahren zu begegnen, war der Übertritt zum Mönchtum der denkbar ungeeignetste Weg, wie sich ja auch herausstellen sollte. Über die speziellen Umstände eines in Not geratenen Procuratos (c. 14, was DIESNER in diesem Zusammenhang zitiert) ist nichts bekannt. Die Vita hält für die *conversio* andere und wahrscheinlichere Gründe bereit, als DIESNER sie hier voraussetzt.

271 Mt. 9,9; Mc. 2,14; Lc.5,27ff. *solet etiam de publicis actionibus efficere christus dominus noster magistros Ecclesiae: De teloneo enim vocatus est Matthaeus, ut apostolus fieret. Neque nos huic honori personam convenire credimus nostram, sed si ille deposito officio exactionis accepit officium praecurationem poenitentis assumere lamentationem?* Wie gut das Matthäusbeispiel gefunden ist, zeigt sich erst später, als Fulgentius als Bischof das *officium predicationis* übernimmt.

est qui dat continentiam tantis adolescentibus, quos videmus in monasterio vivere, mihi quoque peccatori similem gratiam donare. Psalter und Evangelistenschicksal also bereiteten den Weg des Fulgentius vor und gaben diesem die Gewißheit für seine Entscheidung. Das Kapitel aber führt den Weg von allgemeinen Erkenntnissen und Beobachtungen, die an biblischen Texten gebildet sind, zur individuellen Entscheidung vor.

Fulgentius gab sein Procuratorenamt auf und trat in das Kloster des von König Hunerich vertriebenen Bischofs Faustus ein.[272] Die erste Versuchung des Mönches Fulgentius geschah aus achtenswerten menschlichen Regungen der Mutter[273]. Sie forderte von Faustus ihren Sohn zurück, den sie so sehr liebte; Faustus freilich als Abt erlaubte keine Zusammenkunft, der Mutterliebe setzte er den Dienst Christi entgegen. Die Mutter nun vertraute auf die Liebe ihres Sohnes und klagte schreiend an der Klosterpforte, rief, wenn auch vergeblich, seinen Namen. Fulgentius hörte zwar ihre Klagen, doch *sursum tamen corde positus, audiebat et non audiebat* (vgl. Ps. 37,14f),[274] *nec illius preces advertere dignum putabit, quia pietatem solitam religiosa crudelitate vincebat. Ibi jam futurae patientiae multis exemplum fidelissimum praebebat et, similis ebrio per spiritalem gratiam factus,*[275] *utrum mater esset quodammodo ignorabat* (vgl. Mt. 12,46ff; Mc. 3,31ff). Man muß sich deutlich machen, daß hier die Liebe der Mutter und der Gehorsam ihr gegenüber nicht geringeschätzt werden, sondern daß in dieser Situation der irdische Zusammenhang der Familie, dessen Wichtigkeit gerade im ersten Kapitel am Beispiel des heranwachsenden Christus dargelegt worden war, hinter der bedingungslosen Entscheidung für den geglaubten Gott zurücktreten mußte mit einer Härte (*religiosa crudelitate*), die Christus nach dem Zeugnis der Evangelien, wie hier zitiert, selbst praktiziert hatte; die schon bei Antonius und Pachomius begegnete und dort ebenfalls mit Forderungen Christi begründet worden war.

Ohne an biblische Worte anzuspielen wird die monastische Askese des Fulgentius beschrieben (c. 5). Der folgende Satz faßt dann zusammen: *Tunc animus viri sapientis altiore pietate commotus tota mente mundum sibi crucifigeret et ipse*

---

272 C. 3; zum Mönchtum der Vandalenzeit: H. J. DIESNER, Kirche und Staat (wie Anm. 233) X; Henri LECLERCQ, Cénobitisme, DACL II, 2bis, 1924/25, Sp. 3230ff; H. J. DIESNER, Jugend und Mönchtum des Fulgentius von Ruspe, Helikon 1 (1961); Überblick über die kirchliche Situation: Handbuch der Kirchengeschichte, hg. von H. JEDIN, II,2, S. 180–186 (K. BAUS).

273 C. 4; auch D. HOSTER, Die Form (wie Anm. 87) 148f, hebt die ehrende Beschreibung der Mutter hervor, die doch als Versucherin auftritt. Im übrigen bemerkt er, daß das Bild des heiligen Mönchsbischofs so im orientalischen Mönchtum nicht vorgestellt wird und weist auf die Distanz des Textes zu Dämonen und Wundern; dazu auch M. SIMONETTI, Note sulla vita Fulgentii, Mélanges offerts à B. de Gaiffier et Fr. Halkin, Analecta Bollandiana 100 (1982), S. 277–289.

274 David als Schuldiger muß mit tauben Ohren über die Anschuldigungen hinweghören – eine doch wohl andere Situation, wenn man auch sehen muß, daß nicht nur die Spruchweisheiten, sondern sogar die zehn Gebote den Gehorsam gegen die Eltern hoch einschätzen, ja fordern; Fulgentius verletzte somit ein Gebot!

275 Man berichtete Christus, die Mutter und die Brüder seien vor der Tür, und er fragte: "Wer sind meine Mutter und meine Brüder?" und erläuterte, der sei ihm Bruder, Schwester, Mutter, der den Willen seines Vaters tue.

mundo crucifixus, iter rectum a iuventute sua, sicut scriptum est, ambularet, portionem substantiae propriae quamvis haberet fratrem iuniore, nomine Claudium, per donationem soli contulit matri. Er wollte bewirken, daß sein Bruder sich nicht über die Mutter erhob. Dies mag noch einmal illustrieren, wie wenig die Unerbittlichkeit des Mönchs Fulgentius zu tun hat mit einer Mißachtung der Mutter. Mit seinem Abschied von allen herkömmlichen irdischen Bindungen und mit seiner Askese hatte er einen Zustand erreicht, den Paulus beschrieb: *Mihi autem absit gloriari, nisi in cruce Domini nostri Jesu Christi, per quem mihi mundus crucifixus est et ego mundo* (Gal. 6,14). Von Jugend auf den rechten Weg zu wandeln, das ist der Schrift nicht wörtlich entnommen,[276] nahe kommt ein Wort aus den Sprüchen: *Ut ambulas in via bona* (Prov. 2,20). Daß man auf dem rechten Wege gewandelt sei, oder wandeln wolle, ist oft in der Bibel gesagt, besonders eindrücklich von Mose: *Custodite igitur et facite, quae praecipit dominus Deus vester vobis, non declinabitis neque ad dexteram neque ad sinistram, sed per viam, quam praecipit Dominus Deus vester, ambulabitis*, verbunden mit der Verheißung sicheren Besitzes des gelobten Landes (Deut. 5,32f; vgl. Ps. 1,1)). Auch das Gegenteil ist oft ausgesprochen, daß man vom rechten Wege gewichen sei, so gleich zu Beginn der Menschheitsgeschichte, als Grund der Sintflut zum ersten Mal (Gen. 6,12). Der Anspruch Christi, Weg, Wahrheit und Leben zu sein (Joh. 14,6), mag ebenso in diesem Vitensatz mit bedacht worden sein.

Als Faustus wieder vertrieben wurde, begab sich Fulgentius in ein benachbartes Kloster, dessen Abt Felix hieß. Dort wollte man Fulgentius sogleich zum Abt erheben, doch ließ er sich nur zu einem gemeinsamen Regiment mit Felix bewegen; hoch wird die neue, so ungewöhnliche Gemeinschaft gepriesen. Das *de mutua quam sibi credebat invicem subjectione sublimes* steht einem Wort des Epheserbriefes nahe (5,21): *subiecti invicem in timore Christi*, das den Umgang der Gemeindeglieder miteinander kennzeichnen sollte und so hier zwischen Felix und Fulgentius Wirklichkeit geworden war.

Das Vordringen der Barbaren[277] zwang zu erneuter Flucht. Die Vita schildert nicht den Schrecken, den solche Ereignisse mit sich brachten. Man sucht einen ruhigeren Ort zu erneuter Niederlassung. *Promovent igitur castra spritalia duces incliti caelestis exercitus et per ignotas Africae regiones monachorum suorum caterva comitante pariter gradiuntur.* Die himmlischen Heerscharen, das sind die Engel (II. Par. 18,18; Ezr. 9,6; Lc. 2,13), denen die Mönche kaum an Macht, eher an Reinheit und Gehorsam verglichen werden. *Castra*: Die Wehrhaftigkeit nutzte nicht gegen die Angriffe der Barbaren, das Wort muß gegen Satan, gegen Dämonen gelten, denen freilich in dieser Vita kein Platz eingeräumt ist.

Das nächste Kapitel[278] berichtet vom Versuch einer Niederlassung in Sicca, der auf den Widerstand eines arianisch-barbarischen Priesters stieß; dieser ließ Fulgentius und Felix gefangen nehmen und Felix auch foltern. Felix selber hatte sich dazu

---

276 LAPEYRE gibt in seiner Edition irrig Eccli 2,20 an.
277 Mauren: H. J. DIESNER, Das Vandalenreich, Stuttgart 1966.
278 DIESNER, Vandalenreich, S. 86, denkt offenbar an diese Ereignisse, wenn er sagt, daß unter Gunthamund (484–496) trotz aller Toleranz des Königs die unteren Instanzen der arianischen

erboten in der – vergeblichen – Hoffnung, so Fulgentius dieses Schicksal zu ersparen. Geschoren, ihrer Kleidung beraubt, wurden sie entlassen; und sie fanden auf ihrem Weg die Goldstücke wieder, die Felix hatte fallen lassen, als beide von den Schergen des arianischen Priesters ergriffen wurden. *Et quasi ex divina manu restitutos hilariter accipiunt, agentesque ineffabiles gratias Deo, qui consolatur humiles in omni tribulatione eorum, revertuntur ad proximos fratres.* Paulus, der offenbar über Vorgänge in Makedonien beunruhigt war, erhielt von Titus Nachrichten über die Gemeinde zu Korinth: *Sed qui consolatur humiles, consolatus est nos Deus in adventu Titi* (2. Cor. 7,6). Bei allem Anklang an dieses Wort ist die Situation doch sehr verschieden. Im Psalter erhielt der Begriff der *tribulatio* eine bedeutende Rolle, die dem Vitentext näher steht:[279] Bedrohung durch Feinde, in der von Gott Hilfe erfleht wird; oder Dank für die Errettung aus solcher *tribulatio*. Ist die paulinische Formulierung dem Vitentext näher, so sind es die Psalmtexte dem Inhalt nach.

Fulgentius hatte die Möglichkeit der Rache an den Arianern ausgeschlossen, die die Verbindungen seiner Familie ihm eröffnet hätten: *non licet, ait, in hoc saeculo vindictam quaerere Christiano. Novit Deus quomodo servorum suorum defendat iniurias. Iste presbyter, si gravissimi sceleris inter homines, me agente, receperit ultionem, patientiae nos apud Deum perdidimus retributionem; maxime quia multos parvulos scandalizzare poterit, si episcopi ariani judicium, qualiscumque peccator, tamen catholicus et monachus quaeram. Nolens ergo retribuere mala pro malis et vitam suam sciens necessariam bonis* zog er aus dieser Provinz fort.

Möchte der Verzicht auf Rache dem evangelischen Gebot der Feindesliebe entsprechen, zudem an Gottes *mea est ultio et ego retribuam in tempore*[280] gemahnen – Böses nicht mit Bösem zu vergelten entstammte fast wörtlich dem Römerbrief (12,17) – so gingen die Gedanken des Fulgentius in andere Richtung. Einmal widersprach das Rächen der Tugend der *patientia*, deshalb bringt man sich damit um deren Lohn. Ferner fürchtete er die Verwirrung, die es in der Gemeinde anrichten mußte, wenn er einen arianischen Richter anrufen würde, um sein Recht zu erlangen. Diesen Gedanken äußerte Paulus gegenüber den Korinthern. Schon er stellte die Glieder der Gemeinde über die Richter, Christen würden die Welt, sogar die Engel dereinst richten. So könne man nicht jetzt die Geringeren anrufen; da sei es schon besser, sich übervorteilen zu lassen. (1. Cor. 6,1–11). Das Wichtigste steht freilich zu Beginn: Gott weiß die Seinigen zu verteidigen, wie es im Deuteronomium stand. Drohend hatte sich auch Christus geäußert: Wer aber ärgert dieser Geringsten einen, die an mich glauben, dem wäre besser, daß ein Mühlstein an seinen Hals gehängt und er ersäuft würde im Meer, da es am tiefsten ist (Mt. 18,6).

Nach längerem Klosterleben entschloß sich Fulgentius nach der Lektüre ägyptischer Mönchsviten und der asketischen Werke des Cassian, unter einem Vorwand

Kirche den Orthodoxen entgegengetreten seien; daß jedenfalls Fulgentius unter den Anfeindungen arianischer Priester zu leiden gehabt habe und vor diesen habe zurückweichen müssen. Anders LAPEYRE in seiner Ausgabe als Anm. zum Text.

279 So häufig, daß Zitate sich erübrigen.
280 Mt. 5,44; Lc. 6,27 und 35; Deut 32,35. DIESNER, Vandalenreich, S. 149 weist darauf hin, daß nach diesem Vitenbericht Fulgentius lieber unter Mauren als unter Arianern leben wollte; zum Racheverzicht auch c. 15 der Vita: *manente in contradictionibus divina ultione.*

das Kloster zu verlassen (c. 8). Er wollte den Abtsrang aufgeben und in Ägypten in strenger Askese nach einer Regel leben. So verließ er mittellos die Mönchsgemeinschaft, um ein Schiff in Karthago zu besteigen: *dominus pascit me et nihil mihi deserit* Ps. 22,1f). So gelangte er nach Syrakus, wo er schließlich weder Namen noch Absicht vor dem Bischof verborgen halten konnte. Dieser warnte Fulgentius vor den Mönchen Ägyptens: *Omnes illi monachi, quorum praedicatur mirabilis abstinentia, non habent tecum Altaris Sacramenta communia.*[281] Es sei richtig, dem besseren Vorbild zu folgen, *sed scis, quoniam Deo sine fide impossibile est placere*. Askese war nicht das Ziel des Mönchtums geworden. Bischof Eulalius schloß das Christen- und Mönchsleben an jenes Kapitel des Hebräerbriefes an (c. 11), in dem die vorrangige Bedeutsamkeit des Glaubens von Beginn menschlicher Geschichte an dargelegt wurde: Abel, Henoch, Noah; die Erzväter, Richter und Propheten, schließlich Christus selber werden als eine „Wolke der Zeugen" aufgerufen.

Als ihm Bischof Rufinianus, der aus Afrika vertrieben auf einer Sizilien vorgelagerten Insel als Mönch lebte,[282] das Urteil des Eulalius bestätigte, da unternahm Fulgentius nur noch eine Reise zu den Apostelgräbern. Es ergab sich aber, daß zu dieser Zeit gerade Theoderich der Große in Rom einzog,[283] ein Ereignis, dessen festlich-zeremonielle Seite den Blick des Fulgentius fing. Der Asket, der soeben die Gräber der als Märtyrer gestorbenen Apostel besucht hatte – auch Theoderich hatte das getan, und die Vita äußert sich nicht zum arianischen Bekenntnis des Ostgotenkönigs – wurde nun Zeuge der denkbar aufwendigsten Staatsdarstellung seiner Tage. Der Anblick des Königs und der Versammlung höchster römischer Nobilität ließ Fulgentius erkennen: *qualis esset huius saeculi gloriosa pompa ... Neque tamen in hoc spectaculo libenter aliquid intuitur nec nugis illius saecularibus superflua illectus delectatione consensit; sed inde potius ad illam supernae Hierusalem desiderandam felicitatem vehementer exarsit, salubri disputatione praesentes sic admonens fratres: quam speciosa potest esse Hierusalem caelestis si sic fulget Roma terrestris! Et si in hoc saeculo datur tanti honoris dignitas diligentibus vanitatem, qualis honor et gloria praestabitur sanctis contemplantibus veritatem*!

Dem aufwendigen Prunk der Ereignisse steht Fulgentius gegenüber, *cui mundus olim fuerat crucifixus*[284], dies in Anlehnung an Worte des als Märtyrer in Rom begrabenen Paulus, an dessen Grab Fulgentius wie zuvor Theoderich ihre Andacht gerade verrichtet hatten. Der Ausruf des Fulgentius aber bezeugt zu allererst, daß auch dieser vom Prunk der Darbietungen, von der sichtbaren gestuften Ordnung von König, Nobilität und Volk in hohem Grade beeindruckt war. Nur wenn der Reiz solch geordneten festlichen Schauspiels stark empfunden wurde, konnte man auf die prunkvolle Ordnung des himmlischen Jerusalem, wie es in der Apokalypse des Johannes geschaut worden war, verwiesen werden, in dem die *vanitas* irdischer Vergänglichkeit der *veritas* ewiger Dauer gewichen war.

---

281 Gemeint ist der Monophysitismus der ägyptischen Mönche jener Zeit.
282 DIESNER, Vandalenreich (wie Anm. 277) S. 92: Spätestens seit 499.
283 C. 9; ENSSLIN, Theoderich d. Gr., München 1947 u.ö., 197ff; GREGOROVIUS, Geschichte der Stadt Rom I, Stuttgart-Berlin 1910, 2,1, die Reaktion des Fulgentius erwähnend; die Nachdrucke Darmstadt 1953 u. ö. kürzen die Anmerkungen auf völlig ungerechtfertigte Weise.
284 Gal. 6,14; vgl. oben zu c. 5.

Fulgentius kehrte über Sardinien nach Afrika zurück, wo er freudig empfangen wurde. (c. 10 und 11). Auf gestiftetem Grund konnte er ein neues Kloster gründen, dessen Gemeinschaft rasch wuchs. Doch Mühen der Leitung hinderten seinen Wunsch *spiritalia meditari*, und so sann er bald, wie er *sarcinam praesentis oneris adjiceret et sub aliorum regimine constitutus ipse potius sub regula viveret quam vivendi regulam ceteris traderet et ubi est illud praeceptum Domini, magis utile judicans imperantibus oboedire quam oboedientibus imperare.* Ohne wörtliche Übereinstimmung folgt dies der Geschichte von den Söhnen des Zebedäus (Mt. 20,20–28; Mc. 10,35–45), deren Mutter von Christus verlangte, ihre Söhne sollten dereinst zur Rechten und zur Linken des Christus-Herrschers sitzen. Christus sprach von der Gewalt, die irdische Herrscher über Menschen haben. *Non ita erit inter vos, sed quicumque voluerit inter vos maior fieri, sit vester minister, et qui voluerit inter vos primus esse, erit vester servus. Sicut filius hominis non venit ministrari, sed ministrare et dare animam suam redemtionem pro multis.* Dies war Kritik an einer Gesinnung, die irdische Macht, irdisches Ansehen über die Schwelle des Todes mitnehmen, oder nicht begreifen wollte, was das von Christus verkündigte Gottesreich vom irdischen Leben unterschied. Mehr noch, Christus forderte unter den Jüngern ein anderes gegenseitiges Verhältnis, als das der Über- und Unterordnung. Dies kam dem auf Kontemplation ausgerichteten Fulgentius entgegen, die Evangelienforderung rechtfertigte, das äbtliche Amt aufzugeben. Insofern aber Christus selber auf Erden keine Herrscherrolle – das hätte der göttlichen Abkunft ja entsprechen können – übernahm, sondern diente, gehörte die Aufgabe des Abtsstuhles in gewissem Sinne zur *imitatio Christi* im Leben des Fulgentius (wenn man solch begriffliches Ausmünzen liebt), der sich in ein Kloster von äußerster Kargheit begab (c. 12), dessen gesamte Versorgung mit Schiffen herangebracht werden mußte. Dort fiel er *scientia mirabili, eloquentia spiritali* auf, verblieb aber in demütigem Gehorsam, *memor quippe illius evangelicae sententiae, quam Dominus noster dicit: Non veni facere voluntatem meam sed voluntatem eius, qui me misit* (Joh. 6,38). Auch dies wäre, der obigen Stelle gemäß, der *imitatio Christi* zuzurechnen.

Der einstige Mitabt Felix hatte vor Bischof Faustus Klage erhoben, und das Urteil zwang Fulgentius, als Mitabt in das verlassene Kloster zurückzukehren (c. 13). Als ihn dann eine Stadt zum Bischof wählte, scheiterte die Einsetzung am Widerstand des arianischen Vandalenkönigs. Andere Erwählte, deren Einsetzung ebenfalls behindert wurde, beschlossen, dennoch die Einsetzung durchzuführen und um der Gemeinde willen notfalls die Verfolgung zu ertragen.[285] Fulgentius jedoch entzog sich dem Amt, indem er sich verbarg. Da man ihn nicht fand, erhob die Gemeinde schließlich einen anderen. Erst als die Gefahr der Erhebung zum Bischof vorüber war, kehrte er zur Leitung des Klosters zurück, froh, solcher Würde entgangen zu sein. *Verumtamen altiori consilio Deus noster praedestinata perficiens, cui dederat docendi salubriter facultatem doctrinae salutaris dare jam volebat auctoritatem, ne deesset fidei catholicae contra arianos fidelissimus praedicator. In tempore ergo tribulationis abscondere noluit vas electionis, per quem disposuerat implere officium praedicationis.* In seinem Willen zu Kontemplation und Gehorsam

---

285 DIESNER, Vandalenreich (wie Anm. 277) S. 92.

hatten Worte Christi, ja dessen eigenes Handeln die Überlegungen des Fulgentius bestimmt. Schließlich hatte er sich einer kirchenrechtlichen Entscheidung des Bischofs Faustus beugen müssen. Nun aber ist dem Verfasser der Vita offenbar geworden, daß sich Fulgentius den Plänen Gottes – vergeblich – entzog. Der Mönch wollte nicht Bischof werden, wurde aber zumal gegen die Arianer als Prediger benötigt. *Tempus tribulationi*s: Wie dargelegt ein Begriff des Psalters zumal, der die Not gegenüber der Übermacht und die einzig auf Gott gesetzte Hoffnung meint. *Abscondere*: Dies entstammt dem Evangelium. Christus nannte die Jünger Licht der Welt, Salz der Erde. *Non potest civitas abscondi supra montem posita* (Mt. 5,14). Dem glich der Asket und Prediger Fulgentius, dessen geistlicher Ruf im Lande weit verbreitet war. *Vas electionis*: Gott bezeichnete so Paulus, der noch als Saulus, als Christenverfolger seinem geistlichen Auftrag entgegenwirkte. Gott sprach zu Damaskus den Christen Ananias an, er solle die Hand auf Saulus legen, vor dem er sich doch als Christ so sehr fürchtete. *Vas electionis est mihi, ut portet nomen meum coram gentibus* (Act. 9,5). War es auch nicht eine Wandlung, wie Paulus sie erlebt hatte, so hatte Fulgentius sich dem damals der afrikanischen Kirche so wichtige Predigeramt entzogen, und die Vita dies ebenso bestimmt wie zurückhaltend mit dem Paulus meinenden Wort gesagt, Lob und Tadel miteinander verbindend.

Um seiner *fama verax* willen wählte die Gemeinde zu Ruspe ihn nach schwierigem Streit mit einem unwürdigen Diakon zum Bischof und konnte Victor, Primas von Bycacium, für diese Wahl gewinnen (c. 14). Mit dessen Einwilligung suchte man den nichts ahnenden Fulgentius auf, ihn ohne Verzögerung zum Bischof zu weihen. *Inde ad episcopum, qui admonitus fuerat ordinationem celebrare, perductus ignoti populi constitutus pater, ita ut in illo propheticum illud compleri videbatur oraculum: Populus, quem non cognovi, servivit mihi* (Ps. 17,45). Der zitierte Psalm singt Davids Dank für seinen Sieg über Saul, ist voller Stolz auf die Hilfe Gottes, den die Feinde vergeblich anriefen. David rühmt sich seiner Gerechtigkeit und Reinheit, Stolz liegt auch in dem Wort von dem unbekannten Volk, das ihm nun dient. Des Fulgentius Sieg ist von anderer Art, ohne königliche Siegesgewißheit; auch hatte Fulgentius diesen Erfolg nicht gesucht, hatte niemanden unterworfen. Gegen seinen Willen wurde er gerufen, sogar überrumpelt; umso greifbarer war die Wirksamkeit Gottes. Überwunden war auf diese Weise der nach dem Bischofsamt unwürdig strebende Diakon. Das Psalmwort bewahrheitete sich in neuer Lage. Da die Schriftworte nicht mit Konkordanzen gesucht, sondern aus Textkenntnis in die Viten einflossen, mag der Autor jene Worte der Reinheit und Gerechtigkeit mitgedacht haben, freilich nicht als stolzes Selbstlob des Fulgentius, sondern als Inhalt jener *fama verax*, die zur Wahl zum Bischof geführt hatte. Im ganzen lag wohl eine gewisse Nähe des Bischofsamtes zu königlicher Herrschaft, was auch im Vaterbegriff angedeutet ist. Das folgende beschreibt die Ausstrahlungskraft des Fulgentius. Der erboste und enttäuschte Diakon aber: *Innumeris congregatis, venienti filio pacis scandalum sicut sacer loquitur Psalmus* (139,6), *iuxta semitam posuit*. Er legte sich auf die Lauer, vergeblich. Unter höherer Leitung zog Fulgentius eines anderen Weges, so daß er in sein Amt eingeführt werden konnte. Der Diakon aber starb vor Jahresfrist. Das Psalmwort entstammte kaum zufällig wieder einem davidischen Psalm, einem Hilferuf an Gott aus bedrängter Lage.

Sein Bischofsamt trat Fulgentius in Ruspe an (c. 15), ohne seine monastische Lebensweise zu ändern. Insbesondere an der Kleidung erläutert dies die Vita; er verzichtete nicht nur auch darin auf jeden Aufwand, sondern trug weiterhin seine Mönchsgewandung. *Scapulis vero nudis numquam a nobis visum est, nec deposito saltem cingulo somnum petivit.* Dies letzte, das Umgürtet-Sein, hat ein bedeutendes biblisches Vorbild: Das Volk Israel sollte in der Nacht des Auszuges aus Ägypten gegürtet, d. h. jederzeit zu sofortigem Aufbruch bereit sein: *renes vestros accingetis et calceamenta habebitis in pedibus tenentes baculos in manibus*[286]. Solche Bereitschaft für Gott, auch Bereitschaft zum Abschied von dieser Erde, wollte Fulgentius jederzeit von sich verlangen. Der Gürtel war das sichtbare Zeichen, das auch andere zu solcher Bereitschaft rufen konnte. Der Gürtel als Zeichen der Bereitschaft ist auch sonst in der Bibel anzutreffen, etwa bei Jesaia: Von Gottes Gericht über sein Volk ist die Rede, er wird die Heiden rufen: *Non est deficiens neque laborans in eo, non dormitabit neque dormit neque solvetur cingulum renum eius nec rumpetur corrigia calceamenta eius* (5,27). Christus befahl: *Sint lumbi vestri praecincti et lucernae ardentes in manibus vestris et vos similes hominibus expectantes dominum suum, quando revertetur a nuptiis* (Lc. 12,35).

Der Fulgentius mußte bald seinen Amtssitz verlassen und nach Sardinien ins Exil gehen:[287] *exit flentibus omnibus laicis de cathedra honoris ad locum beati certaminis paratus, fidem catholicam mente libera, voce forti coram regis et potestatibus confiteri.* Paulus verwendet den Kampf häufig als Bild, man denke an die Eph. 6 aufgezählten Waffen des Glaubens, aber auch an Stellen des Timotheusbriefes: „Kämpfe den guten Kampf des Glaubens" (1. Tim. 6,12), oder: „Ich habe einen guten Kampf gekämpft" (2. Tim. 4,7). Zudem redet der Hebräerbrief von einem großen Kampf des Leidens (10,23). Das Bild des Kampfes meinte Unterschiedliches. Im Epheserbrief war an Satan als Gegner gedacht, an die Gefahr, seinen Versuchungen zu erliegen. In diesem Sinne haben auch die Antonius- und die Pachomiusvita diese Epheserstelle zitiert. Ein weiteres Wort des Hebräerbriefes führt in einen anderen Bereich: „Darum auch wir, die wir eine solche Wolke von Zeugen um uns haben, lasset uns ablegen die Sünde, so uns immer anklebt und träge macht und lasset uns laufen durch Geduld im dem Kampf, der uns verordnet ist." (12,1). Es wird auf Christus als Vorbild verwiesen, da er „erduldete das Kreuz und achtete der Schande nicht und hat sich gesetzt zur Rechten auf den Stuhl Gottes". Dies ist der Anschluß an den Kampf des Leidens. Diese letzte Formulierung mag Hintergrund des Vitentextes sein, denn die Pauluswortes, auch die der Timotheusbriefe weisen eher auf ein christlich-tugendhaftes Leben, als auf das Erleiden z. B. des Exils.

Das *coram regibus et potestatibus confiteri* bezieht sich auf ein Christuswort: *Omnis ergo qui confitebitur me coram hominibus confitebor et ego coram patre meo qui in coelis est. Qui autem negaverit me coram hominibus negabo et ego eum coram patre meo qui in coelis est* (Mt. 10,32f). So mag der Leser an eine Forderung

---

286 Ex. 12,11; vgl. Zum Gürtel des Mönches s. Cassianus, Institutiones coenobiticae I,1.
287 C. 17; DIESNER, Vandalenreich (wie Anm. 277) S. 92: Seit etwa 515 Repräsentant der nach Sardinien Verbannten. P. COURCELLE, Histoire litteraire des grandes invasions germaniques, Paris ³1964, S. 196–198 über die Zeit des Exils auf Sardinien.

Christi erinnert sein und erkennen, wie weit die Konsequenzen solcher Forderung reichen, unter welchen Bedingungen Fulgentius ihr gerecht geworden ist.

Fulgentius bestieg in Karthago ein Schiff *habens secum plurimas divitias scientiae singularis, quibus omnes, ubicumque veniebat, indeficiente largitate pascebat*. Darin ist das Hirtenbild anzutreffen; der gute Hirte war Christus (Joh. 10,12); Christi Lämmer zu weiden, war Petrus aufgetragen worden (Joh. 21,15; vgl. 1. Petr. 5,2ff). Schon Jeremias hatte prophetisch gute Hirten verkündet, *et pascent vos scientia et doctrina* (Jer. 3,15). Mit gleicher Deutlichkeit wie das Prophetenwort sagt die Vita nicht nur hohe Qualität des Hirten, hier des Bischofs aus, sondern setzt den Vorrang der Lehre, des Glaubens vor allem irdischen Wohlbefinden voraus.

König Thrasamund (496–523), dessentwegen Fulgentius hatte fliehen müssen, ließ den vertriebenen Bischof zu einem theologischen Disput nach Karthago zurückholen;[288] er selbst wollte als Arianer das Streitgespräch mit dem orthodoxen Bischof führen. *Ubi tamquam fidelissimus dispensator erogandi talenta sibi credita reperiens occasionem, coepit in hospitiolo proprio venientes ad se catholicos orthodoxos diligenter docere*. Wie in der arianischen Umgebung nötig, lehrte er die Trinität. Die gewinnende Heiterkeit seiner kundigen Rede wird gerühmt, die gläubigen Hörer antworteten mit *caritas*, mit Liebe; begierig ihn zu fragen, seine Antwort zu hören. So konnte er selbst von der Orthodoxie Abgewichene mit dem trinitarischen Glauben versöhnen, andere vor zu weltlicher Lebensweise retten. *Confortati alii verbi eius et doctrinae eius sale conditi redarguebant arianos haereticos cum omni fiducia*. Ihr Urteil über die Reden des Fulgentius faßt die Vita in einem fordernden Wort des Paulus zusammen (Col. 4,6): *Sermo vester semper in gratia sale sit conditus, ut scitis quomodo oporteat vos uniquique respondere*. Dies hatte Fulgentius erfüllt, seine Lehre war das Salz, das den Bedrängten Kraft zur Auseinandersetzung mit den Arianern gab. Man könnte immerhin versuchen, aus solcher Beschreibung die Folgerung zu ziehen, daß sich Fulgentius des rhetorischen Auftrumpfens und Überbietens enthielt; das Salz war die Lehre selber, nicht ihr Aufputz, und die voraufgehenden Äußerungen über seine freundlich-gewinnende Heiterkeit sagen, daß er kaum hat streitend die Trinitätslehre durchsetzen wollen.

Eingangs sind zwei Gleichnisse Christi ineinandergeschoben. Der getreue Haushalter war schon im Prolog begegnet (Mt. 24,45ff; Lc. 12,42ff). Die anvertrauten Talente wollte der fortgezogene Herr sorgfältig verwaltet wissen und gemehrt wiederhaben; bestraft wurde der Knecht, der das Geld vergraben hatte in dem Glauben, es so bewahrt und seine Aufgabe gelöst zu haben; die die Talente vermehrt hatten, wurden belohnt und mit größeren Aufgaben betraut (Mt.25,14ff; Lc. 19,11ff). Wieder urteilen Schriftworte über Fulgentius: Ein Leben gemäß biblischen Forderungen. Beide Gleichnisse verwiesen zudem nicht nur auf den Willen des Herrn, Christus, sie verkündeten auch dessen Wiederkehr als strafender und belohnender Richter.

---

288 C. 20; DIESNER, Vandalenreich (wie Anm. 277) S. 92f und S. 139; DERS. Vandalen, in: RE Suppl. X, Stuttgart 1965, col. 966.

Nach solchem Erfolg im Bestärken der Orthodoxie kehrte er nach Sardinien zurück, und alle wollten *videre athletam Christi fortissimum, qui certamine singulari saevientis impetum regis fregerat ad divina castra redisse, insignibus laureis adornatum.* Erneut, in abgewandelter Form, die Terminologie des Kampfes, nun sehr wörtlich den Streit mit König Thrasamund meinend, als Triumphator mit Lorbeer geschmückt: So ist die Rückkehr nach Sardinien, wo er offenbar von einer großen Schar empfangen wurde, von den paulinischen Kampftermini ausgehend, als Triumphzug geschildert. Auf Sardinien an seinen vorigen Platz zurückgekehrt, zeigte der Triumphator die alte Demut, *memor sine dubio Scripturae monentis „Fili, quanto magnus es, humilia te in omnibus, et coram Deo invenias gratiam* (Eccli. 3,29). Vielfältig konnte die monastische Demut begründet werden. Eigenartig, daß hier nicht wie oben im neunten Kapitel auf die Geschichte der Söhne des Zebedäus zurückgegriffen wurde, wo es heißt: *quicumque voluerit inter vos maior fieri, sit vester servus ...* Anders als Christi Worte an die Jünger meint das Sirachzitat den, der auf Erden einen Rang bekleidete, lehrte auch das Im-Stande-Bleiben. Es setze voraus, daß jemand bedeutend war, nicht werden wollte, wandte sich gegen den Hochmut und erinnerte an die Abhängigkeit von der Gnade Gottes.[289]

Als Fulgentius endlich aus dem Exil zurückkehren konnte, ließ sich die Menge auch nicht durch einen heftigen Regen davon abhalten, Fulgentius begeistert zu begrüßen. Sie breiteten Kleidungsstücke über ihn, *ut ... repellerent imbres, et novi tabernaculi genus artificiosa caritate componerent: Imitatores eorum facti, qui prioribus temporibus Salvatori super pullum asinae consedenti et ad Hierusalem venienti, vestimenta sua sicut Evangelium loquitur, in via sternebant.* Die Geschichte vom Einzug Christi in Jerusalem ist bekannt (Mt.21,8; Mc. 11,8; Lc. 19,36; s. Joh. 12,12ff), und es mochte der begeisterte und verehrende Empfang vergleichbar sein; zudem: Einen Hirten jenes einst in Jerusalem so stürmisch empfangenen Herrn feierte man ja, feierte ihn auch um seiner Standhaftigkeit im Bekenntnis zu Christus willen. Ferner liegt schon das *tabernaculum*, jenes Zelt, das als Kultraum des wandernden Israel die Bundeslade aufnahm (Ex. 26). So wird das Kleiderdach als Zelt zu einer Art Stiftshütte durch den Heiligen, den es schützt. Ganz in der Anschauung des Autors ist es begründet, wenn der in Zuneigung und Verehrung errichtete Schutz zum Ehrendach einer neuen Stiftshütte, oder mit den vor Christus ausgebreiteten Kleidern verglichen wird. Eigenartig genug, daß die Fulgentius Zujubelnden denen, die Christus begrüßten, verglichen werden, ohne daß eine Angleichung des Fulgentius an Christus ausgesprochen wird – ein Schweigen, das insofern Gewicht hat, als eine derartige Überhöhung eines Menschen doch wohl etwas Blasphemisches gehabt hätte.

Fulgentius beschloß sein Leben nicht in bischöflichem Amt. Der Wahl und Ernennung zum Bischof war er einst ausgewichen, in Ruspe hatte man ihn überrumpelt. Das so auferlegte Amt hatte er mit Einsatz und Mut ausgeübt. Sein eigener Entschluß aber, und so auch seine Neigung hatten ihn zum Mönchsleben geführt. So verließ er, den Tod ahnend, den Bischofssitz, um auf einer Insel vor der afrikanischen Küste als Mönch in aller Strenge und nicht durch die Geschäfte eines hohen

---

289 S. auch den Rangstreit mit Bischof Quodvultdeus in c. 27.

Amtes abgelenkt, zu leben, *lectioni et orationi et ieiuniis vacans veluti sciret appropinquare sibi novissimum diem, sic ex toto corde suo poenitantiam gessit.* Die Vita betont, des Fulgentius ganzes Leben seit dem Mönchsgelübde sei Buße gewesen; *in hoc tamen insula multo amplius ac multo diligentius inchoanti similis membra sua mortificavit et in conspectu solius Dei flevit.* War bisher das selbstgewählte Mönchsleben von hohen Aufgaben, äußeren Gefahren durchkreuzt gewesen, so war dies der Versuch, in der Ahnung des Todes den alten Vorsatz uneingeschränkt durchzuführen. Die übergroße Trauer der Gemeinde zwang ihn jedoch, nach Ruspe zurückzukehren, wo er erkrankte. Der Verfasser zeigt ihn im Gebet um Geduld in der Krankheit; um Vergebung. Vor dem Tod rief er die Mönche und Geistlichen zu sich zu einer Abschiedsrede. Er bat um Nachsicht, wo er je den Seinen Mühe bereitet hatte[290] und sorgte sich als scheidender Bischof um einen würdigen Nachfolger. *Provideat Dominus Deus meus pastorem dignum se*: ein Gottes – nicht der Gemeinde oder des Vorgängers – würdiger Nachfolger! Was Fulgentius hinterließ, sollte Waisen, Armen und Pilgern zugute kommen, und er segnete im Abschied die um ihn versammelten Geistlichen. So unterscheidet sich des Fulgentius Abschiedsrede nicht von den beredten Äußerungen der Demut, die in der Vita allenthalben anzutreffen sind. Antonius und Pachomius waren in der Todesstunde von den Autoren der Viten neben die Väter des Volkes Israel gestellt worden; in ihren Abschiedsreden klang wohl die Erkenntnis der Vollendung des eigenen Lebens durch, die auch in den Schriftzitaten aufgefunden werden konnte. Ambrosius' Abschied enthielt eine Erinnerung an den Pfingstbericht der Apostelgeschichte und las sich so fast wie die Verklärung des bedeutenden Bischofs. An solcher Steigerung hatte die Fulgentiusvita keinen Anteil, und der Leser vermag nicht zu erkennen, ob dies am Bericht oder an Fulgentius und seinem Leben selbst liegt. Fulgentius' Rückzug auf die Insel spricht dafür, daß der Bischof selber sein Leben in einem Zustand hoher Vollkommenheit beschließen wollte, soweit dies Menschen überhaupt möglich ist.

---

290 DIESNER, Fulgentius (wie Anm. 264) S. 58 Anm. 108 zur Bescheidenheit des Fulgentius. Er benutzt diesen Satz als möglichen Beleg seiner Feststellung: „Das Auftreten des Rusper Bischofs gegenüber Mönchen, Klerikern und Laien mutet manchmal auch herrscherlich an." Man wird zustimmen, daß Titulaturen wie *servorum Christi famulus* nicht Zeugnis persönlicher Regung sein sollten; die zeremoniell, urkundlich o. ä. verwandten Formeln diesen Typs sagen deutlich, was dem Amtsträger zukommt, zwingen ihn, dies auszusprechen. Gut, wenn ihm dies natürlich ist; wo nicht, so ruft es ins Bewußtsein, was sein soll. Ein Bischof und Abt vom Range des Fulgentius, um Rat und Entscheidung oft gefragt, konnte seine Aufgabe umso weniger in ständiger Demutsgebärde vor Menschen erfüllen, als er im Streit gegen Häresien zu kämpfen, ein verwahrlostes Bistum neu aufzubauen und zu ordnen, einen Herren zu vertreten hatte. Schließlich aber war dieser Herr die Adresse aller Demut, nicht ein Mensch.

7 DAS LEBEN DES HEILIGEN CAESARIUS

Fulgentius und Caesarius (502–542) haben, wiewohl Bischöfe, das Mönchsleben selber kennengelernt; Caesarius hat sogar Regeln für Mönche und Nonnen verfaßt und ein einst berühmtes Kloster gegründet.[291] Darin gibt es Unterschiede zu Ambrosius, aber auch zu Augustinus, der zu den bedeutenden Gelehrten und Bischöfen der Spätantike gehört, die das Mönchsleben zu einem Teil ihres Lebens erwählt hatten: Basilius von Caesarea, Gregor von Nyssa, schließlich Gregor der Große. In dieser Reihe dürfen, wenn auch auf geringerer Ebene, Fulgentius und Caesarius (dieser mehr als Prediger, denn als Gelehrter) genannt werden. Die Vita Caesarii wurde für einen Nonnenkonvent geschrieben, der so das Andenken des Gründers bewahren wollte (I,1). Für die Zeit des Ambrosius war es schon selbstverständlich, daß der andringenden fremden Völker wegen Rom nicht mehr das alleinige Zentrum des Mittelmeerraumes war und die Kaiser Residenzen näher an den gefährdeten Grenzen des Reiches bezogen hatten. Augustinus hatte sich apologetisch ausführlich für das Christentum mit dem Eindringen der Barbaren in das Römerreich beschäftigt.[292] Caesarius schließlich lebte an einem Platz, an dem die römischen Kaiser keine Macht mehr besaßen; Goten, Burgunder und Franken stritten um die Herrschaft. Diese Lage umschloß auch den aus den großen antiken Konzilien überkommenen Streit zwischen Arianern und Orthodoxen, was immer solche dogmatischen Auseinandersetzungen zwischen germanischen Königen bedeuten mochten.

Die Vita wird nicht mit biblischen Worten und Bildern eingeleitet. Die bedeutende und fromme Herkunft wird nüchtern genannt; auffällig die früh sichtbare Mildtätigkeit des Knaben. Was er hatte: Kleidung, gab er weg, wo immer er Be-

---

291 Ausgabe der Regeln: Caesarius Arelatensis, Regula ad monachos, Regula ad virgines, Opera II ed. G. MORIN, Maretioli 1942, S. 99–155=CCSL 103, 104, 1953; ed. J. COURREAU et A. DE VOGÜÉ, 2 Bde. SC CCCXLV und CCCIIC, Paris 1988/1994; die Vita S. Caesarii: ed. Br. KRUSCH, MGH SSRM III, Hannover 1906, S. 433–501. Fr. PRINZ, Frühes Mönchtum (wie Anm. 12), S. 76ff u. ö. mit Interesse vor allem für Geltungsbereich und Nachwirkung der Regeln. L. UEDING, Geschichte der Klostergründungen der frühen Merowingerzeit, Historische Studien 261, Berlin 1935, S. 56–64. Monographien: C. F. ARNOLD, Caesarius von Arelate und die gallische Kirche seiner Zeit, 1894 und A. MALNORY, S. Césaire d'Arles, Bibliothèque de l'École des Hautes Études, Sciences historiques et philologiques 103, Paris 1894; William E. KLINGSHIRN, Caesarius of Arles. The Making of a Christian Community in Late Antique Gaule, Cambridge 1994; LMA II, 1983, col.1360ff (VON DER NAHMER/LANGGÄRTNER); TRE 7, 1981, 531–536 (R. J. H. COLLINS).
292 De civitate Dei, mehrere Ausgaben; J. FISCHER, Die Völkerwanderung (wie Anm. 262), und P. COURCELLE, Histoire littéraire (wie Anm. 287) verfolgen dieses Thema in den Quellen der Zeit.

dürftigkeit wahrnahm: Dies war ein wesentlicher Teil seiner späteren Wirksamkeit;[293] biblische Gründe solchen Tuns werden aber nicht genannt.[294] Hier äußerte sich die Natur des Kindes, nicht das Elternhaus, das anders reagierte; nicht geistliche Unterweisung hatte ihn zu solchem Tun bewegt. Achtzehnjährig ließ er sich ohne Wissen der Eltern von Bischof Silvester von Chalon in den geistlichen Dienst aufnehmen und trennte sich so vom Besitz seiner Familie und der Fürsorge der Eltern. Dies hätte leicht mit Forderungen Christi begründet werden können.[295] Doch der Autor entnahm der Schrift hier nur einen allgemeinen Grundsatz: *incolatum cupiens regni caelestis adipisci.* Das *regnum coelorum* oder *regnum Dei* ist ein im Neuen Testament, zumal bei Matthäus häufiger Ausdruck. Kaum zu denken ist an den für Johannes den Täufer und Christus belegten Satz *appropinquavit enim regnum coelorum* (Mt. 3,2; 4,17), auch nicht an die Gleichnisse vom Reich Gottes (Mt. 13). Wahrscheinlicher ist die Anlehnung an das Vater Unser: *Adveniat regnum tuum* oder eher noch die Aufforderung: *Quaerite primum regnum Dei* (Mt. 6,10 und 23); der ganze Kontext hat zum Vitenkapitel Beziehung. Christus forderte auf, nicht die Sorge um die materielle Existenz zum Lebensinhalt zu machen: Gott hatte in seiner Schöpfung selbst viel geringeren Wesen, als es der Mensch ist, reichlich gegeben hat. So verlangte er von den Menschen: *Quaerite primum regnum Dei et iustitiam eius, et haec omnia* (Nahrung und Kleidung) *adicientur vobis.* Dieser Satz ist deshalb der Vita näher, weil hier das Himmelreich nicht nur erbeten, sondern eine Entscheidung gefällt, ein Tun um dieses Reiches willen begonnen wird. Des Caesarius Entscheidung zu priesterlichem Beruf ist nicht mehr biblisch gefordert, sondern eigene, dem Elternhaus widersprechende Leistung.

Nach zweijährigem Dienst bei Bischof Silvester *divinae gratiae instigatione succensus deliberat artius semet ipsum expeditusque iuxta evangelium divino mancipare servitio, ut pro amore regni caelestis non solum parentibus sed et patriae redderetur estraneus.* Erinnert letzteres an den an Abraham ergangenen Befehl, Heimat und Verwandtschaft zu verlassen (Gen. 12,1) – es wurden ja die bisherigen Bindungen durchgetrennt – so ist im Vordersatz das *semet ipsum servitio divino mancipare* ausdrücklich als dem Evangelium gemäß dargelegt. Nicht um ein aufweisbares Zitat ging es hier, sondern darum, wie jene ihr Verhältnis zu Gott erkannt haben. Die Zuordnung, die Gehorsamsforderungen wurden mit Begriffen der Sklaverei umschrieben – *servitium, mancipare* – schärfer konnte es nicht gesagt werden: Caesarius übergab sich in Gottes Eigentum und beliebige Verfügung; es hat Bedeutung, wenn von einer liebevollen väterlichen Zuneigung Gottes zu den Menschen die Rede ist, der Caesarius sich übergibt. In Bezug auf Gott ist er Sklave, der – wie Hiob lernen mußte – über seine Behandlung mit seinem Herrn nicht rechten kann. Es ist wohl eine Steigerung solchen Entschlusses, wenn er in das damals berühmte

---

293 I,3; so in I,4 bewertet. J. FISCHER S. 266 behauptet für Caesarius „Abkunft aus einfachen Kreisen". S. aber COLLINS S. 531.
294 Es hätte z. B. auf Lc. 3,11 verwiesen werden können: Wer zwei Röcke hat, der gebe dem, der keinen hat (Joh. d. T.).
295 I,4; vgl. etwa c. 3 der Antoniusvita.

Kloster Lérins eintrat (I,5), eine in zwei Stufen vollzogene *conversio*, in deren biblischer Umschreibung und Bewertung durch den Autor der Vita immer noch die Unerbittlichkeit der Unterordnung unter Gott, die Radikalität der Trennung von bisher gewohnten und unter Menschen ehrbaren Bindungen zugunsten dieser Unterordnung allein spürbar ist, wenn auch nicht jene biblischen Berichten entnommenen Sätze als Anstoß erzählt werden, die von der Antoniusvita her bekannt sind.

Der Abt von Lérins schickte den erkrankten Caesarius in eine christliche Familie nach Arles (I 7–9 *uterque enim proprias opes non consumabant in mundana luxuria, sed ad paradisum sibi eas deportatione pauperum transmittebant*), die den begabten Mönch durch den Rhetor Pomerius ausbilden lassen wollten. *Sed eruditionis humanae figmenta non recepit, quam instruendum per se sibi divina gratia praeparavit*. Eine schreckenerregende Vision hielt ihn davon ab, *lumen regulae salutaris stulti mundi sapientiae ... copulare*. Dies mag als urteilendes Wort des Autors Meinung und Erzählung des Caesarius selber treffen. Außer Ablehnung heidnischer Götter und mancher philosophischen Vorstellung, die die Trinität und den Schöpfergott nicht kannte, gab es das Pauluswort: *sapientia enim huius mundi stultitia est apud Deum* (1. Cor. 3,19).[296] Jenem Buch war ein Drachenungeheuer entstiegen, das in Schulter und Arm des Schlafenden biß. So ist die törichte Weisheit des Menschen vor der christlichen Lehre zu einem Häßlichen geworden, das Caesarius von sich wies, weil er es als zerstörerisch erkannte. Paulus hatte zuvor Christi Anhänger als Tempel Gottes bezeichnet und gesagt: „So jemand den Tempel Gottes verderbt, den wird Gott verderben" (1. Cor. 3,16f).

Die Weihe zum Diakon, dann zum Priester der Kirche von Arles, den Abbatiat der auf einer Insel gelegenen Vorstadtabtei, dann Wahl und Einsetzung zum Bischof von Arles berichtet der Verfasser, und er hebt des Caesarius Mönchstugenden in allen diesen Ämtern hervor (I, 11–14). Caesarius hatte versucht, der Erhebung zum Bischof zu entfliehen; nachdem sie aber geschehen war, setzte er seine ganze Kraft an die Erfüllung des Amtes. Als erste Tat seiner Fürsorge schildert der Autor die Einrichtung der von den Geistlichen gesungenen Terz, Sext und Non in der Stephanskirche. Es sollte jedem Weltlichen, jedem in Buße Begriffenen möglich sein, *absque excusatione aliqua* einer gottesdienstlichen Handlung beizuwohnen.[297] *Ad*

---

296 Aus der Vision spricht eine Einstellung, wie sie im Mönchtum im Orient von Anfang an weit verbreitet war. Fr. PRINZ, Frühes Mönchtum (wie Anm. 12), S. 476 hält dies für eine Erfindung der Schülergeneration, der die Vita angehört. Doch besagt die Begebenheit nur, daß Caesarius sich gegen einen herkömmlichen Rhetorikunterricht verwahrte, den Pomerius offenbar erteilte. Wenn Caesarius selber nachher in eigenen Werken seine Gedanken in angemessene Sprache kleidete, so besagt das gegen diese Vitenerzählung nichts. Nur das verselbständigte, an sich richtungslose Handwerk der Rhetorik ist angegriffen, nicht aber eine qualifizierte, würdige Sprache. Die ebd. Anm. 76 von Prinz benutzten Predigtstellen lassen die Behauptung, Caesarius sei gegenüber der antiken Rhetorik nicht eindeutig festgelegt gewesen, kaum zu.
297 I,15; vgl. I,59; die Bedeutung des Caesarius für die Entwicklung des gottesdienstlichen Lebens s. E. GRIFFÉ, La Gaule chrétienne à l'époque romaine III, La cité chrétienne, Paris 1965, zumal die Kapitel V, VI und VIII; s. auch LANGGÄRTNER (wie Anm. 291) mit Literatur.

instar apostolorum[298] übergab Caesarius die dringlichen Sorgen des Bistum Ordinatoren und Diakonen *et totum se verbo Dei et lectione inquietis etiam praedicationibus mancipavit: revera ut spritalis medicus, qui morborum vitia curaret inserta, et prohiberet malis cogitationibus nascitura.* Caesarius, von dem die Vita große Anstrengungen für Gefangene der Kämpfe zwischen Goten und Franken und für die Ernährung der Bürger berichtet, hat hier, den Aposteln folgend, dennoch dem hohen Amt die höhere Aufgabe zugeordnet: So wie er sich in der Lektüre der Schrift unterstellte, so wollte er durch Predigt andere befreien von Lastern und unrechten Gedanken, von allen nicht auf Gott weisenden Lebenswegen also; als *spiritalis medicus*: Man denkt an Christi Antwort an die Pharisäer, die ihm Umgang mit Geringeren, wenig gesetzestreuen Menschen vorwarfen: „die Gesunden bedürfen des Arztes nicht, sondern die Kranken." Der folgende Evangeliensatz führt zurück zu den für die Büßenden eingerichteten Gottesdiensten: „ich bin gekommen, zu rufen die Sünder zur Buße, nicht die Gerechten" (Lc. 5,31ff).[299] Caesarius übernahm solche Aufgabe als die höchste Art der Fürsorge für seine Gemeinde nicht im Stolz, ein begnadeter Prediger zu sein: *Se verbo dei ... mancipavit*, er unterwarf sich, ging in Knechtschaft, wie oben dargelegt; und dieser Begriff hatte keine Entsprechung in der Erzählung der Apostelgeschichte. Als Prediger zumal ist Caesarius in die Geschichte eingegangen, mehrere Kapitel der Vita berichten von dieser Tätigkeit.

Das sechzehnte Kapitel charakterisiert die Predigten des Caesarius. Was sichtbar war, habe er zu Erbauung und Trost den Hörern vorgehalten. Caesarius ging von dem aus, was jedermann zugänglich war; und wenn darin ein Trost gefunden werden konnte, so mag dies bedeuten (*pro similitudinis consolatione*), daß er Menschen aus der Gefangenheit in ihrem Einzelschicksal befreite, indem er den Blick für das ringsum Geschehende, Ähnliche öffnete. So verweist der Autor auf Beispiele, die Caesarius der Heiligen Schrift entnahm, so daß die Erfahrungswelt weit vor das nur Zeitgenössische zurückreichte. Er redete also von dem, was um ihn her vorging (*recentia*) und schöpfte auch aus biblischen Quellen, so daß beides einander erhellen konnte. Die Vita vergleicht ihn dem Tempel Gottes, der ständig neue Menschen aufnimmt, ohne daß die alten ihn verlassen. So habe er, wie der Gegenstand es forderte, biblische Beispiele erzählt; habe jenem Hausvater geglichen, von dem die Evangelien berichten (Mt. 13,52): Christus sagte seinen Hörern, zu denen er in Gleichnissen geredet hatte: „Darum ein jeglicher Schriftgelehrter, zum Himmelreich gelehrt, ist gleich einem Hausvater, der aus seinem Schatz Neues und Altes hervorträgt" – so war Caesarius durch ein Christuswort bestätigt und bestimmt.

Das folgende Kapitel zeigt den Heiligen im Kreise seiner Besucher. Nicht lange hielt er sich im Gespräch beim Austausch höflicher Konventionen auf und sprach mit seinen Gästen bald *armis sanctae praedicationis arreptis, de umbra praesen-*

---

298 Act. 6,1–7; die Apostel halten sich für die Verkündigungsaufgabe frei, Diakone sollen die Fürsorgetätigkeit versehen: *Non est aequum, nos derelinquere verbum dei et ministrare mensis.*
299 Insofern droht die Darstellung FISCHERS (wie Anm. 262) S. 225–232 die Proportionen des Caesariuslebens zu verkehren: Das Karitative ist auch nach solchem Wort nicht das Primäre, auch dann nicht, wenn es die meiste Zeit in Anspruch genommen haben sollte.

tium disputans, de perennitate beatitudinis persuadens und in nuancenreicher Abstufung wird aufzählend bezeichnet, wie er seine Worte seinem Gesprächspartner angemessen wählte. *Umbra praesentium*: Tatsächlich war Caesarius nicht in ein lichtes Jahrhundert geboren, er lebte in unsicherer Gegenwart auf eine ungewisse Zukunft hin. Kaum wurde über solche Gegenwartsfragen disputiert, ohne von Bedeutung und Wert des Irdisch-Vorläufigen überhaupt zu reden, das offenbar, abhängig von Gunst oder Ungunst der Stunde, *umbra* ist; *de perennitate beatitudinis* freilich hat Caesarius nicht disputiert, davon gab er überzeugende Schilderung: *persuadens*. Ob hier nicht alle verfügbaren Mittel antiker Beredsamkeit eingesetzt wurden, angemessenes Lob der erahnten Klarheit zu geben? Es war dies kein Schriftzitat, aber die Entgegensetzung von Licht und Schatten in solchem Sinne ist biblisch. Die Schrift nennt den Schatten als wohltuenden Schutz vor der versengenden Sonne: Jonas unter dem Rizinus (Jon. 4,6); der davidische Psalm singt vom schützenden Schatten der Flügel Gottes (Ps. 16,8 und 56,2); der Schatten des Baumes ist Wohnplatz der Vögel (Mc. 4,32). Das Entgegengesetzte ist der Schatten des Todes. Konnte in der Chronik David sagen: *Dies nostri quasi umbra super terram*[300], so wurde der Tod Inbegriff jener Licht und Klarheit entbehrenden Lage des Menschen.[301] Der Tod war der Gipfel des Fluches, den Gott über den ungehorsamen Menschen ausgesprochen hatte (Gen. 3,19). Jesaia kennt die Entgegensetzung: *Populus, qui ambulat in tenebris, vidit lucem magnam; habitantibus in regione umbrae mortis lux orta est eis* (Is. 9,2); Zacharias benutzte dieses Wort in seinem Lobgesang nach des Johannes Geburt, schon in Ahnung des kommenden Christus (Lc. 1,79). Matthäus aber erkannte dieses Jesaiawort als erfüllt in der Erscheinung Christi (4,16). War die Entgegensetzung Todesschatten – Licht so in Christi Erdenleben erfüllt, so ist sie in der Vita des Caesarius zum Unterschied irdischen und himmlischen Lebens geworden. Des Caesarius Gespräche waren also darauf gerichtet, zu solcher *beatitudo*, solcher Klarheit zu führen; insofern ist er *bonus medicus*. Sein Tun richtete sich nicht auf das unmittelbare Erfreuen, sondern auf das Heilen; nicht ohne Härte sagt der Verfasser, im Bilde des Arztes bleibend, *non inspiciens voluntatem aegrotantis sed sanitatem desiderans competenter infirmis*.

Dies begründet, warum Caesarius von seinen Priester-Brüdern so leidenschaftlich Predigt, Verkündigung forderte als Erfüllung des übertragenen Amtes (I,18). Hier spricht nicht mehr Caesarius mit seinen Worten, Bibelsätze verleihen solcher Forderung höchste Verbindlichkeit: *Vae mihi, quia tacui*, sagt Jesaia, seine Unreinheit bekennend (Is. 6,5), dessen Lippen dann mit glühender Kohle reingebrannt werden. Der Apostel Paulus ruft „Wehe" über sich, wenn er das Evangelium nicht predigte (1. Cor. 9,16); Christus aber bedrohte die Schriftgelehrten und warf ihnen vor: *tulerunt clavem scientiae, nec ipsi intrant, nec alios sinunt intrare* (Lc. 11,52). Nicht Caesarius, sondern Prophet und Apostel, ja Christus selber droht den Geistlichen – wir müssen folgern – mit ewiger Verdammnis, dies ist die Steigerung vom Propheten- zum Christuswort, wenn sie nicht durch Predigt leiten und lehren. Für

---

300 1. Par. 29,15; vgl. Ps. 101,12; Sap. 5,9.
301 Job 3,5; 10,22; 14,2; vgl. Ps. 22,4; 43,20; 87,7; 106, 10 und 14.

Caesarius selbst aber wird gezeigt, wie er in aller materiellen Fürsorge für Kranke und Gefangene sich vor allem um deren geistliche Versorgung mühte (I,20).

In späteren Kapiteln kommt die Vita wieder auf den Prediger zurück.[302] Er ließ keine Gründe gelten, nicht zu predigen und hielt es für korrekt, wenn in der Kirche nicht nur Propheten- oder Apostelworte verlesen wurden, sondern auch die Predigten des Ambrosius oder Augustinus, ja auch seine eigenen. Offenbar verlangte die Verkündigung immer auch den Bezug zur eigenen Gegenwart, den nur Zeitgenossen wie Ambrosius, Augustinus, er selber herstellen konnten. Auf Verkündigung zu verzichten, hieß für Caesarius, sich über seinen Herrn zu erheben: *Non est servus maior domino suo* (Joh. 15,20), denn es war Ungehorsam. Wieder stellte er, die das Predigen verweigerten, unter das Jüngste Gericht: Wer könnte so harten Sinnes sein, Gottes Wort nicht auszurufen, wo Gott doch sagt: *Clama, ne cesses,* womit Jesaia (58,1)[303] erneut zur Zurechtweisung Israels aufgerufen wurde. *Timeat illud: Vae tacentibus de te, quoniam loquaces muti sunt*[304]. Solche Geistlichen nennt er *canes muti, non valentes intrare:* Ein Wort Jesaias (56,10), das ebenfalls Geistlichkeit hatte treffen sollen. Caesarius hatte aus solcher Einstellung heraus seine Predigten auch in entfernten Regionen verbreiten lassen in der Hoffnung, damit Menschen *iuxta apostolum bonorum operum fierunt sectatores* (vgl. Tit. 2,14). So würde allenthalben der *bonus Christi odor*[305] verbreitet.

Unter den Bischöfen gab es Widerstand gegen des Caesarius *doctrina de gratia praedicandi*. Man versammelte sich zu Valence,[306] Caesarius war durch Krankheit verhindert und mußte u. a. Bischof Cyprian von Toulon senden, der *omnia, quae dicebat, de divinis utique scripturis adfirmans* und aus den *patres* belegend, daß *nihil per se in divinis profectibus quenquam arripere posse, nisi fuerit primitus dei gratia praeveniente vocatus*. So war die große Leistung des Caesarius als Prediger nicht als Frucht spezifischer Genialität erklärt, die hätte überheblich machen können. Einsatz und Bereitschaft hatte Caesarius von sich verlangt, das wäre im gesamten Vitenbericht aufzufinden. Dennoch galt: *Sine me nihil potestis facere* (Joh. 15,5), *ego vos elegi non vos me* (Joh. 15,16) und *nemo habet quicquam, nisi datum fuerit desursum* (vgl. 1. Cor. 4,7), des Paulus *gratia dei sum id, quod sum* (1. Cor. 15,10), und jenes *omne datum optimum desursum est* (Jac. 1,17), oder das Psalmwort *gratiam et gloriam dabit dominus* (Ps. 83,12). Wer sich gegen des Caesarius Predigt und Predigtforderung wendete, richtete sich also gegen den, der solches durch Menschen tat, allen zum Ansporn. Cyprian hatte den versammelten Bischöfen vorgeworfen, daß sie in ihrem Angriff auf Caesarius dies außer Acht gelassen hätten, daß die großen menschlichen Leistungen eigentlich Gottes Werk sind; daß der Mensch den wahrhaft freien Willen wiedergewonnen habe, *cum fuerit Christi liberatione redemptus, sub qua etiam absolutione valeat consequi perfectionis*

---

302 I,54; I,52 lobt den Schrifterklärer.
303 MORIN (wie Anm. 291) weist auf Jes. 6,5, was mich nicht überzeugt.
304 Als Bibelzitat nicht auszumachen.
305 I,55; vgl. 12. Cor. 2,15. Paulus meint die Christus folgenden Menschen.
306 I,60; der Synodalbericht in Concilia Galliae A. 511–695, cura et studio C. DE CLERCQ, CCSL 148A Turnhout 1963, S. 82f zu 529.

effectum. Untrennbar steht für Caesarius die Forderung nach Vollkommenheit unmittelbar neben allen Sätzen, die die Unerbittlichkeit des alttestamentlichen Gottes vergessen machen könnten: Schärfer noch, als Worte der Predigt des Caesarius, im nächsten Kapitel (I,61): *Amori namque divino congruebat decalogi summa perfectio.* Nichts, was der Mensch empfangen hat, läßt in diesen Worten Caesarius ihm zu eigenem Ergötzen: *ut in te sibi caritas Christi devinxit, reddas etiam ipse cum homine participata largitate commune.* Der Kreis solcher *largitas* ist nicht beschränkt auf *parentes,amici, clientes*; Caesarius droht mit der Klage im Jüngsten Gericht: *Reus eris salutis mancipiorum tuorum quorumlibet infirmorum, si non aeque illis ut amicis vel parentibus, cum reversus fueris, quod praedicavimus ingesseris*, und erinnert drohend daran, daß seine Hörer noch unter den Bedingungen irdischer Vergänglichkeit leben.

Dies alles zeichnete den Bischof Caesarius als Prediger, dessen Fürsorge von den großen Aussagen über Vergänglichkeit und Ewigkeit, dem dazwischen liegenden Tor des Todes ausging, und der das Leben derer, für die er Verantwortung trug, durch sein Predigtwort so leiten wollte, daß er vor den Forderungen der Ewigkeit Bestand hatte. Daß die Sorge um irdische Nöte bei seinem in die irdische Gemeinschaft hinein gerichteten Tun als Bischof einen bedeutenden Anteil seiner Tätigkeit ausmachte, ist schon in einigen hier besprochene Sätzen deutlich geworden, etwa wenn von Kranken oder Gefangenen die Rede war (I,20), für deren Unterhalt er viel aufwandte, oder wenn in der I,61 referierten Predigt ausdrücklich Worte zum Verhältnis des Herrn zu seinem Knecht oder Sklaven gesagt wurden.

Die große Zahl wunderbarer Taten, zumal im II. Buch, gehört in den Bereich materieller Fürsorge. Manche der Heilungswunder erinnern an biblische Berichte. Dafür mag ein Beispiel genügen, die Geschichte der Agretia (II,13), *cum mulieris illius quae extremam fimbriam vestimenti domini tetigit* (Mt. 9,20ff; Mc. 5,25ff; Lc. 8,43ff), *infirmitate laboraret, non dissimilis fide et devotione liberata est.* Der Rahmen dieser Heilungsgeschichte ist durch ein Heilungswunder Christi gesetzt, dessen sich die Kranke erinnerte; so besteht die erste Ähnlichkeit zwischen den beiden Kranken. Im einzelnen sind die Unterschiede groß: Sie bat den Verfasser der Vita um ein Stück vom Gewand des Caesarius. Voller Skrupel, da er ja etwas entwenden sollte, besorgte er mit Hilfe des *cubicularius* das Erbetene. In Erinnerung an die Begebenheit bricht der Autor aus in den Ruf (II 14): *Domine Jesu Christe, gloriosus es in sanctis tuis*[307] *et quis similis tibi* (Ps. 30,10; 39,6 u. ö.). *Tu tamen promisisti, quod, si quis in te crederet, opera quae facis et ipse faceret* (vgl. Joh. 14, 12). Solche Ausrufe und Preisungen geraten wie von selber nach dem Psalter. Eine bemerkenswerte Änderung: Ps. 67 meinte das Heiligtum; hier aber erweist sich Gottes Ruhm in den Heiligen, in deren Tun ist diese Größe nach Meinung des Autors sichtbar und fordert, von Menschen gerühmt zu werden. So wird von Bedeutung sein, daß damit die Erfahrung von Macht und Gegenwärtigkeit Gottes nicht in einen zurückliegenden Zeitraum gehört, sondern daß die eigene Gegenwart daran Anteil hat. Vom Autor her gesehen heißt das, unter den Zeitgenossen den Heiligen zu erkennen, als solchen zu bezeichnen und zu rühmen. Da Caesarius bald darauf dieses

---

307 Vgl. Ps. 67,36; *mirabilis Deus in sanctis suis.*

Kleidungsstück verlangte, konnte nicht verborgen bleiben, daß ein Stück davon abgetrennt worden war; und der Autor wie der *cubicularius* erkannten, daß Caesarius nun das Christuswort sprechen konnte: *Tetigit me aliquis* (Lc 8,46). Da er die Begebenheit erfuhr, sandte et den Autor mit jenem abgetrennten Stück zu Agretia, der es auch zur Gesundheit verhalf, und der Autor erkannte: *Impletumque est in ea: Vade, filia, secundum fidem tuam fiat tibi* (s. Mt. 9,22; Mc. 5,34; Lc. 8,48).

Es war der Verfasser, der in dem Ereignis eine Begebenheit der Geschichte Christi wiedererkannte; bei Agretia wird man annehmen, daß die Evangeliengeschichte den Anlaß ihres Handelns bedeutete, Hoffnung und Glauben gab. Das abschließende Zitat aber hebt dieses Ereignis wie jenes Heilungswunder Christi aus magischen Kategorien heraus: Der Stoff ist dingliches Unterpfand des Glaubens, der nach Christi Wort allein die Heilung brachte.

Andere Berichte wunderbarer Taten des Caesarius betreffen die Sorge um das tägliche Brot, den Freikauf Gefangener, und haben so Beziehung zu der notvollen Lage weiter Teile des ehemaligen Römischen Reiches in der Auflösung der westlichen Reichsteile.[308] C. 8 des zweiten Buches berichtet die große Not Gefangener, die Caesarius freigekauft hatte, und deren Unterhalt zu sichern er bemüht war. Die weitere Speisung dieser Menschen drohte, die Vorräte der Kirche restlos zu erschöpfen. So zog er sich in seine Zelle zurück und betete. Er gewann die Gewißheit, daß Gott Nahrung geben werde und ordnete an, alle Getreidevorräte zu Brot zu backen und alle zu speisen; am nächsten Tag werde man notfalls fasten. Zu seinen Geistlichen gewandt aber sagte er, Gott werde morgen Nahrung geben; wer Armen gibt, wird nicht Not leiden. Dies mag das Lukaswort: *Date, et dabitur vobis* (6,38) abwandeln und in durchaus für Caesarius bezeichnender Weise auf die Fürsorge für Bedürftige ausrichten, die dem Bischof Caesarius wie so manchem anderen damals zuwuchs. Der Leser aber hat über solch einzelnes Zitieren hinaus die ganze Erzählung als eine neue Speisung der 4000, oder der 5000[309] erkannt und ist deshalb vom Fortgang des Berichtes überrascht. Die Speise vermehrt sich nicht auf unerklärliche Weise. Der jene Witwe der Eliasgeschichte (3. Reg. 17,8–16) versorgte, der würde auch Caesarius beschenken, der den Armen alles gab und nichts für sich zurückbehielt, meint der Text. Eine zweite, nun alttestamentliche Erzählung unerwarteter Rettung, dieses Mal aus wirklicher Not, was bei Christi Speisungswunder so zwingend nicht gesagt werden konnte. Auch diese Geschichte trifft die Lösung nicht, sondern ist allgemein Beispiel der Fürsorge Gottes. Am nächsten Tag, den alle, die von der Fürsorge der Kirche lebten, mit Furcht erwarteten, sandten Gundobald und

---

308 FISCHER, (wie Anm. 262); COURCELLE, (wie Anm. 287), 210ff behandelt derartige Berichte der Caesariusvita im Zusammenhang mit der Invasion germanischer Völker und ihrer frühen Königreiche. Zu den rechtlichen Voraussetzungen des öffentlichen Handelns der Bischöfe s. M. HEINZELMANN zum Bischof als *patronus* in: Bischofsherrschaft in Gallien, Beihefte der Francia 5, München 1976, S. 123–129; zur Fürsorgetätigkeit S. 162 über Nicetius elemosinarius; dort auch gegen GRAUS, Die Gewalt in den Anfängen des Feudalismus und die „Gefangenenbefreiungen" der merowingischen Hagiographie, in: Jahrbuch für Wirtschaftsgeschichte 1 (1961), S. 81–156, der mit dem Toposbegriff nicht eben kritisch umgeht.
309 4000: Mt. 14,13ff; Mc. 6,30ff; Lc. 9,10ff; 5000: Mt. 15,32ff; Mc. 8,1ff).

Sigismund, die Könige der Burgunder, drei Schiffe mit Getreide. Die Kleingläubigen mußten so erkennen, *quod dominus servo suo numquam deesset.*

Die Erzählung gehört nicht eigentlich zu den Wundern, insofern die verzweifelte Lage eine „natürliche" Auflösung erfährt. Den Beteiligten wird wunderbar genug erschienen sein, daß jene Getreidesendung eintraf; erwartet hatte man sie ja nicht. Die Geschichte aber, die ein Ende nach Art der Speisungswunder Christi erwarten ließ, zeigt den Abstand des Caesarius zu Christus: Christus verfügte als Gottes Sohn; das Unerklärliche war in seiner Macht. Caesarius mußte im Vertrauen auf Gott warten, daß dieser sich auf das Gebet hin erbarmte.

Außerhalb der Wundertaten liegt der Bericht seiner Gefangenenfürsorge.[310] Die Gefangenen der Goten waren sogar in Kirchen und im bischöflichen Hause untergebracht; sie litten Mangel an Nahrung und Kleidung. Caesarius sorgte für ihren Unterhalt, bis er sie freikaufen konnte. Dafür verkaufte er das kirchliche Silber, das sein Vorgänger Aeonius hinterlassen hatte; eine schwerwiegende Entscheidung, die Caesarius im Gedanken daran gefällt haben soll, daß Christus das Brot nicht in ein goldenes oder silbernes Gefäß getaucht haben soll (Mt. 26,23). Seinen Jüngern habe er befohlen, kein Gold oder Silber zu besitzen (Mt. 10,9). So verkaufte Caesarius alles Silbergerät, *sacratae quidem templi species pro veri templi redemptione ... Hoc vir dei dicens, ne rationabilis homo sanguine Christi redemptus, perdito liberlitatis statu, pro obnoxietate aut Arrianus forsitan efficiatur aut Judeus aut ex ingenuo servus, aut ex dei servo hominis.*

Als Christus seine Jünger erstmals entsandte, verbot er ihnen, Gold und Silber zu haben; sie sollten leben von dem, was man ihnen dankbar bot. Caesarius nahm dies angesichts der herrschenden Bedrängnis als Gebot, das ihn gegen Vorwürfe schützen sollte. Beim letzten Abendmahl mit seinen Jüngern sagte Christus: *Qui intingit mecum manum in parapside hic me tradet.* Gewiß war auch dies eine Mahlzeit, aber es war auch und vor allem die Stiftung der Eucharistie. Benötigte hier Christus kein *vas auratum*, so bedurfte es bei der liturgischen Feier ebenfalls keiner kostbaren Gefäße. Das *verum templum* ist der Mensch als Christus-Gläubiger und gemäß der Intention der Schöpfung so von Paulus in beiden Korintherbriefen bezeichnet (1. Cor. 3,16f; 6,19; 2. Cor. 6,16); Paulus warnte vor jeder Verunreinigung des Tempels: *Si quis autem templum Dei violaverit, disperdet illum Deus.* Der Mensch als irdischer Wohnplatz Gottes (*spiritus Dei habitat in vobis* – 1. Cor. 3,16) übertrifft das Kirchengebäude; der eigentliche Tempel wird freigekauft mit den *sacratae species* des Kirchengebäudes. Ähnlich Caesarius' nächstes Argument: Christus hatte den Menschen mit seinem Blut freigekauft; nun sollte verhindert werden, daß er die Freiheit verliert als irdisch-rechtliche Größe, daß er gezwungen Arianer oder Jude werde, vom Freien zum Sklaven, vom Diener Gottes zum Diener eines Menschen – eigentümliche Verschränkung eines geistlichen und eines irdisch-rechtlichen Freiheitsbegriffes. Der Mensch als Tempel Gottes ist das Größere gegenüber allem, was menschliche Hand errichtet hat; Christi Tat ist die größere im Vergleich zu solchem irdischen Tun. Umgekehrt: Hätte Caesarius nicht das Geringere für das Größere eingesetzt, die schlechthin große Tat in seinem viel geringeren

---

310 I 32; dazu FISCHER, (wie Anm.262) S 225–232.

Maße wiederholt, so würden diese Gefangenen den nach Religion und Recht höheren Status in einen geringeren tauschen müsse, Christi Tat würde verraten.

Caesarius wünschte sich (I,33), seine Mitpriester möchten das Richtige solchen Handelns einsehen; ihm war es unbegreiflich, daß sie das fühllose Metall, das gewiß Christus dargebracht worden war, nicht für die Diener Christi (*pro mancipiis Christi*) hergeben wollten. Ob sie nicht, selber in solcher Lage, derart befreit werden möchten? Christus habe sich selber geopfert; sollte er es verurteilen, wenn das Gerät, mit dem sein Dienst versehen wird, zum Freikauf eingesetzt wird? Es ist immer das biblisch bezeugte Größere, das der Mensch gegenüber jedem Gegenstand ist, das des Caesarius Handeln fordert und auch rechtfertigt. Es ist die größere Tat Christi, die die geringere des Caesarius hervorruft. Solches Vergleichen bezieht sich auf Rang und Wert und folgt nicht den Mustern typologischer Schriftdeutung.

Cyprian schildert es als Verdienst des Caesarius, daß Arles im Streit zwischen West- und Ostgoten und den Franken nicht in Gefangenschaft geriet, nicht geplündert wurde (I,34): *Quia per misericordiam et fidem seu orationes beati Caesarii ... nec captivitati meruit nec praedae subcumbere*. Das erinnert an Gottes Zusage an Abraham, um zehn Gerechter willen Sodom nicht zu zerstören (Gen. 18,22-33). Cyprian aber erkannte ein Psalmwort wieder (104,13): *Transierunt de gente in gentem, de regno ad populum alterum, et non permisit Deus sub illo homine nocere Arelatensibus suis*. Nimmt der Psalm Bezug auf Israels Wanderung von Ägypten nach Kanaan, auf der Israel so unerwartet bewahrt blieb, so spülten hier die Völkerheere über Arles hinweg, und um eines „Gerechten" willen blieb Arles bewahrt.

Des Caesarius öffentliches Leben außerhalb seines priesterlichen Amtes war kein selbstgewähltes Feld; die Not zwang, Aufgaben wahrzunehmen, die der untergehende römische Staat nicht mehr erfüllen konnte; in die die neuen Herrscher noch nicht hereingewachsen waren. Aus bedeutender einheimischer Familie kommend, war Caesarius vielleicht für solche Aufgaben vorbereitet, sein Verhältnis aber zu weltlicher Herrschaft und öffentlicher Aufgaben war doch wohl distanziert.

Fälschlich des Verrats angeklagt,[311] mußte sich Caesarius nach Ravenna an den arianischen Hof Theoderichs des Großen begeben, *ut impleretur in eo: Sicut probatur aurum et argentum in fornace, ita corda electorum apud Deum* (Prov. 17,3). So ist der Herrscherhof nicht der Platz, an dem Raum wäre für den Priester und Heiligen, sondern – mag das u. a. mit der falschen Anklage begründet sein – der Platz der Prüfung, das Feuer der Läuterung. Theoderich freilich erkannte die Unschuld des Angeklagten sofort und sprach sein Mißfallen über die Kläger deutlich aus. Caesarius' Unschuld, seine Heiligkeit, Verehrungswürdigkeit erkannte er auf seltsame Weise: *Qualis ille sit, hinc probatur, quia ingresso eo ad salutandum me totus contremui.*[312] *Video, inquit, angelicum vultum, video apostolicum virum ...* Der Leser aber wird sich erinnern, daß wohl nahezu alle biblischen Berichte über Engelserscheinungen von der Furcht der betroffenen Menschen erzählen. Theoderich beschenkte den Bischof mit Silbergerät, der aber dieses am dritten Tag ver-

---

311 I,35; vgl. 23–31; s. FISCHER, (wie Anm. 262) S. 229.
312 Vgl. C. 19 des Commemoratorium vitae s. Severini

kaufte, um Gefangene zu befreien (I,37). Dies wurde sofort Theoderich hinterbracht, offenbar in der Meinung, das sei eine Beleidigung des Königs. Dieser jedoch lobte und bewunderte die Tat sehr, so daß auch die Großen am Hofe in dieses Lob einstimmten, der Ruhm solchen Tuns sogar nach Rom drang.[313]

Des Caesarius reservierte Einschätzung königlicher Herrschaft seiner Tage ist im 23. Kapitel angesprochen. *Instruxit itaque et ibi et ubique semper ecclesiam reddere quae sunt Caesaris Caesari et quae sunt Dei Deo* (Mt. 22,21). Des Caesarius Wort fährt fort: Der weltlichen Macht solle man gehorchen *iuxta apostolum* (vgl. Tit. 3,1; Rom. 13,1), wenn sie Gerechtes anordne, mißachten müsse man aber die verwerfliche Lehre der Arianer. Erschien so die Kirche Staat und Herrschaft gegenüber wenig verpflichtet, so ist der Kern des weitergehenden Vorbehaltes deren häretisches Bekenntnis; auch die zuvor zitierten Worte über den ostgotischen Hof im Vergleich zu *gloriosissimi Childeberti catholicissimum regnum* (II,45) legen diesen Gedanken nahe. Dabei erfährt die außerordentliche Person des Theoderich eine differenzierte, das Schema sprengende Beurteilung. Weder der Titus- noch der Römerbrief, die dem Inhalt nach Vorlage der Gehorsamsforderung sein können, kennen solche Einschränkung. Gehorsam vor der Herrschergewalt, der aufhört, wo der eigene kirchentreue Glaube Ungerechtigkeit erkennt, dies zeigt die starke Stellung, die die Kirche seit dem frühen vierten Jahrhundert gewonnen hatte, für die es ein neutestamentliches Äquivalent nicht geben konnte. Mögen uns solche biblischen oder auch dogmatischen Lehrsätze nicht außergewöhnlich erscheinen, die Not jener Tage, die es schwer machte, solche Forderung auch zu leben, ließ den Autor in Caesarius jenes Licht auf dem Berge erkennen, das nicht verborgen bleiben kann (Mt. 5,14ff); wohin immer er kam, habe er als Gottes Licht Menschen geleuchtet.

Mehrfach sind in der Vita Beziehungen zu biblischen Gestalten oder Ereignissen hergestellt, die nicht darin liegen, daß Caesarius dem Vorbild solcher Erzählung hatte folgen wollen. Eine bestimmte Weise des Ein- und Zuordnens, des Erkennens und Beurteilens läßt sich darin greifen. Caesarius war fälschlich bezichtigt worden, einen Geistlichen zum Verrat der von den Goten gegen die Angriffe der Franken

---

313 I,38; J. P. PALANQUE, La Gaule chrétienne à l'époque franque, in: Revue d'histoire de l'Èglise de France 38 (1952), S. 52ff, hier S. 55 beantwortet die Frage nach dem Rückhalt der Bischöfe in den Wirren der Zeit um 500: „Les évèques ont eu avant tout en ces temps difficiles le respect du pouvoir établi: on le voit surtout dans l'attitude d'un Césaire d'Arles, balloté au cours de son long épiscopat entre la domination des Wisigoths, des Bourgondes et des Francs, et plusieurs fois victime des suspicions contradictoires" (unter Berufung auf G. BARDY, L'attitude politique de s. Césaire d'Arles, in: Revue d'histoire de l'Èglise de France 32 (1947), S. 241–256). Wenn man auch nicht wird bezweifeln können, daß die Bischöfe das vielleicht einzige damals geachtete Amt innehatten, das nach der Auflösung der römischen Staatsautorität noch bestand und wirksam werden konnte, so galt den Bischöfen solcher Respekt des pouvoir établi schwerlich allgemein von Amts wegen. Was hätten die Bischöfe diesen arianischen Germanenvölkern an Macht entgegensetzen können? Nach dem Zeugnis der Caesariusvita und stärker noch der Severinvita, sind es andere Mächte und Kräfte, vor denen diese Könige zurückgeschreckt sind. Die Arbeit BARDYS gibt übrigens für solche Thesen kaum eine Grundlage ab. BARDY schildert berechtigt Caesarius als einen auf Loyalität bedachten Bischof, der sich nicht zum Diener irgendeines dieser Könige machen ließ und unbeirrt seine Hirtenaufgabe wahrnahm.

gehaltenen Stadt angestiftet zu haben.[314] Man setzte den Bischof gefangen; entweder wollte man ihn in der Rhône ertränken, oder nach dem ein wenig Rhône-aufwärts gelegenen *castrum Ugernense* (Beaucaire) verschleppen, *donec exilio et tribulatione ipsius amplius baccheretur adversitas.* Doch bald daraufwurde der Verrat eines Mitgliedes der jüdischen Gemeinde entdeckt (I,31). Der Verräter wurde abgeurteilt und bestraft. *Mox Danihel quoque noster, id est sanctus Caesarius, de lacu leonum educitur* (Dan. 6,23), *et satrapum accusatio publicatur, et impletum est de auctore eorundem: lacum aperuit et effodit eum, et incidit in fovem quam fecit* (Ps. 7,16). Das Psalmwort feiert den Sieg, den Triumph des Gerechten; doch hier interessiert die Gestalt des Daniel in der Löwengrube, die in Caesarius wiedererkannt wird. Nicht die Größe und Bedeutung des Propheten wird an Caesarius gefunden. Es ist die in vielen Variationen mögliche Situation des Gerechten, des zu Unrecht gefangenen, der dem Wüten Ungerechter ausgesetzt ist und standhält; eine Situation, aus der heraus auch der zitierte Psalm geschrieben wurde. Daniel in der Löwengrube ist das allbekannte Beispiel, aus biblischer Geschichte beglaubigt, und steht so für eine in allen Generationen mögliche und erfahrbare Situation. Zudem enthält diese Danielgeschichte, daß Gott seinen Propheten wunderbar beschützte; auch dies hat sich an Caesarius ereignet, wenn auch in gänzlich anderer Weise.

Wenige Kapitel später ist vom Bau jenes Nonnenklosters die Rede, dessen erste Äbtissin Caesaria werden sollte (I,35). Caesarius als Erbauer: *Ipse, vero siquidem nihil obviat mysterio quod congruit cristiano, quasi recentior temporis nostri Noe propter turbines et procellas sodalibus vel sororibus in latere ecclesiae monasterii fabricat archam.* Er rief dann Caesaria aus Marseille zurück, wohin er sie geschickt hatte, *ut discret, quod doceret, et prius esset discipula quam magistra.* Über den wachsenden Nonnenkonvent: *Caesarii patris, Caesariae matris expetunt gremium, quatinus cum eodem accensis lampadibus caelestis regni ianuam prestolentur, et competenter ingressae, Christi perpetuis mereantur amplexibus inhaerere.* Das Kloster ist also die Arche, der Erbauer Caesarius so *recentior temporis nostri Noe.* Man darf sagen, Noah, die Arche und die Sintflut (Gen. 6,8–9,29) gehören so sehr zusammen – viel mehr wissen wir über Noah auch nicht – daß man sich ihrer nur gemeinsam erinnert, wie es ja auch in diesem Abschnitt geschieht. Man mag gemeinhin von den Stürmen des Menschenlebens (*propter turbines et procellas*) reden, vor denen diese Arche, das Kloster, die Nonnen schützt; die besonderen Wirren jener Zeit mögen von Caesarius und dem Autor vor allem gemeint sein. Das Kapitel endet mit dem Wort, daß keine Nonne vor ihrem Hinscheiden die Klosterpforte wieder verlassen durfte. Auch dies möchte zur Vorstellung des Klosters als Arche gehören: Der Tod beendet die *turbines et procellas,* die große Flut. Im Tode entstiegen die Nonnen der Arche und die an Noah ergangene Verheißung (Gen. 8,21f) meint nun das dann beginnende Leben.

Viele Klöster gab es und viele Erbauer; die Arche und ihren Erbauer Noah gab es nur einmal, ebenso die Sintflut. Nur diesen also haftete das für alle Weltgeschichte Einzigartige, Unwiederholbare an, und es kann ja auch der Gegensatz nicht

---

314 I,29; hierzu MALNORY, S. Césaire d'Arles, S. 43ff. Zur ganzen Situation COURCELLE (wie Anm. 287), S. 210f.

größer gedacht werden, als der zwischen dem hölzernen Kasten und der Zerstörungskraft der entfesselten Elemente. So ist das Urbild größer und bedeutsamer als alles, was unter dem großen Bild der Arche als ein in Widrigkeiten Behütetes geschildert und bezeichnet werden kann. Es sollte kaum gesagt werden, Caesarius sei ein Mann von der Bedeutung und Größe Noahs. Daniel in der Löwengrube, die Arche des Noah – in solchen Namen und Ereignissen stellen sich bestimmte Situationen und Ereignisse menschlichen Lebens dichter und reiner dar, und sich ihrer zu erinnern, möchten Klarheit noch in das Leben späterer Generationen bringen.

Biblische Texte gehören noch an weiteren Stellen zum Verständnis dieses Kapitels: Von den in dem neuen Konvent versammelten Nonnen heißt es: *Caesarii patris, Caesariae matris expetunt gremium* – ein neues Bild des Schützenden: Das Kloster als Schoß eines geistlichen Elternpaares, dies ist zugleich eine hochgreifende Aussage über den Bischof und seine Schwester als Gründer und Äbtissin, die die Nonnen auf dem als recht erachteten Wege zu leiten und zu bewahren vermochten. Zugrunde liegt jene bei Lukas überlieferte Geschichte vom armen Lazarus (16,19ff), der unter der Erbarmungslosigkeit eines Reichen gelitten hatte, nach seinem Tod aber *portaretur ab angelis in sinum Abrahae*. Der Reiche aber findet sich nach seinem Tod in der Hölle wieder und *vidit Abraham a longe et Lazarum in sinu eius*. Der weitere Gang ist hier nicht von Belang. Die an dem behütenden Schoß Abrahams, der dem Paradies, dem Leben nach dem Tod angehört, gebildete Vorstellung des Klosters als *Caesarii patris, Caesarii matris gremium* dient, Aufgabe und Leistung des Klosters zu kennzeichnen als Institution, die den Menschen auf biblischem Wege bewahren soll, an der Grenze irdischen Lebens, vom Verzicht mitgeprägt, mit dem Blick auf ein künftiges Paradies. Entsprechend darin die Nonnen: *accensis lampadibus caelestis regni ianuam prestolentur, et competenter ingressae, Christi perpetuis mereantur amplexibus inhaerere*. Dem Gleichnis von den zehn Jungfrauen (Mt. 26,1–13) entstammt die Vorstellung eines bräutlichen Verhältnisses zu Christus, und vor allem das Bild der angezündeten Lampen als Zeichen stetiger Bereitschaft, vergleichbar dem Gürten der Lenden vor dem Auszug aus Ägypten (Exod. 12,11). So sind in einem kurzen Kapitel im Rückgriff auf wenige biblische Vorstellungen die wesentlichen Aussagen über das Klosterleben gemacht und zugleich ist ein bedeutendes Licht auf Caesarius, den der Text vorstellen will, geworfen in einem großen Rahmen geschichtlichen Vergleichens. Eigentümlich schwach entwickelt ist dennoch die Darstellung eines größeren geschichtlichen Zusammenhanges; darin bleibt auch die Caesariusvita weit hinter den Antonius- und den Pachomiustexten zurück. Der Zusammenhang von Schöpfung und Sündenfall bis zum Jüngsten Gericht und künftigen Paradies wird nur in der Widersacherrolle Satans greifbar; die ganze Thematik des Engelsturzes fehlt. Seine Rolle als Anstifter zum Bösen ist nicht in geschichtlichem Zusammenhang gezeichnet,[315] so daß jede Grundlage für einen Vergleich mit den frühen Mönchstexten fehlt.

Dem zweiten Buch entnehmen wir einige Züge des Umgangs des Caesarius mit der Heiligen Schrift. Dieses Buch berichtet zahlreiche Wundertaten, sagt aber in c.

---

315 Als Beispiele die cc. I,5;21;22;24;28;36;41;50; 60; II 18f; 20–22;29; 30.

5, daß er solchem Tun lieber entfloh. Dann: *Verum sive stetisset, sive fugisset, numquam postulanti defuit deus, quem ille in corde suo non solum in oratione et obsecratione, sed etiam in convivio, in itinere, in collocutione, in consessu, in prosperis, in adversis, etiam in somno semper secum habuit.* Dies ist die bildlose Umschreibung jener Haltung der Bereitschaft, die für die Nonnen des Caesariaklosters mit dem Bilde der angezündeten Lampen ausgesagt war. Glaube war keine punktuelle Hinwendung bestimmter Augenblicke liturgischen Vollzuges im Tageslauf, sondern kennzeichnete die Person überhaupt, und dies wird mit einem Schriftwort wiederholt: *Nulli dubium est, quod aut spiritaliter cum sanctis psallebat, aut certe illud impleverit propheticum: Ego dormio, et cor meum vigilat* (Cant. 5,2). *Frequenter etiam in sopore positus de futuro iudicio vel de aeterno praemio praedicabat.* So ist diese nicht einmal durch den Schlaf unterbrochene Bereitschaft auf das Urteil Gottes und auf die überirdische Zukunft gerichtet; und dies mag Caesarius mit Antonius verbinden. Das Schriftzitat – kein Prophetenwort – entstammt dem Hohenlied, und wenn man nicht annehmen will, daß man dieses Buch zu den Prophetenbüchern zählte, so war die Kenntnis des Wortes wichtiger, als die des Autors. Jenen Lesern war es nicht das Wort eines Propheten oder Evangelisten, das Glauben und Bedenken forderte, sondern das Wort dessen, in dessen Namen diese Gestalten aufgetreten waren. Das Zitat zeigt, worauf die Gedanken des Caesarius mit Leidenschaft gerichtet waren, wofür dann das Hohelied ein geeigneter Fundort war. Nicht als exegetisch ermittelnder Theologe ist Caesarius geschildert, sondern offenbar führt ihn die unmittelbare Beziehung zu Gott an die von ihm kündende Schrift.

Einst fragte Caesarius zu später Stunde die Seinigen (II,31f): *dicite mihi, quid cenavimus hodie, qualia fercula habuimus*? Sie schwiegen, weil sie erkannt hatten, daß Caesarius nicht nach dem Küchenzettel gefragt hatte, sondern *de cibo spiritali loqui volebat.* So erkannte er, daß sie zwar die Speisen sämtlicher Mahlzeiten hätten aufzählen können, *si autem interrogemus, quid ad mensam lectum sit, non recordamur,* und er ist betrübt, daß die geistliche Lektüre nicht Freude bereitete, sondern als Last empfunden wurde (*non solum saporem in palato cordis nostri nullum praestitit, sed etiam fastidium forsita fecit*).[316] Er wiederholte, was gelesen und erklärt worden war und forderte sie auf, das *triticum dominicum* zu ernten, solange dazu Zeit ist, sie würden sich danach einst noch sehnen.[317] Der Autor aber erkennt, daß die Zeit schon gekommen ist und erinnnert sich des Prophetenwortes: *Mittam vobis famem in terris, famem, non panis et aquae sed audiendi verbum dei* (Amos 8,11). Er bezieht dies auf die Leistung, die bis heute den Ruhm des Caesarius ausmacht: Seine Predigerstimme ist verstummt, die das Wort des Jesaia erfüllte: *Clama, ne cesses* (58,1), auch wenn seine Predigten noch vorgetragen werden. Das Amoswort traf sehr genau die Erzählung; die irdisch-politische Existenz des Volkes Israel ist übertragen auf das Priesterleben in Arles, das zwar auch noch irdisches

---

316 Vgl. II,32; *Palatus cuiusque cum verbum dei fastidit, anima eius febrit, cum ad sanitatem venerit, tunc esuriet et sitiet, quod, cum infirmatur, repudiat et neglegit* (Hungern und dürsten nach Gerechtigkeit, Mt. 5,6).
317 Keine unmittelbare Beziehung zu den Erntegleichnissen Christi.

Leben ist, dessen Zukunft aber im Unterschied zum Israel des achten Jahrhunderts v. Chr. nicht mehr irdisch gemeint war.

Die Viten beschrieben Antonius und Pachomius auch nach ihrer äußeren Erscheinung, und zwar vor dem Tode, d. h. unmittelbar vor der Vollendung ihres Lebens; ähnlich die Caesariusvita im zweiten Buch (c.35). *Nam qualem vultum, deus bone, plasmator sancte, qualem faciem, qualem personam, quis potest umquam exponere? Nos vero desideramus in te, sancte pater, doctrinam, formam, vultum, personam, scientiam, dulcedinem, quam specialem a domino inter ceteros homines habuisti ...* Die so aufgezeigte gleiche Qualität, der gleichen Rang des Wesens und der Erscheinung, wird noch unterstrichen: *... quis enim umquam terrenum hominem eum esse in processione illa (ad benedicendos fontes) credidit? ... Resplendebat cum anima vultus eius, quia et revera vita eius profectibus continuis sic crescebat, ut semper seipso fieret melior, ut non immerito extrinsecus appararet, quod intrinsecus gerebatur*. Die Vollkommenheit des Lebens, der Person ist also an der Erscheinung sichtbar, so sehr, daß auch die Steigerung, die Caesarius an sich erarbeitete, äußerlich wahrgenommen werden konnte. Dies zu sagen, war den Autoren des zweiten Buches wichtiger als Angaben über Größe, Kleidung, Haarwuchs etc.; diese Worte setzten voraus, daß der bedeutende, vollkommene Mensch auch dem Auge eindrucksvoll ist; seine sittliche Vollkommenheit ist der Grund seiner Wohlgestaltetheit. Cyprianus hatte sich im ersten Buch in gleicher Knappheit geäußert; dies kann hier benutzt werden, weil es die Erscheinung des Caesarius überhaupt, nicht zu einem bestimmten Zeitpunkt meint. In den Kapiteln 45 und 46 faßte er die *divinae gratiae munera* zusammen, die Caesarius zuteil geworden waren. Er rühmte die *patientia, caritas, fervor spiritus ... iugis meditatio die noctuque in lege domini*. Caesarius war *assertor fidei, forma sacerdotum, ornatus ecclesiarum* u. a. m. In solchem Zusammenhang heißt es: *Ad interiorem suum procederet exterior; nam vultu semper placido et angelico, ita secundum scripturam corde laetante vultus floreret, sicut numquam in risu iusto remissior ita numquam meroris nimietate depressus, nisi forte quando pro alienis peccatis lugebat*. Auch dies ist keine Beschreibung der Gestalt, nicht einmal im Ansatz ist dies intendiert. Der Ausdruck des Gesichts ist die sichtbar gewordene Qualität der Person: Gefällig, engelgleich, für uns schwer bestimmbar. Denkt man an die mächtigen, feierlichen Engelwesen der Bibel, so hilft des Autors eigene Erläuterung vielleicht weiter, weder Lachen noch Trauer hätten das Gesicht je verzerrt. Welches Schriftwort gemeint ist, bleibt unsicher, doch die Vorstellung eines heiteren Gesichts, das ein fest gegründetes, fröhliches Herz hervorbringt (*cor, animus*), ist häufig.[318] Hier geht es nicht um die allgemein verbreitete Feststellung, daß das Gesicht den Zustand des Gemüts spiegele, auch nicht um stoische Apathie als ein Abstumpfen gegenüber Freuden und Erschütterungen des Lebens, sondern darum, daß die beständige heitere Würde – wenn man *angelicus* so verstehen darf – den auf Gott gegründeten Menschen auszeichnet, der so Trauer und Not oder irdischer Freude nicht mehr anheimfällt.

Gegen Ende wird berichtet, daß Arles friedlich zum Frankenreich Childerberts kam und durch königliches Privileg als *in Galliis eminentius omnibus, in ecclesiis*

---

318 Z. B. Prov. 15,13; 17,22; Eccli. 13,31).

cunctis aequali anerkannt wurde (II,45). Caesarius wird davon das Ende der schlimmen Wirren für seinen Sprengel erhofft haben. Die Vita jedenfalls fährt fort: *De hoc ergo homo dei refectus et laetus despexit Arriomanitidas*[319] *minas et crebras accusationes, falsiloquia simulatione conficta*s. Für Caesarius war dies der beruhigende Abschluß seines Bischofslebens, Erfüllung seiner fürsorglichen Bemühungen. So kann der Autor fortfahren: *Vidit ergo et laetatus est* (Joh. 8,56), *appositus est ad patres suos, in senectute bona in Christi nomine plenus dierum.*[320] Drei Schriftstellen sind zu einem Satz geformt. Als die Juden Christus vorwarfen, er erhebe sich über Abraham, antwortete er, daß nicht er selber sich ehre, Gott ehre ihn, und kennte er Gott, seinen Vater, nicht, so wäre er ein Lügner. *Abraham pater vester exsultavit ut videret diem meum*. Christus greift gleich über die Todesstunde hinaus; Caesarius sieht nicht Irdisch-Erfreuliches, sondern Gott, daher: *laetatus est*. Von dem scheidenden Mattathias, der seine Söhne zum Kampf um die Gesetzestreue aufgefordert hatte, heißt es im ersten Makkabäerbuch: *et appositus est ad patres suos*. Da der nächste Vers berichtet, daß die Söhne ihn in seiner Väter Grab beisetzten, gewinnt der Vers in der Caesariusvita eine neue Bedeutung. Nicht eine Beisetzung in der Familiengrablege ist gemeint; im Tod wird Caesarius zu den *patres* versammelt, d. h. in Gottes Reich; die *patres* werden die biblischen *patres*, Erzväter, gemeint sein, die großen Gestalten des Alten Testamentes. Die Genesisstellen besagen für Abraham und Isaak nur, daß diese zu ihrem Volk versammelt wurden. Antonius und Pachomius gingen den Weg der Väter, folgten ihnen auf dem von Gott bestimmten Weg; in der Vollendung ihres Lebens waren sie nach Meinung der Autoren zu einer den Erzvätern verwandten Größe emporgestiegen. Bewahrte die Caesariusvita nicht einen Abstand zwischen den Erzvätern und dem Bischof? Die Patriarchen blieben *patres sui*; waren sie nicht schlechthin Väter gegenüber der Menschheit, sondern seine Väter, so blieben sie die ungleich größeren. Dennoch galt auch für Caesarius, was im liber Genesis über Abraham gesagt war: daß er starb *in senectute bona, plenus dierum* (vgl. auch Job 42,16). Davon aber, daß seine Tage erfüllt waren, berichtet die Vita. Dies war das übergreifende Wort zu Tod und Auferstehung und lehrte verstehen, daß er die Drohungen Satans nicht fürchtete.

Seinen Tod soll Caesarius geahnt haben; es war sein Wunsch, daß sein Todestag dem des Augustinus nahe liege. Der Tod selber aber: *Interea crescit additurque exitus Israhel de terra Aegypti, id est, animae sanctae de hoc mundo corporalis vitae migratio* (II 46). Das ist ein einmaliges großes Ereignis, Sinnbild des Verhältnisses irdischen und himmlischen Lebens und des Menschenweges zwischen diesen beiden Welten – im technischen Sinne darf man dies Typologie nennen. Um sich vor der falschen Folgerung bloßer Geringschätzung der Welt zu bewahren, sollte man bedenken, daß *terra Aegypti* über das Erdenleben nur gesagt werden kann vor dem Hintergrund biblischer Ahnung eines himmlischen Gottesreiches, dessen größere Herrlichkeit immer nur mit Bildern irdischen Lebens geschildert werden konnte. Auch in diesem Text ist der Tod Höhepunkt des Heiligenlebens, dessen Gewicht Schriftworte verlangte.

---

319 KRUSCH, (wie Anm. 291), S. 499, Anm. 5: *Arii mania correpti*.
320 Vgl. Gen. 25,8; 35,29; 1. Macc. 2,69; Act.13,56 von David).

8 DIE DARSTELLUNG DES HEILIGEN BENEDIKT VON GREGOR DEM GROßEN

Gregors des Großen Dialoge unterscheiden sich von ihrem Ursprung her charakteristisch von anderen hagiographischen Werken. Gregor, der große Seelsorger auf dem päpstlichen Stuhl, bekleidete dieses Amt gegen seine Neigung. Gregors Hinwendung zu kontemplativ-monastischem Leben widersprach seinen Aufgaben, und er hat beredt und lebhaft geschildert, wie sehr er unter der pastoralen Aufgabe und erst recht unter der Verwaltungstätigkeit in den politischen, ja kriegerischen Mühen seiner Amtszeit gelitten hat.[321] Die allgemeine Bedrängnis Italiens in jenen Jahrzehnten wird die Last auf seinen Schultern schwerer noch gemacht haben: ... *nimis quorundam saecularium tumultibus depraessus,* gezwungen, fremde Nöte zu lösen, die sein Tagewerk gar nicht waren. Von Petrus, dem Diakon und Freund seit Jugendtagen[322] befragt, was ihn so sichtbar bedränge, schildert Gregor, daß das Klosterleben ihm in der Erinnerung verblasse. Er konnte die irdischen Geschäftigkeiten von oben her betrachten, weil jenes Leben über die wechselvollen Ereignisse hinausragte. Wenn auch noch körperlich lebend *nulla nisi caelestia cogitare consueverat,* den Tod als Tor zum Leben (*ut ingressum vitae*), als Lohn seiner Lebensmühe (*laboris sui praemium*) liebend.[323] Nun aber zu vielen sich herabneigend ist der

---

321 S. Endnote V.
322 DE VOGÜÉ, Edition Bd. I, 44ff: *Petrus, defensor ecclesiae* zu Ravenna, Subdiakon, dann Rektor des sizilianischen Patronats, Vikar des Papstes dort. Doch bleibt die Frage, ob die ganze Fragerichtung des Petrus der Dialoge die Geistigkeit jenes Petrus wiedergibt. Einen wichtigen Aspekt dieser Fragerichtung verfolgt M. VAN UYTFANGHE, Scepticisme doctrinal au seuil du Moyen Age? Les objections du diacre Pierre dans les dialogues de Grégoire le Grand, Colloques internationaux du CNRS, Grégoire le Grand, Paris 1986, S. 315–326. Zur Bedeutsamkeit der Petrusfragen, seiner Zweifel, seines Nicht-Begreifens s. VON DER NAHMER, Die Bedeutung der Fragen des Petrus für die Dialoge Gregors des Großen, in: Florentissima Proles Ecclesiae, Bibliotheca Civis IX, Trento 1996, S. 381–416. S. auch Sofia BOESCH-GAJANO, La proposta agiografica dei ‚Dialoghi' di Gregorio Magno, in: Studi Medievali 3a Serie 21 (1980), S. 623–664; DIES., Narratio e expositio nei ‚Dialoghi' di Gregorio Magno, in: Bolletino dell'Istituto Storico Italiano per il Medio Evo 88 (1979), S. 1–33, wo der ständige Wechsel von Erzählung und Erklärung als wichtiges Prinzip des Werkes aufgezeigt wird, ohne wesentlich auf die Petrusfragen hinzuweisen; Giuseppe CREMASCOLI, Infirmantium persona (Dialogi 4,4,9). Sui dubbi del diacono Pietro, in: Invigilata Lucernis.Scritti in onore di Vincenzo Recchia, Bari 1989, S. 175–195 geht stärker auf die dialogische Struktur der Dialogi ein und sieht mit BOESCH-GAJANO in der dialogischen Gestalt ein „strumento essentiale" diesen Buches. Diese Arbeit CREMASCOLIS ist auch für Gregors Rückgriff auf Bibelstellen in den Dialogen bedeutsam. Ferner: F. TATEO, La struttura dei Dialoghi di Gregorio Magno, in: Vetera Christianorum 2 (1965), S. 101–127.
323 Giuseppe CREMASCOLI, Novissima hominis, nei Dialoghi di Gregorio Magno, Il mondo medievale 6, Bologna 1979, über den Tod S. 37–66. Die Worte dieser Einleitung sind CREMAS-

Geist zerstreut. In Gedanken an das Verlorene ermißt er stärker noch das Gewicht der auferlegten Last. Das Leben als Papst gleicht der Ausfahrt des Schiffes auf stürmische See; immer kleiner und undeutlicher erscheint der verlassene Hafen.[324] Dies ist das eigentlich Bedrängende an Gregors Lage: Nicht, daß er den wechselvollen Ereignissen ausgesetzt ist, täglich fremde Nöte zu lösen hat, sondern daß dies alles die im Kloster immer mögliche Konzentration der Gedanken auf Gott, dem er entgegen strebt, zerstreut, so daß die erklommene Stufe nicht behauptet, der Rang schon errungener Einsicht nicht bewahrt, nur noch verblassend erinnert werden kann. Der Gedanke an jene, die sich mit allen Kräften vom weltlichen Leben abkehren, steigert Gregors Schmerz, da er deren Höhe mit dem eigenen notvollen, herabziehenden Zustand vergleicht. Die in abgeschiedenem Leben ihrem Schöpfer zur Freude gelebt haben und deren jugendlicher Geist nicht durch menschliches Tun alt geworden ist, denen hat dann auch Gott irdische Mühe nicht auferlegt. Als Strafe erscheint da das päpstliche Amt.

Von da her ergibt sich Gregors Thema in den Dialogen. Er will in seiner bedrängten Lage auf jene Menschen schauen, die gnadenhaft Wunder tun durften, die Gesichte empfingen aus einem Gott hingegebenen Leben. Solche Gottnähe ist Gegenstand dieses Buches; erst von da her erklären sich jene im vierten Buch häufigen Gesichte der im Tod Gestraften als das bedrohliche Gegenbild. Erst von da her kann und muß von Gregors bedeutender pastoraler Sorge in den Dialogen geredet werden, die Frau Boesch-Gajano so nachdrücklich hervorgehoben hat. Die Wichtigkeit, ja Notwendigkeit dieser seelsorgerlichen Bemühung tritt denn auch aus des Petrus fast verständnisloser Frage hervor, wenn er auch nicht zweifeln wolle, daß es heilige Menschen auf italischem Boden gegeben habe, so kenne er solche nicht, er wisse nicht, *ex quorum igitur conparatione accenderis* (Prol. 7). Es ist Petrus, der hervorhebt, wie sehr lebendige Erinnerung ein nach Vollkommenheit strebendes Leben anspornt; nicht aus der Ferne, aus dem eigenen Lande sollte dieser Ansporn kommen. Man mag in der Schrifterklärung darlegen, wie man eine Tugend erkennen und befolgen kann; an der Erzählung der *signa*, der Wunder, erkennt man, wie der Rang solcher Wunder offenbar geworden ist: In wunderbarem Geschehen bestätigt und offenbart also Gott sein Urteil über das Leben eines Heiligen. So haben die *exempla patrum* – hier zu Taten der Heiligen geworden – zweierlei Wirkung: Sie lenken anspornend den Hörer *ad amorem venturae vitae* und führen zur Demut, da man von bedeutenderen Taten hört, als man sie selber bisher vollbracht hat.[325]

COLI in diesem Zusammenhang nicht weiter aufgefallen, was wohl daran liegt, daß er vornehmlich nach dem Lehrgehalt des Werkes fragt. Treffendes z. B. S. 65f über Gregors Orientierung nicht an der Welt, von der der Sterbende Abschied nimmt, sondern an der neuen Zukunft. Nachdrückliches Hervorheben der pädagogischen Intention in den Dialogi in den Arbeiten von Frau BOESCH-GAJANO und bei M. DOUCET, Pédagogie et Théologie dans la ‹Vie de Saint Benoît› de Grégoire le Grand, in: Collectanea Cisterciensia 38 (1976), S. 158–173.

324 Das Schiff im Sturm hat biblisch andere Bedeutung: Jon. 1; Mt. 8,23ff und 14,22ff; Mc. 4,35ff und 6,45ff; Lc. 8,22ff. Am nächsten kommt Ps. 106,23ff. Zur Schiffsmetapher s. auch Gregor, ep. 4, wo das päpstliche Amt als ein altes und von den Wellen arg mitgenommenes Schiff dargestellt wird.

325 S. Endnote VI.

So fordert Petrus eine recht seelsorgerliche Erzählung von Gregor, der gerade dieser Aufgabe gerne entflohen wäre, dem die reineren Taten der heilig Lebenden eher die Größe des Mönchslebens vergegenwärtigten, das er hatte aufgeben müssen. Ein eigenartiger Zug diesen Gespräches, wie der um Belehrung Bittende dem Lehrer solche den Menschen anspannende Kraft hagiographischer Erzählung deutlich machen muß. Dies sollte davor bewahren, in der seelsorgerlichen Pflicht Gregors ursprünglichen Antrieb zu sehen. Gregor selber sieht sich nun in der Lage des Markus und des Lukas, Dinge zu erzählen, die er nicht selber erlebt hat, sondern nur von zuverlässigen Zeugen kennt. Vor allem den Sinn des Berichteten will er bewahren, die wörtliche Wiedergabe hätte nicht nur einen längeren Text, sondern auch eine unangemessene *rusticitas* erzwungen.

Unter der großen Zahl der Heiligen, von denen Gregor berichtet, muß Benedikt, den er persönlich nicht kannte, ihm am nächsten gestanden haben, als der Bedeutendste erschienen sein: Ein ganzes Buch von vieren widmete er ihm, und die Art seiner Wunder, mit denen er beständig Menschen neuen Mut gab, mag fast als ein Teil von Gregors eigenem Leben erscheinen.[326] Bedeutend wird Benedikt eingeführt: *Fuit vir vitae venerabilis* ... A. de Vogüé fiel auf, daß die Bibel mit verwandten Worten Samuel, Hiob, und Johannes den Täufer vorgestellt hat.[327]

---

326 Man lese etwa II 3,5–7 Gregors Erläuterung zu *habitavit secum*; vgl. auch weiter unten. Den Lebensmut stiftenden Charakter vieler Wunder Benedikts hatte schon VON DEN STEINEN hervorgehoben. Zu HALLINGERS Frage (Gregor der Große und der heilige Benedikt, Studia Anselmiana 42, Roma 1957, S. 231 319), ob oder in wie weit Gregor als Mönch von Benedikt und seiner Regel geprägt gewesen sei, s. VON DER NAHMER, Gregor d. Gr. und der hl. Benedikt, in: Regulae Benedicti Studia 16 (1987) S. 81–103. Zur Beurteilung der Frage nach der Echtheit der Dialoge und dem Zeugniswert gerade auch für die Gestalt Benedikts s. VON DER NAHMER Der Heilige (wie Anm. 79) Exkurs III: S. 311–314. Hier sei nur noch auf Joh. FRIED, Der Schleier der Erinnerung, München 2004, eingegangen. Weiterhin wird K. HALLINGERS unhaltbare Vorstellung von Gregors Unkenntnis Benedikts und seiner Regel übernommen. Das eigentliche Thema der Dialoge kommt überhaupt nicht in den Blick, die Differenz zwischen Gregor und seinem Gesprächspartner bleibt unbemerkt. Der Petrus der Dialoge ist schwerlich eine historische Person und kommt als Redaktor auch nicht infrage. Es ist eine Verkürzung, wenn behauptet wird, Gregor erwähne Benedikt nur in Wundergeschichten; dabei fällt immer auch etwas zu seinem Lebensgang, zu seinem Umgang mit Mönchen oder auch weltlichen Menschen ab, das gewiß nicht anders belegbar ist – als würde das in solch quellenarmer Zeit irgend überraschen. Gregor hat keine Regel in seinem Werk propagiert, auch nicht die Vorstellungen des Equitius aus der Valeria, der ebenfalls nur durch Gregors Dialoge bezeugt ist. Wäre das alles so geschichtslos, wie Fried behauptet, dann wäre das Kloster des Honoratus von Fundi nicht zu identifizieren gewesen, s. B. BORCK, D. VON DER NAHMER, Das Kloster des Honoratus von Fundi und das Praetorium Speluncae, in: Studi Medievali 3a serie XXXVI II; 1995, S. 617–656. Die Lebensstationen Benedikts lassen sich so leicht nicht bestreiten; die Zeitgnossen, denen Gregor seine Berichte verdankte, waren doch wohl zu identifizieren, als Gregor seine Dialoge schrieb – übrigens, wie FRIED zu Recht sagt, nicht zwingend 593/4, sondern eher später. Ist man das Zeugnis Gregors los, so kann man frei spekulieren, z. B. über eine Redaktion durch Paterius oder Petrus. Der kritischere Weg ist das nicht.

327 Grégoire le Grand, Vie de S. Benoît, trad. de P. ANTIN, commentée par A. DE VOGÜÉ, Vie monastique 14, Abbaye de Bellefontaine 1982, S. 23; 1. Reg. 1,1; Job 1,1; Joh. 1,6.

Es ist bekannt, wie Benedikt die kaum begonnenen Studien der *artes* aufgab, denn *in eis multos ire per abrupta vitiorum cernerit*[328]. Dabei ließ er es nicht bewenden: *Relicta domo rebusque patris soli Deo placere desiderans, sanctae conversationis habitum quaesivit*[329]. So ausführlich später Benedikts Wunder berichtet werden, die rasche und grundlegende Entscheidung ist in einem kurzen Satz zusammengefaßt, und das entspricht wohl ihrer Abruptheit. Auf biblische Beispiele ist hier verzichtet, wiewohl sie aus der Vitentradition nahelagen. Benedikt suchte, zunächst noch von einer Dienerin begleitet, einen Ort asketischen Lebens in der Umgebung Subiacos. Hier tat der jugendliche Benedikt sein erstes Wunder (II 1, 1–2). Es schmerzten ihn die Tränen dieser Frau über ein zerbrochenes Gefäß. Es wird nicht gesagt, daß er um das Wunder der Wiederherstellung des Gerätes gebetet habe, doch als er sich erhob, war es wie unversehrt. Benedikt entfloh dem rasch einsetzenden Ruhm und bezog allein eine Höhle, von einem Mönch nur erkannt, der für seine Nahrung sorgte. Dann, so begriff Gregor, wollte Gott den Mönch Romanus von seiner Mühe um Benedikt ausruhen lassen, *et Benedicti vitam in exemplo hominibus demonstrare, ut posita super candelabrum lucerna claruerit, quatinus omnibus qui in domo Dei sunt lucerit.*[330] Er schickte durch ein Gesicht auf den Ostertag einen *presbyter* von ferne her, dem fastenden Benedikt deutlich zu machen, daß die Freude des Osterfestes ein üppigeres Mahl verlange. Benedikts Antwort auf den Wunsch zu gemeinsamem Mahl zeigt, daß die Begegnung mit dem Priester ihm Osterfreude war; Benedikt wußte nicht einmal, daß an diesem Tag das kirchliche Fest der Auferstehung Christi gefeiert wurde! Der Priester mußte erläutern: *Veraciter hodie resurrectionis dominicae paschalis dies est*, dies sei kein Tag asketischen Fastens. Etwa zur gleichen Zeit wurde er von einem Hirten entdeckt

---

328 S. Endnote VII.
329 VON DEN STEINEN, Heilige (wie Anm. 230) 24 beobachtet: „Gregor der Große erwähnt niemand, bei dem der heilige Benedikt in die Schule gegangen wäre; es scheint nach ihm, daß der große Führer niemals einem anderen untertan gewesen ist." Dazu s. Gregor selber in Dialogi I 1 zu Honoratus von Fundi, der ebenfalls keinen Lehrer hatte. Cl. DAGENS, La conversion de saint Benoît selon saint Grégoire, in: Rivista die Storia e Letteratura religiosa 5 (1969), S. 384–391, S. 385 deutet *abrupta vitiorum* doch wohl voreilig nur als Versuchung durch das andere Geschlecht. Offenbar sehen Gregor/Benedikt in der Rhetorik selbst und in den durch diese eröffneten Möglichkeiten zu allererst eine Versuchung; ferner überzeugt mich keineswegs, daß die *conversio* Benedikts wesentlich Spiegelung der eigenen *conversio* Gregors sei, wobei eine Übereinstimmung im Grundsätzlichen nicht abgestritten sei. Ähnlich DERS., Grégoire le Grand. Culture et expérience chrétienne, Études Augustiniennes, Paris 1977, S. 299–395; DAGENS verwischt die Abruptheit der Entscheidung Benedikts nicht in der üblichen Weise.
330 II 1,6; vgl. Mt. 5,14f. dies die erste Bestimmung des in Askese gewonnen Ranges Benedikts mit einem Satz aus einem Christusgleichnis. R. MANSELLI, Gregorio Magno e la Bibbia, La Bibbia nell'Alto Medioevo, Settimane di Studio X, Spoleto 1963, S. 67–101, nimmt eine andere Richtung als unsere Untersuchung. M. MÄHLER, Évocations bibliques et hagiographiques dans la vie de Saint Benoît par Grégoire le Grand, in: Révue Benedictine 83 (1973) S. 398–429, hat das Verdienst zahlreicher Nachweise. J. M. PETERSEN, The Dialogues of Gregory the Great and their Antique Cultural Backgrund, Studies and Texts 69, Toroto 1984, S. 25–55 die Beziehungen der Dialoge zur Bibel unter wenig förderlichen exegetischen Begriffen (z. B. Typologie). Dazu VON DER NAHMER, Gregor d. Gr. (wie Anm. 326) Anm. 54, 68 und 69.

und nun begann der Zustrom der Menschen, die ihm Nahrung (*cibos corporis*) brachten, *ab eius ore in suo pectore alimenta referebant vitae*[331].

Dies war der Eintritt in die öffentliche Wirkung, die Benedikt nicht gesucht hatte. In längerer asketischer Zurückgezogenheit hatte er einen Grad der Vollkommenheit erreicht, daß andere auf ihn schauen, von ihm lernen konnten. So wurde er auf Gottes Wink von anderen gefunden. Diesen Punkt erst markiert Gregor mit einem Christuswort aus der Bergpredigt: Man zünde ein Licht nicht an, um es unter einem Scheffel zu verbergen, sondern man setze es auf einen Leuchter, daß es allen leuchte, die im Hause sind. Benedikt als das angezündete Licht, der es anzündete, konnte nur Gott sein. Der Beginn aber des Wirkens ist ebenfalls nicht ohne Anlehnung an ein Christuswort: Die *alimenta vitae*, die Benedikt seinen irdische Nahrung bringenden Besuchern gewährte, erinnerten an den Satz, mit dem Christus sich Satans erwehrt: „Der Mensch lebt nicht vom Brot allein, sondern von einem jeglichen Wort, daß durch den Mund Gottes geht." Der Unterschied der Situation ist groß, doch die Entgegensetzung irdischer Nahrung und des „nährenden Gotteswortes" ist geblieben. Auch hierin erscheint Benedikt als die Person, deren Gott sich bedient.

Gregor mißt diesem Zeitpunkt im Leben eines Menschen, an dem er aus der vorbereitenden Läuterung heraustritt und zu wirken beginnt, große Bedeutung bei; die folgenden Abschnitte umkreisen weiterhin dieses Thema. Da wird geschildert, wie Satan in die Einsamkeit Benedikts eindringt – *temptator adfuit*[332]. Nur bei der Schilderung der Versuchungen Christi verwendet, soweit ich sehe, die Schrift für Satan diesen Begriff. Interessant genug, was hier als Satan erkannt wurde: Eine Benedikts Kopf umschwirrende Amsel, die seine Konzentration störte. Er verscheuchte sie nicht auf uns vertraute Weise – der früher scheue Vogel war ja auch auf eine seiner Art widersprechende Weise zudringlich. Er vertrieb ihn mit dem Kreuzeszeichen. Zurück blieb für Benedikt die Erscheinung einer Frau als Gegenstand leidenschaftlicher Begierde (*amoris flamma*). Indem er dieses „Feuer" ins Äußere kehrte, bekämpfte Benedikt diese Versuchung: Er warf sich in die Brennesseln und Dornen vor seiner Höhle; *Nudum se in illis spinarum aculeis et urticarum incendiis proiecit ... cumque bene poenaliter arderit foras, extinxit quod inlicite ardebat intus. Vicit itaque peccatum, quia mutavit incendium* (II,2). Diese Art der Versuchung soll Benedikt nach eigenen Worten nicht mehr erlebt haben, Gregor aber fügt hinzu, daß von nun an viele begannen, ihr bisheriges Leben zu verlassen

---

331 II 1,8; zu *alimenta vitae* vgl. Eccli. 15,3; Mt. 4,4; Joh. 6,35u. ö; Eph. 5,26; Apoc. 22,1 und 17. Verwandt ist gewiß auch das Gespräch Christi mit der Samariterin Joh. 4,1ff; s. auch die von DE VOGÜÉ in seiner Edition angemerkten Stellen aus Cassian. Zur Entdeckung Benedikts s. VON DER NAHMER, Gregor d. Gr. (wie Anm. 326) Anm. 68.

332 II 2,1, vgl. Mt. 4,3; s. auch VON DEN STEINEN, Heilige (wie Anm. 230) S. 21; M. DOUCET, La tentation de Saint Benoît, Relation au Création par Saint Grégoire Le Grand? in: Collectanea Cisterciensia 37 (1975) S. 63–71, weist dieser Schilderung ihren Ort in Gregors Theologie zu. Der im Titel aufgezeigten Alternative folge ich nicht, sie gibt den Text als Bericht auf. Da führt die von Frau BOESCH-GAJANO vorgetragene Darstellung (s. die Anm. 322 genannten Arbeiten) einer intensiven Erklärung des Berichtens aus lehrhafter Absicht weiter. Die Vorlagensuche, schon von COURCELLE intensiv betrieben, wird von P. A. CUSACK, The temptation of St. Benedict, in: American Benedictine Review 26 (1976) S. 143–163, ins Uferlose fortgeführt, alle Unterschiede ignorierend; schließlich wird so jedes Ereignis moralisierend hinwegallegorisiert.

atque ad eius magisterium festinare ... *Unde et per Moysen praecipitur, ut laevitae a viginti quinque annis et supra ministrare debeant, ab anno vero quinquaginsimo custodes vasorum fiant* (Num. 8,24ff).

Dieses Mosewort blieb Petrus unverständlich, so daß er um eine Erklärung bitten mußte. Der junge Mensch, so erläutert Gregor, sei von körperlicher Versuchung gefangen, solche Hitze aber kühle nach dem 25. Lebensjahr ab. Die *vasa sacra*, das sind die Gläubigen (*fidelium mentes*). Sind jene nun noch im Zustand solcher Versuchung aus Leidenschaftlichkeit, so müsse man ihnen zu Hilfe kommen, sie mit Arbeit ermüden. Wenn höheres Alter solche Leidenschaft gedämpft hat, dann seien sie befreit als *custodes vasorum*. Auch diese Worte beschreiben für Benedikt in Deutung eines alttestamentlichen Wortes jenen Zeitpunkt, an dem er aus vorbereitender Läuterung in die Wirksamkeit des monastischen Lehrers hinübertrat. Es mag auffallen, daß Benedikt jenes von Mose genannte Alter von fünfzig Jahren längst nicht erreicht hatte und auch dadurch über die Norm hinausgehoben erscheint.

Dies leitet über zur Wahl Benedikts zum Abt von S. Cosimato zu Vicovaro (Anniennetal; II 3,2). Gregor bereitet dieses Ereignis nochmals vor: *Recedente igitur temptatione vir Dei quasi spinis erutis exculta terra, de virtute segete feracius fructum dedit* – das Christusgleichnis von der Aussaat, die auf verschiedenen Boden fällt (Mt. 13,3ff; Mc. 4,3ff; Lc.8,5ff). Was hier beschrieben wird, ist im Gleichnis nicht unmittelbar aufzufinden, wenn es auch der Forderung des Gleichnisses entsprechen mag: Die Aufbesserung des Bodens, das Ausreißen der Dornen (*temptationes*), und als Folge der hohe Ertrag des Feldes.

Der erste Abbatiat Benedikts scheiterte daran, daß die Mönche seiner Strenge nicht folgen wollten. Benedikt entdeckte einen Anschlag auf sein Leben, verließ das Kloster, kehrte in seine vorige Einsiedelei zurück *et solus in superni Spectatoris oculis habitavit secum*[333]. Dieses *secum habitare* mußte Gregor Petrus erläutern: Benedikt hätte seine Gedanken und seine Kraft daran setzen müssen, nur die monastischen Lebensformen durchzusetzen *atque a contemplationis lumine mentis*

---

333 II 3,3–5. S. COURCELLE, ‚Habitare secum' selon Perse et selon Grégoire le Grand, Revue des Études anciennes, 69 (1967) S. 266–279; Cl. DAGENS, Grégoire le Grand (wie Anm. 329) S. 176 Anm. 32 trennt diesen Text von ähnlich lautenden anderen im Werk Gregors, denn im Unterschied zu anderen Belegen handle es sich hier nicht um eine Phase préparatoire à la contemplation, sondern um l'état naturel d'une âme qui cherche Dieu et écarte les distractions. Dies scheint mir zumindest unsicher, da der Mönch Benedikt durch die Ereignisse zu Vicovaro in Gefahr ist, den erreichten Zustand zu verlieren: *a contemplationis lumine mentis suae oculum declinasset*, was im übrigen sehr an Gergors einleitende Schilderung seiner eigenen Lage erinnert. Den jedenfalls sehr eindringlichen Bemühungen von Cl. DAGENS wäre zu wünschen, daß Begriffe wie mystique, interiorité, und exteriorité Gregor nun nicht den Vorwurf der Innerlichkeit eintragen. Es sei noch darauf hingewiesen, daß jenes Sich-Selbst-Verlieren der Seele und die Rückkehr zu sich nicht nur als Weg des Individuums beschrieben ist. DAGENS zeigt an sehr schönen Zitaten, daß diese Vorstellung für Gregor den Großen eine weltgeschichtliche Dimension hat: Sündenfall und Vertreibung aus dem Paradies, die Rolle Christi, der sich in diese äußere Welt begibt, den Menschen wieder auf den Weg seiner ursprünglichen Bestimmung zu bringen. Es bedürfte also für das Mönchtum einer Untersuchung der Bedeutung der ursprünglichen Bestimmung des Menschen in der Schöpfung. Für Gregor – immer auf den Gegensatz *intus-foris* bezogen – einiges Interessante bei DAGENS S. 165–204.

suae oculum declinasse. Sich selber hätte er dort verloren und jene kaum gefunden – Gregors eigenes Problem. Dies führt den Menschen aus sich heraus, so daß er nicht mehr bei sich ist, sondern seine Gedanken herumschweifen. Christi Gleichnis vom verlorenen Sohn gab das Beispiel; dieser nahm sein Erbteil und zog in ferne Länder. Als er seinen Reichtum verschwendet hatte, mußte er in fremdem Auftrag Schweine hüten und litt Mangel: *in se reversus dixit*: „Wie viele Tagelöhner hat mein Vater, die Brot in Fülle haben" (Lc. 15,17). *Si igitur secum fuit, unde ad se rediit.* Dies also meinte Gregor, „daß er über sich selbst wachte, vor den Augen seines Schöpfers sich beständig anschaute, sich immer prüfte und seine Augen nicht außerhalb seiner selbst umherschweifen ließ." Petrus verlangte nun die Erklärung eines gleich klingenden Satzes. Als ein Engel den Apostel Petrus aus dem Kerker führte, *ad se reversus dixit:* „Nun weiß ich wahrhaftig, daß der Herr seinen Engel gesandt hat und mich errettet hat aus der Hand des Herodes" (Act. 12,11). Gregor kannte zwei Arten es Außer-Sich-Seins: Die schweifenden Gedanken können einen Menschen von sich fortführen (*per cogitationes lapsum*), oder man wird durch Kontemplation über sich hinausgehoben. Für ersteres diente jener herabgesunkene Sohn als Beispiel. Petrus aber, der Apostel, war von dem im Licht erscheinenden Engel in einen ekstatischen Zustand heraufgehoben. Beide kehrten zu sich zurück in den Zustand der Menschen möglichen Einsicht. Wichtig genug, daß Gregor als menschliche Grundsituation nicht die seelsorgerliche Zuwendung zu anderen Menschen, sondern dieses Unter-Gott-Stehen beschreibt. Dieser ist das ursprüngliche, verpflichtende, maßgebende Gegenüber, der alles menschliche Streben auf sich zieht. Die Stelle mag davor warnen, die pastorale Intention der Dialoge zu übertreiben.

Daß Benedikt diesen ersten Platz seiner Wirksamkeit als Abt verließ, wollte Gregor freilich nicht nur rechtfertigen mit einem ihm selber wichtigen Motiv, dem des Sich-Selbst-Verlierens, der Notwendigkeit, selber in gleichmäßiger Ruhe der Kontemplation zu leben. Er zeigte die Richtigkeit, ja Notwendigkeit der Entscheidung Benedikts auch am Beispiel des Paulus auf, der mit seinen eigenen Worten als Eiferer für Christus bis in den Tod gezeichnet wird.[334] Auch dieser verließ heimlich Damaskus, als er die Vergeblichkeit seiner Predigt erkannte, man ihm sogar nach dem Leben trachtete. Nicht anders wollte Benedikt seine Kräfte sinnvoll einsetzen. Man suchte ihn bald am Anienne auf; dort errichtete er zwölf Klöster, *in quibus statutis patribus duodenos monachos deputavit* (II 3,13). Letztlich beruht diese Ordnung auf der Zwölfzahl des Jüngerkreises Christi, doch bleibt bemerkenswert, daß Gregor sich nicht darauf beruft, sondern auf eine einst wohl von ägyptischen Mönchsvätern getroffene Festsetzung. Es mag dabei Benedikt charakterisieren, daß er selber nur wenige, z. T. mit Namen genannte Mönche um sich versammelte, die größere Schar dürfte so nur mittelbar unter seine Schüler gerechnet werden.

Die folgenden Berichte schildern einige charakteristische Wundertaten Benedikts. Sie sollen dem Leser zeigen, daß *iam loca eadem in amore Dei domini Jesu Christi longe lateque ferviscerent* (II 8,1), daß Benedikts monastische Lebensweise göttlich bestätigt war. Die Menschen antworteten auf Benedikts Leben unterschiedlich; die einen kamen, sich ihm anzuschließen, so wuchs die Mönchskolonie. Ein

---

334 II 3,11; Act. 9,24; 2. Cor. 11,32ff; Phil. 1,21.

Priester aber sah mit Neid den Zulauf und wollte mit allen Mitteln die Menschen von Benedikt fernhalten (II 8,1–6): Dies der Unterschied zwischen Jüngern und Pharisäern, was Gregor so scharf nicht betont. Petrus aber erkannte die biblischen Gestalten, die ähnliche Wunder vollbracht hatten, in Benedikt wieder: *Nam in aqua ex petra producta Moysen; in ferro vero quod ex profundo aquae rediit Helisaeum, in aquae itinere Petrum, in corvi obeodientiam Heliam, in luctu autem mortis inimici David video*[335]. Mehr als ein Jahrtausend liegt zwischen Mose und Petrus; dennoch erkennt Gregors Freund *ut perpendo, vir iste spiritu iustorum omnium plenus fuit*. In knappen Worten weist Gregor die Vorstellung von der Vielheit der Geister – wiewohl es sich um die großen Propheten- und Apostelgestalten handelt – zurück: *Unius spiritum habuit* – den Geist des Einen nur, *qui per concessae redemptionis gratiam* alle Gläubigen erfülle. Johannes habe davon gesagt: „Das war das wahre Licht, das alle Menschen erleuchtet, die in diese Welt kommen; von seiner Fülle haben wir alle genommen Gnade um Gnade"[336]. Den Seinen verlieh Gott solche

---

335 II 8,8–9. BOLTON, The Supra-Historical Sense in the Dialogues of Gregory I., in: Aevum 33 1959, S. 209 knüpft an diese Stelle die Beobachtung, daß Gergor Interesse für die Gleichartigkeit der Wunder verschiedener Heiliger zeige, nicht aber für die Einzigartigkeit, was dem modernen Betrachter zuwiderlaufe, „but it does not fail the purposes of the hagiographer who is ultimately dealing with eternals, not with events in time". Mag man die Formulierung für überspitzt halten, doch sie klärt den Sachverhalt; s. auch die folgenden Anmerkungen. Zu den Wundern, auf die Petrus hier anspielt: Alle diese Wunder behoben Schwierigkeiten der rauhen täglichen Verrichtungen. II 5,1–3: Mose schlug Wasser aus dem Fels, das murrende Volk vor dem Verdursten zu bewahren (Num. 20,11); Benedikt war wegen Wassermangels gebeten worden, das Kloster zu verlegen. Der felsige Weg zum Stausee des Anienne schien den Mönchen zu gefährlich. Benedikt markierte den Platz durch Steine und betete. Tags darauf schickte er Mönche, an jenem Platz zu graben, wobei dann Wasser hervortrat. II 6,1–2: Elisa half einem Knecht, dem beim Holzfällen das Beil in den Jordan gefallen war, indem er den hölzernen Stiel dem Eisen nachwarf, das nun schwamm und von dem Knecht ergriffen wurde (4. Reg. 6,5–7). Ebenso half Benedikt einem Goten, dem die Sichel in den Stausee gefallen war (I 7,1–3; es müssen hier nicht alle Fälle nacherzählt werden). Das letzte war keine Wundertat, Benedikt weinte wie David über den Tod eines Feindes (II. Reg. 1,11). B. DE GAIFFIER, Miracles bibliques et vies de saints, ders. Études critiques d'hagiographie et d'iconologie, Subsidia Hagiographica XLIII, Bruxelles 1967, S. 50–61, stellt zu Recht heraus, daß Gregor auf die Ähnlichkeit vieler Wunder zu biblischen Wundern selber nachdrücklich aufmerksam macht, dann auch Unterschiede hervorhebt. Darüber hinaus spricht viel dafür, daß erst biblische Wunder zeigen, daß es Wunder gibt, geben kann. S. 53 entgeht DE GAIFFIER, daß Gregor nicht eine Vielfalt von *spiritus* in Benedikt findet, sondern den einen Geist, der von Gott ist, also nicht Fortführung des Gedankens des Petrus, sondern entschiedene Korrektur. Zu Recht verweist er aber auf Origines (Homilae in Cant. II, ed. BEHRENS, S. 158): *Erat autem (Deus) in omnibus sanctis qui ab initio fuerant*. Zu P. A. CUSACK, The Story of the Awkward Goth in the Second Dialogue of St. Gregory I., Studia Patristica 17 (1979, gedr. 1982), S. 472–476: Indem man alles in literarische Konstruktion mit allegorischer Zielsetzung auflöst, kommt man auch nicht weiter und öffnet methodischer Willkür Tür und Tor. Mindestens jenen war dies Geschichte, ohne die Allegorie hier sinnlos wäre. Solche totale Allegorisierung ist keineswegs strange to the modern mind – erst dieser sucht zu gern dem Ärgernis solchen Geschichtsverständnisses mittels Allegorese zu entkommen. In diesem Falle wird allegorische Deutung weit über Gregors Intentionen hinaus betrieben.

336 Joh. 1,9 und 16; VON DEN STEINEN, Heilige (wie Anm. 230) S. 25. M. PUZICHA, Vita iusti (wie Anm. 328) S. 290 entging, daß das Wort *vir iste spiritu iustorum omnium plenus fuit* Petrus

Wunderkraft, nicht aber die Fähigkeit, diese weiterzugeben. Christus selber gab seinen Feinden das Jonaszeichen (Mt. 12,39f). Jona war drei Tage im Leib des Fisches, Christus drei Tage im Grab; für die Hochmütigen (so ist Unglaube Hochmut) starb er, den Demütigen ist er auferstanden. Jene sahen, was sie verachteten, diese, was sie liebten, und sie empfingen gegen den Tod die *gloria potestatis,* den Ruhm der Macht Gottes. Dies erklärte an Evangelienworten Gottes Gegenwart in Benedikt und gab zugleich dem Priester Floridus den Platz an der Seite der Pharisäer.

Das Gespräch hatte darauf abgezielt zu erkennen, warum Benedikt in seinen wunderbaren Taten Patriarchen und Propheten, auch einem Apostel ähnlich war, so als bildeten die großen Gestalten beider Testamente mit den Heiligen eine große Familie. Petri erneutes Erstaunen galt der Kraft, Künftiges vorherzusehen.[337] Gregor erklärt zunächst mit einem Pauluswort (1. Cor. 6,17): „Wer dem Herrn anhängt, ist ein Geist mit ihm". Petrus hält ein Wort des Römerbriefes dagegen: Wie kann derselbe Apostel sagen: „Wer hat des Herrn Sinn erkannt, wer ist sein Ratgeber gewesen (Rom. 11, 34)? Kann man mit Gott ein Geist sein und seinen Sinn nicht kennen?" Gregor antwortete, soweit der Heilige mit Gott eins sei, kenne er dessen Sinn. Doch auch der Apostel (Paulus) sagte, welcher Mensch wisse, was im Menschen ist, wenn nicht der Geist dieses Menschen selbst? So wisse auch nur Gottes Geist, was in Gott sei. Doch habe Paulus hinzugefügt: „Nicht den Geist dieser Welt haben wir empfangen, sondern den Geist, der aus Gott kommt" (1. Cor. 2,11f); dazu: „Was kein Auge gesehen und kein Ohr gehört hat und zu keines Menschen Herz gedrungen ist, was Gott denen, die ihn lieben, bereitet hat, das hat er uns durch seinen Geist geoffenbart" (1. Cor. 2,9). Wieder stolpert Petrus über ein Pauluswort von der Unbegreiflichkeit der Urteile und Wege Gottes (Rom. 11,33). Stärker noch irritiert ihn ein Psalmwort (David propheta, Ps. 118,13): *In labiis meis pronuntiavi omnia iudicia oris tui.* Was Paulus nicht erkennt, vermag David auszusprechen? Soweit Menschen mit Gott eins sind, ist dessen Sinn, so Gregor, ihnen nicht unbekannt. Soweit sie in demütiger Verehrung (*devote*) Gott gehorchen, sind sie mit ihm eins. Soweit sie die Vergänglichkeit des irdischen Körpers beschwert, sind sie nicht eins mit Gott. Deshalb können Gottes Urteile unergründlich sein, sie können aber auch, sofern man Gott anhängt, durch Schriftworte oder auch durch unmittelbare

---

gehört, und von Gregor zurückgewiesen wird. Frau BOESCH-GAJANO, Proposta agiografica (wie Anm. 322), S. 650 sieht in solchen Nennungen großer biblischer Gestalten zu Recht die Gleichsetzung beider Testamente. Es sollte aber nicht vergessen werden, daß hier nicht eine menschliche Leistung, sondern jenes Von-Gott-Erfüllt-Sein betont ist. Und nur das Benediktleben kennt hierin eine Steigerung bis hin zum Bilde Benedikts als eines Patriarchen im Tode. Somit sollte man solche einzelnen Vergleiche nicht überbewerten. G. CRACCO Uomini di Dio e uomini di Chiesa nell'Alto Medioevo in: Ricerche di Storia sociale e religiosa 12, 1977, S. 163–202, S. 195 hatte dargelegt, daß Theodoret keineswegs hatte „voler modellare i miracoli di suoi personaggi su quelli di Mosé" etc., sondern im Prolog behauptet, wer die Wunder der Heiligen ablehne, dürfe auch die Wunder eines Mose etc. nicht glauben. Gregors Wort, es gehe nicht um Geist oder Taten dieses oder jenes Heiligen, sondern um Gottes Wirken in allen, weist da in eine durchaus neue Richtung.

337 II 16,3–4 (dies bezieht sich auf Ereignisse nach der Gründung von Montecassino); zur Gabe der Prophetie bei Asketen s. auch J. FONTAINE, Sulpice Sévère, (wie Anm. 236) III (Commentaire) S. 940f.

Offenbarung erkannt werden. Nur was Gott mitteilt, ist erkennbar; worüber er schweigt, bleibt den Menschen verborgen. Deshalb sagt auch der Psalmist: *Pronuntiavi omnia iudicia oris tui* – nur was Gott verkündet hat, spricht David aus. So ist die Einheit des Prophetenwortes mit dem Satz des Apostels gefunden, ohne daß die Bibel als Überlieferung von dem mit sich selber identischen Gott zerbrochen würde: *Concordat ergo prophetica apostolicaque sententia* (II 16,8). Erst wo die Einheit des scheinbar Widersprüchlichen in der Bibel gesucht und gefunden wird, ist in dieser auch das Wort Gottes erkannt und angenommen. Der in seiner Formulierung untersuchte Satz des Psalmisten eröffnete den Zugang zum Sinn der Apostelworte. Was den Menschen mit Gott verbindet, ihn von Gott trennt, das gehört in die Mitte der Heiligenvita auch da, wo es nicht unmittelbar wie hier diskutiert wird.

Der Bericht von den prophetischen Kräften Benedikts war unterbrochen worden durch das in Schriftworten ausgetragene Gespräch, das die Möglichkeiten, aber auch die Grenzen der Einsicht eines Menschen in die Pläne Gottes zum Gegenstand hatte. Das Ergebnis war vor allem darin wichtig, daß zu den Voraussetzungen solcher Einsicht nicht nur unmittelbare oder mittelbare Offenbarung gehörte, sondern auch ein Menschenleben, das seinem unvergänglichen Anteil folgte und sich nicht an das Vergängliche verlor.[338] Da nun die Frage des Petrus in der Erklärung des Psalmwortes Antwort gefunden hatte, berichtet Gregor neue Beispiele der Benedikt gegebenen Einsicht in Zukünftiges. Nach dem vorher Gesagten mußte dies zugleich geeignet sein, die Richtigkeit seines Lebensvorsatzes zu bestätigen. Hier interessiert noch die folgende Geschichte:

Man fand eines Tages Benedikt in seiner Zelle bitter weinend und fragte nach dem Grund seiner Trauer.[339] Benedikt antwortete, daß dieses Kloster *omnipotentis Dei iudicio* den fremden Völkerschaften überantwortet werde. Ohne daß wörtliche Anklänge an biblische Texte nachgewiesen werden könnten, gemahnt dies zunächst an die Trauer des Propheten, die Trauer Christi über Jerusalem, dessen Zerstörung bevorstand. Eines freilich trennt die Berichte; Jesaia und Christus sahen das Gericht über das abtrünnige Volk kommen. Benedikt kannte keine Vorwürfe gegen seine Mönchsgemeinschaft, redete nicht von Strafgericht. Groß also bleiben die Unterschiede Montecassinos zu Jerusalem. Um der Bitten willen, mit denen Benedikt vor Gott trat, wird man an Abraham denken wollen, der um zehn Gerechter willen die Schonung Sodoms von Gott in demütig-unablässigem Ringen erwirkt hatte.[340] Auch hier kann Sodom nicht in Beziehung zu Montecassino gebracht werden; der Vergleich zielt nur auf die Personen, nicht auf die Orte; er umfaßt nicht nur die Trauer, sondern auch das ringende Bitten. Gregor gab freilich noch eine eigene Erklärung. Er betonte, daß gemäß dem Wort Benedikts zwar die Gebäude zerstört worden sind, Gott jedoch die Seelen gerettet habe (*animas custodiret*). Da erscheint ihm Benedikt, der tröstend gesagt hatte, *vix autem obtinere potui, ut mihi ex hoc loco animae cederentur* (dank seines Gebet wurde niemand durch den Überfall von

---

338 Einiges dazu bei VON DEN STEINEN, Heilige (wie Anm. 230), S.17.
339 II 17; *amarissime flentem*; vgl. Is. 22,1ff; Lc. 19,41ff; Abraham Gen. 18,22ff; s. auch VON DER NAHMER, Gregor der Große (wie Anm. 326) Anm. 68 und 69.
340 Es warden nicht zehn Gerechte gefunden; die Zerstörung Sodoms und Errettung Lots in c. 19.

seinem eingeschlagenen Weg abgelenkt) dem Paulus verwandt, der auf der Reise nach Rom in einem lang anhaltenden Unwetter den Untergang des Schiffes allein vorhersagte und versicherte, daß niemand umkommen werde.[341] Auffällig daran ist die allegorische Deutung des neutestamentlichen Verses: Paulus hatte das irdische Leben gemeint, das keinem im Schiffbruch genommen wurde. Benedikt und Gregor sprachen davon, daß niemand von seinem monastischen Vorsatz abwich und somit das neue Leben nach dem Tode, auf das hin man leben wollte, nicht verlor.

Berichte eingetroffener Vorhersagen mochten Menschen über das Normalmaß hinaus erheben, insofern sie von der auf dem Menschen ruhenden Gnade Gottes erzählten. Dieser Bericht aber hob Benedikt höher hinauf, kleidete ihn in den Abglanz von Patriarchen, Propheten und Aposteln, verwandt auch dem Antonius, der die Verwüstung der ägyptischen Mönchskolonien angekündigt hatte, wie Benedikt tröstlich schließend: *Nolite, filioli, moerori vos penitus dare; ut enim est Dominus, sic rursum miserebitur et suum cito ecclesiae recuperabitur ornatum ...*[342].

Zahlreich waren die Geschichten, die Benedikts vorzeitige Kenntnis des Künftigen bezeugten. Dies veranlaßte Petrus zu der Frage, ob Benedikt die Prophetie ständig zu Gebote gestanden habe, oder ob ihn nur von Zeit zu Zeit *prophetiae spiritus implebat* (II 21). Wieder antwortete Gregor aus Schriftworten: Der Geist wehe, wo er will (Joh. 3,8), deshalb stehe die Kenntnis des Künftigen auch nicht ständig zu Gebote. Dies besagt sogar, daß solche Kenntnis überhaupt nicht zu Gebote stehe, nicht menschliche Kraft sei, sondern gewährtes Geschenk. Beispiele großer Propheten Israels bezeugen die unmittelbare Wahrheit des Evangeliensatzes. Nathan hatte dem Tempelbau Davids zunächst zugestimmt, mußte aber auf Gottes Geheiß David dann doch davon abhalten, und Elias mußte einräumen, daß Gott ihm verborgen hatte, weshalb jene Frau aus Sunem ihn am Karmel aufsuchte, nämlich um das Leben ihres verstorbenen Sohnes zu bitten (II. Reg. 7; IV. Reg. 4,27).

Gregor erkennt einen Sinn darin, daß Gott seinen Propheten nicht immer künftiges oder fernes Geschehen offenbart. So werden sie hoch erhoben und doch bleibt ihre Demut bewahrt. Sie erkennen, daß sie Propheten durch Gott sind, da sie ja auch erkennen müssen, was sie aus sich selbst sind. Solche abschließende Erkenntnis trifft einen Zusammenhang des Propheten- und Mönchslebens: Die Demut als Tugend, bei den Propheten vor Gott fast mit erzieherischen Maßnahmen bestärkt. Demut sollte den Propheten wie den Mönche bereit machen für Gott. Der Rang dessen, was der Prophet – und nicht auch der Mönch? – erhielt, ist eigentümlich bestimmt: Jenes Wort, der Geist wehe, wo er wolle, entstammt dem Gespräch Christi mit Nikodemus über die Wiedergeburt aus dem Geist. Es ist, als habe Gregor in der prophetischen Existenz, und vielleicht auch im Mönchsleben solchen Ranges, ein Unterpfand für die biblisch verkündete neue Geburt in das Reich Gottes gesehen.

Gregor hatte von zwei asketisch lebenden Frauen erzählt, die ihren Diener unausgesetzt kränkten (II 23,2–7). Benedikt drohte, sie von der Kommunion auszuschließen, falls sie diese Kränkungen nicht unterließen; und es geschah, daß sie

---

341 Act. 27,22; Gregor: *Ipse in consolatione vitam omnium accepit.*
342 Vita Antonii c. 51.

nach wenigen Tagen starben. Ihre Haushälterin beobachtete nun, wie die in der Kirche beigesetzten Verstorbenen seitdem die Kirche verließen, wenn die Kommunion gefeiert wurde, bis man Benedikt davon berichtete und dieser die Exkommunikation aufhob. Der Bericht ließ Petrus fragen, wie jemand, der noch in der Vergänglichkeit lebe (*carne corruptibili*), aus ihrer Strafe jene Seelen lösen könne, die doch dem Gericht Gottes verfallen seien. Der Gegensatz ist in paulinischen Termini ausgesprochen. Folgt man Paulus' Wort über den Auferstehungsleib, so liegt zwischen verweslichem und unverweslichem Leib der Tod; erst wer diesen durchschritten hat, kann jenen himmlischen Zustand erreichen (1. Cor. 15,35ff). Benedikt lebte nun aber noch in *carne corruptibili* und griff mit seinem Wort in ein nach dem Tod liegendes Ereignis voraus. Petrus bleibt jedoch nicht bei dem Gegensatzpaar aus dem Korintherbrief: *Invisibile iudicium*: Das künftige Gericht mag irdischen Augen unsichtbar sein. *Invisibilis* ist ein Begriff, den Paulus des öfteren auf Gott bezieht.[343] Gregor verläßt in der Antwort diesen Gegensatz, nicht um ihm die Bedeutsamkeit abzusprechen. Er erinnert Petrus an jenes Wort Christi an den Apostel Petrus: „Alles, was du auf Erden binden wirst, soll auch im Himmel gebunden sein" (Mt. 16,9). An Petri Stelle binden und lösen nun, *qui locum sancti regiminis fide et moribus tenent*. Daß dies möglich ist, erklärt Gregor aus dem umgekehrten Weg Christi, der als Gott Mensch wurde. Selbst wenn dem kein Gewicht beigemessen wird, daß das Evangelium als Begründung der Suprematie des römischen Bischofs immer herangezogen wird, so bleibt doch, daß hier von einem Papst dem ungeweihten Mönchsvater etwas zugesprochen wird, das sonst priesterlicher Amtsgewalt vorbehalten bleibt; Benedikt ist uneingeschränkt als Nachfolger des Apostels dargestellt.

Während einer Hungersnot in Campanien wurde der *cellarius* des Klosters von einem Diakon um ein wenig Öl gebeten, das er jedoch gegen Benedikts Anordnung verweigerte (II 28,1f). Benedikt warf daraufhin die Ölflasche aus dem Fenster; doch blieb sie unversehrt und wurde nun dem Bittenden übergeben. Der *cellarius* erhielt die verdiente Schelte: *Inoboedientem monachum de infidelitate sua et superbia ... increpavit*. Der Vorwurf der *infidelitas* mag überraschen; der Mönch war gegen den Abt ungehorsam gewesen. Er hatte seines Amtes wegen den Überblick über die Vorräte und wollte den letzten Rest Öl nicht hergeben. Da verweist der Begriff des Un- oder Kleinglaubens auf das folgende Wunder Benedikts, der sich zum Gebet sammelte; und tatsächlich füllte sich ein Ölfaß so sehr, daß es überlief. Der Mönch aber wurde ermahnt, *ut fidem habere discreet et humilitatem*. Der Vorwurf des Unglaubens klärt sich erst, wenn man sich der verwandten Wundertaten des Elias erinnert, durch die das Öl der Witwe von Zarpath nicht versiegte.[344] Diese Witwe ist das Beispiel der *fidelitas*, die menschliche Sorgen überwindet und Gott vertraut.

Benedikt wird von Gregor in diese Erzählung eingeführt als der Abt, der den Auftrag gibt, den letzten Rest des Öles dem Bittenden zu geben: *Vir autem Domini,*

---

343 Z. B. Rom. 1,20; Col. 1,15; 1. Tim. 1,17; vgl. 2. Cor. 4,18. Im A. T. galt Gott nicht von Anfang an als unsichtbar; Abraham begegnete ihm (Gen. 18); Mose und Elias aber mußten erfahren, daß, wer Gott von Angesicht zu Angesicht schaut, sterben muß (Ex. 33, 18–23; III. Reg. 19, 9ff).

344 III. Reg. 17,8ff; bei Christi Speisungswundern sind die Jünger nicht in gleicher Weise auf die Probe gestellt.

qui cuncta decreveret in terra tribuere, ut in caelo anima reservarit ... Damit ist er das Gegenbild zu seinem *cellarius*, freilich nicht unter dem Begriff von Glaube und Gehorsam; dies war die Witwe von Zarpath. Benedikt war hier auch der Befehlende, darin Elia gegenüber der Witwe vergleichbar. Gregor erinnert in dieser Charakterisierung Benedikts an Christi Forderung an den reichen Jüngling, er solle all seinen Besitz an die Armen verteilen, damit er einen Schatz im Himmel erwerbe, und ihm, Christus nachfolgen (Mt. 19,21; Mc. 10,21; Lc. 18,22). Benedikt tat somit, was der reiche Jüngling als sein Gegenbild nicht über sich vermochte.

Nachdem so viele Wundertaten Benedikts erzählt worden waren, fragte Petrus, ob Benedikt diese durch Gottes oder bisweilen auch aus eigenem Willen zu tun vermochte (II 30,2). Gregor entnimmt seine Antwort der Einleitung des Johannesevangeliums: „Wie viele ihn aber aufnahmen, denen gab er die Macht, Gottes Kinder zu werden" (Joh. 1,12). Die merkwürdige Verwendung des Begriffs *potestas* mag Gregor veranlaßt haben, diese Wort zu wählen: Die Gottes Söhne *ex potestate* sind, vollbringen auch Zeichen *ex potestate*, das brauche nicht zu verwundern. So gibt es Wunder *ex potestate* – aus Vollmacht – und solche, die durch ein Gebet sich ereignen. Petrus erweckte im Gebete die Tabea wieder zum Leben (Act. 9,40); Ananias und Saphira verloren ihr Leben auf Petri Schelte hin. Und so fügt Gregor zwei Benendiktwunder an, die beide Arten des Wunders auch bei Benedikt bezeugen.

Petrus hatte schon mehrfach nach den Bedingungen des Wundertuns gefragt und wollte nun von Gregor erfahren, ob Heilige alles vermögen, was sie wollen; alles erwirken, was sie erbitten (II 32,4). Einesteils hat diese Frage Verwandtschaft mit der weiter oben gestellten, ob Benedikt immer über *prophetiae spiritum* verfügt habe. Zum anderen erwartet man wohl die Antwort gemäß dem vom Johannesevangelium überlieferten Christuswort, was man in seinem, Christi, Namen erbitte, das werde er tun (Joh. 4, 13f; 16,23). Dies hätte ja auch bedeutet, daß man nicht alles Wünschbare erbittet, sondern selber Wert und Sinn vorher prüft, ob man damit vor seinem Herrn bestehen kann. Gregor jedoch beugt jeder menschlichen Verfügbarkeit des Außerordentlichen vor. Wer stünde in diesem Leben höher als Paulus, der vergeblich erbeten hatte, von einer Krankheit befreit zu werden (2. Cor. 12). Und wieder folgt ein Beispiel aus dem Benediktleben, der Besuch der Schwester Scolastica (II 33,1-5).[345] Der Leser erfährt, daß Scolastica, die als Nonne lebte, jährlich

---

345 II 33,1–5; dazu A. DE VOGÜÉ, La rencontre de Benoît et de Scolastique, Revue d'Histoire de la Spiritualité 48 (1973) S. 257–273; Torsten FREMER, Wunder und Magie: Zur Funktion der Heiligen im frühmittelalterlichen Christianisierungsprozeß, in: Hagiographica 3 (1996), S. 15–88, ruft Gregor den Großen zum Zeugen dafür auf, daß Heilige auch magische Wunder tun. Doch: Wunder *ex potestate* sind nicht Wunder, „die aus freiem Willen geschehen". Das isoliert herausgerupfte, mißdeutete Wort gehört in den Zusammenhang der Frage nach der Möglichkeit der Nähe eines Menschen zu Gott, die das Thema der Dialoge ist. Dial. II 30 diskutiert, ob Wunder kraft Gebetes oder auch *"solo voluntatis nutu"* des Heiligen geschehen können. Gregor: Wer Gott demütigen Geistes anhänge, kann in der Not, wohl Wunder auf beide Arten hervorbringen, *"ex prece"* und auch *"ex potestate"*. Dies heißt nicht eigene Macht, sondern Vollmacht, wie mit einem Zitat aus Joh. 1,12 deutlich gemacht wird. Zum Verständnis muß man weiterlesen, denn Petrus fragt weiter: Können *"sancti viri omnia quae volunt* – alles, was sie wollen" erlangen? Gregors Antwort ist: Nein. Als Beispiel dienen Benedikts Begegnung mit seiner Schwester und ein Pauluszitat (2. Cor.12,7–9). Die Dialoge führen diesen Gedanken

einmal ihren Bruder aufsuchte. Es sei nebenbei bemerkt, daß der bisherige Bericht über Benedikts Familie, über seine Lebensgewohnheiten so wenig mitgeteilt hat, daß von Geschwistern Benedikts die Rede nicht war. Scolastica also wollte am Abend ihres Besuches das geistliche Gespräch fortsetzen (*de caelestis vitae gaudiis*) und nicht zur gewohnten Stunde umkehren. Benedikt erklärte fast barsch: „Was, Schwester, verlangst du! Es ist mir gänzlich unmöglich, außerhalb der *cella* zu bleiben." Doch durch das Gebet Scolasticas zog ein Gewitter herauf, das es beiden unmöglich machte, das Haus zu verlassen, so daß Scolasticas Wunsch in Erfüllung ging; und Gregor erklärte sich aus dem Wort, *Deus caritas est* (1. Joh. 4,16), daß der Wunsch der Frau die Strenge Benedikts überwinden mußte, *iusto valde iudicio illa plus potuit, quae amplius amavit*; und wir dürfen hinzufügen, daß Scolasticas Liebe sich nicht auf den Mann bezog, sondern auf die *caelestis vitae gaudia*.

Zu den letzten Wunderereignissen in Benedikts Leben gehört sein Gesicht der Welt in einem Sonnenstrahl, in dem die Seele des Bischofs von Capua in feuriger Kugel von Engeln empor getragen wurde.[346] Solches Schrumpfen der Welt begriff Petrus nicht und bat Gregor, das unverständliche Phänomen zu erklären. Dieser setzte sogleich die grundsätzlichen und ewigen Proportionen: Der Seele, die ihren Schöpfer anschaut, wird die gesamte Schöpfung klein. Dem Auge Benedikts wurde so schaubar, was dem Verstand bewußt gewesen sein mag: Der Schöpfer muß größer, höher, bedeutender sein als sein Werk. Die Schöpfungsgeschichte kannte einen solchen Größenvergleich nicht; sie schilderte einfach Allmacht und Schöpferkraft Gottes. Gregor legte dar, wie das vom Schöpfer ausgehende Licht den menschlichen Geist über seinen irdischen Ort erhebt und empfänglich macht für die Anschauung der eigentlichen Welt. Gregor schildert den Vorgang der Veränderung

---

weiter. III,14 rühmt Gregor Gottes Ökonomie der Gnadenausteilung: Denen er Großes gewährt habe, versage er manchmal Geringes. Dies erhält solche Menschen in Demut, sie lernen, daß sie "*ex semetipsos maiora bona non habent* – aus sich selbst solch höhere Güter nicht haben". Heilige haben keinen Ritus, Gottes Macht sich dienstbar zu machen, Gott bleibt in allem souverän. Vgl. dazu VON DER NAHMER, Bedeutung (wie Anm. 322). Doch bietet das Mittelalter viel Stoff zur Untersuchung magischer Praktiken und ihrer Bekämpfung. Hagiographische Texte aber verdienen eine genauere Betrachtung und präzisere Unterscheidungen.

346 II 35,2–7. Dazu P. COURCELLE, La vision cosmique de Saint Benoît, in: Revue des Études Augustiniennes 13 (1967), S. 97–117; B. STEIDLE, die kosmische Vision des Gottesmannes Benedikt, in: Erbe und Auftrag 47 (1971), S. 187–192; V. RECCHIA, La visione di San Benedetto e la composizione del secondo libro dei dialoghi di Gregorio Magno, Revue Bénédictine 82 (1972), S. 140–157. Zumal COURCELLE diskutiert mögliche antike Quellen der Vorstellung Gregors bzw. Benedikts; genau trifft deren keine, auf die Unterschiede aber ist zu achten. B. MCGINN, The Growth of Mysticism, II The Presence of God. A History of Western Christian Mysticism, New York 1994, 71ff; dt. Die Mystik im Abendland II Die Entfaltung, S. 117ff. Ferner: DOUCET, Pédagogie (wie Anm. 323), 170ff; Th. DELFORGE, Songe de Scipion et vision de Saint Benoît, in: Revue Bénédictine 69 (1959), S. 351–354, geht den Ähnlichkeiten beider Texte in der Kosmologie nach. So wichtig es ist darzulegen, was diese Zeit antiker Geistigkeit verdankt, solche Ähnlichkeiten sind das Normale, nichts daran ist überraschend; selbst für die Frage der Originalität Gregors, der hier vor allem Berichterstatter ist, besagt dies nichts; sonst müßte wohl jeder, damals wie heute, eine eigene Kosmologie entwickeln. Auch hat eine Traumwelt ihren Hintergrund in der bekannten Welt. Über die Tatsächlichkeit der Vision ist mit solchen Beobachtungen nichts zu gewinnen, weder beweisend noch widerlegend.

der vertrauten Proportionen: *breve ei* (dem Menschen, der das Licht des Schöpfers anschaut) *fit omne, quod creatum est.* Es ist der so für kurze Zeit gewonnene Standort, der klein werden läßt, was bislang groß erschien; *non caelum et terra contracta est, sed videntis animum dilatatum* – was niedriger sei als Gott, erscheine auch klein dem, der bei Gott ist.[347] So dürfte man aus Gregors Worten schießen, Benedikt sah die wahren Verhältnisse; im irdischen Dasein unterliegt der Mensch der Täuschung.

Unter den vier Büchern der Dialoge hat Gregor Benedikt ein ganzes Buch gewidmet. So hob schon Gregor Benedikt aus dem italischen Mönchtum heraus und sah in ihm nicht nur den Gründer einiger Klöster, sondern eine überragende Gestalt. Auf den Organisator des Mönchtums nimmt der Text jedoch nur mit einem kurzen Satz Bezug, daß er nämlich *monachorum regulam discretione praecipuam, sermone luculentam* geschrieben habe. Wer seinen Lebenswandel (*mores*) kennenlernen wolle, der möge diese Regel lesen, denn Benedikt konnte nicht anders leben als er lehrte.[348] So endet diese Benediktdarstellung ohne einen wirklichen Lebensbericht, nur dies ist geschildert, wie sehr Benedikt in seinem monastischen Vorsatz über das Alltagsmaß hinausragte, daß so reichlich die Gabe des Wunders und der Prophetie über ihn ausgeschüttet war. Gregor redet von dem, was sein Dialogthema der möglichen Nähe des Menschen zu Gott weiterführen konnte.

Seinen Tod hatte er seinen *fratres* vorausgesagt (II 37,1). Als die Sterbestunde anbrach, ließ er sich in die Kirche tragen, wo er die Eucharistie erhielt. Sein Sterben war ein mosaischer Gestus:[349] *Inter discipulorum manus imbecilla membra sustentans, errectus in caelis manibus, stetit, et ultimum spiritum inter verba orationis*

---

347 Is. 66,1f; Mt. 5,34f; Act. 7,49. Diese Proportionen mögen auch der Apocalypse zugrunde liegen (c. 5ff); vergleichbar noch Mt.4,8 und Lc. 4,5; Versuchung Christi.

348 Zu den in Anm. 326 zitierten Arbeiten K. HALLINGERS und J. FRIEDS: HALLINGER hätte Gregors Verhältnis zu Klosterregeln überhaupt untersuchen müssen, nicht nur zu RB. Gregor hat zu keiner Regel Stellung genommen und in seinen Briefen nur Einhaltung der jeweils geltenden Regel angemahnt. Das von HALLINGER gesuchte Exklusiv-Zitat aus RB kann es wegen der Wortgleichheit der Belegstellen mit RM nicht geben; so beweist man nicht Unkenntnis von RB bei Gregor; s. VON DER NAHMER, Gregor der Große (wie Anm. 326). In Gregorio Magno, wie Anm. 321, betonen mehrere Autoren, daß es Gregor d. Gr. um Regelhaftigkeit des Klosterlebens geht, nicht aber um eine bestimmte Regel, nicht einmal eine geschriebene Regel setzt er voraus; es gilt das Wort des Abtes; s. S. PRICOCO, Gregorio Magno e la tradizione monastica, in: Gregorio Magno e le Origini dell'Europa, Atti del Convegno internazionale, Firenze 13–17, maggio 2006, hg. Claudio Leonardi, Firenze 2014, S. 63–88, hier: S. 71f; G. JENAL, Gregor der Große und das abendländische Mönchtum seiner Zeit, S. 143–157, bes.S. 156.

349 II 37,2; Ex. 17,12. Auf vergleichbare christliche und vorchristliche Texte verweist K. GROSS, Der Tod des hl. Benedictus, Revue Bénédictine 85 (1975) S. 164–176, und zwar für alle Einzelheiten der Sterbeszene. Im Einzelnen teile ich viele Feststellungen nicht. Gewiß liegt in der Vorhersage des eigenen Todes mehr, als „bloße Feststellung des allmählichen durch Krankheit oder altersbedingten Verfalls der körperlichen Kräfte". Doch paßt auf diese in Heiligenviten häufig erwähnte Erscheinung der unscharfe Begriff des Charismas nicht, weil so leicht übersehen wird, wie das Leben aussah, das in solcher Gabe Erfüllung und Vollendung fand. Für die himmelwärts erhobenen Hände fiel schon GROSS die Parallele zu Ex. 17,12 auf. Doch führt Aufteilung des gesamten Gestus in isolierte Teile (stehend sterben etc.) in die Irre; der stehend sterbende römische Kaiser ist etwas von Grund auf anderes! Ein solches Dem-Tod-Trotzen ist das Gegenteil dessen, was Gregor hier schildert. G. CREMASCOLI, Novissima hominis (wie

efflavit. Zwei Brüder sahen, wie er auf einer mit Stoffen ausgelegten Straße zum Himmel empor ging. Begraben wurde er in der Johanniskirche, die er an der Stelle eines heidnischen Tempels gebaut hatte. Nach seinem Tod geschahen an seinen Gedenkstätten Wunder.[350]

Aus den einleitenden Worten Gregors und des Petrus möchte man schließen, es müsse eine Schilderung des Benediktlebens folgen, die den Lesern die vorbildlich-sittlichen Leistungen dieses Mannes berichtet, um zu gleichem Streben aufzufordern. Tatsächlich ist dies in der Benediktvita nur in sehr begrenztem Umfang der Fall. Für den knapp dargestellten Verzicht auf alle Vorteile der Herkunft, der klassischen Bildung, für den Entschluß zu asketischer Lebensweise könnte man den Schwerpunkt der Erzählung in der moralischen Ebene suchen wollen,[351] müßte jedoch auch feststellen, daß Gregor hier nicht nur knapp und schmucklos berichtet, sondern jedes auffällige Hervorheben der Leistung meidet, fast als wolle er rasch zu seinem eigentlichen Stoff kommen. Zur Lebensführung Benedikts verweist Gregor schließlich auf die Regel, denn Benedikt konnte nicht anders leben, als er lehrte. Wenn man darüber hinaus auch einiges erfährt, etwa über Begegnungen mit Personen, seine Präsenz am oberen Anienne und auf dem *mons Cassinus*, so machen doch die Berichte des Wundertuns und der prophetischen Vorhersage den Text aus. Eine Schilderung monastisch-kontemplativer Lebensweise hätte für Gregor Erinnerung an ein schmerzlich Entbehrtes bedeutet; sie hätte in die Bereiche eines menschlichen Sich-Bereitens zu Gott hin geführt. Solche Schilderung wird kaum gegeben. Das menschliche Leben ist an Benedikts Beispiel an einer Zone beschrieben, in der die Macht Gottes immer wieder in einzelnen Akten in irdisch-geschichtlichem Leben sichtbar wird: Nicht in der persönlichen Leistung des Gott ergebenen Asketen, sondern als unmittelbares Eingreifen Gottes; und dies ist auch der Stoff der Gespräche, die Gregor und Petrus miteinander führen.

Anm. 323), geht auf die Schilderung des Benedikttodes und deren Bedeutung für das Benediktleben nicht näher ein. Hinsichtlich des mit Teppichen und Lichtern geschmückten Weges der Vision bin ich mit der Christusparallele zurückhaltender (Einzug in Jerusalem) trotz der äußeren Anklänge. Eine solch hybride Annäherung eines Menschen an den Gottessohn ist wohl nicht nur für Gregor undenkbar. Tatsächlich ist diese Ausschmückung viel kostbarer, als die Christus vorgelegten Gewänder; fast ein Herrscherempfang. Zur Distanz des Menschen zu Gott s. G. CRACCO, Uomini di Dio (wie Anm. 336), zumal S. 148; VON DER NAHMER, Gregor (wie Anm. 326), Anm. 67.

350 Zu den Bedingungen des Wundertuns: Anläßlich eines Wunders an der Höhle zu Subiaco, wo Benedikts Leichnam nicht lag, stellt Gregor fest, Menschen trauten Wunder den Märtyrern nur an ihrem Grabe zu. Umso größere Wunder müssen an anderen Orten stattfinden, um Menschen von der helfenden Gegenwart der Märtyrer zu überzeugen. Dem setzt Gregor Joh. 16,7 (Verheißung des Parakleten) parallel: „Wenn ich (Christus) meinen Körper nicht hinweg nehme, so zeige ich euch nicht, was Liebe des Geistes bedeutet; und wenn ihr nicht aufhört, mich leiblich zu sehen, so lernt ihr nicht, mich geistig zu lieben" (II 38,4 als erläuternde Paraphrase des Schriftwortes). Am Christusbeispiel erklärte sich eine Eigentümlichkeit vollkommenen Lebens der Christusnachfolge. Ein deutliches Beispiel des freien Denkens in den Worten der Bibel.

351 Hierher gehört auch die Osterbegegnung mit einem Priester in II 1,6f.

Der noch jugendliche Asket entfloh dem Ruhm seines ersten Wunders als einer Gefahr für sein Asketenleben. Erst als nach längerer Abgeschiedenheit in den Höhlen am oberen Anienne Benedikt um seines lauteren und strengen Lebens willen bemerkt und von Menschen aufgesucht wurde, führt Gregor ein Schriftzitat ein: Benedikt als das auf den Leuchter gesetzte Licht, das allen leuchtet (II 1,2f und 6; Mt. 5,14f), ein treffendes Bild ist und zugleich als Christuswort für Benedikt höhere und bedeutendere Bestätigung des gewonnenen Ranges gibt, als es ein eigenes Wort Gregors je gekonnt hätte. Der Umkreis beginnender öffentlicher Wirksamkeit wird mit Schriftzitaten mannigfach abgedeckt: Man bringt Benedikt irdische Nahrung und erhält *alimenta vitae* (II 1,8; s. Anm. 331): Dies gemahnt an Vätersprüche des Ostens, vor allem aber an Christusworte. Darüber hinaus ist eigentümlich der Tausch des Irdischen gegen das Höhere, des Vergänglichen gegen das Unvergängliche. Der äußerlich Arme, Benedikt, hat und spendet den eigentlichen Reichtum.

Der Eintritt Satans als *temptator* mag als Nachklang der Versuchungen Christi gesehen werden, wo die Schrift diesen Begriff allein auf den Bösen anwendet.[352] Für eine Annäherung Benedikts an die Gestalt des Gottessohnes ist die Art der Versuchung zu stark auf persönliche Schwäche, momentanes Begehren bezogen. Die Versuchungen Christi sprachen den Herrn der Welt an und trafen damit ins Zentrum des Christusauftrages; das aber ist hier nicht von Ferne der Fall.

Ein Wort des mosaischen Gesetzes betraf die beginnende Wirksamkeit Benedikts, jene Erläuterung der Altersbestimmungen für die kultische Tätigkeit der Leviten, die Gregor auf die sittliche Läuterung als Voraussetzung des Priesteramtes anwandte und so auf Benedikts Überwindung der Versuchung bezog.[353] Entstammten die bisherigen Zitate oder Anlehnungen an biblische Worte überwiegend dem Neuen Testament, so besagt dies für eine Unterscheidung der Testamente bei Gregor nichts. Es sind nicht zwei getrennte Welten von einander abgesetzt. Nicht übersehen werden darf, daß im Begriff der *alimenta vitae* vielleicht ein Bezug des Menschenlebens auf eine künftige Welt enthalten ist, der in dieser Form aus den Neuen Testament gewonnen sein muß.[354] Die Erklärung des mosaischen Gesetzeswortes ist eine vielleicht eigenwillige, jedenfalls sinnvolle Erklärung der Gründe, deretwegen es getroffen wurde, kaum aber das Anheben des mosaischen Gesetzes auf einen höheren geschichtlichen Zustand, der mit Christus erreicht wurde.

---

352 II 2,1; s. Anm. 331; vgl. Mt.4,3. Satan spielt in Gregors Benediktleben eine verhältnismäßig geringe Rolle; eine Geschichte bildende Stellung kommt ihm nicht zu. Neben der Versuchung eines Mönches (II 13,2–3) und einer Dämonenaustreibung (II 16,1–2) sei verwiesen auf II 8,10–12, wo bei der Zerstörung des Apolloheiligtums auf dem *mons Cassinus* Satan Benedikt mit Christi Worten an Paulus zu Damaskus anredet (Act. 9,4): *quid me persequeris*? II 25 wird er als solcher nicht bezeichnet, was öfters vorkommt. Auffällig, daß die sichtbaren Erscheinungen, wie schon bei Antonius, als Sinnestäuschung geschildert werden. DOUCET (wie Anm. 332) S.66f mit Anm. 20 verweist auf die Regula pastoralis (III 29), wo von den Versuchungen Satans als *suggestio* gesprochen wird.

353 Zu dieser Stelle s. DE VOGÜÉ, Grégoire le Grand et ses ‹Dialogues› d'après deux ouvrages récents, in: Revue d'Histoire Ecclesiastique 83 (1988), S. 289–348, hier: S. 302.

354 Vgl. Joh. 6,68: Petrus zu Christus: *Domine ad quem ibimus, verba vitae aeternae habes et nos credidimus et cognovimus quia tu es Christus Filius Dei.*

In den Umkreis der Gesetzeserklärung gehört noch jene eigentümliche Anwendung des Gleichnisses von der Aussaat auf unterschiedliche Böden (II 3,1; Mt 13,3ff; Mc. 4,3ff; Lc. 8,5ff): Die Überwindung der Versuchung war eine Aufbesserung des Bodens, das Ausreißen der Dornen, damit die Frucht wachsen könne. Ein Tun, das den Rahmen des Bildes nicht sprengt, vielleicht die radikale Forderung, die aus dem Gleichnis zu ziehen wäre, ohne daß Christus dies so scharf artikuliert hätte. So stehen das Gesetz mit seinen Gründen und das Christusgleichnis völlig parallel zueinander.

Mag Christus und sein Jüngerkreis die Zwölfzahl der Klöster und der Mönche in jedem Kloster begründen (II 3,13); dies war eher das Zeichen idealer Ordnung, wie sie Christus mit der Zwölfzahl seiner Jünger bestätigt hatte, als eine Beschwörung der Christusgestalt für Benedikt. Dichter ist der Zusammenhang mit Christi Leben darin, daß die einen kamen, bei Benedikt *alimenta vitae* zu suchen, ihm ihre Kinder zu bringen, andere aber ihm um seiner Reinheit und Beliebtheit willen nach dem Leben trachteten, wie einst die Pharisäer.[355] Gregor hat die Verwandtschaft dieser Situation zum Leben Christi nicht betont. Das Leben Benedikts aber schied um seiner Ausrichtung und Unverfälschtheit willen die Menschen, wie das zuvor Christus schärfer und energischer getan hatte und hatte tun wollen.

Sucht man nach Gestalten, die Gregor auf Benedikt bezog, so sind vornehmlich Mose, Elia, Elisa David und Petrus zu nennen. Der Hauptbeleg stammt jedoch aus dem Munde des Petrus, dessen Worte Gregor so nicht übernimmt.[356] Außer bei David betrifft die Verwandtschaft nicht die Personen, sondern die Wunder, die Benedikt mit diesen gemeinsam hatte. David ist um einer Tat von sittlicher Größe willen genannt: Der Trauer um den Tod eines Feindes.[357] Der Apostel ist hier nicht im mindesten von den Propheten geschieden; Zeuge ein und derselben Kraft Gottes.

An anderer Stelle schildert Gregor Benedikts Trauer über die vorhergesehene Zerstörung Montecassinos (II 17,1). Es ließen sich Vergleichsstellen aus Jesaia, den Evangelien, vor allem aus der Genesis benennen: Trauer und Fürbitte Benedikts gemahnten vor allem an die Fürbitte Abrahams für die Gerechten zu Sodom. Benedikt hatte im Gebet die Gewißheit erlangt, daß die Mönche bei der Zerstörung an ihrem Heil keinen Schaden nähmen. Darin wird er Paulus verglichen, der im Schiffbruch die Rettung der Passagiere vorhergesagt hatte. Nicht die allegorisierende Deutung der Actusstelle interessiert hier; vier höchst unterschiedliche Gestalten der Bibel, Abraham, Jesaia, Christus und Paulus sind hier um das Ereignis gruppiert,[358]

---

355 II 3,14; Mt. 19,13ff Hierher gehören auch die Mönche zu Vicovaro (II 3,3) und der Priester Florentius (II 8, 1–7).
356 II 8,8; vgl Anm. 334. Weitere Anklänge an Propheten, zumal Elia, II 28 und 32. Doch ist die Gestalt des Elia in ihrer Bedeutung für das Benediktleben zumal wegen des schon recht formelhaften *vir dei* gelegentlich überbewertet worden. *Vir dei* ist schon fast ein Stück Terminologie geworden, bei dem der Zusammenhang mit der biblischen Grundlage kaum noch mitgedacht wird.
357 S. dazu Christi Gebot der Feindesliebe Mt. 5,44.
358 Nach Zugehörigkeit zum Alten oder Neuen Testament nicht unterschieden. Hierher gehört auch die Totenauferweckung II 32, die Benedikt zunächst ablehnt: Dies möge man von den Aposteln

allen ist er in der Kraft, Künftiges zu wissen vergleichbar; Abraham, Jesaia, Christus zudem in der herzlichen menschlichen Trauer, Abraham in der flehenden Fürbitte. Keine dieser Gestalten wird jedoch dabei zu einer Figur, unter die das ganze Leben Benedikts gestellt worden wäre.

Einen eigenartig breiten Raum nehmen mehrere Gespräche ein, die sich aus einer Frage des Petrus entwickeln. Sie haben ihren Ursprung bereits im Prolog, ziehen sich durch alle vier Bücher der Dialoge, verteilen sich so auch mit thematischem Gewicht über das zweite Buch. Viele Berichte sind Anlaß zu einer Frage des Petrus oder sind Belege für eine Antwort Gregors. Bis auf Anfang und Ende betreffen sie Fragen des Wunders und der Prophetie und verlassen als allgemeine Erörterungen den engeren Rahmen des Benediktlebens, um die aufgeworfenen Fragen an Worten und Beispielen der Bibel zu erklären. Deshalb können die darin aufgefundenen Schriftanlehnungen auch nicht auf Benedikt allein bezogen werden; sie betreffen oft Gegebenheiten und Bedingungen des Menschenlebens überhaupt.

Das erste dieser Gespräche entzündete sich an einem Wort zu Benedikts Rückzug aus seinem ersten Abbatiat. Die Mönche zu Vicovaro hatten sich der Regelstrenge Benedikts nicht fügen wollen, sie trachten ihm nach dem Leben. Kraft und Gedanken hätte Benedikt nur für die Durchsetzung der monastischen Lebensform einsetzen müssen. So verließ er das Kloster, kehrte in seine Einsiedelei zurück *et solus in superni Spectatoris oculis habitavit secum* (II 3,4–7). So entging er der Gefahr, daß er *a contemplationis lumini mentis suae oculum declinasset*. Petrus hatte nach dem *secum habitare* gefragt, und Gregor führte erklärend aus, daß man im Nachdenken (*per cogitationis motum*) aus sich herausgeführt werde (*extra nos ducimur, per alia vagamur*). Diesem Wort wird nun das historische Beispiel unterlegt: Die Geschichte vom verlorenen Sohn (Lc.11ff), der weit umherschweifte und sich bis hin zum Dasein als Schweinehirt verlor. Als er sich seines Vaters erinnerte, heißt es: *in se reversus dixit* ... Also war er nicht bei sich, hatte sich verloren. *Secum habitare*, das sollte bedeuten, daß Benedikt aus *sua semper custodia circumspectus, ante oculos conditoris se semper aspiciens, se semper examinans, extra se mentis suae oculum non devulgavit*. Zugleich war dies eine eindringliche Erklärung des Gleichnisses. Petrus erbat nun die Deutung einer anderen Bibelstelle, in der das *ad se reversus* wiederkehrt, jedoch andern Inhaltes: Der Apostel Petrus war von einem Engel aus dem Kerker geführt worden und sagte *ad se reversus*: „Nun weiß ich, daß der Herr seinen Engel gesandt hat und mich aus der Hand des Herodes errettet." Hier war es nach Gregor nicht ein Ausschweifen der Gedanken, daß den Menschen ja auch in Gefahr gebracht hätte. Gregor hatte zuvor von einem irdischen Verlust seiner selbst an Unwertes gesprochen und unterschied an diesem Beispiel jenen anderen Fall, daß der Mensch in der Kontemplation in Gedanke und Anschauung für kurze Zeit über sein Erdendasein erhoben wurde. *Revertere* heißt hier, in einen würdigen irdischen Zustand zurückzukehren. Beide Bibeltexte wiesen in Gregors Erklärung auf einen schöpfungsnahen Zustand, der nicht ekstatisch gelegentlich zu

erwarten. Die Auferweckung erfolgt dann aber wie bei Elia und Elisa (III. Reg. 17,19ff; IV. Reg. 4,34ff).

erreichen, sondern täglich in tätiger Bereitschaft zu bewahren war: Jenes mit Willen und Dankbarkeit in der Nähe des Vaters sein – kein antikisches In-Sich-Ruhen also.

Das nächste Erzählung sprengende Gespräch betraf die Möglichkeit des Wundertuns (II 8,8f). Petrus hatte Benedikt darin Mose, Elia u.a. verglichen und glaubte zu erkennen, *vir iste spiritu iustorum omnium plenus fuit*. Anders Gregor: Das Wunder ist nichts beliebig Verfügbares. Nicht der Geist irgendeines Gerechten, nein, Christi Geist vollbringt Wunder. Wunderkraft ist also als Gnade geschildert; kein Heiliger vollbringt aus sich Wunder. Christus wird zuerst bezeichnet als der, der die Menschen mit der Gnade der Erlösung erfüllte; von seiner Fülle, von der wir alle empfangen haben (Joh. 1,16), ist die Rede. Solches Erfülltseins verlangt ein Leben aus dieser Fülle; insofern besagt dies mehr, als wenn dort stünde, Christus habe die Menschen erlöst. Als das Licht, das jedem Menschen leuchtet (Joh. 1,9) wird Christus benannt, und auch dies verlangt, daß die Menschen in diesem Licht wandeln, ihm entgegen ziehen. Die Erfahrung, daß viele dieses nicht tun, darf vorausgesetzt werden. Hier bedeutet dieses Wort zugleich eine Beschreibung und werthafte Bezeichnung des Benediktlebens – so hat er mit anderen Heiligen Wunderkraft empfangen; nicht kann er diese Kraft weitergeben, dies vermag nur Gott selber. Und noch ein Wort fällt für die Menschen, die Wunder wahrnehmen. Nach Gregors Überzeugung kann man Wunder annehmen oder ablehnen, was mit ihrer Tatsächlichkeit nichts zu tun hat. Christi Jonaszeichen (Mt. 12,39f) ist hier das Beispiel: Jonas war drei Tage im Leib des Fisches, Christus drei Tage im Grab. Wer hochmütig sich über den Gottessohn erhob, dem war Christus verstorben und wurde deshalb als Gottes Sohn auch nicht erkannt. Dem Demütigen aber war er auferstanden. Dies also war nach Gregor das größte Wunder überhaupt: Tod und Auferstehung Christi, zu denen Menschen sich verschieden verhielten. Den kleineren Wundern Heiliger konnte kein besseres Schicksal beschieden sein – die Ablehnenden standen so an der Seite der Pharisäer, der Hochmütigen.

Im Begriff des *habitare secum* war der dem Menschen zugewiesene Ort beschrieben worden in der Ausdeutung biblischer Geschichten. Hier nun war angedeutet, welchen Reichtum der erhält, der diesen Platz bewahrt. Die Kraft, Wunder zu tun, ist hier nach Johanneszitaten nur eine Steigerung solche „Fülle".

Die dritte Frage des Petrus betraf die Möglichkeit der vorherigen Erkenntnis künftigen Geschehens (II 16,3–8). Überwiegend aus Pauluswortenten baut Gregor seine Erklärung auf: Wie sollte Gottes Geheimnisse nicht kennen, wer seine Gebote befolgt? „Wer dem Herrn anhangt, ist eines Geistes mit ihm" (1. Cor. 6,17). War zunächst der Platz des Menschen bei Gott, das Bewahren eines der Schöpferabsicht nahen Zustandes erläutert worden, war dann zur Erklärung wunderbarer Taten die Möglichkeit, von Gottes Geist erfüllt zu sein, dargestellt worden, so erfolgte hier eine weitere Steigerung der geistigen Einheit des Menschen mit seinem Schöpfer bis zur Kenntnis der Absichten Gottes. Petrus bezweifelt solche Deutung des Pauluswortes und zitiert denselben Apostel: „Wer hat des Herrn Sinn erkannt, oder wer ist sein Ratgeber gewesen" (Rom. 11,34)? Ein Wort, das den unermeßlichen Abstand betont. Gregor bleibt beim ersten Korintherbrief, um zu zeigen, daß die Kenntnis der Pläne Gottes nur aus der Einheit mit dem Geist Gottes herrühren kann (1. Cor. 2,9–12; s. Is. 64,3). Schließlich habe Paulus auch gesagt: „Wir haben nicht den Geist dieser Welt empfangen, sondern den Geist, der aus Gott ist." Und Gregor zitiert noch mit Paulus ein Jesaiawort: „Was kein Auge gesehen, kein Ohr gehört hat und in keines Menschen Herz gekommen ist, was Gott denen bereitet hat, die ihn lieben, das hat er uns geoffenbart durch seinen Geist"; ein Satz, der das Gespräch zu diesem Punkt zusammenfassen könnte.

Petrus kleidet weiterhin seine Zweifel in Paulusworte: Wie könnte Paulus dann Gottes Ratschlüsse unbegreiflich, seine Wege unerforschlich nennen (Rom. 11,33)? Hinzu setzt er ein Psalmwort: *David propheta* sagt: „Mit meinen Lippen habe ich alle Rechte deines Mundes ausgesprochen" (Ps. 11,8,13). Dies scheint dem Pauluswort zu widersprechen; was Paulus unbegreiflich nennt, spricht David aus? Hier nun trennt Gregor die Anteile im Menschen, den irdischen und den Gottes. In der verehrenden Hingebung an Gott können Menschen bei (oder mit) Gott sein (*devotione cum Deo sunt*), sie erkennen seinen Sinn; die Last der Vergänglichkeit aber trennt sie von Gott. Deshalb erkennen sie Gottes Geheimnisse nicht vollkommen und sind zudem an Gottes Offenbarung gebunden. Dies findet Gregor auch im Psalmwort wieder: David sprach die Rechte „des Mundes Gottes" aus – nur was Gott gesprochen, mitgeteilt hatte, konnte David weitergeben.

Die bisherigen Gespräche, die den Menschen in immer höhere Nähe zu seinem Schöpfer geführt hatten, forderten auch die stetige willentliche Hinwendung zum Schöpfer. Am stärksten war dies vielleicht ausgesprochen zu Beginn, zur Erklärung des *habitare secum*. Die Wundertat, die Einsicht in Gottes Pläne waren mögliche hohe Früchte solchen Lebens; jedoch im Begriff des *Deum diligere*, des *devotione cum Deo esse* wurde auch im dritten Gespräch dieselbe Forderung gestellt.

Angesichts der dichten Folge weissagender Worte Benedikts fragt Petrus folgerichtig, ob diesem der *prophetiae spiritus* ständig zu Gebote gestanden habe. (II 21,3–4). Möchte dies implizite schon verneint gewesen sein, Gregor sagt es mit einem Johanneswort explizite (Joh. 3,8): Der Geist wehe, wo er will, und er fügt hinzu: Auch wann er will. Zwei Beispiele aus der Geschichte der Propheten Elisa und Nathan dienen als Beleg (II. Reg. 7,3ff; IV. Reg. 4,27).[359] Es erhalte den in der Prophetie hoch Erhobenen die Demut, daß sie so sichtbar ihre Grenzen erfahren.

Die Geschichte zweier Frauen, die Benedikt wegen ihrer Verfehlungen von der Kommunion auszuschließen drohte (II 23,2–5), führte zum nächsten Gespräch. Die bald Verstorbenen erschienen während der Messe mehrfach und verließen die Kirche vor der Kommunion solange, bis Benedikt sie lossprach. Petrus erbat eine Erklärung, wie es möglich sei, daß Benedikt *adhuc tamen in carne corruptibile degens* (s. 1. Cor. 15,35–38) Menschen von der Strafe im künftigen Gericht Gottes lösen könne. Gemäß der von Petrus zitierten Paulusstellen liegt zwischen verweslichem und unverweslichem Leib der Tod; somit griff Benedikt über den Tod hinaus. Gregors Erklärung milderte die Todesgrenze nicht, berief sich aber auf die Gewalt zu binden und zu lösen, die Christus Petrus verliehen hatte (Mt. 16,19). An Petri Stelle binden und lösen nun, *qui locum sancti regiminis fide et moribus tenent* – nicht Priesterweihe und –amt, Glaube und Lebenswandel erhoben Benedikt zur Höhe der

---

[359] Die Frage nach der größeren Beweglichkeit des Geistes (II 22) betrifft eine Erscheinung des lebenden Benedikt und darf hier übergangen werden.

Apostelgewalt. Auch diese gehört zu der steigernden Fortführung und Schilderung jenes dem Menschen an der Seite des Schöpfers eigentlich bestimmten Ortes, den zu bewahren Aufgabe seines Lebens sein sollte, so wie dies in der Erläuterung des *habitare secum* begonnen wurde. Die Möglichkeit solchen Urteilens über den Tod hinweg war mit dem Evangelienwort nur aus Autorität behauptet; erklärt wurde sie für Gregor aus dem Evangelienbericht als Ganzem; aus dem Herabsteigen Gottes in eine fleischliche Hülle, des Schöpfers in die Geschöpflichkeit. Damit gewann nach Gottes Willen der vergängliche Mensch Macht über die Geister.

Auch die nächste Frage galt einem Wunder: Geschieht es durch Gebet, oder aus eigenem Willen des Heiligen (II 30,2–3)? Gregor kennt zwei Arten des Wunders. Aus dem johanneischen Begriff der Gotteskindschaft (Joh, 1,12) erklärt er die Möglichkeit Heiliger, Wunder zu wirken ohne Gebet, aus Vollmacht – er benutzt nicht Petri Begriff des Willens – und dies ist wohl eine neue Rangstufe der Gottnähe des „bei sich wohnenden" Menschen. Der Apostel Petrus vollbrachte Wunder auf beide Weisen, eine Auferweckung im Gebet an der toten Tabea, die Verurteilung des Ananias und der Saphira aus Vollmacht (Act. 9, 40 und 5,1–10).

Alle bisherigen Fragen und Antworten schilderten je bedeutendere Möglichkeiten, die dem Menschen gewährt waren, der sein Leben auf Gott ausrichtete. So wollte Petrus schließlich wissen, ob Heilige alles vermögen, was sie wollen, alles erhalten, was sie erbitten. Gregor verwies wieder auf Paulus, um die Grenzen des an seine irdischen Möglichkeiten gebundenen Menschen zu zeigen: Selbst Paulus wurde von seiner Krankheit nicht befreit, trotz seiner inständigen Bitte – nicht in freier Verfügbarkeit des Menschen lag das Außerordentliche. Die kurze Erklärung fand Bestätigung an einem Beispiel aus dem Leben Benedikts.

Sechs Gespräche hatten in aufsteigenden Stufen die Möglichkeiten umkreist, die dem in Gottes Nähe lebenden Menschen gegeben waren. Das siebte zog die auch zuvor nicht übersehenen Grenzen irdischer Existenz. Ein achtes Gespräch, das eine Weltvision Benedikts erläuterte,[360] verließ diesen Kreis menschlichen Strebens und göttlichen Gewährens. Denn in der Vision des vom Licht Gottes getroffenen Benedikt – dies nahm für kurze Zeit einen Todeszustand vorweg – wurde die Schöpfung klein vor dem eigentlich Großen. Ohne daß hier wörtliche Schriftanklänge gefunden werden könnten, war die Darlegung der geschilderten Proportionen biblisch. Das Gespräch wurde in hohem Maße mit Schriftworten beider Testamente geführt, und insbesondere der antwortende Gregor wollte erläuternd diese Worte begreiflich machen. Ungeschieden wurden die Zitate der verschiedenen biblischen Bücher und Testamente herangezogen, und wenn Petrus in seinem oberflächlicheren Zugriff Unvereinbares, Widersprüchliches entdeckte, so zeigte das lebendige Eindringen Gregors, daß die biblische Überlieferung doch ein einheitliches Zeugnis von Gott ist. Bei Widersprüchlichkeiten bleibt nur der stehen, der nicht tief genug eingedrungen ist, wie es die Demut gegenüber dem Gotteswort doch gebietet.

---

360 II 35,2f; die Erklärung geht nicht auf die aufsteigende Seele des Bischofs von Capua ein.

Die Gespräche über Themen, die die Benedikterzählung anrührte, gaben den Leitfaden und die Gliederung des zweiten Buches der Dialoge.[361] Ein Stück christlich-monastischer Lehre und Erfahrung wurde so ausgebreitet. Dies zielte nicht auf die vorher schon oft dargelegten Stufen moralischer Vollkommenheit, sondern begann da, wo das *habitare secum* erreicht war. Von dort aus steigerten sich die Möglichkeiten größerer Gottnähe, mit einer Auswahl johanneischer und paulinischer Worte zumal ausgeführt,[362] nicht als mystische Kontemplation erläutert,[363] sondern durchaus als irdisches Dasein eines in demütigem Leben auf Erkenntnis gerichteten Menschen. Erst die Weltvision berührt die Kategorie des Schauens, nämlich der wahren, von der Schöpfung her gegebenen Proportionen, die bislang nur dem Verstande mitteilbar gewesen waren.

Parallel zur Steigerung in den Petrusfragen unter dem Thema der Gottnähe, das nicht der fragende Petrus, sondern der antwortende Gregor hineinträgt, verläuft eine zweite Linie der Steigerung. Gregor hatte Benedikt nicht unter eine bestimmte biblische Gestalt gestellt, doch daß er immer wieder in die Gesellschaft von Patriarchen, Propheten, Aposteln eingereiht wurde, war mehrfach aufgefallen Die auf Samuel, Hiob und den Täufer weisenden Eingangsworte schienen ein fast beiläufiges Heranziehen solcher Gestalten durch den fragenden Petrus, um Benedikts Wunder zu begreifen, doch Gregor ging auf solche Analogien kaum ein: Nicht die Vielheit der Geister, sondern der alles umgreifende, überbogende und durchdringende Geist Gottes war in Benedikt wie in den Genannten sichtbar lebendig (II 8,8f). Um wieviel näher ist Benedikt aber Abraham in dem flehenden Ringen um das Leben seiner Mönche bei der Klosterzerstörung, hatte doch Abraham demütig, kleinlaut fast, aber hartnäckig Gott für die Gerechten in Sodom gebeten (II 17). Die Todesszene in dem mosaischen Gestus ist der eigentliche Ziel- und Höhepunkt der Vita, des Benediktlebens, die Steigerung zum Patriarchen: Mose in der Amalekiterschlacht. Wie nahe hätte es gelegen, der Regel wegen auf den Gesetzgeber Mose zu verweisen. Doch Regel war nicht Gesetz – Benedikt als der für sein Mönchsvolk bittende Patriarch, der Führer durch die Wüste, als die der junge Benedikt die geschichtliche Welt hatte erkennen müssen.[364]

---

361 Dazu s. auch VON DER NAHMER, Die Bedeutung (wie Anm. 326).
362 Das Thema stufenweisen Aufsteigens ist nicht Paulus entnommen, wohl aber der monastischen Literatur vertraut. Ich verweise auf die cc. *De humilitate* bei Cassian, dem Magister und Benedikt. Über die Nähe des Menschen zu Gott hätte sich anhand der Erzväter- und Prophetengeschichten erzählen lassen, die theologische Erörterung durch Gregor berief sich auf Paulus. Die Apokalypse bezog sich auf eine jenseitige Welt und schied deshalb hier aus.
363 In den Arbeiten über die Mystik Gregors (sofern dies für Gregor überhaupt ein zutreffender Begriff ist), spielt das zweite Buch der Dialoge deshalb zu Recht eine geringe Rolle.
364 II 37,1f; Wüste: *aridus mundus* (II Prol 1), worunter ja schon die Beobachtung des jugendlichen Benedikt fällt, daß viele *per abrupta vitiorum* stürzen.

9 DES JONAS VON BOBBIO LEBEN DES HEILIGEN COLUMBAN

In einem Widmungsbrief an Waldebert von Luxeuil (629–670) und Bobolenus von Bobbio (†639) ist manches von dem enthalten, was in einem ausführlichen Vorwort anzutreffen sein mag.[365] Abt (Bertulf) und der Konvent von Bobbio hatten Jonas

---

365 Editionen: Jonae Vitae SS. Columbani, Vedastis, Johannis, rec. Br. KRUSCH, MGH SSRG, Hannover/Leipzig 1905; danach mit dt. Übersetzung H. HAUPT (nur Buch 1, ohne den Widmungsbrief); ed. TOSI, Piacenza 1965 mit italienischer Übersetzung; A. de VOGÜE (französisch), Abbaye de Bellefontaine 1988. J. WOOD, The Vita Columbani and Merovingian Hagiography, Peritia 1 (1982), S. 63–80, erörtert das Berichtsdefizit, das gemessen an den Interessen eines modernen Historikers bei Heiligenviten (nicht nur bei diesen) besteht. Wenn abschließend gesagt wird, des Jonas Interesse habe anderswo gelegen, „primarily with the ascetic traditions and standards of a specific group monasteries", so ist hierin der Widmungsbrief des Jonas sogar präziser als alles, was Wissenschaft dazu gesagt hat, wie das auch bei anderen Viten zu beobachten wäre. Zu jüngeren Zweifeln an der Ordnung der MGH-Edition: Clare STANCLIFFE, Jonas's Life of Columbanus and his Disciples, in: Studies in Irish Hagiography, ed. John Carey, Márie Herbert & Pádraig Ó Riain, Dublin 2001, S. 189–220, sie vergleicht vor allem KRUSCHS Anordnung mit Jonas' Worten zu seinem Werk im einleitenden Brief. Dank Ileana PAGANI, Jonas-Jonatus: A proposito della biografia di Giona di Bobbio, in: Studi Medievali 3ª Serie 29 (1988), S. 45–85, ist die Identität der beiden Personen nicht mehr aufrecht zu erhalten. Chr. ROHR, Hagiographie als historische Quelle. Ereignisgeschichte und Wunderberichte in der Vita Columbani des Jonas von Bobbio, in: Mitteilungen des Instituts für Österreichische Geschichtsforschung CIII (1995) S. 229–264, widmet sich S. 220–235 dem, was über Jonas von Bobbio ermittelt werden kann. Als lebhafte und kontrastreiche Zeichnung der Gestalt Columbans bleibt höchst lesenswert Gustavo VINAY, Alto Medioevo latino. Conversazioni e no, Napoli 1978, S. 65–82. Monographie: U. MEINHOLD, Columban von Luxeuil im Frankenreich, Diss. phil. Marburg, 1981. Die Verfasserin spricht mehrfach von der Bedeutung der Bibel für die Iren, wie dies auch für Columban gegolten habe; z. B. SS. 20f; 50; 127; 140; 151f; 169; 187; 190.
Im Folgenden wird nur das dem Leben Columbans gewidmete Buch I behandelt. Zu S. PRETE, La Vita S. Columbani di Jonas e il suo prologus, Rivista di storia della Chiesa in Italia 22 (1968), S. 94–111: Man mag mancherlei Verwandtschaft des Prologs der Columbanvita zu den Prologen der Martins- und der Ambrosiusvita beobachten, sollte aber auch den Unterschied zum Martinsprolog nicht übergehen: Dessen starke Polemik gegen weltliche Historiographie. Ferner: Betont man die Ähnlichkeit vieler Wunder und Wundererzählungen der Evangelien oder anderer Viten, so fängt diese Ähnlichkeit bei der Gleichartigkeit der Ursachen an: Hunger, Durst, Krankheiten, die tatsächlichen Bedrängnisse der Damaligen. Der Nachweis, wie aus einem Ereignis Geschichtserzählung wurde, kann prinzipiell nicht gelingen. Dazwischen stehen beobachtend und berichtend Menschen mit ihrer so andersartigen Wahrnehmung. Jenen fiel anderes auf als uns, sie kannten andere Erklärungsgründe als wir und sahen deshalb anders; sie hielten anderes für möglich oder wahrscheinlich. Der moderne Wissenschaftler unterliegt in derselben Weise den Bedingungen seines Zeitalters, er verformt nicht minder, wenn auch in andere Richtung. In anderer Weise setzt sich U. MEINHOLD mit Prete auseinander, selbst z. T. abhängig von Fr. LOTTER, Severin von Noricum.

um eine Darstellung des Columbanlebens gebeten; so berichtete dieser von Bemühungen, Zeugen aufzusuchen und zu befragen: Nicht solche, die irgendeine Einzelheit wußten, sondern die sich dem Leben des Heiligen gestellt hatten, *qui magistri instituta suis plebibus servanda tradiderunt*[366]. Hier mag übergangen sein, was zur Größe der Aufgabe, zu mangelnder Fähigkeit des Autors gesagt wird. Jonas weiß von vielen Autoren, daß ein mangelhafter Text, der den Rang der beschriebenen Taten nicht erreicht, die Leser nicht zur Nachfolge anspornt, *et cum ad partum opus ovantes manum tetenderint, mox sentium asperitate cruentam nitantur subtrahere*. Solchem Leser freilich droht Jonas: Wer schwimmend sich gegen die Kraft der Wellen nicht zu behaupten vermag, wird dankbar sein, wenn er, ans Ufer getrieben, Halt an einem Dornstrauch findet. Dies zeigt, wie weit der Abstand zwischen dem Leben eines gewiß nicht gering vorgestellten Menschen und dem Heiligen gesehen wird; zeigt die Distanz, die der Heilige zurückgelegt hat. Von unsicherem Boden aus greift also der Mensch zu der ihm dornig entgegenstehenden Heiligenvita als dem Gewächs auf fester Erde.

Eigentümlich ist, daß Jonas sich für die lobende Erwähnung Lebender entschuldigt. Dies geschehe nicht aus Schmeichelei und sei für den so Gelobten kein Grund

---

366 Vor allem diese Worte haben wohl Anlaß gegeben, in der Vita so etwas wie einen Ersatz für Regeltexte oder auch einen Zusatz zu denselben zu suchen: I. WOOD, A Prelude to Columbanus. The Monastic Achievement in the Burgundian Territories, in: Columbanus and the Merovingian Monasticism, ed. By H. B. CLARKE and Mary BRENNAN, 1981, S. 3–32. Ausgreifender Albrecht DIEM, Monks, Kings, and the Transformation of Sanctity: Jonas of Bobbio and the End of the Holy Man, in: Speculum 82 (2007) S. 521–559; The Life as a Rule S. 527–546. Tatsächlich haben beide Autoren aber nicht mehr gefunden, als allgemeine Grundsätze wie Demut, „Abtötung", Gehorsam, kein Murren, Eintracht. Dies ergibt keine spezifische Regel auch nur im Ansatz, damit läßt sich kein Kloster leiten. Es findet sich nichts über den Tageslauf, die Liturgie, über Strafbestimmungen. Zudem erscheinen die aufgefundenen Grundsätze in der Vita keineswegs zur Belehrung, sondern die erzählten Geschichten sollen die gottgeleitete Klarsicht des Heiligen zeigen; zeigen, daß Columban nicht aus eigener Einsicht und Wundermacht, sondern aus Begnadung entschied und handelte. Alexander O'HARA, The Vita Columbani in Merovingian Gaul, in: Early Medieval Europe 17 (2009) S. 126–153, zeigt S. 126–135 eindrucksvoll, wie groß die Verbreitung der Columbanvita in der zweiten Hälfte des 7. Jahrhunderts gewesen sein mag: Nicht nur die von Columban und seinen Schülern errichteten oder beeinflußten Klöster werden diese Vita in ihrer Bibliothek gehabt haben, Bischöfe, die aus den Columbanklöstern hervorgegangen sind, oder aus jenen Familien stammten, die Columban nahe gestanden haben, kommen als Leser infrage. Auf diesem Wege kann der Text durchaus an den Königshof gelangt sein. Soweit kann man folgen. Wenn dann aber umgekehrt geschlossen wird, daß Jonas, anders als eingangs darlegt, für solche gar königliche Leserschaft geschrieben habe, so ergeben sich doch Bedenken. Aus dem vermutbaren Erfolg des Textes weit über die klösterliche Leserschaft hinaus rückwirkend auf die Absicht zu schließen, übersteigt das, was sich methodisch rechtfertigen läßt. Wenn dann ab S. 150 noch behauptet wird, Jonas habe gewußt, daß nicht Sigebert, sondern Childebert II. Columbans erster Förderer gewesen sei, so fehlt dafür eine Beweisgrundlage. Die Vita der Sadalberga, wohl um 680 entstanden und so bemerkenswert jünger als die Columbanvita, läßt sich anführen, um zu fragen, ob nicht Guntram, sondern Childebert II. Columbans erster Förderer war. Daß aber die Vita Sadalbergae aus wirklicher Kenntnis berichtet, ist doch mehr als fraglich. Bei O'HARA wird daraus eine damnatio memoriae gegen „Sigibert's descendents … to reflect a genuine hatred of Brunhild and her progeny" (S. 150). Warum wird dann Sigebert verschont, der doch mit dieser Brunhild verheiratet war? Da hätte es nähergelegen, gleich Guntram zu nennen. Es ist wohl ein modernes politisches Denken, das hier in die Columbanvita eingeführt wird.

zur Aufgeblasenheit, *si a me sibi largita conditoris dona narrata videat* ... Wenn auch das Neue Testament öfters von den *dona Dei* o. ä. redet,[367] so liegt hier gewiß kein Schriftzitat vor. Indem hier nicht von *deus, dominus*, sondern vom Schöpfer die Rede ist, ist Gott bei seiner die Welt begründenden Tat genannt, und diese nicht an den Anfang der Weltgeschichte verlegt, sondern als die Geschichte begleitend, jede Person und ihre möglichen Leistungen begründend. Jonas geht auf die verderbende Wirkung der Schmeichelei ein und droht mit einem Prophetenwort: *Sicut ad Israel per Esaiam Dominus loquitur: Populus meus, qui te beatum dicunt, ipse te decipiunt et viam gressuum tuorum dissipant* (Is. 3,12). So rühmt der Autor die reinigende Wirkung rechten Lobens und Tadelns. Mit Worten über die Redaktion der vorgelegten Vita und einem bildreichen Vergleich herkömmlich-heiterer Poesie antiken Musters mit dem eher kräftigen Gewächs, das er selber vorstellt, verabschiedet sich Jonas von seinen Äbten.

Den Vitentext einleitend spricht Jonas davon, daß in fleißiger Sorgfalt *nobiles doctores*[368] – edelgesonnene gelehrte Männer das Leben heiliger Bischöfe oder Mönchsväter bewahrten, Späteren zum Vorbild. Man mag darin zunächst den antiken Gedanken, daß Dichter den Ruhm der Helden begründen,[369] wiedererkennen. Was diese gelehrten Autoren überliefern, ist *rutilantem et eximio fulgore micantem vitam*: Kein Schriftzitat, aber der Vorstellung Christi von seinen Jüngern als dem Licht der Welt nahe.[370] Wie im Christuswort soll dieses Licht die Blicke der Menschen auf sich ziehen, um deren Leben die rechte Ausrichtung zu geben. Dies unterscheidet vom antiken Ruhmesgedanken, insofern dieser zuerst die Verherrlichung des Helden zum Inhalt hat, sein Nachleben begründen soll. Hier begründete Gott zum Lohne die *fama perennis* seiner Diener, den künftigen Generationen das hohe Beispiel zu zeigen; nicht der Heilige sorgte sich um seinen Nachruhm wie der antike Held. Die Nachfahren werden ihren Ruhm in den Verdiensten der Voraufgangenen erfahren, indem sie deren Beispiel nachstreben und es überliefern. Unentwirrbar sind hier antiker Ruhmesgedanke, römisches Beispieldenken, Christi Lichtgleichnis aber auch die aus der Geschichte Israels bekannte Fürsorge des göttlichen Herrn für seine Diener eins geworden.

---

367 Die bedeutendste Stelle enthält nicht das Wort, sondern die Sache: 1. Cor. 12; dieses Kapitel könnte Jonas am ehesten im Sinn gehabt haben.
368 Praef. I 1. Der Darstellung von Fr. MAURER, Über Adel und edel in der altdeutschen Dichtung, Adel und Kirche, Freiburg 1968, S. 117–130, kann ich nicht uneingeschränkt folgen. Gewiß untersucht MAURER die deutschen Belege; hier wären die lateinischen zu betrachten. Jedoch muß da ein Zusammenhang bestehen. Wahrscheinlicher als die Wandlung der Bedeutung „vom Äußeren zum Vergeistigten" (MAURER S. 1) scheint die Aufspaltung eines ursprünglich reicheren Begriffs im Laufe des Mittelalters. Zu *nobilis* s. auch M. HEINZELMANN, Bischofsherrschaft (wie Anm. 308), s. Register unter *nobilitas, nobilis, nobilissimus*; es tritt immer wieder die Verbindung zu Tugendbegriffen in Erscheinung.
369 Belege für diesen Gedanken bei E. R. CURTIUS, Europäische Literatur (wie Anm. 1), S. 469f; wichtig zumal sein Beleg aus Corippus, da dieser dem Wort des Jonas am nächsten kommt.
370 Mt. 5,14–16: *Sic luceat lux vestra coram hominibus, ut videant opera vestra bona et glorificant Patrem vestrum qui in coelis est*; vgl. Judic. 5,31 (weiter unten zitiert): *sic pereant omnes inimici tui, domine:qui autem diligunt te, sicut sol in orto suo splendent, ita rutilent*; auf Mt. 13,43 verweist Jonas in anderem Zusammenhang.

Solche Erfahrung hatte Jonas an berühmten spätantiken Vitentexten gemacht; er zählte erst Mönchsviten, dann Viten von Bischöfen, *columnae ecclesiarum*, die in den Stürmen der Häresien die Kirche erhalten haben, auf (I,1 Praef.). Ohne den Rang der genannten Vitenautoren einnehmen zu wollen, will Jonas dieselbe Aufgabe für Columban übernehmen, den er mit solcher Darlegung den Antonius, Martin, Ambrosius an die Seite stellt.

Nicht ohne urteilendes Wort beginnt Jonas seine Erzählung: In die Anfänge irischen Christentums hineingeboren, habe Columban die *infecunda fides* fruchtbar gemacht *suo ac sodalium suorum munimine*[371] *cultu uberi* – eine sehr eigentümliche Umschreibung und Auffassung seiner missionarischen Tätigkeit. Wohl nur die verkündende Wirksamkeit in einem bereits christianisierten Lande konnte mit diesem Bild eines Bollwerkes, einer Befestigungsmauer beschrieben werden.

Ein nächtliches Gesicht der Mutter Columbans während ihrer Schwangerschaft mußte ihr ein Kundiger deuten: Sie werde einen bedeutenden Sohn hervorbringen, ihr selber zum Heil, anderen zum Nutzen.[372] Die Lichterscheinung, die die Frau von ihrem Leib ausgehen sah, forderte des Jonas Nachdenken heraus: Die Kirche als universale Mutter mit ihren *ad instar Foebi* leuchtenden Gliedmaßen erklärt und rechtfertigt die Erscheinung. Ein Gleichnis erläuternd hatte Christus vom Jüngsten Gericht gesagt: „Dann werden die Gerechten leuchten wie die Sonne in ihres Vaters Reich", ein Wort, mit dem die Tätigkeit des Columban, gleich einer Überschrift als ein im Jenseitigen begründetes Licht bezeichnet wird. Jonas ergänzt dies mit einem Wort aus dem Gesang der Debbora über den Sieg Baraks gegen die Kanaaniter: „Die aber dich lieben, werden wie die Sonne in ihrem Aufgang strahlen" (Judic. 5,31) – ein noch ganz auf irdische Verhältnisse bezogener Ausspruch, wenn auch der Sieg Baraks Gottes Sieg war. Jonas mußte für Columban beide Worte heranziehen; er meinte die Ausstrahlung Columbans unter den Menschen, zu Lebzeiten und nach dem Tode. Machte ihn dies Barak, einem strahlenden Helden vergleichbar, so gab Christi Wort den Begriff des Gerichts, eines in Strenge auf Gott hin geordneten Mönchslebens. Das Christuswort allein freilich redete von der strahlenden Erscheinung der Gerechten nach dem Gericht im jenseitigen Leben, deren Glanz nun in der gegenseitigen Ergänzung beider Texte in Columban irdisch ist.[373]

---

371 I 2. J. WOOD, The Vita Columbani (wie Anm. 365) erkennt aus I 4 eine missionarische Intention. Dies kann kaum Heidenmission meinen. Columban wollte nicht verbales Bekenntnis, sondern lebendigen Glauben; das besagt dieser Satz ebenso wie c. 4. Die Vorstellung des *munimen* hat eine gewisse Nähe zu einem Wort der Ambrosiusvita, in deren Einleitung Heilige wie Antonius als *muri ecclesiarum* bezeichnet werden.; s. ferner c. 8 der Ambrosiusvita. I. WOOD geht der Frage der Mission bei Columban und seinem Umkreis weiter nach in: The Missionary Life. Saints and the Evangelization of Europe, 400–1050, Harlow u. a. 2011, S. 31–39.

372 Die Bibel kennt die Ankündigung eines bedeutenden Sohnes, wenn die Geschichten auch einen sehr anderen Verlauf nehmen: Isaak: Gen. 17,19ff und 18,10ff; Johannes der Täufer: Lc. 1,13ff; Christus: Lc. 1,31ff.

373 Die Worte sind kaum typologisch aufeinander bezogen, sie ergänzen einander.

Die ersten Kindheitsjahre übergeht der Bericht, der Knabe erhält die bekannte Ausbildung in den *artes*[374] und erfährt nun nicht etwa dieses als seine erste Versuchung, wie dies von Caesarius und Benedikt überliefert ist.[375] Der heranwachsende kräftige Jüngling droht, der Versuchung durch das andere Geschlecht zu unterliegen – *coepit tandem contra eum antiquus hostis leotifera tela laxare*[376]... Eindringlich beschreibt Jonas, was sonst als Verlangen wahrgenommen werden mag, als feindlichen Angriff Satans: *pilis undique urgeri conspiceret*, oder: *micantem sicam callidi hostis se contra erigi conspexisset*. Dies ruft die bewaffnete Abwehr hervor: Termini des Epheserbriefes (6,14) beschreiben Columbans erstes Standhalten – *evangelicum clipeum leva tenens ensemque ancipitem dextra ferens contra imanes cuneos hostium pugnaturus paratur pergere* ... er wollte die *artes vel divinarum scripturarum seriem* nicht umsonst studiert haben. So hätten noch bei Caesarius oder bei Benedikt diese Stoffe nicht leicht nebeneinander stehen können.

Columban suchte nach solcher Erfahrung bei einer nicht mit Namen genannten Einsiedlerin Rat. Sie erklärte ihm, seit fünfzehn Jahren lebe sie fern vom Elternhaus *et hunc peregrinationis locum expetii*.[377] Als Kampf gegen die Versuchung begriff sie ihr Leben (*ad bellum progressa exivi*). Wäre es ihr als Frau möglich, sie hätte den Ozean überquert, einen Ort für ihre *peregrinatio* zu finden, *numquam deinceps Christo presule manu stipham tenens retro respexi*. Christus selber hatte das Bild geprägt (Lc,9,62): Seine Jüngerschaft hatte den uneingeschränkten Vorrang vor jeder anderen Bindung des Menschen, und jene Einsiedlerin erklärte so, daß sie nie

---

374 I 3. K. U. JÄSCHKE, Kolumban von Luxeuil und sein Wirken im alemannischen Raum, Mönchtum, Episkopat und Adel zur Gründerzeit des Klosters Reichenau, Vorträge und Forschungen 20, Sigmaringen 1974, S. 77–130, diskutiert S. 82ff die Frage der Herkunft Columbans. Die Masse des beigebrachten fränkischen und irischen Vergleichsmaterials ist wohl kaum aussagekräftig. Ein Ire in Burgund und Norditalien – dort hätte wohl niemand vornehme irische Familien gekannt. Columbans Familie konnte in einer kontinentalen Vita ungenannt bleiben. Interessant ist JÄSCHKES Hinweis S. 90, Anm. 101, daß Columban hinsichtlich des Volkstums, der Dogmatik, des religiösen Brauchtums seine irische Herkunft betont, doch J. WOOD, The Vita Columbani, ist eher von Columbans Zurückhaltung überzeugt und bestreitet S. 72 irische Elemente in der Vita. Columban selber könnte übrigens die Herkunftsfrage für unwichtig gehalten haben. Ob die *quorumcumque domus* in c. 5 wirklich keine Adelshöfe waren, ist doch zumindest ungewiß. Wenige Zeilen weiter liest man, daß Columbans *fama regis ad aulam* gedrungen war und der Ire *gratus regis et aulicis ob egregiae doctrinae copiam redditus* (I 6). Sollte diese Wertschätzung am Merowinger Hof auf dem Umgang mit kleinen Leuten beruhen? Wenn Columban *parvo alimentorum solamine contentus* war, so weist das nur auf die strenge Askese hin, und wenn der erste, der die in den Vogesen notleidenden Mönche entdeckte und ihnen half, nur ein *vir quidam* war, so ist dies eben der Lauf der Dinge, aber kein Hinweis darauf, daß Columban von königlicher, adliger oder bischöflicher Seite wenig Unterstützung fand. Es sieht alles danach aus, daß Columban überhaupt nicht auf breite Wirkung hinarbeitete. Wenn er sie schließlich erzielte, so liegen die Gründe gewiß nicht darin, daß er diese systematisch erstrebt hat. Mithin ist auch diese Beobachtung hinsichtlich der möglichen Herkunft nicht aussagekräftig. Zur Kritik der Seiten, die JÄSCHKE dem hl Columban gewidmet hat, s. auch W. BERSCHIN, Gallus abbas vindicatus, in: Historisches Jahrbuch 95 (1975), S. 257–277.
375 I 9 der Caesariusvita; zu Benedikt s. Beginn des II. Buches der Dialoge Gregors.
376 Amor? Vgl. C. 4 der Antoniusvita, wie in kleiner schwarzer Knabe auftritt.
377 S. Endnote VIII.

wieder nach Eltern, Freundschaft, Besitz, oder was sonst einem Menschen wichtig oder anziehend erscheinen mochte, gefragt habe. Das Geradeausblickend-Fortschreiten löst sich vom Bild der vom Pflug gezogenen Furche und verbindet sich dem der *peregrinatio*, die zwar zeitweilig zu einem Reiseweg führen kann, schließlich aber doch von einem festen irdischen Ort aus zu einem himmlischen Ort geschieht. Columban sollte die Heimat verlassen, um nicht seinen körperlichen Versuchungen zu erliegen. Das Alte Testament bot ihr die Beispiele der Gefahr: Adam fiel durch Eva (Gen, 3,5), Samson durch Delila (Judic. 16,19). Diese Beispiele sind auffällig, weil sie auf die Gefälligkeit gegenüber einer Frau zielen. Weiter nennt die Einsiedlerin David, der Bersebas wegen seine vorige Gerechtigkeit verlor (II. Reg. 11) und Salomon, *mulierum amore deceptum* (III. Reg. 11,1–13).

Columban verließ abrupt das Elternhaus. Die Mutter, tief betroffen, bat ihren Sohn, nicht von ihr zu gehen. Er antwortete mit einem Christuswort: „Wer Vater oder Mutter mehr liebt als mich, ist mein nicht wert" (Mt. 10,37). Die Mutter warf sich an der Tür ihrem Sohn vor die Füße, er schritt über sie hinweg, sie nie wieder zu sehen. Christus hatte sich mehrfach zur Alternative selbst bedeutender menschlicher Belange gemacht;[378] dieser Bericht aus dem Leben Columbans überliefert die wohl härteste Entscheidung zu monastischem Leben, nicht nur den totalen, sondern auch den sinnenfälligsten Bruch mit allem bisherigen, mit dem Elternhaus.

Zunächst ließ sich Columban von einem schriftkundigen Einsiedler (Sinilis) in allen die Heilige Schrift betreffenden Belangen unterweisen. In Gesprächen ließ der Lehrer den Schüler schwierige Fragen erklären, um dessen Möglichkeiten zu erforschen. Schüchtern aber gehorsam antwortete der jugendliche Columban *tamen sagaci e pectore*, offenbar jedoch nicht aus eigener Überlegung heraus; Jonas erklärt sich Columbans Worte nicht als menschliche Findung, sondern *memor illius psalmigraphi: Aperi os tuum et ego adimplebo illud* (Ps. 80,11). Ein solcher Satz mag Columbans gesamte Tätigkeit als Erklärer der Schrift – hier ist von einer den Psalter auslegenden Predigt die Rede, später ging es um die Verkündigung im Franken- und Langobardenreich, um die Unterweisung seiner Mönche – charakterisieren; nicht eine gelehrte Erklärung, sondern die immer neue und auch verbindliche Begegnung mit dem Text aus einem Leben der Bereitschaft für den in dieser Schrift bezeugten Herrn. Der zitierte Psalm ruft zu einem Fest auf, und Gott, der bei seiner

---

378 Z. B. Lc. 9,57–62. A. ANGENENDT, Monachi Peregrini (wie Anm. 46) S. 130ff folgt zur Radikalität dieser Entscheidung, das Elternhaus zu verlassen, dem üblichen Toposschema. Gewiß war dies ein Beispiel bedingungsloser Entscheidung für den Herrn und Schöpfer – aber deswegen galt der Heilige als heilig, weil er sein Leben willentlich und bedingungslos Gott zugeordnet hatte. Warum sollte erst der Autor aus seiner literarisch-theologischen Kartothek dieses Kärtlein gezogen haben; warum sollte nicht der Heilige selber so haben leben wollen? Doch deshalb, weil es dem heutigen Forscher gelingt, einige – hier wenige! - Beispiele aus mehreren Jahrhunderten zusammenzutragen, und weil das Berichtete nicht seinem Menschenbild entspricht. Zur Columbanvita ANGENENDT, S. 173f; bezüglich der zuvor behandelten Schriftworte (Gen. 12,1; Mt. 19,29; Mt. 16,24) sagt ANGENENDT S. 142: „Für die Mönche waren diese Worte vom Erleben her geprägt, Entscheidungen, die oft tief in ihr eigenes Leben eingegriffen hatten und die Härte tagtäglicher Askese waren mit ihnen verbunden…" Dem sei lebhaft zugestimmt.

Befreiung des Volkes Israel aus der ägyptischen Knechtschaft angerufen wird, verlangt das Gehör, den Gehorsam seines Volkes, gibt die Verheißung des *aperi os tuum*. Jedoch klagt Gott, daß das Volk ihm nicht gehorchen wolle. Dieses Volk war also nicht bereit für seinen Herrn (*dimisi eos secundem desideria cordis eorum*). In solchem Kontrast mag das Columbanleben unter diesem Psalmwort gesehen werden; Columbans ganze Haltung und Lebensführung ist in diesem Psalmzitat dem Verhältnis Alt-Israels zu Gott verglichen und von diesem zu unterscheiden.

Nach solchen Vorbereitungen trat Columban in die Mönchsgemeinschaft von Bangor unter Abt Comgal ein (I,4). Ungeachtet der wohl eremitischen Lebensweise Columbans beschreibt die Vita diesen Klostereintritt als den eigentlichen Beginn. Dort habe er begonnen, in Gebeten und Fasten zu leben, das leichte Joch Christi zu tragen (Mt. 11,30), sich selbst verleugnet und sein Kreuz auf sich genommen (Mt. 10,38; 16,24; Lc, 9,23); habe er gelernt, was er künftig andere lehren sollte, daß, was er bisher nur lehrhaft kannte, *in suo corpore mortificationem* (Col. 3,5) *ferendo uberius exemplo monstraret*. Letzteres nach einem Pauluswort, das die Reinigung des Menschenlebens auf das von Christus eröffnete ewige Leben hin fordert; deswegen umgreift der Satz das Ziel des monastischen Lebens überhaupt. Es bleibt eigentümlich genug, daß hier das ganze Programm rigoroser irischer Askese und ihres ewigen Zieles nur mit Worten des Neuen Testamentes bezeichnet wird. Es bedurfte keines gebothaften Zwanges für Columban, ein solches Leben zu beginnen und durchzuhalten, die freundlich mahnenden Worte Christi und seines Apostels waren ihm Aufforderung genug.

Über das Leben in Bangor erfahren wir nichts. Gewiß kann es sein, daß Jonas darüber keine ausreichenden Nachrichten besaß; doch waren dies alles nur Vorbereitungen des eigentlichen Columbanlebens. Die bloße Benennung genügte; mehr als die Bezeichnung ihres Ranges mit Schriftworten gibt Jonas nicht. Erst der Fortgang aus Bangor, ja aus Irland wird wieder breiter berichtet: Es ist der Gedanke der *peregrinatio*, des Lebens in der Fremde, der Columban bewegte, den auch in ihrem Rat die Einsiedlerin angedeutet hatte, das heimatliche Land zu verlassen. Nach des Jonas Bericht hat der an Abraham ergangene Befehl den Entschluß in ihm hervorgerufen: „Gehe vor dich hin aus deiner Verwandtschaft, aus dem Hause deines Vaters in das Land, das ich dich sehen lassen werde"[379]. Wenn mit solch entscheidendem Wort auch Columban nicht auf den Rang eines Erzvaters gehoben wird, so ist doch Entscheidendes mit dem Zitat gesagt: Die *peregrinatio* ist so wenig wie das Land, das er finden wird, Gegenstand menschlichen Wünschens, sondern ein erkannter und willig angenommener Auftrag: *coepit peregrinationem desiderare*: Das vieldeutige Verbum gibt so den Grad der Bereitschaft Columbans für Gott zu erkennen – *desideria occidunt pigrum* (Prov. 21,25); dieses Zitat aus den Sprüchen mag das genaue Gegenteil bezeichnen – und dies ist sicher dem oben zitierten *aperi os tuum* verwandt in der an Columban bezeichneten Grundhaltung.

---

[379] Buber, Gen. 12,1; vgl. Anm. 373. Anders, als meist angenommen, hat peregrinatio nichts mit irischem Starfrecht zu tun. Das Genesiszitat zeigt, daß es um eine Verheißung geht

Columban trug seine Absicht Abt Comgal vor, der zunächst den Verlust für seine Abtei sah. Doch trug Columban nicht irgendeinen Wunsch vor: *cordis ardorem et ignitum igne Domini, de quo igne Dominus in evangelio loquitur: Ignem veni mittere in terram, quam volo ut ardeat* (Lc. 12,49). Mit diesem Christuswort war Columbans leidenschaftliches Bestreben noch einmal scharf abgegrenzt gegen alles, was ein Mensch in törichtem Begehren oder auch in kluger Überlegung wünschen konnte. Christus hatte in jenem Ausspruch den von ihm verkündeten Glauben gemeint, der als Feuer wirken sollte, wohl wissend, daß er vorher selber am Kreuz sterben mußte (v. 50). Er erwartete durch seine Lehre nicht Befriedung der Menschheit, sondern Zwietracht (v. 51f); man mag darin den säkularen Kampf Gottes mit Satan wiedererkennen, der in der Hagiographie seit der Antoniusvita bekannt ist. Für das Leben des Columban darf gesagt werden, daß die Zeit der Erfüllung dieses Wortes schon lange angebrochen war und das Feuer so Intensität und Reinheit des Glaubens bezeichnen konnte, die Absicht der *peregrinatio* darin einordnete. Die Spuren der von Christus vorhergesagten, in der Vita nicht zitierten Zwietracht, wären gegenüber der Mutter, gegenüber dem Merowingerhof leicht aufzuzeigen.

Comgal akzeptierte die Absicht Columbans, da er einen Nutzen für andere darin erkannte. So gab er Reisegefährten und alles, was für solche Reise notwendig war, mit. Zwölf Mönche begleiteten Columban, und so fuhr er *Christo duce* ab und erreichte unter günstigen Winden die Bretagne. Zweifellos erinnert die Zwölfzahl der von Comgal mitgegeben Mönche an die Jüngerschar Christi; so kann man in Columban und seinen Begleitern eine Nachbildung der Jüngerschar und ihres Lehrers wiedererkennen wollen.[380] In diesem Vitensatz leistet das *Christo duce* ein Doppeltes: Ohne Frage ist gesagt, daß die Reise unter Christi Leitung stand; Christus das Schiff über das Meer an die bretonische Küste geführt hat. Das glückliche Ende der Reise war jenen Beweis genug. Doch war *Christus* der *dux* dieser Gruppe, dann war es im höheren Sinne Columban nicht, dem also auch die Christusrolle gegenüber solcher Schülerschaft nicht zugemessen wurde.

In Gallien beobachtete Columban, daß dem Christentum dort die nötige Strenge fehlte, das büßende Korrigieren des eigenen Lebens, der Wunsch, von dem Übermaß irdisch-menschlicher Bindungen frei zu werden: *Paenitentiae medicamenta et mortificationis amor vix vel paucis in ea repperiebatur locis*[381]; dies war also in Bangor zu seinem Lebensziel geworden. So zog er predigend durch das Land, und nach dem Zeugnis der Vita gefiel der Bevölkerung, daß seine Predigt beredt war und an den *exempla virtutum* ihre Beglaubigung fand. Als herausragende Tugend wird die Demut genannt: Setzten Menschen sonst ihre Kraft an den Erwerb Ehre bringende Ämter, so war Columban bemüht, mit den Seinen das Beispiel besonderer Demut zu geben: *De humilitatis cultu alter alterum nitebantur prevenire* – Paulus hatte gefordert, die Glieder der Gemeinde sollten sein *honore invicem praevenientes* (Rom. 12,10), und Jonas verwies auf Christi Demutsforderung: *Qui se*

---

380 Zur Zwölfzahl der Gefährten vgl. zu Benedikt Dial. II 3,13. Columban tat, was bei den Zisterziensern Norm wurde. Zum Problem der Christusparallele s. die Anm. 191; 228; 240; 248.
381 I 5; *zu mortificatio* s. oben zu I 4; *mortificationis amor* ist schwer genug zu begreifen. Es ging nicht um Heidenmission, sondern um das Entfachen jenes „Feuers" (Lc. 12,49; s. o.).

humiliat exsultabitur (Lc. 14,11) und stellte ein Wort des Jesaia daneben: *Ad quem respiciam, nisi humilem et quietum et trementem sermones meos* (Is. 66,2)? Christus hatte im Gleichnis erläutert, was es nach sich ziehen mußte, wenn man einen Rang beanspruchte, den man nicht hatte: Erniedrigung und Demütigung. Der Mensch sollte sich selber nicht ungerechtfertigt hoch veranschlagen: Ein banaler Ratschlag für das gesellschaftliche Leben, wenn nicht am Schluß der Geschichte die Erwartung dessen, *qui se humiliat*, auf die Auferstehung und damit auf das Gericht gelenkt würde (Lc. 14,14); damit gerät dies alles aus der Ebene des Gesellschaftlich-Taktischen heraus zu einer Haltung, die vor dem Richter Bestand haben kann. Deutlicher ist das Jesaiawort: Gott belehrte die Menschen, wie lächerlich ihre Tempelbauten und Opferriten vor ihm sind, dem die Erde ein Fußschemel ist. Er schaut nicht auf den, der in Mißachtung der wahren Proportionen Gott nicht erkennt und anerkennt, sondern „auf den Gebeugten, Geistzerschlagenen, meiner Rede Entgegenstrebenden" (Buber). An beiden Worten wird deutlich, wem die *humilitas* eigentliche galt, selbst wenn sie äußerlich irdischen Personen dargebracht wurde.

Columbans Weg führte nicht unmittelbar an Guntrams (?) Hof, es verstrich zuvor so viel Zeit, daß man dort schon Columban hatte rühmen hören.[382] So trat er nicht als völlig Unbekannter vor den König, der den für heilig Gehaltenen in seinem Reich halten wollte, bereit, dessen Wünsche zu erfüllen. Doch dieser wollte nicht an fremden Schätzen reich werden, sondern nach dem Christuswort leben: „Wer mir folgen will, der verleugne sich selbst, nehme sein Kreuz auf sich und folge mir (Lc. 9,23).[383] Der König folgerte, Columban habe nicht die Absicht, Gründer einer großen, königlich geförderten Abtei zu werden, sondern wolle mit seinen Schülern eremitenhaft abgeschieden leben. Er forderte aber Columban auf, in seinem Teilreich einen Ort zu wählen, *tantum ne, nostrae ditionis solo relicto, ad vicinas pertranseas nationes, ut tui praemii augmentum et nostrae salutis provideas oportuna* – so als würde mit der strengen Reinheit des Mönchslebens auch die weltliche Herrschaft des Königs in einen höheren Rang erhoben.[384] Unter dem Eindruck dieses Gesprächs gründete Columban Annegray *parvo alimentorum solamine contentus, memor illius verbi, non in solo pane hominem vivere sed verbo vite satiatus adfluenti dape habundare, quam quisquis sumptam esuriem nesciat in evum* – ein eigentümlicher Satz: Christus antwortete Satan, der ihn in der Wüste aufforderte, aus den umliegenden Steinen Brot zu schaffen (Mt. 4,4; Lc. 4,4). Er warf Satan ein Wort des Mose entgegen. Mose erklärte dem Volk Israel die Mühen und Leiden des bisherigen Weges u. a. damit, *ut ostenderet* (scil. *deus*) *tibi, quod non in solo pane vivat homo, sed in omni verbo, quod egreditur de ore Dei* (Deut. 8,3). Dies ist unmittelbar auf das Manna in der Wüste bezogen, und deshalb ist das Wort Gottes

---

382 I 6; Sigibert I. war seit 575 tot; es mag sich um Guntram handeln, wie allgemein angenommen wird. Chr. ROHR, Hagiographie als historische Quelle (wie Anm.365) S. 252–257 bringt beachtliche Argumente für Childebert II. vor, ohne eine definitive Entscheidung zu fällen. Zu O'HARA s. Anm. 366. Zu Columban und seiner Wirkung auf König und Adel s. auch Yitzhak HEN, Roman Barbarians (wie Anm. 268), zur Epoche S. 94–123, zu Columban S. 106–111.

383 Man könnte ebenso gut an Mt. 6,24 denken. Zu dieser Zitatengruppe s. ANGENENDT, Monachi Peregrini (wie Anm. 378), S. 130–137.

384 Es ist nicht etwa von einem Fürbittegebet einer Mönchsgemeinde für den König die Rede.

hier weniger Gebot oder Lehre, als das Wort des Schöpfers, der aus dem Nichts hervorbringt. Christus verwarf gegenüber Satan gerade das, was das Schöpferwort hätte bewirken können und wandte das Mosezitat so zur Glaubenslehre. Auch dafür ließen sich alttestamentliche Wurzeln finden; hatte nicht Gott sein Volk des Irrglaubens wegen, weil es nicht aus Seinem Wort lebte, wieder und wieder verworfen? Hieran schließt die Vita an; doch nimmt Jonas eine Textänderung vor: Nicht *verbo Dei* (o. ä), sondern *verbo vitae satiatus*. Dies repräsentiert schwerlich eine von der Vulgata abweichende Übersetzung, eher dürfte Jonas aus dem Gedächtnis zitiert, oder den Text willentlich verändert haben. Christus hatte unter dem Begriff „Brot des Lebens" in Andeutung von der Eucharistie geredet. Dies lehnten viele seiner Anhänger als harte Rede ab. Doch sagte er gegenüber seiner Jüngerschar: *Verba quae ego locutus sum vobis, spiritus et vita sunt*; und Petrus griff dies auf: *Dominus, ad quem ibimus? Verba vitae aeternae habes* (Joh. 6,64 und 69; vgl. Eph. 5,26); und dies hatte Jonas im Blick, indem er die in das tägliche Leben eingehende Lehre als Speise bezeichnete, die in Ewigkeit sättigt und damit Anschluß an die Lehre eines ewigen Lebens gewann als dem eigentlichen Ziel des Menschenlebens.

So begann das Leben am erwählten Platz: Sorgen um Krankheit, Schwierigkeiten mit der Ernährung (I 7). Geschahen gegen Krankheiten erste Wunderheilungen,[385] so wurde die Not des Hungers durch unerwartete Hilfe von außen abgewendet. Der Rang des wunderbar von Gott Gefügten wird mit einem Psalmwort (77,19) erkannt und dargestellt: *Ille grates conditori rependit, qui sic suis famulis in deserto parare mensam non distulit*. Der zitierte Psalm will den künftigen Generationen Israels Gottes Wundertaten an seinem Volk und sein Gesetz berichten und warnen vor der Abtrünnigkeit der Vorfahren. Zu deren Sünden gehörte in der Wüste die Gott herausfordernde Frage: *Numquid poterit Deus parare mensam in deserto*. Der Psalm erinnert an das aus dem Fels geschlagene Wasser, an das Manna. Columban stellte natürlich keine solche Gottes Macht in Frage stellende Frage, seine Mönchsgemeinde ist willentlich Gottes Volk und wird von ihrem Herrn umsorgt: *Sed temperavit escae ariditatem pietas virtutis aeternae monuitque per visum abbatem quendam nomine Carantocum ... ut famulo suo Columbae inter heremi vastitate consistente necessaria deferret*. War Columban durch diese Ereignisse bekannt geworden, so setzte nun der Strom der Hilfe und Rat Suchenden ein.

Zu persönlicher Beschäftigung mit der Schrift begab sich Columban gelegentlich außerhalb des Klostergeländes.[386] Als er dabei eines Tages bedachte, daß es besser sei, einem wilden Tier zum Opfer zu fallen, als von Menschen Unrecht zu leiden, da dies ja *absque alieno peccato* geschieht, fand er sich plötzlich von 12 Wölfen umgeben. Er blieb ruhig stehen und rief mit dem Psalmisten: *Deus, in adiutorium meum intende, Domine, ad adiuvandum me festina* (Ps. 69,2): Die Tiere kehrten in den Wald zurück. Jonas nennt dies eine Versuchung, fügt an, daß Columban bald darauf Stimmen räuberischer Sueben vernahm. Nachdem dieser solche

---

385 In einem Falle der Heilung entfernte Ähnlichkeit mit Mt. 8, 5–13.
386 I 8 ... *et librum humero ferens, de scripturis sanctis secum disputaret*. Die Berichte über solche Einsiedleraufenthalte Columbans lassen grundsätzlich bezweifeln, ob diese Vita als Ergänzung zu einer Regel gedacht gewesen sein kann (vgl. Anm. 365).

Versuchung standhaft überwunden hatte, entfernte er sich. Merkwürdig für das angeblich so wundersüchtige Zeitalter bleibt der Nachsatz, der wohl auch erst den Begriff der Versuchung hier erklärt: *Sed hoc utrum diaboli fallacia finxerit an rei veritas gestivit, patule non agnovit.* Columban selber blieb im Zweifel, ob hier nicht Satan seine Standhaftigkeit und sein Vertrauen in Gott mit einer Täuschung auf die Probe gestellt hatte. Anders verlief denn auch Columbans erste Begegnung mit einem Bären, den er bestimmte, seine Höhle aufzugeben, so daß sie dem Mönch zu asketischer Übung dienen konnte.

Columban nutzte diese Höhle, um sich in mehrtägiger asketischer Einsamkeit im Gebet auf hohe Feiertage vorzubereiten (I 9). Wenn er dort dicht bei der Höhle eine Quelle auftat, die seither ständig floß und der leichteren eigenen Versorgung diente, so ist dieses Wunder nicht genau dem bekannten Mosewunder (Ex. 17,1ff; Num. 20,8) nachgeformt. Mose öffnete auf Gottes Geheiß dem murrenden Volk mit einem Stab den Felsen. Columban erinnerte den Knaben Domoalis an das Mosewunder, in ihm den Glauben an die Möglichkeit zu wecken. Die Quelle jedoch sprudelte auf ein Gebet Columbans hin. Die Geschichte möchte einfach zu den der Bibel nachgeformten Wundern gehören,[387] die sich alle auf immer wiederkehrende akute Nöte beziehen (Krankheiten, Hungersnot). Hier macht des Jonas Erklärung sie bedeutsam: Zu recht gewähre Gott seinen Heiligen ihre Bitte; *qui ab suorum praeceptorum imperio, proprias crucifixerunt voluntates, tantum fide pollentes*, zweifeln nicht an der Gewährung ihrer Bitte, da Christus gesagt hat: „Wenn ihr Glauben wie ein Senfkorn hättet, so könntet ihr zum Berge sagen, hebe dich dorthin, und er würde sich dorthin heben; nichts wird euch unmöglich sein" (Mt.17,19); und: „Alles, was ihr bitten werdet in eurem Gebet, glaubet nur, daß ihr's empfangen werdet, so wird's euch werden" (Mt. 11,24). Die Gewährung der Bitte ist nach dieser Erläuterung darin begründet, daß der Bittende alle nur menschliche Begehrlichkeit überwunden hat (*voluntates proprias crucifigere*[388]), und dies mag auch die Voraussetzung des Berge versetzenden Glaubens sein. Das gegebene Beispiel Columbans betraf hier die Möglichkeit, ohne Ablenkung und Sorge um lebensnotwendige Erfordernisse in asketischer Hinwendung zu Gott leben zu können.

Nach der Gründung zweier neuer Klöster (Luxeuil, Fontaine) ereigneten sich Wunder, die Krankheit oder Hunger überwanden. Der dux Waldelenus und seine Gemahlin, die kinderlos geblieben waren, erlitten darin das schwere Schicksal des Zacharias und der Elisabeth.[389] Ein Engel kündigte Zacharias die Geburt eines be-

---

387 Weitere Verwandtschaft zu biblischen Wundern: Vermehrung der Nahrung I 17 (der Speicher füllt sich mit Getreide); Columban zitiert Ps. 36,25: *non vidi iustum derelictum, nec semen eius quaerens panem*, und Jonas erinnert an Mt. 14,21 (Speisung der 5000); c I 11 ist verwandt mit Petri Fischzug Lc. 5,1ff; I 27 erinnert an Manna und Wachteln in der Wüste Ex. 16 und Num.11.
388 Zum Vergleich einige Verweise auf Regeltexte: RM: I 80 und 87; II 35; III 66 u.ö.; RB: Prol. 3; 4; 60 u. ö. Für beide Regeln sind die Stellen leicht über das Register s. v. *voluntas* zu finden.
389 I 14; die Zachariasgeschichte aus Lc. 1 ist von Jonas in der Versifizierung durch Juvencus, Libri evangeliorum I 8,9 zitiert. Zu Luxeuil: Sebastiaen BULLY, Aurélia BULLY et Morana ČAUŠEVIĆ-BULLY avec la collaboration de Laurent FIOCCHI, Les origins du monatère de Luxeuil (Haut-Saône) d'apres les récentes recherché archéologiques, in: L'empreinte chrétienne

deutenden Sohnes an; der aber konnte die Botschaft nicht glauben. Waldelenus begab sich mit seiner Gemahlin zu Columban, auf dessen Fürbitte hoffend. Dieser forderte jedoch, daß der Erstgeborene ihm zu kirchlichen Diensten übergeben werde, und in der Darbietung des Donatus, später Bischof von Besançon, hat die Geschichte den Anschluß an die Tauferzählung wiedergewonnen.[390]

Columbans Ansehen hatte sich so sehr gefestigt und verbreitet, daß Theuderich II. ihn des öfteren aufsuchte, seine Fürbitte zu erbitten.[391] Columban machte ihm bei solcher Gelegenheit ständig denselben Vorwurf: *quur concubinarum adulteriis misceretur* statt eine kirchlich legitime Ehe einzugehen und einen rechtmäßigen Nachfolger zu haben. Theuderich zeigte sich schließlich bereit, die Friedelehen aufzulösen, doch die alles beherrschende Großmutter Brunhilde fürchtete eine Königin am Hofe, die sie ihres Einflusses berauben könnte:[392] *Mentem Brunichildis aviae, secundae ut erat Zezabilis, antiquus anguis adiit eamque contra virum dei stimulantam superbiae aculeo exitat, quia cerneret viro dei Theudericum oboedire.* Vielerlei enthält dieser Satz: *Superbia* als das menschliche Laster, dem Brunhilde nicht zu widerstehen vermochte. Sie setzte sich über ein göttliches Gebot hinweg (Ex. 20,14), wie es Columban hier verkündet hatte; sie wollte aber auch als Großmutter dem König und seiner denkbaren Gemahlin die königliche Herrschaft nicht überlassen. Sie ist darin ein Opfer des *antiquus anguis (serpens)*, eine Formulierung der Apokalypse für Satan bei seiner Schilderung des Sieges Michaels über diesen

en Gaule du IVᵉ au IXᵉ siècle, Ètudes réunies par Michèle GAILLARD, Turnhout, 2014, S. 311–355 gibt eine präzisere Vorstellung vom Zustand des Geländes zur Gründungszeit des Klosters und beschreibt die Unsicherheit, die punktuelle Grabungen leider hinterlassen. Vielleicht erfährt man hier mehr über den kaiserzeitlichen Ort und dessen frühchristliche Zeit, als über die Zeit Columbans. Columban nutzte Gebäude einer voraufgehenden Zeit, so schon die Vita. Die Grabungen geben wohl genauere Vorstellungen davon. Das *castrum*, das die Vita durchaus erwähnt (c.10), könnte noch gering besiedelt gewesen sein, die Autoren halten es für möglich, daß der öfter in der Vita genannte Priester Winioc Priester dieser Siedlung war. Daß, wie abschließend dargelegt, ein solcher Platz nicht die *solitudo* war, die angeblich gesucht worden sei, überzeugt letztlich nicht. Wir bestimmen ohne weitere Begründung, was jenen eine *solitudo* zu sein hatte: Dort dürfen in weitem Umkreis keine Menschen sein, Straßen dürfen den Ort auch nicht berühren etc. Was aber war die Vorstellung jener von einer *solitudo*? Selbst Antonius blieb bei seinem Weg in die Wüste immer in der Nähe einer Karawanenestraße. Columban hatte die Möglichkeit, nahe bei den wichtigsten Orten merowingischen Königtums ein Kloster zu gründen, doch er wählte abgelegene Plätze, an den Ruinen ebenso Einsamkeit wie Vergänglichkeit sichtbar machten und die Geschäftigkeit städtischen Lebens und des Herrscherhofes das monastische Leben nicht störte. Was ein *eremus*, eine *solitudo* für jene war, sollten wir uns von jenen erklären lassen. Der ruinöse Ort, das vielleicht nicht völlig entvölkerte *castrum* störte offenbar die *solitudo* nicht.

390 Es besteht auch eine gewisse Verwandtschaft der Namengebung. Hieronymus erläutert Johannes: *in quo est gratia vel domini gratia*, oder: Johannes *domini gratia sive cui donatus est (Liber interpretationis hebraicorum nominum,* 69,16 und 76,19.
391 I 18; zu den folgenden Begebenheiten s. auch J. L. NELSON, Queens as Jezabels S. 57ff.
392 Zweifel an der Richtigkeit dies Urteils über Brunhilde bei K. U JÄSCHKE, Kolumban (wie Anm. 374) S. 100ff und in den Anm. 182; 183 und 187. Jedoch ist Brunhilde nicht die einzige Person jener Zeit, die Mönchtum förderte und gleichzeitig Mönchen und ihren Konventen entgegentrat, man denke an die Hausmeier Ebroin und Erchinoald. Zur Sache J. WOOD, The Vita Columbani (wie nm. 365) S. 70 und U. MEINHOLD (wie Anm. 365) S. 177ff.

(Apoc 12,9). Zugleich ist damit auch die Schlange des Paradieses in Erinnerung gerufen, die Eva zum Ungehorsam gegen Gottes Gebot verführte (Gen. 3,1ff) – der Wiedersacher Gottes schlechthin. Brunhilde also unterlag Satan, der sie bei ihrem Laster der *superbia* fassen konnte. Sie glich darin Isabell, der Gemahlin Ahabs, die von ihrem Gemahl unrechtes Tun als Gefälligkeit forderte (III. Reg. 21); zudem war diese es, die Elias Leben bedrohte, so daß Elia in die Wüste im Süden Judas ausweichen mußte (III. Reg. 19,11ff). So ist eine Verwandtschaft Brunhildes zu Isabel, Theuderichs zu Ahab gezeichnet; Columbans Rolle am Merowingerhof ist dem Tun des Elia an die Seite gestellt, ohne daß dessen Name genannt wurde.

Später verlangte Brunhilde von Columban den Segen für die unehelichen Kinder Theuderichs, was der Ire brüsk ablehnte (I 19): Sie würden nie das königliche Szepter tragen, *quia de lupanaribus emerserunt*. Als Columban die ville Bruyères-le-Châtel verließ, erschütterte ein Beben das Gebäude, so daß alle ein Schrecken durchfuhr außer Brunhilde, die in blindem Zorn Maßnahmen gegen die Mönche ins Werk setzte. Deshalb begab sich Columban nach Epoisses zu Theuderich, nicht bereit, *in regis domibus* zu verweilen. Dieser war, anders als seine Großmutter, der Meinung, *melius esse virum Dei oportunis subsidiis honorare, quam Dominum ex servorum eius offensam ad iracundiam provocare*[393]. Columban jedoch lehnte solche Geschenke ab: *Abominatus ea, ait: Scriptum est munera impiorum reprobat altissimus* (Eccli. 34,23). Da der König nicht nur in seinen Palästen, sondern auch in anderer Leute Haus jede Aufnahme von Mönchen verbiete, könne kein Knecht Gottes seinen Mund mit königlicher Speise besudeln. Zum Entsetzen der Dienerschaft ließ Columban die dargebotene Speise mit allem Geschirr fallen. Dieser Auftritt bewog nicht nur Theuderich, sondern auch Brunhilde, vor Morgengrauen um Verzeihung bittend Besserung gelobend, vor Columban zu erscheinen. Wenn das Versprechen auch bald gebrochen wurde, so zeigt der Bericht doch, wie die irdische

---

393 Vgl. dazu einerseits Gregor von Tours Historiarum libri decem II 37: Chlodwig will nicht auf Turoner Gebiet fouragieren lassen: *Ubi erit spes victuriae si beato Martino offendimus?*; andererseits oben der Wunsch Guntrams (in der Vita Sigibert), Columban in seinem Reich zu halten, *ut tui praemii augmentum nostrae salutis provideas oportuna* (I 6 dr Vita). Zu den Auseinandersetzungen Columbans mit Brunhilde und ihren Enkeln s. auch VON DER NAHMER, Columban in seinen Briefen und in der Vita des Jonas, Praeterita Facta. Scritti in onore di Amleto Spicciani, Pisa 2006, S. 151–177; hier geht es um den Nachweis, daß Jonas Columbans Heftigkeit bei bestimmten Anlässen sehr genau trifft. Dies zeigt ein Vergleich mit seinem Brief an Gregor den Großen. Anders als Barbara H. ROSENWEIN, Negotiating Space, Manchester 1999, S. 70–73 sehe ich Jonas' Schilderung der Auseinandersetzung Columbans mit Brunhilde und ihren Enkeln keine zu bestimmten Zwecken constructed scenes. Der Vorstellung Albrecht DIEMS, Monks, Kings, (wie Anm. 366) S. 540ff, Jonas habe die Auseinandersetzung Columbans mit Brunhilde und ihren Enkeln, nach der Nicetiusvita Gregors von Tours geformt, übernehme ich nicht; es müßte schließlich Jonas' Kenntnis dieses Textes nachgewiesen werden, der eine historische Figur nicht erkennen läßt, woran Jonas sehr viel gelegen war. Statt eines Blickes auf die Nicetiusvita wäre hier der Blick auf Columbans 1. Brief erforderlich gewesen, in dem Columban Gregor d.Gr., der offenkundig hoch schätzte, mit derselben Schärfe um des Osterstreites willen anging, wie Brunhilde und Theuderich; Jonas schildert hier jenen Columban, den wir aus diesem Brief kennen Die Literatur läßt sich entgehen, daß hier der irdisch Mächtige vor dem irdisch Machtlosen, an dem er Gottes Macht erkennt, zittert, dies aber nur in der persönlichen Begegnung. Columbans Brief verfehlt die Wirkung.

Macht plötzlich unbedeutend werden konnte. Vor Gottes Zorn und Macht, die in dem prophetenhaft auftretenden Columban gegenwärtig erschienen, schreckte selbst Brunhilde zurück, obwohl nach heutiger Vorstellung Columban dem merowingischen Königshaus weder durch Macht noch durch Einfluß schädlich werden konnte. Columban selber, der durch den Hinweis auf Isabel (Brunhilde) Elia an die Seite gestellt war, nahm diese Rolle dem Bericht zufolge selber nicht in Anspruch. Das Schriftzitat, das er Theuderich entgegenschleuderte, entstammte der Spruchsammlung des Sirach, im Munde Columbans jedoch nicht mehr weise Erfahrung, sondern zum Gebot gerinnend.

Der weitere Verlauf weicht dann von der Eliasgeschichte ab: Der König verfällt entgegen seinem Versprechen in die vorige zügellose Sündhaftigkeit zurück, und Columban wendet sich mit einem Brief an ihn, die Exkommunikation (doch wohl Ausschluß von den Sakramenten) androhend. Darin ist nichts mehr von der unmittelbaren Kühnheit des prophetischen Auftrittes zu spüren; keine direkte Begegnung der Personen, nur die mittelbare Wirkung auf den anderen, und dies in den Bahnen des sich in den Strafen steigernden Kirchenrechts. Die erboste Brunhilde ging von nun an gegen Columban vor, und dabei mochten ihr die Schwierigkeiten nützen, die der Ire mit seiner abweichenden Osterberechnung und seinem römischer Diözesanorganisation widersprechenden Klosterbischof auf dem Kontinent (beides von Jonas verschwiegen) ohnehin hatte. Theuderich begab sich nach Luxeuil, zog Columban wegen seiner abweichenden Bräuche zur Rechenschaft, drang in die Klausur ein. Erst als Columban drohte: *Et si hanc ob causam tu hoc in loco venisti, ut servorum Dei caenubia distruas et regularem disciplinam macules, cito tuum regnum funditus ruiturum et cum omni propagine regia dimersurum.* Darob erschrak der König derart, daß er aus der Klausur wich. Durch einen seiner Höflinge ließ er Columban zu Besançon gefangen setzen, wo dieser die verurteilten Mitgefangenen aus ihren Fesseln löste, nachdem sie Reue und Buße gelobt hatten; *egredique carcerem damnatos, solutis conpedibus, iubet, peractoque evangelici cultus officio, pedes lavit linteoque abstersit.* Dies war jene zeichenhafte Reinigung, die Christus während des letzten Abendmahles an seinen Jüngern vollzogen hatte.[394] So war es nicht nur eine demütige Geste, die der Heilige an den Verurteilten vornahm, sondern er führte diese Gefangenen im Augenblick ihrer Befreiung an die eigentliche, von Christus bewirkte Reinigung heran. Der weitere Verlauf dieses Ereignisses, das für die Gefangenen glücklich ausging, mag hier außer Betracht bleiben.

Columbans Rückkehr nach Luxeuil (I 20) blieb eine kurze Episode. Brunhilde und Theuderich ließen ihn verschleppen, damit er nach Irland zurückkehre. Sein Weg durch Gallien zog eine Spur von Wundertaten, nicht nur half er Kranken oder Besessenen, es wurde auch deutlich, daß Columban unter höherem Schutz stand: Ein Mann aus Theuderichs Gefolge wollte bei Avallon Columban mit einer Lanze töten, doch eine plötzliche Lähmung hindert seinen Wurfarm; die Lanze stach in die Erde, der Werfer stürzte zu Boden, *demone correptus*. Dies offenbarte, wessen Werk er tat, und so war die Heilung, die Columban tags darauf an diesem Mann

---

394 Joh. 13,4ff; zur Fußwaschung s. auch bei Wandregisel.

erwirkte, nicht nur die Befreiung von körperlichem Übel. Beachtung verdient zudem die Heilung eines blinden Syrers vor Orleans, dessen Frau den Mönchen aus ihrer Not geholfen hatte (I 21). Nicht nach dem Muster der Blindenheilung Christi ist hier erzählt. *Videns ille fidem* – diese Voraussetzung jeder Heilung hatte auch Christus betont (z. B. Mt. 9,22; 15,28 u. ö.) – forderte Columban seine Mönche zum Gebet für den Blinden auf, neigte sich zur Erde, legte dann die Hände auf dessen Augen und machte das Kreuzeszeichen darüber. Columban handelte nicht aus eigener Macht, und dies unterschied ihn von der Gestalt Christi.

Vor Nantes erschien ein Bettler vor der Tür Columbans, um eine Gabe bittend (I 22). Dieser rief seinen *cellarius* (*ministrum*), daß er dem Armen Nahrung gebe. Doch mußte Columban erfahren, daß kein Brot mehr vorhanden sei, nur ein Scheffel Getreide. Da befahl Columban, dem Armen auch diesen kleinen Vorrat zu geben. Einige Tage war Columbans Gemeinschaft Hunger und Fasten ausgesetzt, dann rettete sie eine große Schenkung an Getreide, Wein etc. – in unserem Verstand kein Wunder, erkannten jene hier doch ein Vorhaben Gottes mit seinen Dienern. *O mira conditoris pietas*! In der Not zeigte er seine Fürsorge und festigte so die Hinwendung der Seinen zu sich. Der Anfang der Erzählung erinnert an Elias Aufforderung an die Witwe von Zarpath (III. Reg. 17,12f); und das *nec quicquam reserves in crastinum* war Christi Wort gegen die Sorge (Mt. 6,34). Columban und seine Mönche bewiesen darin Vertrauen und Gehorsam (*nihil poenes se habentibus praeter spei et fidei gratiam*), der Fortgang der Geschichte war so biblisch nicht vorgeprägt, bewies aber die Treue Gottes.

Als man das Schiff mit allem Gepäck beladen hatte und die Begleiter Columbans zugestiegen waren – Columban wollte auf einer kleinen Barke auf die offene See hinausfahren – da zwangen die Wellen das Schiff an die Küste zurück (I 27). Man lud Columbans Habseligkeiten aus, und bald trugen die Wellen das Schiff auf die See hinaus. Columban aber kehrte allein in sein Quartier zu Nantes zurück. Von Theuderich verstoßen, mangelte es ihm an irdischem Schutz, was zu einer großen Gefahr hätte werden können, da er landfremd und ohne Verwandtschaft war. *Nec defuit quicquam praesidii dum in omnibus conditoris manebat auxilium; quia prorsus numquam obdormiet, qui sub alarum suarum umbra Israel tegit. Sic nempe omnibus omnia largiendo demonstrat, ut ab omnibus pro munerum suorum glorificetur largitione*. Gott war schon in den zehn Geboten als *zelotes* dargestellt, der um seinen Ruhm eifert (Ex. 20, bes. v.5). Diese Satz ging weiter und erinnert an manche spätere königliche Arenga, die königliche Geschenke gegen Dienste setzte, welche dann ebenso frei zu leisten waren: Gott schenkte alles Nötige und wollte um dessentwillen gerühmt werden vor den Menschen.

Der Vorsatz aber, ein Psalmwort (16,8; vgl. 56,2), gibt einen Bezug zur Geschichte Israels. David hatte in der Not der Verfolgung durch Saul gebeten: *Sub umbra alarum tuarum protege me*. Hier jedoch stand nicht Bitte, sondern Feststellung. Mit einem anderen Psalm sang die israelische Gemeinde wohl in Erinnerung an den Zug aus Ägypten in das Gelobte Land: ... *neque dormiet qui custodit me. Ecce non dormitabit neque dormiet qui custodit Israel* (Ps. 120,3). So stand Columban unter allgegenwärtigem Schutz, mächtiger und wirksamer, als es in rechtlichem Sinne Königsschutz hätte aussprechen können. Das Beispiel des Gemeinten war hier die Geschichte Israels, vielleicht direkt dessen notvolle Wanderung, und näherliegend der in aller Not und Verfolgung behütete David auf der Flucht vor Saul: Saul-David waren eine Entsprechung zu Theuderich-Columban.

In diesen Gedankenkreis gehört auch jene Geschichte aus dem Bregenzer Raum: Die Vorräte Columbans waren wieder erschöpft. Seit Tagen fehlte Nahrung, die Kräfte ließen nach (I 27). Dann aber *evenit tanta copia alitum, velut Israhelitarum castra coturnix olim operuit, ita ut omnem paginam loci illius alitum multitudo obpleret*[395]. Columban erkannte, daß ihm und den Seinen eine besondere Hilfe zuteil geworden war, soweit die Parallele zu jenem rettenden Ereignis auf Israels Zug durch die Wüste, dem darin auch der Weg Columbans nach der Ausweisung an die Seite gestellt ist. Unter Columbans Jüngern aber fehlten die gegen Gott Murrenden, die den „Fleischtöpfen Ägyptens" in der Not nachjammerten, die gierig über die Wachteln herfielen und deshalb von Gott vernichtet wurden: *Iubet (Columbanus) suos prius grates laudesque rependere conditori sicque alitum dapes capere*. Eusthasius, der dies berichtet hatte, bezeugte, daß niemand diese Vögel kannte, und daß ihr Fleisch duftete, *ut regias vinceret dapes* – zu königlicher Tafel waren die Mönche geladen, die von einem irdischen König vertrieben worden waren.

Dies alles waren Kontraste zu der boshaften Art, die hier Brunhilde und Theuderich nachgesagt wird. Den stärksten Gegensatz zu der Streit und Krieg stiftenden Herrschaft bildete jenes Erlebnis, das Columban bei Bregenz mit einem Bären hatte. (I 27). Mit seinem Diener Chagnoald hatte Columban in einsamere Gegenden sich zurückgezogen, um für eine Weile in schärferer Askese zu leben. Dabei ernährte er sich im wesentlichen von wilden Früchten. Doch mußte Chagnoald ihm eines Tages berichten, daß ein Bär über das Apfelgebüsch hergefallen war. Columban befahl die Teilung des Gebüsches zwischen Mensch und Bär. Und tatsächlich teilte Chagnoald das Gesträuch, so daß der Bär – *mira in fera oboedientia* – von der einen Hälfte lebte, die Menschen von der anderen. Schon zuvor hatte Columban ebenfalls während einer besonderen asketischen Übung eine Begegnung mit einem Bären, der über den Kadaver eines Hirsches hergefallen war (I 17). Columban befahl ihm, die Tierhaut nicht zu verletzen, da sie für das Schuhwerk gebraucht werde. *Tunc bestia, oblita ferocitate, mitis esse coepit, et contra naturam absque murmurone blandiens atque colla submittens cadaver reliquid.* Weiter zurück noch lag die Vertreibung eines Bären aus einer Felsspalte in den Vogesen, die Columban für seine asketischen Neigungen benötigte (I 8). *Mitis ergo feram abire iubet: Nec deinceps hos, inquid, repetes calles. Abiit fera mitis nec prorsus est ausa repetere* ... Diese Bären überließen dem Heiligen auf seinen Befehl alle einen Teil ihres Lebensraumes, als würden hier Reviergrenzen festgesetzt. Sehr deutlich betont Jonas, daß die Bären sich nicht widerwillig dem Menschen unterordneten, sondern von ihrer natürlichen Grundeigenschaft der *ferocitas* abließen und sanft wurden – *contra naturam*. Zwei biblische Texte sind es, die hier zwar nicht zitiert werden, aber Hintergrund der Berichte sein werden. Die Herrschaft über das große wilde Tier zeigte

---

[395] Ex. 16,11ff; Num. 11,30ff; auch das in der Geschichte zitierte Psalmwort (77,24: *panem caeli dedit eis*) bezieht sich auf jenes Ereignis in der Wüste.

den Heiligen, den Menschen, der seinen schöpfungsgemäßen Qualitäten nahekommt, als Gottes höchstes Geschöpf: *et ait* (scil. *Deus*) *Faciamus hominem ad imaginem et similitudinem nostram, et praesit piscibus et volatilibus caeli et bestias universae terrae omnique reptili, quod movetur in terra.* Und so befahl Gott dem Menschen auch: *et subicite eam (terram) et dominamini piscibus maris et volatilibus caeli et universis animalibus, quae moventur super terram* (Gen. 1,26 und 28). Solche Herrschaft vermochte der Heilige seit Antonius auszuüben. Die besondere Betonung der Friedfertigkeit erinnert auch an die Schilderung, die Jesaia von einer künftigen vollkommenen Welt gibt: *Lupus et agnus pascuntur simul, leo et bos comedant paleas, et serpenti pulvis panis est. Non nocebunt neque occidunt in omni monte sancto meo, dicit Dominus* (Is. 65,25; vgl. 11,6). Dieser Jesaiatext hatte in Columbans Leben noch ein anderes Echo. Chagnoald, der spätere Bischof von Laon, berichtete, er habe es oft gesehen, daß Columban *cum in heremo vel ieiunio vel oratione vacans deambularet, esse sepe solitum feras, bestias ac aves arcessire, quae ad imperium eius statim vieniebant, quae manu blandiens adtractabat: ita ferre avesque gaudentes ac ludentes, laetitia uberi, velut catuli solent dominis adolare, exultabant.* Jonas berichtet von der besonderen Vertraulichkeit eines Eichhörnchens[396]. Solch franziskanisch anmutender paradiesischer Friede, solche Heiterkeit stellte sich immerwährend Columbans härtester Askese und Einsamkeit ein; alle diese Geschichten ereigneten sich nicht während des normalen Klosterlebens, sondern wenn Columban in eremitischer Lebensweise die höchste menschliche Reinheit suchte (vgl. Rom. 8,19–22). Die Herrschaft des Heiligen über die Tiere in ihrer heiteren Friedlichkeit war das vielleicht überzeugendste und schönste Bild eines Menschen, der der Makellosigkeit des Schöpfungszustandes in asketischem Verzicht, in freier Hingabe an seinen Herrn näher gekommen war als andere.[397]

---

396 I 17 Ende; diese Tiergeschichten stehen nicht in allen Handschriften, sie finden sich in der Edition von KRUSCH, die Lat.-Dt. Ausgabe hat diesen Absatz nicht übernommen.

397 A. NITSCHKE, Heilige und Tiere, (wie Anm. 75) S. 62–100, geht S. 80f auf die Columbanvita ein und verwendet leider nur die Begebenheit aus c. 17 Ende von Columbans freundschaftlichem Umgang mit Tieren. Dies führt zu völlig irrigen Behauptungen. Die biblischen Hintergründe werden übergangen. Für Columban trifft nicht zu: „daß er ihre (der Tiere) Nähe wünschte, einfach weil er Freude an ihrer Begleitung besaß". Dies würde einen Lebensbereich ohne Zusammenhang mit Gott bedeuten, wie das für Columban nicht angenommen werden kann. Es trifft auch nicht zu, daß die Tiere keine Befehle auszuführen hatten; dies kann nicht einmal unter Verzicht auf die Bärengeschichten gesagt werden, auch die anderen Tiere gehorchen dem Befehl zu kommen: Der Absatz beginnt: *Cui sic bestiae ac volucres viri Dei parerent imperio?* In der friedlichen Zuneigung und Unterordnung der Tiere ist keine Gleichheit zwischen Tier und Mensch, sondern ein Zustand paradiesischer Vollkommenheit dargestellt. Ferner verdient Beachtung, daß der wichtigste Partner Columbans in diesen Berichten ein Bär ist, d. h. ein einzeln lebendes großes Tier, nicht ein Rudelwesen wie ein Hund, dessen Rudeleigenschaften leicht für die Gewöhnung an den Menschen und die Erziehung des Tieres genutzt werden können. In völlig andere Richtung weisen herrscherliche Tiergehege: K. HAUCK, Tiergärten im Pfalzbereich, Deutsche Königspfalzen, Veröffentlichungen des Max-Planck-Instituts für Geschichte 11,1 Göttingen 1963, S. 30–74. Doch auch hier gibt es in panegyrischem Vortrag den Paradiesfrieden (HAUCK S. 41 und S. 62). In der friedlichen Folgsamkeit des Bären erkennt man den Unterschied columbanischer Herrschaft zu der gottgegebenen Herrenkraft des Kaisers als Jäger über Stiere, Löwen etc.; bei HAUCK etwa nach Notker, Gesta Karoli, S. 47.

Durch die Vertreibung Columbans aus dem Merowingerreich verbindet sich das Heiligenleben stärker mit Ereignissen und Zuständen im damaligen Frankenreich. So kann der umständliche Weg Columbans von Luxeuil über die Loire-Mündung nach Bregenz in wichtigen Stationen nachgezeichnet werden; so lernen wir die Kreise kennen, auf die Columban während dieser Reise sich stützen konnte.[398] In den unheilvollen Streitigkeiten des Königshauses erkennt man das Gegenbild des monastischen Lebens. Hatte Columban selber an Brunhilde und ihrem bevorzugten Enkel Theuderich ein unerhörtes Maß rigoroser Herrschaft und Mißachtung jeder gottgesetzten Schranke menschlichen Handelns erlebt, so mochte ihm schon deshalb der Gedanke naheliegen, dieser Familienzweig werde nicht überleben. Als der Onkel der königlichen Brüder, Chlotar II., den landflüchtigen Columban für sein Reich gewinnen wollte,[399] erwiderte dieser, dies erlaube seine irdische Pilgerschaft nicht, und er wolle ihm keinen Streit schaffen; jedoch muß Columban ihn energisch ermahnt haben (*castigatus ab eo quibusdam erroribus*). Und als 610/611 der Streit der Brüder begann, und beide den Onkel um Hilfe baten, da antwortete Columban auf Chlotars Frage *prophetico repletus spiritu*, er solle keinem helfen, binnen drei Jahren würden ihm beide Reiche zufallen. Diese Vorhersage bedingt schon, daß die Vita vom Streit der Brüder, vor allem von seinem Anfang berichtet. Dabei ist nicht ohne Bedeutung, daß der Columban gewogene Theudebert zuerst seinem Bruder unterlag (I 28). Columban hatte ihm geraten, *ut coepte arrogantiae supercilium de-*

Ein Überblick über die Begegnung Heiliger mit Bären bei Massimo MONTANARI, Uomini e orsi nelle fonti agiografiche dell'alto medioevo, Il bosco nel medioevo, Biblioteca di Storia Agraria Medievale 4, Bologna 1988, S. 55–72; Columban S. 60ff. Erhellend die Einbeziehung des Verhältnisses, in dem der wirtschaftende Mensch zur Natur je stand. Stärker als MONTANARI möchte ich bewerten, daß ein bedeutender Heiliger als Mensch eine Ausnahmeerscheinung ist. Zudem sei betont, daß Columban und manch anderer in seinem eremitischen Leben sich willentlich im Äußeren zum Naturwesen gemacht hat, worin er dann dem Bären nahe ist, wie Columban eine Revierteilung durchsetzt. In dem von MONTANARI gegebenen Kontext leuchtet ein, daß gerade Heilige des frühesten Mittelalters so lebten, nicht spätantike, auch nicht karolingische. Dennoch waren die geschilderten Begegnungen von Heiligen auch damals nicht jedermann wiederholbar

398 Dazu und zur Bedeutsamkeit dieser Kreise R. SPRANDEL, Der merowingische Adel und die Gebiete östlich des Rheins, Forschungen zur Oberrheinischen Landesgeschichte 5, Freiburg 1957. Fr. PRINZ, Frühes Mönchtum, S. 121–151 und S. 485ff; DERS. Frühes Mönchtum in Südwestdeutschland, S. 43ff. Zweifel an der Bedeutung der adligen Unterstützung Columbans äußert U. JÄSCHKE, Kolumban von Luxeuil (wie Anm. 374) S. 107ff, in dem er Beispiele adliger Reserve gegen den Iren aufzählt; doch hat niemand behauptet, der Adel in seiner Gesamtheit habe Columban unterstützt. Insgesamt droht in zahlreichen neueren Beiträgen der eigentliche Kern monastischen Lebens verloren zu gehen; das Verhältnis monastischer Kreise zum Königtum wird reduziert auf politisches Kalkül modernster Art; dem entspricht auch die Art der Benutzung der Heiligenviten als Lieferant einzelner Notizen zur Machtpolitik adliger Familien, oder zu anderen Sparten moderner Interessen. J. WOOD kommt in The Vita Columbani auf das Verhältnis von Adel und Mönchtum in jener Zeit zu sprechen. U. MEINHOLD (wie Anm. 365) S. 111–136 zum Kreis der Columban fördernden Familien.

399 Für seine Behauptung, das Ansehen des Columbankreises bei Chlotar II. sei von Jonas zurückprojiziert worden in die Zeit vor 613, bleibt JÄSCHKE den Beweis schuldig (S. 111).

poneret seque celericum faceret, damit er nicht mit dem irdischen Königreich zugleich das ewige Leben verliere. Dem König, der sonst Columbans Tätigkeit zu fördern gewillt war, erschien dies lächerlich, nicht anders dachten seine Ratgeber *aientes se numquam audisse Merovengum in regno sublimatum voluntarium clericum fuisse*. Die in dieser Antwort hörbare Geringschätzung des Priesteramtes wies Columban unversöhnlich zurück: *Si voluntarius nullatenus clericatus honorem sumat, in brevi invitus clericus existat*. Dies war erneut ein Auftritt, der an die Begegnung zwischen Propheten (Nathan, Elia) und Königen Israels erinnerte; hier wie damals ist der Prophet nicht als Person, nicht um seines Amtes willen, sondern in seinem Auftrag über den Herrscher erhoben, vermag ihm sogar zu drohen.

Es folgen Theudeberts Niederlage und Flucht, seine Gefangennahme. Brunhilde machte ihn zum Kleriker und ließ ihn diesem Bericht zufolge ermorden. Ein Mönch aber bat Columban, während des Kampfes für Theudebert zu beten, damit er den gemeinsamen Feind Theuderich besiege. Dies nun widersprach seinem zuvor ausgeführten Prophetenauftrag, und Columban weigerte solches Eingreifen in die Absicht Gottes: *Non enim ita Dominus voluit, qui nos pro inimicis nostris orare rogavit; in arbitrio esse iam iusti iudicis, quid de eis fieri vellit*. Die Bitte für den Feind war ein Gebot Christi (Mt. 5,44). Ganz wie es bei Matthäus steht, ist der Satz nicht auf die kriegerische Feindschaft der Brüder bezogen, sondern er meint Theuderich als Feind des columbanischen Mönchtums. Christus hatte im nächsten Vers gesagt: „Denn Gott läßt seine Sonne aufgehen über die Bösen und die Guten, und er läßt regnen über Gerechte und Ungerechte." Der Anspruch himmlischer Vollkommenheit (v. 48) verlangte, nicht nur Freunde zu lieben: Dies leisteten auch verworfene Menschen (v. 46f.) so wollte Columban nicht seine eigenen, gewiß begründeten Neigungen Gott als Maßstab der Entscheidung vortragen, dessen Urteil über den Gegner columbanischen Mönchtums und den Verächter des Priesteramtes sollte seinen Gang nehmen: *iustus iudex,* so sah Paulus Gott als Richter im Jüngsten Gericht (2. Tim. 4,8), als solchen rief David ihn an (Ps. 7,12), als er sich von Saul grundlos verfolgt sah, einen gerechten Lauf der Dinge auf dieser Erde erhoffend. Columban mag beides bedacht haben: Der Untergang beider Brüder erscheint als irdische Gerechtigkeit über ihr Handeln, Columban aber hatte Theudebert das geistliche Amt nahegelegt, damit er nicht Königreich und ewiges Leben verliere.

Es ist gewiß eigentümlich und widerspricht unseren Erwartungen, mit welcher Kürze Columban als Abt von Bobbio geschildert wird. Wohl ist ausführlich von den Vorgängen am Hofe Agilulfs (519–615/161) die Rede, die dann zur Gründung Bobbios führten (I 30). Vom Bau des Klosters erfährt der Leser vor allem, wie durch Columbans Gegenwart die schweren Balken von zwei oder drei Trägern getragen werden konnten, die zuvor einer großen Zahl von Männern zu schwer waren. Als letzter Bericht folgt dann die Erzählung von einer Gesandtschaft Chlotars II, die Eusthasius von Luxeuil leitete. Columban lehnte die von Chlotar II. erbetene Rückkehr ins Frankenreich ab, mahnte aber seinen Schüler und Nachfolger Eusthasius zu strenger Erziehung seiner großen Mönchsgemeinde zu einem regelhaften Mönchsleben. An den König gab er ein Mahnschreiben mit. Dies alles bewirkte die beständige Fürsorge Chlotars für Luxeuil – Weiteres erfahren wir nicht über Columban in Bobbio. So wird nur noch sein Hinscheiden berichtet: *animam membris solutam caelo reddidit.* An ein Wort Gregors des Großen über Benedikt erinnert es, wenn Jonas sagt: *Cuius strenuitatem si quis nosse vellit, in eius dictis repperiet*[400]. *Reliquiae* – die irdischen Überreste – seien dort, *ubi et virtutum decore pollent presole Christo, cui est gloria per omnia secula seculorum.* So ist der Schluß der Vita ähnlich dem Ende des Römerbriefes, des 2. Petrusbriefes, dem Eingang der Apocalypse, mit denen „alle Kreatur" Christus lobt.[401] Und wahrhaftig wies das Leben eines Heiligen selber solche Richtung, wollte und sollte *Christi gloria* vorbereiten, seine gegenwärtige Wirksamkeit sichtbar machen.

---

400 Vgl. Dialogi II 36: *Cuius si quis velit subtilius mores vitamque conoscere, potest in eadem institutione regulae ... invenire.* Es wäre der Überlegung wert, ob Jonas nicht Gregors Dialoge kannte.
401 Vgl. Rom. 16,27; 2. Petr. 3,18; Apoc. 1,6 und 5,13.

10 DAS LEBEN DES HEILIGEN WANDREGISEL

Daß das Leben eines Heiligen den Verdiensten entsprechend in seinen Taten Leuchtkraft besitze und dadurch die Menschen anziehe, *praesertim cum indagandum eam aedonii minus sumus,* ist die einleitende Begründung des Textes, die Hagiographie überhaupt zu begründen vermöchte. Nicht erst tüftelnde Nachforschung des die Weltgeschichte nach Heiligen durchsuchenden Mönches fand in diffiziler Geistesarbeit diesen oder jenen würdig, heilig genannt zu werden, sondern der Mönch als Autor[402] folgte der strahlenden Erscheinung. So entsprachen sich die Leuchtkraft rühmens- und nachahmenswerter Taten und Überzeugungen des Heiligen und die Neigung der Mit- und Nachlebenden, sich dem auszusetzen, das groß und strahlend ist, dem auch nachzustreben. Wer demgegenüber stumpf blieb, hatte den Heiligen auch nicht erkannt, strebte ihm deshalb auch nicht nach.

War klargestellt, welchen Ranges der Gegenstand dieser Vita war, so braucht es nicht mehr zu verwundern, wenn der Autor die eigenen Kräfte nicht für ausreichend hielt, das Heiligenleben zu schildern.[403] Die Vita hätte, in der Nachfolge Wandregisels stehend, den Rang der Taten des Heiligen erneut erreichen müssen, was der Autor nicht ohne Vermessenheit hätte in Anspruch nehmen können. So vertraute er auf ein Christuswort, das den Jüngern zur Berufung zugerufen wurde. Sie sollten nicht Worte ihrer Klugheit zurechtlegen, wenn sie sich um ihres Glaubens willen verteidigen müssen: *Non enim estis vos, qui loquimini, sed spiritus Patris vestri, qui loquitur in vobis*[404]. Aus der engeren Situation der Verteidigung in einer dem Christentum feindlichen Umwelt ist der Satz herausgelöst. Jedes Zeugnis

---

402 Ed. Br. KRUSCH, MGH SSRM V, Hannover 1910, S. 1-24. Wenn W. LEVISON (Wattenbach-Levison-Löwe, Deutschlands Geschichtsquellen im Mittelalter, Vorzeit und Karolinger, Heft 1, Weimar 1952, S. 138) sagt: „Die Darstellung ist recht dürftig, gibt aber immerhin ein gewisses Bild von der geistigen Art Wandregisels", so ist aus dem ganzen Abschnitt leicht zu ersehen, daß LEVISON nach der Hagiographie fremden Berichten zur Merowingerherrschaft suchte; im Rahmen einer Vita aber würden solche Berichte stören. Wolfram VON DEN STEINEN sah richtiger, wenn er diese Dinge für den Heiligen äußerlich, wesenlos darstellte, einem Bereich zugehörig, den man überwinden wollte (Heilige, wie Anm. 325). Zur Sprache dieser Vita, die handschriftlich aus dem 8. Jahrhundert überliefert ist, F. MÜLLER-MARQUARDT, Die Sprache der Vita Wandregiseli, Halle 1912, eine Arbeit, deren Abschnitt „Entlehnungen aus der Bibel" über das bloße Aufzählen biblischer Belegstellen nicht hinauskommt und deshalb für uns unergiebig ist.

403 Bescheidenheitsäußerungen eines Autors werden gerne unter "Exordialtopik" abgelegt und neutralisiert. Es bedürfte einer neuen Behandlung dieser Autorenäußerungen und ihrer Bezugspunkte. Das Übliche, CURTIUS nahe: G. SIMON, Untersuchungen über die Topik der Widmungsbriefe mittelalterlicher Geschichtsschreiber bis zum Ende des 12. Jahrhundert, Archiv für Diplomatik 4 (1958) S. 52–115 und 5/6 1959/60) S.73–153.

404 Mt. 10,20; s. VAN UYTFANGHE, Stylisation (wie Anm. 23), S. 50; vgl. Augustinus, De doctrina Christiana IV 15,32. Es soll nicht behauptet werden, der Autor habe diese Stelle gekannt.

gebende Wort muß also ein Wort des *spiritus Patris* sein, wie es ja auch weit über den menschlichen Horizont hinausweist. So wollte der Autor *facultate qua valio* seine Aufgabe beginnen, wohl wissend, daß seinem Werk Gott die Kraft verleihen müsse (*nam potens est Dominus ad sermone conroborando*). Am Beispiel des redenden Esels Bileams (Num. 22,28) gewann er mit Worten Gregors des Großen[405] Vertrauen in das Christuswort.

Die Frage nach der Augenzeugenschaft sei hier übergangen. Wenn der anonyme Autor den *sermo humilis*[406] seines Werkes entschuldigt, so zunächst mit den bekannten Gründen, im Leser keinen Überdruß erzeugen zu wollen, eine lächerliche Wirkung zu meiden. Interessanter ist, daß die *modica narratio aedificationem nutriat*. Aber es ist dies einzusehen: Die rhetorische Eleganz antiker Sprache hätte zumindest einen Teil der Aufmerksamkeit auf Vollkommenheit und Raffinesse der Sprache etc. gelenkt, und solch äußerer Glanz hätte zuerst zur Bewunderung des Verfassers aufgefordert. Hier aber sollte der Leser am Beispiel Wandregisels zu reinerem Leben geführt werden. Dies auszusprechen setzt der Autor jedoch mit aller Sorgfalt der Sprache an *quae gesta in aure audierit, in ara cordis suae cum omni aviditate mediando custodiat, custodiendo perficiat, perfectum quippe in opere Dei cum summo desiderio adimpleat*. Nicht nur die steigernde Reihenfolge zeugt von dieser Sorgfalt. Da ist zuvor der Weg von außen nach innen, durch das Ohr zum Herzen; das Im-Herzen Bewahren mag an Maria erinnern (Lc. 2,19). Schließlich: Es ist nicht einfach vom Herzen als Inbegriff geistiger Kräfte die Rede: *ara cordis* – ein Altar ist Gott geweiht, das eigene Leben ist ihm darauf darzubringen; denn er hat es geschaffen, und dies begründet erst das *custodire, perficere, adimplere*.

War mit der Nachfolge die rechte Haltung gegenüber der bedeutenden Erscheinung des Heiligen beschrieben, so geht der Autor nun auf die Gegenkräfte ein. Der Leser solle sich hüten, daß er nicht aus Neid – *de invidia* – mit Zahn und Zunge zum Zerstörer werde.[407] Alt waren die Warnungen vor zügelloser Rede, und hier dient ein Psalmwort aufzuzeigen, daß diese Mahnung nicht aus der subjektiven Auffassung des Hagiographen floß. *Filii hominum dentes eorum arma et sagitta,*

---

405 Moralia in Job, ep. dedicatoria 2,2.
406 Zum *sermo humilis*: E. AUERBACH, Literatursprache und Publikum in der lateinischen Spätantike und im Mittelalter, Bern 1958, S. 25–53. Ein genauer Begriff des *sermo humilis* wird kaum Ziel des Autors gewesen sein. Augustinus, der hier zugrunde zu legen ist, wollte vor allem den schmucklosen Stil für Lehre und Schrifterklärung. Lob, Tadel, Mahnung – dies traf weithin für Heiligenviten zu – wären das *temperate dicere* der mittleren Stillage, und es dürfte nicht schwer fallen, solche *temperate* verfaßten Stellen im Vitentext nachzuweisen. Man könnte fragen, wieweit nicht auch Anlehnungen an die Bibel mit ihren Gestalten und Gleichnissen dem *ornate dicere* der mittleren Ebene zuzurechnen sind: Etwa die Anspielung an die Kainstat (c. 2), oder die Geschichte der sogenannten Sünderin (c. 8), insofern sie den nüchternen Bericht verlassen und den Leser durch Anklänge oft nur an eine andere Geschichte erinnern, ihn zum Nachdenken über den Zusammenhang auffordern (Augustinus, de doctrina christiana IV 12).
407 C. 2 , *ut Cain ferro, de invidia non percutiat*; Augustinus, de civitate Dei XV 5 sah ebenfalls in der *invidia* das Motiv der Kainstat.

lingua eorum gladius acutus[408]. Solch schmähende Vernichtung eines Heiligenlebens ist gleichsam Mord mit der Zunge und wird vom Verfasser der Tat Kains an die Seite gestellt – *invidia* ist der verworfene Grund beider Handlungen.

Die vorbildlichen Beispiele der Heiligen sollen auf dem Weg zum Paradies geradezu *pro lege* aufgenommen werden. Es ist Gott, der seinen Dienern ewigen Ruhm verleiht, daß ihr Beispiel Späteren nütze *atque in amore caelestis patria cum devotione maxima incaliscant*: Gesetz[409] also und Entfacher aller leidenschaftlichen Zuwendung zu einem jenseitigen Reich zugleich. Das Paradies wiederzugewinnen, war schon die Absicht der Regeln des Magister und Benedikts gewesen.[410] Hier folgt nun auf das Wandregiselleben bezogen, was Benedikt als *instrumentum bonorum operum* bezeichnete (RB IV; vgl RM III). Der Böse erfährt, was ihm zur Furcht dient; der Gute, was ihn dankbar macht. Der Hochmütige wird gedemütigt, der Schamlose wird zu keuschem Geist angeleitet, der Geschwätzige zum Schweigen etc. – jeder erfährt so seine Korrektur. Und dies liegt in der Absicht des Autors, er will von Wandregisel berichten, *quod ad laudem Dei pertineat*; nur weil das Leben des Heiligen dazu bedeutend beiträgt, verdient es die Vita, nützt es anderen; sonst könnte es folglich ohne Schaden für andere vergessen werden. So will der Autor bedenken, *quanta in huius athlete Dei habemus religionis gratiae, quod e-metemur. Athleta Dei*, als Formulierung nicht unmittelbar biblisch, mag an das Pauluswort von den Wettkämpfen erinnern (1. Cor. 9,24ff). Darin liegt die Anstrengung des Menschen, die Leistung, die dieser sich abverlangte. Dies vor Augen zu haben, war gnädige Fügung dem, der Gleiches erstrebte. Was zuvor aufgefächert war, bedeutete zusammengefaßt die Geringschätzung dessen, was gewöhnlich für groß erachtet wurde, und *voluntatis* (sic) *proprias in tropheo Domini crucifigere*,[411] den Versuch, nicht nach eigenem Gutdünken, sondern nach objektiven Normen des Gotteswillens zu leben. Darin läge schon beschlossen, daß solche Vita nicht eigentlich der Verherrlichung eines Menschen dienen soll, doch wird es im Prolog noch ausdrücklich gesagt: *ad gloriam Dei praenunciando surgamus*.

Über dem gesamten Leben des Wandregisel steht das *vir vite venerabilis Deo inluminante,* das der Autor dem Namen vorausschickt (c. 3). Zur Person genügte

---

408 Ps. 56,5; s. VAN UYTFANGHE, Stylisation biblique, S. 37.
409 *Si enim ad adaepiscendam amenetati paradisii, quibus premonemur, precepta deessent, pro lege nobis sanctorum exempla sufficerint.* Pro lege, das meint verbindliches Vorbild. K. HALLINGER, Gregor der Große (wie Anm. 321), hatte darauf aufmerksam gemacht, daß „Regel" zunächst kaum das geschriebene Rechtsbuch war, sondern das verbindliche, das Klosterleben regelnde Wort des Abtes. Als solches gibt sich vor allem die Magisterregel und in ähnlicher Weise auch die Regel Benedikts.
410 RM Thp. 4–6, in der Erläuterung des Pater Noster: *Per lignum enim offensionis natio nostra de paradise in uterum, de utero in mundum, de mundo usque in infernum descenderat, nisi denuo renati per baptismum et per crucis lignum iterum reparati, Domini passio ageret ut resurgat et illum redeat in paradisum generatio nostra per gratiam, unde cum libero arbitrio ceciderat per offensam*; vgl. X 92ff. RB Prol. 2: *ut ad eum per oboedientiae laborem redeas, a quo per inoboedientiae desidiam recesesras*. Sehr deutlich auch Jonas von Bobbio, Vita Johannis abbatis, ed. KRUSCH S. 326: *... ut scilicet tam mentis hominum caelesti desiderio innexas, quam etiam simplicium animos hominibus profanis ad vitam provocemus aeternam*.
411 Regelbelege zu *voluntas propria* in den Indices der Editionen.

der Name, die ungefähre Angabe der Herkunft (*territurio Verdonensium*). Die Familie bleibt ungenannt, nur daß Wandregisel vornehmer Abkunft war, erfährt der Leser: *sed religione nobilior*. Hingewiesen ist auf eine der Herkunft angemessene Erziehung, auf weltliche Ämter, die er übernahm. Was immer er tat, bleibt ungenannt; wesentlich war zu berichten, daß dennoch *mens eius non erat alienata a mandatis Dei, quia sancti evangelii iussionem explebat, reddebat enim quae caesari sunt caesare et quod Dei Deo*.[412] Mit dem Evangeliensatz selbst, fordernde Worte Christi, war am präzisesten bestimmt, welcher Art und welchen Ranges Wandregisels Tätigkeit war; und indem der Autor sein Urteil in ein Christuswort kleidete, sagte er zugleich, unter wessen Forderung Wandregisel lebte und leben wollte. Es lag darin auch angedeutet, daß es bislang einen der Welt irdischer Herrschaft zugewandten Anteil in Wandregisels Leben gab, wenn dieser darin auch die Forderungen der Schrift nicht verletzt hatte.

Auf elterlichen Rat verband Wandregisel sich einer vornehmen Frau,[413] doch trafen sich beide nach der Eheschließung in dem Bestreben, als Asketen zu leben. Dies war die Entscheidung, die *conversio*, hier nicht in ein Schriftwort gekleidet. Man erinnert sich der so gänzlich anders verlaufenen *conversiones* in bisher besprochenen Mönchsviten. Wie sehr im Leben des Wandregisel der Schritt zum Asketenleben vorbereitet war, ist daraus zu ersehen, daß der Autor im folgenden Kapitel vor die *conversio* noch einmal zurückgreift, um ein Ereignis aus der Zeit, *cum esset in laico ordine*, zu berichten. Wandregisel befand sich mit Gefolge, *cum thoro et familia plurima*, auf einer Reise und wurde in einem Ort, dessen Bewohner als gottlos und verworfen geschildert werden, Zeuge eines heftigen Streites um Pferdefutter. Wandregisel vertraute nicht auf seine Kraft: *Ipse autem ibi petiit adiutorium, ubi potens erat tribuendi*. Er wandte sich zum Gebet als einer Waffe (Schwert) und erbat den „Schild der Barmherzigkeit".[414] Dies schlichtete den Streit und stellte im Dorf den Frieden her, gewiß kein Wunder im herkömmlichen Sinne. Die Erzählung besagt, daß der hochgestellte Amtsträger aus einer vom Merowingerkönig verliehener Gewalt hier nichts vermochte, oder auch nur versucht hätte, sondern daß *Dominus per famulum suum ostendere dignatus est fortitudinem suam*. Wandregisel brach in einen Lobpreis aus, er wollte seinen Herrn lieben, weil er immer zur Hilfe ist, wenn er angerufen wird; und er findet ein Prophetenwort, eine Verheißung, bestätigt: „So ihr mich von ganzem Herzen suchen werdet, so will ich mich von euch finden lassen" (Ier. 29,13f). Das Wort galt einem in Gefangenschaft bedrängten Volk, das sein Schicksal nach der Prophetenbotschaft für seine Gottlosigkeit erlitt. So bestand das angeredete Volk Gottes weiterhin in der Christenheit, die Verheißung war zu allgemeiner Geltung erhoben, zur Erhörung der rechten Bitte; und waren nicht jene *rustici* dem abtrünnigen Israel an die Seite gestellt?

---

412 Mt. 22,21; Mc. 12,17; Lc. 20,25. S. VAN UYTFANGHE, Stylisation (wie Anm. 23) S. 38 und S. 50f. Zahlreiche dem columbanischen Mönchtum nahestehende Personen entstammten dem Dienst der Merowinger, s. PRINZ, Frühes Mönchtum (wie Anm. 12) S. 124–151.

413 C. 4; s. VAN UYTFANGHE, Stylisation, S. 188.

414 *In oracione quasi ad gladium pergens et divine misericordiae pro clipeo postulavit*: Waffen des Glaubens, s. Eph. 6; VAN UYTFANGHE, Stylisation (wie Anm. 23) S. 92, Anm. 149.

Als Wandregisel die weltlichen Ämter aufgab, um klösterlich zu leben, begab er sich nach Montfoucon mit einem offenbar sehr eitlen Greis, der jedoch seinen Besitz aufgegeben hatte und *in camino paupertatis petiet obsedendum* (c. 6). Jesaia hatte das von Gott abgefallene Volk getadelt und bedroht, da es sich nicht fügen wollte und gesagt, Gott wolle sein Volk nicht ausrotten, sondern läutern, *elegi te in camino paupertatis*[415]. Die vorige Eitelkeit als Hinwendung zu Wertlosem mag dem Zustand des damaligen Israel parallel gesetzt, die monastische Askese als solches Läuterungsfeuer angesehen werden. Israel erduldete dies als verfügte Gefangenschaft, dieser *senex* begab sich freiwillig darein. Askese ist so nicht der vollkommene Zustand, sondern die Läuterung, die nötig ist, eines vollkommeneren Zustandes würdig zu werden. Satan tritt mit dem Grundübel des Neides als Versucher auf, gegen den die paulinischen Waffen des Glaubens ins Feld geführt werden.[416]

Nun, da Wandregisel ein Asketenleben zu führen begonnen hatte, ist erstmals von König Dagobert I. die Rede, in dessen Diensten der Heilige seit seiner Jugend gestanden habe (c. 7). Wandregisel.hätte sich nicht dem Königsdienst entziehen dürfen, ohne die Zustimmung des Herrschers einzuholen. Dagobert beorderte ihn deshalb an seinen Hof. Dort eintreffend beobachtete Wandregisel, wie die dort verkehrenden Menschen einen in Not geratenen Armen vor den Toren der Pfalz verächtlich behandelten. Dies war Tat des Unglaubens, *sanctus Dei vidit impietatem; filii dificenciae*, Söhne des Unglaubens, heißen nach einem Pauluswort (Eph. 2,2) solche Personen ungeachtet des angesehenen Ranges. Die Formulierung entstammt der Schilderung des Zustandes vor der Bekehrung der Gemeinde zu Ephesus. Der Unterschied ist für Paulus geradezu der von Tod und Leben – auf dieses Ereignis übertragen: Der Unterschied der Höflinge zu Wandregisel. Dieser saß vom Pferd ab und bemühte sich um jenen *pauperculus*, ohne sich um Spott und Verachtung zu kümmern, die die vornehmen Herrn über ihn ausgossen, *sed humilis humilem magistrum prosequens vestigium, quia ipse Dominus in evangelio dixit: si paterfamiliam Beelzebub vocaverunt, quantum magis domisticus eius?*[417] Dies ist zunächst eine zitatlose Anspielung an zahlreiche Geschichten aus Christi Leben, der sich verachteter Personen angenommen hatte. Das Evangelienwort ist einer Rede Christi an seine Jünger entnommen, der den Seinen schilderte, was sie erwartete, wenn sie sich beständig zu ihm bekannten, seine Botschaft weitertrugen. Hatte man ihn, Christus, Beelzebub geheißen, so wird man seine Jünger als Satans Hausgenossen beschimpfen. Solche Mißachtung war Wandregisel soeben widerfahren,[418] und die

---

415 Is. 48,10; das Voraufgehende erinnert stark an zeitgenössische Schutz- und Treueverhältnisse.
416 *Sed ipsi precinctus galleam salutis et scutum fidei contra omnis sagitta inimici fortiter demicabant.*
417 Mt. 10,25; VAN UYTFANGHE, Stylisation (wie Anm. 23) S. 35 und S. 47; zu *humilis humilem magistrum prosequens* S. 77. Die ganze Geschichte sieht VAN UYTFANGHE S. 81 als der Erzählung vom barmherzigen Samariter (Lc. 10,25–37) verwandt, wohl zu Recht.
418 Zu der neuen Würde des Leidens s. E. AUERBACH, Literatursprache (wie Anm. 406) S. 49ff und S. 54ff (*gloria passionis*); der Fortgang der Erzählung führt anders als die von AUERBACH benutzte Passio Perpetuae et Felicitatis auch zu äußerem Triumph (das leuchtend weiße Gewand; Dagobert stellt sich auf Wandregisels Seite).

Vita nahm dem Matthäuswort den spezifischen Zuschnitt auf die zwölf Jünger, indem sie Christi Vorhersage als weiter gültig erkannte, obwohl das Frankenvolk äußerlich der christlichen Welt zugehörte. Andererseits erhielt so Wandregisel seinen Rang an der Seite der Jünger. Ein Engel, so fährt der Text fort, habe Wandregisels Gewand nicht nur sorgfältig bewahrt, es habe *plus candens quam antea* geleuchtet. Dies erinnert an Christi Verklärung (Mt. 17,2), an den Engel vor dem Grab Christi (Mt. 28,3), an die Seligen, die die Apokalypse als leuchtend weiß schildert (Apoc. 33,4f; 7,9). Der Verfasser erkannte die Reinheit seines Heiligen und schilderte sie, indem er an biblische Gestalten erinnerte, deren auf das jenseitige Leben verweisende Gewandung als weiß leuchtend wie Schnee dargestellt worden war. In den Jüngerkreis führt wiederum folgende Szene: Wandregisel vor Dagobert und seinem Hof *quam agnus in medio luporum* (Mt. 10,16; Lc. 10,3). Dies ist der schon zitierten Christusrede an die Jünger entnommen. Stand Wandregisel äußerlich schutzlos ausgesandt unter den Großen des Reiches, die als Wölfe verurteilt werden, so gab den Schutz Christus: *Qui Dominus, pastor sanctorum, ovem suam ... quasi custus servabat*. Man nahm dies am Hofe sehr ernst; der König wird von jenen Höflingen deutlich unterschieden: *et precipiens rex, ut nemo ei facerit inquietudinem, sed licitum esset ei Dei gloria contemplare*, der König, der zuvor Wandregisel aus Verärgerung über die *conversio* vor seinen Stuhl zitiert hatte. Schroff genug stehen sich hier der Mönch und die Welt irdischer Herrschaft gegenüber; nur der König selber scheint für seine Person den Gegensatz zu überbrücken.[419]

Wandregisel hatte des Königs Zustimmung zu seinem Entschluß erlangt und baute auf eigenem Grund eine Zelle, in der er in wachsender Askese lebte.[420] Einen Kerker nennt die Vita dieses Domizil, zu dem er sich selber *pro metum gehenne et amorem Christi* verurteilt hatte. Je mehr Wandregisel auf diesem Weg fortschritt, desto stärker trat Satan als Widersacher in Erscheinung. Wie schon die Eremiten Ägyptens schlug Wandregisel das Kreuzeszeichen als Siegessymbol Christi, steigerte die Askese, schritt unbeirrt auf dem eingeschlagenen Weg fort. Ein Traumgesicht war des *diabolus* letzter Angriff, doch der erwachende Wandregisel *accipiebat armatura Dei dicens: Deus, in adiutorium meum intende* (Eph. 6,13ff; Ps. 69,2). Wenn ein solches Psalmwort auch nicht als wortgetreue Überlieferung gelten will, so ist doch nichts wahrscheinlicher, als daß in Zeiten besonderer Bedrängnis oder Freude ein Mensch wie Wandregisel zum Psalter Zuflucht nahm, seinen Hilferuf in Worte des Psalters faßte; seine Fröhlichkeit im Psalmwort zum Lobpreis formte. Der hier zitierte davidische Psalm ist eigentümlich aufgebaut. Sein erster und sein letzter Vers sind ein dringlicher Hilferuf gegen irdische Feinde – hier in der Vita gegen den Feind schlechthin ausgerufen. Dazwischen stehen Verse der größten Siegesgewißheit, die – will man sie in dem Zitat mitbedenken – sich nicht nur auf die

---

419 Angesichts des bekannten Interesses, das Dagobert I. an der Entwicklung des Mönchtums in seinem Reich nahm, entspricht die hier überlieferte Entscheidung wohl recht genau der Einstellung dieses Königs; er wußte wohl genauer als seine Paladine, wem er die Herrschaft, den Auftrag des Königtums verdankte. Aber offensichtlich hatte er nicht nur die von PRINZ, Frühes Mönchtum (wie Anm. 111 S. 63ff); zusammengestellten Helfer aus der Columbannachfolge, sondern, wie dieses Kapitel zeigt, auch Gegner der Förderung des Mönchtums am Hofe.
420 Dazu VAN UYTFANGHE, Stylisation (wie Anm. 23) S. 91.

Überwindung einer augenblicklichen Versuchung, sondern auf die endgültige Niederlage Satans beziehen müssen. Wandregisel erhob sich und eilte unter Tränen zu einem nahen Fluß, in dessen eisführendes Wasser er sich, Psalmen singend, warf. Die Vita teilt abschließend die Gewißheit erlangter Vergebung mit; Gott habe Wandregisel seine Rechte[421] entgegengestreckt, *quia mens eius ad Christum iacebat, pedes rigabat lacrimis et crine tergebat*[422], er unterwarf sich einem strengen Fasten, der Versuchung Herr zu werden. Es war jene von den Pharisäern verachtete Frau – das Evangelium nennt sie nur *peccatrix* – die Christus im Hause eines Pharisäers mit ihren Tränen die Füße wusch, sie mit ihrem Haupthaar trocknete etc. Wandregisels Tränen über die Versuchung, die ja zugleich eine verborgene Unreinheit offenbarte, werden so im Urteil des Verfassers im Bilde einer von Christus selber gelobten Person und ihrer Handlung bedeutender Ausdruck der Christusverehrung dieses Heiligen und seines Bewußtseins menschlicher Unzulänglichkeit; ein kühner Gedanke, einen Heiligen im Bilde der sogenannten Sünderin zu schildern.

Mit dieser Überwindung war eine neue Stufe erreicht. Ein Engel führte Wandregisel in nächtlicher Vision fort nach Bobbio und zeigte ihm die dortige Lebensweise.[423] Aufgewacht erinnert er sich an Christusworte: Sein, Christi, Schüler könne nur sein, wer seinen Besitz aufgegeben habe; wer ihm nachfolgen wolle, müsse sich selbst verleugnen, sein Kreuz auf sich nehmen und so folgen.[424] Beide Worte Christi bezeugten die Totalität seines Anspruches. Sätze von solcher Unerbittlichkeit standen am Anfang des Asketenlebens des Antonius. Wandregisel wurde auf diese ihm zweifellos längst bekannten Evangelienverse erst nach einer längeren Zeit asketischen Daseins bedeutend aufmerksam. Angesichts der Nähe des Autors zum Heiligen ist es durchaus möglich, daß solche den Lebensweg bestimmenden Worte getreue Überlieferung sind. So verließ er gehorsam alles, und *exibit de terra sua et de cognatione sua et de domo patris sui* wie einst Abraham[425] und zog in ein Land, in das er geführt wurde. Diese Schriftworte sahen den Heiligen jenen Gestalten der Bibel nahe, die in gänzlichem Verzicht Gott zu folgen bereit waren. Ferner erkannte der Verfasser in den Christusworten offenbar den an Abraham ergangenen Befehl wieder. Wandregisel machte sich mit der Lebensweise in Bobbio vertraut und versuchte andererseits den eigenen erreichten Rang verborgen zu halten, seine persönliche Strenge nicht offen darzustellen; *quod Dominus dixit ad falsus servus* (sic): *Vos estis, qui iustificatis vos coram hominibus; Deus autem*

---

421 vgl. Ps. 17,36; 43,4; 62,9; 138,10; Act. 2,33.
422 Lc. 7,36ff. VAN UYTFANGHE, Stylisation (wie Anm. 23) S. 91.
423 C. 9; Führung durch einen Engel begegnet in der Heilgen Schrift nicht selten; *misit angelum suum*: Gen.24,7 und 40 betrifft Abrahams Knecht auf der Brautwerbung für Isaak; Ex. 23,20 und 33,2; ferner Num. 20,16: Israel auf dem Zug nach Kanaan; Dan. 3,95; 6,23; Mal. 3,1; Mt. 1,10; Mc. 1,2; Lc. 7,27 (Christi Anwendung von Mal. 3,1 auf Johannes den Täufer); Act. 12,11; Apoc. 22,6und 16 (hier am Schluß der Apocalypse ist von dem Engel die Rede, der die Offenbarung überbrachte, was der in der Vita berichteten Vision so fern ja nicht steht).
424 Lc. 14,33; 9,23; vgl. Anm. 379 (zu Columban); VAN UYTFANGHE, Stylisation (wie Anm. 23) S. 30 Anm. 68.
425 Gen. 12,1; ANGENENDT, Monachi (wie Anm.46) 138f; VAN UYTFANGHE, Stylisation, S. 30.

novit corda vestra (Lc. 16,15); er wollte nicht den Untugenden der hier angegriffenen Pharisäer folgen. Die neue Erfahrung führte zunächst zu dem Wunsch, einen verlasseneren Ort als bisher zu bewohnen.[426] Nach Irland wollte er ziehen, und dieser Entschluß zu schärferer Askese geschah in Erfüllung eines Pauluswortes: *quia caretas Christi diffusa erat in corde ipsius per spiritum sanctum; qui datus erat ei*;[427] ein Begriff von Liebe, der aller Askese das Verbissene nimmt.

Nordwärts ziehend gelangte Wandregisel nach Romainmoutier, wo ihn der Abt freundlich aufnahm (c. 10); *iuxta moris consuetudinem mandatum Domini adimplentes ad lavandum pedes venisset*. Solche Fußwaschung folgte der Fußwaschung (Joh. 13), die Christus vor dem letzten Abendmahl an seinen Jüngern vornahm. Christus erklärte ihnen sein Tun und trug ihnen auf, diese Geste gegenseitig aneinander zu vollziehen – doch wohl eine Geste der Demut. Der Abt folgte hier also einem Christusgebot, das in die Regeltexte eingegangen war[428]. Daran, daß hier die Strenge monastischer Überlieferung befolgt wurde, erkannt Wandregisel, *quod ibi erat illa vita arta, quam illi per desiderio Christi volebat sectare,*[429] und er begriff, daß er hierher geführt worden war, *ut sub religionis habito conversare debiret et se in inoboedienciam ibidem deligavit*. So verweilte er in der Romaricusabtei.

Die Vita faßt hier den erreichten Stand monastischen Tugendlebens zusammen, so als sei mit Wandregisels Klosterreise ein bestimmter Grad der Vollkommenheit gewonnen worden (c. 11). Es war nun seine Furcht, *ne quod bonum alequid videretur facere, per ventum elacionis diabulus non obriperit,* und dies verlangte strenge Selbstzucht auch im Kleinen; *id est a sermone ocioso* – Christus hatte verkündet, man müsse von jedem unnützen Wort Rechenschaft abgelegen (Mt. 12,36), und alttestamentliche Weisheit verwarf das ausufernde Gelächter (*excelsum risum*):

---

426 *Remotiore loco volebat inhabitare et arta et angusta via presidere*; KRUSCH schlägt als Konjektur vor *praecedere*; vgl. Mt. 7,14 zum schmalen Weg; VAN UYTFANGHE, Stylisation (wie Anm. 23) 74, Anm. 71.

427 Rom. 5,5; VAN UYTFANGHE, Stylisation (wie Anm. 23) S. 91; bei Paulus in der 1. Pers. Pl. als Feststellung über alle, die zum Christentum bekehrt sind. Hier von Paulus abweichend als Bezeichnung der besonderen Höhe des Heiligen, belegt durch die Berichte der Vita. Die Verbindung mit der schärfer werdenden Askese ist bei Paulus keinesfalls angelegt. Irland: *ardebat enim ex desiderio Dei,* das ihn erfüllte (das in ihm loderte). Der Geist, als ihm von Gott gegeben, führt wieder zu Gott zurück; und die nicht zur Schau getragene Askese war der irdische Ausdruck des *desiderum,* dies als Verzicht auf alles unter Gott Stehende. Gegen den Irrtum R. SPRANDELS, Der merowingische Adel (wie Anm. 398) S. 50, der in der Scozia ein irisches Kloster (Bobbio) sieht, schon ANGENENDT, Monachi (wie Anm. 16) S. 139, Anm. 20.

428 Joh. 13,5; als Gebot 13,14; RM 30,3 und 53,43ff; RB 35,9 und 53,13. Zur Sache P. Dr. SCHÄFER, die Fußwaschung im monastischen Brauchtum und in der lateinischen Liturgie, Texte und Arbeiten, 1. Abteilung 47, Beuron 1956; D. WALCH, Caritas. Zur Rezeption des *mandatum novum* in altdeutschen Texten, Göppinger Arbeiten zur Germanistik 62, Göppingen 1973 (für den Hinweis auf dies Arbeit danke ich J. Wollasch†); diese Arbeit untersucht Texte des 9.–12. Jahrhunderts; P. F. BEATRICE, La lavanda dei piedi. Contributo alla storia delle antiche liturgie cristiane, Roma 1983. S. VAN UYTFANGHE, Stylisation, S. 32 und S. 80.

429 Dies wird zugleich bedeuten, daß in zahlreichen Klöstern solche Strenge nicht gelebt wurde. Zur Bedeutung dieser Stelle für die *peregrinatio* s. ANGENENDT, Monachi peregrini (wie Anm. 377) S. 153 und Pirmin (wie Anm. 377) S. 267.

Stultus in risu exaltat vocem suam[430]. Christi Wort war strenger und weitergehend, es überbot den Satz des Jesus Sirach um ein Beträchtliches. Hier war wichtig der zum Guten erreichte Gegenwert: *Rectus semper adque hilaris in mandatis Dei erat prumtissimus*. Hierher gehört auch das *hilaris in vultu*: Monastisches Leben ist also nicht nur aus dem Verzicht zu erklären. Wenn Wandregisel heiter Gottes Geboten gehorchte, war dies nicht die Ruhe, zu der sich der Stoiker aus Überzeugung erzogen hatte, um sich unerschüttert zu behaupten,[431] sondern zeugt von einer heiter strahlenden Person, die sich nicht verbissen irdischen Freuden versagt, sondern ihre Ruhe, ihre unerschütterliche Freude aus der Kraft einer über das irdische Ende hinausweisenden Überzeugung gewann. Im Gehorsam gegen Gott (*semper in lege eius meditacio ipsius aderat*, Ps. 118,77) begleitete ihn auch die Furcht (*tremens Dei mandato*), denn Gott hatte geboten, gefordert und gedroht; deshalb auch ein Begriff wie *divinum imperium*. Die vorige Aufzählung, die in alttestamentlicher Weise von Gesetz und Forderungen Gottes sprach, ist mit einem Wort des Paulus[432] zusammengefaßt: *mortificaverat membra sua, quae erant super terra*, und auch das *nudus nudam crucem portare*[433], das *mortuus iam mundo* (vgl. Gal. 2,19; 6,14), das *Deo vivere* (Rom. 6,10f; 14,8) sind Schriftworte, und man mag in ihnen die Spannung zwischen der zuvor genannten Furcht und Heiterkeit wiederfinden. Wandregisels heitere Strenge hatte im Kloster des Romaricus die Folge, daß mancher Nachlässige mit neuem Eifer sich seinem Mönchsleben zuwandte. Die Vita freilich rechnet das ihm nicht zum Verdienst, sondern: *Dominus videns, quia multum diligens esset ad exercendum servicium eius ... plurimus dormientes ... per ipsum excitavit*.

Diese Phase des Wandregisellebens schließt wieder mit einer Engelserscheinung, jedoch nicht als Traumgesicht, sondern im Gebet (c. 12). Wandregisel erschrickt vor der Fülle des Lichts, doch der Engel beruhigt ihn mit dem Gruß des auferstandenen Christus an seine verängstigten Jünger: *Pax tecum* (Lc. 24,36; Joh. 20,19; 21; 26). Das *quia magnus es tu apud Deum* hatte ein Engel Zacharias weissagend über den noch ungeborenen Johannes den Täufer zugerufen (Lc. 1,15). Hier kennzeichnete es nicht mehr eine Zukunft, sondern den erreichten Zustand des Heiligen, der auch sofort aufgefordert wird, *persevera usque ad finem* – so hatte es Christus von seinen Jüngern auch in der härtesten Bedrängnis als Voraussetzung jenseitigen Lebens gefordert (Mt. 10,22), Wandregisel ist es hier versprochen.[434]

---

430 Eccli. 21,24; RB verwendet dieses Zitat bei der Darstellung der 10. Stufe der Demut VII 59, nicht anders RM X 79.
431 M. POHLENZ, Die Stoa, Geschichte einer Bewegung, Göttingen ³1964, S. 151f; S. 308f (Seneca); S. 390 und S. 395 (Plotin); S. 397 (Porphyrius); S. 457 die christliche Wendung gegen die *apatheia*.
432 Col. 3,5; dort als Imperativ, hier als erfüllte Forderung. VAN UYTFANGHE, Stylisation (wie Anm. 23) S. 96. Vgl. auch c. 21, VAN UYTFANGHE S.134f.
433 Mt. 10,38; 16,24; Mc. 8,34; Lc. 9,23 und 14,27. VAN UYTFANGHE, Stylisation, S. 57 und S. 96 denkt an Mt. 25,35ff. Geht man von dem Sinn der *nuditas* hier aus, der ganz ungeschützten Empfindlichkeit zum Kreuz hin, so dächte ich eher an 1. Cor. 4,11 wenn überhaupt eine biblische Anspielung vorliegt.
434 *Quia dominus Jesus Christus tibi habit paratam coronam et amenitati paradise reserata*, 2. Tim. 4,8; 1. Petr. 5,4; Jac. 1,12; Apoc. 2,10 und 3,11. VAN UYTFANGHE, Stylisation, S. 113.

Dem Heiligen war dies ein besonderer Anlaß zur Demut, er meinte: *non esset dignus, ut eum dominus visitarit* – Gott hatte im Täufer und gar in Christus sein Volk besucht.[435] Zu Rouen weihte ihn Bischof Audoenus zum Diakon, Audomar von Thérouanne weihte ihn später zum Priester.[436] Hatten wir bisher von Wandregisels Aufenthalt in Romainmoutier erfahren, so wurde nicht geschildert, wie und wann er in den Norden des Frankenreiches kam; wichtig war dem Autor zu erkennen, daß Wandregisel nun eine *margerita preciosa de thesauris suis* (Gottes) geworden war, und Gott den bisher Verborgenen der Menschheit zeigen, auf ihn verweisen wollte.[437]

Erst nach so vielfältiger Bestätigung seines Asketenlebens entschloß sich Wandregisel zu einer Klostergründung (Fontanella), für die er im Forst von Jumièges eine königliche Schenkung erhielt (c. 14). Sein Abbatiat ist mit dem Begriff des *bonus pastor* umschrieben; sein Verhältnis zum Ordinarius der zuständigen Diözese (Audoinus-Dado von Rouen) war nach dem Zeugnis der Vita von Spannungen nicht belastet. Wandregisel fügte sich in solcher Demut der kirchenrechtlichen Überordnung des Bischofs, daß er keine größere Reise ohne dessen Zustimmung unternahm. Die Vita begründet dies mit der den Jüngern verliehenen Binde- und Lösegewalt.[438]

Die gewollte anfängliche Härte des Klosterlebens ist mit dem Fluch der Vertreibung aus dem Paradies umschrieben: *de proprium sudorem aederet panem suum*[439]. Dieser den Menschen auferlegten Last war der Mönch nicht überhoben; Wandregisel wollte sich diesem Fluch stellen. In seinem Wirken als Abt erkannte die Vita die Vervielfältigung der Talente wieder, die Christus im Gleichnis bezeichnet hatte (Mt. 25,14ff). So wie dem getreuen Knecht im Gleichnis Größeres anvertraut wurde, so auch Wandregisel, dessen Mönchsgemeinde wuchs, so daß er auch darum sich kümmern mußte, daß seine Mönche erhielten, was Paulus Timotheus zugestand (1. Tim. 6,8): *Habentes autem tegumenta in quibus alamur, his contenti sumus*[440]. In solcher Fürsorge für alle Belange seiner *fratres* war er *verissimus pastor iuxta Domini preceptum* (Joh. 10,15), *quia animam suam ponebat pro ovibus suis*. In knappen Worten ist seine Wirksamkeit unter den Mönchen umrissen: *Doctus scriba proferens de thesauro suo nova et vetera* – so hatte Christus im Gleichnis formuliert (Mt. 13,52). *Vetera*: Dies mögen biblische und monastische Überlieferungen sein; *nova*: Wohl die eigentliche Aufgabe des Abtes als Erzieher seiner Mönchsgemeinde; aus der Kenntnis der verbindlich überlieferten Ordnung das täg-

---

435 Lc. 1,68 und 78, 7,16. Van Uytfanghe denkt an Lc. 5,8, das zwar die Haltung trifft, nicht aber den Wortlaut
436 Über diesen Kreis Fr. Prinz, Frühes Mönchtum (wie Anm. 12) S. 124–151.
437 C. 13; Mt. 13,46. *Margerita preciosa* als Bild des Himmelreiches, um dessentwillen ein Kaufmann alles verkauft – so im Gleichnis, hier also etwas völlig anderes.
438 Mt. 18,18; van Uytfanghe Stylisation (wie Anm. 23) S.33.
439 C. 15; Gen. 3,19; van Uytfanghe S. 159.
440 1. Tim. 6,8. So nicht korrekt. Bei Paulus: *Habentes autem alimenta et quibus tegamur, his contenti sumus*. So wird es kaum in einem Bibelmanuskript gestanden haben. Solches Auswendig-Zitieren dokumentiert auch die aktive Sprachkenntnis des Autors oder Kopisten.

liche Leben der neuen Gemeinschaft zu leiten und aufzubauen, mit Lehre und täglichem Rat gegenwärtig zu sein. Auf eine Bestärkung der Mönche im Geistlichen, ihrer Standhaftigkeit gegen Versuchungen zielten die Worte ab, die Wandregisels Tätigkeit erläutern. Den Erfolg gibt das Folgende wieder: *Plurimas predas de ore leonis rugientis abstulit adque ad ovilem dominicum ut bonus pastor reduxit seo vulneratam verbi gracia curavit.* Zwei Texte sind ineinander gearbeitet: Die Warnung des 1. Petrusbriefes vor Satan als brüllendem Löwen,[441] der verschlingt, was immer er findet; und der gute Hirte, der die Herde vor Wölfen bewahrt (Joh, 10,11ff; vgl. Mt. 18,12). Nicht ein Ergebnis vernünftigen Handelns ist gelobt, sondern die Erfüllung einer Forderung Christi und seiner Jünger.

Das Muster einer monastischen Lehrrede stellt Abt Wandregisel als geistlichen Lehrer vor. Der erste Satz orientiert den Menschen allgemein auf seine Zukunft: In Demut aufwärts steigen; der Blick zurück bindet an die begangenen Fehler, erneuert die Bindungen, denen der Mönch entweichen wollte. Dies gewann die Vita aus einem Christuswort: Wer Hand an den Pflug gelegt hat und rückwärts schaut, sei nicht geschickt zum Reich Gottes.[442] Doch fordern die folgenden Sätze auf, das eigene Leben zu kontrollieren nicht nur auf schwere Verfehlungen (*elacio; homicidium*). Man solle vor seinem Gewissen prüfen, ob man nicht gegen andere Haß in sich trage, zu übler Nachrede neige oder zu Zorn, zu unmäßigem Lachen, nutzloser Rede[443] etc., oder ob man wirklich die Forderungen der Liebe, des Friedens usf. befolgt habe: Gott zur Freude, Satan zur Trauer. Die Tatsache, daß das monastische, auf die Bibel bezogene Leben ja von Schöpfung und Sündenfall, die menschliche Geschichte begründeten, ausgeht und auf überlieferter verbindlicher Ordnung beruht, grenzt das Wort gegen das *retrorsum respicere* ebenso ein, wie die Aufforderung zu stetigem Nachforschen, ob man Lastern unterlegen sei, und wären sie gering,[444] ob man dem durch Schrift und Regel gesetzten Maß gerecht geworden sei. So werden bestimmte Betrachtungsweisen des Gewesenen, das man hinter sich gelassen hatte, gemeint sein, etwa dem aufgegebenen Besitz nachzutrauern, oder die Bitterkeit über die eigene Unzulänglichkeit. So ist dazu aufgerufen, *ut omne ora Dominus paratus ad opus suum (nos) inveniat* – die paulinische Vorlage sagte *ad*

---

441 1. Petr. 5,8; VAN UYTFANGHE (WIE ANM. 23) S. 108f.
442 Lc. 9,62; VAN UYTFANGHE S. 31; zur Lehrrede S. 101f.
443 *Sermo ociosus*: Alle Worte gegen den *sermo ociosus* beruhen letztlich auf Christi Wort Mt. 12,36: ... *omne verbum otiosum ... reddent rationem de eo in die iudicii*. Es gibt keinen Augenblick des Menschenlebens, auf den Gott nicht Anspruch erhöbe; vgl. Cassian, Inst. II 15,1: er verlangt nach dem nächtlichen Gebet und Psalmsingen Beschäftigung mit der Schrift und verbietet *otiosa conloquia*; s. auch V 31; X 7,3; RM IX 51; XI32; L 25; RB VI 8 entspricht RM IX 51; XLVII 4 bezieht sich auf reisende Mönche. In einigen codices der Regula coenobalis (ed. Walker) Columbans ist Mt. 12,36 gegen den *sermo otiosus* verwandt. Auch andere Tugenden und Laster, von denen Wandregisel redet, entsprechen Regeltexten.
444 Wenn der Magister (III 63) und Benedikt (IV 57) unter den *instrumenta bonorum operum* fordern, jede Verfehlung im Gebet zu bekennen, so setzt dies die von Wandregisel geforderte Selbstbeobachtung voraus. Beim Magister ist noch wichtig CXV über das Bekenntnis unrechter Gedanken vor dem *praepositus*. RM X 61 und RB VII 44 (5. Stufe der Demut) fordern das Bekenntnis alles Bösen vor dem Abt. Der positiven Aufzählung der Rede entspricht am ehesten RM IV (*ferramenta spiritalis*); ohne genaue Entsprechung in RB.

omne opus bonum (2. Tim. 2,21), und wohl stärker noch als Paulus kehrt die Vita die Bereitschaft des Menschen für seinen Herrn heraus. Als isoliertes Wort konnte *opus bonum* als Begriff der Moralität mißverstanden werden. Es sind alles alttestamentliche Zitate, die immer wieder den Begriff der Bereitschaft zum Ziel haben und jeder Ablenkung von Gott entgegentreten. Das Auf-der-Hut-Sein vor irdischer Beschmutzung (vgl. 2. Cor. 7,1) nimmt die zuvor dargelegte Selbstbeobachtung wieder auf. Unreinheit trübte nach monastischer Lehre den Blick.[445] Eine Warnung des Jakobusbriefes (4,14) unterstützt das Sich-Rein-Halten; man wisse nicht, was morgen geschehe, d. h. vor allem, man kenne die Stunde des Todes nicht, der jede Reue unmöglich macht. In Anlehnung an Paulus[446] wird der Gegensatz Licht-Finsternis wohl nicht nur auf den Unterschied Christentum-Heidentum, sondern auf die Zeit vor und nach der Entscheidung für ein auf Gott gerichtetes Leben in monastischer Strenge angewandt. Zieht es den Menschen zum Licht, so ist hier das Vorwärtsschauen vom Beginn der Rede wiederholt. Und dies lehrte Wandregisel als den Weg, in einmütiger Gemeinschaft den *adversarius* (*inimicus, hostis*) zu Fall zu bringen. Die Vita betont immer wieder, daß dies Wandregisels Sorge war: Gegen Satan zu kämpfen, die Seinen für solchen Kampf vorzubereiten und zu unterweisen. Alle Hindernisse, die der Mensch auf seinem Weg zu Gott erfuhr, waren Werke nur eines Gegners. Nicht zahlreiche Kräfte versuchten, den Menschen vom rechten Tun abzuhalten; das Böse war eine vielfältig erscheinende Einheit. Auf diesen Kampf mag es sich beziehen, wenn zuvor gesagt war, Wandregisel sei der gute Hirte, *quia animam suam ponebat pro ovibus suis*.

Weiter verfolgt die Vita, wie sich die Wirkung des Heiligen ausbreitete (c. 16). War er schon als in der Nachfolge der Apostel stehend charakterisiert worden, so heißt es hier, auf das vorige Kapitel zurückweisend, *ut ad instar apostoli omnibus omnia factus, ut omnis lucrum faceret*[447]. Doch weist dies auch in den neuen Abschnitt, in dem davon die Rede ist, daß Wandregisels Tätigkeit über die Welt des Klosters hinausstrahlte, daß man auch in der Ferne auf seine Fürbitte vertraute, daß seine Predigt die wilden und kaum christianisierten Menschen zum Glauben bekehrte. Dies faßte die Vita einführend zusammen: *quia per ipsa multiplice gracia, quam ei Dominus dederat, irrigabat terra gentilium et torrentem spinarum et mare mortuum dulcorabat* (vgl. Joel 3,18). Der Satz selbst möchte als bildhafte Redeweise einleuchten. Allein, es geht um mehr; das Wort entstammt dem kleinen Prophetenbuch des Joel, das nach schweren Strafandrohungen auch die Strafe für die Heiden und Feinde Israels ankündigt, die Ausgießung des Heiligen Geistes verheißt und schließlich eine künftige Segenszeit für Israel schildert. Nicht nur, daß mit diesem Zitat die tiefere Aufnahme des Christentum als Anbruch einer gesegneten Zeit bezeichnet ist; Joel schildert die Üppigkeit, die hereinbrechen sollte: *et fons de domo domini egredietur et irrigabit torrentem spinarum*. Die Vita erkennt in Wandregisel das von Gott ausgehende, das Land fruchtbar machende Wasser. Nicht nur aus der Predigt erklärt die Vita solchen Erfolg, sondern auch aus der *oracio assidua*

---

445 Eine der klarsten Äußerungen dazu bei Cassian, Institutiones V 34.
446 Eph. 5,8; Rom. 13,12: vgl. Joh. 1,7; VAN UYTFANGHE, Stylisation (wie Anm. 23) S. 134.
447 1. Cor. 9,22; VAN Uytfanghe, Stylisation, S. 32 und S. 82.

(vgl. Jac. 5,16), die über den Konvent hinaus den umwohnenden Völkern galt: *pro omne gente tam iustos quam et peccatores, quorum carnis rex Assirius in olla festinus fornicacionis incendia bulliebat* (vgl. Ez. 16,28). So ist die Hauptsünde die am Beispiel des undankbaren Israel geschildert Abgötterei (Hurerei), der das oberflächliche Christentum des kaum christianisierten Volkes verglichen wird. Indem die Vita in Wandregisels Wirksamkeit die Gnade und die Tätigkeit Gottes rühmt, meidet sie die Gefahr, aus Wandregisel einen Heroen aus eigener Kraft zu machen. Und so sah es nach dem Zeugnis dieses Kapitels Wandregisel selber, wohl die Verehrung der eigenen Person fürchtend. Ihm wird das Psalmwort in den Mund gelegt: „Nicht uns, Herr, sondern deinem heiligen Namen gib die Ehre"[448]; und tatsächlich wäre seine Predigttätigkeit vergeblich gewesen, wäre ihm selbst dabei der Ruhm zugefallen. Der Psalm verlangt den Ruhm für Gott, der unsichtbar ist, und dessen Existenz die Heiden deshalb bestritten.

Kapitel 17 bezeugt, daß Wandregisel Künftiges vorherzusehen vermochte, Verborgenes erkannte. So wird berichtet, daß jemand seine – nicht näher bezeichnete – Schuld nicht eingestehen wollte, und Wandregisel, diese doch erkennend, in ihn drang. Der äußere Anblick (*tam torvo aspectu et luredo corde contristatus*) verriet den Beschuldigten, und Wandregisel forderte ihn auf, seine Verfehlungen zu bekennen. Er machte ihn auf die Gefahr verborgener Schuld aufmerksam: *Surge, frater, sta super pedes tuos et noli prostratus iacere, ne sis cum diabolo, sed surge cum Christo*. Der Gegensatz von gebückt, bzw. hingestreckt und aufrecht ist zu biblischen Worten und Begebenheiten in Verbindung gebracht und gewinnt so Bedeutung. Gott fluchte Satan, als dieser das Menschengeschlecht zu Fall gebracht hatte: *super pectus tuum gradieris et terram comedas cunctis diebus vitae tuae*[449]. Der Gegensatz dazu war der aufrechte Gang des Menschen, der – so sie Vita – an die überirdische Herkunft oder Zukunft des Menschen gemahnt. *Surge cum Christo*, dies lenkt die Gedanken auf Christi Auferstehung (*resurrectio*) und beleuchtet das Verständnis jenes Christuswunders, bei dem ein Gelähmter erst nach der Sündenvergebung den Befehl erhielt: *Surge!* und ihn ausführte (Mt. 9,1ff; hier 6).

Dies der einzige Bericht über den *prophetiae spiritus* Wandregisels. Im übrigen faßt die Vita zusammen: *Nam certissime sciamus, quod per eum Dominus leprosus mundavit, claudus liberis gressibus ambulare fecit et interioris cordis tenebris et mortuis iam pene sepultis resuscitavit, qui de huius miserrimo saeculo ereptus ...* so die wenig erweiterte Antwort Christi auf die Frage Johannes des Täufers aus dem Gefängnis: „Bist du, der da kommen soll, oder sollen wir eines anderen warten" (Mt. 11,3; Lc. 7,20)? Christus verwies auf seine heilende Tätigkeit, und die Vita berichtet in diesen Worten nicht Wunder eines menschlichen Zauberers, sondern *per eum Dominus ... mundavit* etc. Die andauernde Gegenwart Christi wurde durch Wandregisels Tun bezeugt; und es ist wohl des Täufers Frage immer neu die Frage der Christenheit auch der mittelalterlichen Jahrhunderte gewesen.

---

448 Ps. 113,1; VAN UYTFANGHE (wie Anm. 23) S. 79, Anm.96.
449 Gen. 3,14; an eine Gebetshaltung wie Jos. 7,10 oder Judith 10,1 ist hier nicht zu denken.

In hohem Alter lag Wandregisel krank darnieder, und die Vita berichtet, er habe oft mit dem Psalm gesungen:[450] „Weh mir, daß meine Pilgerschaft ausgedehnt ist, bei den Bürgern der Finsternis habe ich gewohnt, viel ist meine Seele gepilgert." Seine gilt Bitte der baldigen Befreiung: *O Jesu boni, libera me, quia multum desidero videre te.* Der Autor schildert die Erfüllung dieses Wunsches. Drei Tage und Nächte entrückt, sprach Wandregisel mit keinem Menschen, hatte die Augen nur leicht geöffnet, *contemplabatur gloriam Dei ... et prospiciebat in caelo hilari vultu.* Die Mönche erkannten an seinem Aussehen seinen Zustand und trauerten um ihren scheidenden Abt, erbaten ein Wort des Abschieds. Ihr Gebet erwirkte ihm Zeit für eine Abschiedsrede, die die Vita nachzubilden nicht versucht. Auf die Frage der Mönche, was sie nach seinem Tode tun sollten, erhielten sie eine Antwort, die an die Frühzeit monastischer Lebensweise, an Antonius erinnert: Nicht der Verweis auf irgendeine Regel wird gegeben, sondern: *Cercius cognuscatis, quod si permanseritis in sermonibus meis et custodieritis, quod ego predixi vobis, ut in unitate atque karitate seu humilitate fundati estis, ut inter vos nulla sit dissensio, condicio vestra manere habit in perpetuo recti, et Dominus vobis erit in omnibus diebus et vester consolatur adque auxiliatur in omnibus necessitatibus aderit.* Der Eingang dieser Antwort war dem Johannesevangelium entnommen. Christus redete so die Juden an, die seiner Lehre folgen wollten (Joh. 8,31). Das Christus-Jünger-Verhältnis war dem des Abtes zu seinen Mönchen nahe (*magister-discipulus* in RM und RB), und vor aller regelhaften Organisation des Klosterlebens steht nach Wandregisels Willen die Weisung des Abtes, das einträchtige Leben der dem gleichen Ziel zustrebenden Mönche. Wichtig, daß nicht auf irgendeine Form der Regelhaftigkeit verwiesen wird; darin noch Antonius nahe, dem freilich die Abtsrolle fremd war.[451]

Gesichte und Erscheinungen begleiteten Wandregisels Tod (c. 19). Seinem Aufstieg stand Satan entgegen und wurde von Gott vertrieben. Eine Schar Heiliger kam ihm entgegen, und Wandregisel grüßte Agathon[452] *cum hilari vultu.* Ein in seiner Zelle weilender Mönch hörte Gesang, lief in die Kirche, die er leer fand und mußte am Totenbett Wandregisels erkennen: Jener Heiligenchor hatte gesungen. Wandregisel selber forderte die Mönche auf, mit jenen in den Psalmengesang einzustimmen – eine eigentümliche Aufhebung der Todesgrenze. Die Vita weiß (c. 20), daß psalmodierende Engel Wandregisel im Tod empfingen und Christus ihm das Paradies öffnete. Der im Gesang ausgedrückten Freude der Engel stand der ebenfalls gesungene *magnus planctus* der trauernden Mönche gegenüber.

Seltsam bleibt das Ende des Textes (c. 21), das zur Freude über die Aufnahme Wandregisels in die *sedes beati et aeterni* aufruft. Die *fratres* werden zu gemeinsamem Eifer in der Nachfolge ermahnt, wie das Abschiedswort es befohlen hatte. *Videat illi* (Wandregisel) *etenim multiplicare semen Dei, quam exparsit in cordibus*

---

450 C. 18; Ps. 119,5f. van UYTFANGHE (wie Anm. 23) S. 12 und S. 56; s. auch S. 240. M. E. geht es nicht um eine gnostisch oder neuplatonisch vermittelte Vorstellung vom Körper als Gefängnis der Seele; Erdendasein ist Leben in der Fremde, d. h. nicht bei Gott.
451 Antoniusvita c. 15ff.
452 Ägyptischer Mönchsvater der Nitria, später der Sketis, uns vor allem bekannt aus den Apophtegmata partum (MPL 73, col. 855–1082) Nr. 83–112.

nostris et letetur pater in filios et filii in patre (Mt. 13,3–8 und 18.23; Lc. 8,4–15). Christus hatte in der Erklärung seines Sämanngleichnisses nicht erläutert, wer dieser Sämann war. Hier ist es Wandregisel, der im Jüngsten Gericht auf seine Mönche weisen soll: „Dies sind die Schafe, die du mir anvertraut hast, keines erlitt den Untergang,[453] sie bewahrten deine Gebote, die ich ihnen verkündete habe". Der Autor erwartet als Gottes Antwort: *Venite, benedicti patres mei, percipite regnum cum dilectum vestrum et inlectum meum Wandregiselum, quod vobis paratum est ab origine mundi* – dies war in geringer Abwandlung das Wort des Weltenrichters an diejenigen, die er zur Rechten ausgesondert hatte in der Schilderung Christi.[454]

So endet die Vita in direkter Rede, an den eigenen Konvent gewandt, diesen zur Schülerschaft und Nachfolge des Gründerabtes mahnend und auffordernd – ein Hinweis vielleicht auf die Lesung des Textes in Wandregisels Abtei.

Indem er es unternahm, die Vita des Wandregisel zu schreiben, hatte der Verfasser sich von der strahlenden Leuchtkraft des Heiligenlebens einfangen lassen. Was dies bedeutete, sagt er noch im Prolog selber: Werbende Aufforderung zu den Tugenden des monastischen Lebens, die ständige Mühe, jeder inferioren Regung Herr zu werden. Der Begriff des *clarius lucire* – er mag von Ferne an Christi Lichtgleichnis erinnern[455] – bedeutet unausgesprochen auch das freudig-willige Zugehen dessen, der von solchem Licht getroffen ist. Was es hier bewirkt, ist aber nicht die Verehrung dieses Lichtes selber, sondern eines Größeren, der Heilige verweist nicht auf sich, sondern auf Gott: *in amore caelestis patria cum devotione maxima incaliscant*. So sind die Taten der Heiligen leuchtende Wegzeichen, *pro lege* auf dem Weg *ad adaepiscendam amenetati paradisi* zu nehmen; fordern sie zur Anstrengung auf, so teilen sie zugleich die Freude mit, die nicht in der Anschauung der Taten, sondern im Erstreben einer vollkommenen Zukunft liegt. Hierfür hatte die Vita keine unmittelbaren Schriftworte genutzt, wiewohl gerade das Neue Testament zum Paradies und zu den Forderungen des Gerichts vieles bereithielt. Anders in der Darlegung der zweiten Möglichkeit; auf das Leben des Heiligen zu reagieren: Die Vita greift hier zu den Anfängen der menschlichen Geschichte, zu einer Ursünde: Als Haltung Neid, als Tat Mord. Das ist es, wenn man versucht, den Taten eines Heiligen ihren Rang abzusprechen und so die Nachfolge zu verweigern. Es ist der Tat Kains, gleichzusetzen, und das Psalmwort von der Sprache als tödlicher Waffe unterstreicht dieser Gleichsetzung. Das eigentliche Gewicht und das Ausmaß der

---

453 Vgl. Joh. 10,11ff; RM II 6; 7; 39 und RB II 6; 7; 39. RM XIV 7f nach Lc. 15,4f; RB XXVII 5 und 8. Die Stelle hängt ohne Frage mit Wandregisels Abtsrang zusammen; van UYTFANGHE, Stylisation (wie Anm. 23) S. 81 Anm. 113.

454 Mt. 25,34; VAN UYTFANGHE S. 27 Anm. 55 L'accomplissement des paroles scripturaires, s. auch S. 47f und S. 246.

455 Jonas von Bobbio hatte nicht nur in der Columbanvita von der Leuchtkraft des Heiligenlebens gesprochen: *Rutilantem atque eximio fulgore micantem sanctorum praesulum atque monachorum patrum solertia nobiliumque condidit vitam doctorum scilicet ut posteris alma redolerent priscorum exempla* (I Praef.), sondern auch in der Praef. der Johannesvita: *Praecellentissime sanctorum prosequentes exempla, que luce clarius urbem tam in sermone ducendum quam exemplum monstrando illuminavere* ...

Verworfenheit eines wohl fast täglichen Tuns wird erst dadurch deutlich, daß es neben diese Geschichte aus den Urtagen der Menschheit gestellt wird.

Der biblischen Rechtfertigung bedurfte ferner das Unterfangen überhaupt, eine Heiligenvita zu schreiben, und beide Testamente mußten die Möglichkeit, ja das Versprechen Gottes bezeugen, daß er selber durch Menschen reden kann.

In Stufen wachsender Vollkommenheit erreichte Wandregisel seinen Rang als Klostergründer und Abt, und darin erinnert er an Antonius, der auch seine endgültige eremitische Lebensform am Kolzim über mehrere Zwischenstufen erreichte. Hohe Geburt, eine lautere Tätigkeit in weltlichen Ämtern, die nirgends die Forderungen Christi verletzte (Mt. 22,21), das war der gewiß hohe Sockel des dann folgenden Aufstiegs. Eine Stufenlehre, aus der ein solcher Aufstieg begründet werden könnte, war in dieser Form nicht biblisch überliefert. Doch abgesehen von dem Vorbild des Antonius war im Mönchtum eine Vervollkommnung in Stufen bekannt; ohne hier die Anfänge aufspüren zu wollen, sei auf die Demutslehre Cassians, des Magisters und Benedikts verwiesen.

Die erste Stufe, die Wandregisel erstieg, begann mit dem gemeinsamen Entschluß der soeben Verheirateten, nicht in der Gemeinschaft der Ehe zu leben, sondern Asket zu werden. Wandregisel erläuterte seiner Gemahlin seine Vorstellung einer auf das jenseitige Leben bezogenen Existenz unter dem Gebot der Nächstenliebe (c. 4; Mt. 19,19). Man wird dies so verstehen müssen, daß dieses Wandregisel dazu bewog, die vorläufige Gemeinschaft um der endgültigen willen aufzugeben. Der Beginn stand unter strenger Auslegung eines Christusgebotes, das Wandregisel veranlaßte, irdisches Glück nicht zu suchen, sondern dieses dem *amor coelestis patriae*, von dem vorher die Rede war, zu opfern. Die Nächstenliebe bestand darin, dem anderen solche Erkenntnis zu eröffnen, ihn auf den strengen Weg zu einem höheren Leben zu führen.

Diese Entscheidung führte Wandregisel mit jenem Greis nach Montfoucon, der Beginn des *caminus paupertatis* (Is. 48,10). Freiwillig unterzog man sich so jener läuternden Erziehung durch den Schöpfer, der Gott sein Volk unterworfen hatte. Wie schon im Leben des Antonius traten sofort Hindernisse auf dem neuen Weg, Versuchungen auf, die aus Satans Neid erklärt werden. Kriegerisch, mit den paulinischen Waffen des Glaubens (Eph. 6,16ff), wird Wandregisels Gegenwehr charakterisiert, und dies befreit seine asketische Mühe aus der Enge bloßer Moralität zum Rang der Teilhabe an dem Kampf, der den Hintergrund aller Weltgeschichte bildete.[456] Der Beginn der ersten Stufe des aufstrebenden Wandregisel ist mit drei Schriftworten verbunden, die ein moderner Theologe so schwerlich zusammenstellen und ausdeuten könnte. Der Begriff der Nächstenliebe ist ohne Einschränkung auf die Vorbereitung zum jenseitigen Leben bezogen; darauf, sich und den anderen dafür bereit zu machen. Und mag der Jenseitsglaube im wesentlichen neutestamentlich sein, jenem älteren Autor stand sofort der alttestamentliche Weg leidvoller Prüfungen und Strafen vor Augen, den das alte Israel durchlaufen mußte; er kannte nur eine einheitliche Überlieferung von Gott, und dies hinderte ihn, die fordernden Sei-

---

456 S. oben zur Antoniusvita.

ten Gottes über der Erlösungsbotschaft zu vergessen. Das Zusammenspiel des Jesaia-, Matthäus- und Pauluswortes, beider Testamente also, charakterisiert wohl den größten Teil aller Überlieferung der Spätantike und des Frühen Mittelalters.

Eine neue Stufe beginnt mit dem Bau einer Zelle auf eigenem Grund für ein Leben in schärferer Askese. Wie schon bei Antonius ist auch dieser Schritt von neuen Angriffen Satans begleitet.[457] Hierher gehören wieder die Waffen des Glaubens als Konstante der asketischen Literatur. Es mag ein Mittel literarischer Steigerung sein, wenn Wandregisel hier mit dem Psalmisten die Hilfe Gottes anruft (Ps. 69,2). Die Trauer über die noch nicht überwundene menschliche Unreinheit erscheint im Vitentext als das Charakteristische dieser Stufe, und so steht das Bild der großen Sünderin, die mit ihren Tränen Christi Füße wusch, sie mit ihren Haaren trocknete, über Wandregisel, den unvollkommenen Menschen ebenso bezeichnend wie seine vollständige Hingebung an seinen Herrn (Lc. 7,36ff).

Fast als Lohn Gottes an seinen Diener wird die Engelserscheinung dargestellt, die in diese Eremitenzeit hineinbrach, die alt- und neutestamentliche Worte zusammenstellend die Aufgabe der letzten weltlichen Bindungen (Besitz) forderte: Abraham, der Besitz und Verwandtschaft verließ, tat, was Christus von seinen Jünger gefordert hatte, was der Reiche Jüngling (hier nicht erwähnt) nicht über sich vermochte.[458] Der Engel hatte Wandregisel in einem Gesicht Bobbio gezeigt, und dieser erkannte, daß er so aufgefordert wurde, alles Bisherige zu verlassen. Die Klosterreise war der Beginn eines Lernens, eine neue Stufe auch darin, daß Wandregisel nun nicht mehr nur aufnahm – man mag etwa an ein von fester Regel bestimmtes Klosterleben denken – sondern eine bereits erlangte Vollkommenheit erkannt wurde und ohne entsprechende Absicht Wandregisels andere anspornte. In Bobbio begriffen alle, *quia hic vir Dei athleta erat*, obwohl Wandregisel die Strenge seines Lebens zu verbergen suchte. Auf dem Rückweg von Bobbio, der ihn zu größerer Einsamkeit nach Irland führen sollte, verweilte er in Romainmoutier. Das elfte Kapitel, das den erreichten Stand monastischen Tugendlebens rühmt, betont, daß sein Beispiel andere bewog, ihren monastischen Vorsatz nunmehr mit Ernst zu leben. Wandregisels Tugenden sind teilweise mit Schriftworten in ihrer Verbindlichkeit genannt, gerade jene, die man heute vielleicht für Übertreibung halten möchte: Das Alte wie das Neue Testament verabscheuen das Gelächter, und es war das Christuswort das strengere (Mt. 12,36; Eccli. 21,23). Mit zwei Schriftworten wird der Katalog zusammengefaßt: Mit dem Psalm: *Semper in lege eius* (Gottes) *meditatio ipsius* (Ps. 118,77), und mit Paulus: *mortificaverat membra sua* (Col. 3,5). Psalm und Pauluszitat bezeichnen zwei Seiten desselben, sie gehören hier zusammen, wie *metus gehenne* und *amor Christi*, und der Anteil der Freude und Zuneigung ist dem

---

457 C. 8; vgl. Etwa Antonius auf dem Weg zur Grabhöhle und zum Brunnenhaus (*castellum dirutum*). Auch hier fehlt die eigentliche Erzählung der Angriffe Satans, genauer dieses Mal die Reaktion Wandregisels auf die Versuchung.

458 Abraham: Gen. 12,1; Christi Forderung: Lc. 9,23; 14,3 sind allgemeiner, nicht speziell an die Jünger gerichtet; doch Christi Jüngerberufungen geschahen diesen Sätzen entsprechend; ohne weiter Bedenken fielen diese Leben bestimmenden Entscheidungen. Dies wird deutlich im Vergleich mit dem reichen Jüngling: Mt. 19,16ff; Mc. 10,17ff; lc. 18,18ff, oder mit dem großen Gastmahl: Lc. 14,16ff.

Psalter, dem Alten Testament entnommen; das paulinische Wort kennzeichnet die persönliche Überwindung. Mit einer Engelserscheinung begann dieser Abschnitt in Wandregisels Leben, eine Engelserscheinung, die ihm das Paradies versprach und ihn aufforderte, seinen Vorsatz durchzuhalten, bildete auch den Abschluß.

Biblisch klingt der Beginn der letzten Stufe des Erdenlebens Wandregisels als Priester, Klostergründer und Abt, ohne daß hier tatsächlich ein Schriftwort auf Wandregisel oder seinen Weg angewandt würde. Gott wollte Wandregisel nun aus der Verborgenheit persönlichen Tugendlebens herausführen, ihn der Welt zeigen *... margerita preciosa de thesauris suis proferta reserabat, ut per eum multorum salus adcresceret et ei gemina corona multiplicarit*. Christus hatte das Himmelreich der Kostbarkeit einer Perle verglichen (Mt. 13,46); das himmlische Jerusalem hatte Tore aus Perlen (Apoc. 21,22). Hier sind die Heiligen kostbare Perlen im Schatz Gottes, und Gott erscheint als der König, der die kostbaren Stücke seines Hortes zeigt, um zur Gefolgschaft aufzurufen.

Mit Unterstützung Dagoberts I. wurde nun ein Kloster errichtet, und Wandregisels höchste und letzte Stufe ist nach seinem eigenen Willen die Tätigkeit als Abt, als Begründer und Erzieher einer Mönchsgemeinde. Das Kapitel, das darin den Heiligen kennzeichnet, ist der am stärksten nach Schriftworten formulierte Teil der Vita. Der Text zitiert mit einer Ausnahme nur aus dem Neuen Testament. Einleitend, fast als Überschrift, steht zur Kennzeichnung des Klosterlebens in Fontanella unter dem Gründerabt der Fluch der Vertreibung aus dem Paradies: *Porro voluit sine porcionis mundi istius adesse, ut de proprium sudorem aederet panem suam* (Gen. 3,19) *et fuit sic multis temporibus*. Dies setzt eine unüberwindbare Grenze auch dem leidenschaftlichsten Streben nach einer dem Schöpferwillen gemäßenen Vollkommenheit. Die anderen Worte dienen teils allgemeiner Charakterisierung des Abtes Wandregisel als guter Hirte, als tüchtiger Hausvater.[459] Ein lobendes Wort gilt auch denen, die neu in das Kloster eintraten, die alles um Christi willen verließen (Mt. 19,29). Die Schriftworte der Lehrrede Wandregisels betonten die Forderung immerwährender Bereitschaft für den erkannten Herrn. Als überlieferte Worte Christi bzw. des Paulus galten sie allerdings aller Christenheit (Lc. 9,62; 2. Tim. 2,21), ja jedem Menschen; sie waren nicht spezifisch monastische Forderung, insbesondere nicht der Willkür des Abtes entsprungene Satzung. Anderes beschreibt den Horizont, die allgemeinen Bedingungen des Menschenlebens, nicht nur des Mönchslebens: Verborgenheit der Zukunft und so der Todesstunde (Jac. 4,14), der Gegensatz Licht-Finsternis und der Weg zum Licht (Eph. 5,8; Rom. 13,12); dies an den Beginn des Prologs erinnernd, denn auch die Leuchtkraft des Heiligenlebens war ja als von Gott ausgehend geschildert worden. Wie es nur eine Quelle des Lichts gibt, so verweist alle Finsternis auf Satan, den zu überwinden Wandregisel mit Schriftworten aufruft, mit eigenen Worten Ratschläge gibt. Den Episteln des neuen Testaments ist die Eingliederung des eigenen Lebens in die einzige weltgeschichtliche Auseinandersetzung entnommen, die das Mönchtum kannte: Die zwischen Gott und seinem Widersacher, dem abgefallenen Engel.

---

459 Joh. 10,15; *bonus pastor* auch sonst mehrfach in der Vita. Mit diesem Bild hat in diesem Kapitel (c. 15) auch die Anlehnung an 1. Petr. 5,8 (*leo rugiens*) zu tun. Hausvater: Mt. 25,20.

Mehrere Schriftworte galten der allgemeinen Charakterisierung Wandregisels, nicht der Beschreibung einer unverwechselbaren individuellen Eigenheit, sondern auf die Frage bezogen, wieweit Wandregisel dem allgemeinen, von der Schöpfung her verpflichtenden Bild des Menschen entsprochen hat. Worte wie *vir Dei* (so die Königsbücher über Elias und Elisa) oder *athleta Christi* mögen hier außer Betracht bleiben. Man denke an das Urteil des Autors über die weltliche Tätigkeit Wandregisels, man denke vor allem an das Bild der Sünderin, deren Geschichte hier aus dem Rahmen des besonderen Schicksals dieser Frau herausgenommen ist, deren Sündhaftigkeit zur allgemeinen Grenze menschenmöglicher Vollkommenheit wird, wie es wohl auch durch den Sündenfall bestimmt ist; deren Christus verehrende Gesten nun das Streben und die Lebensäußerungen des Asketen als vollständige Hingabe charakterisieren konnten. Dies wohl auch im Vergleich zu den Höflingen des vorigen Kapitels. Unausgesprochen enthält eine solche Anspielung an das Evangelium auch die Zustimmung Christi zum Tun Wandregisels. Gewiß stehen auch die Worte, die die Totalität monastischen Gehorsams umschreiben, über dem ganzen Leben des Heiligen.

Als Schriftworte gaben diese Äußerungen dem Leben Wandregisels alle einen allgemeinen Rang; nicht selbstgesetzten Zielen wurde er gerecht, sondern einer fordernden Verkündigung, die aller Menschheit galt; dies auch nach der Erkenntnis der anderen, des Autors zumal, der die allgemeine Forderung am Einzelleben wiedererkannte. Dies aber auch im Bewußtsein Wandregisels selbst, der die Schrift sicher nicht schlechter kannte als der Autor seiner Vita, da er ja diesen Autor wie auch andere Mönche nach den Forderungen der Bibel zu leben gelehrt hatte. Es besteht kein Anlaß, eine wesentliche Differenz zwischen Wandregisel und dem Vitenautor in den allgemeinen Ansichten über Bedingungen und Ziele menschlichen Lebens anzunehmen.

Ganz dem Autor gehört das Urteil über die Wirkung Wandregisels und seine Bedeutung für andere: Jenes Bild vom Leben spendenden Wasser (Joel 3,18). Schriftworte sind es, die Wandregisel einen Platz an der Seite der Apostel anweisen, ihn als deren Nachfolger darstellen. Da ist einmal die den Episteln entnommene Lehre in seiner Rede über die Stellung des Menschen zwischen Licht und Finsternis, Gott und dessen Widersacher. Dann aber sieht der Autor den Spott der Höflinge Dagoberts I. auf der Ebene der Beschimpfungen, die Christus seinen Jüngern vorhergesagt hatte (c. 7; Mt. 10,25). Oder es wird zusammenfassend gesagt, *qui per contemplationis aciae cor suum in supernis elevabat pro fraternis dilectionibus detentus in terrestris multis modis servitute subiacens ut ad instar apostolo omnibus omnia factus, ut omni lucrum faceret* (c. 16; 1. Cor. 9,19–22). Dies enthält nicht nur die Erinnerung an jenes Pauluswort, daß er den Juden ein Jude, den Griechen ein Grieche geworden sei, sondern es schildert die Lehrer- und Predigertätigkeit des Abtes als eine Pflicht, der Wandregisel wie Paulus gerne ausgewichen wäre durch den Tod. Um der anderen willen mußte er leben; und wieder sind es Pauluswortte: Einer Knechtschaft sich unterwerfen. Demgegenüber fehlten alle Anklänge an Prophetengestalten, obwohl gelegentlich Prophetenbücher zitiert werden. Dies wirkt auffallend, wenn man sich etwa der Severinvita erinnert.

Abschließend sei nachgezeichnet, in welchem Verhältnis die Vita ihren Heiligen zu seinem als Herrn geglaubten Schöpfer sieht. Gewiß tritt zuerst das Gebietende zahlreicher Schriftworte in den Vordergrund und ruft so den letztlich Gott geltenden monastischen Grundsatz des menschlichen Gehorsams in Erinnerung. Er hebt die Bibel in den Rang des schlechthin Verpflichtenden. Die Wandregiselvita repräsentiert eine lange gültige Auffassung davon, wie Gott und Mensch in bedeutendem Tun zusammenwirken. Der Autor läßt den Heiligen im abschließenden Urteil über sein Wirken mit dem Psalm singen: *Non nobis, domine, sed in sanctum nomen tuum da gloria* (Ps. 113,1); dies ist m. E. nicht einmal eine Äußerung der Demut, sondern im Sinne jener nur Ausdruck der Erkenntnis, daß alles Große zuerst Gottes Werk ist, der deshalb allein zu rühmen wäre. So will die Vita aus Wandregisels Leben berichten, *quod ad laudem Dei pertineat* (c. 2). ... *lidigantis Deus ad concordiam per servum suum mirum in modum convertit* (c. 5). Auch als Wandregisel als das Leben spendende Wasser nach einem Wort des Joel beschrieben wird, heißt es: *Quia per ipsa multeplice gracia, quam ei dominus dederat, inrigabat* (c. 16) ... , und bei seinem Tod sagt die Vita: *Dominus clemens iustum suum numquam deseruit, sed semper in eum habitans percussit diabulum et fugavit eum.*[460] Ließe es der Vitentext bei solchen Worten bewenden, so bliebe dem Menschen nichts mehr zu tun, nichts mehr von sich selber zu verlangen. Es gehört aber zum Begriff des Heiligen als besonderer Höhe des Menschseins die eigene Mühe und Anstrengung, hier ausgesprochen in den Worten des Gehorsams, der Auffassung der Bibel als verpflichtender Überlieferung von Gott, der Unterordnung unter z. T. biblisch formulierte Tugendforderungen. Dies wären Teile einer Auffassung, die recht unverbunden nebeneinander stehen. Die Vita kennt aber den die Weltgeschichte ausmachenden Kampf Gottes gegen seinen Widersacher als Ort menschlichen Lebens, des Menschen Stellung zwischen Licht und Finsternis. Daß der Mensch den Weg zum Licht nicht nur eines Gebotes wegen beschreitet, sondern daß dies auch seine eigentliche Neigung ist, möchte sich schon aus der Vorstellung des Lichtes selbst ergeben, das ja das bezeichnen soll, wohin es den Menschen aus seiner Schöpfungsnatur zieht. Die Finsternis hindert Erkenntnis, wäre Zone der Unsicherheit und Furcht. So dürfen *metus gehenne* und *amor Christi* als zusammengehörig gesehen werden, der Schilderung des Menschen zwischen Licht und Finsternis, seinem natürlichen Streben zum Licht entsprechend.

---

460 C. 19; *deseruit*: Judith (13,17) hatte die Erfahrung gemacht: *Laudate Dominum Deum nostrum, qui non deseruit sperantes in se ....* Der Hebräerbrief (13,5) wiederholte die Versicherung Gottes an Josua: *Non te deseram neque derelinquem* (Jos. 1,5). *In eum habitare* ist wohl paulinische Formulierung, vgl. etwa Rom. 8,9 und 11; 1. Cor. 3,16; 2. Cor. 12,9; 2. Tim. 1,14; Eph. 3,17.

11 RADBERTS VON CORBIE LEBEN DES HEILIGEN ADALHARD

Radberts Adalhardleben[461] gibt sich stärker und anders als alle vorigen Texte als Werk eines gelehrten Theologen zu erkennen, wiewohl man den Schmerz des Verfassers über den Verlust des *Adalhardus pater* in jedem Kapitel spürt. Ein umfangreiches Vorwort lebt ganz aus dem Zwiespalt des verehrenden Schülers, der eines Meisters und Vorbildes beraubt ist, dem er herzlich zugetan war und ist, aber seinem Glauben gemäß Freude darüber empfinden muß, daß eben dieser Adalhard nun aller irdischen Mühen enthoben ist und in der Gegenwart seines Herrn ewig lebt.

Radbert findet dieses Thema angeschlagen in des Ambrosius Rede zur Beisetzung des ermordeten Valentinian II. (†392).[462] Ambrosius klagt, wie sehr es die Trauer erneuert, wenn man das Leben des Verstorbenen darstellen, sich dieses bis in die Einzelheiten in Erinnerung rufen will. Nun meint aber Radbert, die Darstellung der *exempla, quos imitari debeant*, schulde man den Nachlebenden.[463] Ferner:

---

461 Radbert: geb. um 790, †zwischen 856 und 859; Abt in Corbie seit 843/4; Demission 849/853; WL S. 340f; Max MANITIUS, Geschichte der lateinischen Literatur des Mittelalters I, München 1911, S. 401–411. Die Vita ist 826, d. h. fast unmittelbar nach Adalhards Tod geschrieben. Die MGH-Ausgabe (ed. Georg H. PERTZ, SS. II, 1826, S. 524–532) ist unbrauchbar da unvollständig. MPL 120 folgt MABILLON, AASS saec. IV 1; außerdem AASS 2. Jan. I. Monographie: Henri PELTIER, Pascase Radbert. Abbé de Corbie, Amiens 1938. PELTIER kommt S. 29 in Ausdeutung eines Gedichtes des Bischofs Engelmodus von Soissons zu der Ansicht, „que Radbert naquit dans une condition plustôt miserable, que il fut comme abandonné à la mort dés sa naissance et recueilli par les religieuses à qui Dieu inspire de prendre soin de ce nouveau-né parce qu'il avait une intention sur lui". Wegen der Vornehmheit der Abtei Corbie wird man jedoch fragen, ob Radbert wirklich aus gänzlich unbedeutender Familie stammte und nach Umständen suchen, die auch einen Knaben gehobener Abkunft in „une condition miserable" versetzen, etwa daß er früh verwaist war o. ä. PELTIER legt S. 28 dar, daß der offenbar elternlose Knabe im Marienkloster zu Soissons aufwuchs. Die Äbtissin, die sich seiner annahm, der Radbert auch eigene Werke widmen wollte, war Theodrada, Schwester Adalhards und so auch Walas, eine Karolingerin aus einer Seitenlinie. Da Theodrada verstorben war, widmete Radbert seinen Kommentar zum 44. Psalm Theodradas Tochter Emma, die das Amt der Mutter bekleidete. Gérard MATHON, Pascase Radbert et l'évolution de l'humanisme carolingien, Corbie Abbaye Royale, volume du XIIIe centenaire, Lille 1963, S. 135–156. Neuere Monographie zu Adalhard: Brigitte KASTEN, Adalhard von Corbie, Studia Humaniora 3, Düsseldorf 1986, mit einer sehr schematischen Beurteilung der Vita auf S. 12. Kurz: Philippe DEPREUX, Prosopogarphie de l'entourage de Louis le Pieux, Sigmaringen 1997, S. 76–79.
462 Vita c. 1; Ambrosius, De obitu Valentiniani, ed. O. FALLER, CSEL LXXIII, Wien 1955. Radbert zitiert 325 c. 1. M. BIERMANN, Die Leichenreden (wie Anm. 23), klärt die Beziehungen der Leichenreden des Ambrosius zur antiken Konsolationsliteratur. Für Paschasius Radbertus wird sich nicht mehr sagen lassen, als daß er über Ambrosius einen indirekten Zusammenhang mit der antiken Trostliteratur gewann.
463 Vgl. den Text zu Anm. 367 (Columban), wo schon aufgefallen war, daß der Ruhm der Heiligen zum Nutzen der Nachlebenden gepflegt werden müsse; vgl. die *divisio regnorum* (MGH Capit.

Mit dem Tod seien die Heiligen nicht untergegangen *sed beatius immutatos* sind sie im Tod zu unsterblicher Freude aufgestiegen, schon deshalb dürfen sie nicht irdischem Vergessen überlassen bleiben. Man dürfe nicht mit jenem Unverständigen sagen, des Menschen Leben sei mühselig, und der Tod beende das Leben endgültig; wie aus dem Nichts sei der Mensch geboren; stirbt er, so ist's, als wäre er nie gewesen. (vgl. Sap. 2,1f). Dem stellt Radbert paulinisch das Bekenntnis der Auferstehung, des Sieges Christi über den Tod entgegen, und er vergißt nicht zu betonen, daß durch Christus auferstehen und selig werden, die ihm bis zu ihrem Tod anhängen (vgl. 1. Cor. 15). Gott sei ein Gott der Lebendigen, nicht der Toten, deshalb nenne die Schrift diese Schlafende.[464] So sind die Heiligen Unterpfand der himmlischen Zukunft des Menschen und Zeugen gegen jene in Salomos Weisheitsbuch als töricht gegeißelte Auffassung eines aus dem Nichts kommenden, zu Nichts werdenden Menschenlebens.Dies bestimmt Radbert, wie Ambrosius, Hieronymus und andere nachahmenswerte Männer zu handeln, *qui suis epitaphia charis facundissime condiderunt*[465]. Radbert setzt für den Verfasser eines Epitaphs – hier Heiligenviten – die Zuneigung des Autors zu dem verstorbenen Heiligen voraus.

So kommt er zu seinem Thema: *duobus valde contrariis afficior intus, moeroris videlicet atque gaudii* (c. 3). Damit sieht er sich unter dem Verdikt des Apostels Paulus, der die Gemeinde zu Thessaloniki aufgefordert hatte, die Trauer um ihre Toten aufzugeben (1. Thess. 4,13f). Dennoch hinderte ihn die Trauer, sich der unbezweifelbaren Seligkeit Adalhards zu freuen. Er findet den Weg mit einer genauen Unterscheidung gemäß dem Schriftwort: *Sed quia fletu amoris vincor potius quam desparationis ignavia, mihi parcendum non ambigo*; ihn hat nicht die Verzweiflung über den Tod als Vernichter des Menschenlebens ergriffen, ihn bewegt eine *debitae pietatis affectio ... non erroris*. So erinnert er sich an Christus: Selbst dieser *Lazarum, quem diligebat, flevisse mortuum, et non solum flevisse, verum turbatum fuisse spiritu* (c. 4; vgl. Joh. 11,33–36). So soll diese Vita der Liebe zu Adalhard Dauer verleihen und verhindern, daß Adalhards *aromata virtutum non tumulo teneantur clausa;* als *exempla* sollten sie Späteren leuchten.

Adalhard selbst tritt er in direkter Rede gegenüber, nachdem er sich vor dem paulinischen Verbot der Trauer gerechtfertigt hatte. Er möge von ihm nicht Glückwunsch und Freude fordern, daß er alle irdische Mühsal überwunden habe *et pervenisse ad fontem aeternae vitae* – dies eine Anspielung an Christi Gespräch mit der Samariterin am Brunnen vor Sichem (c. 5; Joh. 4,1–26, zumal 10), die den Einwänden Adalhards aus biblischer Autorität Gewicht verleiht.

Schließlich muß Radbert eingestehen: *gaudere vero, quamvia invitus, tuae claritatis gloria persuadeor; iam enim tibi hiems, mi Pater, abiit, et recessit imber.*

I Nr. 45), wo es einleitend heißt: Daß Gott dadurch, daß er Karl dem Großen drei Söhne geschenkt hat, *curam oblivioni obnixiae posteritatis leviorem fecit*. Es ist offenbar der Nachwelt zum Schaden, wenn diese Karls Taten vergißt.

464 Mt. 12,27; Lc. 20,38; 1. Cor. 15,20; 1. Thess. 4,13.

465 C. 2; Ambrosius, De obitu Valentiniani und De obitu Theodosii (wie Anm. 462); Hieronymus, Viten des Paulus, Hilarion und Malchus in MPL 23, col. 17–62. Dies erlaubt gewiß nicht die Formulierung in WL S. 34f ... nach dem literarischen Vorbilde des Ambrosius und Hieronymus"; der Text der Adalhardvita ist davon weit entfernt.

Dies ist das erste von vielen Hoheliedzitaten (Cant. 2,11f): Der Freudenruf des jungen Paares, das sich der Pracht und Milde des Frühlings hingibt. Winterkälte und Unwirtlichkeit des Regenwetters bezeichnen das Erdenleben; sie sind vergangen. Was Adalhard nun offensteht: *Ergo venerunt nuptiae Agni, inter delicias paradisi frueris* ... Das in der Apokalypse dargestellte Hochzeitsmahl des Lammes (Apoc. 19,7) – dieses Thema liegt der Interpretation des Canticum auf die Einzelseele als Christi Braut letztlich ebenfalls zugrunde – ist der Beginn der geheilten Welt; die *deliciae paradisi* dürften den beiden letzten Kapiteln der Apocalypse entnommen sein. *Civitas Domini virtutum* nennt Radbert das himmlische Jerusalem, *virtutum ergo, et non vitiorum, quia Deus fundavit eam in aeternum fundamentum perpetuitatis*. Der Zusammenhang der *virtutes* mit der ewigen Dauer verdient ebenso Beachtung wie das Bild des mit Edelsteinen geschmückten Fundamentes, das hier wohl aus den *fundamenta duodecim* gewonnen ist, auf denen die Apostelnamen stehen (Apoc. 21,9-27). Es mag sein, daß die Edelsteine als Bilder der *virtutes* gelten dürfen, doch reicht die Textgrundlage zu solcher Behauptung wohl nicht aus.

Der eigentliche Lebensbericht (c. 7) setzt ein mit der königlichen Herkunft und der Erziehung am Hofe in aller Wissenschaft der Zeit, um sofort zu der ersten großen sittlichen Entscheidung Adalhards zu kommen: Er lehnte Karls des Großen Rückweisung seiner ersten Gemahlin, der Tochter des Langobardenkönigs Desiderius, ab und verließ deswegen den Königshof; solange jene lebte, wollte er nicht in Diensten dieses Königs stehen. Das härteste Urteil über diesen Vorfall enthält Radberts Vergleich mit dem Schicksal Johannes des Täufers, der Herodes angegriffen hatte, weil dieser seines Bruders Frau, Herodias, genommen hatte[466]. Johannes war bereit gewesen, für seine beharrliche Kritik des Unrechts den Tod hinzunehmen: *pro iustitia mori paratus fuisse creditur*. Wenn Adalhard auch nicht, wie Johannes, sein Leben verlor, so steht dennoch in diesem Text Karl neben Herodes, und Adalhards – Radberts – Urteil erhält seine Präzision, seine Schärfe und seinen Rang durch die biblische Parallele.

Adalhard entschloß sich zum Klosterleben:[467] *Despiciens Pharaonis regni divitias, pervenit tandem ut monachus, velut Moyses in eremo, Dei frueretur alloquiis* (c. 8; vgl. Ex. 3). Auch diese Bezeichnung des Frankenreiches bedeutet selbst dann größte Distanz Radberts und wohl auch Adalhards zur Sphäre weltlicher Herrschaft,

---

466 Mt. 14,3f; Mc. 6,17f. dies fiel auch W. BRÜGGEMANN, Untersuchungen zur Vitae-Literatur der Karolingerzeit, Diss. phil. Münster 1957, S. 134 auf; doch geht er auf die Schriftanlehnung und ihre Bedeutung für die Personendarstellung nicht ein.

467 Zum Klostereintritt B. KASTEN, Adalhard (wie Anm. 461), S. 24–35, die sich mit Karl BRUNNER, Oppositionelle Gruppen im Karolingerreich, Veröffentlichungen des Instituts für Österreichische Geschichtsforschung 25, Wien 1979, S. 42 und S. 78 auseinandersetzt, der unterstellt, Karl habe Adalhard wegen der Gegnerschaft zur Trennung von der langobardischen Königstochter „kaltgestellt". Solche Mutmaßungen entstehen leicht aus moderner Struktursystematik, die rücksichtslos Quellen beiseiteschiebt, weil moderne Gesichtspunkte den Modernen mehr überzeugt als die Quellendarstellung. Doch können so Gesichtspunkte für die Quellenkritik nicht gewonnen werden. Karls gewaltsamer Eingriff der Rückführung Adalhards ins Frankenreich (c. 12f) würde so völlig unverständlich. Radbert schildert einen Karl, der Adalhard trotz scharfer Ablehnung seiner Entscheidung will und braucht; unter Ludwig dem Frommen war dies anders.

wenn man nur das Reich in *Pharaonis regni divitias* wiedererkennt und nicht König und Pharao neben einander stellen will. Adalhard ist als Mose von Radbert schon zu Beginn des Mönchslebens als strenger gottgesandter Mahner bezeichnet.

Waren solche Vorgänge am Hofe dem unbestechlich strengen Adalhard Anlaß, seinen Lebensweg neu zu überdenken, so bewogen ihn einige Evangelienworte endgültig zum Eintritt in ein Kloster: *Nisi quis renuntiaverit omnibus, quae possidet, non potest meus esse discipulus* (Lc. 14,33). Das Christuswort ist bei Lukas Zusammenfassung einer großen Äußerung Christi: Sein Jünger zu sein heiße, die eigene Verwandtschaft, ja das eigene Leben zu hassen, nichts also, was für diesen Herrn nicht dahingegeben werden müßte.[468] Der Verzicht sollte dazu führen, daß Adalhard *facilius arctam atque strictam viam mandatorum Dei curreret*. Ein Psalm- und ein Christuswort sind hier verbunden: Das Christuswort von der schmalen Pforte und dem engen Weg, der zum Leben führt (c. 9; Mt. 7,13f) und das Psalmwort von dem Weg der Gebote Gottes (Ps. 118,32 und 35), dem so die Christusverheißung des Ewigen Lebens eingefügt wird. Indem er sich von königlichem Reichtum getrennt hatte, *Corbeiae, imo Christi ibidem expetiit fontem velut cervus ille Davidicus*[469], dieses Wort nahm dem immer als Verdienst gekennzeichneten Verzicht den Geruch der Verbissenheit der traurigen Entsagung und meinte die Gott entgegen strebende Anlage des Menschen.

Radbert datiert Adalhards Klostereintritt auf dessen zwanzigstes Lebensjahr, und dies erinnert ihn an jene Aufzeichnung aller wehrfähigen Israeliten nach dem Auszug aus Ägypten (Num. 1,3 u. ö.): *tunc quando omnes tirones tui, cum exirent de terra Aegypti, a viginti annis et supra in libro vitae conscripti sunt praemonente*. Die wehrfähigen Israeliten werden zu *tirones Christi*, was an die kriegerische Terminologie des Paulus erinnern mag (Eph. 6,10ff, s. c. 9); das Verlassen des weltlichen Lebens wird zum Auszug aus Ägypten – man mag sich der vorigen Anspielung an die Reichtümer des Pharaonenreiches erinnern – die Aufzeichnung der wehrfähigen Israeliten wird zur Eintragung in den *liber vitae*. Dieser ist zwar schon in einem Psalmwort anzutreffen;[470] wie auch bei Paulus (Phil. 4,3), doch wird vor allem die Apokalypse zu denken sein.[471] Hier bezeichnet es nicht mehr die Aushe-

---

468 In ebendiese Richtung zielte die Benutzung von Mt.19,24: *Neque igitur ignorabat* (Adalhard), *quod faciius sit camelum per foramen acus transire, quam divitem in regnum coelorum intrare*. Zugrunde liegt die Erzählung von einem reichen Jüngling, der zwar das mosaische Gesetz strikt einzuhalten willens war, jedoch Christi Aufforderung auswich, seinen gesamten Besitz zugunsten der Armen zu veräußern, damit er einen Schatz im Himmel erwürbe, und Christus zu folgen. Der von Radbert herangezogene Satz ist die Lehre, die Christus aus dem Vorfall zog; Radbert verbindet dies mit Mt. 7,13f.
469 C. 8; Ps. 41,2 (iuxta LXX). Kein davidischer Psalm; *in finem in intellectum filiis Core*, also wohl auswendig zitiert.
470 Ps. 68,29; der Vers ist eine Verwünschung derer, die David bedrängen: *deleantur de libro viventiumet cum iustis non scribantur*. Nimmt man aus dem voraufgehenden Vers noch: *non intrant in iustitiam tuam*, so gab es für Radbert wohl die Möglichkeit, diese Verse im Sinne der Apokalypse zu lesen.
471 Apoc. 3,5; 20,12 und 15,21 und 27.

bung der Kämpfer, sondern die persönlich gefaßte Verheißung der ewigen Gemeinschaft mit Christus. Mit ungenauem Rückgriff auf das Buch Josua[472] heißt es über die *tirones: in coeleste collegium supputantur, hi tantum in castris Domini figunt tentoria, hi soli procedunt ad bella.* Die *castra* Gottes, die darin errichteten Zelte also sind die Klöster und der Kampf, den diese *tirones* kämpfen, ist der weltgeschichtliche gegen den Widersacher Gottes. Aus dem Zahlenspiel von 4 und 5, die in Multiplikation 20 ergeben, gewinnt Radbert den Satz, daß zu diesem Kampf nur bereit sind, *qui veteris ac novi testamenti aetate senuerint et eius sapientia fuerint educati.* Tugend ist Voraussetzung des Kampfes, des Sieges über sich selber, und damit ist auch der Ort des Kampfes vor allem im Menschen selbst gefunden[473] – *cum tunc hostis quantum in carne est, maioribus utitur decipiendi ingeniis.*

Die Mitbrüder bestimmten Adalhard zum *hortulanus*, zum Gärtner.[474] Darüber erfreut zu sein, erschien Radbert für ein Mitglied der königlichen Familie durchaus ungewöhnlich, ein Akt besonderen Gehorsams: *Qui gaudens ut bonus athleta Christi, ac si inter paradisi delicias, ita oboediens laetabatur animo.* Er habe gewußt, daß Christus in einem Garten begraben wurde, in einem Garten auferstand, als Gärtner vor Maria trat, daß dort im Garten Engel Menschen erschienen.[475] Radbert nimmt die Gärtnergestalt als Bild auf: *Unde profecto thesaurum effodiens in hortis animi multiplici corpus aromate unguebat Jesu.* Gleichnishaft sprach Christus vom Himmelreich als einem im Acker verborgenen Schatz, den ein Mensch fand, der dann seine gesamte Habe verkaufte, um mit dem Acker um diesen Schatz zu erwerben (Mt. 13,44). Adalhards gehorsam übernommenes Gärtneramt ist also Gleichnis eines auf Gottes Reich gerichteten Mönchseins. Alle Deutungen des Gärtnerdaseins haben einen auffälligen Bezug auf Christus. Die ersten Beispiele machen das Amt des *hortulanus* dadurch wert, daß Christi Tod und Auferstehung mit einem Garten verbunden war. Den Sinn des letzten Beispiels klärt ein Blick in Radberts Matthäuskommentar: Nach genauer Diskussion bisheriger Deutungen dieses Gleichnisses trägt Radbert seine Deutung vor: *Sed nos fulti gratia spiritus sancti* (ein stolzes Wort!) *dicamus ... quia Christi caro ager est, plenus coelestibus sacramentis, quem olim benedixit Dominus, in cuius pretium vendendae sunt omnes saeculi facultates, ut aeternas coelestis thesauri divitias comparemus. Verum tamen valde considerandum, quia nec thesaurus sine agro emitur, nec ager sine thesauro*

---

472 Jos. 8, Kampf gegen Hai, dort ist nicht das Alter von 20 Jahren erwähnt.
473 Zum Kloster als Kampfplatz s. auch c. 9 unter Rückgriff auf Eph. 6, 10ff: *ita certaminis campum ingressus pervenit ad coenobium*; das Wort ließe sich zumindest auch auf das Kloster beziehen, der Kontext erlaubt aber auch die Deutung auf das Individuum.
474 C. 9; B. KASTEN, Adalhard (wie Anm. 461) S. 38, schließt aus dem Lob der Vita, das Amt des *hortulanus* sei zu gering und für Adalhard eine Erniedrigung gewesen – eine Art wissenschaftlicher Legendenbildung. Was spricht gegen ernste monastische Absichten Adalhards und deren zutreffende Einordnung durch Radbert außer dem modernen Freund-Feind-Schema? Die Vita hatte Karl zu 772 viel zu scharf kritisiert, als daß sie nicht auch ein unrechtes Vorgehen Karls gegen Adalhard zur Steigerung seiner Heiligkeit hätte nutzen können. Im übrigen hat Karl Adalhard an seinen Hof zurückholen lassen, muß ihn folglich sehr geschätzt und benötigt haben.
475 Joh. 19,41; 20,15; 20,12.

invenitur[476]. *Thesaurus in hortis* – das wäre nach dieser Deutung Gott und Mensch Christus, und so ist es die gewissenhafte und hingebungsvolle Arbeit des *hortulanus* Adalhard, die als äußere Entsprechung seiner Christusverehrung der Salbung des Christuskörpers verglichen ist. Dieses Salben bezeichnet den kontemplativen Anteil des Gärtner-Mönches Adalhard mit der Geste demütiger Verehrung der „Sünderin", die Christi Füße mit Ölen salbte.[477] Was er an Reinheit, an Erkenntnis gewann, war Christus dargebracht, *multiplicia aromata*, von großer Kostbarkeit.

Radbert verweilt beim Garten als Bild: Adalhards Wort (c. 9), zumindest sein Wunsch sei jener der Braut des *Canticum* gewesen: *Veniat dilectus meus in hortum suum virtute consitum et comedat fructus pomorum suorum* (Cant. 5,1) – *virtute consitum* ist Radberts Zutat. Die Anwendung der bekannten Deutung des Hohen Liedes auf das Verhältnis der menschlichen Seele zu Gott gerade auf den Mönch erhält ihre besondere Bedeutsamkeit dadurch, daß sie dem Mönchsleben den Geruch des verkrampften, bitteren Verzichts nimmt, wie schon zum Psalmzitat mit dem dürstenden Hirsch gesagt werden konnte. Die Bahn des Gewohnten verläßt die Bezeichnung der Menschenseele als *hortus* – dies ist hervorgehoben durch Radberts eigenmächtigen Zusatz *virtute consitum*. Adalhard ist nicht mehr Gärtner, sondern Garten, *hortum deliciarum animam suam Domino consecraverat*. Die *fructus pomorum suorum*: Das Possessivpronomen ist auf Christus bezogen, diesem dankte Adalhard, *si quod boni mente gestaret*. So wird Christus geschildert, der seinen Garten, *hortum animi illius*, betritt, sich *virtutum deliciis* zu erfreuen,[478] Radbert zitiert des Hieronymus Erläuterung zu Eden und Paradies als *hortus deliciarum*[479].

Unter dem Eindruck des an Abraham ergangenen Befehls: *Exi de terra tua et de cognatione tua et de domo patris tui ac veni in terram quam monstravero tibi* (c. 11; Gen, 12,1) entschloß sich Adalhard zu einer Reise nach Montecassino:[480] Nicht nur im Geist durch den Klostereintritt wollte er *nativitatis solum* aufgegeben haben. Das Geleistete schien zwar als Erfüllung des evangelischen Gebotes Vater, Mutter und die ganze Verwandtschaft zu verlassen, wie Christus dies gefordert hatte, als er seinen Jüngern seine Antwort an den reichen Jüngling erläuterte.[481] Doch bei seiner

---

476 Aus dieser Position kann er Häresien angreifen, die in Christus nur den Menschen oder nur die Gottheit erkannten. Ferner erläutert er das erneute Verbergen des erworbenen Schatzes. Der Matthäuskommentar: Pascasii Radberti Expositio in Matheo Libri XII, ed. B. PAULUS, CCCM 56/56A, Turnhout 1984; hier lib.VII ab Z. 943; S. 719–722.

477 Vgl. Vita Wandregiseli c. 8.

478 Radbert unterstreicht dies durch ein weiteres Canticumzitat, ebenfalls ein Wort der Braut: *Pone me sicut signaculum erga cor tuum* (Cant. 8,6); die Braut fährt fort: *quia fortis es ut mors dilectio*; c. 10 führt diesen Gedanken z. T. fort, ohne Schriftworte anzuführen.

479 Hieronymus, Hebraicae questions in Genesis (2,8). *Hortus deliciarum* ist eine Kontraktion der etwas umfangreicheren Erklärung des Hieronymus: *Pro paradiso hortum habet, id est gan. Porro eden deliciae interpretatus, pro quo Symmachus transtulit paradisum florentem.*

480 Wohl vor 780; ABEL-SIMSON Jbb. des fränkischen Reiches unter Karl dem Großen I, Leipzig ²1888, S. 361 nimmt ca. 780 an. A. HAUCK, Kirchengeschichte Deutschlands II, Berlin/Leipzig ⁸1954, S. 178, der in Anm.1 den Verweis auf Gen. 12,1 wohl mißversteht. B. KASTEN, Adalhard (wie Anm. 461) S. 39f; was spricht gegen den geistlichen Ernst Adalhards in solcher Entscheidung (s. oben Anm. 470)?

481 Mt. 19,29f; Mc. 10,29f; Lc. 18,29f.

Abkunft, so erklärt Radbert, traf er beständig Verwandte oder sonst Vertraute, die seine Ruhe störten. Erst wenn er das Karolingerreich verließ, entkam er diesem Umkreis: *quousque moraretur infra patriae fines*, glaubte er sich von der Gefahr der Selbstüberhebung bedroht. Deshalb *alter Elias fuga laberetur, non Jezabel* (vgl. III. Reg. 18,4; 19,2), *sed carnis fugiens voluptatem*. Das *ut sese fugiendo plenus inveniet* oder *se fugiens se inveniret* erinnert an Gregors des Großen Erläuterungen zu *secum habitare* (Dial. II,3). Hier folgte Radbert dem Begriff der Flucht und sagte *factus est hospes peregrinationis, non habens cum Christo – quod egregium habendi genus est – saltem ubi caput reclinet*. Dies hatte Christus von sich selber gesagt als Antwort an einen Schriftgelehrten, der ihm folgen wollte.[482] So mag ein solcher Satz, hier in Verbindung mit einem sehr individuell gefaßten *peregrinatio*-Begriff[483], Inbegriff der Christusnachfolge sein. Erst außerhalb des von Adalhards Verwandten beherrschten Reiches glaubte er sagen zu können, *vivo autem iam non ego, vivit vero in me Christus*. Das Pauluswort (Gal. 2,20) betraf den Streit, wieweit die Einzelheiten des jüdischen Gesetzes weiterhin galten zumal für aus dem Heidentum gewonnene Christen. Gemäß seiner Auffassung, daß das rechte Leben wie die schließliche Erlösung aus dem Glauben an den auferstandenen Christus hervorgehen, lehnte Paulus diese Forderung ab. Den aus solchem Kontext genommene Satz auf Adalhard anzuwenden, bedeutete doch wohl, daß der Theologe Radbert sehr wohl Klarheit und genaue Kenntnis von Wert und Bedeutung asketischer Bemühungen hatte. Es sei jedoch nicht übersehen, daß in der Vita der Kontext des Pauluswortes die durch die *peregrinatio* aus den Reichsgrenzen heraus neu gewonnene Unabhängigkeit und Bereitschaft für Christus ist, die Existenz nicht mehr im Schoß der Königsfamilie, sondern aus dem geglaubten und verehrten Herrn.

Mißlang die Flucht vor Reichtum, Macht und Ansehen der eigenen Familie (c.12/13), so zeigt dies erst recht, wie schwer, aber auch wie wichtig für einen Menschen solcher Abkunft die Trennung von Elternhaus und Verwandtschaft war. Christus habe Mutter und Bruder von sich gewiesen: *Si quis, inquit, fecerit voluntatem Patris mei, qui in coelis est, ipse meus frater, soror et mater est* (Mt. 12,50). Einem Menschen, der in Christi Jüngerkreis eintreten wollte, nachdem er seinem Vater beerdigt hatte, sagte Christus schroff: *sine, inquit, mortuos sepelire mortuos*

---

482 Mt. 8,20; *Et dicit ei Jesus: Vulpes foveas habent, et volucres caeli nicos; filius autem hominis non habet, ubi caput reclinet*. In Radberts Erklärung des Verses in seinem Matthäuskommentar liber V ab Z. 1121; S. 497 sind Wölfe und Vögel Zeichen der Häresie. Jener Pharisäer hatte mehr versprochen als er halten konnte und wurde deshalb abgelehnt. *Tenet autem hic haereticorum aut hypocritorum formam*. Die *fovea* sind Zeichen von *dolum und fraus, terrenarum speluncas insidiarum*. Die Vögel aber: *volucres coeli, id est daemonia in aere isto volantia, nidos in eis minime haberent. Et si non prius in eis nidificassent, isti sibi foveas in terrenis pravitatibus non effoderent. Nunc vero ideo semper haeretici quaerunt foveas, quia in eosdem demone vitiorum nidos habent*. Radbert notiert schließlich auch, daß für den Leser die Erkenntnis der Armut Christi Gewinn bringe. Daß Christus nicht habe, wohin er sein Haupt legen könne: *caput vero Christi Deus, Deus autem non nisi in mundis se reclinat mentibus, fide prius mundans corda eorum*.

483 S. oben Anm. 375 zu Columban, wenn auch in der angeführten Literatur zur *peregrinatio* die Adalhardvita unberücksichtigt geblieben ist.

*suos, tu autem sequere me*⁴⁸⁴. Dies habe Adalhard gewußt und habe deshalb aus der Mitte der Mitbürger fliehen wollen. Beide Zitate gehören also zum *peregrinatio*-Begriff dieser Vita und betonen den unbedingten Vorrang Gottes mit Unerbittlichkeit. Seit Antonius gehören diese Christusworte zu den Mönchsleben begründenden, *conversiones* bewirkenden Sätzen, so daß man fragen darf, ob die hier zugrundeliegende Vorstellung von *peregrinatio* nicht einfach das strenge Mönchsleben, die Aufgabe aller bisherigen Bindungen meint, freilich für ein Mitglied der königlichen Familie, das eben erst in fremdem Lande solche Bindungen wirksam und endgültig durchschneiden konnte.

In einen anderen Gedankenkreis führt der Christusausspruch, den Radbert zitiert: Christus habe in seiner Heimat keine Zeichen getan, *neque propheta sit sine honore, nisi in proprio solo* (Mt. 13,53–58; hier 57). Christus hatte in seiner Vaterstadt (*patria*) gelehrt und man wunderte sich dort über ihn – er war nur Sohn eines Zimmermanns. Man kannte seine ganze Familie und ärgerte sich so über seine Rede. Es war also auch Adalhard im Frankenreich zu sehr von seiner Herkunft bestimmt, um als Mönch, nicht als Karolinger groß zu sein. Nicht mehr die Trennung von der Verwandtschaft als vollkommene Askese und auch, um bestimmten Versuchungen zu entgehen, ist hier gemeint, sondern die Gefahr, immer als Karolinger gesehen zu werden, so daß der Asket und Lehrer Adalhard in seinem Eigentlichen gehindert und wirkungslos blieb.

In Corbie wurde er bald zum Abt bestimmt, noch zu Lebzeiten seines Vorgängers.⁴⁸⁵ Radbert nannte ihn deshalb *alter Augustinus*, dies nicht nur in solch Äußerlichem, sondern *utrique tamen perfecti Dei dispensatores inveniuntur*: Ein Begriff aus dem Bischofsspiegel, den Paulus an Titus schrieb, der mit dem Aufbau der geistlichen Organisation auf Kreta beauftragt war: *Oportet enim episcopum sine crimine esse sicut Dei dispensatorem, non superbum, nun iracundum, non vinolentum, non percussorem, non turpilucri cupidum; sed hospitalem, benignum, sobrium, iustum, sanctum, continentem, amplectentem eum qui secundum doctrinam est fidelem sermonem, ut potens sit exhortari in doctrina sana et eos qui contradicunt arguere* (Tit. 1,7–9). Kaum ist denkbar, daß Radbert nicht die ganze Stelle im Kopf hatte und in Adalhard bestätigt fand. So folgt auch eine Beschreibung der Person Adalhards, die begrifflich die Vorzüglichkeit seines Handelns und Denkens nennt (c. 15): *Fortis siquidem fide, constantia et virtute solidus ... Teres autem et rotundus ideo in seipso, imo in Deo fuisse dicitur, quia non solum sibimet virtutibus*

---

484 Mt. 8,22; die Deutung dieses Verses im Matthäuskommentar, Lib. V ab Z. 1200; 499f; ist nicht ohne Schärfe: *Hoc enim ei non primum esse debuerat sed secundum. Quia prius est in prima legis tabula Deum diligere* (Ex. 20,1–4), *in secundo vero patrem honorare* (Ex. 20,12). *Terrenus namque pater postponendus erat coelesti.* Letztlich sind für Radbert Gestorbene nicht einfach Tote, die beerdigt werden sollen. Welchen Sinn hätte sonst der Satz: *Nisi cum ab impiis et mortuis Deo humantur cadavera mortuorum. Unde manifestum, quod, sicut moritur caro cum deseritur ab anima, ita rursus anima cum deseritur a Deo.* So hat der Lebende – *mortuus saeculo* – keine Gemeinschaft mit den Toten. Nicht vom Dienst am Vater halte Christus ab, sondern von der Gemeinschaft mit den Gottlosen.

485 C. 14; ABEL-SIMSON, Jahrbücher (wie Anm. 480) I, S. 361 nimmt ca. 780 an; B. KASTEN, Adalhard (wie Anm. 461) S. 42f.

ac moribus aptabatur, verum etiam omnibus congruus erat et amore dignissimus; intantum ut omnia omnibus esset et pene cunctis lucrifieret. Das letzte – *omnia omnibus esset* – charakterisiert den auf die Eigenart seiner Mönche helfend und aufbauend eingehenden Abt mit einem Wort des Paulus über seine Missionstätigkeit (Cor. 9,22; vgl. Vita Wandregiseli c. 16), das Eingehen auf Juden und Griechen, Hohe und Geringe. Alles in allem: *Totus igitur novo homine indutus erat, et quantum hic mortalibus fas est, in intimo Domino recreatus* (c. 16). Hier konnte es nicht, wie in dem zugrunde liegenden Paulusfort (Eph. 4,23f) darum gehen, sein Leben vollständig von allem Heidentum zu reinigen und auf die neue Lehre Christi zu gründen, sondern die *conversio* von weltlich-herrscherlichem Leben des Karolingers zum Mönche als vollständig und unwiderruflich darzustellen. Das war an dieser Stelle umso bedeutsamer, als dieses Kapitel der Vita Adalhards seine Regentschaft in Italien für den jungen Pippin lobt.[486]

Radbert beschreibt weiter Adalhard: *Animus vero eius erat velut hortus paradisi, fidei muro conclusus, universarum consitus virtutum generibus* (c. 19). Das Bild des Gartens, der mit Tugenden bepflanzt ist, nimmt das Thema des neunten und zehnten Kapitels wieder auf. Radbert schildert nun, wie Adalhard diese Tugenden erworben hat: *Huius viri imitabatur humilitatem, istius lenitatem ...*, dies erinnert mit wörtlichem Anklang an den Anfang des Eremitenlebens des Antonius, für den Athanasius deshalb das Bild der *apis prudentissima* fand.[487] Adalhard selber verdankte der Verfasser den Hinweis auf ein Jesaiawort: *Super quem requiescam, nisi super humilem et quietem ac trementem sermones meos* (s. Is. 66,2). Der Satz hat einen herrscherlichen Kontext: Gott sagt, der Himmel sei sein Stuhl, die Erde seine Fußbank etc. Dieser Herrscher also will ansehen, die sich ihm willig beugen; ein Wort, das die Adresse monastischer Demut deutlich macht.

Aus Ciceros *de inventione*[488] greift Radbert ein anderes Bild, Adalhards Tugendbemühungen zu umschreiben. Cicero erzählt die Geschichte des Malers Zeuxis, der für eine Stadt ein vollendetes Helena-Bildnis schaffen soll. Dafür will er sich aus den Mädchen der Stadt eine Jungfrau als Modell suchen, jedoch – so die Nacherzählung Radberts – *pictor quinque delegit, quarum formam suo probavit iudicio pulchritudinis esse.* Die Vollkommenheit fand er nicht bei einer allein *eo quod nihil simplici in genere omnibus ex partibus perfectum natura expolivit, tanquam caeteris non sit habitura quid largiatur, si uni cuncta concesserit.* Hatte der Maler

---

486 So Radbert wohl irrtümlich für Pippins Sohn Bernhard. ABEL-SIMSON, Jahrbücher (wie Anm. 480) II, S.463, Anm. 1 und S. 486ff. B. Simson, Jahrbücher des deutschen Reiches unter Ludwig dem Frommen I, Leipzig 1884 /ND 1969) S.71f. L. M. HARTMANN, Geschichte Italiens im Mittelalter III, Gotha 1908 (ND 1969) 70ff; KASTEN, Adalhard, S. 42ff.

487 Vita Antonii c. 3: *Et omnibus, ad quos studio discendi pergebat, oboediens, proprias singulorum gratias hauriebat: huius continentiam, iocunditatem illius sectebatur, istius lenitatem, illius vigilantiam, ...* S. auch über Adalhard in c. 19: *Ita omnium sanctorum vitas uno mentis intuitu considerabat, quorum sedulo ruminabat virtutum exempla, ut ex his omnibus unum colligeret virum perfectum Deo plenum et religionis officio decoratum.*

488 Cicero, de inventione II 1; c. 20 der Vita. PELTIER, Pascase Radbert (wie Anm. 461), hat diese Stelle nicht behandelt.

in der *palaestra* die Jungfrauen nach der Schönheit ihrer Brüder ausgesucht, so betrat Adalhard, getauft und Mönch geworden, *palaestam vitae* (c. 21) *pro quo mentis intuitu conspexit diversos ad diversa tendentes.* Er fand Menschen, die sich vordergründiger Ehren, Freuden und Reichtümer wegen abquälten, *nonnullos autem sectari iustitiam necnon aliquos furturam respicere vitam.* Da suchte er fünf Jungfrauen zu erkennen, *quae pio charitatis oleo suas indestinenter ornant lampadas et parant exire obviam sponso et sponsae.* Deren wachsamen Geist wollte er nachahmen, *ne forte fur nocte veniens dormientem subriperet.* Aus der Leistung aller *unam in se Christi reformavit imaginem,* denn in dem Menschen und Gott Christus habe er alle Schönheit ewigen Lebens (*venustas et decor aeternae vitae*) *ultra quam intelligi possit* gefunden. Verhindere die Natur die letzte Vollkommenheit in der Kirche, so gewähre sie die Gnade, *ut sit Deus omnia in omnibus.* So habe er in allen Christus wiedererkennen wollen.[489]

Dies mag man eine allegorische Auslegung der Erzählung Ciceros nennen. Aus dem Maler, der ein Vorbild des sichtbar Schönen für seine Kunst sucht, die in der Nachahmung der Natur das Vorzügliche darstellen will, ist der Mensch geworden, der in anderen die vollkommene Ausprägung verschiedener Tugendwerte zu erkennen trachtet, in allen den Anteil des einen Vollkommenen, Christus, wahrzunehmen und im eigenen Leben nachzubilden. Aus den wohlgebildeten Jungfrauen von Crotone werden die klugen Jungfrauen des Christusgleichnisses (Mt. 22,1ff), deren Äußeres so wenig interessierte, daß hier wie im Gleichnis die Rede davon nicht ist.[490] Radbert sucht anderes als der Rhetor, z. B. gewinnt er in der Anlehnung an das Gleichnis den Kontrast zu den törichten Jungfrauen. Die klugen aber hielten ihre Lampen mit *charitatis oleum* bereit. Der Begriff der *charitas* geht hier deutend über die Textvorlage hinaus;[491] das Feuer aber brennt für den einen Herrn. Die so ge-

---

489 Alkuin habe ihn deshalb Antonius genannt; dies mag an c. 3 der Antoniusvita anschließen (s. Anm. 483); Alkuinbriefe: Alcuinus, Epistolae, ed. DUEMMLER, MGH Epp. Karolini Aevi II, Berlin 1895, S. 175f; S. 220; S. 222; S. 237.
490 Durch die Parallele der klugen Jungfrauen zu denen von Crotone, deren Schönheit an Helena erinnerte, kommt unwillkürlich der Gedanke der Schönheit des Reinen in die Erzählung.
491 Radbert hat in seinem Matthäuskommentar das Gleichnis ausführlich erläutert (lib. IX ab Z. 1999; 1210–1224); er übernahm hier den Begriff der *charitas* als Deutung des Öles. Er erklärte zunächst, daß alle zehn Jungfrauen des Gleichnisses keine Heiden sind, sondern als Juden, Christen oder Häretiker denselben Gott bekennen. Jenes erste Entgegengehen (v. 1) ist das Bekenntnis zu Gott; das zweite, endgültige, bei dem die törichten Jungfrauen versagen, geschieht nach dem Schlaf des Todes in der Auferstehung. Da fehlt den Törichten das Öl für die Lampen. Die Klugen haben während ihres Erdenlebens mit ihren Taten ihren Glauben eingelöst: *Hoc quippe est oleum accipere in vasis suis, ad nutrimentum aeterni luminis, ut semper anima et corpus, dum hic vivitur, infundatur bonis actibus, ut habent iugiter secum oleum laetitiae et gaudium sancti spiritus. Quod oleum post perceptam gratiam, reliquae virgines, secum sumere et nutrire, quia noluerunt, fatuae dicuntur.* Gemeint ist mit den Jungfrauen die ganze Kirche: *nam in corpore virginitatem pauci habent, in corde enim omnes habere debent ... Oleum namque fructus est spiritus, vas vero licet fictilia, nostra sunt corpora, infra quorum viscera recondendus est enim fructus boni operis. Porro lampada animarum splendentium lumen est, quae sacramento baptismatis indutae splenduerunt ... Oleo namque perungimus in baptismate, ut Christiani dicemur, ... Forte ergo hoc oleum exsultationis et laetitiae Spiritus Sanctus est, quem*

kennzeichnete wache Bereitschaft rief Radbert sofort ein weiteres Gleichnis in Erinnerung: Paulus hatte gemahnt, der Tag des Herrn werde kommen, wie der Dieb in der Nacht (1. Tim. 5,1f), und dies mußte dort wie in der Vita heißen, daß der Mensch vor seinem Herrn nicht bestehen wird, der nicht ständig auf seinen Herrn sich spannt. Außerhalb der Cicero-Erzählung lag nicht nur jene gespannte Bereitschaft für den Herrn, die mit dem Gleichnis der klugen und der törichten Jungfrauen in die Deutung kam; daß der Mensch die Vollendung nicht leiste, daß die Natur sie in der Kirche nicht zulasse, daß die Gnade Gottes sie hervorbringe, *ut sit Deus omnia in omnibus*, ist aus einem Pauluswort genommen, das ursprünglich anderes meinte: Am Ende werde auch Christus dem Vater untertan sein, *ut sit Deus omnia in omnibus* (1. Cor. 15,28). So freute sich Radbert/Adalhard nicht mehr in antiker Weise an der Erscheinung, diese nachzubilden, sondern suchte in der Erscheinung und ihren geistig-sittlichen Qualitäten ihren Schöpfer und Herrn wiederzufinden, um gemäß der Bestimmung der Schöpfung solche Vollkommenheit in sich auszubilden. An die Stelle der abwartenden Bereitschaft der Jungfrauen des Gleichnisses trat hier der Christus lebhaft entgegen strebende Mensch.

Außerhalb direkter Schriftzitate steht die Vorstellung von der Armut Christi. Radbert berührt sie im Zusammenhang von Geiz und Freigebigkeit (c. 23). Anders als bei Caesarius ging es nicht um die Linderung der schlimmsten Not. Eher erscheint Freigebigkeit als ein Zeichen dafür, daß man an irdischen Gütern nicht mehr hängt. *Novit altissima virtus, quod frequentius in tantum liberaliter tribuebat, ut ipse pauper ac sui simul viderentur egere. Sed tunc laetus, tunc gaudens exsultabat in Domino. Aiebat namque: Utinam vel in modico paupertate Christi participaremur.* Arm sein wie Christus bedeutete als Maxime, daß hier Armut mehr war, als nur ein gewollter Lebensumstand. Was bedeutete dies überhaupt für einen aus der Karolingerfamilie stammenden Abt, der einem reichen, bedeutenden Kloster vorstand? Persönlichen Besitz verbot die Regel, der Verzicht darauf ist offenkundig nicht gemeint. Da Kirchengut unveräußerlich war, konnte weder Abts- noch Konventsgut Gegenstand der Freigebigkeit sein. Deswegen ist an den Umgang mit den Erträgnissen des Klosterbesitzes und mit Geschenken zu denken. Die folgende Erzählung von einem kleingläubigen *cellarius*, der die Hungersnot aller Mönche angesichts der Freigebigkeit Adalhards hereinbrechen sieht, gibt den klaren Hinweis auf eine asketische Tugend und auf ein starkes Vertrauen in die Fürsorge Gottes. Wer so lebt wie Adalhard, ist nicht in der Gefahr der Versuchung zu irgendeiner Form des Wohllebens.

Zwei Kapitel berichten und erklären, daß und warum Adalhard häufig weinte. Wir greifen hier die von Radbert unterlegte Erklärung heraus: Es soll wohl den Rang der theologischen Erkenntnis und der Reinheit seines Lebens bezeichnen, wenn von Adalhard gesagt wird, daß er das Allerheiligste betreten habe (*sancta*

---

qui non habet non est Christi, neque charitatem Christi habet. Hier verweist Radbert auf Rom. 5,5 und Cor. 13. *Quae nimirum charitas merito per oleum significatur. Quia et oleum omnibus supereminet liquoribus: Ita et charitas universis virtutibus.*

sanctorum ingressus)⁴⁹², und nun auf das Erschaute nicht zuschreiten könne. Die aufgeschobene Hoffnung greife die Seele an: Dies ist die Sehnsucht nach dem Tod als dem Eintritt in die Gottnähe. Die *coelestis patria* habe er gesehen, *quo hymnidici Chori Deo laudes concelebrant*; seine Seele sei zur Wohnung des Heiligen Geistes geworden (s. auch c. 28). Indem der Geist aber sich himmelwärts bewege, sei die Liebe Ursache seiner Tränen. Radbert legt ihm ein Wort des *Canticum* in den Mund: *Anima mea liquefacta est ut locutus est mihi, si quidem locutus est et abiit, abiit ut mens avida fruendi felicius inardesceret, et flammam cum invenisset, in eo charitatis firmius retineret* (Cant. 5,6). Der Bräutigam hat bei der Braut angeklopft, doch als diese öffnet, ist er fortgegangen. Sie hat sich für ihn bereitet, ihn erwartet, und ist tief getroffen, ihn nicht mehr zu finden. Radbert nun kennt den Grund: Der Bräutigam, Gott als Heiliger Geist, will so Adalhards Bereitschaft und Sehnsucht steigern. Radbert findet dies in einem Ausspruch Adalhards in seiner Todesstunde bestätigt, ein Psalmwort, wie ja der Psalter den Mönchen in besonderen Augenblicken vertraut und nahe war: *Sitivit anima mea ad Deum vivum* (Ps. 41,3; vgl. c. 70). Die Sehnsucht der Braut nach dem Bräutigam und die Sehnsucht des Psalmisten nach Gott, nach einem Zeichen seiner Gegenwart, werden hier als eines angesehen und bezeichnen Adalhards Wunsch und Hoffnung auf ein höheres Leben nach dem Tod.

Die nächsten Abschnitte schildern Adalhards besondere Hingabe und Versenkung bei allen Verrichtungen der Liturgie und des Gebets (c. 27 und 28). Doch sei die Zeit nicht fern gewesen, *ut neque in monte, neque in Jerosolymis, et, ut ita dicam, neque in aliquo loco, sed ut in spiritu et veritate adoraret Patrem*, ein Wort, das Christus zu einer Frau aus Samaria gesprochen hatte (Joh. 4,19ff). Sie gewann aus dem Gespräch die Überzeugung, Christus sei ein Prophet, und so fragte sie ihn nach dem rechten Ort der Anbetung Gottes, worüber wohl zwischen Samaria und Jerusalem gestritten wurde. Christus löste mit diesem Ausspruch die Verehrung Gottes von einem bestimmten Platz und band sie an die aufrichtige Hingabe und Bereitschaft des Menschen. Für Adalhard hatte das an dieser Stelle der Vita in sofern Bedeutung, als er für seine Abtei oft auswärtige Aufgaben zu verrichten hatte und die Regel außerhalb des Klosters auch an ungeeignetem Ort einhalten mußte und wollte. *Templum autem eiusdem Spiritus suam fecerat animam veritatisque habitaculum* (vgl. 1. Cor. 3,16f und 6,19).

Dies habe eine beständige Heiterkeit in ihm bewirkt und ihn zu einem Friedensband gemacht (c. 29). Radbert schreibt ihm einen Friedensschluß zwischen Spoleto und Benevent zu.⁴⁹³ Es habe ihn der Gedanke geleitet, daß es Gott nicht gefallen könne, wenn die christlichen Brüder einander blutig vernichten; und er beruft sich auf den 1. Johannesbrief (3,15): *quia omnis, inquit Apostolus, qui odit fratrem suum, homicida est, et scimus quod omnis homicida non habet vitam aeternam in se manentem*. Radbert hat nicht irgendein Evangelien- oder Episteltext gewählt, der

---

492 Dazu weiter unten in c. 20: *Jam enim cupiebas ingredi tabernaculi locum admirabilis, iam vox exsultationis in auribus erat et confessoris in ore* ... Die Beschreibung der Stiftshütte und des Allerheiligsten darin (Ex. 26) sind Bild des jenseitigen Reiches geworden.
493 ABEL-SIMSON, Jahrbücher (wie Anm. 480), II, 49ff; SIMSON, Jahrbücher (wie Anm. 486) S. 7ff; L. M. HARTMANN, Geschichte Italiens (wie Anm. 486) III 70ff; B. KASTEN, Adalhard (wie Anm.461) 55f.

zu gegenseitiger Liebe aufrief, sondern die harte Drohung mit dem Verlust des ewigen Lebens. Das Verderben anderer fürchtend sei Adalhard dazwischen getreten, *et quam diabulus pacem Christi violaverat, sane plenum restituit.* Krieg war also letztlich, weil Menschen immer wieder Satan folgen, und Radbert reduzierte den Streit auf den weltgeschichtlichen Kampf Satans gegen den eigentlichen Herrn der Welt.

Ein einschneidendes Ereignis im Leben Adalhards, das zugleich der allgemeinen Geschichte der Karolingerzeit angehört, ist Adalhards Verbannung. Der Streit, der dahin führte, war Teufelswerk: *..., ut diaboli agente invidia in eo veritas pravorum rursus solitis agitaretur insidiis.*[494] So bedachten die *improbi* oder *pravi* ... *quomodo ac si Danielem ex regis latere amoverent, ut iustitia ulterius non habendo defensorem statum amitteret; et iniquitas suis perempta fraudibus locum dominandi reciperet.* Dies ist insofern ein weitreichendes Wort, als Nebukadnezar, den Daniel wiederholt zu gerechtem Handeln anhalten konnte, Heide war; nicht leicht konnte Härteres über Ludwig den Frommen angedeutet werden, und dessen Adalhard feindliche Ratgeber – zumal Benedikt von Aniane – sind dabei wohl einzubeziehen. Das Unrecht, das Adalhard widerfuhr, wird allgemein mit Worten umschrieben, die den Leser an Hiob erinnern müssen, und deshalb wohl auch vorab Adalhard als einen Menschen schildern, der sein Schicksal in Geduld hinnimmt: *Sed Deus, qui suos ad altiora semper invitat, voluit hunc virum manifestius approbare, quantusque esset in adversis ostendere: ut qui tantus Deo victor in prosperis triumphabat, in adversis etiam triumpharet, ut quia iam gratia Dei Evangelii septem beatitudines vita et moribus sibi acquisierat, octavam quae supererat operibus adimpleret: Beati, inquit Evangelium; qui persecutionem patiuntur propter iustitiam, quoniam istorum est regnum coelorum* (Mt. 5,10). Die Seligpreisungen wären kaum je eine Grundlage für die Schilderung eines Heiligenlebens gewesen. In ihrer Betonung der Qualitäten des Duldens und Mitleidens ermangelte es an jedem aktiven Element, dem tätigen Gott-Entgegen-Streben, der beständigen Bereitschaft für diesen Herrn. Es bereitet Schwierigkeiten, in den bisherigen Abschnitten des Adalhardlebens einen genauen Widerhall der ersten sieben Seligpreisungen aufzufinden. Da waren die Friedfertigen gepriesen (v. 9) – aber Adalhard war, nein tat mehr: Er stiftete Frieden. In seiner Freigebigkeit lag gewiß Barmherzigkeit, doch hatten wir oben bezweifeln müssen, daß hier der Ursprung der *largitas* lag; vielmehr suchte er die Angleichung an Christi Armut, fürchtete die Erschlaffung, die jede Versuchung zu eigenem Wohlleben mit sich bringen konnte etc. Im Zitat der achten Seligpreisung lag die Möglichkeit, den an das Martyrium erinnernden Begriff der *persecutio* anzuwenden – *propter iustitiam*; der Streit, um den es ging, berührte ja nicht die kirchliche Lehre. Die Fragen, um die im Reich gestritten wurde, betrafen die Nachfolgeordnung im Frankenreich, die Möglichkeit, die Einheit im Frankenreich zu wahren, Bernhards Königtum in Italien und, hier wesentlich, Organisation und Zustand des

---

[494] C. 30; das Ende des vorigen Kapitels zum Streit Benevent-Spoleto: *Unde se medium inter eos pius pater iniecit, et quam diabolus pacem Christi violaverat, sane et plenum restituit.* Zum Ereignis: ABEL-SIMSON, Jahrbücher (wie Anm. 480) I, S. 21f; Ende des Exils S. 171; BM 740d; B. KASTEN, Adalhard (wie Anm. 461) S. 85ff; s. auch S. 100f.

Klosterwesens. Sie alle werden in der Vita nicht erörtert.[495] So brauchten auch Adalhards Gegner nicht erwähnt zu werden. Wohl aber moniert Radbert mit Schärfe, *ut sine accusatore, sine congressu necnon sine audientia atque sine iustitia plecteretur in eo*. Adalhard verlor Amt und Würden, *vulgi existimatione foedatus, ob beneficium reipublicae exsilium tulit*. Es liegt in der Konsequenz eines Lebens, das von irdischen Werten unabhängig sein wollte, wenn Radbert von Adalhard in dieser Lage sagen konnte: *Sed, si Deus pro nobis, quis contra nos*; ein in wohl bedrängter Situation gesprochener Satz des Paulus an die Gemeinde zu Rom (Rom. 8,31). Ihm war es Unterpfand der unbedingten Treue Gottes, daß dieser seinen Sohn dahingegeben hatte. So irrten Adalhards Gegner, wenn sie glaubten, diesem Würde und Glück (*decus et felicitatem*) nehmen zu können, *quia sua in coelum facultatum tulerunt praesidia. Illic enim neque fures effodiunt nec furantur*. Christus hatte gegen das Häufen irdischer Reichtümer geredet, die Motten, der Rost zehrten sie auf, Diebe gruben sie aus und stahlen sie; *thesaurizate autem vobis thesauros in caelo, ubi neque aerugo neque tinae demolitur, et ubi fures non effodiunt nec furantur* (Mt. 6,19f). In diesem Satz lag wohl ein zusammenfassendes Urteil über Adalhards Leben, in dem alle bisher geschilderte Bestrebungen wiedererkannt werden können.

Vertritt Adalhard die Seite der Tugenden und des aus rechtem Glauben gestalteten Lebens, so sind seine Gegner Opfer einer Untugend (c. 31). Radbert wendet sich an diese Untugend in einer Schmährede unmittelbar: *Impudens concupiscentiae quaestus/cupiditas*, Worte, die jede Form der Gier bezeichnen können und hier wohl auf Reichtum und Macht zu beziehen sind. Radbert hält der Gier vor, daß sie auf Vordergründiges und Unbeständiges ziele; es sind unechte Freuden, die sie vorgaukelt. Und schließlich habe sie den Heiligen nicht in ihre Fesseln schlagen können. Der Tod Abels sei ihr erster Erfolg gewesen (Gen. 4,8–16), sie habe es geschafft, daß Christus um Geld verkauft (Mt. 26, 14ff; Mc. 14,10ff; Lc. 22,3–6), zahllose Heilige dem Schwert ausgeliefert worden seien, doch vor Gottes Gericht werden die Heiligen gegen sie klagen: *Vindica, domine, sanguinem nostrum!* Johannes sah bei der Öffnung des fünften Siegels die Seelen derer, die um Gottes willen ermordet worden waren, und diese fragten den Herrn: *Usquequo ... non iudicas et non vindicas sanguinem nostrum ...* (Apoc. 6,10). *Cupiditas* sollte auch nicht hoffen, so fährt Radbert fort, sie sei entlastet, weil Adalhard ja nicht ermordet wurde. Gott habe gesagt: *Mihi vindicta, et ego retribuam*. Paulus hatte diesen Satz aus dem Deuteronomium übernommen (Rom. 12,19; Deut. 32,45), und schrieb an die römische Gemeinde, daß man nicht Vergeltung üben, sondern um Frieden bemüht sein solle; Gott werde rächen, dem solle man nicht vorgreifen. Dies paßt umso besser zu Adalhards Leben, als er ja in alle Ehren zurückkehren konnte und seine

---

495 Anders in Radberts Epitaphium Arsenii, ed. E. DUEMMLER, Abh. der kgl. Akademie der Wissenschaften zu Berlin. phil.-hist. Klasse II, Berlin 1900 (Leben Walas). W. WEHLEN, Geschichtsschreibung und Staatsauffassung im Zeitalter Ludwigs des Frommen, Historische Studien 418, Lübeck/Hamburg 1970, behandelt S. 105–130 die das Karolingerreich betreffenden Auffassungen Adalhards und Walas vornehmlich an Radberts antikisierenden staatsrechtlichen Termini.

Schuldlosigkeit offenbar wurde. Was *cupiditas* aber mit dem Exil Adalhard schaden wollte, *Dominus eius hoc usus est ad coronam* – ebenfalls eine apokalyptische Vorstellung.[496] Adalhard war so *tentationis igne* erprobt.

Der Heilige wurde nach Noirmoutier verbannt; seinen Geschwistern widerfuhr ein ähnliches Schicksal. *Dissolvitur autem ad tempus quam felix quadriga germanitate in modum illius Ezechielis conjuncta: super quos Jesus lorica virtutum succinctus decentissime praesidebat.* Gemeint ist jene erste Hesekielvision, in der von vier Tieren die Rede ist, die sich mit ihren Flügeln berühren, und die wie Herolde den Thron des allmächtigen Herrschers umgeben: Aus dem Licht hervortretende feurige Gestalten (c. 32; Ez. 1,4ff). Jenen vier unnahbaren Engelwesen sind die fünf verbannten Karolingergeschwister verglichen; ihre Trennung ist so die Trennung eigentlich unzertrennbarer Herolde Gottes – Hesekiel schildert die Tiere nur sich berührend und in gemeinsamer Bewegung. *Lorica virtutum*: Dies gemahnt an das kriegerische Vokabular aus Eph. 6, doch forderte Paulus auf, den Panzer des Glaubens anzuziehen etc. Hier gab Christus den Schutz, den jene brauchten, um der Mißgunst der neuen Höflinge zu entgehen. Der Begriff der Quadriga und die Tiergestalten der Hesekielvision lenkten Radbert auf ein Wort des Propheten Habakuk: *Qui ascendis super equos tuos, et equitatio tua salus*. Das Wort ist einem Gebet entnommen; Habakuk erkennt die aus dem Zweistromland heraufziehende Gefahr und meint hier den zornig über die Erde dahinfahrenden Herrn (Hab. 3,8). Dies scheint Radbert jedoch weniger zu interessieren, er denkt an das Gespann Adalhards und seiner Geschwister, das gesprengt worden ist: *Qui primo quidem discolores videbantur equi currere, sola voluntate concordes*. Dann aber, wie Hieronymus sage, *iidem in hoc opere unum aurigae jugum trahunt aequa cervice et proposito pares, ... ad vocis Christi hortamenta ita ferventes, ut magistri ac ducis exercitui fierent sanctitatis*. Das Widerspiel äußerer Trennung bei einer unaufhebbaren Einheit unter dem gemeinsamen Herrn erregte Radberts Interesse. Die Zitate aus Hesekiel und Habakuk zielten auf das von Christus gelenkte Gespann, auf den ersten Kampfwagen im Heer der Heiligen. So kriegerisch sich dieses Bild ausnehmen mag: Indem er auf die weniger bekannten (Theodrada und Bernar) zu sprechen kommt (c. 33), kann Radbert diese sogleich als jene Maria, die Schwester Marthas, die zu Füßen Jesu saß, bezeichnen. Lukas sagte von ihr, *quae etiam sedens secus pedes Domini audiebat verbum illius* (Lc. 10,38). Die drei anderen Geschwister sah er mit öffentlichen Aufgaben betraut, und deshalb eher Martha vergleichbar (c. 34). Adalhard in allem herausragend und genau genommen in der Mitte stehend, *inter utrasque vitas, activam scilicet et contemplativam, interdum medie temperatus*.

Die alle diese ungerechten Maßnahmen dem Herrscher anrechnen wollten, wurden von Adalhard zurückgehalten (c. 37). Sie sollten nicht urteilen, als stünde dies alles in menschlicher Macht; ohne Gottes Willen könne auch dieses nicht vollendet werden. Man sollte also bitten, daß er seinen Willen vollführe. Hiob ist ihm

---

496 Apoc. 2,10; 3,11; 4,4. Zu der Vorstellung, daß das erlittene Unrecht nicht Schaden sondern Nutzen bewirke, vgl. noch c. 36: (Adalhard) *agebat namque gratias quod dignus inventus fuerit pro veritate contumeliam pati*; nach Act. 5,41, das die Apostel betrifft, die vor dem Hohen Rat ausgepeitscht worden waren; ein Wort das Adalhards Leben in die Nähe des Martyriums rückt.

das verpflichtende Vorbild solcher Demut; *quia, secundum Job, cum ista expleverit, talia ei praesto et quam plura sunt multa.* Hiob antwortete auf des Eliphas letzte Rede voll grober und herber Anschuldigungen, mit dem Wunsch, unmittelbar vor Gottes Richtstuhl zu treten, wiewohl das natürlich nicht gewährt werde. Im Zusammenhang der Hiobrede klingt es wie die Resignation des vor Gott ohnmächtigen Menschen, wenn Hiob sagt: „Denn er vollführt das mir Festgesetzte, dergleichen ist vieles bei ihm, deswegen bin ich vor ihm bestürzt; betrachte ichs, erschrecke ich vor ihm.[497] Die Wendung, die Radbert dem Satz gibt, so daß er das Vertrauen Adalhards in die letztlich gerechten und guten Pläne Gottes ausspricht, läßt sich nur aus dem Überblick über die ganze Hiobgeschichte erklären, an deren Ende Hiob den Lohn seiner Standhaftigkeit empfängt.[498] Noch ein Schriftwort, eine Geschichte aus den Königsbüchern, dient, vor jedem Angriff auf den Kaiser zu warnen, der von Gott verordnet ist: Der von Saul verfolgte David hatte mit Abisai in Sauls Zelt eindringen können, während alle schliefen (I. Reg. 26). David folgte nicht Abisais Rat, Saul mit dessen eigenem Speer, der neben dem Haupt in der Erde steckte, zu töten. Er nahm Speer und Wasserbecher als Zeichen seines Eindringens mit und sprach zu Abisai: *Quis enim extendet manum suam in christum Domini et innocens erit?*[499] Ist dieses Wort des künftigen Königs David nicht zitiert, so steht Radberts/Adalhards Satz dem doch nahe: ... *parcite a Deo collato nobis principi, quod non sua quodammodo, sed Domini nostri cui peccavimus, interdum utitur voluntate.* David, als er das Lager verlassen und das Tal durchschritten hatte, rief zu Saul herüber: ... *si Dominus incitat te adversum me, odoretur sacrifciium* (I. Reg. 26,19). Danach bildete Radbert: *Caeterum iuxta beati David vocem, si Dominus incitat eum adversum nos, precor, suppliciter exorate ut sacrificium humilitatis nostrae odoretur et suos suscipiat poenitentes in omnibus, ita tamen ut eius fiat voluntas.* Sieht der Schüler Radbert an des Lehrers Handeln eine David gleiche Vollkommenheit, so sieht Adalhard selber in diesem Wort, was er nicht erreicht hat und nimmt deshalb die Verbannung als Strafe hin (dies anders als Hiob), wo er doch so leicht auf andere hätte verweisen können, die vor ihm gerechter Weise hätten bestraft werden müssen. Ludwig der Fromme erfährt indirekt sein Urteil, insofern er in diesen Worten neben dem David verfolgenden Saul steht. David wollte mit einem Opfer Gott versöhnen, falls dieser ihm zürnte – Speisopfer sagt Luther; in jedem Falle war auf dem Altar Kostbares darzubringen. Hier nun ist das *sacrificium humilitatis* daraus geworden; der sich seinem Herrn willig unterordnende Mensch. Dies ist wohl die weitergehende Hingabe und vielleicht das freudigere Verhältnis des Menschen zu Gott. Radbert sah darin den Erweis größter Geduld und rechter Lehre: *Ecce quanta*

---

497 Job 23,14f; Buber von der Vulgata leicht abweichend.
498 Man wird nicht vergessen dürfen, daß Radbert aus genauer Kenntnis des neuen Testamentes schreibt; doch vertritt das Hiobbuch den Gedanken eines letztlich in der Summe gerechten Wirkens Gottes an den Menschen auf dieser Erde; und schließlich erlebte Adalhard auf ähnliche Weise, wie Hiob, Genugtuung.
499 I. Reg. 26,9ff spricht David weiter: *Vivit Dominus, quia, nisi Dominus percusserit eum, aut dies eius venerit ut moriatur, aut proelium descendens perierit, propitius sit mihi Dominus, ne extendam manum meam in christum Domini.*

et quam immobilis patientia illi inhaeserat! Quanta doctrina, quantaque viscera pietatis!

Die äußere Belastung, die vielleicht empörende Ungerechtigkeit, die Adalhard widerfahren war, machte ihn also nicht wanken. *Christi enim erat fundatus amore, et, ut cum Apostolo dicam, quis eum separaret a charitate Christi? Tribulatio, an persecutio ...? Vere, ut evidentius loquar, neque mors, neque vita, neque instantia, neque futura, sed neque ulla creatura poterat eum separare a charitate Dei, quae est in Christo Jesu; fundati enim erant pedes eius supra petram, et ideo non poterat commoveri.* Das Pauluszitat[500] gab die feste Gewißheit Adalhards wieder, und zeigte auch seine Entschiedenheit, unter keiner Belastung seinen Glauben, sein ruhiges Vertrauen in seinen Herrn aufzugeben. Man sollte die ganze Gruppe gleichgerichteter Schriftzitate zusammen sehen: Das Hiobzitat, das Davidwort, den Paulussatz, damit man sich davor bewahrt, quellenwidrig die Testamente zu trennen. Die Leidensfigur des in offenbarem Unrecht geprüften Hiob ist im Pauluswort nicht vergessen, umso weniger, als ja auch Adalhard mit Unrecht geprüft wurde.

Adalhards *vita angelica* zu Noirmoutier nützte den dortigen Mönchen als Vorbild (c. 40). Radbert will glauben, daß Adalhard *coelestibus pastus sit sacramentis, ut cui vetitum erat solum terrarum cernere, Joannis exemplo coelestibus patriae inquisitor fierat* (c. 39), wiewohl nicht, wie in der Ansgarvita, Visonen berichtet werden. *Vacabat igitur illic iam coelesti sabbato fruitione perenni; et gustavit, quam suavis sit Dominus.* Indem dieses Psalmzitat aus einem Preislied Davids (c. 42; Ps. 33,9) den Sinnen das außerhalb aller Sinne Existierende in Freude zur Empfindung auftrug, berührt das Wort das eigentlich Unmögliche einer Vision, das Wahrnehmen des für irdische Sinne Verborgenen, ist doch alle Vorstellung in Visionsberichten gefangen in irdisch Bekanntem, obwohl der Gegenstand solcher Gesichte nicht irdisch ist.

Wie sehr Radbert in Adalhards ungerechtem Exil den hohen Prüfstein, den Aufstieg erkennt, zeigt auch sein Vergleich Adalhards mit Adam. *Siquidem erat ei felix illa habitatio in modum paradisi, ex quo serpentis invidia primus eiectus est homo. Et mirabilis satis admodum ordo: ille quidem proiectus inde confusione tegitur, iste vero eiusdem suasu quasi revectus ibidem gloriatur, eo quod iam consortio frueretur angelico.* Ludwig verbannte Adalhard *suasu serpentis* und hatte damit seinen Anteil am Versagen der Stammeltern der Menschheit. Adam begann sein Leben im Paradies, erlag der Schlange und wurde vertrieben, stürzte aus der Ordnung in die Verwirrung; Adalhard wird auf dem gegenläufigen Wege geschildert. Er begann sein Leben wie jeder Mensch außerhalb des Paradieses, und die irdische Verbannung, bewirkt durch Satan, ist eigentlich der neue Eintritt in das Paradies: Es löste tatsächlich Adalhard von den Lasten des öffentlichen Lebens, denen der Karolinger und Abt ausgesetzt war, denen er hatte einst entfliehen wollen, als er nach Montecassino ging. Dies mochte ganz äußerlich der *vita angelica* förderlich sein.

Adalhard nahm dennoch bestimmten Anteil an den Vorgängen im Frankenreich (c. 43). Selber nicht mehr beteiligt, erkannte er in dem Auf und Ab der Parteiungen

---

500 C. 40; Rom. 8, 35–39; s. zudem Mt. 7,24; Lc. 6,48f.

die *fluctivagas ubique mundi rotas, et Babylonis ac Hierosolymorum mistim confligere castra* – auch hier ist ein energisches Urteil zum Guten oder zum Schlechten zu beobachten; weltgeschichtliche Gegnerschaft aus alttestamentlicher Zeit, die nicht einfach politischer Interessenkonflikt, sondern Kampf zwischen Glauben und Unglauben, Angriff Satans war.[501] Adalhard betete für seine Gegner um ihrer Blindheit willen. Wenn Radbert, den Höhepunkt der Verwirrung jener Jahre bezeichnend, sagt: ... *et Jezabel propheten se dicere et seducere servos Dei, fornicari et manducare de idolothytis, ventris ingluviem sequi ...*,[502] ist dies die denkbar schärfste Kritik an Judith. Wer hätte damals nicht gewußt, wer Jezabel war, welche unheilvolle Rolle sie an Ahabs Seite gespielt, wie sie Elia verfolgt hatte, der der von ihr verfochtenen Abgötterei im Wege stand.

Solchen Umtrieben steht erneut die *patientia* Adalhards gegenüber, der, so soll er gesagt haben, so wie ein Schaf seine Wolle anderen zu wärmender Kleidung hergibt, gerne anderen ohne Gegenleistung nutzen möchte (c. 44). Jenes dem Mönchtum zumal aufgrund einiger Evangelienworte von Anbeginn eigene Aufgeben jeder irdischen Bindung – der immer fluchtbereite Hase ist das Bild des sich an keinen Ort Bindens – ist, was er in seinem Leben wahr zu machen suchte: *Nostra autem conversatio in coelis esse creditur* (Phil. 3,20f). *Idcirco quae sursum sunt sapimus, et non quae super terram. Mortui enim sumus cum Christo, et vita nostra cum eo in coelis est abscondita, ut, cum Christus apparuerit vita nostra, tunc et nos simul cum eo appareamus in gloria* (Col. 3,1–4). Diese beiden Zitate aus zwei Paulusbriefen suchen die Heimat des Menschen nicht auf Erden; sie sind nicht Beschreibung eines Zustandes, sie fordern Einsicht und Befolgen. Zumal die Kolosserstelle zielt auf das künftige jenseitige Leben, die Entscheidung für Christum bedeutete demzufolge, den Weg Christi mitzuvollziehen. Mit Christus gestorben hieß zwar nicht gekreuzigt, doch der Mönche hatte die irdischen Bindungen zerschnitten: *Vita nostra cum eo (Christo) in coelis est abscondita*. Der Satz zeigt erneut jene unbegrenzte Bereitschaft, die Zukunft entgegenzunehmen, wie sie gegeben wird; so wie es Hiob hatte lernen müssen; zeigt aber auch den Anteil einer größeren vollkommenen Welt.[503] Schaut man zur Ergänzung des Philipperzitates in die vorigen Verse, so möchte man folgern: Die *conversatio* der Menschen liegt entweder im Himmel, d. h. bei Gott als dem fordernden Schöpfer, oder bei Satan.[504] Auch aus diesen Versen wäre ein theologisches monastisches Programm abzuleiten.

---

501 Die Apocalypse hatte sowohl Babylon als auch Jerusalem aus den historischen Umständen gelöst und zu Siegeln der satanischen Macht und des Gottesreiches erhoben: Babylon: z. B. Apoc. 14,8; 16,19; 17,5; 18,1–8. Jerusalem, stets als das „Neue" bezeichnet, geschildert in c. 21. Darin liegt die Abweichung Radberts, der hier nicht die Zeit nach dem Weltgericht meint, sondern einen den Kämpfen der Propheten vergleichbaren Zustand, den Streit, in dem Babylon zeitweise über Jerusalem zu triumphieren scheint.
502 III. Reg. vor allem c. 18; 19; 21. S. auch Anm. 195.
503 Der Satz *quae sursum sunt sapimus ...* widersprach auch damals der Tageserfahrung, verlangte auch damals den Menschen, der diesen Anteil erkennen und in seinem Leben darstellen will.
504 In den voraufgehenden Versen sprach Paulus von Menschen, die als Feinde des Kreuzes Christi leben, die irdisch gesinnt sind; denen stehe die Verdammnis bevor.

Nach siebenjährigem Exil konnte Adalhard auf den Abtsstuhl zu Corbie zurückkehren[505] und gewann wieder eine bedeutende Stellung am Hofe des Kaisers (c. 50f), der 822 zu Attigny öffentliche Kirchenbuße tat.[506] Ohne einzelnes zu nennen, beschreibt Radbert Adalhards neue Wirksamkeit am Kaiserhof als ein Zurückdrängen der *novitates vocum et temerarias iuxta Apostolum praesumptiones* (c.52). Paulus hatte Timotheus vor den *profanas vocum novitates* gewarnt, er solle bei bewährter und bezeugter Lehre bleiben (1. Tim. 6,20f). Zuvor hatte er gegen Irrlehrer geschrieben, von den *quaestiones et pugnas verborum* und den daraus hervorgehenden Streitigkeiten warnend gesprochen. Radbert lehnte mit solchen Worten wohl kirchliche Bestrebungen am Kaiserhof, etwa die Bemühungen Benedikts von Aniane ab. Adalhard war demgegenüber *velut aureum probatum per ignem*. Die Läuterung des Goldes im Feuer nahm Petrus (1. Petr. 1,6f) zum Bilde der Erprobung des Glaubens in Versuchungen und Bedrängnissen. Der so im Exil bewährte Adalhard sorgte am Hofe dafür, daß dort wieder klug und gerecht gehandelt wurde ... *studuit ut iustitiae virtus et sapientiae suas reciperent sedes*.

Radbert gibt nun eine umfängliche Beschreibung der Person Adalhards (c. 54), ehe er sich der Gründung von Neu-Corbie (Corvey) und dem Lebensende des Heiligen widmet; er zeichnet das Altersantlitz seines Lehrers. Er selber als sein unerbittlichster irdischer Richter und dennoch trotz aller Askese von gesundem Aussehen, *vultu quoque decorus et venustus aspectu*, die Stirn frei von Zornesfalten, *sed totum eum matura hilaritas decorum componebat et aptum*. Das lichte Haar des Alters erinnerte Radbert, wie es über das Haupt fiel, an ein Wort des Canticum:[507] *Senex noster candidus et rubicundus, electus ex millibus* – ein schwärmerisches Wort der Braut über den Bräutigam. Hier versagen die bekannten Vorstellungen von Hoheliedinterpretation: Die Einzelseele, oder die Kirche insgesamt als Braut Christi[508]; dies war ein Wort über ihren strahlend schönen Bräutigam. Radbert sprach es über den in ganz anderer, in tieferer Weise strahlenden Abt und Lehrer – *senex*, nicht jugendlich anziehend – dessen Äußeres die Reinheit des seinem Schöpfer zugewandten Menschen wiedergab. Die strahlende Schönheit Adalhards zu beschreiben sei deshalb so schwer, weil er *virtutum splendore ornatus ... Christo repertus emicuit* (c. 55). *Nec dubium quin omnis caro fenum et omnis gloria eius flos*

---

505 C. 45 und 49. B. SIMSON, Jahrbücher (wie Anm. 486) S. 171; B. KASTEN, Adalhard (wie Anm. 461) S. 110ff.
506 BM 758a, SIMSON I, S. 178ff.
507 Cant. 5,10; diese Stelle nutzte auch Ambrosius, de obitu Valentiniani, 58ff.
508 Über die Hoheliedinterpretation des Mittelalters s. Fr. OHLY, Hoheliedstudien (wie Anm. 21). OHLY zeigt, daß von Ambrosius bis hin zu Rupert von Deutz die mariologische Deutung des Hohenliedes weitgehend außer Acht bleibt, während die Deutung auf die Einzelseele oder auf die Kirche die Interpretation beherrscht, sei es in mystischer, sei es in heilsgeschichtlicher Form. Auf Radbert ist OHLY nicht eingegangen, da von diesem kein Canticumkommentar bekannt ist. In der Hoheliedexegese fällt Gott der Part des Bräutigams zu; dessen bräutliches Gegenüber der Mensch als Einzelseele oder als Kirche ist. Hier, in Radberts Adalhardvita ist der Bräutigam an einigen Stellen ein Mensch, Adalhard, und es geht an dieser Stelle darum, daß Schönheit mehr bedeuten kann, als das beschreibbare Ebenmaß, und ein Zeugnis hoher Vollkommenheit ist. Weitere, von den üblichen Bahnen der Hoheliedexegese abweichende Beispiele in cc. 57; 73, 83 und 85.

feni; virtus autem Christi, quae semper in eo viguit, manet in aeternum. Jesaia hatte seinem Volk, dem er die Befreiung aus dem Exil ankündigte, gepredigt, wie vergänglich alles Irdische sei, die Dauer des *verbum Domini* jedoch ewig.[509] Radbert veränderte das Prophetenwort, statt *verbum Domini* schrieb er *virtus Christi* – die Kraft Christi wird man übersetzen müssen. An der ewigen Dauer der Kraft Christi konnte nicht gezweifelt werden; der Heilige aber war das Unterpfand der Gegenwärtigkeit dieser Macht. Sein Verdienst war, daß er nicht sein Begehren zum Maß seines Lebens erhob, sondern in Askese sich bereithielt, sein Leben in die Verfügung seines Herrn zu geben. Dies bezeichnete die eigentliche Schönheit Adalhards, und Radbert meinte im Einklang mit älteren Texten wie etwa der Antoniusvita, daß auch die Ausstrahlung des sichtbaren Äußeren darin ihren Grund habe.[510] So erklärt Radbert sich außerstande, die Gestalt seiner Vortrefflichkeit (*figuram nobilitatis*) zu schildern, *quae graece χαραχτηρϊσμόσ dicitur,* denn*, etsi secundum rhetoricae artis facundiam persona consideretur,* so könne, was zum Lobe geeignet sei, nicht gefunden werden; es sei bei Adalhard ja viel höher zu bewerten, *quod totus de carne in spiritum convolavit. Personae quippe iuxta praefatam artis peritiam plurima sunt attributa, es quibus optime dignoscatur. Consideratur enim perfecti viri qualitas, iuxta oratores, institutione, moribus, victu; si rem bene administret, qua consuetudine domestica teneatur, affectione mentis, arte, conditione, habitu, vultu, incessuque, oratione, affectu. Talibus igitur et huiusmodi circa eum consideratis, videre iuvat, luculentus senex noster si tot floruit virtutum praeconiis, quot sunt artis huius ad laudem ipsius insignia praeconatus documenta.* – Betrachte man Adalhard unter diesen Rubriken, so helfe das erkennen, wieviel auch die Kunst des Rhetors zu Adalhards Lob mit hervorragenden Zeugnissen der Verherrlichung beitragen kann, wo dieser doch in so vielen ruhmeswürdigen Tugenden gleichsam erblüht sei. Indem Radbert nun die Rubriken der Rhetorik einzeln verfolgt, wird das Folgende zu einer Probe auf die Leistungsfähigkeit rhetorischer Personenschilderung.

Eine Vorlage, die wörtlich und in dieser Reihenfolge die hier genannten Rubriken aufzählt, habe ich nicht gefunden. Doch Ciceros schon zuvor von Radbert erwähntes Werk *de inventione* kennt eine ähnliche, in charakteristischen Einzelheiten verwandte Liste. Dies dürfte somit Radberts Vorlage sein. Cicero, auf der Suche nach Möglichkeiten des Beweisens und Bekräftigens, stellte fest:[511] *Omnes res argumentando confirmantur aut ex eo, quod personis, aut ex eo, quod negotiis est*

---

509 Is. 40,6f: *Vox dicentis: Clama. Et dixi: Quid clamabo? Omnis caro faenum, et omnis gloria eius quasi flos agri. Exsiccatum est faenum et cecidit flos, quia spiritus Domini sufflavit in eo. Vere faenum est populus, exsiccatum est faenum et cecidit flos: verbum autem Domini nostri manet in aeternum.*

510 Man lese zum Vergleich c. 40 der Antoniusvita: *Nam semper hilarem faciem gerens, liquido ostendebat se de coelestibus cogitare, sicut scriptura ait. Corde laetante vultus floret* (Prov. 15,13: *Cor gaudens exhilarat faciem, in moerore animi deicitur spritus*). Der Gegenstand wird dort mit weiteren Schriftworten behandelt.

511 Cicero, de inventione I 34f; eine unmittebare Vorlage findet W. BERSCHIN, Biographie und Epochenstil III, Stuttgart 1991, S. 313, in der ars rhetorica des Fortunatianus. In der Sache verwandt: Quintilian, Institutionis oratoriae libri XII, V 24ff; doch die Formulierungen Rad-

attributum. Ac personis has res adtributas putamus, nomen, naturam, victum, fortunam, affectionem, studia, consilia, facta, casus, orationes. Bei der Besprechung einzelner Rubriken findet er etwa zu *natura: atque hominum genus in sexu consideratur, virile an muliebre sit, et in natione, patria, cognatione, aetate.* Dann sei zu bedenken, was die Natur hilfreich oder widrig dem Menschen mitgegeben habe (*commoda et incommoda*): Groß oder klein, stark oder schwach, die Leistung des Gedächtnisses, freundlich oder abweisend ... was je die Natur Körper oder Geist gegeben habe. Zu *victus* gehört, was Erziehung oder Ausbildung angeht, die Freunde, womit man sich beschäftigt, *quo modo rem familiarem administret, qua consuetudine domestica sit* – dies letztere eine wichtige Formulierung zum Erweis, daß dieses die Vorlage Radberts war. *Si rem bene administret, qua consuetudine domestica teneatur* steht in der Vita, *res familiaris* konnte Radbert nicht sagen, da es sich nicht um einen *pater familas*, sondern um einen Abt handelte. So werden zu jeder Rubrik entsprechende Stichworte gegeben, die dem Redner ermöglichen, eine Personenbeschreibung, wie er sie zu Lob oder Polemik benötigt, vollständig zu verfassen; man könnte fast sagen, für eine solche Beschreibung liegt hier ein Gerippe vor, fast wie ein Fragebogen.

Radbert geht die von ihm aufgezählten Rubriken einzeln durch. Dabei überrascht, daß er zu *nomen* sagt: *De nomine fueritne sapiens, recte quaeritur.* Dies war aus Cicero nicht zu gewinnen, auch nicht aus dem Kommentar des Q. Fabius Laurentius Victorinus[512]. Adalhard sei eher unter himmlischer Aufsicht erzogen als in der Eloquenz unterrichtet, wie könnte er da nicht weise sein? *Nam sapientia est humanarum rerum divinarumque cognitio cum studio bene vivendi*[513]. So sei Adalhard wahrlich als Philosoph oder Weiser zu bezeichnen, *qui, et quae Dei erant, prudenter per Dei gratiam sectabatur, et quae hominum, non ignaviter procurabat.* Schon das Antikenzitat verband mit der Weisheit das Bemühen, das Handeln der Einsicht zu unterwerfen. Radberts Eigentum ist demgegenüber das *prudenter per Dei gratiam*, das Zusammengehen menschlicher Bemühung und der Gnade Gottes.

berts weisen auf Cicero. J. MARTIN, Antike Rhetorik, Handbuch der Klassischen Altertumswissenschaft II,3 München 1974, kommt auf beide Texte und ihren Zusammenhang in der Rhetorik besonders S. 111–115 zu sprechen. Wolf STEIDLE, Sueton und die antike Biographie, Zetemata 1, München 1951, ermittelt die Schilderung der Person nach bestimmten Rubriken, geht jedoch nicht auf die Rhetorik und deren hier namhaft gemachte Rubriken der Personenbeschreibung ein. Verwandtes für die *laudatio funebris* bei M. HEINZELMANN, Bischofsherrschaft in Gallien, S. 26. Es wäre der Untersuchung wert, ob die kurzen begrifflichen Charakteristiken mittelalterlicher Historiographen, wie H. BEUMANN sie unter „Notatio" behandelt (Widukind, S. 139ff; den Begriff übernahm er von S. HELLMANN), nicht auch aus derselben Wurzel stammen. PELTIER, Pascase Radbert, kommt auf die Benutzung Ciceros, de inventione, nur flüchtig S. 135 zu sprechen; er sieht in den Anspielungen kaum mehr, als eine Folge des Lehrerdaseins.

512 Q. Fabii Laurentii Explanationum in Rhetoricam M. Tullii Ciceronis libri duo, ed. C. HALM, S. 213ff.

513 Der erste Teil des Satzes gilt der klassischen Definition des Stoischen, den zweiten Teil habe ich nicht nachweisen können. Der erste Teil z. B. bei Cicero, Tusculanae disputationes IV 57; vgl. auch De officiis I 43, 154; aber auch Augustinus, De trinitate 14,1. W. WEHLEN, Geschichtsschreibung (wie Anm. 495) S. 123, behandelt „sapientia" als politische Tugend Walas und zieht dabei auch die Adalhardvita heran, ohne diese Stelle zu nutzen.

Natio: Gewiß sei Adalhard aus vornehmem fränkischen Geschlecht, *sed renatus in Christo, ubi et spiritu versabatur, totus natione coelestis omnibus renitebat.* Sei er auch hier körperlich geboren, *patria ... coelestis illa Hierusalem iuxta Apostolum* (Hebr. 12,22f) *fuisse non dubitatur.* – *Genus:* Gewiß von höchster fränkischer Abkunft, jedoch *per Christi patriam Deo in filium est adoptatus.* So ist es auch mit *dignitas:* Höher als die königliche Würde steht Adalhard *sublimitate perennis vitae. Fortuna:* Auch hier ist das Kennzeichnende, daß Adalhard die irdischen Bindungen aufgegeben hat, in denen sich sonst menschliches Leben vollzieht, demgemäß *pauper in angusto regnabat habendo Deum.* Deshalb, so will Radbert glauben, sei er *supra multa constitutus.* Das erinnert an jenen getreuen Knecht, von dem Christus sprach (Mt. 24,45ff), *quem constituit dominus suus super familiam suam.* Findet der Herr alles in rechter Ordnung, wenn er kommt, dann *super omnia bona sua constituet eum, iam ei vitae gaudia famulantur,* sagt Radbert über Adalhard; Freuden des Lebens, ein Begriff, der hier geradezu das Gegenteil dessen besagt, was der Heutige darunter verstehen würde. Nicht über alles, aber doch über vieles war Adalhard gesetzt; man braucht hier keineswegs nur an das Amt des Abtes von Corbie zu denken. *Pauper* mag auf den monastischen Verzicht bezogen werden, auf das asketische Leben. *In angusto* wird vor allem die bekannten Schwierigkeiten mit Ludwig dem Frommen und dessen zunächst bevorzugten Ratgebern meinen, die siebenjährige Verbannung. *Regnabat habendo Deum* ist ein eigentümliches Wort, für das nicht leicht eine Parallele gefunden werden kann. Die Formulierung ist interessant und reizvoll genug, zumal sie sich auf ein Mitglied der königlichen Familie bezieht, das gerade nicht mit einem königlichen Amt ausgestattet war. Schwerlich wird an die herrscherlichen Aufgaben des Abtes zu denken sein, oder an die Tätigkeit für Bernhard in Italien. Insofern dieser Satz beschreibend über das ganze Leben gesetzt ist, gelten die Aussagen auch allgemein; *regnare habendo Deum* ist folglich auch für die Zeit der Verbannung gesagt, *pauper in angusto* gilt auch für den Abt von Corbie. Die Nähe zu seinem Herrn, der der König schlechthin ist, machte Adalhard zum Herrscher, teilhaftig der Herrschaft Gottes.

Die Schönheit der Gestalt zeigte *morum eximietas*[514]. Radbert gewinnt aus dem Hohenlied für die Vorstellung Unterstützung; er zitiert aus der Schilderung des Bräutigams durch die Braut. Darin mag man eine schöne und verhaltene Bestätigung der herzlichen und verehrenden Zuneigung zu seinem monastischen Lehrer und Abt erkennen; auch Radbert mußte ja wissen, daß die Braut ihren Bräutigam mit den Augen der Liebe und der Sehnsucht beschrieb – auch diese Begriffe sind in übertragener Bedeutung genommen,[515] jedoch nicht für das Verhältnis der Seele zu Gott, sondern hier für Radberts Verhältnis zu Adalhard, dem Heiligen.

---

514 C. 57; vgl. auch Anm. 506.
515 *Idcirso quaerimus te, Pater, dum pascis inter Lilia, quaerimus, quem diligit anima nostra ...;* Cant. 2,15: *qui pascitur inter lilia* (fast gleich 6,2); 3,2: *surgam et circuibo civitatem per vicos et plateas, quaeram quem diligit anima mea.* Zur Canticumnutzung in diesem Zusammenhang PELTIER, Pascase Radbert (wie Anm. 461) S. 35, ohne auf Cicero einzugehen: „Radbert développe ce thème (Adalhards „Schönheit") avec des textes empruntés au Cantique des Cantiques pour qu'on voie bien qu'il ne s'agit pas d'une beauté banale, mais d'une beauté qui viene de

Sein Haupt sei von lauterem Golde, seine Locken Dattelrispen (Buber), *elatae palmarum* sagt Radbert (Vulgata).[516] Eigentümlich nun, daß Radbert nicht die Reinheit des Goldes in Adalhards lauterem Wesen sucht; *elatae palmarum, quoniam sursum quotidie ad Deum conscendere procurabat*. Die Höhe der Dattelpalme ist Sinnbild des zu Gott aufwärts gerichteten Strebens. Seine Augen seien wie Tauben an Wasserbächen, in Milch gebadet. Die Taube ist (gemäß Mt. 10,16) Sinnbild der Einfalt, mit der Adalhard sich um die christliche Lehre bemühte. Wenn dann aus dieser Lehre *nos velut parvuli lacte* ernährt wurden, so bezeichnet das zwar den vorbildlichen Benediktinerabt, verläßt aber das Bild des Canticum. Zurück zu Adalhard: Die Galle der Gier sei nicht beigemengt gewesen, in der Unschuld des Geistes war er gereinigt. Beschrieb die Braut die Wangen des Bräutigams als Gewürzgarten, so erklärte Radbert dies für Adalhard als den Schmuck der von heiligen *doctores* – den großen christlichen Gelehrten der Spätantike – gepflückten Blüten rechter Lehre und Tugend; der Leib wie Elfenbein weist auf die den Menschen zierenden Tugenden; die Süße des Gaumens steht für den Honig seiner Beredsamkeit. *Totus desiderabilis*; dies wegen seines lauteren Lebenswandels, wegen seiner unvergleichlichen Liebe.

Institutio (c. 58): Wie Mose sei Adalhard unterrichtet gewesen in aller Weisheit irdischen Lebens, beide wuchsen am Königshofe auf (Ex. 2,5–10). Dann sei Mose bis zum Sinai geführt worden, wo ihn Gott erleuchtet und er Eingang in die Freundschaft Gottes gefunden habe. Dies spielt auf die Gotteserscheinung am Horeb an (Ex. 3, vgl. c. 8). Die Berufung des Mose ist wohl dem Klostereintritt Adalhards verglichen. Dazwischen liegt im Lebensbericht des Mose der Bruch mit Ägypten und dem Hof Pharaos, die Flucht von dort. Adalhard hatte den Hof, ja das Frankenreich schroff verlassen, als Karl seine Gemahlin verstieß.

Die Stichworte *mores* und *victus* seien übergangen, da sie keine Anlehnung an Schriftworte enthalten. *Studium*, zwar nicht in Radberts Liste in c. 55 enthalten, jedoch bei Cicero vorhanden, wird gleichwohl behandelt.[517] Mit Cicero erklärt Radbert den Begriff als leidenschaftliche und beständige Hinwendung zu einem bestimmten Gegenstand. Cicero dachte an *philosophia, poesia, geometria, litterae*. Radbert bezieht dies auf den ebenfalls Cicero entnommenen, mit diesem definierten Begriff der *affectio mentis* (*animi aut corporis ex tempore aliqua causa commutatio*). Radbert geht von der *affectio* aus. Von den *gradus virtutum* sei Adalhard be-

---

l'ame, et qui apparait dans le regard intelligent et bon, dans la démarche pleine de noblesse et de dignité".

516 Cant. 5, 11–16: *Caput eius aurum optimum, comae eius sicut elatae palmarum ... oculi eius sicut columbae super rivulos aquarum, quae lacte sunt lotae ... Genae illius sicut areolae aromatum consitae a pigmentariis ... Manus illius tornatiles aurae, plenae hyacinthis, venter eius eburneus distinctus sapphiris* (Radbert: *virtutum distinctus muneribus*) ... *Guttur illius suavissimus et totis desiderabilis* (Radbert fährt fort: *probabilitate morum atque charitate eximia*). Zur Hoheliedinterpretation s. Anm. 505.

517 Radbert: *Studium, inquam, ad aliquam rem assiduam et vehementem animi cum magna voluntate occupationem esse*; Cicero, De inventione, I 36: *Studium est animi assidua et vehementer ad aliquam rem adplicata magna cum voluptate occupatio, ut philosophiae ...*; Victorinus 219.

rührt oder erfüllt worden, darauf habe er sein *studium*, d. i. seine *assidua et vehemens animi cum magna voluntate occupatio*, gerichtet; der einmalige Anstoß sollte dauernd das Leben bestimmen. Es ist beachtenswert und nicht aus Cicero unmittelbar abzuleiten, wie *affectio mentis* und *studium* verknüpft sind. Die Tugenden sind so ein *acquisita res*, wie ein Kleidungsstück werden sie angezogen; und darin ist wieder ein Maß der Schrift erfüllt: *Sacerdotes tui induantur iustitia et sancti tui exsultent*, ein Psalmwort (Ps. 131,9), das hier als alleinstehender Spruch eingefügt ist, der wohl auch den voraufgehenden Satz in der Wortwahl schon mitbestimmt hatte (*habitus induitur*). Die Tugend der Gerechtigkeit anziehen heißt, daß man eine Tugend leben wollen muß, daß sie nicht als Eigenschaft zu einem Menschen gehört, oder ihm fehlt. Der Asket wollte Gerechtigkeit und übte sie z. B. als Abt. Das Verhältnis des vorbildlichen Geistlichen zur Gemeinde (*sancti*) spiegelt sehr schön den Abt und jene, die sich seiner Gegenwart erfreuten, die auch, die nach seinem Tode ihn als heilig erkannten und verehrten. Radbert bleibt bei dem Bilde der Tugend als Kleid. *Iustitia* ist ein Hochzeitsgewand, wer darin gekleidet ist, wird nicht hinausgeworfen. Dies erinnert den Leser ohne Zitat an das Christusgleichnis vom königlichen Hochzeitsmahl.[518] Die geladenen Gäste bleiben aus verschiedenen Gründen der Hochzeit fern. Unter den deshalb rasch Zusammengerufenen waren Gute und Böse. Der Herr aber entdeckte einen Menschen in unangemessener Kleidung, der seinen Aufzug auch nicht zu erklären oder zu entschuldigen wußte. Der Herr läßt ihn binden und wirft ihn in die Finsternis. *Iustitia* als ein solch hochzeitliches Kleid ist vom Tugendbegriff her ausgeweitet zum Inbegriff allen rechten Lebens. Weiter führt der Gedanke an Gerechtigkeit als Kleidung Radberts zum Gegenteil, dem Unbedeckt-Sein. Gerechtigkeit als Kleid solle man bewahren, um nicht nackt zu sein, hatte er schon zuvor gesagt: So verbindet er dies mit der Erzählung vom Sündenfall. Hätte der Urvater der Menschheit im Paradies dieses Gewand bewahrt, so wäre er sich nie nackt vorgekommen (Gen. 3,7). So aber ist er jenem Menschen vergleichbar, der – so Christus im Gleichnis (Lc. 10,30) – von Jerusalem nach Jericho ging. Er fiel unter die Räuber, die ihn auszogen und halbtot schlugen. Das Gleichnis vom barmherzigen Samariter erklärt hier den Sündenfall! War dies der Beginn der Schuld der Menschheit, so ist Adalhard *recoopertus habitu*, und Radbert glaubt, daß das Christuswort der Apokalypse ihm gilt: Er werde mit Christus wandeln in

---

518 Mt. 22,1–14; die abweichende Version Lc. 14,16–24 kommt hier nicht infrage. In seinem Matthäuskommentar untersucht Radbert dieses Gleichnis in lib X II 143ff, Bd. LVIB S. 1069–1084; die Frage des Hochzeitskleides X II 458, S. 1080. Hier förderlich: *nec de corporeo habitu ista erit interrogatio, sed de habitu mentis et de indumento virtutum*. Es spricht für das starke Interesse des Bibelinterpreten Radbert, im Literalsinn genau zu sein, wenn er darlegt, weshalb kein äußeres Gewand gemeint gewesen sein kann: Hätte es eine vorgeschriebene Kleidung gegeben, des Königs Diener hätten am Eingang schon unziemlich Gekleidete abgewiesen. Die hier geforderte Tugendqualität konnte jedoch nur Gott als König sicher erkennen. Da es an dem rechten (Tugend)-Gewand mangelte, zieht Radbert das mahnende Pauluswort (Eph. 4,23f) heran: *Exuite veterem hominem ... et induite novum, qui secundum Deum creatus est in iustitia et sanctitate veritatis*. Damit ist aber Radbert beim Rang der *iustitia* als Hochzeitsgewand. WEHLEN, Geschichtsschreibung (wie Anm. 495) erkennt S. 126 für das Epitaphium Arsenii des Radbert *iustitia* als oberste Tugend; ebd. ähnlich für die Vita Adalhardi, ohne daß die hier erarbeitete übergeordnete Bedeutung von *iustitia* gefunden wird.

weißen Kleidern, denn er sei würdig, Christus werde seinen Namen nicht aus dem Buch des Lebens tilgen (Apoc. 3,4f).

Si rem bene administret: Radbert gibt dem Wort eine doppelte Bedeutung: Nicht einmal sich selber hatte Adalhard zu bewahren getrachtet. Er sei dem Christuswort gefolgt: Willst du vollkommen sein, so gehe und verkaufe, was du hast, gib es den Armen und komm und folge mir.[519] Dies war fraglos das Gegenteil von römischer Güterverwaltung; Cicero hätte dies als Verschwendung bezeichnen müssen. Dann aber kommt Radbert auf das Klostergut von Corbie, dessen rechte Verwaltung die Brüder bezeugen konnten. Radbert schildert kein üppiges Wachsen des Klosterbesitzes, sondern das Vermeiden jeden Überflusses, doch es sei auch nichts verkommen, *sed omnia ad Dei laudem humanius largirentur*. Erwähnt wird auch die Fürsorge für die *familia* des Klosters, der Bau eines Hospizes für Waisen, Schwache, auch für Gäste. So wird aus der Behandlung der Güterverwaltung ein Lob der Freigebigkeit und des gerechten Sinnes.

Consuetudo domestica (c. 60): Radbert verweist nur auf den Bau eines *oraculum* nach den Maßen der Stiftshütte: 20 Ellen in jeder Dimension.[520] Adalhard kannte die Maße der Lade des Alten Testamentes, in der Manna in einem goldenen Krug und der Stab des Aaron aufbewahrt wurden (Ex. 25,19ff und Hebr. 9,4). Allseits in der doppelten 10-Zahl vollendet, sollte dieses Gebäude nach Radberts Worten das Doppelgebot der Liebe darstellen (*charitate Dei ac proximi quadratura perpetua fulciretur*), Gott selber sei das Fundament jenes *oraculum*, das der Kontemplation Adalhards diente – dies sei die *consuetudo domestica* des Heiligen.

Bei der Behandlung weiterer Rubriken geht Radbert weniger oder gar nicht auf Schriftworte ein. Wenn zu *conditio* gesagt wird (c. 61), er sei Bernhards Sohn, doch Adoptivsohn Gottes, so ist dies sicher Anspielung auf Römer 8,23, wo der Begriff der *adoptio filiorum Dei* vorkommt. Zu *habitus* erklärt Radbert, *quod Christus eius tunica talaris*[521] *fuisse probatur* – der Sache nach wohl aus Gal. 3,27 (vgl. Rom.

---

519 Mt. 19,21. Wegen des Zusammenhanges mit dem Wort, daß Adalhard nicht einmal sich selber habe bewahren wollen, lohnt der Blick in den Matthäuskommentar (lib. IX ab Z. 694, 951–964). Radbert sieht im reichen Jüngling den Inbegriff des gesetzesorientierten Judentums, das seine Gesetzeserfüllung gern zu persönlichem Ruhm vorweist. Den Fehler findet Radbert schon in der Frage des Jünglings: *Quia semper gloriantes in lege, et per praevaricationem legis, Deum exhonorarunt. Adhuc considera, quia nihil de cognitione Dei interrogat, nihil de fide, nihil ut Deum vere cognoscere possit, sed hoc ex faciendae legis operibus vitam aeternam possideat* (lib. IX ab Z. 731; 953). In diesen Zusammenhang gehört auch Radberts Beobachtung, daß der Jüngling Christus als guten Lehrer anredet, wo er doch nicht als vollkommener Mensch, sondern als Gottes Sohn schlechthin gut ist (lib. IX ab Z. 745; 953f). Dem entspricht es durchaus, wenn es bei der Behandlung des Anspruchs über den Verkauf aller Habe und der Christusnachfolge heißt: *Quia non omnes qui sua vel vendunt vel reliquunt continuo perfecti inveniuntur, intantum igitur non inveniuntur perfecti, inquantum non sequuntur Christum*. Solche Erfüllung war für Adalhard deshalb auch unter der *administratio rerum* auszuweisen.
520 Einen Kubus von 20 Ellen habe ich weder für die Stiftshütte (Ex. 26,16: Bretter, *quae singulae denos cubitus in longitudine habeant*), noch für Räume des salomonischen Tempels (III. Reg. 6) gefunden.
521 C. 62; Gen. 37,23: *Confestim igitur, ut pervenit* (scil. Joseph) *ad fratres suos, nudaverunt eum tunica talari et polmita* ... Da Radbert c. 58 vom Kleid der Gerechtigkeit gesprochen hatte –

13,14) gewonnen: *quicumque enim in Christo baptizati estis, Christum induistis*. Erwartet man zu *incessus* einen Hinweis auf würdevolles menschliches Schreiten, so stellt Radbert fest, *quam speciosi pedes ad evangelizandum*. Paulus schrieb nach Rom: *quam speciosi pedes evangelizantium pacem, evangelizantium bona* (Rom. 10,15). In der Vorlage des Propheten Jesaia (Is. 52,7) gab dieses Wort die Freude über die neu verkündete friedvolle und freie Zukunft wieder, bei Paulus ist es die neue Botschaft, die predigend ausgebreitet wird. Wenn das Lob den Füßen der die Botschaft bringenden Prediger gilt, so liegt der Grund gewiß in der befreienden Wahrheit und Größe der Botschaft – wer sie kennt, ehrt ihre Überbringer. Adalhard war nicht Missionsprediger wie Paulus; vor ihm stand die Mönchsgemeinde, der er das eigentlich längst Bekannte immer wieder darzulegen hatte.

Affectus: Hier steht im Zentrum ein Pauluswort: *Iugiter enim cupiens dissolvi et esse cum Christo, se laboribus fatigabat; permanere autem in carne propter nos necessarium licet aliter fateretur, penitus sentiebat* (c. 64; vgl. Phil. 1,23f). *Affectus* stand nicht in Ciceros Liste und trat bei Radbert zu *affectio mentis* hinzu. Hier war es die letzte der Rubriken und stellte noch einmal mit besonderer Deutlichkeit die jenseitige Orientierung des Heiligenlebens heraus. Die Aufgaben des Abtes traten hier an die Stelle der Aufgaben des Apostels.

Der forensische Redner erhielt durch Ciceros Liste die Rubriken als Fragenkatalog zu Hand, den er nur durchzugehen brauchte, um das Nötige über Freund oder Gegner zu lobender oder polemischer Rede zusammenzustellen.[522] Als Verfasser einer Heiligenvita hatte Radbert einen Menschen zum Gegenstand seines Werkes genommen, der nach seinem Urteil hohe Verehrung und Liebe verdiente. Ob Radbert eine umfangreichere polemische Beschreibung einer Person überhaupt hätte verfassen wollen können? Konnte ein solcher Autor Genüge im Ablehnen finden, dafür seine Kräfte aufwenden? War ihm eine Person, die er nicht hoch schätzte, des literarischen, des geistigen Aufwandes würdig? Der antike Rhetor, zumal der vorkaiserlichen Zeit, hatte eine Person von äußerem Rang im Blick, die Güter der eigenen Familie verwaltete, die römische Ämterlaufbahn begonnen hatte. Der Rede war ein politischer Zweck eigen; eigenes oder fremdes Aufsteigen, oder das Bemühen, den Aufstieg einer Person zu verhindern, sie gar anzuklagen. Überall bricht Radbert aus diesen Kategorien aus. Man mag fragen, wieweit Ciceros Rubriken

---

hätte Adam dieses bewahrt, so wäre er sich nicht nackt vorgekommen – so wird man an eine dem entsprechende Deutung der Josephsgeschichte und Christi als *tunica talaris* denken dürfen: Josephs damaliger Zustand als ein überheblicher und verzogener Knabe wurde so offenbar; die Entwicklung zum Patriarchen vollzog sich erst in Ägypten. Adalhard ist hier durchaus Gegenfigur (nicht Antitypus): Anders als Joseph ist er bekleidet mit Christus als *tunica*; zuvor war Gerechtigkeit als Kleid genannt. Es bestünde so eine Verwandtschaft dieser Josephsgeschichte zum Gleichnis Christi, das oben zitiert wurde.

522 W. STEIDLE, Sueton (wie Anm. 511) zu Sueton Rubriken der Personendarstellung, ohne auf Ciceros Katalog einzugehen, sagt S. 113: „So tritt der Biograph gewissermaßen von außen her mit von vorne herein festumrissenen Fragestellungen seinem Stoff gegenüber, fast könnte es scheinen ohne Beziehung auf das Verständnis des Kaisers als Charakter." Zu Tugenden und Lastern als Rubriken S. 118f; S. 122f: „Die Gesamtanschauung kommt zustande durch ein Umschreiten der äußeren Bereiche, in denen sich das Leben eines römischen Politikers verwirklichen mußte."

einen fränkischen Edlen hätten darstellen können; ein solches Produkt, existierte es, müßte den Historiker interessieren und würde Mitteilungen machen, die man oft vergeblich durch unsichere Schlüsse zu ersetzen versucht.

Die aus Cicero übernommenen Kategorien der Personenbeschreibung zielen auf die praktische Bewährung eines Mannes aus den die römische Republik tragenden Familien. Die Liste ist darin wohl durchdacht: Nicht nur nach aufweisbaren Leistungen ist gefragt, sondern auch nach in Herkunft und Ausbildung liegenden Voraussetzungen, nach Auftreten und Erscheinung, nach charakterlichen Gegebenheiten und sittlichem Einsatz, nach der Wirkung auf die Öffentlichkeit. Der Begriff der *fortuna* allein mag bei flüchtiger Lektüre täuschen: Es ist nicht jenes zu allem Gelingen gehörende Glück gemeint, Cicero erläutert I 35: *In fortuna quaeritur, servus sit an liber, pecuniosus aut tenuis, privatus aut cum potestate, si cum potestate, iure an iniuria, felix, clarus an contra.* Mit diesen Kategorien mochte sehr wohl ein Mensch zutreffend dargestellt werden; und so enthält Radberts Darlegung auch keine Kritik an Cicero: *attributa, ex quibus optime dignoscatur.* Doch hatte er schon zuvor die Grenzen der Leistungen der Rubriken bestimmend festgestellt, daß mit aller Fertigkeit der Redekunst das rechte Lob des Heiligen nicht gesagt, das eigentlich des Lobes werte, nicht gefunden werden könne; *multo excellentius in eo illud antefertur, quod totus de carne in spiritum convolavit.* Wer in der Einhaltung der Rubriken Ciceros recht beschrieben und gelobt werden konnte, war *de carne*, man möchte gemäß einem Christuswort übersetzen „von dieser Welt".[523] Dies war Adalhard nicht, als seine eigentliche Heimat nannte Radbert *coelestis illa Hierusalem.* Umso bedenkenswerter ist, daß ein erweiterter Katalog der Rubriken Ciceros ihm die Stichworte gibt. Deren jedes wird in seiner klar umschriebenen Bedeutung gesprengt. Die Bibel selbst bot dazu die Möglichkeit, konnten doch schon biblische Worte, was sie zu verkünden hatten, nur mit Vokabeln sagen, die zuerst irdische Dinge bezeichneten. Radberts Darstellung setzt in jedem Punkt die von Cicero gemeinte oder eine ähnliche Bedeutung voraus. Zu jeder Rubrik hätte sich ein für den fränkischen Adel passender Wortsinn finden lassen, und dieser darf umso eher mitgehört werden, als Radbert selber immer wieder davon ausgeht, um dann zu sagen, daß die eigentliche Heimat des Menschen nicht irdisch sei, daß Adalhard zwar Karolinger, aber eigentlich *Deo in filium est adoptatus.* Wo die Antike menschliche Leidenschaften im Guten wie im Bösen aufzählen wollte, beschrieb Radbert Adalhards Streben nach Tugenden. Man darf zusammenfassend sagen, daß es mit einer allegorischen Auffassung gelang, aus Ciceros additiv nebeneinander stehenden Rubriken einen einheitlichen Grund menschlichen Lebens, ein einheitliches Ziel für das Streben Adalhards zu gewinnen und darzustellen. Eine besondere Rolle spielte das Hohelied dort, wo es um die Beschreibung der äußeren Erscheinung Adalhards ging. Die von Radbert aus c. 5 des Liedes aufgenommenen Zitate sind Verse, mit denen die Braut die Vorzüge des Bräutigams schildert. Damit ist der Rahmen einer Deutung der Braut des Canticum auf die Seele des Menschen in ihrem Verhältnis

---

[523] Joh. 18.36: Zu Pilatus: Mein Reich ist nicht von dieser Welt; vgl. auch Joh 8,23; 15,19. Als wörtliche Vorlage könnte Rom. 8,8f infrage kommen: *Qui autem in carne sunt, Deo placere non possunt. Vos autem in carne non estis, sed in spiritu; si tamen Spiritus Dei habitat in vobis.*

zu Gott (Christus) als Bräutigam verlassen. Die äußere Erscheinung gibt Zeugnis vom Streben des Heiligen. Was die Canticumverse an der Schönheit des Körpers begeistert rühmen, ist nicht für unwesentlich erklärt; der Freude an der Erscheinung ist nichts genommen,[524] aber die irdische Erscheinung und die von ihr hervorgerufene Freude werden zum Mittler; sie bezeugen die nicht unmittelbar sichtbaren Verhältnisse: Die asketische Orientierung Adalhards auf seinen Schöpfer hin, die zu Lebensäußerungen führte, die in der Vorstellung eines Adligen der römischen Republik z. T. geradezu absurd gewesen wären.

Radbert scheute sich keineswegs, Irrtümer antiker Autoren zu kritisieren. Er hatte sich zuvor gegen einen Satz Vergils gewandt: Der Ausgang der Verbannung Adalhards sollte den Satz „*Nec curare Deum mortalia quemquam* (c. 31; Vergil, Eccle. 8,15) widerlegen und zeigen, daß hier der Gerechte geprüft worden war. Ciceros Katalog, der zu sinnvoller und korrekter Personendarstellung anleiten mochte, behielt seine Geltung, er vertrug in der allegorischen Deutung irdischer Verhältnisse neue Wertungen, die additive Vielfalt seiner Rubriken wurde so zu der Einheit einer ganzen Weltauffassung zusammengeführt, in der Ausgang und Ziel menschlichen Lebens nicht mehr der Ehrgeiz des republikanischen Adels, sondern der unwandelbare Gott war.

Folgt man der Vita, so war Adalhards wichtigste Tat nach der Rückkehr aus dem Exil die Gründung, bzw. die Verlegung des sächsischen Tochterklosters an die Weser nach Corvey (c. 65–67). Adalhard erkannte die mangelnde Eignung des vorigen Platzes und erwirkte beim Kaiser die Schenkung des günstigen Geländes an der Weser. Radbert beschreibt den neuen Platz als dreieckig. Die Dreiecksgestalt erklärt er zur vollkommensten Form überhaupt: Sie gemahnt an die Trinität Gottes. Mathematisch ist ihm das Dreieck die Form, auf die jede Fläche zurückgeführt werden kann, ohne daß das Dreieck selbst noch abgeleitet werden könnte;[525] erst mit drei Linien habe man eine Fläche umschrieben. Aufgerichtet *igne charitatis flammare ibidem habitantes* (scil. zu Corvey) *debere monstratur*. Daß die Liebe ihren Ausgang von *latitudo* nehme, zeige auch *latum Dei mandatum nimis nonnisi dilatato corde perfici posse* – der Psalmist hatte gesagt: *Via mandatorum tuorum cucurri cum dilatasti cor meum*, und Paulus kannte den Unterschied eines weiten und eines engen Herzens (Ps. 118,32; 2. Cor. 6,11f). Schließlich sei Liebe (*charitas*) erst in der Verehrung der Dreieinigkeit als Einheit vollendet. Dies alles sollte die Klugheit der Entscheidung für den Platz Corvey in seiner Dreiecksgestalt zeigen.

---

524 Das Ideal hat sich verlagert und meint nicht mehr das Jugendlich-Elastische. Wenn PELTIER (wie Anm. 461) S. 152 feststellt: „L'esprit d'ailleur de ces citations reste le même, il s'agit toujours d'embellir un developpement par un ornement postiche", so kann ich dem weder für diese Vergilstelle noch für die behandelten Ciceroentlehnungen zustimmen, ebensowenig für die spätere Benutzung von Ciceros Zeuxisgeschichte und das Orpheusthema. Peltier trennt die Klassikerzitate von der Benutzung der Rhetorik, Dialektik und Philosophie der Antike, die er S. 155ff behandelt.

525 Die mathematischen Grundlagen dieser Erörterung könnten aus Augustinus, De quantitate animae stammen (§13). Augustinus benötigte die abstrakten Kenntnisse der Seele (Mathematik), um das unkörperliche Wesen der Seele zu beweisen. Radbert kannte dieses Werk, da er es in c. 70 aus der Zusammenfassung § 79 zitiert und mit seinem Titel erwähnt.

In dieser Darstellung überwiegt der Intellekt die Anschauung bei weitem, und man mag bezweifeln, daß Radberts Überlegungen und Wortspiele (*latitudo, latum, dilatatum*) in Adalhards Entscheidung irgendeine Rolle gespielt haben. Liest man genau, so behauptet Radbert dies auch nicht. Der Platz der ursprünglichen Gründung wurde als *non utililis aut aptus* erkannt, und als der Herrscher Adalhard für die Wahl des Ortes freie Hand ließ, *elegit locum valde amoenum et monachis congruum ad habitandum* (c. 65). Dies wird Adalhards Überlegungen wohl richtiger wiedergeben. Bei der Beschreibung der Vorzüglichkeit des Ortes mochte Radbert dann an dessen Gestalt, an die Bedingungen, die er den Mönchen bot, seine Überlegungen anknüpfen. So griff er auch auf wichtige Vorzüge zurück: *irriguum aquis, velut si minor Aegyptus esset et alter paradisus Domini venientibus de fonte Patris in ortum solis*. Hier sind der vorige trockene und der neue wasserreiche Platz einander gegenübergestellt, der paradiesische Charakter Corveys ist betont. *Fons Patris* als Ausgangspunkt: Von Paderborn nach Osten gehend erreichte man das Paradies Corvey; *fons Patris* als Taufe: in Christus wiedergeboren *creduntur exinde non solum ad ortum solis sed etiam ultra solem usque transcendere*. Die Schönheit des irdisch Wahrnehmbaren verwies auf das Paradies – Corvey; Paderborn in der lateinischen Fassung seines Namens assoziativ als Wortspiel auf die Taufe.

Die Schilderung des geistlichen Lehrers Adalhard enthält wenig unmittelbare Bibelbenutzung (c. 68). Es sei aber hervorgehoben, daß Adalhard seine Mönche oft und eindringlich vor der Verführung gewarnt hat, die in der Wahrnehmung geistlicher Ämter, der Bewirtschaftung kirchlicher Güter liegt. Durch diese Hintertür kommen die gerade ausgeschlossenen weltlichen Interessen wieder herein.[526] Wenn die Gelegenheit es fügt, so solle um Gottes Willen ein irdischer Dienst ertragen werden: *Nemo militans Deo implicat se negotiis saecularibus*. Timotheus wurde ermahnt (2. Tim. 2,3f), den Mut in der schwierigen Missionsaufgabe nicht sinken zu lassen; Kleinglaube richtete seine Aufmerksamkeit auf irdische Sorgen. Die geistlichen Herren und Institute also, wenn sie sich um die Erweiterung der kirchlichen Güter, um Einfluß am Hofe, um weitere Ämter und Rechte bemühten, wurden Timotheus an die Seite gestellt in der Wichtigkeit ihrer Aufgaben ebenso wie darin, daß sie in Gefahr waren, das unbedingte Vertrauen auf Gott zu verlieren. Die Kirche besitze im Überfluß, deshalb mangle es an rechtem Tun. Man solle wissen: *Beati sunt pauperes spiritu, quibus regnum coelorum repromittitur* (Mt. 5,3). Bedenkt man den Zusammenhang im Text der Vita, so kann hier nicht übersetzt werden: „Selig sind die geistlich Armen" o. ä.; *pauperes* sind hier Menschen in irdi-

---

[526] Ein bedeutsamer Satz: *Constat igitur nos in praesenti tempore ideo reipublicae deservire, quia ipsa nostris attenuata cupiditatibus ex se subsistere non posse manifeste causatur; et idcirco nos infelices, qui liberi esse in Christo debuimus, facti sumus turpissimae servitutis, etiam inviti, servi*; bedeutsam gerade aus dem Munde eines Mannes, der in Italien für den jungen König Bernhard mit den Reichsaufgaben betraut war.

scher Armut, man wird sagen dürfen, Menschen, die aus asketischer Absicht, willentlich, arm sind und zwar *spiritu*: Um des Geistes willen, so wie Radbert das zuvor erläutert hatte.[527]

Die Freude über die Gründung Corveys – *construebatur ibidem, Deo agente, non solum monasterii, sed etiam coelestis patriae fundamentum* – leitet über zu theologischer Beschäftigung mit dem Begriff der Freude (c. 69). Radbert bezieht sich auf die Stufenlehre Augustins, die den Aufstieg der Seele von der bloßen Belebung des Körpers bis zur *contemplatio* als Anschauung Gottes – ein himmlischer, engelhafter Zustand – beschreibt.[528] Die ersten beiden Stufen der reinen Belebung des Körpers und der Wahrnehmung teilt der Mensch mit anderen Geschöpfen. Erst auf der dritten Stufe tritt als dem Menschen allein zugehörig hervor, daß die Seele Dinge enthält, die nicht aus Empirie allein erklärbar sind; Augustinus verweist auf zahllose menschliche Einrichtungen und Schöpfungen, die ein eigenes Zutun der menschlichen Seele voraussetzen. Auf der vierten Stufe beginnt die Seele, sich über

---

527 Zur Rechtfertigung dieser Übersetzung sei auf Radberts Matthäuskommentar (lib. III ab Z. 1555; S. 282–285) verwiesen. Radbert stellt zuerst *paupertas et coelestis beatitudo* als schroffen Gegensatz einander gegenüber. *Idcirco sciendum quibus beatitudo donatur, quod iam non hic vivant*; ein irdisches Leben (*secundum saeculum viventibus*) bringe nur Trübsal. So kann es *beatitudo* nur in der Hoffnung auf die *possessio regni coelorum* geben. Radbert geht nun davon aus, daß Christus für diese Predigt einen Berg bestieg, um seinen Jüngern *terrena iam relinquentibus et superna petentibus, velut in alto positis praecepta traderet coelestium mandatorum*. Der Unterschied zu den Geboten des Mose aber sei dieser: *Hic vero Testamentum Novum, secundum Jeremiam* (31,33), *de quo inquit: Scribam leges meas in cordibus eorum et in sensu eorum scribam eas* – einst *servi*, jetzt *filii*. Dann legt er dar, daß arm sein, Mangel leiden, noch nicht *beatitudo* bedeute; nicht erzwungene Armut mache glücklich, *sed fides sancta devotio paupertatis*. Zurecht nenne man glücklich, *qui contemptis rebus mundi huic saeculo moriuntur ut Deo viviant et coram eo divites et locupletes habentur*. Dies rechtfertigt die vorgeschlagene Übersetzung; doch soll nicht unterdrückt werden, was Radbert desweiteren zur Armut zu sagen hat: Zweierlei Armut gebe es *in terrenarum scilicet rerum abdicatione atque in spiritus contritione*. Nur wenige können im Verzicht auf irdische Güter leben, die *contritio spiritus* ist jedoch grundsätzlich jedem Gläubigen zugänglich. Hinsichtlich der Armut an irdischen Gütern, so erläutert Radbert, komme es darauf an, wie man mit diesen umgehe. Auch wer in rechtlichem Sinne viel besitze, jedoch nicht *ex desiderio carnis sed ex voto pietatis atque instinctu necessitatis* darüber verfüge, *non tam propria sed tamquam aliena*, sei in diesem Sinne arm. *Propter spiritu* – die zweite Art der Armut meine das Sich-Selber-Gering-Wissen sogar dann, wenn man andere *virtute et sanctitate* überrage. Dies bedeutet m. E. die Erkenntnis des Abstandes zwischen dem, was ein Mensch an sich erreicht hat und dem, was Gott als Schöpfer fordert … *nihil magis congruebat ad meritum, quam presentis vitae pauperibus coelorum regnum promittere: Ut qui Christum paupertate sequi et servitutis iugum subire decreverint, divites futurorum regna felicesque possideant*. Diesem Schlußsatz der Erläuterung im Kommentar vergleiche man aus c. 68 der Vita: *Quapropter, filioli, estote constanti paupertate Christi, sine qua nemo est dives*. Es folgt die Seligpreisung, die Warnung vor der *avaritia*, durch die man das ewige Gut verliere. *Estote igitur, quod vos aeterna Christi vocatio esse voluit, ut paupertate Christi participando divites esse cum eo sine fine mereamini*. C. 68 ist in seiner ersten Hälfte voller Warnung vor falschem Umgang mit Besitz, der Annahme von Geschenken oder Erbschaft und zielt bis zum Ende darauf, daß irdischer Reichtum den Menschen allenthalben von seiner Berufung abhalte.

528 C. 70; s. Anm. 522.

die irdischen Güter zu erheben, *atque potentiae pulchritudinique suae comparata discernere atque contemnere*. Hier beginnt die Unterscheidung von allem Unreinen und Bösen: Hindernis ist die Todesfurcht: Den Tod zu fürchten und die Freude an einer verlockenden aber vergänglichen Welt zu überwinden, stellt die Schwierigkeit dieser Stufe dar. Dies erreicht die Seele mit der Hilfe ihres Schöpfers in größter eigener Anstrengung und gewinnt so die Stufe der Reinheit, deren Behauptung die fünfte Stufe ausmacht (§ 79: *tranquillitas, in se ipsa, pulchre in pulchro*). Nun bricht die Seele auf *ad ipsam contemplationem veritatis*, dies ist die sechste Stufe des Emporsteigens (§ 79: *ingressio, ad Deum, pulchre ad pulchritudinem*). Die siebente Stufe ist aber eigentlich keine Stufe mehr – so Augustinus – sondern eine *mansio*, ein himmlischer Wohnplatz,[529] den die Seele über diese Stufe erreicht. Adalhards Erdenleben führt nun nach Radbert bis zur *ingressio*, an die Schwelle der ungehinderten Betrachtung Gottes, und das Psalmwort gab sein ganzes Streben wieder: *Sitivit anima mea ad Deum fortem vivum, quando veniam et apparebo ante faciem Dei* (Ps. 41,3, vgl. c. 26)? Mag der Psalmist an den Tempel zu Jerusalem aus der Ferne gedacht haben, in der Anwendung des Wortes auf Adalhard ist die Spannung des Menschen aus dem irdischen Leben auf das jenseitige, die innere Freiheit Adalhards von den Bindungen an irdische Güter ausgesprochen. Radbert zweifelte nicht, daß Adalhard auch die siebente Stufe der dauernden und endgültigen Anschauung Gottes erreicht: *Quo nunc senex noster se pervenisse laetatur*. Die Grenze zwischen sechster und siebenter Stufe war hier der Tod als Eintritt in das ewige Leben. So ruft Radbert seinem Lehrer nach (c. 71): *Pater mi, pater mi, currus Israel et auriga virtutum! Ecce nos quam subito desolatos relinquis*! Erneut bricht aus Radbert die Trauer um den Verlust der körperlichen Gegenwart Adalhards hervor, der als Lehrer persönlich auf alle seine Mönche fördernd eingegangen war: *Omnia enim nobis omnibus factus eras, ut Christo nos lucifaceres* (1. Cor. 9,22).

Das erste Zitat war der Schreckensruf Elisas, der seinen Lehrer Elia in feurigem Wagen gen Himmel fahren sah, ohne daß dieser zuvor gestorben war (IV. Reg. 2,12). Dem fügte Radbert den Ausruf des Verlassenseins hinzu. Die Erinnerung an Elias Himmelfahrt an dieser Stelle nahm dem Ereignis des Todes für Adalhard jegliche Bedeutung, ganz entsprechend der Forderung, die Todesfurcht zu überwinden, wie es Augustinus in seiner zitierten Stufenlehre gesagt hatte.

Radbert wandte sich dem Tod Adalhards zu (c. 73): *Nunc vero instat, ut mortis eius finem pandamus, quam habuisse talem glorificandum est, amisisse flendum, pervenisse vero ad beatorum gaudia congratulandum*. Die Dreistufigkeit des Urteils nimmt das Thema der Einleitung auf, das mit unterschiedlicher Deutlichkeit im gesamten Text gegenwärtig war. Die Trauer um den Verlust Adalhards ist das erste, dann aber folgt der Trost *de perventu, quo tu nunc laeteris in gaudia*. Ehe also die Feder des Autors sich der Sterbestunde des Heiligen zuwendet, *quaesumus ... revertere, Sulamitis, revertere, inquam, paululum ut intueamur te* – wiederum ein Wort des Canticum.[530] Die Braut ist einigen vornehmen Wagen begegnet (*Amina-*

---

529 *In domo patris mei mansiones multae sunt*, sagte Christus: Joh. 14,2.
530 Cant. 6,9–7,1; die Stelle schon bei Ambrosius, de obitu Valentiniani 64–66; s. auch BIERMANN, Leichenreden (wie Anm. 23) S. 97ff und S. 139ff. Auch hier besteht kein Zusammenhang mit

dab quadriga), deren Insassen hinter ihr herrufen; sie solle sich umwenden, damit man sie betrachten könne – für Radbert wird der Vers zum Ausdruck trauernder Sehnsucht, die Gegenwart Adalhards wiederzugewinnen, was doch nur in der Erinnerung erfüllt werden kann. Die Canticumstelle wird erneut aufgenommen: *quid videbimus in te, nisi ut castrorum acies quomodo sis ordinatus?* Dies hatte jene Wagenbesatzung geäußert: Als sie Sulamit sahen, erstaunten sie ... *pulchra ut luna, electa ut sol, terribilis ut castrorum acies ordinata* – über ihre Schönheit und Unnahbarkeit, Zeichen der Reinheit dieses jugendlichen Mädchens. Da sie sich nicht umwandte, tröstetete man sich in dem Reisewagen: *Quid videbis in Sulamite nisi Choros castrorum?* Adalhard hatte ebenfalls standgehalten: Den Versuchungen, die ja Angriffe Satans waren. So wollten die Mönche sehen, von welcher Art und Größe ihr Abt war – dies mochte Hinweis auf die Aufgabe des Hagiographen sein. *Ecce ascendisti, novimus, per desertum quasi aurora consurgens, pulchra ut luna, electus ut sol, terribilis in Deo, velut castrorum exercitus ordinatus.* So war es von der äußeren Erscheinung Sulamits gesagt, so sollten es die Lebenden in der Erinnerung an Adalhards geistlich-sittliche Erscheinung erkennen können, so sollte es für Adalhard gelten, der im Tod vor seinen Schöpfer trat.

Adalhard versammelte seine Mönche zu einer letzten Ansprache, die sich von den Vermächtnisreden der alttestamentlichen Patriarchen oder auch des Antonius deutlich unterscheidet. Der Abt schildert seinen Mönchen die Situation. Er geht von dem Bild des Hirten aus (c. 74; Joh. 10; Ez. 34). Über seine Schafe werde er Rechenschaft ablegen müssen, während der Konvent als seine Herde sein Urteil über seinen Gehorsam, oder Ungehorsam empfangen werde (s. RB II 6ff). Der Rechenschaft über die Herde ist ein Bild aus einem Christusgleichnis zugeordnet: Ob er die Talente gemehrt, oder wie er sie ausgegeben habe.[531] Bis hierhin stellt diese Rede als Vermächtnisrede den Zurückbleibenden die letzte und ernsteste Situation des Menschenlebens vor Augen und ruft ins Bewußtsein, daß jeder solch gültiger Rechenschaft unterliegt. Dann aber bittet Adalhard die Mönche um Nachsicht und Verzeihung, wo immer er das Rechte nicht getroffen habe.

Die Frage des Aufstiegs im Tod zu Gott muß Adalhard auf das Nachdrücklichste beschäftigt haben; er sah sich vor einem Kampf *contra spiritalia nequitiae tunc in coelestibus pugnaturus*, und er hoffte, daß Christus ihm entgegenkomme, *quia obcursor decuplum eius viginti millibus superare legitur*[532]. Christus, so sagte Adalhard, sei der einzige unter den Verstorbenen, der frei sei. *Venit enim ad te*

---

sonst bekannter Hoheliedexegese. Die an Adalhard gerichteten Worte gelten im Canticum der Braut und bezeugen hier die lebhafte Zuneigung Radberts zu seinem Lehrer. Es sind nicht Worte des Bräutigams, der in dieser Szene des Canticum nicht vorkommt.

531 Mt. 25,14–30; Radbert notiert in seinem Matthäuskommentar (lib. IX ab z. 2593, 1229): *Hoc quippe est de quinque talentis alia quinque lucrari, cum in eis temporaliter operamus, ut per eosdem nosmetipsos exercitantes, et alios instruentes, ad maiorum virtutum culmina erigamus, sicque duplicata omnia reportemus tam in nobis quam in proximis, ut de temporalibus aeterna, et de caducis et transitoriis rebus semper manentia acquiramus.*

532 C. 75; die Apokalypse schildert 13,9ff eine zweite Plage der Endzeit: Eine riesige Schar böser Engel wird aus ihren Fesseln entlassen und stürmt vernichtend über die Erde; v. 16: *Et numerus equestris exercitus vicies milies dena milies.*

exactor, et in te non invenit quidquam quod suum esset. Christus hatte im Gleichnis geäußert (Lc. 12,58), man solle sich von seinen Schulden befreien, ehe man vor den Richter müsse, denn *iudex tradat te exactori,* und der werfe einen ins Gefängnis, aus dem man nicht ohne vollständige Bezahlung entlassen werde. Im Gleichnis war der *exactor* ein Diener des Richters, mit der Durchführung der Urteile beauftragt. In der Vita muß es Satan sein, der den Tribut einfordert, vor Christus aber weichen muß, so daß Adalhard in Christi Begleitung sich geschützt weiß. Radbert berichtet von einem beichtenden Gespräch Adalhards mit einigen Brüdern des Konvents, das ihn als härtesten Urteiler über sich selber kennzeichnete (c. 76). Danach ermahnt er seine Mönche einzeln zu einer friedlichen Abtswahl nach seinem Tod, und zu lauterem Leben. In seiner Trauer um den Verlust des glaubensfesten und vorbildlichen Mannes ruft Radbert aus: *Necut Salvator, inquam, miseram Jerusalem ego lugeo* (Lc. 19, 41ff), *sed ploro in unius morte pariter omnes virtutes occubuisse*; es ist also beinahe, als ob Jerusalem über den Herrn weine, der es verlassen hat. Für Radbert ist das eigentlich Beunruhigende nicht einmal Adalhards Abwesenheit, sondern daß man sich abwendet vom Anblick dessen, dessen man nur mit Tränen gedenken kann. Adalhard war als Abt und Lehrer gleichsam Garant rechten Lebens in Corbie.

Adalhard hatte begonnen, sich auf den Tod vorzubereiten (c. 78). *Paraverat ergo se Simeon senex ad natalem Salvatoris accensis lampadibus occurrere et Regem regum Dominum Jesum Christum procedentem de thalamo suo ulnis suis laetus suscipere.* Drei Texte sind hier ineinander verwoben: Einmal die Erzählung des Lukas von jenem alten Simeon, der vor seinem Tod den Christusknaben auf seine Arme nahm und als den verheißenen Messias erkannte und pries (Lc. 2,26–35). Er war als einer der ersten zu solcher Erkenntnis und Anerkenntnis bereit. Dann das Gleichnis von den klugen und den törichten Jungfrauen (Mt. 25,1–13; vgl. Anm. 490); die klugen unter ihnen hatten in ihren Lampen Öl und waren bereit, als der Bräutigam kam; *procedentem de thalamo suo* mag zwar der Gleichniserzählung Christi entsprechen, ist aber als Wortlaut einem Psalm entnommen: *Caeli enarrant gloriam Dei.* So heißt es von Gott: *In sole posuit tabernaculum suum et ipse tanquam sponsus procedens de thalamo suo* – der fährt wie ein Bräutigam aus seinem Gemach (Ps. 18,6). Adalhard als der für seinen Herrn bereite Simeon im Angesicht des Todes; Christus als königlicher Bräutigam heraustretend. Wenn es dann heißt: *ulnis suis laetus suscipere,* dann zeigt sich das eigentlich Unmögliche der Simeonerzählung, daß der Mensch diesen Herrn, der hier als König, als Sonne dargestellt ist, auf seinem Arm tragen will. Dies hat sehr wohl bestimmte Ähnlichkeit zu der das Kind tragenden Christopherusgestalt.

Adalhard wurde von einer fiebrigen Krankheit befallen, drei Tage vor dem Christfest. Dies hielt ihn nicht davon ab, an den liturgischen Übungen teilzunehmen, wie er dies gewollt hatte, *nec minus amore Christi febricitans elanguebat, sicut scriptum est in Canticis* (Cant. 2,5). *Fulcite me floribus, stipate me malis, quia amore langueo.* Dies ist die aus der Hoheliedinterpretation bekannte Vorstellung der menschlichen Seele als Braut Christi, deren Liebe und Sehnsucht dann aus solchen Worten spräche. Die eigentümliche Anknüpfung an die durch Krankheit bedingte Fieberhitze des Körpers gibt dieser eine übertragene und positive Bedeutung. Bedenkt man den Zeitpunkt in Adalhards Leben, so bedeutet dieses Wort nicht nur die Erwartung des Todes, sondern Hoffnung auf den Tod; deswegen der letzte Satz des Kapitels: *ibidem* (im Martinsoratorium) *missas audiens, communionem sanctam percepit, donec ultimus dies vitae a noctis huius eum eduxit caligine*[533]; nicht aus Verachtung der irdischen Welt, sondern in Erwartung einer größeren. Bischof Hildemann von Beauvais war auf die Nachricht von Adalhards Erkrankung nach Corbie geeilt. Er erkundigte sich, ob man den Kranken gemäß einem Wort des Apostels Jakobus gesalbt habe (c. 79f; Jac 5,14). Da fragte man Adalhard selber, ob er diese Salbung erhalten wolle, glaubte man ihn doch frei von jeder menschlichen Verfehlung. Dieser aber dachte darüber anders, erbat das Sakrament und brach in jenen Ruf des Simeon aus: *Nunc dimittis servum tuum, Domine, secundum verbum tuum in pace* – Herr, nun lässest Du Deinen Diener in Frieden dahinfahren, wie Du gesagt hast. Simeon fuhr fort: Denn meine Augen haben das Heil gesehen. Adalhard: *quia percepi omnia tui mysterii sacramenta. Et nunc quid superest, nisi ut ad te veniam*? Dies schränkt die Deutungsmöglichkeiten für das Wort Simeons ein und reduziert sie auf die beiden gemeinsame freudige Erwartung des irdischen Endes; auf verschiedene Weise waren beide ihres Heiles gewiß geworden. Das Kind (Christus) konnte Adalhard nicht empfangen; ihm mußte das Sakrament genügen. Hatte Adalhard seine baldige Todeserwartung ausgesprochen, so schränkte er dies ein, denn der Tod lag nicht in seiner Verfügung: *Verumtamen non sicut ego volo, sed sicut tu vis, tantum fiat voluntas tua* – ein Christuswort aus dem Gebet im Garten Gethsemane (Mt. 26,39 und 42; Mc. 14,36; Lc. 22,42), mit dem Christus seine letzte Bereitschaft zum Kreuzestod aussprach. Adalhard suchte den Tod, freilich nicht den unverdienten, schmachvollen Tod Christi; als Mönch und Mensch wollte er den eigenen Willen wenigstens soweit zurückstellen wie Christus.

Adalhards Lebensende ist ein liturgisches Loben und Preisen seines Herrn (c. 81). Ein Paulussatz bezeichnet die Grenze des irdischen und des himmlischen Lebens: *Nox praecessit, dies autem appropinquavit* (Rom. 13,12); in Adalhards Mund ist dies die freudige Erwartung, mit der dieser seinem Tod entgegensah; zum Licht strebte der Mensch, die Finsternis mochte ihm Furcht bereiten. Adalhard überlebte das Christfest um acht Tage und rief dann nachts seine Mönche zu endgültigem Abschied zusammen. Die von Radbert überlieferten Worte sagen, daß er vor Christus treten werde zu empfangen, was ihm bestimmt war. Radbert aber glaubte, mit den Mönchen zu wissen, was Adalhards Zukunft war: *Quod nec oculus vidit, nec auris audivit, nec in cor hominis ascendit (alioquin vacuus est labor fidei): praesertim qui dicere cum Apostolo potuisses veraciter: Cursum consummavi, fidem servavi. De reliquo, quid aliud quam reposita est mihi corona iustitiae, quam reddet mihi iustus iudex in illum diem* (1. Cor. 2,9; 2. Tim. 4,7f)? Paulus sprach nicht vom Übertritt in ein höheres Leben, das dann in der Apokalypse etwa geschildert wird, sondern von Einsichten, die er selber und andere durch Offenbarung (nicht Visionen) und deren Mitteilung gewonnen habe, von der christlichen Lehre, wie er sie predigte. Die Verborgenheit der Wahrheit zu schildern benutzte Paulus das Wort Jesaias, der über die ihn umgebende Unkenntnis Gottes bekümmert war (Is. 64,4). Radbert wendet den Paulus-(Jesaia-)satz zu einer apokalyptischen Äußerung: In

---

533 Licht und Finsternis hier als das Verhältnis dieser und jener Welt; erneut so in c. 81.

seinem nun endgültigen Leben sieht und erfährt Adalhard, was ein Mensch im höchsten Falle glauben und erkennen kann. Das abschließende Wort entstammt dem 2. Brief an Timotheus. Paulus, schon in Gefangenschaft, hatte Timotheus mit herben Ermahnungen in seiner Tätigkeit zu bestärken versucht und sah sein eigenes Leben schon als abgeschlossen an. Die darin ausgesprochene Überzeugung vom eigenen, recht geführten Leben ist wohl Voraussetzung der in Worte des ersten Korintherbriefes gefaßten Vorstellung des nun Gott schauenden Adalhard.

Am Morgen des 2. Januar (826) verstummte während der Matutin Adalhards Stimme (c. 82); zur ersten Stunde des Tages erhielt er die Kommunion. Der Konvent verharrte in liturgischen Gesängen, Adalhards Tod erwartend. Er starb – wie Christus[534] – zur neunten Stunde, *ut daretur indicium, quod cuius crucem in vita tulerat, quemque secutus fuerat, eius in mortis articulo sequeretur vestigia, donec perveniret ad eum, quam quaesierat, quem optabat, quem et diu de toto corde desiderabat.* Die Todesstunde noch als Nachfolge Christi, dies konnte nicht als willentlicher Akt eines Menschen vorgestellt werden, sondern als ein Geschenk, das den Zurückbleibenden Hinweis war.

Die Trauer des Konvents zu beschreiben, griff Radbert vornehmlich auf die Klagelieder Jeremias zurück. *Ablatus est magnificus meus mihi, et nullus est, qui consoletur me ex omnibus charis: quoniam complevit in me Dominus furorem suum et fecit quae cogitavit.*[535] *Complevit ergo quae praeceperat a diebus antiquis: Terra es, et in terram ibis* (Gen. 3,19). Die Benutzung der Klagelieder für diesen Zweck barg Schwierigkeiten: Die Klage des Propheten bezog sich auf das von Gott abtrünnige, zur Strafe zerstörte Jerusalem. Adalhard aber war der Inbegriff rechten Glaubens und Lebens, sein Hinscheiden war der Gegenstand der Trauer. So verändert der Vitentext die Zitate weitreichend. *Magnificus:* Jeremia schrieb *abstulit omnes magnificos meos* – all meine Recken (Buber).[536] In der Vita ist ein um seines Lebens willen „herrlicher" gemeint, dessen Verlust schmerzt. Der Prophet trauert, daß niemand Jerusalem tröstet, in der Vita ist es nicht Adalhard, der ja keinen Trost mehr benötigt, sondern der zurückbleibende Radbert und die anderen Mönche. Gottes Zorn ergoß sich über das abtrünnige Jerusalem. Adalhard ist nicht von Gottes Zorn, sondern von Gottes Gnade getroffen. In seinem Hinscheiden empfindet *mater Corbeia flens* den Zorn Gottes, freilich nicht gegen sich selber; hier erfolgt eine ausgreifende Erklärung: Der Fluch des Sündenfalls, der Tod, der die Menschen wieder zu Erde macht, das ist der Zorn Gottes, dem auch der heilig lebende Mensch und seine Gemeinschaft nicht entzogen sind. Damit trat Radbert in seinem Denken und Empfinden aus dem Horizont der Klagelieder heraus und nahm in seiner Trauer

---

534 Mt. 27,46; Mc. 15,34–36; Lc. 23,44–46.
535 C. 83; Thren, 1,15; 1,2; 4,11. Auch Ambrosius zitierte in de obitu Valentiniani mehrfach die Klagelieder Jeremias aus der Umgebung der von Radbert benutzten Verse (M. BIERMANN (wie Anm. 23) S. 134ff).
536 In seiner Expositio in *Lamentationes Jeremiae* kommt Radbert zu einer anderen Erklärung der *magnifici* im Literalsinn: *Nec dubium, quin haec plenius in illa extrema captivitate Judaeis accidisse, quando nullus prophetarum inter eos remansisse creditur, non sacerdotes, qui hostias offerent, non scriba doctus in lege, cuius doctrina erudientur* (MPL 120, col. 1090).

einen tiefer ins Grundsätzliche reichenden Standpunkt ein; mit allegorischer Deutung des alttestamentlichen Textes allein ist dies nicht geklärt. Radbert kann nun sagen: *Idcirco abiit charissimus mihi, et recessit. Reversa est ergo virgo Israel ad civitates suas* (Jer. 31,21*), et deinceps ambulat gloriose super aquas redemptionis aeternae. Abiit:* Aus dem irdischen Leben; *recessit:* Dies erklärt der nächste Satz. Jeremia weissagte die Rückkehr Israels in seine Städte. Radbert machte aus *revertere* das Perfekt *reversa est*: Adalhard war von der Erde zurückgekehrt in seine *patria* (c. 56), ein Wort, das den Fluch des Sündenfalls noch zur Grundlage hat – das irdische Leben als Verbannung – doch den Bannkreis der Totenklage völlig verläßt. Doch Radbert kehrt dorthin im Verlauf zurück*: ... nunc vero posuit nos Dominus ad modicum desolatos propter eum moerore confectos* (Thren. 1,13). *Ideo ergo ponimus in pulvere os nosturm, sperantes in misericordiis Domini, si forte sit spes* (Thren. 3,29), dorthin zu gelangen, wo Adalhard bereits ist. Der erste Satz war noch der einleitenden Klage des Propheten entnommen. Der zurückbleibende Konvent mochte sich ähnlich wie der Prophet (1,14!) bestraft sehen und setzte ähnlich wie dieser seine Hoffnung auf Gottes Barmherzigkeit in einer Demutsgeste. *Quod donec fiat, donec optata veniat dies, haeret lingua mea faucibus suis, si tui non meminero, pater Adalhard, si non te proposuero in principio recordationum mearum.* Das hier auf Adalhard angewandte Psalmwort (Ps. 136,6) galt eigentlich Jerusalem aus der fernen Verbannung; der Israelit verwünschte sich, wenn seine Gedanken nicht in Jerusalem wären. Radbert wollte bis zu seinem Tode als dem Tag des Wiedersehens mit Adalhard dessen gedenken und ihn rühmen; keine irdische Wiedersehenshoffnung, wie die der Israeliten; und der Ruhm, den er verbreiten will, beruht nicht auf dem Stolz eines Volkes, sondern wird wie in aller Hagiographie vor allem das vollkommenere, zu gleichem Nachstreben aufrufende Leben meinen. Dem entspricht seine Bitte an Adalhard; *Tu autem, quaesumus, trahe nos hinc post te, curramus in odorem ungueorum tuorum, quia meliora sunt ubera tua vino, fragrantia unguentis optimis*[537]. Was das alttestamentliche Lied an Sinnenreiz aufbot, diente dem Ausdruck der Freude an allem, was Adalhard an rechter Lehre, an rechtem Handeln hatte mitteilen können. Das *trahe nos hinc post te* bleibt ein eigentümlicher Satz, da an einen Verstorbenen gerichtet. Man wird sich für eine Deutung kaum darauf zurückziehen können, daß er, Adalhard, durch die in der Vita niedergelegte Erinnerung Menschen aufwärts führen könne. Für die Hoheliedexegese bleibt interessant, daß hier wieder nicht das Verhältnis einer menschlichen Seele zu Christus als Bräutigam vorgestellt ist, sondern der Mensch einen verstorbenen Menschen, wenn auch einen Heiligen, anspricht. Zudem sollte man dabei den Anteil tiefer persönlicher Zuneigung neben dem geistlichen Inhalt nicht vergessen.

    Radbert unterschied seine und seiner Mitbrüder Trauer von der des Orpheus (c. 84f). Dieser suchte seine Gattin im Hades und stieg in übergroßer Liebe hinab, sie mit seinem Gesang zurückzuholen. Radbert weiß aber, daß Adalhard nicht in die

---

[537] Cant. 1,1–3; die Verse sind umgestellt. Hier ist außerhalb der bekannten Formen der Exegese Radbert mit den zurückgebliebenen Mönchen in der Rolle der Braut zu Adalhard als Bräutigam geschildert.

Tiefe gezogen, sondern zu höherem Leben aufgestiegen ist.[538] Nach dem lehrhaften Hinweis, daß zudem niemand ohne Christus *ab inferis* wiederkehren könne, kommt Radbert zu seinem entscheidenden Satz: *Amor enim maxima lex sibi est*, und deshalb suche man Adalhard *quasi per legem, quia omnis vita (sua) lex vitae fuit*. Orpheus und Radbert folgten auf ihre Weise *amor*, aber wie unterschiedlich der Begriff und seine Konsequenz! Zu ihm, zu Adalhard zu gelangen, ist Radbert dasselbe, wie zu Christus zu gelangen, was sowohl aus dem Gesetz der Liebe wie auch aus den Vorstellungen des Neuen Testamentes über ein Leben nach dem Tode bei Gott erklärt werden kann. Die Begriffe von Liebe und Gesetz sind in diesem Text freilich schillernd. Ohne Frage schlägt sich in diesen Sätzen nicht minder als im gesamten Text die große persönliche Zuneigung zu Adalhard nieder, darin liegt die Berechtigung des Orpheusbeispiels. Doch sicher meinte Radbert nicht eine blind ihren Gegenstand suchende Liebe; der tragende Grund lag in benennbaren Qualitäten Adalhards und in Radberts Bereitschaft zu deren Anerkennung. Die Suche nach einer biblischen Vorlage für Radberts gedankliche Brücke zwischen Liebe und Gesetz führt zu keinem zwingenden Ergebnis. Auffällig ist zunächst das Wort *amor* statt *dilectio* oder auch *charitas*; es mag hier stehen, um an Orpheus anknüpfen zu können. *Lex vitae*: Jesus Sirach verstand darunter das mosaische Gesetz (Eccli. 17,9 und 45,6). Paulus sagte: *Lex enim spiritus vitae liberavit me a lege peccati et mortis* (Rom. 8,2). Für Adalhard wird man das benediktinische, regelhaft–strenge Leben, das den Mönch stufenweise emporführen soll, bedenken müssen. In die Nähe des Vitensatzes mag ein Pauluswort führen; der Apostel legt dar, daß Liebe nicht Böses tun kann und sagt *plenitudo erga legis est dilectio* (Rom 13,10).

Da ihm der Weg zu Adalhard zugleich der Weg zu Christus ist, beschäftigt ihn erneut der Eintritt des Heiligen in Gottes Reich. *Credimus namque quod ibidem coronaris iam capite Amana, de vertice Sanir, de cubilibus leonum, de montibus pardorum. Ista quippe omnia triumphando vicisti: Idcirco factus es suavis inter delicias paradisi et decorus, nec est in te macula. Dextera igitur Christi amplecteris, et laevam sub capite pacis somno dormiens premis: et ideo factus es coram eo quasi pacem reperiens. Lectulus ergo tuus, quia in pace Christi versaris, floridus iuxta meriti qualitatem: tigna domus tuae cedrina, laquearia vero cipressina*[539]. Der Bräutigam will mit der Braut aus dem Gebirge, in dem gefährliche Tiere hausen, heraustreten. So tat es Adalhard; Löwe und Leopard sind Gestalten satanischer

---

538 PELTIER (wie Anm. 461) S. 150 unterschätzt m. E. das Orpheusbeispiel.
539 Cant. 4,7f: *Tota pulchra es, amica mea, et macula non est in te. Veni de Libano sponsa veni de Libano veni coronaberis de capite Amana, de vertice Sanir et Hermon de cubilibus leonum, de montibus pardorum.* Cant. 8,3: *leva eius sub capite meo et dextera illius amplexabitur me.* Cant. 1,15f: *Ecce tu pulchra es dilecte mi et decorus lectulus noster floridus tigna domorum nostrarum cedrina laquearia nostra cipressina.* Technisch würde dies als heilsgeschichtliches Verhältnis der Seele zu Gott als Braut/Bräutigam zu bezeichnen sein. Auffällig bleibt, daß es hier um die Vollendung dieses Verhältnisses geht, nicht um die Hoffnung auf eine Zukunft bei Gott. Der Sache nach möchte man an Panther und Löwe in Dantes so viel späterer Comedia I 32–45 denken, wie auch das Gebirge als Bild irdischen Lebens Dantes selva oscura in großen Zügen entspricht – nicht im Canticum, sondern in der Adalhardvita; hier, anders als bei Dante, zurückblickend.

Bedrängnis, die Adalhard triumphal überwunden hatte – so stand es nicht im Canticum. Hier kommt die Seele als Braut siegreich aus dem Gebirge, und Christus als Bräutigam empfängt sie, deren Reinheit im Geistig-Sittlichen liegt, aber mit einem Canticumvers aus der Beschreibung der Braut ausgedrückt wird. So bewahrt das Wort auch Freude des Bräutigams an der – hier sittlichen – Erscheinung der Braut; dazu gehört das ebenfalls aus dem Canticum übernommene Bild des Umarmens und Kosens, die Beschreibung von Bett und Gemach. So findet auch Radbert zu der Freude, die ihn ungeachtet des persönlichen Verlustes aus seinem Wissen überkommen sollte. *Et nos quidem ... iuxta quod intelligimus gaudeamus et gratulamur tibi, quia eversa domo inventa est in te drachma, quae perierat* (Lc. 15,8–10): Adalhard als der verlorene Groschen, der wiedergefunden wird im Tode. Christus hatte gesagt, daß sich die Engel über jeden Buße tuenden Sünder freuen, wie jene Frau über die wiedergefundene Münze. Die Übertragbarkeit hat Grenzen: Im Gleichnis überwiegt trotz des letzten Verses – in der *paenitentia* liegt ohne Frage menschlicher Wille und Bemühung – das Suchen Gottes, dessen Bemühung um sein Geschöpf. Dies mag auch auf Adalhards Leben berechtigt übertragen werden. In Radberts Text ging es jedoch um Adalhards Eintritt in das himmlische Reich im Tode – dies war im Gleichnis selbst wohl näher als in der Deutung im letzten Vers.[540]

Die Brüder schmückten Adalhards Grab mit leuchtenden und duftenden Blumen, auch strömten die Tränen der Zurückgebliebenen darüber. Radbert umwebt es mit dem Mantel seiner Vita (*litterarum superintexo pallas*), die Kenntnis des Heiligen der Zukunft zu erhalten. Radbert tut dies nicht mit aufgeputzter Eloquenz: *neque enim fucatae artis eloquentia texo, sed sindone munda puritatis opere illud involvo*. Mit diesen Worten war der Dienst beschrieben worden, den Joseph von Arimathia dem Leichnam Christi erwiesen hatte: *... Joseph involvit illud in sindone munda* (Mt. 27,59f; vgl. Mc. 15,46). Nicht in der Christusfigur liegt der Zusammenhang; Radbert nahm für sich die verehrende Hingabe jenes Joseph in Anspruch und beteuerte, mit dieser Vita ein schmuckloses, nicht auf Wirkung und Effekt berechnetes Gewand der Erinnerung an Adalhard geschaffen zu haben.

Wer nun mehr über Adalhard wissen wolle, über die Kraft seines Glaubens in seinem irdischen Leben, *legat illud ubi inscribitur ei nomen novum et nomen civitatis novae Jerusalem: et cum intellexerit quibus civitas fulgeat ornamentis, hoc totum illi conferat, eo quod ibidem quodammodo ipse civitas et possessor huiusce civitatis a Deo creditur esse factus*. Radbert verwies für jede genauere Kenntnis der Qualität des irdischen Lebens Adalhards nicht auf irgendeine mögliche Form historischer Überlieferung – Gregor hatte für Benedikt auf die Regel verwiesen (Dial. II 36) – sondern auf Texte der Apokalyps: Am Ende des Sendschreibens an Pergamon heißt es (Apoc. 2,17): *Vincenti dabo manna absconditum et dabo illi calculum candidum et in calculo nomen novum inscriptum, quod nemo scit, nisi qui accipit*. An Philadelphia hieß es (Apoc. 3,12): Wer siege, solle eine Säule des Tempels wer-

---

540 Radbert spinnt den Gedanken weiter: *Perierat enim noctis caligine circumfusa, sed accensis lampadibus tibi felicius denuo invenitur*. Dies berührt vielleicht die Vorstellung von Licht und Finsternis wie in c. 78 Ende und in c. 81.

den, *et scribam super eum nomen Dei mei et nomen civitatis Dei mei, novae Jerusalem, quae descendit de caelo a Deo meo et nomen meum novum.* Adalhard mit seinem neuen himmlischen Namen und dem des neuen Jerusalem als Zeichen des Bürgerrechtes in dieser Stadt, dies war nicht Darstellung, sondern Zeichen eines rechten Lebens. Über den strahlenden Schmuck sollte der Leser nachlesen (Apoc. 21,9ff). Dort konnte man erfahren, welchen Lebens der Verstorbene nun teilhaftig war. So geht der Text über in einen an die Abtei Corbie gerichteten Aufruf zur Freude auch darüber, einen solchen Mann in seiner Mitte, an seiner Spitze gehabt zu haben, um seinetwillen geehrt zu sein (c. 86). Zudem habe Adalhard Corbie seinen Bruder hinterlassen; dies sollte Corbie aus seiner Trauer zurückrufen in den Kampf gegen die Wirksamkeit des Widersachers Gottes: *Idcirco confortare et robustius age donec Amalech occurit in via, quondam alter Josue iam tecum dux et praevius virtute pugnat in acie.* Mose hatte Josua mit solchen Worten zu tätiger Führerschaft in Israel aufgerufen, als er starb (Deut. 31,23). Zu Beginn seines Amtes rief Gott selber ihm diese Worte zu (Jos. 1,6/7/9). Die Amalekiter waren eines der Völker, die den Weg Israels nach Kanaan verwehrten (Ex. 17,8ff). Hier ist Amalech die Verkörperung Satans und die Corbeier Mönchsgemeinschaft ein neues Israel. So müsse man Wala-Josua Stütze und Hilfe sein, der nun an Adalhards Stelle in vorderster Linie kämpfe: *Attende et illum* (Adalhard) *in monte iam Domino palmas ad sublimia porrigentem, hic pugnat, ille orat; hic hostem premit, ille vincit.* Adalhard ist so Mose, der während des Kampfes mit den Amalekitern auf einem Hügel mit erhobenen Händen um den Sieg betet, während Josua (Wala) Israel (Corbie) im Kampf führt.[541] Damit gewinnt Adalhard den Rang eines Heiligen als eines himmlischen Fürsprechers und Fürbitters für alle, die ihm folgen wollen.

Mit Hinweisen auf Epitaph und Grablege Adalhards endet der eigentliche Vitentext, der nachdrücklicher als alle zuvor besprochenen an den eigenen Konvent gerichtet ist; Adalhard geradezu als Stolz und Ruhm der eigenen Abtei, aber auch als deren Verpflichtung ansieht.

Einige biblische Gestalten haben für die Darstellung Adalhards besondere Bedeutung. Vor anderen ist Mose zu nennen, mit dessen Gestalt Adalhards Eintritt in das Mönchsleben erläutert und bewertet wird (c. 8). Es genügte, in solchem Zusammenhang nur den Namen des Mose zu nennen, um dem Leser eine ganze Folge von Geschichten des alten Israel in Erinnerung zu rufen: Mose ist die Schlüsselfigur der Lösung des Volkes Israel aus dem ägyptischen Großreich. Diesen Gegensatz zog Radbert auch heran, als er die *conversio* Adalhards beschrieb. *Pharonis regni divitiae* – sofern Konkretes gemeint war, mußte Karls des Großen Hof gemeint sein, in weiterem Sinne weltliche Herrschaft, ein ungeistliches Leben überhaupt – demgegenüber zog sich Adalhard zurück als Mönch *velut Mose in eremo Dei frueretur alloquiis.* Der Berufung des Mose (Ex. 3), dem Anfang seines von Gott oft unmittelbar geleiteten Lebens das neue Beginnen Adalhards zuzuordnen, konnte Adalhard nicht auf den weltgeschichtlichen Rang des Mose heben, wohl aber den geistigen und sittlichen Rang dieser Entscheidung bezeichnen. Zugleich war damit das Maß der Empfänglichkeit gesetzt, der Bereitschaft für solches Zurufen Gottes, wie

---

541 Vgl. Die Sterbeszene Benedikts in Gregors Dialogen II 37,2; s. Anm. 349.

es Mose aus dem brennenden Dornbusch erfahren hatte. Die Geschichte des Mose hatte für Radbert den Vorteil, zugleich mit dem Namen des Pharao eine andere, Gott abgewandte Macht nennen und auch beurteilen zu können. Der Gegensatz war weltgeschichtlich: Gott und sein Widersacher; Mose und Pharao verkörperten diesen Gegensatz als Vertreter der beiden weltgeschichtlichen Mächte; und in dieser Zuspitzung mochte an der Person des Mose zudem deutlich werden, wie der Mensch auf der Seite Gottes seinen Platz finden und zugewiesen erhalten kann; welcher Bereitschaft, welchen Einsatzes es bedurfte. Dies, nicht ein erzväterlicher Rang, gab das Recht, Adalhard unter die Gestalt des Mose zu stellen.[542]

Ein zweites Mal ist Mose die Gestalt, unter der Adalhard geschildert wird, am Ende der Vita, nachdem Adalhard gestorben ist. Radbert hatte von der Trauer des Konvents um den verstorbenen Abt berichtet, ja, dieser Trauer Ausdruck gegeben, da er selber vor allen an ihr teilhatte. Indem er nun Wala, Adalhards Bruder, als Nachfolger nannte, rief er nicht nur den Konvent, sondern auch sich selber zurück zum Kampf gegen die Wirksamkeit des Widersachers Gottes. Wala ist hier als Josua, Heerführer Israels unter Mose, dargestellt, den Mose im Tod als Nachfolger benannte und zu tatkräftigem Handeln aufforderte. Solange Amalech in den Weg trete, sei mannhaft zu kämpfen. Und plötzlich ist der Tod Adalhards nicht mehr das entscheidende Ereignis. Wie Pharao ist Amalech die Verkörperung der Gott feindlichen Macht, Josua (Wala) der Heerführer des Gottesvolkes Israel (hier der Mönchsgemeinschaft). Mose erbetete den Sieg auf einer Anhöhe, mit seinen erhobenen Händen bittend: Mose-Adalhard nun nicht mehr als irdische Person, sondern verstorben, bereits in Gottes Reich erhoben – dies war nicht mehr die Anhöhe, sondern der höchste Ort überhaupt – als himmlischer Fürsprecher und Intervenient.[543]

Mose gab also den Rahmen für Adalhards Mönchsleben. Mit dessen energischer und kampfbetonter Gegnerschaft gegen Pharao, gegen Amalech war zugleich ausgesprochen, daß Adalhard nicht für Positionen irgendeiner Parteiung innerhalb der Frankenreiches focht, nicht achtenswerte irdische Erfolge suchte; im letzten war es die Kampfposition des Mose, in der Adalhard sich nach seinem Maß an der ihm gestellten Aufgabe bewährte.

Soweit andere biblische Gestalten in der Adalhardvita Bedeutung hatten, mögen sie dem mit der Nennung des Mose gegebenen Gegensatz zugeordnet werden. Herodes, der Johannes den Täufer hatte enthaupten lassen, weil dieser ihm den Umgang mit der Gemahlin des Bruders als Sünde vorhielt. Nicht als gelegentlicher Irrtum oder Fehler ist des Herodes Vergehen hier behandelt; Radbert hat die Parteinahme für die falsche Macht, die sich gegen Gott auflehnt, in des Herodes Handeln erkannt. Karl nun geriet in Radberts Augen in die Nähe dieses Herodes, als er seine erste Gemahlin von sich wies.[544] Ein barsches Urteil über Karl den Großen, den doch auch Radbert verehrt haben mag, auch, wenn ihn dies nicht hinderte zu tadeln, was er für Unrecht hielt. Radbert ging von der anderen Seite aus: In Johannes dem

---

542 Eine zweite Anspielung auf die Berufung des Mose am Ende von c. 58 bei der Beschreibung der Person „de institutione".
543 C. 86; Ex. 17,8; s. Anm. 541.
544 C. 7; s. Anm. 466.

Täufer wiederholte sich die weltgeschichtliche Position des Mose und Pharaos. Johannes stand sein Leben hingebend, äußerlich erfolglos, als Vorkämpfer der Gottesmacht gegen Herodes als Exponenten des Widersachers Gottes. Radbert nun stellte dem Johannes Adalhard zur Seite; sie traten für dieselbe Sache ein. Adalhard wäre wie Johannes bereit gewesen, für die Gerechtigkeit zu sterben, wie dieser tadelte er die ungerechte Eheverbindung des Königs; der Name Herodes fällt nicht, und doch ist er benannt. Der alte, die Weltgeschichte durchziehende Gegensatz ist auch am fränkischen Hof wiedererkannt. Für die Personenpaare Johannes-Adalhard und Karl-Herodes fand Radbert freilich auch die erwähnten Ähnlichkeiten in Detail.

Ähnlich äußerte sich Radbert anläßlich der Verbannung Adalhards: Man habe Daniel von der Seite des Königs trennen wollen, damit die Gerechtigkeit keinen Verteidiger mehr habe.[545] Der König, den Daniel zu gerechteren Entscheidungen bewegen konnte, war Nebukadnezar, der schließlich zur Strafe seines Hochmuts im Wahnsinn wie ein Ochse Gras fraß (Dan. 4,26ff). Daniel-Adalhard, dies bedingte als Gegenpaar Nebukadnezar-Ludwig den Frommen. Wieder mied Radbert den Namen, doch dieses Mal rückte er deutlicher ins Licht, wie er die Ereignisse im Grundsätzlichen beurteilte – und dies zu Lebzeiten Ludwigs des Frommen. Nicht nach den Motiven von Personen und Parteiungen fragte er, sondern nach den absoluten Zuordnungen des Denkens und Handelns. Es sind die gewohnten Hinterhältigkeiten der Bösen, *diaboli agente invidia*. *Pravi* meint weniger schlechte Charakterzüge als die Parteinahme für die Gott sich widersetzende Gewalt; nicht einmal danach wird gefragt, ob dies wissentlich oder unwissentlich geschieht. Radbert erkannte darin nichts Neues, eine Variante des Alt-Hergebrachten also, das deswegen mit den Namen Pharao, Herodes, Nebukadnezar, Jezabel; Judith oder auch anderen bezeichnet werden konnte; immer sind die *improbi* der Wahrheit als Feinde entgegengetreten, haben die Törichten die Gerechtigkeit verbrecherisch bekämpft. Auf der Seite derer, die ihrem Schöpfer dienen wollten, gab verschiedene Ausprägungen derselben Parteinahme: Die Führer- und Verkündergestalt des Mose, den Mahner Johannes den Täufer, den klugen prophetischen Ratgeber Daniel, den Dulder Hiob (c. 37; s. auch c. 30), oder auch David, der gegen seinen Verfolger Saul das gottgesetzte Maß seines Handelns nicht überschritt (c. 37). Davids Zurückhaltung, als Saul in seine Hand gegeben war, diente für Radbert als Mahnung und Vorbild derer, die Ludwig als Kaiser wegen seiner Verfehlungen angreifen wollten. So ist Ludwig dem alternden Saul verglichen, wiederum ohne daß der Name genannt war, und doch ist an ihn gedacht, da das zitierte Davidwort sich auf ihn bezieht. An den genannten Gestalten des alten Israel als des von Gott erwählten Volkes hatte Adalhard seinen Anteil in seinen Entscheidungen und Taten. Radbert sprach dieses Urteil über Adalhard nicht nur dadurch aus, daß er ihn unter die großen Gestalten des alten Israel stellte. Anläßlich der Verbannung Adalhards und seiner Geschwister verglich Radbert die Geschwistergemeinschaft jenen Gott dienstbaren Engelgeistern und Herolden der ersten Hesekielvision (c. 32; Ez. 1,4ff), eine Quadriga (wiewohl fünf Geschwister); *unum aurigae jugum trahunt aequa cervice et proposito pares*.

545 C 30; s. Text zu Anm. 494.

Dies führte zur Darstellung des Lebens als einer Kampfsituation, Krieg (c. 29) oder auch die Verbannung Adalhards,[546] als Werke Satans. Hierher gehört vor allem die Gegenüberstellung Babylon-Jerusalem (c. 43; s. Anm. 498), was als Markierung des weltgeschichtlichen Gegensatzes etwa der Nennung Moses und Pharaos entspricht. Hierher gehören auch die *tirones Christi*, von denen in Anlehnung an die Aushebung aller Israeliten, die das zwanzigste Lebensjahr überschritten hatten, die Rede ist (c. 8), der Kampf *contra spiritalia nequitiae in coelestibus* (c. 9; nach Eph. 6); die *lorica virtutum* (c. 32; wohl ebenfalls nach Eph. 6); mit der Christus die Geschwister in der Verbannung gürtete.

Unter den biblischen Gestalten, die Radbert zur Charakterisierung Adalhards heranzog, ist eine, die in keinerlei Kampfsitutation verwickelt war: Simeon. Dieser bezeichnete wie wenige andere Gestalten der Bibel die persönliche Hinwendung zu Christus, und seine zweimalige Erwähnung in der Vita (c. 78 und 80) mag deshalb zu diesem Themenkreis überleiten. Simeon hatte in seinem hohen Alter das Christuskind gesehen und erkannt, um dann in Frieden sterben zu wollen. Entsprechend hat Radbert den zum Sterben bereiten Adalhard Simeon genannt und noch das Bild der ihre Lampen anzündenden klugen Jungfrauen hinzugefügt. Anders verhielt es sich mit der Anspielung an die Salbung Christi durch die „Sünderin" (c. 9). Dies meinte den jungen Mönch, der soeben *hortulanus* geworden war und bezeichnete so eine Grundrichtung des ganzen Heiligenlebens. Andernorts faßte Radbert Adalhards Hingabe an seinen Herrn in Pslamworte wie: *Sitivit anima meo ad Deum vivum* (c. 26 und 70; Ps. 41,3). Nichts anderes besagten auch jene Canticumzitate, die das Verhältnis des Menschen (Adalhards) zu Gott im Verhältnis der Braut zu ihrem Bräutigam abbildeten.[547] Demgegenüber gibt es auch Canticumzitate in der Vita, die die gewohnten Wege der Hoheliedinterpretation verlassen und das Verhältnis Radberts und des Konventes zu seinem Abt kennzeichnen.[548] Auch bei jenen Canticumzitaten, die der bekannten Vorstellung des Verhältnisses der Seele des Menschen zu Gott folgen, gibt es Besonderheiten, insofern meist von dem sterbenden oder dem schon verstorbenen Adalhard die Rede ist. Die Canticumzitate, die den Menschen auch mit allen Kräften des Gemütes auf Gott hin spannen, kennzeichnen damit das menschliche Leben als auf ein jenseitiges Ziel gerichtet, ein umfangreicher Themenkreis in der Adalhardvita.

Radbert, wenn nicht schon Adalhard selber, bezog sich gern auf Gleichnisse Christi oder Bilder, die dieser geprägt hatte. Den Eintritt Adalhards in ein Kloster beschreibt Radbert u. a. als das Betreten des schmalen Weges, den nur wenige finden.[549] Christus hatte einen bequemen Weg und eine weite Pforte einem schmalen Weg und einer engen Pforte gegenübergestellt. Die breite Pforte führte zur Verdammnis, die enge Pforte war der Eintritt in das Ewige Leben. Hier muß die Ausrichtung auf ein Ziel jenseits des Todes interessieren. Zuvor hatte Radbert erklärt,

---

546 C. 30; vgl. C. 31, wo *cupiditas* der Tod Abels, der Verrat an Christus etc. zur Last gelegt werden.
547 C. 9; s. Text zu Anm. 478; das Bild der Seele als Garten s. auch c. 10 und 19.
548 C. 73 und 83; man wird zurückhaltend sein, in c. 54 und 57 (Personenbeschreibung) für Adalhard nach einem Gegenüber in der Rolle als Braut zu suchen.
549 C. 8, s. c. 9; Mt. 19,24 und 7,13; s. Anm. 469.

Adalhard sei bewußt gewesen, daß ein Kamel leichter ein Nadelöhr durchschreite, als daß ein Reicher das Himmelreich betrete. Diese Vorstellung ist der vorigen vom Weg eng verwandt, und mit dem kritischen Wort über den Reichtum geht dieser Ausspruch über jedes Bestreben nach Wohlhabenheit, Sicherheit, wo nicht auch Herrschaft einfach hinweg, ohne dies zu erörtern und bezieht das menschliche Leben auf das, was jenseits der Pforte, jenseits des Nadelöhrs ist.

Als Radbert von Adalhard als Klostergärtner berichtet, da erinnert er sich des Gleichnisses vom Schatz im Acker (c. 9; Mt. 13,44). Die hingebungsvolle Gärtnerarbeit sollte Sinnbild der Christusverehrung sein; Radbert hatte seiner Kommentierung dieses Gleichnisses den Körper Christi als den Acker erklärt, um dessentwillen man alles hingeben müsse; das ewige Heil lag in diesem Leib beschlossen. Auch hier drängte alles zu dem jenseitigen Herrn.

Gleich zweimal berief sich Radbert auf das Gleichnis von den klugen und den törichten Jungfrauen. Die Klugen waren Sinnbild der wachen Bereitschaft für den Herrn. Radbert fand dies darin bestätigt, daß Adalhard allenthalben bemüht war, wie einst Antonius zu erkennen, wo ein Mensch christliche Tugenden vollkommen in sich ausgebildet hatte, und diesem nachstrebte, *atque ex his omnibus unam in se Christi reformavit imaginem.* Nur in dem Gott und Mensch Christus nämlich konnte die volle Schönheit der *aeterna vita* erkannt werden (c. 21; Mt. 25,1ff). Das andere Mal lehnte Radbert seinen Text an dieses Gleichnis an, als er vom Tode Adalhards schrieb: Er bereitete sich, *accensis lampadibus* Christus entgegenzuziehen, hier verbunden mit der Gestalt des alten Simeon (c. 78). *Accensis lampadibus occurrere* ist als Anspielung auf das Gleichnis eine Summe des Adalhardlebens, zumal wenn man die Erklärung Radberts (s. auch Anm. 490/491) mit zu Rate zieht. Es bedurfte eines rechten Lebens, das Öl zu sammeln. Hier ist der Aufbruch gemeint, der über den Tod hinausführt, die Zeit der wartenden Bereitschaft ist verstrichen.

Als anläßlich der Verbannung Adalhards Radbert den Irrtum der Gegner beschrieb, die glaubten, so Adalhard um sein Glück zu bringen, bezog sich Radbert wieder auf ein Gleichnis Christi (Mt. 6,19ff, c. 30). Dieser schilderte den Unwert irdischer Schätze; man solle im Himmel einen Schatz sammeln, der dort vor Rost und Motten sicher sei; Diebe könnten ihn dort nicht ausgraben oder stehlen. Erneut war so Adalhards Tun auf ein jenseits des Todes liegendes Ziel gerichtet.

Bei der Beschreibung der Person Adalhards hatte Radbert unter *natio* von der *coelestis patria*, unter *genus* von Gottes adopierten Sohn, unter *dignitas* von der Erhabenheit ewigen Lebens, unter *fortuna* vom Aufgeben alles Irdischen gesprochen und dann geschlossen: *propter quod, ut credimus, ut optamus, supra multa constitutus iam ei vitae gaudia famulantur* (c. 56; Mt. 24,48ff). Über vieles gesetzt, dies war dem Gleichnis vom getreuen Knecht entnommen, der im Kleinen bewährt über vieles gesetzt wurde. Lag in der Wiederkehr des Herrn schon der Gedanke eines letzten Gerichts und des ewigen Lebens beschlossen, so unterstrich Radbert dies mit dem Hinweis auf die *coelestis patria*, auf das *Deo in filium est adoptatus*.

Ebenfalls bei der Personenbeschreibung erläutert Radbert den Begriff *studium*, Adalhards eifernde Mühe habe der Gerechtigkeit gegolten[550]. Er meint nicht den

---

550 C. 58; Mt.22,2–14; s. Anm. 518.

gegen seine Mönche gerechten Abt, sondern Gerechtigkeit als Summe aller Tugenden. So ist Gerechtigkeit Hochzeitsgewand, ein Gewand, mit dem man nicht des Hauses verwiesen wird. Dies ist wiederum einem Gleichnis entnommen. Die geladenen Gäste des königlichen Hochzeitsmahles hatten sich mit törichten Ausreden als unwürdig erwiesen. Unter den rasch Zusammengerufenen fand sich einer mit unpassender Kleidung, der deshalb hinausgeworfen wurde – auch dies ohne Frage Sinnbild des Jüngsten Gerichts, ewiges Leben oder auch Verdammnis ankündigend.

Seinen Tod ankündigend sprach Adalhard von der Rechenschaft, die er werde ablegen müssen; und zum Beweis, daß dem so sei, berief er sich auf das Gleichnis von den anvertrauten Talenten, über deren Verwendung die Knechte dem Herrn Auskunft geben mußten.[551]

Alle diese Gleichnisse verweisen auf das Gericht, auf das, was Gott dann fordern werde und auf das Leben nach dem Tode. So kann es nicht verwundern, wenn Radberts Adalhardvita häufig die Apokalypse des Johannes zitiert. Schon in seinem Prolog bezieht er sich auf dieses biblische Buch. War von der Trauer über den Verlust Adalhards die Rede, so war Adalhard selber der ewigen Seligkeit teilhaftig. Für ihn war die Hochzeit des Lammes gekommen (c. 5; Apoc. 19,7). Es war oben bei der Behandlung dieser Stelle schon auf die Verwandtschaft der Canticuminterpretation auf die Seele als Christi Braut zu apokalyptischen Themen hingewiesen worden. Das Apokalypsenzitat war mit einer Canticumstelle eingeleitet worden.

Die Apokalypse bot mehr als jedes andere biblische Buch die Möglichkeit, beschreibend von jener ewigen Welt zu reden: *civitas Domini virtutum* als auf ewige Fundamente gegründet (s. Apoc. 21,14ff). Es bedurfte keiner weiteren Worte, der Leser mußte damals an die Schilderung des himmlischen Jerusalem in den letzten beiden Kapiteln der Apokalypse denken. Ähnlich zu Ende des 85. Kapitels. Dort wurde von der Schönheit, dem reichen Schmuck des himmlischen Jerusalem geschrieben, dem Adalhard angehörte. Nichts anderes war gemeint, wenn von der *natio coelestis*, der *coelestis illa Hierusalem* als *patria* Adalhards die Rede war (c. 56). Zu Beginn der Darstellung des Adalhardlebens schon sprach Radbert von dem *liber vitae* der Apokalypse,[552] aus dem die Namen derer getilgt werden, die ihrem Herrn nicht treu bleiben; das im Gericht aufgeschlagen wird, dessen Eintragungen dem Urteil im Gericht zugrunde liegen werden. Eigentümlich ist die von Radbert gefundene Verbindung zur mosaischen Überlieferung, dem Eintrag aller zwanzigjährigen Israeliten für die Kämpfe auf dem Wege von Ägypten in das Gelobte Land. Der Auszug aus Ägypten, die Ankunft im Gelobten Land, der von Kämpfen erfüllte Weg dorthin sind geschichtliches Abbild menschlichen Aufbruchs aus einem Leben an den Fleischtöpfen – dies war in den Kampfesmühen die Haupterinnerung Israels an Ägypten – zu ewigem Leben nach dem Tod. Dazwischen liegt jener von Kämpfen erfüllte Weg menschlichen Lebens, den am eindrucksvollsten die Antoniusvita schilderte, den Paulus kannte (Eph. 6); der auch das Adalhardleben erfüllte. Vor

---

551 C. 74; Mt. 25,14–30. Ähnlich Radberts Urteil c. 75 nach Lc. 12,58: Der *exactor* hatte bei Adalhard keine Schulden gefunden, nichts, was ihm gehörte und könne ihn so nicht vor den Richter zerren. Der *exactor* ist wohl Satan; s. Text und Anm. 532.
552 C. 8; Apoc. 5,3; 20,12 und 15; 21,27; damit verwandt noch c. 85 nach Apoc. 2,17 und 3,12.

dem Eintritt in das Leben bei Gott liegt jedoch das Gericht, auf das schon etliche Christusgleichnisse verwiesen hatten, das aber auch Gegenstand der meisten Apokalypsenzitate der Adalhardvita ist. Wegen der Verbannung Adalhards den Satan als Versucher (*concupiscentiae quaestus*) angreifend, ruft Radbert drohend in Erinnerung, daß die Heiligen im Gericht ihre Klagen vorbringen und Rache für ihr vergossenes Blut fordern werden (c. 31; Apoc. 6,9f), daß wegen solcher Prüfungen den so bedrängten und bekämpften Heiligen in jenem Gericht die Krone ihres Lebens zuteil werden wird (Apoc. 2,16; 3,11; 4,4). Adalhard betreffend ist Radbert gewiß, daß dieser im Gericht für würdig befunden und mit Christus in weißem Gewand wandeln wird; dies in Zusammenhang mit dem Gleichnis vom königlichen Hochzeitsmahl,[553] Gerechtigkeit als würdiges Gewand, das Adam verloren hatte, weshalb er nackt war. Adalhard ist *tali recoopertus habitu*, Kleidung als Zeichen der Gesinnung und Lebensführung und des Bestehens vor dem Schöpfer verband diese Texte, die bei oberflächlcher Betrachtung nichts miteinander zu tun haben.

Eine gewisse Verwandtschaft zu den Apokalypsentexten zeigen einige von Radbert benutzte Paulusworte, etwa wenn davon die Rede ist, daß der Mensch eigentlich nicht auf der Erde wandle, daß sein Leben in Christus verborgen sei (c. 44; Phil. 3,20f; Col. 3,3), oder auch, wenn Paulus den Wandel von der Nacht zum Tag dem Verlassen des irdischen Lebens, dem Eintritt in das himmlische Leben vergleicht (c. 81; Rom. 13,12), wenn er von sich selber sagt, recht gekämpft, den Glauben fest bewahrt zu haben, daß die Krone der Gerechtigkeit ihn erwarte.

Dem großen Gewicht, das dem jenseitigen Reich als Ursprung und Ziel des Menschen zukam, entsprachen die Sätze einer radikalen Trennung von allem, was sonst Inhalt menschlichen Strebens sein mochte: Familie, Herrschaft, Besitz und die damit verbundenen Annehmlichkeiten: Jenes Christuswort des Lukasevangeliums, daß nur Jünger sein könne, wer sich von all seinem Besitz trenne, von Radbert zu Beginn von Adalhards Klosterleben zitiert (c. 8; Lc. 14,33). Dazu anläßlich der Flucht nach Montecassino, wo man ihn aufspürte und in das Frankenreich zurückbrachte, Christi Wort, daß sein Bruder, seine Schwester oder Mutter sei, wer den Willen Gottes, seines Vaters tue; die Aufforderung an einen, der Christus folgen wollte, nachdem er seinen Vater beerdigt hatte: Laß die Toten ihre Toten begraben (c. 13). Deutlich standen diese Worte im Umkreis eines *peregrinatio*-Gedankens. Die Vorstellung des menschlichen Lebens als Pilgerschaft, gewiß schon biblisch belegbar (etwa Hebr. 13,14), war insbesondere durch die Iren in Europa verbreitet worden, wiewohl sie dem frühen Mönchtum bekannt war. Die Iren begründeten so ihre asketischen Reisen, die sie meist über See führten, und sie gingen aus von jenem Ruf Gottes an Abraham, Heimat und Verwandtschaft zu verlassen, um in ein Land zu ziehen, daß er, Gott, ihnen zeigen werde. Diesen Satz zog Radbert für Adalhards Flucht nach Montecassino heran (c. 11), und verband ihn mit dem Christuswort, daß hundertfältig vergolten werde dem, der um Christi willen Haus und Familie verlassen habe. Später, bei der Beschreibung der Person Adalhards zitierte Radbert noch (zu: *si rem bene administret*) Christi Wort an den reichen Jüngling: Wenn er vollkommen sein wolle, so müsse er alles verkaufen, den Armen geben

---

553 C. 58; nach Apoc. 3,4f; 4,4; s. Anm. 518.

und ihm folgen.[554] Die asketische Interpretation der Seligpreisung der *pauperes spiritu* als der um des Geistes willen Armen gehört ebenfalls in diesen gedanklichen Umkreis (c. 68; s. Anm. 527).

Radberts Werk eigen, von allen bisher behandelten Werken abgehoben, ist die Art der Behandlung einiger antiker Texte. Ciceros Geschichte von den fünf Jungfrauen von Crotone, die ein Maler um ihrer Schönheit willen zum Vorbild eines Helenabildes nahm, denn keine vereinigte alle Elemente der Schönheit menschlicher Gestalt in sich allein, bot Radbert die Möglichkeit zu zeigen, um welches Maß das Christentum die Antike übertraf (c. 20f; s. Anm. 488 und 490). Er verglich jene den fünf klugen Jungfrauen. Nicht mehr der Reiz einer vollkommenen Gestalt, die ideale Schönheit in fünffacher Brechung war Gegenstand der Bemühungen. Adalhard suchte in den Menschen die Brechungen der mit der Schöpfung gemeinten Vollkommenheit. Christus wollte er im Menschen wiederfinden, *ut iam Christum in omnibus inveniret*. Aus der Erzählung Ciceros nahm Radbert in seiner Deutung den Gedanken herüber, daß die Vollkommenheit auch auf dieser höheren Ebene nicht in einer Person versammelt sei. Ähnlich verhielt es sich mit den Cicero entlehnten Rubriken der Personenbeschreibung, deren Sinn und Brauchbarkeit Radbert nicht verkannte. Doch boten sie ihm Gelegenheit darzulegen, wie Adalhard – darin wohl als ideales Beispiel des christlichen, zumal monastischen Lebens gedacht – in seinem Bestreben die Antike übertraf, Gelegenheit auch, in allegorischer Deutung der antiken Rubriken den überirdischen Grund, das überirdische Ziel menschlichen Lebens darzutun: *natio, patria coelestis* u. ä. (c. 55ff).

Drittes Beispiel ist die in c. 84 erzählte Orpheusgeschichte. Sie ist Inbegriff der Trauer um den Verlust eines Menschen. Tat Orpheus nicht alles ihm mögliche, seine Gattin wiederzugewinnen? Das folgende Kapitel zeigt dann, was Radbert und der Konvent tun konnten, nicht um Adalhard dem Tod zu entreißen, sondern um zu Adalhard zu gelangen, der aber nun bei Christus war; zu Adalhard zu gelangen, hieß deshalb zugleich, zu Christus zu kommen. Was hätte eine Rückkehr Adalhards auf diese Erde genützt? Er war ja aus der Nacht in den Tag gegangen.[555] Die Antike sah das Verhältnis von dieser Erde zum Hades wohl eher umgekehrt. Adalhard war aus dem Gebirgswald mit seinen gefährlichen Raubtieren triumphierend herausgetreten, dies mit Worten des Canticum gesprochen (c. 85; s. Anm. 539), und es steht der Erzählung von der Liebe des Orpheus das alttestamentliche Liebeslied hier kaum zufällig gegenüber. Das Thema der Trauer aber, in c. 83 mit Worten der Klagelieder Jeremias ausgebreitet, und dort ins Grundsätzliche – der Sündenfall als Ursprung allen menschlichen Leides – gewendet, war hier überwunden.

---

554 C. 59; Mt. 19,21; s. Anm. 519.
555 C. 78 und 81; H. SPITZ, Die Metaphorik des geistigen Schriftsinnes, Münstersche Mittelalterschriften 12, München 1972, widmet dem Licht ein ganzes Kapitel (S. 46–57), übergeht aber die Vorstellung von Licht-Finsternis, Tag-Nacht als Kennzeichen des Unterschieds zwischen irdischer Welt und dem lichtvollen ewigen Gottesreich.

12 RIMBERTS LEBEN DES HEILIGEN ANSGAR

Rimbert gab seinem Büchlein[556] nicht den Titel eines Heiligenlebens: *Incipit libellus continens vitam seu gesta seu obitum Domni Anskarii.*[557] Dennoch hat Rimbert

---

556 Ausgaben: Georg WAITZ, MGH SSRG, Hannover 1884; danach lat.-dt. Werner TRILLMICH, Ausgewählte Quellen zur Geschichte des Mittelalters XI, Darmstadt 1961, S. 3–133. Da heute so leicht Vorwürfe gegen Autoren erhoben werden, die aus Verehrung einer Person zur Feder griffen – die Frage, ob es für solche Verehrung nicht bedeutende Gründe geben könne, wird wohl für unwissenschaftlich gehalten – sind die Beobachtungen von E. DE MOREAU, Saint Anschaire. Museum Lessianum, Louvain 1930, XII von Wert: Nicht im mindesten sei das Verdienst anderer, die in der nordischen Mission gearbeitet haben, zugunsten Ansgars geschmälert; es sei auch nicht der Versuch unternommen, Ansgars missionarische Mißerfolge zu verbergen u. a. m. In seiner Darstellung ist DE MOREAU bemüht, die hagiographische Erzählung mit allgemeinen Kenntnissen aufzufüllen. Unbrauchbar zur Charakterisierung der Ansgarvita: W. GÖBEL, Das neue Bild Ansgars, Hamburger Ansgarjahrbuch 1965/66, S. 17–30. Es fällt für diese Vita nicht mehr ab, als die Wiederholung heutiger Gemeinplätze über Hagiographie für diesen Text (bes. S. 22f). Tatsächlich ist GÖBELS Darstellung nichts weiter, als der verarmte Vitenbericht; was die Person Ansgars in der Vita tatsächlich charakterisiert, wird weggelassen; was bleibt, ist ein Ereignisgerippe, vermehrt um wenige, aus anderen Quellen gesicherte Daten. Neue Monographie: David FRAESDORFF, Ansgar. Apostel des Nordens, Kevelar 2009; kurz: Ph. DEPREUX, Prospographie, S. 101–104. Eric KNIBBS, Ansgar, Rimbert and the forged foundations of Hamburg-Bremen, Ashgate 2011. KNIBBS Umgang mit der Ansgarvita kann nicht unwidersprochen bleiben. Gleich S. 2, und ähnlich des öfteren, behauptet er: „Despite his biographer's assurances, we can be fairly certain that Ansgar did not convert many pagans." Nun, wir können auf Grund der Berichte der Vita sicher sein, daß Ansgar nur wenige Heiden bekehren konnte. Es wird zwar von großem Interesse an dem Neuen berichtet, z. B. c. 11: *Plures quoque erant, qui eorum legationi favebant et doctrinam domini libenter audiebant.* Am weitesten geht c. 24 zu Schleswig: ... *gratia Dei in eodem loco fructuosius crescere coepit.* Dies aber auch, weil dort viele in Dorestad oder Hamburg getaufte Christen waren. Man liest nichts über Taufen; Rimbert berichtet, wie in Dänemark oder Schweden alles zusammenbricht, daß Ansgar zwar in beiden Ländern eine königliche Predigterlaubnis erwirken, aber keinen König bekehren konnte. Die Erzählung über Christen in Birka c. 18ff zeigt überdeutlich, wie gering die Erfolge waren. Die Ansgarvita ist kein datengespickter Bericht über Missionserfolge; sie berichtet immer wieder Mißerfolge und Ansgar ist als Leidensgestalt unter der Figur Hiobs geschildert, der in allem Leid seinen Herrn nicht verrät, sondern ihm treu bleibt. Es geht an dem Vitentext vorbei, wenn S. 187 behauptet wird, „The Vita Anskarii is thus best read as a defense of Ansgar's legacy against the designs of the world and of his spiritual and hagiographical legacy against the designs of the devil." Auch was KNIBBS "the institutional narrative" nennt, hat immer etwas mit dem Heiligen zu tun; seine Reaktion auf die Bedrängnisse und Gefährdungen ist zu allererst Grund der Erzählung. W. BERSCHINS Charakterisierung Ansgars als „der Kirchenfürst, der nicht in erster Linie auf Macht, sondern auf Gnade setzte" (Biographie und Epochenstil III, S. 343) trifft den Vitentext entscheidend besser. Ian WOOD, The Missionary Life. Saints and the Evangelisation of Europe 400–1050, Harlow u. a. 2011, weist in seinem Ansgarkapitel (S. 123–141) S. 126 darauf hin, daß Ansgar vor seinem Tod die sein Amt und seinen Sitz betreffenden päpstlichen Privilegien abschreiben und an Ludwig d. Dt. sowie Ludwig III. und die Bischöfe versenden ließ. Er vermutet zudem, daß Ansgar dieser Abschrift

Ansgars Leben nicht als Geschichtserzählung nach der Art von Bischofsgesten überliefert: Die herzliche Zuneigung zu dem als rein und groß verehrten Mann ließ ihn zur Feder greifen. Dem Schmerz um den Verlust Ansgars gibt die Einleitung lebhaften Ausdruck, und Rimbert begründet seine Zuneigung, die mithin nicht einfach als menschliche Sympathie zur Kenntnis genommen werden kann: Sie ist dem hohen Urteil über Ansgars Person untrennbar verbunden; der lauteren und großen Erscheinung wandte Rimbert seine Liebe zu (c. 1; Epilog c. 42). *Verus cultor Dei, abstinens se ab omni opere malo* – letzteres eine Mahnung des Paulus an die Gemeinde zu Thessaloniki (1. Thes. 5,22). Hier erkannte Rimbert die jedem geltende Forderung als erfüllt. Freilich waren dies noch einleitende Oberbegriffe, zu denen die *simplicitatis modestia* trat. Rimbert nannte auch den anderen Pol zu den negativ-asketischen Forderungen: ... *quem (Deum) semper tota devotione dilexit, cui semper animo intendebat*. Dies erinnert an das erste Gebot bzw. an eine Forderung Christi (Ex. 20,2ff; Mt. 22,37). Zwischen diesen beiden Polen spannte sich Ansgars Leben. Wußte Rimbert Ansgar deshalb bei seinem Schöpfer, so erkannte er den Verlust für die Zurückgebliebenen umso schärfer.[558] In genauer Abstufung nennt Rimbert, wie Menschen verschiedenen Ranges Ansgar begegneten: *Eius namque sanctitatem reges honorificabant, pastores ecclesiarum venerabantur, clerus imitabatur, populus universus admirabatur* – sie alle bezogen sich nicht auf eine mehr oder weniger sympathische Person, sondern *eius sanctitas* gewann die Menschen für sich. Eigentümlich und sehr persönlich ist der Gedanke, daß Lob und Verehrung, die dem Heiligen galten, auch die ihn umgebenden Menschen erhöhten. Nun, da Ansgar fehlt, fürchtete Rimbert weniger den Verlust an Ansehen oder Rang, als daß sie alle, deren Leben Ansgar bisher mitgetragen hatte, *luporum patere incipiamus morsibus*. Wies Waitz dies seinerzeit als Zitat aus der Vita Sixti et Sinicii aus,

---

einen Bericht über seine Reisen nach Dänemark und Schweden beigefügt haben könnte. Rimbert hätte dies dann um Ansgar Erzählung seiner Visionen erweitert (s. Ende c. 2/Anfang c. 3). Im Bezug auf mancherlei Ungenauigkeiten, auf manch nicht erwähnte Ereignisse, stellt WOOD dann fest: „It is one thing to deploy material in a non-chronological way, and another to state a falsehood" (S. 126). Sowohl die Adresse der Abschrift Ansgars, wie die Übersendung der Vita an Solomon von Konstanz „suggest that in its coverage of the more formal/legalistic side of Ansgar's legatio the text is accurate, albeit biased". Dies bleibt beherzigenswert. Im übrigen schrieb Rimbert nicht Missionsgeschichte, sondern eine Vita, die Ansgar als Heiligen ausweisen sollte.

557 Diesen Titel (*Incipit libellus continens vitam vel gesta seu obitum Domni Anskarii primi Nordalbingorum Archiepiscopi et legati sanctae sedis apostolicae ad Sueones seu Danos necnon etiam Slavos et reliquias gentes in aquilonis partibus sub pagano adhuc ritu constitutas*) geben die mss. 1 und 3, also zwei der drei mss. die WAITZ für seine Edition benutzte. Die lat.-dt. Ausgabe TRILLMICHS nennt diese mss. A 1 und A 2. WAITZ hatte eine weitere Handschriftenklasse, die gegen 1100 den Vitentext verfälschte, um ihn besser für die Behauptung der Rechtsstellung des Erzbistums einsetzen zu können (dazu W. LEVISON, Die echte und die verfälschte Gestalt von Rimberts Vita Anskari, Zeitschrift des Vereins für Hamburgische Geschichte 23 (1919), S. 84–146) als B bezeichnet. Bei WAITZ zum Titel S. 18, Anm. a, bei TRILLMICH S. 16, Anm. a; die Beschreibung der mss. Bei WAITZ S. 7ff; bei TRILLMICH S. 9f. A 1 ist von Konstanz über Weingarten in die Stuttgarter Landesbibliothek gelangt; A 3 liegt in Amiens und geht vermutlich auf ein Exemplar aus Corbie zurück.

558 *Pastoris boni munere delectati ... tanti destituti sumus pastore*; vgl. Joh. 10, aber auch Ez. 34.

so steht hier doch Christi Gleichnissprache im Hintergrund: Die von ihren Hirten – oben war von dem *tantus pastor* die Rede – verlassene Herde ist den Wölfen ausgesetzt;[559] die Welt liege im Argen. Der 1. Johannesbrief stellte fest: Wir wissen, daß wir von Gott sind und die ganze Welt im Argen liegt (1. Joh. 5,19). Rimbert fährt fort, was gerecht sei und heilig, versuche diese Welt zu zerstören, anstatt frommes Streben zu bestärken. Der Zugriff der gottabgewandten Welt wird genauer benannt: Satan als Feind des Menschengeschlechts bekämpft mit besonderer Kraft und List ein heiliges und frommes Leben, um es zu vernichten; um jede Nachfolge auszuschließen. Dies erinnert an die Auffassung des Antonius, der in den Eremiten Ägyptens das vorgeschobene Bollwerk der Christenheit erkannte.[560] Der Heilige stünde so in stellvertretendem Kampf gegen Satan sichernd vor den Menschen, diese nach sich ziehend. Da er, Ansgar, nicht mehr lebt, breitet sich die Furcht aus; man ist unmittelbar auf das Erbarmen Gottes angewiesen,[561] dessen Geschenk Ansgar war (*diu per Domini gratiam pastoris boni munere delectati*). Dafür erbittet er auch die Fürbitte der Brüder in Corbie. Mit Psalmworten (Ps. 9,10; 31,7; 58,17; Jer. 16,19) wird der Gedanke, daß Gott Zuflucht in solcher Not sei, wiederholt.

Ansgars Beispiel zu folgen, das heißt ein Leben zu führen, das schon dem jenseitigen Reich angehört (*coelestis conversatio*, s. auch c. 36), den Weg der Gebote Gottes zu gehen (vgl. Ps. 118,32; Prov. 11,15), den Fallstricken Satans auszuweichen. Wenn Rimbert deshalb das Leben Ansgars anderen zum Beispiel schreibt, so dürfen wir schließen, daß er darin mit seinen Kräften jenen Kampf Ansgars fortsetzt; hatte Satan das heilige Leben vernichten wollen, damit es keine Nachfolge finde, so sichert Rimbert gerade Satan zum Schaden dieses Leben zur Nachfolge.

Einen ersten Abschnitt im Leben Ansgars stellt die Zeit vor dem Missionsauftrag dar.[562] Ging ein Vitentext dieser Zeit gerne zu Beginn auf die vornehme Abkunft, vielleicht sogar auf die Familie ein, so ist dies in der Ansgarvita übergangen.

---

559 *Bonus pastor* s. vorige Anm. Zu den reißenden Wölfen s. Mt. 7,15; 10,16; Lc. 10,3; Act. 20,29. Folgende Gründe lassen sich für eine Nutzung der Vita Sixti et Sinicii geltend machen: Die Heiligen haben in der Gegend von Reims-Soissons missioniert; Sixtus gilt als der erste Bischof von Reims, Sinicius wurde Bischof von Soissons. Für einen Mönch von Corbie gehört dies zur Heimatüberlieferung. Diesen beiden Heiligen dankte Ansgar in gewissem Sinne seinen christlichen Glauben. Zudem mußten sie Ansgar als Missionare umso näher stehen, als sie offenbar wie dieser zum Martyrium bereit waren, ohne es zu erleiden. Wenn Ebo von Reims Ansgar für Hamburg Reliquien dieser Heiligen geschenkt hatte (Adam von Bremen I,18), so mußte dies die Bande nur enger knüpfen.
560 C. XV; col. 137f; verwandte Vorstellung in der Pachomiusvita c. 49.
561 *Nos itaque inter haec formidolosa pericula suspirantes, licet multiplicia mala temporaliter timeamus, ad divinum nobis tamen subsidium recurrendum scimus, cuius misericordiam nobis licet indignis non defuturam credimus* – nach Rom. 3,24.
562 C. 2–6; modernem biographischen Interesse entsprechend, behauptet Ph. OPPENHEIMER, Der hl. Ansgar und die Anfänge des Christentums in den nordischen Ländern, München 1931, zu Beginn seiner Darstellung über Rang und Stellung des Vaters Ansgars, über ererbte Eigenschaften einiges, das ohne jeglichen Rückhalt an den Quellen zu Ansgars Leben ist. Die Vita interessiert sich für diese Dinge nicht im mindesten. Was OPPENHEIMER dann über Ansgars Kindheit im Kloster sagt, ist in sofern quellenmäßig, als es der Regel Benedikts entspricht, doch

Nach einem allgemeinen Hinweis auf die Bedeutung der Visionen für Ansgars Leben ist das erste, was wir über Ansgars Jugend erfahren, daß in seinem fünften Lebensjahr die Mutter, *in Dei timore admodum religiosa*, starb. Das erste Thema ist der Tod, ohne daß eine Reaktion des Knaben darauf berichtet wird. Der Vater – er bleibt unbekannt – ließ das Kind in Corbie unterrichten, da es das Alter erreicht hatte. Erst eine Vision bestimmte das offenbar lebhafte, verspielte Kind zu eifrigem Lernen. Ansgar fand sich in einem Sumpf, aus dem er nicht recht freikommen konnte; doch sah er auf einem nahen Weg ein weiß gekleidetes Gefolge einer edlen Dame, darunter seine Mutter. In der Herrin erkannte er Maria, die ihm deutlich machte, er könne nur zu seiner Mutter, wenn er ernsthaft auf sich achte und Faulheit, Leichtsinn ablege. Von Stund an war Ansgar ein eifriger Schüler. Dies mag zeigen, daß ihn der Verlust der Mutter getroffen haben muß, zeigt aber vor allem, daß biblische Stoffe auch den zunächst leichtfertigen Knaben lebhaft beschäftigten, die Marienüberlieferung etwa der Evangelien, aber auch die Apokalypse des Johannes, in der das reine, weiße Gewand eine große Rolle spielt (Apoc. 3,4f; 4,4; 6,11; 7,9 und 14). So war auch das Thema des jenseitigen Lebens und seiner Bedeutung für das Irdische früh in die Gedankenwelt des Knaben eingedrungen.

Aus dieser Zeit berichtet Rimbert nur, daß die aus der ersten Vision gewonnen strengen Vorsätze mit der Zeit verblaßten (c. 3). Als er vom Tode Kaiser Karls – *domni excellentissimi Karoli imperatoris* – hörte, dessen Bedeutung ihm nach dem Maße seines Alters bewußt gewesen sein muß, war er so erschrocken – *nimio terrore atque horrore perculsus* – daß die Worte Mariens in jener ersten Vision in seinem Gedächtnis auflebten, und Rimbert sagt: *Coepit ad se redire*. Ein strenges, auf Gott gerichtetes Leben, wie Ansgar es dann geführt hat, bedeutete, daß der Mensch bei sich war, gemäß seiner mit der Schöpfung gegebenen Bestimmung lebte[563]. Jedes Nachlassen war ein von sich selbst entfernen, d. h. gegen den Schöpferwillen zu leben. Ein Pauluswort bezeichnete den nun endgültig eingeschlagenen Weg: *Mundus illi mortuus fieret, et ipse mundo* (nach Gal. 6,14). Der Satz charakterisiert zunächst den Aufstieg in asketischen Tugenden. Paulus freilich gewann in diesen letzten Versen seine Rechtfertigung aus dem Kreuzestod Christi und hielt dies der Beschneidung als Zeichen einer auf das Gesetz gerichteten Religion entgegen. Die Umgebung des Zitates muß davor warnen, den asketischen Bemühungen die Vorstellung eines aus eigener Anstrengung gerechten Menschen zuzuordnen.

Eine Vision in einer Pfingstnacht rückt für Rimbert Ansgar in die Nähe der Apostel: Auch über ihn war der Geist ausgegossen.[564] Ein weiteres Mal überkam

---

auch hier muß die Gleichgültigkeit der Vita gegenüber diesem Stoff betont werden. OPPENHEIMERs Buch, das wohl erbauliche Zwecke verfolgt, füllt die Vita mit kulturgeschichtlichem Material zumal über den Norden auf.

563 Verwandte Formulierungen zu Benedikt s. Anm. 333 und den Text dazu.

564 *Gratia spiritus sancti, quae in eadem festivitate super apostolos effusa est* nach Act. 2,1ff, wiewohl der Wortlaut aus Act. 10,45 entnommen sein muß. Ich möchte dahingestellt sein lassen, ob man mit C. F. HALLENCREUTZ, Missionary Spirituality – the Case of Ansgar, Studia Theologica 36 (1982) S. 105–118, S. 112f wirklich wegen der aus dem Körper gelösten Seele, die mit Petrus und Johannes durch das Jenseits reist, an einen Reflex germanischer Vorstellungen

den jungen Ansgar das Thema des Todes und des jenseitigen Lebens. Er glaubte zu sterben und hatte Petrus und Johannes den Täufer um Beistand angerufen. In einem neuen, nicht mehr hinfälligen Leib trat er zwei Männern gegenüber, in denen er Petrus und den Täufer erkannte. Diese führten ihn durch eine von Klarheit erfüllte Welt zum Fegefeuer. Nicht die Qualen in Sünden gestorbener, Gott ferner Menschen werden geschildert, Ansgar selber erlitt *tenebras densissimas pressurasque inmanissimas et suffocationes*. Solche Finsternis und Angst überstieg in ihm jede bisherige Vorstellung von Qual. Petrus und Johannes führten ihn nun in die Klarheit zurück, und hier sah er die apokalyptischen Ordnungen Ältester und Heiliger (vgl. Apoc. 4,4 nach Ez. 40,22). Es ist auf biblische Visionstexte verwiesen, die klarer als andere die Hinordnung der Geschöpfe auf ihren Schöpfer darstellen, in diesem Sinne auch ein Wort des ersten Petrusbriefes (1. Petr. 1,12): *In quem desiderant angeli prospicere*. Der Darstellung der zu Gott hin ausgerichteten lobpreisenden Ältesten und Heiligen entsprechen die Apokalypsenworte über den von Gott ausgehenden Glanz: „Sonne und Mond leuchten hier nicht"[565] und „von ihm ausgehend umfing ein Glanz die Sitzenden gleich dem Regenbogen". Aus dem Zentrum dieses Glanzes nun sprach eine Stimme Ansgar an: Er solle nun gehen, werde aber *martyrio coronatus* zurückkehren. Welche Entfernung von der absoluten Gottferne zur dichtesten Gottnähe hatte Ansgar visionär durchschritten! Er wurde traurig, nicht weil er ein Martyrium erleiden sollte, sondern weil er auf die Erde zurück sollte. Schweigend geleiteten Petrus und Johannes Ansgar fort, *sed tam pio affectu in me* – so berichtete Ansgar – *respiciebant, quemadmodum mater unicum filium contemplabatur*; dies nach einem Wort Davids über Jonathan (II. Reg. 1,26), so als sei die Rückkehr in die irdische Existenz eigentlich der Tod. Der Krieger David brachte die höchste Liebe und Achtung dem toten Gegner, dem Sohn Sauls, in diesem Wort dar; die Apostel sahen entsprechend in Ansgar doch wohl einen der ihren. Ansgar berichtete, daß er später, was er gesehen hatte, nicht mehr wie in der Vision empfinden konnte; er habe ja auch gesehen, *quod oculus non vidit nec auris audivit, nec in cor hominis ascendit* (1. Cor. 2,9). Paulus hatte von der Offenbarung des Verborgenen geredet, und ein solcher Satz bestätigte mit der Autorität des Apostels,

---

denken muß. Klaus GRABENHORST, Thorsten SADOWSKY, Die Vita des hl. Ansgar: Lebensmodell und Lebenspraxis eines Heiligen, Jahrbuch der Gesellschaft für Niedersächsische Kirchengeschichte 87 (1989), S. 7–21, sehen S. 18f in dieser Vision die wichtigste Vision in Ansgars Leben; zwingend ist das nicht. S. 16 sehen sie einen Widerspruch zwischen „dem Anspruch auf Spontaneität und Originalität der Vision" und „der Tatsache, daß die visionäre Erfahrung bis in einzelne Elemente hinein auf eine kontinuierliche Bildtradition zurückgreift, die durch die Bibel und die exegetische Tradition bestimmt ist." Doch Originalität ist hier der falsche Gesichtspunkt; diese Visionen betreffen eine unwandelbare, ewige, göttliche Welt. Die „kontinuierliche Bildtradition" ist der Erweis der Wahrheit der Vision; ständige individuelle Unterschiede mußten Zweifel daran erwecken, ob hier wirklich das Reich Gottes erschaut wurde. Außerdem scheinen die beiden Autoren zu glauben, solche Visionen seine durch eine asketische Technik willentlich erzeugt worden. Das ist sicher nicht der Fall; vielleicht ließe sich solches bei spätmittelalterlichen Mystikern nachweisen. Ganz unmöglich erscheint dies für Ansgars erste Vision. Außerdem wären dann die Klöster jener Zeit voller Visionäre gewesen.

565 Apoc. 21,23 und vor allem Is. 60,19f; der von Gott ausgehende Glanz im Bild des Regenbogens nach Apoc. 4,3; vgl. Ez. 1,28.

daß hier nichts Phantastisches erträumt war. Ansgar, der aus dieser Vision Schrecken wie Trost zog (*et perterritus et consolatus*), sah in dem angekündigten Martyrium ein Zeichen der Barmherzigkeit Gottes,[566] und dies spornte ihn an zur Furcht Gottes (*timor divinus*) als einer reineres Leben bewirkenden Haltung.

Die Christusvision, die Ansgar zwei Jahre später hatte, steht damit in Zusammenhang. Den Glanz Christi konnte Ansgar nicht ertragen (c.4). Zwar hatte Paulus von Christus gesagt, daß er *lucem inhabitabat inaccessibilem* (1. Tim. 6,16), doch die Apokalypse ist dem Text näher: *Ex cuius oculis splendor divinitatis velut flamma ignis radiabat.* Ansgar erknnte den Herrn der Apokalypse wieder, von dem Johannes schrieb: *oculi eius tamquam flamma ignis?*[567] Christus stand eher Rechenschaft fordernd als vergebend vor Ansgar, er forderte den Bericht aller begangenen

---

[566] S. unten zu c. 20; Rimbert berichtet diese Vision, obwohl sie keine Erfüllung fand und hat darum wie Ansgar selber die größte Mühe, dieses Problem zu lösen. Daß er dennoch auf die Erzählung dieser Vision nicht verzichtet hat, spricht für die Verläßlichkeit dieses Autors. Nichts wäre einfacher gewesen, als diese Vision zu unterdrücken.

[567] Apoc. 1,14; vgl. Auch 19,12. W. LAMMERS, Ansgar, visionäre Erlebnisform und Missionsauftrag, in: Speculum historiale, Festschrift für Johannes Spörl, Freiburg-München 1965, S. 541–558, ist in hohem Maße bereit, in den Visionen einen Bestandteil des Lebens Ansgars zu erkennen und zieht ebenfalls aus der Niedergeschlagenheit des Heiligen während seiner letzten Krankheit über das nicht erlittene Martyrium den Schluß auf die Echtheit der Vision (S. 548f). Speziell zu dieser Vision legt in Anm. 30 (S. 550f) Sybille MÄHL dar, daß die Jenseitsvisionen des Ansgar nicht älteren verwandten Visionstexten nachgebildet worden sind. LAMMERS beschäftigt sich des weiteren mit der Lichtfülle, in der in dieser Vision Gott verborgen ist, so daß er nicht gesehen werden kann, und möchte dies auf die „Hierarchie der Engel" des Dionysios Areopagita zurückführen. Einen Anhaltspunkt dafür bietet ihm die Tatsache, daß Hilduin von St. Denis zwischen 827 und 834 eine erste lateinische Übersetzung des Werkes herstellte und in dieser Zeit als Verbannter eine Weile in Corvey gelebt hat. Auf diesem Umweg müßte Ansgar, so LAMMERS, von der Arbeit Hilduins erfahren haben. Da diese Vision aber 814 stattfand, muß LAMMERS sich mit der Konstruktion helfen (S. 554), daß Ansgar seine Vision erst zu einem entsprechend späten Zeitpunkt aufgeschrieben hat. Wie sollte Ansgar Gott denn sonst in seiner Vision erlebt haben, wenn nicht in der Überfülle des Lichts, von der die Bibel so häufig spricht. Außer den genannten Stellen seien willkürlich herausgegriffen Act. 9,3ff; 22,6f und 11 – die Lichterscheinung, die Paulus erblinden ließ, aus der die Stimme Christi sprach. Übergangen seien die zahlreichen Stellen des Johannesevangeliums, die Christus als Licht der Welt oder ähnlich bezeichnen, da sie zunächst übertragen gemeint sind. Jedoch der 1. Johannesbrief (1,5) bezeichnet Gott als Licht: *Deus lux est* ... S. auch Is. 60,1–3 und 19f, oder 1 Tim. 6,16 ... *lucem inhabitans inaccessibilem.* Die Vision enthält nichts, das den biblisch bekannten Rahmen „Gott als über alle Sonnen helles Licht" sprengen würde. Deshalb sei aber gewiß nicht für unwahrscheinlich erklärt, daß Ansgar sich für Hilduins Arbeit an Dionysos Areopagita lebhaft interessiert hätte. LAMMERS Erklärung aber würde dem Visionsbericht den Quellencharakter nehmen, der Bericht wäre ein nachträgliches Produkt. H. J. KAMPHAUSEN, Traum und Vision in der lateinischen Poesie der Karolingerzeit, Lateinische Sprache und Literatur des Mittelalters, Beiträge zur mittellateinischen Philologie 4, Frankfurt /M. 1975, behandelt Rimberts Ansgarvita S. 205ff. Er verfolgt die Terminologie Rimberts sich sehr abhängig von dem dominierenden Klischee der Literaturwissenschaft, dem Toposbegriff. Dies ist nicht eben förderlich. Nur en passant behandelt Ansgar P. DINZELBACHER, Vision und Visionsliteratur im Mittelalter, Stuttgart 1981 W. HAAS, Foris apostolus – intus monachus. Ansgar als Mönch und Apostel des

Verfehlungen, obwohl Ansgar einwandte, daß Gott doch alles wisse – ein Satz, den Susanna Gott entgegenhielt, ihre Schuldlosigkeit und die Verlogenheit der sie beschuldigenden Alten zu beteuern; Gottes Gerechtigkeit mußte ihre Rettung erzwingen (Dan. 13,42). Christus aber kündigte seine Nachsicht nicht mit den Worten der Evangelien oder Episteln, sondern mit Prophetenworten an als der Herr, der sein verworfenes Volk wiederaufnimmt: *Ego sum ipse qui deleo iniquitates tuas propter me et peccatorum tuorum non recordabor* (Is. 43,25). Christus in der Vision: *Noli timere, quia ego sum qui deleo iniquitates tuas.* Die Beichte rief den fordernden Herrn in Erinnerung, der dem sich fügenden Menschen vergab. Die Vergebung, das Lebenswerk Christi, in Worten des den Herrscher und Richter vorstellenden Propheten wiedergegeben: Deutlich zeigt dies die Einheit der Testamente, wie ja auch alle diese Sätze des Alten Testamentes Christus ausspricht.

In den Berichten, die Ansgars nordischer Mission voraufgehen, dominiert deutlich das Thema des Todes: Der Tod der Mutter, der Tod des Kaisers, Visionen, die in verschiedener Weise das Überschreiten der Todesgrenze zum Gegenstand hatten, ja ein Martyrium voraussagten und auf Ansgars Lebenswandel bestimmend einwirkten. Zu diesem Themenkreis gehört auch die Geschichte des jungen Fulbert (c. 5), der an den Folgen eines Schlages starb, den ein Mitschüler mit einer Tafel gegen ihn geführt hatte. Ansgars, der Lehrer, machte sich deswegen lebhafte Vorwürfe. In der Todesstunde des Knaben hatte er ein Gesicht: Engel geleiteten Fulberts Seele gen Himmel, auch er selber begleitete sie. Er wurde Zeuge, wie Fulbert der Schar der Märtyrer zugeführt wurde und für seinen Mörder (*pro percussore suo*) Fürbitte einlegte. Nur allgemein sind hier die biblischen Vorstellungen greifbar: Die Bitte für den Feind, die Ordnungen seliger Scharen im Himmel. Für den Gang der Vita wichtig ist das ständige Wiederaufnehmen des Todesthemas.

Als Harald Klak d. J. gegen die Göttriksöhne von Ludwig dem Frommen Unterstützung erbat (826), ließ er sich taufen. So suchte man nach einem Begleiter für Harald, der diesem und seinem Gefolge als Lehrer der christlichen Botschaft mitgegeben werden konnte (c. 7). Doch fand man niemanden, *qui peregrinationem tam periculosam pro Christi nomine suscipere vellet.* Wala von Corbie dachte dann an seinen Mönch Ansgar, der dem Glauben mit besonderer Leidenschaft anhänge und für Gott viel zu erdulden bereit sei. Dies letzte erinnert vor allem daran, daß Ansgar sich das Martyrium bestimmt wußte und auch erstrebte. Doch wußte Wala nicht, *utrum ad hanc peregrinationem tolerandam voluntarius esset* ... Im Mönchtum des 7. Jahrhunderts hatte *peregrinatio* eine große Bedeutung gehabt. Man mag fragen, wieviel irische Tradition in dieser Ausrichtung von *peregrinatio* auf die weite, der Mission dienende Reise liegt.[568] Wenn man Ansgar unter den Mitbrüdern vorwarf, *quod scilicet, relicta patria et propinquis suis, fratrum quoque, cum quibus educatus fuerat, dulcissima affectione, alienas expetere vellet nationes* ... so liegt darin sogar eine Anspielung auf den Befehl Gottes, dem Abraham folgte, sein Land zu

---

Nordens, Journal of Medieval History 11 (1985) S. 1–30, 12 denkt für diese Vision an mystische Entrückung. Wie undeutlich dieser Begriff immer ist, die Lichtfülle ist eine durch und durch biblische Kategorie, und der Gedanke einer *unio mystica* ist jener Zeit wohl noch fremd.
568 Zu *peregrinatio* s. Anm. 377; HAAS, Foris apostolus – intus monachus, 7.

verlassen (Gen. 12,1); die *fratres* als *propinqui* zu bezeichnen, lag gewiß nicht nahe. Indem Rimbert den ersten Vorwurf der Brüder, der auf die Aufgabe der *stabilitas in congregatione* abzielte (RB 4,78; vgl. c. 6), in die Worte dieses Gottesbefehls kleidete, wies er die Kritik der Brüder doch behutsam aber sehr deutlich zurück.

Ansgar übernahm den Auftrag und begab sich an den Hof nach Ingelheim. Dort mied er jede Geselligkeit *et in quadam vinea iuxta posita solitarium sibi locum eligens oratoni et lectioni vacabat*. Zwei Erzählungen der Evangelien mögen Ansgar zu solcher an Severin von Noricum erinnernden Lebensweise bestimmt haben. Christus, bevor er seine Lehrtätigkeit begann, zog sich 40 Tage zu härtester Askese in die Wüste zurück (Mt. 3,21ff; Mc. 1,12ff; Lc. 4,1ff). Solcher Sammlung und Vorbereitung für eine große Aufgabe mochte Ansgars Leben in den Ingelheimer Weingärten dienen. Christus jedoch bereitete sich auch auf sein letztes Leiden einsam vor: Im Garten Gethsemane auf dem Ölberg zu Jerusalem (Mt. 26,30ff; Mc. 14,32ff; Lc. 22,39ff). Diese letzte Erzählung würde als Hintergrund des Ansgarlebens das ganze Dasein dieses Mannes als Leidensgeschichte artikulieren, wie Rimbert das in seinem Epilog auch expressis verbis tut.

Die Reise mit Harald war von Anbeginn reich an Enttäuschungen. Harald war getauft, aber offenbar nicht vertraut mit der neuen Lehre. Erst als Ansgar und seine Begleiter vom Erzbischof von Köln (Hadubald) ein Schiff für die Reise erhielten, auf dem wegen dessen größerer Bequemlichkeit auch Harald mitreiste, kam es zu einer persönlichen Annäherung. Harald konnte in Dänemark nicht Fuß fassen und blieb deshalb in Rüstringen, das Ludwig ihm zu Lehen gegeben hatte. So begann man dort mit missionarischer Arbeit, eine Schule wurde eröffnet.[569]

Als im Sommer 829 schwedische Gesandte Missionsprediger von Ludwig dem Frommen erbaten, mußte Ludwig wieder auf Ansgar zurückgegriffen. Dies beleuchtet schlagartig den Zustand der nachbonifatianischen Kirche des Frankenreiches, die offenbar ihre Kraft im Reich verbrauchte, wenn man dies vergleicht mit der irischen oder angelsächsischen Kirche, die Missionare in großer Zahl und aus eigenem Antrieb entsandten.

Ansgar wurde an Ludwigs Hof geladen, und *ne se raderet, antequem ad praesentiam imperatoris veniret*. Rimbert bezeugt ausdrücklich, daß Ansgars Bereitschaft zu dieser neuen Aufgabe mit seinen vorigen Visionen in Zusammenhang stand und berichtet ein weiteres Gesicht, das zeitlich noch weiter zurücklag. Ansgar glaubte sich in einem Hause mit anderen Missionspredigern. In deren Gegenwart hatte er eine Erscheinung – eine Vision in der Vision – eine Stimme sprach ihn aus einer die Sonne überstrahlenden Klarheit (Lc. 2,9) an: „Deine Sünden sind dir vergeben". Mögen die groben Züge der Geschichte an die Prophetenberufung des Jesaia erinnern (Is. 6,1–13) – Reinigung vor Beginn der Aufgabe, dieser Satz ist Christi Wort an den Gichtbrüchigen, der Heilung von seinem Gebrechen erhoffte (Mc. 2,5). Auch Ansgars Antwort ist biblisch: *Domine quid vis ut faciam*? Der Buße predigende und im Jordan taufende Johannes wurde gefragt: Was sollen wir denn

---

569 C. 8; H. JANKUHN, Das Missionsfeld Anskars, in: Frühmittelalterliche Studien 1 (1967), S. 213–221, hält es S. 214 für unklar, ob Ansgars erste Schule zu Schleswig oder Rüstringen bestand.

tun (Lc. 3,10/12/14)? Die Hörer der Pfingstpredigt des Petrus stellten dieselbe Frage (Act. 2,37). Saulus (Paulus) fragte nach jener Erscheinung, die seine Bekehrung auslöste: *Domine, quid me vis facere* (Act. 9,6), desgleichen jener Gefängniswärter, der sich das Leben nehmen wollte, weil ein Erdbeben das Gefängnis zerstört hatte; Paulus jedoch konnte ihm zurufen: „Tu dir nichts Übles, denn wir sind allhier". Darauf fragte der Gefängniswärter: *Domine, quid me oportet facere, ut salvus fiam* (Act. 16,30)? Ansgar erhielt einen Missionsbefehl und war da Paulus am nächsten, obwohl die Worte Christi Forderung an einen Menschen entnommen sind, der vor Beginn seiner Jüngerschaft Familienfragen regeln wollte, (Lc. 9,60).

Was der Moderne streng trennen würde, Prophet und missionierender Apostel erscheinen hier in einer Gestalt; und sie verkünden denselben Herrn, sie beanspruchen, dies nicht aus eigener Entscheidung, Willkür oder Vollmacht zu tun. Insbesondere die Vorstellung der Reinigung des Menschen vor dem Auftrag ist alttestamentlich. Doch Jesaia wurden die Lippen mit glühenden Kohlen rein gebrannt, der Seraphim sprach dazu: ... *auferetur iniquitas tua et peccatum tuum mundabitur* (Is. 6,7): Die Ansgarvita kennt nicht jenes schmerzhafte Wegbrennen aller Unreinheit. Der Satz des Engels sagt oberflächlich dasselbe, wie das in der Ansgarvision zitierte Christuswort. Geben der Zusammenhang und die Reinigung durch Feuer dem Wort des Engels doch auch die Härte des Gesetzes, so wollte Christi Wort von der Vergebung Ansgar für die neue Aufgabe frei machen. Der damalige Leser mag sich erinnert haben, daß im Evangelium Christus mit diesem Satz der Vergebung die Heilung eines körperlichen Leidens vorbereitete. So mag auch hier die Stärkung zu einer Aufgabe mitgehört werden, die Ansgar aus eigener Kraft sich nicht zutrauen würde. Dies wiese wieder auf die Jesaiaberufung zurück, in der der Prophet seine Unfähigkeit aus seiner Unreinheit ableitete. Die Frage Ansgars, was er tun solle, im Neuen Testament immer dann gestellt, wenn jemand neu auf die Botschaft Christi traf, mag deshalb auch hier bezeugen, daß die Erscheinung, jene unermeßliche Klarheit, Ansgar so vollständig ergriffen hatte, daß er von dort die richtige Entscheidung über sein Leben erwartete. Ansgars Auftrag ist nicht mit dem bekannten Missionsbefehl (Mt. 28,18ff) ausgesprochen; das zitierte Wort galt einem Menschen, der anders als Ansgar, jene letzte Bereitschaft nicht aufbrachte, und auch dies mochte im Kontrast der Charakterisierung des Heiligen dienen.

Es folgt der Bericht von der gefährlichen Fahrt nach Birka (c. 10), von Ankunft und Empfang dort und Missionserfolgen.[570] Nach anderthalbjährigem Aufenthalt

---

570 C. 11; H. JANKUHN untersucht die Voraussetzungen, auf die Ansgar in Dänemark wie in Schweden – zu Haitabu, Ribe, Birka – traf. Er stellt dabei fest, daß es sich in allen Fällen um Handelsmetropolen handelte. Ansgars bedeutendster Erfolg war wohl die Bekehrung des Hergeir (Ortsvorsteher in Birka). JANKUHN geht ferner der Frage nach, wieweit an den weltoffenen Handelsplätzen bereits Kenntnis des Christentums bestand. Der aus Schweden an Ludwig den Frommen herangetragene Wunsch, christliche Priester zu entsenden, kann nach Jankuhn auf Kaufleute in Birka zurückgehen. Interessant ist in diesem Zusammenhang das Phänomen geistiger Einflüsse im Gefolge von Handelsbeziehungen. M. E. stellt sich für Erfolg oder Mißerfolg der Mission Ansgars die Frage, wieweit in den genannten Handelsstädten für die Mission zwar ein aufgeschlossenes Feld bestand, jedoch die Orientierung auf den Handelsplatz und die in die Stammesgruppen nicht voll integrierte Kaufmannschaft den Erfolg unter Dänen und Schweden

in Schweden kehrte Ansgar an den kaiserlichen Hof zurück. Sein Bericht führte zur Errichtung des Erzbistums Hamburg.[571] Die Weihe Ansgars, die Übertragung Torhouts als rückwärtiger Stützpunkt werden erzählt. Ansgar erbat in Rom die

---

letztlich verhinderte. Ansgar mußte den König gewinnen, was nicht gelang. C. F. HALLENCREUTZ (wie Anm. 564) will den Anteil der Tätigkeit Ansgars bestimmen, der nicht einfach durch die Vorgaben herrscherlicher Ziele bedingt war und steht so einer Literatur skeptisch gegenüber, die Ansgar nur als Kirchenpolitiker in kaiserlichem Dienst sehen will (S. 111ff). Ian WOOD, Christians and pagans in ninth century Scandinavia, The Christianization of Scandinavia, ed. By Birgit SAWYER, Peter SAYWER, Ian WOOD, Alsingsâs 1987, S. 36–67, macht deutlich, daß die Ansgarvita nur begrenzt Zeugnis für die Mission im Norden sein kann, indem er die gesamte Quellengrundlage aus Historiographie, Urkunden und Briefen nutzt.

571 C. 12; der Bericht über die Erzbistumsgründung in Hamburg sprengt den Rahmen einer Heiligenvita, gibt aber wohl auch kein vollständiges Bild; zur Kontroverse über diesen Vorgang s. Wolfgang SEEGRÜN, Das Erzbistum Hamburg in seinen ältesten Papsturkunden, Studien und Vorarbeiten zur Germania Pontificia 5, Köln-Wien 1976; Th. SCHIEFFER, Adnotationes zur Germania Pontificia und zur Echtheitskritik überhaupt, in: Archiv für Diplomatik 32 (1986) S. 530–545; Gerhard THEUERKAUF, Urkundenfälschungen des Erzbistums Hamburg-Bremen vom 9. bis zum 12.Jahrhundert, Niedersächsisches Jahrbuch für Landesgeschichte 60 (1988), S. 71–140; B. WAVRA, Salzburg und Hamburg. Erzbistumsgründungen und Missionspolitik in karolingischer Zeit, Osteuropastudien der Hochschulen des Landes Hessen, Reihe 1, Gießener Abhandlungen zur Agrar- und Wirtschaftsforschung des Europäischen Ostens 79, Berlin 1991. Die Arbeit von Eric KNIBBS s. Anm. 556. Seither: Hans-Werner GOETZ, Das Erzbistum Hamburg im früheren Mittelalter zwischen Anspruch und Realität, in Aspekte der Landesgeschichte, Festschrift für Heinrich Schoppmeyer zum 75. Geburtstag, hg. von Thomas WARDA, Dortmund 2011, S. 23–41, der sich nicht der Echtheitsfrage der Urkunde Ludwigs d. Fr. widmet. GOETZ ruft in Erinnerung, daß in Sachsen mehrere Gründer von Missionsstationen bald Bischöfe wurden und ihre Stationen Bistümer; wir wissen um die Bischofsweihe, haben aber keine Gründungsurkunden, keine Schilderung eines Bistumsgründungsvorganges. Zudem hätte ein Bistum Hamburg, das erst 864 Erzbistum wurde, vorher einem Erzbistum unterstehen müssen – Mainz oder Köln. Keines von beiden hat aber je Ansprüche gegenüber Hamburg geltend gemacht. Hamburg könnte so als Erzbistum gegründet worden sein, ohne daß sogleich eine Urkunde ausgefertigt wurde. Theo KÖLZER, die gefälschte »Gründungsurkunde« Kaiser Ludwigs des Frommen, in: Archiv für Urkundenforschung 60, 2014, S. 35–68 (mit einer Neuedition der Urkunde), Kurzfassung in: Mythos Hammaburg. Archäologische Entdeckungen zu den Anfängen Hamburgs, Veröffentlichungen des Helmsmuseums 107, Hamburg 2014, S. 257–261, stuft diese als Fälschung ein, die in wesentlichen Passagen von der Ansgarvita abhängt. Er sieht in Ansgar allenfalls einen Missionsbischof in Hamburg. Anders Henrik JANSON, Ansgar und die frühe Geschichte des Erzbistums Hamburg, in: Mythos Hammaburg., der die erheblichen Abweichungen von den Kanzleibräuchen in diesem Urkundentext mit großer Sorgfalt aus den besonderen politischen Umstände jener Jahre (Aufstand der Söhne gegen Ludwig d. Fr.; die Rolle des Papstes in dieser Streit; die Wiedergewinnung der Macht durch Ludwig und dessen Abrechnung mit Ebo von Reims) in Auseinandersetzung mit der Arbeit von Eric KNIBBS (wie Anm.556) erklärt und so die Echtheit der Urkunde als einen begründbaren Sonderfall erklärt; ein kanzleimäßiger Urkundentext ist dies jedenfalls nicht. Man mag dabei auch daran denken, daß für die Ottonenzeit die Vorstellung von einer festen Kanzlei und der Bedeutung untergeordneter Notare, die allein wußten, wie eine Urkunde verfaßt sein und aussehen muß, durch die Arbeiten Wolfgang HUSCHNERS (Transalpine Kommunikation im Mittelalter, Schriften der MGH 52, 1–3, 2008; kurz DERS.: Die ottonische Kanzlei in neuem Licht, in: Archiv für Urkundenforschung 52, 2006, S.353–370) zumindest sehr ins Wanken geraten ist.

päpstliche Bestätigung seiner nordischen Legation (c. 13). Ebo von Reims, der einen älteren Legationstitel für den Norden besaß, einigte sich mit Ansgar, einen Vertreter nach Schweden in bischöflichem Rang zu entsenden; die große Entfernung auch von Ansgars Sitz verlangte die Anwesenheit eines geistlichen Hauptes (c. 14). Gauzbert, ein Neffe Ebos, wurde mit dieser Aufgabe betraut und erhielt bei der Weihe den Apostelnamen Simon (Petrus oder Zelotes?), der die Aufgabe genauer benannte. Der Erfolg seiner Verkündigung ist in Anlehnung an ein Wort der Apostelgeschichte formuliert: *de die in diem numerus credentium augebatur*[572]. Ansgar selber betrieb Mission unter Dänen und Slaven und sorgte sich um den heimischen Priesternachwuchs, der in Hamburg und Torhout ausgebildet wurde (c. 15).

Der Wikingerüberfall von 845 machte alle bisherigen Bemühungen zunichte (c. 16). Hamburg (*civitas* und *vicus proximus*) wurde verbrannt und geplündert; wer nicht fliehend entkam, ließ das Leben. Auch von einer Kirche *miro opere magisterio domni episcopi constructa* und einem *claustrum monasterii mirifice compositum* ist die Rede. Dies alles wurde zerstört, was nicht geraubt wurde, war verbrannt[573], *ut quasi nudum eum demiserunt*. Hiob, da er allen Besitz und seine Kinder verloren hatte, warf sich auf die Erde und sprach: *Nudus egressus sum de utero matris meae et nudus revertar illuc*, und Rimbert berichtet von Ansgar, dieses Schicksal habe ihn nicht verbittert, er habe sich nicht mit den Lippen versündigt (*vel de labiis peccavit*), sondern da er im Augenblick alles verlor *illud beati Job saepius verbis replicabat: Dominus dedit, Dominus abstulit; sicut Domino placuit, ita factum est. Sit nomen Domini benedictum* (Job.1, 21f).

Als Ansgar, an den Hof Ludwigs des Frommen gerufen, in asketischer Lebensweise in den Ingelheimer Weingärten sich auf die Missionsreise mit König Harald vorbereitete, konnte man darin das Bild Christi in der Wüste, wahrscheinlicher aber im Garten Gethsemane wiedererkennen. Letzteres gewann besonderen Sinn und Überzeugungskraft an den vernichtenden Rückschlägen, dem aus keiner erkennbaren Schuld erklärbaren Leid, das Ansgar widerfuhr. Er stand das erste Mal vor den Trümmern seiner gewiß nicht auf eigenen Vorteil angelegten Wirksamkeit. Rimbert erkannte in ihm die Gestalt Hiobs wieder, der wußte, daß er als Mensch mit seinem Herrn nicht rechten kann, und Ansgar mag wohl selber am Hiobschicksal seine eigene Lage erkannt, selber Hiobs Worte einer gegen Gott immer dankbaren Ergebenheit gesprochen haben.

---

[572] Act. 5,14; betrifft die Wirksamkeit in Jerusalem: *Magis autem augebatur credentium in domino multitudo.* Für die ganze Nordlandmission dieser Zeit gilt, daß ihr kein durchgreifender Erfolg in dem Sinne beschieden war, daß die Völker christlich wurden. Im einzelnen wissen wir nichts Genaues. Bedeutende Einzelbeispiele berichtet die Ansgarvita, darin der Apostelgeschichte vergleichbar. Die Anlehnung an diese Berichte des neuen Testamentes wäre auch darin genau, daß die Völker des antiken Mittelmeerraumes eben auch nicht durch die Tätigkeit einzelner Missionare geschlossen zum Christentum bekehrt wurden. Daß die Verfassung der Völker im Römischen Reich mit der Organisation der Völker im Norden zur Zeit Ansgars nicht verglichen werden konnte, war sicher keinem der Beteiligten bewußt.

[573] Einige Reliquien sind wohl gerettet worden (c. 16 und 17).

Nicht nur Ansgars Mission und Bischofssitz war vernichtet, auch die Missionsstation Gauzberts war überfallen und geplündert worden.[574] Rimbert erzählt, Gott habe diesen Überfall an den Schuldigen gerächt und berichtet ein Beispiel. Einer derer, die Gauzbert überfallen hatten, hatte seinen Beuteanteil in seines Vaters Haus gebracht (c. 18). Dieses aber war von Stund an vom Unglück verfolgt. Vieh und Hausgenossen starben, dann der Sohn, die Frau, ein weiterer Sohn, eine Tochter; der Vater blieb mit seinem jüngsten Sohn allein zurück und ließ nun einen Wahrsager erforschen, welcher Gott ihm zürne. Der erkannte, daß die heimischen Götter ihm alle gewogen seien, Christus aber habe ihn zugrunde gerichtet, da im Hause ein Christus geweihter Gegenstand verborgen sei. Der erschrockene Vater fand ein Buch, das er der Einwohnerschaft des Ortes vorlegte; doch keiner wollte es haben, niemand vermochte, einen Rat zu geben. So hängte er es an einen Zaun, daß jemand es mitnähme. Tatsächlich erfuhr ein Christ davon und holte es. Anderen, die an dem Überfall auf Gauzbert beteiligt waren, sei es ähnlich gegangen; so habe jedermann erfahren, daß Christus die Seinen räche.

An Willen und Kraft Gottes zu Rache, wo er oder die Seinen gekränkt worden waren, zweifelte Rimbert nicht; er hatte den Dekalog, sich darauf zu berufen: *Ego sum Dominus Deus tuus, fortis, zelotes, visitans iniquitatem patrum in filios in tertiam et quartam generationem eorum, qui oderunt me* (Ex. 20,5). Überraschen mag, daß Christus als der Rächende vorgestellt wird und somit trotz des Erlösungsgeschehens Teil hat an der alttestamentlichen Verkündigung. Dafür hätte Rimbert sich darauf berufen können, daß Christus am Ende der Tage über die Welt richten wird.

Die Schwierigkeiten, denen die Christen in Birka nach Gauzberts Abreise ausgesetzt waren, zeigt Hergeirs Schicksal (c. 19), dessen Bekehrung zuvor berichtet worden war. (c. 11). Er wurde auf einem Thing beschimpft, daß er sich als einziger absondere, wo man doch den Göttern so viel verdanke. Hergeir schlug den anderen vor, Christi und der heidnischen Götter Macht zu erproben. Jeder solle seinen Gott anrufen, er möge ihn vor dem aufziehenden Regen verschonen. Da wurden jene Heiden vom Regen durchnäßt, der ihnen gegenüber sitzende Hergeir blieb trocken. Diese Demonstration der Macht Gottes reichte nicht aus, die anderen zu bekehren, rief aber allseits Bestürzung hervor, und mußte Hergeir bestätigen. Solche Erprobung der Kraft der Götter – Hergeir bestritt die Existenz der heidnischen Götter so wenig, wie es die Bibel tat – zeigt Hergeir und seine heidnischen Thinggenossen als Menschen, die dem mächtigsten Gott anhängen wollen. Hergeir mag sich an die Auseinandersetzung Elias mit den Baalspriestern auf dem Karmel erinnert haben; der Vitenbericht spielt auf diese Erzählung an (III. Reg. 18,24). An eine weiterreichende Parallele zwischen Hergeir und dem Propheten sollte man nicht denken.

---

574 C. 17; H. LUNDBERG, Die nordische Religion und das Christentum, Gütersloh 1940, schildert S. 184ff die Mission Ansgars. Zu dem Überfall auf die Missionsstation des Gauzbert begründet er S. 187f seine Auffassung, daß nicht ein Wikingerüberfall oder sonst ein profaner Vorgang angenommen werden kann, sondern daß es sich um eine Äußerung wirklichen Heidentums handelt. Aus der Formulierung Rimberts – *contigit etiam diabolico instinctu* – kann freilich noch nicht auf Heidentum geschlossen werden. Satan als Versucher verführte ja gerade Christen, wie dies die Mönche auch genau wußten. Aus der zeitgenössischen Literatur s. z. B. Notker, Gesta Karoli, ed. H. F. HAEFELE, MGH SSRG NS 12, Berlin 1959, I 21, 23, 24, 26.

Ein Beinleiden band Hergeir ans Bett, und die ihn besuchten, forderten ihn zu heidnischen Opfern auf. Als er solche Worte nicht mehr ertragen konnte, versichert er, Christus könne, sofern er wolle, ihn augenblicklich heilen. Er ließ sich in seine Kirche tragen und erbat seine Gesundheit, damit erkannt werde, wer allein Gott sei. Mit diesen Worten hatte Elia Gott gebeten, das Opfer auf dem Karmel zu entzünden (III. Reg. 18.37). Die Eliasgeschichte bot das Beispiel solcher Erprobung und Demonstration der Macht Gottes. Der folgende Satz des Gebetes Hergeirs ist zuerst Beispiel einer aus dem Bibellatein lebenden Sprache. Doch gibt es auch präzisen Anschluß an biblische Ereignisse. Wenn Hergeir seine Gesundheit erbat *ut videntes inimici magnalia tua* – das Wort des Mose, als sich die Israeliten am Ufer des Roten Meeres den Ägyptern ausgeliefert glaubten (Ex. 14,13, vgl. Act. 2,11) – *de suis erroribus confundantur et ad cognitionem tui nominis convertantur* – nach einem Psalm, dessen Sänger über zahllose Bedrängnisse von Seiten der Gottlosen klagte, jedoch standhielt in seiner Treue zu Gott, der *concidit cervices peccatorum. Confundantur et convertantur retrorsum omnes qui oderunt Sion ... propter nomen tuum sanctum, quod est benedictum in saecula* (Ps. 128,4f) – erbittet Hergeir, *ne sit confusio confidentibus in te, domine* (Dan. 3,40). So wenig Hergeir Elia war oder Asarja (einer der drei Männer im Feuerofen) oder gar Mose, er stand allein einer feindlichen, Gott mißachtenden Menge gegenüber und tat in seiner bedrängten Lage, was größere Vorbilder vor ihm getan hatten, und so schließt jenes Wort an Timotheus, das Paulus über sein eigenes Leben gesagt hatte, den Bericht über Hergeir ab: *Sicque bonum certamen usque ad finem suae perduxit vitae* (2. Tim. 4,7).

Einige weitere Berichte (bis c. 20) ergänzen das Bild einer Gemeinde weniger zerstreuter Christen, die in ihrem Glauben jedoch unbeirrbar waren. Danach kehrt die Erzählung zu Ansgar selber zurück. Diesem hatte Karl der Kahle nach der Reichsteilung von 843 die Abtei Torhout genommen und an Reginar verliehen (c. 21). Für Ansgars Kirche bedeutete dies eine so weitreichende Verarmung, daß die Mönche aus Corbie von Hamburg alle in ihr Mutterkloster zurückkehren mußten. Die Armut zwang, sich mit wenigen zu behelfen, denn Ansgar hielt trotz allem an seiner Stelle aus. Wieder griff Rimbert zu einem Wort des Hiobbuches:[575] *Dominus quoque humilitatem eius et patientiae fortitudinem conspiciens* bestimmte Ludwig (den Deutschen), auf Abhilfe zu sinnen, *quia cor regis in manu Domini est*. Ansgar erhielt das Bistum Bremen, und Rimbert vergaß nicht, die mancherlei Schwierigkeiten zu erwähnen, die diese Übertragung bereitete.

Das so entstandene neue Erzbistum gab Ansgar erneut ausreichenden Rückhalt für die Mission im Norden. Mehrfach suchte er König Horich von Dänemark auf und gewann dessen Vertrauen (c. 24). Dies führte zur Gründung einer Kirche in einem Hafen an der Schlei *Sliaswich vocato*. Rimbert berichtet, dort habe es Personen gegeben, die zuvor in Hamburg oder Dorstadt getauft worden waren – man mag das mit der Handelsmetropole Haitabu in Verbindung bringen. Sie konnten nun ihre

---

575 C. 22; Job 4,6. Das Wort entstammt der ersten Rede des Eliphas, der die Schuldlosigkeit Hiobs bezweifelt. Als er Hiobs Trauer und Verzweiflung sah, sprach er: *Ubi est timor tuus, fortitudo tua, patientia tua et perfectio viarum tuarum?* Rimbert wendet dies zur positiven Feststellung, zur Gewißheit, daß Gott solches anerkennt.

Gottesdienste feiern. Andere ließen sich hier taufen, und Rimbert zitiert dazu die Apostelgeschichte: *Factumque est gaudium magnum in ipso loco* (Act. 8,8). Das Wort schließt den Bericht über die Wirksamkeit des Philippus in Samaria ab. Auch in Schleswig verbreitete die Bekehrung Freude bei denen, die sich zu dem neuen Glauben bekannten; es war eine durchaus analoge Situation, auf die das Wort angewandt wurde, und Ansgar sowie seine Priester erschienen hier in der Nachfolge der Apostel. Über die Taufgewohnheiten an der Schlei berichtet Rimbert, daß viele sich mit einem Kreuz als Katechumenen kennzeichnen ließen, um an den Gottesdiensten teilnehmen zu können. Die Taufe jedoch wollten sie erst in unmittelbarer Todesnähe empfangen, *quatinus purificati lavacro salutari, puri et inmaculati vitae aeternae ianuas absque aliqua retardatione intrarent*. So konnte Rimbert sagen, *innumerabilis tamen albatorum multitudo exinde ad regna conscendit caelorum*. Das weiße Taufkleid war zugleich Totenhemd und nahm die weißen Gewänder der Seligen vorweg, von denen die Apokalypse berichtet (s. oben zu c. 2).

Seit Gauzberts (als Bischof Simon) Vertreibung war Schweden ohne Priester, und Ansgar sorgte sich, die Mission in Schweden wieder aufzunehmen (.25). Es gelang ihm, dafür die Unterstützung König Horichs von Dänemark zu gewinnen, nachdem er zuvor mit Gauzbert einig geworden war, daß er selber, Ansgar, nach Schweden gehen wolle. Eine Vision gab Ansgar Sicherheit zu diesem neuen Gang ins Ungewisse. Er befand sich vor einem stattlichen Gebäude, das von kleinen Häusern flankiert war. Eine entgegenkommende Person sprach ihn an; Er solle sich um die bevorstehende Reise nicht sorgen. Ein anwesender Prophet werde alle Zweifel zerstreuen; das sei Adalhard von Corbie. Ansgar fand Adalhard in jenem prächtigen Gebäude auf seinem Abtsstuhl sitzend (*in solio suo*), und dieser wandte sich mit Worten des Jesaia (Is. 49,1–3) an Ansgar: *Audite, insulae, et attendite, populi de longe. Dominus ab utero vocavit te, de ventre matris tuae recordatus est nominis tui. Et posuit os tuum quasi gladium acutum, in umbra manus suae protexit te, et posuit te sicut sagittam electam; in faretra sua abscondit te, et dixit tibi: Servus meus es tu, quia in te gloriabor*. Bei Jesaia stand dies in der ersten Person, der Prophet verkündete dem Volk sein hohes und stolzes Amt, für das er Aufmerksamkeit und Ehrfurcht einforderte. Ansgar, der das Prophetenwort in der Vision erkennen mußte, sollte so Gewißheit über sein künftiges Tun gegeben werden, die er nicht hatte. Er empfing kniend Adalhards Segen und Adalhard fuhr fort: *Et nunc haec dicit tibi Dominus, formans te ex utero servum sibi: dedi te in lucem gentium, ut sis illis in salutem usque ad extremum terrae. Reges videbunt, et consurgent principes, et adorabunt dominum Deum tuum et sanctum Israel, quia glorificabit te*,[576] Auch hier gilt, daß aus der stolzen Verkündigung in der ersten Person der Zuspruch an Ansgar wurde. Da es sich um Heidenmission handelte, sind alle auf das Volk Israel bezüglichen Teile dieser Verse fortgelassen; die auf die Heiden bezogenen Teile dieser Verse ergeben erst die Übertragbarkeit, denn die Propheten waren ja nicht zur Mission ausgezogen, sie wandten sich an das eigene Volk. Eigenartig ist, wie

---

576 Is. 49,5–7; Rimbert schreibt irrig Hieremia, obwohl er Jesaia zitiert, ein sicheres Zeichen für auswendiges Zitieren.

Ansgar die Vision verarbeitete. Er dachte über die Prophetenworte nach und erkannte, daß die Anspielung auf Inseln, auf die Enden der Erde auf jene entlegenen nördlichen insel- und schärenreichen Gebiete wohl zutraf. Das „*quia glorificabit te*" entsprach seinem lebhaften Wunsch; dies war ihm Anspielung an das ihm bestimmte Martyrium. Die Vision selbst zeichnete jedoch Ansgar eher als Propheten, das Martyrium gab Ansgar aus der Erinnerung an die vorige Vision hinzu.

Ansgar nun reiste (c. 26), von Horich empfohlen, nach Birka zum schwedischen König, der hier Olef heißt. Dort fand er nicht nur das ihm bekannte Heidentum vor. Ein Mann hatte *instigante enim diabolo* verkündet, er habe an einer Versammlung von Göttern teilgenommen, die sich beklagten, man opfere immer nachlässiger. Dies müsse sich wandeln, der Kult des neuen Gottes dürfe nicht angenommen werden. Wolle man einen weiteren Gott verehren, so sei der frühere König Eric in den Kreis der Götter aufgenommen. Unter dem Eindruck dieser Vorgänge rieten Ansgars Freunde von der ersten Missionsreise her davon ab, seine Absicht König Olef vorzutragen; sie fürchteten um Ansgars Leben. Da Ansgar seit langem das Martyrium wünschte, ließ er sich durch solche Befürchtungen nicht abhalten. Er lud den König in sein Quartier, ihn zu bewirten und trug ihm seine Absicht vor. Dieser wußte das Wichtigste schon von Gesandten Horichs, zeigte sich sehr freundlich und entgegenkommend, ja zu Hilfe bereit, wollte aber vor einer Zusage eine Befragung der Götter auf einem Thing abwarten. Ansgar konnte dies nicht ändern, konnte aber auch heidnischen Göttern in dieser Frage keine Entscheidung zubilligen: *Ieiuniis et orationibus vacans atque in contritione et afflictione cordis semet ipsum in conspectu Dei humilians*. Dies letzte als Erfüllung einer Forderung des Jacobus (Jac: 4, 10) zur Demut formuliert, mag als Inbegriff des ganzen Satzes gelten.

Während einer Meßfeier gewann Ansgar Gewißheit über den glücklichen Ausgang der Entscheidung. Tatsächlich fielen die Lose so, daß der christliche Glaube in Schweden auf festem Grund stehen solle, und einer der Großen, die am Loswurf teilgenommen hatten, berichtete Ansgar dieses Ergebnis sofort und munterte ihn auf: *Confortare et viriliter age* – Worte Davids an seinen Sohn Salomo[577] aus einer Rede, die den Charakter einer Vermächtnisrede trägt und von den Verheißungen ausgeht, die David für seinen Sohn Salomo erhalten hatte (I. Par. 22,9f). Jener schwedische Große hatte schwerlich so genaue Bibelkenntnis, daß er die Davidsgeschichte in der Version der Chroniken (Paralipomena) zitieren konnte; Rimbert kleidete dessen ihm überlieferte Worte in einen Ausspruch König Davids und gab dem Satz so den Rang, der ihm um der Geschichte willen zukam.

Auf zwei Thingversammlungen gelang es König Olef, den Spruch des Losorakels zugunsten der Missionstätigkeit Ansgars durchzusetzen. Ansgar konnte Gauzberts Neffen Erimbert als Priester in Birka zurücklassen, um an seinen Bischofssitz zurückzukehren (c. 28).

---

577 1. Par. 22,13; *tunc enim proficere poteris, si custodieris mandata et iudicia, quae praecipit Dominus Moysi, ut doceret Israel: confortare et viriliter age, ne timeas neque paveas.* Mose sagte, als er Josua dem Volk als Nachfolger vorstellte: *viriliter agite et confortamini, nolite timere et paveatis ad conspectum eorum, quia dominus Deus tuus ipse est ductor tuus et non dimittet nec derelinquet te* (Deut. 31,6; s. auch v. 7). Als Warnung vor kleingläubiger Verzagtheit mag dieses Zitat noch näher liegen.

Rimbert fügt hier eine Vision ein, die Ansgar während seiner Reisevorbereitung gehabt hatte (c. 29). Ansgar war Augenzeuge des Leidens Christi, der von Pilatus zu Herodes, von Herodes zu Pilatus geführt wurde. Juden und Soldaten bespuckten und beschimpften ihn; er wurde geschlagen. Ansgar ertrug diesen Anblick nicht und stellte sich hinter Christi Rücken, um die Schläge mit dem eigenen Körper aufzufangen. Da mußte er wahrnehmen, daß Christus ihn um Haupteslänge überragte, so daß er dessen Haupt nicht zu schützen vermochte. Dies setzt voraus, daß der gegeißelte Christus aufrecht stand, nicht gekrümmt vom Schmerz der Schläge. Und so war das erhobene Haupt, das höchste Organ des menschlichen Körpers Christi, auch durch den höchsten Einsatz des Menschen Ansgar, der sich selber in einem martyriumgleichen Akt hingeben wollte, nicht vor den Angriffen der Menschen zu schützen. Ansgar selber hat diese Vision mit der zweiten Schwedenreise in Verbindung gebracht: Er habe erst nach der Reise den Sinn dieses Gesichtes erkannt. Wieviel Hohn und Spott, wieviel Gotteslästerung er habe hinnehmen müssen, wieviel Not auch zu erdulden war, das alles habe er zwar um Christi willen gelitten; aber was den Knechten Christi angetan wird, das erdulde doch Christus selber; dieser leide in seinen Knechten erneut die ihm damals angetane Schmach.[578] Ansgar dachte darüber nach, daß es gerade das Haupt war, das er nicht schützen konnte. Gott als Christi Haupt (kein biblisches Wort!) sei in seiner Majestät selber geschmäht und ertrage dies eine Weile. Dann aber werde er streng richten *sicut scriptum est: Mihi vindictum, ego retribuam, dicit Dominus* (vgl. Deut. 32,35).

Die Vision enthielt keinen Hinweis auf das Gericht oder eine rächende Strafe für jene, die ihre Feindschaft gegen Gott nicht aufgaben. Dies mußte Ansgar deutend hinzugeben aus seiner Kenntnis der Schrift, vor deren Hintergrund allein eine solche Vision Geltung haben konnte. Hier geschieht dies mit Worten eines mosaischen Preisliedes, das Gottes unumschränkte Macht, seine Gerechtigkeit rühmt, Israels Verfehlungen geißelt, Gottes drohende Rache verkündet. Dieses Wort hatte schon der Hebräerbrief aufgegriffen: Wer das Gesetz des Mose breche, müsse dafür sterben. Wieviel härtere Strafe habe verdient, wer Gott mit Füßen trete (Hebr. 10,29ff). Warnend und drohend ließ der Hebräerbrief dieses Mosewort gelten, und Ansgar kennt darüber hinaus so etwas wie Freude an der Gerechtigkeit Gottes.

Eine Abschweifung von Ansgars Lebenslauf illustriert die Verhältnisse solcher Mission. Rimbert wollte nicht übergehen, *qualiter Domini virtus post hanc profectionem iam dictis Sueonibus patefacta sit* (c. 30). Ein schwedisches Heer fiel in Kurland ein, eroberte eine küstennahe Befestigung und zog, berauscht vom Erfolg, fünf Tagereisen weit ins Landesinnere, eine weitere Burg zu nehmen. Doch die Belagerung blieb erfolglos. Da man weit von den Schiffen entfernt war, beschlich das Heer große Furcht um den Rückweg nach Schweden. Durch Loswurf wollte man erkennen, welche Gottheit nun noch helfen wolle – keiner der Götter war dazu bereit. Man wollte die Belagerung abbrechen und eilig zu den Schiffen marschieren, als einige Händler sich der Lehre Ansgars in Birka erinnerten. Man solle in dieser

---

[578] Diese Vorstellung erinnert an Aussprüche von Märtyrern, s. VON DER NAHMER, Der Heilige und sein Tod, Darmstadt 2013, über die Märtyrer von Lyon und über Felicitas, S. 65–69.

Lage den wirksamen Beistand des Christengottes anrufen: *Deus, inquit, Christianorum multotiens ad se clamantibus auxiliatur* (s. II. Par. 18,31). Wieder warf man Lose und erkannte, daß Christus helfen wolle; man entschloß sich, *pugnemus et viriliter agamus*.[579] Rasch erfolgte die Übergabe der Burg und ihrer Besatzung zu glänzenden Bedingungen, die Schweden priesen *Christi domini nostri omnipotentiam ... eiusque magnificentiam viribus totis, quod vere magnus super omnes deos esset*.[580] Man hatte in Christus den stärkeren und mächtigeren Gott gesucht und gefunden; als solchen hatte zuvor auch der König ihn auf dem Thing beschrieben: *qui semper in omnibus potest et vult ad se clamantibus auxiliari*.[581] Auch Konstantin, auch Chlodwig hatten den Sieg unter dem Kreuzeszeichen erhofft. Hier könnte überraschen, daß nicht einfach jene kaum oder neu Bekehrten einen primitiven Zugang zu Gott als Schöpfer und Herrscher von grenzenloser Macht fanden, deren sie sich versichern wollten. Die Vita enthält kein Wort der Kritik oder Zurechtweisung solcher Auffassung. Die Treue und Hilfe heischende Unterordnung unter den Herrn schlechthin wurde von Rimbert und wohl auch von Ansgar gutgeheißen: *... qualiter Domini virtus post haec profectionem iam dictis Sueonibus patefacta sit ...* , dies sagt der Erzbischof Rimbert, dessen Ansgarvita unmißverständlich die Orientierung der christlichen Lehre auf ein jenseitiges Gottesreich zur Voraussetzung hat.[582] Auf Sieg und glückliche Heimkehr folgten gemeinsame Fastenübung, Vergabe von Almosen, *quia hoc Christo gratum didicere*. Dies alles ermöglichte Erimbert eine ungehinderte Ausübung seiner Priestertätigkeit.

Der Bericht über die Mission im Norden endet mit Rückschlägen (c.32/33). Die Priester wechselten, andere starben auf der Reise durch die Hände plündernder Wikinger, Schwierigkeiten gab es mit dem jüngeren Horich in Dänemark, die erst nach einiger Zeit ausgeräumt werden konnten. Rimbert bietet keinen Erfolgsbericht über die Mission unter Schweden und Dänen. Nur zwei feste Missionsstationen konnten gebaut werden: Birka und Schleswig; und diese waren ständig gefährdet. Für Ribe

---

579 Das Wort davidischer Feldherrn in einer Schlacht gegen Syrer und Ammoniter: *Confortare et agamus viriliter pro populo nostro;* s. Anm. 575.
580 Ps. 94,3. *Quoniam Deus magnus Dominus et rex magnus super omnes deos*; ein Preislied, das zu bereitwilligem Gehorsam gegen Gott als dem Mächtigsten aufruft und an dessen Zorn während der langen Wanderung Israels erinnert. Gewiß Eigentum des Autors, nicht der Krieger, denen Bibelkenntnis doch wohl fehlte.
581 C. 27; vgl. Anm. 22 und 24 zu Par. 18,31 und 22,13.
582 So abwegig, wie diese Haltung sich LAMMERS, Ansgar. Visionäre Erlebnisform und Missionsauftrag, gegen Ende im Einklang mit den dort zitierten Arbeiten von K. D. SCHMIDT vorstellt, ist sie nun doch nicht. Gottheit erweist sich nicht nur für Heiden an ihrer Macht. Das Christentum verkündet den Mächtigsten schlechthin, Schöpfer und Erhalter, schließlich Richter der Welt, dem keine Götterdämmerung droht. Die Frage ist nicht die seiner Macht, sondern wann, wo und wie er diese einsetzt; ob irgendjemandes aktueller Nutzen mit dem Willen Gottes übereinstimmt. Hier mag man Ansgars eigene Hiobhaltung der Haltung der Schweden gegenüberstellen. Der neue Gott verlangte ein anderes Dienen der Menschen, als es die Schweden bisher gewohnt waren – es möchte des Nachdenkens verlohnen, was alles in der schönen Erfindung der Christopherusgestalt, die dem mächtigsten König allein dienen wollte, zusammenkam.

wird von einem Kirchenbau nicht berichtet, keine Königskonversion wird erzählt;[583] selbst Ansgars Bischofssitz blieb Wikingerzügen ausgesetzt. Rimbert kehrt zum Grundsätzlichen zurück. In einem der letzten Gespräche mit Ebo von Reims hatte Ansgar die zahlreichen Schwierigkeiten aufgezählt, mit denen im Norden zu kämpfen war (c. 34). Ebo beruhigte ihn, indem er die Grenzen des Einzelschicksals zerriß: Was im Namen Christi getan sei, müsse Frucht tragen. Möge die Unternehmung durch eigene Sünde aufgehalten sein, das Erwirkte könne nicht ausgelöscht werden, *sed fructificabit in Dei gratia et prosperabitur usquequo perveniat nomen Domini ad fines orbis terrae.* Es ist der Mensch, dessen Unzulänglichkeit die Ausbreitung des *nomen domini* hindert, die eigenen Mängel, nicht die der Heiden. Heißt dies nicht, die größere Vollkommenheit hätte anziehender und überzeugender gewirkt? Ebo ordnete die Missionstätigkeit ein in jene Vorstellung, die Geschichte zwischen Sündenfall und Weltgericht ausspannt; und da kommt es den Menschen, die Kenntnis Gottes haben, zu, diese Lehre bis an die Enden der Welt zu tragen. Matthäus überliefert das Christuswort (Mt. 24,14; vgl. 28,19f u. Rom. 10,18): *Et praedicabitur hoc evangelium regni in universo orbe, in testimonium omnibus gentibus, et tunc veniet consummatio* – Vollendung. Dieser Rahmen menschlicher Geschichte stand fest als von Gott verfügt, die Verkündigung von Gott, die Ausbreitung seiner Lehre, ist Bestandteil seines Sieges über Satan, der diese zu hindern sucht[584], weil das Ende der Weltgeschichte sein eigenes Ende, seine unaufhebbare Niederlage sein mußte. Rimbert wendet dies freilich auch persönlich: Die Ausbreitung der Verkündigung bis an die Enden der Welt war Ziel Ebos und Ansgars – *pro Domino certaverunt, a quo et praemium laboris sui sine dubio percepturi sunt.* Sie taten also, was in dieser Absicht Gottes mit der Menschheit ihnen zu tun zukam, und Gott wird ihnen dies lohnen. Ansgar sah in all jenen Wikingerüberfällen die Unkenntnis der Gerechtigkeit Gottes, den *error diabolicus*. Deshalb suchte er nicht die Rache, sondern sorgte sich um die Bekehrung.[585] So ist es Rimberts Vorstellung, daß Ansgar *maxima ... comitante fidelium multitudine*, die Dänen und Schweden, die er Gott gewonnen hatte, als Geschenk Gottes am Tag der Auferstehung *omnium gloriose et feliciter regna penetrabit caelorum*. Dies auch eine eigentümliche Wendung der Gefolgschafts- und Ruhmesvorstellung, während der Zug an die

---

583 W. TRILLMICH, Missionsbewegungen im Nordseeraum, in: Geschichtliche Landeskunde und Universalgeschichte, Festgabe für Hermann Aubin, Hamburg 1950, S. 229–240, charakterisiert S. 232 das Vorgehen Ansgars und seiner Mönche als Einzelbekehrung, der sich die heimischen Großen selten öffneten, der die nordischen Kultgemeinschaften sich eher verschlossen. Dies wirft schon die von W. BAETKE bedachte Frage auf, wieweit die Götter des Nordens mehr als die gemeinschaftliche öffentliche Anerkennung forderten. Der von Ansgar verkündete Gott verlangte darüber hinaus in jedem Falle die ganze persönliche vorbehaltlose Hingabe. Die Hergeirgeschichten entsprechen den Darlegungen TRILLMICHS durchaus und zeigen den individuell Bekehrten gegenüber der heidnischen Gemeinschaft.
584 Z. B. c. 26 und 34; auch das Hiobsbild für Ansgar enthält Satan als den, der Schaden zufügt.
585 Seine Fürbitte, daß dies den Heiden nicht zur Sünde angerechnet werden möge, folgt dem Gebet des Märtyrers Stephanus bei seiner Steinigung Act. 7,59; vgl. Lc. 23,34.

Scharen Seliger erinnern mag, die die Apokalypse aus allen Völkern zusammenströmen sieht (Apoc. 7,9ff). Die Schweden und Dänen erscheinen da als Gefolge Ansgars.

An diesen Missionsbericht schloß Rimbert eine Schilderung der persönlichen Lebensweise Ansgars an (c. 35). Gemäß seiner klösterlichen Herkunft bewahrte er strenge Askese, trug das *cucullum*, das härene Gewand, auf dem bloßen Leib. Unter allen Heiligen bedeutete ihm Martin für das eigene Nachstreben am meisten, gerade auch im Gedanken an die missionarische Verkündigung. Wie schon Columban zog Ansgar sich zeitweilig zu eremitischem Leben zurück. Diese asketische Strenge bewahrte er, bis das Alter eine mildere Lebensweise erzwang. Die wohl ungewöhnliche Schärfe seiner Askese brachte ihn nach eigenem Zeugnis bisweilen in die Gefahr hochmütiger Überhebung. Eine nächtliche Erscheinung half ihm darüber hinweg. In einer Furcht erregenden Schlucht sah Ansgar die ganze irdische Welt zusammengedrängt. Selten nur rissen Engel die Seelen Heiliger dort heraus und geleiteten sie in den Himmel. Gleichsam der Ursprungsort der Menschheit wurde ihm so gezeigt, und in Ansgars schauderndes Staunen brach eine Stimme: Wie ein Mensch sich bei solch geringer Herkunft überheben könne, da er doch dem Tränental (Ps. 58,7) entstamme. Was immer er Gutes hat, habe er nicht aus sich, sondern verdanke es dem, von dem er alle gute und alle vollkommene Gabe empfange (Jac. 1,17). Wann immer er, Ansgar, zum Hochmut versucht werde, solle er sich dieser Herkunft erinnern, und er werde mit Gottes Gnade befreit werden.

Aus der klösterlichen Gemeinschaft herausgerissen, entbehrte er der ständigen Korrektur durch die Brüder, den Abt. Da bleibt es eine eigenartige und auch selten belegbare Erscheinung, daß der Heilige seine Zurechtweisung in einem visionären Traum erfährt. Jenes Grauen erregende Tal malt das Psalmwort vom Tränental aus.[586] Im Psalm ist dies die Beschreibung menschlichen Lebens im Gegensatz zur Schönheit des Tempels. Die Schwalbe habe ihr Nest, der Psalmist sucht die Altäre Gottes – der Tempel als idealer Wohnort (Ps. 83,4). Ansgar sieht das Tränental als Gegensatz der himmlischen künftigen Wohnungen. Wenn dieses Tal als Ursprungsort der Menschen bezeichnet wird, so ist dies Sinnbild des gegenwärtigen Zustandes und sicher nicht in Konkurrenz zur Schöpfungsgeschichte und der Schilderung des Paradieses gesagt. Doch auch mit den beiden ersten Kapiteln des liber Genesis hätte das Jacobuswort übereingestimmt, das trotz aller asketischen Mühen Ansgars dessen Tun in dieser Vision gering erscheinen läßt, so daß trotz aller Anstrengung das Beste in Ansgars Leben nicht sein Menschenwerk ist. Es kann kaum Zufall sein, daß Rimbert, oder Ansgar in dessen Bericht, ein Wort aus jener Epistel wählte, die so viel von den sittlichen Anforderungen an den Menschen mitteilt.

Aus Ansgars bischöflicher Tätigkeit hebt Rimbert auch die Fürsorge für Bedürftige hervor, nennt den hohen Anteil der Mittel, die er dafür zur Verfügung

---

586 Man vergleiche hier auch c. 45 der Pachomiusvita; oben Text zu Anm. 138ff mit Verweisen auf die Henochapokalypse. Ansgars Vision hat ein anderes Ziel. So kennt er nicht die Menschen, die sich vergeblich einzeln abmühen um ihr persönliches Entkommen. Doch wie bei Pachomius – im Unterschied zu Henoch – ist die Schlucht nicht Ort zukünftiger Verdammnis, sondern der Ausgangspunkt gegenwärtigen menschlichen Lebens.

stellte, die Institute, die er zu solchen Zwecken gründete und dotierte. *Studebat enim illud beati Job dictum per omnia implere, ut nec saltem oculos viduae aliquando expectare faceret. Sicque et oculos caeco et pes claudo et pater pauperum esse omnino studebat* (Job 31,16; 29,15f). Dies waren Worte Hiobs, mit denen er seinen Freunden, die ihn verborgener Schuld verdächtigten, ihn beschuldigten, zu Geständnissen und Reue zu halsstarrig zu sein, sein voriges Glück, die Unsträflichkeit seines Lebenswandels schilderte. Zumal der Bergpredigt, den Seligpreisungen hätte Rimbert allerseits bekannte Worte für solche Mildtätigkeit und liebevolle Fürsorge entnehmen können, doch berief er sich auf Hiobs stolze Worte. Da mußte es ihm für Ansgar schon um die Gestalt Hiobs gehen: Das rechte Leben trotz äußeren Unglücks, äußerer Mißerfolge, woran ja auch Ansgars Leben reich war.

Besonderes Nachdenken verwandte Rimbert auf Ansgars Visionen und Träume (c. 36). Ehe er weitere Beispiele dafür berichtet, daß Ansgar wichtige Dinge vorher erkannte, für wichtige Beschlüsse Bedenkzeit suchte, um in der Erleuchtung die richtige Entscheidung zu finden, versicherte er begründend, daß *conversatio eius secundum beatum Paulum apostolum semper erat in caelo* (Phil. 3,20). Eine merkwürdige Stelle, die Rimbert heranzieht. Nicht daß sich Paulus dort besonderer Gaben rühmte, sich als besonders lauter in seinem Lebenswandel darstellte. Er hält der Gemeinde zu Philippi vor, daß es Gemeindeglieder gebe, die irdisch gesinnt lebten, als wären sie Feinde des Kreuzes Christi, und sagt dann über Christen schlechthin, ohne irgendeinen als besonders vorbildlich herauszustellen: *Nostra autem conversatio in caelis est unde etiam salvatorem exspectamus dominum nostrum Jesum Christum*. Ansgars heiliges Leben ist für Rimbert christliches Leben und nichts darüber hinaus, sein Zentrum und Ziel ist nicht irdisch; und man mag folgern, wieweit andere hinter solchem Maß zurückblieben; Rimbert hat sich selber schwerlich ausgeschlossen. Ansgar bedeutet eine Forderung an alle, die ihn kennen, sei es unmittelbar, sei es durch die Vita. Und noch ein Schriftwort wird zur Begründung der Möglichkeit solcher Gesichte gegeben: Was er im Geist erfuhr, sei von der Art gewesen, wie man in der Apostelgeschichte lese (Act. 8,29): *Dixit, inquit, spiritus Philippo*. Philippus erhielt den Auftrag, sich zu jenem Kämmerer aus dem Morgenland zu begeben, der sich mit dem Propheten Jesaia beschäftigte und der so von Philippus bekehrt wurde. Der Satz erläutert weniger, als daß er am historischen Beispiel eines Apostels die Möglichkeit solcher Visionen zeigte. Zudem war damit nochmals deutlich ausgesprochen, daß es in Ansgars Leben nicht um mehr oder weniger kluge menschliche Entscheidungen ging; Ansgar war von dem Range, daß er einen höheren Willen zumal visionär erfuhr und befolgte, weil er sich dafür bereit hielt. So erkannten Mitarbeiter Ansgars auf einer Reise, die zur Befreiung gefangener und versklavter Christen in Nordalbingien erfolgreich unternommen wurde, das Versprechen des scheidenden Auferstandenen sei wahr und bestätigt: *Ecce ego vobiscum sum omnibus diebus usque ad consummationem saeculi* (c. 38; Mt. 28,20). Daneben stellt Rimbert noch ein Wort aus Israels Wüstenwanderung. Das Volk murrte gegen Mose und Aaron, als Kundschafter einen ungünstigen Bericht gaben. Mose und Aaron fielen in ihrer Verzweiflung auf ihr Antlitz, die Kundschafter Josua und Kaleb, die von starken, wehrtüchtigen Einwohnern des gelobten Landes berichtet hatten, redeten wider das Murren: Es sei ein gutes und reiches Land; wenn

Gott gnädig sei, werde er sein Volk dorthin bringen; man dürfe nicht von Gott abfallen. *Dominus nobiscum est, nolite metuere* (Num. 14,9). Bei Rimbert hieß es: *Nunc enim pro certo, inquit, cognovimus, quia Dominus fuit nobiscum.* Man hatte eine eigentümliche Verwandtschaft der Situationen erkannt; das Volk Israel in einer Lage, die mit menschlichen Mitteln nicht zu lösen war; nicht anders sah Ansgar die Lage jener versklavten Christen, für die er zunächst so wenig, wie irgendeiner sonst Rettung wußte, bis eine Erscheinung ihm Gewißheit über seine Aufgabe gab. Die Wirksamkeit des Heiligen versicherte die anderen der Macht und Gegenwar Christi und bestärkte sie dadurch in ihrer Überzeugung, ihrem Tun.

Ansgar war ein Martyrium in einem Gesicht vorhergesagt worden; die Gewißheit eines solchen Endes mag ihn zu seinen gefährlichen Missionsaufgaben überhaupt erst bereit gemacht haben. Da nun Ansgar eines natürlichen Todes starb, sah sich Rimbert zu einer Erklärung des Begriffs vom Martyrium veranlaßt (c. 40). Ansgar litt fast ständig unter Krankheiten, er duldete härteste Bedrängnisse in seiner Missionstätigkeit; Plünderungen und Überfälle von Wikingern in seiner Diözese, böswillige Anfeindungen auch sonst; dazu die asketischen Bußübungen (*cruciatio propria*), *quam sibi ipse in corpore suo pro amore Christi numquam cessavit inducere*. Dies ist insofern präzise benannt, als Askese keinen Zweck an sich selbst darstellte. Es ging um das Sich-Bereit-Halten für den Herrn, darum der Verzicht auf alles, was einen Menschen irdisch befriedigen konnte. Zum Tode hin litt Ansgar an einer Krankheit und sah dankbar seinem Ende entgegen. Märtyrer war er wie Hiob, nicht wie Stephanus,[587] und auch deshalb sang er in seinen letzten Tagen Hiobs Wort (Job 2,10): *si bona suscepimus de manu Domini, quare mala non sustineamus?* Es mag wohl sein, daß dies nicht erst von Rimbert hinzugesetzt werden mußte, daß Ansgar selber die Nähe des eigenen Lebensweges zum Schicksal Hiobs sah, Hiobs Maß zu erfüllen suchte. Dennoch bekümmerte ihn, daß er kein Martyrium im Wortsinn erlitt. Rimbert bezeugt Ansgars denkwürdige Überzeugung, daß ein Martyrium eine Gnadengabe gewesen wäre, deren er selber aus Unvollkommenheit nicht würdig gewesen sei. So sah er in seinem natürlichen Tod eine Strafe, die er verdient hatte und sprach dies im Psalmwort aus: *Justus es, Domine, et rectum iudicium tuum* (Ps. 118,137). Und indem er dieses Wort so gegen sich selber wendete, sprach wieder das Dulden Hiobs aus ihm. Das nicht erlittene Martyrium beunruhigte Ansgar so sehr, daß Rimbert nach Trost suchend ihm vorhielt, nicht der Tod durch Schwert, Feuer oder Wasser sei ihm bestimmt gewesen, sondern *ut cum corona martyrii ad dominum venire deberet*. Er rief Ansgar in Erinnerung, was alles er im Dienste seines Herrn erduldet habe. Auch hier gab erst eine Erscheinung während einer Meßfeier Gewißheit. Eine Stimme schalt seine Zweifel, *quia utrumque tibi Deus sua gratia faciet, id est peccata tibi dimittet, pro quibus modo sollicitus es, et omnia quae promisit implebit*.[588]

---

587 Dieser ist deshalb auch nur in anderem Zusammenhang erwähnt: c. 42 als Beispiel eines Gebetes für Feinde; ähnlich c. 34.
588 KNIBBS (wie Anm. 556, S. 190) kann sich nur vorstellen, daß „the space that Rimbert devotes to Ansgar's expectation of martyrdom suggests that his failed prophecy was well known to Rimbert's audience and probably a source of embarrassment." Auch für Unheiliges in Ansgars

Nach mehrmonatiger Krankheit wünschte sich Ansgar, am Fest Mariae Reinigung (2. Febr. 865) zu sterben. Für diesen Tag traf er besondere Anordnungen. Geistliche und Arme sollten gespeist werden; drei besondere Kerzen ließ er gießen: Je eine für den Marien-, Petrus- und Johannesaltar (Täufer). Diese Heiligen sollten seine Seele im Tod empfangen, denn in Visionen waren sie seine Führer gewesen (c. 2 und 3). Waren dies Gestalten, denen Ansgar seit jenen frühen Gesichten besondere Verehrung entgegenbrachte, so fällt auf, daß sie sonst im Text der Vita keine auffällige Rolle spielten. Ansgar hatte Anordnungen für die Sicherung des Bistums und der Mission getroffen und hielt im Abschied Mahnreden an seine Geistlichen. Man sang die Litanei und Psalmen für seinen nahen Tod, er selber verlangte das Te Deum und das Bekenntnis des Athanasius. In einer Messe empfing er die Kommunion. Als letztes sprach er immer wieder: *Secundum misericordiam tuam memento mei tu propter bonitatem tuam, domine; et: Deus propitius esto mihi peccatori, et: In manus tuas, Domine, commendo spiritum meum.* Als ihn die Kräfte verließen, mußte ein anderer diese Sätze sprechen, bis er verschied. Ein eigentümlicher Ausspruch: Der Beginn ist einem davidischen Psalm entnommen (Ps. 24,7), das mittlere Stück gehört einem Gleichnis Christi: Der Pharisäer und der Zöllner. Den stolzen und selbstzufriedenen Gebetsworten des Pharisäers steht der erschrockene Ausruf des Zöllners gegenüber: „Herr, sei mir Sünder gnädig" (Lc. 18,13). Christus rühmt die Demut dieses Mannes. Der dritte Teil ist eines der Kreuzesworte Christi (Lc. 23,46). Jedes dieser Worte hat einen Anteil am Ansgarleben: Das letzte möchte die ersehnte Erlösung von einem Leben voller Bedrängnisse anzeigen, aber

frühen Jahren sieht er solchen Rechtfertigungsbedarf (S. 190f): „One begins to suspect that the monks at Corbie remembered Ansgar for something less than saintly behavior." Das sind induzierte Verdächtigungen, zu denen der Vitentext keinerlei Anlaß bietet. Es müßte vorab klar sein, daß ein Heiliger sich selber nicht für einen solchen hält. Von seinem eigenen Versagen vor Gott (Sünde) weiß ein Heiliger wohl mehr als jeder andere. Wer anderen stetig Spekulation vorwirft, sollte sich selber solcher enthalten. Ansgar wäre nicht der erste Heilige, dessen frühe Jahre nicht auf ein Heiligenleben hindeuteten, man denke etwa an Columban. Die ganze Diskussion um das nicht stattgehabte Martyrium (bis S. 194) geht an der Sache vorbei. Das „weiße Martyrium" war schon eine Diskussion der Spätantike, als die Märtyrerzeit mit der Legalisierung des Christentums beendet war. Rimbert, dem KNIBBS allerlei komlizierte Überlegungen zutraut hinsichtlich der Erhebung zum Erzbischof, der Errichtung eines Erzsitzes und der Präsentation Ansgars als Heiligem, hätte sich schwerlich jene „Argumentative Inconsistency" erlaubt, die KNIBBS S. 204–206 darlegt. Es sei hier noch darauf hinggewiesen, daß für KNIBBS Vorstellung von einem Missionserzbischof für den Norden ohne Sitz, der in Bremen zugleich Bischof ist (S. 162f), Bonifatius in Mainz kein geeignetes Vorbild ist. Bonifatius sollte im Frankenreich die Metropolitanstruktur durchsetzen und selber Erzbischof in Köln werden. Fränkische Kräfte haben dies verhindert, und so war der Missionserzbischof Bonifatius in Mainz als Bischof eine Notlösung, die eigentlich keiner gewollt hat. Daß man dies in Rom für Ansgar als Muster genommen habe, entbehrt jeder Glaubwürdigkeit; s. dazu immer noch Th. SCHIEFFER, Winfried Bonifatius, Freiburg i. Br. 1954 (ND 1972), S. 228–233; s. nun auch Daniel C. PANGERL, Die Metropolitanverfassung des karolingischen Frankenreiches, MGH Schriften 63, Hannover 2011, hier S. 14–20 zu Köln, S. 139–149 zu Hamburg Bremen. PANGERL schreibt dort noch ohne Kenntnis der Arbeit von E. KNIBBS: Im Jahre 831 gründete Ludwig der Fromme im nordelbischen Hamburg ein Bistum, das von vornherein als Metropolitansitz vorgesehen war. Er könnte damit durchaus Recht haben; s. auch Anm. 571.

auch, das in Ansgar ständig gegenwärtige Vertrauen in Gott. Das erste mag als Vergebung erbittendes Psalmwort leicht einleuchten. Freilich denkt man bei David als Sänger dieses Psalms des Inhaltes wegen weniger an den König als an dessen Ehebruch und Blutschuld (2. Reg. 11). Weiter noch reicht jenes Wort des Zöllners. Daß Ansgar sich zu dieser Figur stellte, enthält die Hoffnung, gar die Gewißheit, nicht verstoßen zu werden, hatte Christus doch auch diesen Zöllner angenommen. Doch sieht Ansgar sich darin auch als mit Sünden beladen – nicht als Heiligen; als Heiligen erkannten in die anderen, die wohl wahrnahmen, wie weit Ansgar sie überragte.

Rimbert gibt in einem Epilog eine zusammenfassende Beurteilung Ansgars. An seiner Seligkeit – *de eius salute* – gebe es keine Zweifel. Zur Begründung der Trauer derer, die zurückblieben, als er starb, verweist er keineswegs auf die Zuneigung, Anhänglichkeit, Freundschaft, sondern darauf, daß in ihm allein *pene omnium antiquorum vigebant exempla sanctorum*: Mit Ansgar hatte man ein Richtmaß verloren. Rimbert zählt auf, Christi Fußstapfen folgte er darin, daß er allen Armen ein Armer war – das Christusleben schlechthin konnte ein Mensch nicht nachleben. Wie die Apostel trennte Ansgar sich von allen irdischen Bindungen.[589] Wie Johannes der Täufer verließ er schon in der Jugend die Wirrnisse weltlichen Lebens und suchte die Abgeschiedenheit des Klosters. Dort sei Ansgar von Tugend zu Tugend fortgeschritten – ein Psalmwort (Ps. 83,8 und 599. *Ibunt de virtute in virtutem*, das von denen gesagt ist, *qui habitant in domo tua, Domine*. Der Tempel als Vaterhaus, hier auf das Kloster übertragen. Dort wuchs Ansgar heran zu einem *vas electionis ad portandum Christi nomen coram gentibus cum beato apostolo Paulus deputatus*. Als Ananias in einem Gesicht den Auftrag erhielt, in Damaskus den erblindeten Saulus (Paulus) zu heilen und seine Furcht vor dem bekannten Christenverfolger aussprach, erhielt er die Antwort: *Vade, quoniam vas electionis est mihi iste, ut portet nomen meum coram gentibus et regibus et filiis Israel* (Act. 9,15). So unterschieden Paulus und Ansgar waren, traf es hier die Vorbereitung für das Missionswerk, und da waren Paulus und Ansgar mit verwandten Aufgaben betraut. Mit der Nennung des Apostelnamens (im nächsten Satz auch Petrus) ist Ansgar unter die Apostel eingereiht, dies nicht im kirchenrechtlichen Sinne der apostolischen Sukzession im Bischofsamt, sondern durch den Rang seiner Sendung, seiner Verkündigungstätigkeit. Der Begriff des *vas electionis* enthält aber auch, daß alles, was an diesem Menschen groß war, Werk seines Herrn war, dem er bereitwillig dienen wollte – nicht heldenhafter Glanz. Erst die Übernahme des Bischofsamtes wird mit dem Namen Petri, mit dem Bild des Weidens der Schafe Christi benannt (Joh. 21,15–17). Daneben – auch zur Charakterisierung des Amtsträgers Ansgar – stellt Rimbert ein Mosewort: Der Rang der Amtsführung Ansgars zeige, *quod inter caelum et terram medius, inter Deum et proximum sequester*. Mose erinnerte das Volk Israel an die Gebote und die Umstände ihrer ersten Verkündung mit den Worten: *Ego sequester et medius fui inter Dominum et vos tempore illo, ut adnuntiarem vobis verba eius; timuistis enim ignem et non ascendistis in montem* (Deut. 5,5). Solche Mittlerstellung ist ja nicht in Konkurrenz zu Christus gedacht. Da es sich

---

[589] C. 42; dies bezieht sich vor allem auf die Berufungen der Jünger, die auf Anruf Christi alles Bisherige aufgaben, z. B. Mt. 4,18–22; c. 1,16–20; 2,13f; Lc. 5,10f und 27; Joh, 1, 35.51.

auf ein priesterliches Amt bezieht, mag man sehr wohl auch an die sakramentalen Vollziehungen denken, die Priestern auszuüben vorbehalten war. Stärker jedoch tritt die fordernde Verkündigung des Gesetzes Gottes – nicht mehr nur als Dekalog – hervor, schon wegen der Erinnerung an Mose, jedoch auch wegen des ganzen Zuschnittes der voraufgehenden Vita. Dabei denkt man auch an den dieses Kapitel einleitenden Satz: In Ansgar seien fast aller alten Heiligen Tugenden gegenwärtig gewesen. Es machte dies den Heiligen, hier Ansgar als Heiligen aus, daß in ihm gegenwärtig und wirksam war, was sonst vielleicht bedeutende, aber doch ferne Lehre gewesen wäre. In diesen Zusammenhang stellt Rimbert die Visionen und Offenbarungen, die Ansgar empfing; auf diesen beruhte die Sicherheit der Entschlüsse Ansgars, die rechte Leitung der ihm Anvertrauten. Rimbert schloß aus diesen Gesichten aber auch auf die hohe Reinheit der Person und griff dabei auf die Seligpreisungen zurück (Mt. 5,8): *mundicordes soli iuxta evangeliorum fidem Deum credantur visuri.* Fern aller Sanftmut jener Evangelienverse ist dies im Zusammenhang der Vita Ansgars mit asketischen Bemühungen, mit demütig-duldendem Standhalten vor allen Bedrängnissen verbunden und führte dadurch in die Zeit des frühen Mönchtums.[590] Rimbert empfand es als wichtige Besonderheit, daß Ansgars tägliches Leben zwischen kontemplativer Hingabe bis zur Vision und dem Vollziehen der täglichen Geschäfte pendelte; das hieß hier, daß die irdischen Geschäfte nach Ausweis der Visionen den Amtsträger Ansgar nicht in seiner Reinheit beeinträchtigten. Johannes, der Visionär unter den Evangelisten, ist darin die zeichenhafte Gestalt, *mente et corpore virgo / mente sanctus et corpore castus.* So sieht Rimbert Ansgar nach einem Wort der Apokalypse (Apoc. 14,4) *cum virginibus agnum, quocumque ierit, sequetur* – gemeint ist in der Apokalypse jene Schar erster von Christus „Freigekaufter" (*empti sunt*): Die Heiligen bilden den ersten Zug von Christus befreiter Seliger. Darüber hinaus stellt Rimbert ihn unter jenes an die Jünger gerichtete Christuswort, sie würden bei seiner Wiederkunft mit ihm auf dem Richtstuhl sitzen (Mt. 19,28). Wie diese Sätze alle stellt auch das Wort von der Krone der Gerechtigkeit, die er empfangen werde, Ansgar unter die Apostel, denn es war Paulus, der Timotheus seine Gewißheit mitteilte, er werde, da er sein Leben bestanden habe, die Krone der Gerechtigkeit empfangen (2. Tim. 4,8).

Bis zuletzt ist Rimbert irritiert davon, daß das in einer Vision angekündigte Martyrium nicht eintraf; Ansgar sei dazu bereit gewesen. Ein letztes Mal sucht er, den Leser zu überzeugen, daß es ein Martyrium auch außerhalb der Christenverfolgung gebe. So tritt an die Stelle des gewaltsamen Todes die *mortificatio desideriorum carnalium*, die Askese.[591] Mit Paulus zählt er jene Mühen, Leiden und Gefahren auf, die Ansgar in seinem Leben erdulden mußte (2. Cor. 11,26–29). Wer solche

---

[590] Man denke an Worte, wie das des Abba Theodor, das Cassian überliefert (Inst. V 34).

[591] Dies ist schon Thema spätantiken Mönchtums. Es sei nur verwiesen auf E. E. MALONE, The Monk and the Martyr, Washington 1950. – GRABENHORST-SADOWSKY (wie Anm. 565) sehen S. 20f in c. 42 ein Kompensationsprinzip, ein additives Prinzip einer „Exerzitien-Religiosität", „Das exakte Nachspielen der Taten und Verhaltensweisen des Heiligen (gemeint ist Martin nach c. 35) wird zum Kern der religiösen Übung oder zumindest als Ideal erstrebt"; „die Summe dieser Verrichtungen am Ende des Lebens begründet den Gott vorgetragenen Anspruch auf

Nöte um Christi willen erlitt, dem dürfe man das Martyrium nicht abstreiten. *Martyr enim fuit, quia iuxta apostolum et ipsi mundus et ille mundo crucificatus erat.* Ist so nicht das Martyrium Inbegriff christlichen Lebens geworden als Verzicht auf alles, was die Aufmerksamkeit von Gott abzieht, die Bereitschaft für den Herrn mindert? Märtyrer bedeute Zeuge, und ein solcher sei Ansgar unstreitig gewesen.

So ruft Rimbert auf, Ansgar als einem getreuen Nachfolger Christi zu folgen. Geschehe dies, so sei er – Ansgar – bis zur Vollendung der Welt unter uns auf Erden (Mt. 28,20), und künftig werde man im Himmel mit ihm Gemeinschaft haben. Jenes Zitat eines Christuswortes sprengt wohl fast das Denkbare: Christus hatte seinen Jüngern gesagt: *Ego vobiscum sum omnibus diebus usque ad consummationem saeculi* – solche Präsenz konnte von dem Heiligen nicht behauptet werden, und so erklärt Rimbert, dann lebe Ansgar auf Erden weiter, *si eum vitae sanctitas et doctrinae recordatio nobis repraesentat:* Ein Stück antiken Ruhmesgedankens? Nicht so, daß Ansgar seinen Ruhm gesucht hätte, wohl aber, daß Rimbert Menschen nachzustreben aufruft und darin den Antiken gleich eine dauerhafte irdische Existenz seines Heiligen und geliebten Lehrers erkennt.

Ein hervorstechendes Merkmal der Ansgarvita sind die zahlreichen Visionen. Mögen diese in einigen Fällen mit anderen älteren Visionsberichten Offenbarung des zukünftigen Reiches sein oder solche zumindest mit enthalten; hier sind sie vor allem eine Leitung und Lenkung des Lebens dieses Heiligen.[592] Und die Vita zeigt einen Menschen, der solche Leitung erkennt und anerkennt, bereit ist, ihr zu folgen.

Ansgars erste Visionen übersprangen die Todesgrenze: Der Knabe sah, in einem Sumpf stehend, die Mutter im Gefolge Mariens, weiß gekleidet, als Selige zu erkennen. Maria wandte sich ihm zu und bedeutete ihm, nur wenn er sich in Zucht nehme, Faulheit und Leichtsinn aufgebe, könne er zu seiner Mutter kommen (c. 2). Ein friedvolles Bild, und es verlockt den Knaben, zur Mutter zu gelangen; kein himmlisches Jerusalem, kein Gericht. Später, als der Eindruck der Kindheitserinnerung verblaßte, und Ansgar, obwohl Mönch geworden, sein Leben nicht in der nötigen Strenge führte, gemahnte Kaiser Karls Tod den jungen Mönch an jene Marienworte (c. 3). Der nun zu Strenge und Ernst Zurückgekehrte hatte eine nächtliche Erscheinung: Das Erlebnis des eigenen Todes, das Geleit der Apostel Petrus und Johannes, des Täufers, durch das Himmelreich in eine Zone der Qualen. Nicht sündige Menschen, Ansgar selber erlitt heftigste Bedrängnis in jener undurchdringlich-

---

einen entsprechenden Heilszustand, in diesem Falle auf die Heiligkeit." Die Welt dieser Heiligen kann man kaum heftiger verkennen. C. 42 ist im wesentlichen das Urteil Rimberts über den verehrten Ansgar; Ansgar selber sah dies sehr anders. Über den Heiligen und seine Vita wäre unter diesem Gesichtspunkt eine eigene Arbeit nötig.

592 Gregor der Große diskutiert Benedikts Fähigkeit, Künftiges vorherzusehen, was jedoch nicht dasselbe ist, wie das hier behandelte Phänomen; s. Text zu Anm. 337. Zur Visionsliteratur s. noch W. LEVISON, die Politik in den Jenseitsvisionen des frühen Mittelalters, in: Festgabe für Fr. von Besold, Bonn 1921, S. 81–100, neu in: DERS: Aus rheinischer und fränkischer Frühzeit, Düsseldorf 1948, S. 229–246. A. RÜEGG, Die Jenseitsvorstellungen vor Dante und die übrigen Voraussetzungen der Divina Commedia, 2 Bde., Köln 1945; E. DÜNNINGER, Politische und geschichtliche Elemente in mittelalterlichen Jenseitsvisionen bis zum Ende des 13. Jahrhunderts, Diss. phil. Würzburg 1962; s. auch die Literatur in Anm. 567.

gottfernen Finsternis. Auf dem Rückweg vermochte er die Ordnungen des himmlischen Reiches genauer zu erkennen. Der Befehl, auf die Erde zurückzukehren, war mit der Ankündigung eines Martyriums verbunden. Eine dritte Vision stellte Ansgar vor Christus in einem dem Menschen unerträglichen Licht, der als Richter Rechenschaft für jede Verfehlung forderte, aber auch mit Worten der Propheten seine Vergebung als Zerstörung der Ungerechtigkeit, der Sünde mitteilte (c. 4).

In drei Schritten war so ein Weg vollzogen zu fortschreitender Klarheit der gültigen Bezüge menschlichen Lebens; nicht jenes Bündel verschiedenartiger Abhängigkeiten, aus denen man sich günstigstenfalls teilweise lösen könnte, sondern die Stellung des Menschen zu seinem Schöpfer und Richter, und jene Entgegensetzung einer hohen, göttlichen Welt und der Zone des Sumpfes oder qualvoller Strafe, deren zeitliche Entsprechung im irdischen Leben in ihren Verschränkungen nicht leicht erkannt werden konnten. Vor der friedvollen Schönheit des Marienzuges erkannte das Kind, daß es in einem Sumpf stand, dem es nur mit hoher Anstrengung entsteigen konnte; zur größeren Freude zog es das Kind. Die zweite Vision war in beiden Bereichen deutlicher, vollständiger, berichtete aber nur von dem Gottesreich eine klare und vielfältige Ordnung – in der Finsternis gab es nichts zu unterscheiden. Neu gegenüber der ersten Erscheinung war die Beklemmung in der Finsternis. Hier wirkte nicht nur die Anziehung des lichten Gottesreiches, sondern auch die Furcht vor den Qualen. Finsternis und Gottferne selbst bedeuteten den Inbegriff der Qual. Erst der dritte Bericht machte mit der Situation des Gerichts bekannt; und dies zeigt wohl auch das geschärfte Bewußtsein für gut und böse, gerecht und ungerecht. So leiteten diese drei Visionen Ansgar bis an die Schwelle der sein Leben bestimmenden Entscheidungen, machten ihn wohl auch für diese bereit. Dabei scheinen Alter und Entwicklung des jungen Ansgar in den Visionen ihre Entsprechung zu finden: Die Leitung des Kindes geschah vor allem mit der lockenden Kraft der Freude, die aber auch den geringen Rang des eigenen bisherigen Lebens erkennen ließ. Dem Heranwachsenden wurden jene ewigen Zonen einer für den Menschen zukünftigen Welt gezeigt. Erst die dritte Vision forderte die klare und endgültige Entscheidung, wo man mit seinem Leben stehen wolle.

Die Darstellungen der Visionsberichte entsprachen weithin apokalyptischer Überlieferung. Merkwürdig genug, daß Ansgar auch vor dieser nur gnädiger Vergebung zugänglichen Welt mit der fordernden Härte des Alten Testamentes konfrontiert wird, vor der Mensch ausgeliefert erscheint. Der Richter Christus aber verkündete seine Vergebung nicht mit Worten der Milde, sondern mit Worten des absoluten und allmächtigen Herrn, der schaffen oder vernichten kann nach seinem Willen, mit Worten aus dem Propheten Jesaia (c. 4; Is. 43,25). Gott hatte sein Volk verworfen, Gott nahm es wieder an und zerstörte (*delere*) dessen Ungerechtigkeit.

Später bildeten diese grundsätzlichen Verhältnisse des Menschenlebens in Ansgars Visionen eher den Hintergrund für Antworten auf Fragen, die Ansgar zu lösen hatte. Als in seiner Schule zu Corbie ein Schüler durch einen unglücklichen Schlag eines anderen umkam, gewann Ansgar aus einer Vision Sicherheit über die jenseitige Zukunft des Knaben (c. 5). Eine Vision auch bereitete ihn auf die Schwedenmission vor. Den äußeren Rahmen gab in großen Zügen die Berufung des Jesaia, jedoch statt jener Reinigung mit glühender Kohle wurde Ansgar die Vergebung der

Sünden zugesprochen und der Auftrag der Heidenmission erteilt (c. 9). Zu einer erneuten späteren Reise nach Schweden wurde er wieder durch eine Vision bestärkt: Er sah Abt Adalhard von Corbie, der ihn mit Worten Jesaias aufforderte, als Licht unter den Heiden zu wirken. Rimbert ging auf solche Leitung des Ansgarlebens durch Visionen eigens ein und vermehrte die Beispiele (c. 36; 38; 40 Ende).

Zwei Visionen des erwachsenen Ansgar berichtet Rimbert, die diesem Rahmen der Entscheidung akuter Fragen nicht angehören. Einmal jenes Gesicht der Geißelung Christi, bei der Ansgar versuchte, mit seinem eigenen Körper die Christus geltenden Schläge abzufangen. Mochte er den Körper Christi schützen, das Haupt des Größeren blieb der Schmach und der Verletzung ausgesetzt. Nach Rimberts Worten erkannte Ansgar, daß aller Hohn, alle Lästerung, die er selber hatte hinnehmen müssen, eben doch Christus galt, diesen traf; es treffe gerade das Haupt, Gott als Haupt Christi. Dieser ertrage es eine Weile, dann aber werde er streng richten. Doch lag in dieser Vision auch eine klare Begrenzung der Leistung des Menschen. War der Wunsch, Christus vor Mißhandlung zu schützen, nicht zuletzt hybrid? Der Mensch erwies sich als zu klein, gerade das Haupt des Gottessohnes blieb ungeschützt.

Deutlicher in diese Richtung weist ein anderes Gesicht, das den Asketen vor Überheblichkeit warnen sollte. Die ganze Menschenwelt war in eine finstere Schlucht zusammengedrängt. Nur in seltenen Fällen rissen Engel die Seelen Heiliger heraus, sie in den Himmel zu führen. Die Schlucht war der Ursprungsort der Menschheit, und Ansgar mußte sich fragen lassen, wie man bei solcher Herkunft sich brüsten könne (c. 35). Hatte Ansgar, der Heilige, ein deutliches Bewußtsein seines reineren und hingebungsvolleren Lebens, so wiesen diese beiden Visionen ihm deutlich die Schranken auch eines großen Menschenlebens.

Einige biblische Gestalten spielen bei der Zeichnung Ansgars eine herausragende Rolle. Nicht Wunder nehmen wird die Schilderung des Missionars als Apostel. Petrus und Johannes (Täufer) sahen ihn in einer Vision als Ihresgleichen (c. 3). Zur Schwedenmission wurde er in einer Vision berufen und stellte die Frage des Paulus vor Damaskus: „Herr, was willst Du, daß ich tun soll?" Erstaunlicher, was voraufging. Der Apostel wurde, wie ein Prophet, gereinigt, wenn auch mit dem neutestamentlichen Wort der Sündenvergebung (c. 9). Soweit Rimbert Ansgar prophetengleich darstellt, meint er keineswegs den Visionär. Ansgar ist gleich einem Propheten zur Verkündigung beauftragt. So auch in c. 25, wo in einer Vision Abt Adalhard sich mit Jesaiaworten an Ansgar wendet. Dieser erkannte Adalhard als Propheten daran, daß er seine, Ansgars, eigene Gedanken aussprach. Hier interessiert, wie er dies tat. In der Jesaiavorlage sprach der Prophet die Völker an, er sei von Gott zu Seinem Knecht berufen von Mutterleib an; des Propheten Mund ist eine Waffe, Gottes Schwert. Ansgar sagt, anders als Jesaia, dies nicht von sich selber. Adalhard rief die Völker auf, Gott habe Ansgar von Mutterleib an zu seinem Knecht berufen. War es nicht der Stolz, mit dem der Prophet seine Berufung, seinen Anspruch mitteilte, so wurde durch dieses Wort Ansgars Auftrag, sein Tun zum Prophetenwerk. Öfter wird Ansgars Apostelrolle gezeichnet. So heißt es über die an der Schlei Bekehrten: *Factum est gaudium magnum in ipso loco*: Worte der Apostelgeschichte über den Erfolg des Philippus in Samaria (c. 24). Als Rimbert das Ungewöhnliche der das Ansgarleben leitenden Gesichte erklärte und begründete, verwies er auf Paulus, der nach Philippi schrieb: „Unser Wandel aber ist im Himmel" und erinnerte an Philippus, der den Auftrag zu einer Bekehrung erhielt: *Dixit spiritus Philippo* (c. 36). Erlebnisse und Lehre der Apostel sind Unterpfand für die Wahrheit der Ansgarberichte; neben diesen Gestalten steht Ansgar mit einem in der jenseitigen Welt gegründeten Leben, mit der ihm aufgetragenen Verkündigung unter Nicht-Christen. Wie die Apostel habe er alles verlassen (c. 42), wie der Apostel Paulus habe er Christi Namen zu den Heiden getragen, wie Petrus Christi Lämmer geweidet. Dies alles zeigte Ansgar als eine Propheten- und Apostelgestalt im eigenen Jahrhundert.[593]

Von anderer Art sind die Hiob- und Christusgestalt, wie sie Rimbert in ihrer Bedeutung für Ansgar schildert, wie Ansgar sie selber wohl auch angeschaut hat. Es sind dies zumal Gestalten des Leides, das Ansgar in seinem tätigen Leben ständig erfahren und hinnehmen mußte. Hiob ist jene lautere Gestalt, deren tiefer Fall Prüfung war, von Freunde aber zu Unrecht als Strafe Gottes gedeutet. So ist im Hiobbuch auch die Frage nach der Gültigkeit menschlichen Urteils gestellt. Ansgars Lauterkeit, sein hoher Einsatz, die wiederholte Vernichtung seines Werkes, der letztlich mangelnde Erfolg mochten an Hiob erinnern. Erstmals berührt die Vita das Thema, als ein Wikingerüberfall Hamburg vernichtete, zahllose Menschen wurden erschlagen, die Kirchenbauten zerstört (c. 16). Auch Hiobs Prüfungen begannen damit, daß nacheinander vier Boten eintrafen, die vollständige Zerstörung seines gesamten Wohlstandes zu berichten (Job 1,14.19). Der erste Bote berichtete von einem Überfall, wie ihn auch Hamburg erlebt hatte. Nicht diese Parallele betont Rimbert, nicht auch die Gebärde der Trauer, die Hiob nach der Art seines Volkes vollzog – er zerriß seine Gewänder, raufte sein Haar, fiel auf die Erde und betete – Rimbert griff nur Hiobs bewegende Worte auf: Ansgar habe selber diese Worte ständig wiederholt: „Der Herr hat's gegeben, der Herr hat's genommen; es geschah, wie es dem Herrn gefiel. Der Name des Herrn sei gelobt". Nichts besaß der Mensch aus eigenem Anspruch; Gott verfügte darüber in absoluter Willkür. Bedenkt man, von welcher Bedeutung dieser Augenblick in Ansgars Leben war, so ist durchaus glaubwürdig, daß aus präziser Erinnerung diese Worte als Ansgars Worte berichtet werden; glaubwürdig zumal, daß Ansgar in solchem Moment Hiobs Worte als seine eigenen sprach. Rimbert urteilte mit dem Verfasser des Hiobbuches, dieses Ereignis habe Ansgar nicht verbittert, er habe sich mit den Lippen nicht versündigt.

Als Ansgars Hamburger Kirche durch die Reichsteilung die Abtei Torhout verlor, verarmte der Bischofssitz derart, daß nur wenige dort ausharren konnten. Ludwig der Deutsche schuf Abhilfe; er schlug Hamburg Bremen zu. Ansgar wurde so Bischof in Bremen. Rimbert erkannte darin nicht herrscherliches Kalkül, Gott bestimmte den Herrscher zu solchem Handeln, da er *humilitatem eius* (Ansgars) *et patientiae fortitudinem* ansah; eine lose Anspielung an ein Wort eines Freundes Hiobs, der freilich bei Hiob diese Eigenschaften in Zweifel zog – zu Unrecht (c. 22). Eigenartig ist die Erinnerung an Hiob bei der Schilderung der bischöflichen

---

593 Zum Apostelauftrag Ansgars s. auch noch c. 42 nach Mt. 19,28: *qui in sublimi illa cum apostolis iudicum sede in regeneratione sessurus ... weiter unten: tantos eius pro Domini labores iuxta apostolum.*

Armenfürsorge Ansgars. Mancherlei hätte sich hier aus dem Neuen Testament heranziehen lassen (etwa Mt. 25,40), doch Rimbert sagt, Ansgar habe sich bemüht, jenes Hiobwort zu erfüllen, *ut nec saltem oculus viduae aliquandiu exspectare faceret. Sicque et oculus caeco et pes claudo et pater pauperum esse studebat* (c. 35; Job 31,16; 29. 15f). Mit solchen Hinweisen hatte Hiob versucht, sich gegen den Vorwurf verborgener Schuld zu wehren. Es mußte Rimbert schon um die Gestalt des Hiob für die Schilderung gehen, wenn für die Sorge um die Bedürftigen Hiob zitiert wurde.

Ansgars lange, zum Tod führende Krankheit faßte Rimbert unter den Begriff des Martyriums (c. 40). Die Krankheit stand neben den Barbareneinfällen und -plünderungen, den asketischen Bußübungen, um den Leidens- und Zeugencharakter des Ansgarlebens deutlich zu machen. Der zum Tode Erkrankte hatte wieder ein Hiobwort auf den Lippen (c. 40; Job 2,10): „Haben wir Gutes empfangen aus der Hand des Herrn, wie sollten wir Übles nicht annehmen?" Wenn Ansgar selber alledem den Rang des Martyriums nicht abgewinnen konnte, Rimbert sah in dem Hiobschicksal Ansgars und seiner Hiobs würdigen Haltung gegen Gott eben doch ein Martyrium und reihte so auch Hiob selbst in die Kette der Märtyrer ein.

Die Grenzen zwischen dem Menschen und der Christusgestalt waren schon durch das Neue Testament, dann aber durch die dogmatischen Auseinandersetzungen der späten Antike klar gesetzt; auf eine eigene Weise waren sie zudem Ansgar schon in der Vision von der Geißelung Christi sinnfällig geworden.

Als Ansgar, an den Herrscherhof gerufen, die Aufgabe übernahm, König Harald nach Dänemark zu begleiten und dort das Christentum zu verkünden, die Kirche aufzubauen, begab er sich zuvor zu asketischem Leben in die Weingärten der Umgebung der Ingelheimer Pfalz (c. 7): eine letzte strenge Sammlung vor der neuen und schweren Aufgabe, wie Christus vor Beginn seiner Lehrtätigkeit für vierzig Tage in der Wüste zog. Ansgar mag dieses Vorbild vor Augen gehabt haben. Der Leser aber, der Ansgars Schicksal kennt, ist durch Rimberts Bericht stärker wohl an Christus im Garten Gethsemane erinnert, wo er sich auf sein letztes und herbstes Leiden betent vorbereitete. Dies hat wohl schon Rimbert so gesehen; als Gestalt des Leidens tritt Christus neben oder vor Hiob in das Ansgarleben ein. Ansgar selber muß von Christi Leiden einen tiefen Eindruck empfangen haben. Es war schon davon die Rede, wie Ansgar in einer Vision versuchte, den Körper Christi mit seinem Körper vor den Geißelschlägen zu schützen. Da aber Christus ihn um Haupteslänge überragte, vermochte er dessen Haupt nicht vor den Schlägen zu bewahren. Geht man von Ansgars eigener Deutung aus, so zählten für Ansgar nicht alle erdenklichen Gebrechen und Widrigkeiten, denen er ausgesetzt gewesen sein mag, sondern die Not, die ihn um Christi willen betroffen hatte. Hatte er all dies erleiden müssen, so galt es doch letztlich Christus selber, der *in servo suo* das Leid seines Erdenlebens ständig neu durchlitt. So sehr diese Vision verdeutlichte, welche Grenzen dem Menschen gesetzt sind, so bezog sie doch auch das Leid des Menschen Ansgar auf Christus; man dürfte auch umgekehrt sagen, das Leid Christi auf den Menschen Ansgar, der es nicht tragen konnte – und dies auch in Ansgars eigenen Gedanken.

13 RÜCKBLICK UND AUSBLICK

Der eingeschlagene Weg der Kommentierung einzelner Viten, soweit sie die Bibel genutzt haben, hat zur Folge, daß im eigentlichen Sinne eine Zusammenfassung nicht gegeben werden kann; zu viel Stoff ist ausgebreitet worden, zu verschiedene Lebensbereiche wurden angesprochen. Einige Hinweise jedoch seien gegeben.

Die Überlegungen der vorliegenden Arbeit entzündeten sich an der oft leichtfertigen und wenig reflektierten Ablehnung jener Texte oder Textteile älterer Werke, in denen man Formulierungen und Gedanken älterer Autoren wiedererkannte. Man sagt, es handle sich nur um Topoi.

Topoi waren nur ein Teil einer alten Traddition, die außerhalb der Schriftlichkeit für uns kaum faßbar ist. Wer über Topoi und deren Benutzung nachdenken will, stellt die Frage nach dem Umgang mit dem Buch in älterer Zeit. Dies aber legt nahe, zum Ausgangspunkt der Überlegungen den Umgang mit dem Buch zu machen, das für die Mittelalterlichen das Buch schlechthin, zugleich das verbindlichste Buch war, die *sacra bibliotheca*. Die Bibel war den Verfassern der Heiligenviten und den Heiligen selber, nicht nur als Schullektüre bekannt, mit diesem Buch ging man ein Leben lang täglich um – *lectio assidua, lectio divina, lectio continua*. Nicht nur sahen die Regeln zwischen den Zeiten des Stundengebetes feste Stunden der Lektüre vor (z. B. RB XLVIII), die doch zuerst der Bibel gegolten haben wird; *seniores* sollten kontrollieren, daß niemand *vacat otio aut fabulis* (ibd. 17f). Schriftlesung war Bestandteil liturgischer Feiern, Schriftlesung fand während der Mahlzeiten statt. Insbesondere wurde der Psalter gesungen.[594] Die so gewonnene Vertrautheit mit diesem Buch spiegelt sich u. a. in zahllosen größeren oder kleineren Abweichungen der Zitate vom überlieferten Text, sei es der Vulgata, sei es der Vetus Latina Versionen, die am ehesten damit zu erklären sind, daß auswendig zitiert wurde; schwerlich wurde für jedes Zitat ein dicker Codex aufgeschlagen.[595] Zudem konnte nur eine profunde Textkenntnis auf z. T. sehr entlegene Stellen kommen.

---

[594] RB IX; XVII; XVIIIe. Sehr weitgehend ist die Vorstellung von J. LECLERCQ: „enfin la source principale de la mentalité biblique des hagiographes est la tradition liturgique" (L'Écriture sainte dans l'hagiographie monastique, S. 126). Es bedürfte einer genauen Überprüfung, ob die Masse der Zitate in den Viten mit denen der Liturgie übereinstimmt. Vorerst s. RB XLVIII 15: *In quibus diebus quadragesimae accipiant omnes singulos codices de bibliotheca, quos per ordinem ex integro legant;* hier ist die Lektüre der ganzen Bibel verlangt; der Mensch darf sich offenbar eine Auswahl nicht anmaßen. ... *per ordinem legant* hat nur für die Bibel einen Sinn, die mit *bibliotheca* gemeint sein muß; s. auch J. LECLERCQ, Wissenschaft und Gottverlangen, Düsseldorf 1963, S. 22; A. MUNDÒ, „Bibliotheca". Bible et lecture du carême d'après saint Benoît, Revue Bénédictine 60 (1950), S. 65–92.

[595] J. LECLERCQ, Wissenschaft und Gottverlangen S. 85 einiges Interessante zum Umgang mit der Schrift in Klöstern (*ruminatio, palatum cordis* etc.).

In den hier besprochenen Viten ist die Zahl der Bibeltexte, die häufig zitiert werden, durchaus gering; die große Mehrzahl der Zitate sind Einzelbelege. Da die Zahl der biblischen Gestalten begrenzt ist, mag man zunächst den Eindruck haben, daß Mose oder Elia o. a. häufig erwähnt sind. Doch müßte da schon genauer hingesehen werden, in welcher Beziehung Patriarchen, Propheten, Apostel genannt werden; dazu weiter unten.

Auffällig häufig machen Vitenautoren den Leser auf ihre Zitate aufmerksam. Schon deshalb kann nicht angenommen werden, daß Zitate, Vergleiche, Anlehnungen den Autoren nur aus Gewohnheit unterliefen, nicht in heller Bewußtheit den Texten eingefügt wurden. Der Leser sollte in der Beschreibung des Heiligenlebens die Bibel wiedererkennen. Die genau in den Vitentext eingepaßten Schriftworte, biblische Gestalten vollbrachten im Vitentext eine Leistung, die im Einzelfall erkannt und beschrieben werden kann, wenn man den Textzusammenhang betrachtet.[596] Für die Vorstellung unreflektierten Abschreibens ist da kein Raum.

Als erste, leicht erkennbare Leistung der Schriftbenutzung läßt sich benennen, daß auch das kürzeste Zitat, die knappeste Erwähnung, eine biblische Vorstellung, die bloße Nennung eines bedeutenden biblischen Namens den Leser an einen weiteren biblischen Kontext erinnerte: An ein Gleichnis, an das Gesetz als Forderung Gottes an den Menschen, an Herkunft und Ziel menschlichen Lebens, an Taten und Schicksale eines Mose, David, des Täufers oder anderer. Die Kenntnis der Bibel beim Leser ist vom Autor vorausgesetzt,[597] deshalb auch kann sich der Autor einer in solcher Weise abkürzenden Redeweise bedienen. Ein einziger, oben schon behandelter Fall möge hier genügen.

Wenn Athanasius, den Knaben Antonius schildernd, sagt, *secundum quod scriptum est, innocenter habitabat domi*, so bedeutet er dem Leser in aller Form, daß er die Kennzeichnung des Patriarchen Jakob gegenüber Esau als bedeutende, adäquate Schilderung zugrunde gelegt hat: Wenige Worte statt einer umfangreichen eigenen Darstellung. Der Texthintergrund aus dem liber Genesis erlaubte die Kürze, und zugleich war damit der erst später erkennbare Rang des Antonius angedeutet. Er stand schon hier an der Seite des großen Patriarchen, ohne daß Athanasius besondere Worte zur Begründung solcher Rangeinstufung hätte machen müssen.

Wir sind gewöhnt, die beiden Testamente durch eine tiefe Zäsur zu scheiden; paulinische Termini charakterisieren diesen Unterschied: *Sub lege, sub gratia.* Dabei gehen wesentliche Anteile des Neuen Testamentes verloren. Nur zu leicht wird vergessen, daß Christi Schicksal jedes alttestamentliche Schicksal an unerbittlicher Härte, in der Bitterkeit der Pflicht gegenüber dem Vater, unendlich übertrifft; vergessen, daß Paulus nicht anders als die Evangelien die Unausweichlichkeit des letzten Gerichtes kennt, dessen Konsequenzen für die Menschheit einschneidender, gefährlicher sind, als alle Strafen, die Israel nach den Berichten des Alten Testamentes hatte erleiden müssen; vor allem war dieses Urteil unaufhebbar, endgültig. Paulus

---

596 Dies scheint für die als Topoi bezeichneten und entwerteten Anlehnungen ebenso möglich, wie zur Einsicht in das Phänomen nötig.
597 Von hierher seien Bedenken erhoben gegen Begriffe des Volksmäßigen, der Legendenbildung etc. Diese Beobachtungen schränken den Kreis der Leser von Viten stark ein.

konnte von der Furcht des Menschen gegenüber Gott reden: Was dieser seither vom Menschen verlangte, war mehr als die Einhaltung gesetzhafter Vorschriften.

Raymund Kottje hatte den Einfluß des Alten Testamentes auf Recht und Liturgie des Frühmittelalters untersucht und festgestellt, daß seit dem 6. Jahrhundert in der lateinischen Kirche das Interesse am Alten Testament zunahm, man griff auf alttestamentliche Bräuche und Gesetze zurück.[598] Er sieht darin ein gegenüber der Patristik grundsätzlich neues Verhältnis zum Alten Testament. Seit dem 7. Jahrhundert trifft er auf eine spezielle Offenheit für das Alte Testament in Südgallien, im westgotischen Spanien, vor allem aber in Irland. Nun hat aber Columbans Streit um den Ostertermin mit Fragen der Geltung der Ordnung des Alten Bundes im Neuen wenig zu tun.[599] Schaut man in Kottjes einleitendes Kapitel, so überwiegen die statistischen Feststellungen der zumal bei irischen Texten häufigen Zitate aus alttestamentlichen Texten, die zahlreichen Namen alttestamentlicher Gestalten. Dies sind gewiß Fakten, und man wünscht dafür eine Deutung. Vieles mag schon dadurch bedingt sein, daß Patriarchen- und Herrschergestalten für das Mittelalter nicht durch Gestalten aus dem Jünger- und Apostelkreis ersetzt werden konnten, weil das Neue Testament auf irdische Herrschaft kaum eingeht; keine vorbildlichen Gestalten aus diesem Lebensbereich kennt. So mußte man auf Mose, die Richter, David, Salomo schauen. Die Columbanvita zieht tatsächlich wesentlich stärker das Alte Testament heran, als die anderen Texte. Doch sucht man in dieser Vita nach Stellen, die die Lösung des Mönches von irdischen Bindungen, seine alleinige Ausrichtung auf das Reich Gottes, seine asketische Strenge beschreiben, so trifft man fast ausschließlich auf Worte des Neuen Testamentes. Jene Einsiedlerin, die Columban riet, Irland zu verlassen, spielte auf Christi Forderung eines bedingungslosen Vorranges der Jüngerschaft vor jeder irdischen Bindung an; dem Alten Testament entnahm sie den Hinweis auf die Frau als Gefährdung des Mannes: Eva, Delila, sie hätte auch Herodias nennen können und deren Tochter; dies ist keine Vorliebe für das Alte Testament. Die Beschreibung seines Lebens in Bangor spricht von dem Kreuz Christi, das er getragen habe, der Selbstverleugnung, der *mortificatio*, dem Der-Welt-Sterben, Worte des Matthäusevangeliums und des Paulus. Die Schärfe der Forderungen Columbans gegen sich selber klingt alttestamentlich, die Worte sind es nicht. Mit Recht, denn nicht ein Gesetz verlangte solches Handeln von Columban, er nahm dies aus eigener Entscheidung auf sich. Der Gedanke der Pilgerschaft wird alttestamentlich bezeichnet: *Exi de terra tua* ... Aber war nicht auch für Paulus das Leben auf Erden ein Leben in der Fremde? Als Columban in Gallien zu wirken begann, ist von Demut und Nächstenliebe die Rede mit Evangelien- und Paulusworten, neben die dann ein Wort göttlichen Erbarmens gegen die Demütigen gestellt ist, das

---

598 R. KOTTJE, Studien zum Einfluß des Alten Testaments auf Recht und Liturgie des frühen Mittelalters, Bonner Historische Forschungen XXIII, Bonn 1954, S. 106ff.
599 KOTTJE S. 92. Columban lehnt in seinem ersten Brief (an Gregor den Großen) den neuen Ostertermin ab, er erlaube ein so spätes Datum, daß der Mond so spät in der Nacht aufgehen kann, daß die Nacht überwiegend Finsternis ist, und dies sei nicht Ostern. Das hat mit dem AT nichts zu tun. Im übrigen fiel nicht erst Columbans Osterdatum auf den alttestamentlichen Passahtermin, sondern Christi Kreuzigung und Auferstehung ereignet sich zu diesem Fest.

aus Jesaia stammt. Ein möglicher Unterschied beider Testamente ist da eher ignoriert; es ist eine Überlieferung von Gott. Im Kern der monastischen Intention Columbans finden wir also nicht die Forderung des Gesetzes, sondern die Bereitschaft, den entschiedenen Willen zu einem auf Christus ausgerichteten Leben, das dann sicher mit der Härte des Alten Testamentes, mit einer Härte, die gerade auch an Christi Leben erinnert, geführt worden ist; und gerade darin mit Worten der Evangelien, der Apostelbriefe beschrieben werden kann.

Pachomius hatte eine Schlucht geschaut, schrecklich und voller Finsternis: Ausgangspunkt menschlichen Lebens. Nur wenige seiner Mönche vermochten dem rettenden Licht in größter Anstrengung entgegenzustreben. Pachomius, von dem Gesicht erschreckt, versammelte seine Gemeinschaft und ermahnte zu größter Anstrengung im Kampf gegen Satan (*armatum hostem*), sprach von Gottes Gericht. Der ewigen Zukunft bei Gott stand irdische Vergänglichkeit gegenüber, mit einem Spruch des Jesus Sirach formuliert. Sünde sei hier auf Erden zu bereuen, in *inferno autem, sicut a sancto David propheta didicimus, quis confitebitur Domino*? Der Sänger des Psalms erbat so Gottes Güte für das irdische Leben, wer könne Gott bei den Toten danken? Pachomius wandelte den Sinn des Wortes zur Drohung, in ewiger und unaufhebbarer Gottferne könne man Gott nicht mehr rühmen. In dieser Wendung übertrifft Pachomius die alttestamentliche Vorlage in der Unerbittlichkeit des fordernden Gottes. Die neutestamentliche Lehre der Auferstehung und des letzten Gerichtes gaben die Möglichkeit, dem Psalmwort diese grundsätzliche Wendung abzugewinnen. Als Pachomius diese Rede an die Mönche begann, da hieß es nicht *dixit* oder *inquit*, sondern *qui aperiens os suum docebat eos dicens*. So leitete das Matthäusevangelium die Seligpreisungen ein und markierte aufs genaueste den Unterschied des bedeutungsvollen Redens Christi von anderer menschlicher Mitteilung. Was Pachomius hier aussprach, war denkbar weit von den Seligpreisungen und ihrer Milde entfernt, mag uns fast als Gegenpol dazu erscheinen, und doch konnten die strengen Worte, die anleiten sollten, vor Gottes Gericht zu bestehen, solchermaßen angekündigt werden. Da versagen unsere Unterscheidungen nach alt- und neutestamentlichen Zitaten. Am ehesten gab die Bedeutung der Abraham- und der Christusgestalt im Prolog die Möglichkeit, die Testamente zu sondern: Abraham als *pater noster*, Vater der Mönche, seiner Bedeutung gemäß den Worten des Hebräerbriefes gesehen. *Pater* – dies könnte Anlaß zu der Frage sein, welche Herkunft ein Mensch sich wählte und warum, welche Forderung er damit an sich selber stellte. Die Christusgestalt gab dazu nicht nur den frohen Ton der Erlösung, sondern auch die gesteigerte Gegnerschaft Satans bis zu Verfolgung und Martyrium; und diese Gegnerschaft galt in neuer Form den Mönchen in besonderer Weise.

An anderen Vitentexten wären ganz verwandte Feststellungen zu treffen: Man hörte das Fordernde im Neuen Testament mit außerordentlicher Stärke, wie z. B. an den *conversiones* des Antonius, des Adalhard dargetan wurde. Das statistische Übergewicht der Zitate aus dem Neuen Testament ließe sich umso weniger als Abschied von Alten Testament deuten, als gerade die Worte der Zuwendung und Güte Gottes zu Menschen, Worte der freudigen Hinwendung des Menschen zu Gott oft genug dem Alten Testament entstammen.

Beliebig hätten die Beispiele vermehrt werden können, sei es aus diesen, sei es aus anderen Texten. Allein aus der Einsicht und Überzeugung, daß es nur eine Überlieferung von Gott geben könne, konnten solche Texte entstehen. Was je gültig von Gott überliefert war, das mußte jeden Tag neu gelten. Aus solcher Auffassung fragte man nicht nach der Meinung diesen oder jenen Autors eines biblischen Buches – letztlich konnte die Meinung eines Menschen über Gott wohl gleichgültig sein – wichtiger war das gültige und verbindliche Zeugnis von Gott. Schwierigkeiten könnten dort entstehen, wo man solch älteren Umgang mit der Heiligen Schrift moderner Bibelexegese vergleichen wollte, was hier zu vermeiden war. Wo aber vordergründig Unterschiede in der Überlieferung der Testamente zu liegen schienen, suchte man Wege, doch eine einheitliche Überlieferung von einem unwandelbaren Gott wiederzuerkennen. Das führt zu der Frage, ob Anklänge an bekannte Erscheinungen damaliger Bibelexegese gefunden werden können. Dies wären die Typologie, die allegorische Deutung, der mehrfache Schriftsinn.

In seiner Beschäftigung mit des Sulpicius Severus Martinsvita stieß Jacques Fontaine auf Phänomene, die er in zwei Arbeiten unter den Begriff der Typologie brachte. Typologie – sie bot schon für Paulus die Klammer zur Überlieferung des Alten Bundes; ja Christus selber, indem er vom Zeichen des Jonas sprach, der drei Tage und Nächte in des Walfisches Bauch war – so würde er drei Tage und Nächte in der Erde sein (Mt. 12,39f; Jon. 2,12) – erkannte im Alten Testament stofflichhistorische Vorbildungen seines eigenen Lebens und Tuns als Erlöser und Gottessohn. Gestalten des AltenTestamentes konnten zur neueren Zeit seit Christi Leben in solch typologischer Beziehung stehen. Fontaine nun meint, daß in dem Bemühen um eine vollkommene Christusnachfolge „la personne historique de Jesus, mais aussi celles des prophètes et des Apôtres ont tendu à être considérées comme des „types" dont les chrétiens s'efforçaient d'êtres les „antitypes" les moines imparfaits possible"[600]. Doch wer in den geschichtlichen Stoffen des Alten Testamentes die verhüllten Ankündigungen des Christusauftrages wiedererkennen will und kann, ist nicht im Umkreis des *imitatio*-Gedankens, sondern hat es mit der Steigerung aus dem Historisch-Stofflichen zur Höhe der Christusbotschaft und des Messiaslebens zu tun. Insofern ist es unmöglich, das Verhältnis eines Christen zu Christus unter den Begriff der Typologie zu bringen – Vorbildlichkeit ist ein gänzlich anderes Phänomen. Es müßte sonst jede ernst genommene Schülerschaft zu einer typologischen Beziehung erklärt werden. Wenn, um bei Fontaine zu bleiben, das Martyrium des Polycarp so dargestellt wurde, daß es an Christi Leiden erinnert,[601] so ist letzteres zum Urbild allen Martyriums geworden, wie auch alles Martyrium seinen Rang von der Christusgestalt her erhielt; nur Typus zu einem Antitypus späteren Märtyrertodes ist die Christuspassion nicht. Es fehlt dazu u. a. das wesentliche Element der Steigerung etwa von Mose zu Christus. Auch zu den Propheten bestand

---

600 J. FONTAINE, Une clé literaire de la Vita Marini de Sulpice Sévère: la typologie prophetique, in: Mélanges Christine Mohrmann, Utrecht 1963, S. 84–95, und im Vorwort seiner Edition der Vita Martini Bd. I S. 123–134; das Zitat S. 126.
601 Ibd. S. 126 und S. 128. Zu Polycarp s. D. VON DER NAHMER, Der Heilige und sein Tod, das Kapitel über Polycarp mit Exkurs, S. 63–65; S. 303–305.

das Verhältnis des Sich-Nachbildens, in asketischer Vollkommenheit des Elia z. B., dessen Auferweckungswunder öfters wiederholt wurde. An Fontaines Beispiel des „type du Prophète chez le roi"[602] zu dem es „des antitypes de Martin devant Julien ou devant Maxime" gegeben habe, läßt sich zeigen, was gemeint ist. Der Prophet vor dem König ist in diesem Buch vor allem am Beispiel Severins behandelt worden. Nathan, Elias, vielleicht auch Mose konnten dieses Urbild repräsentieren, aber kein Martin oder Severin übertrafen diese als Antitypen. Der Hagiograph konnte an jene altbekannten Figuren der israelitischen Überlieferung erinnern und so ohne umständliche Worte dem Leser deutlich machen, wovon er sprach, was er meinte. Er konnte so den Rang eines Martin, eines Severin bestimmen.

Im Verhältnis zu den Märtyrern und ihren Passionen oder zu den großen Asketen der Frühzeit ist immer ein Doppeltes denkbar: Der Heilige konnte sich solchen Gestalten nachbilden wollen, stellte sich somit unter sie, spannte sich zu ihrer Höhe hinauf; oder der Autor erkannte das Urbild an seinem Heiligen wieder, schildert diesen in Erinnerung an jenen; beides kann schließlich zusammenfallen. Was immer da an interessanten Beobachtungen möglich ist, auf eine typologische Beziehung stößt man nicht, vielleicht aber auf einen immer wiederkehrenden Typus. Eines bleibt freilich ein origineller und interessanter Gedanke Fontaines: Eine „typologie interne à la vie de Martin ... Sa militia terrestre devient ansi ‚type' prophétique de sa militia ascétique".[603] Bei dieser Erscheinung wird man die intellektuelle Wendigkeit eines Sulpicius Severus mitbedenken müssen, die zu solchen Konstruktionen neigte; der geschichtliche Stoff des Soldatenberufes unter Julian Apostata gab solchen Sinn nicht leicht her.

Ein interessantes Beispiel für Typologie sei doch gegeben: Theodor, der später Schüler des Pachomius wurde, hörte in einer Asketengemeinschaft eine Deutung des Zeltes (Stiftshütte) und des Allerheiligsten. Das Zelt sei das alte Judenvolk, das Allerheiligste aber die Berufung aller Völker; Christus habe die alte Opfergemeinschaft abgelöst. Eigentümlich ist, daß darin nichts auf Pachomius bezogen wird. Dieser ist der bedeutende Ausleger der Schrift, und das zieht Theodor an. Beachtet sei auch die Behutsamkeit der Auslegung, die das Zelt zur Gestalt des alten Judentums, Israels macht, dann aber nicht analog sagt, das Allerheiligste deute die Christenheit an, sondern die Berufung aller Völker. Dies ist ja nur die Eröffnung einer Möglichkeit, die Einladung; und nun ist es an den Menschen, dem Ruf zu folgen.

Solche Beispiele sind nicht eben häufig;[604] eher schon stehen alt- und neutestamentliche Zitate zueinander in Ergänzung. Bedeutende Beispiele dafür sind in der

---

602 Vie de S. Martin I, S. 128.
603 Ibd. S. 132; jedoch: Martin vor Julian gegenüber dem sterbenden Martin vor seinem „imperator céleste" – dies ist als typologischer Bezug doch umso bedenklicher, als es sich um Julian Apostata handelt.
604 Mit typologischen Vorstellungen verwandt in der Ambrosiusvita c. 8 die Gegnerschaft Israel-Syrien für den Streit der Kirche mit Häretikern; auch in der Wandregiselvita c. 16 die Benutzung von Joel 3,18 (4,18), die Verheißung einer zukünftigen Segenszeit Israels: Wandregisel als von Gott ausgehendes, das Land fruchtbar machendes Wasser. Was VAN UYTFANGHE, Stylisation biblique, S. 17ff als Typologie bezeichnet, meint den wiedererkennbaren Typus, nicht die steigernde Beziehung zwischen zwei Gestalten oder Ereignissen.

Antoniusvita zu finden, des Antonius Lehrrede ist deren voll. Das irdische Leben der erhofften Ewigkeit vergleichend, stellt er jenes Psalmwort vom höchstens achtzig Jahre dauernden Menschenleben neben des Paulus Äußerung, ein verweslicher Leib werde hingegeben, ein unverweslicher gewonnen. Der Unterschied des eher resignierten Psalmwortes zu dem hoffnungsfrohen Satz des Paulus ist deutlich. Mit dem Pauluszitat wird der Gedanke über die zu allen Zeiten den Menschen bedrängende Todesgrenze hinweggeführt und ein Vergleich des Diesseitigen mit dem Jenseitigen ermöglicht, den es so im Alten Testament nicht geben konnte. Doch muß ergänzt werden: Wenn Antonius, zu den Asketentugenden auffordernd, von den Schrecken des Jüngsten Gerichts ausging und von der Anlage des Menschen zur Tugend sprach, so bewies erst Christi Wort, daß das Reich Gottes in den Menschen sei (*regnum Die intra vos est*), die Möglichkeit dazu: *Naturalis animi puritas* als eine in der Schöpfung begründete Qualität; *bonam eam necesse est creavit bonus Creator*. So war die Forderung, diesen Zustand der Reinheit zu erhalten.

Daß Worte des Neuen Testamentes das Gesetzhafte des Alten auflösen, irdische Hoffnungen in Jenseitige wandeln, ist immer wieder mit Notwendigkeit anzutreffen. Jedoch wird die Bibel dabei zu einem noch strenger fordernden Buch als es das Alte Testament allein schon war. So viele Einzelvorschriften den Rahmen eines Asketenlebens ausmachen mußten, dieses Leben mußte aus eigenem Willen in ständiger Bereitschaft geführt werden. Darin sei der wichtigste Grund dafür vermutet, daß die Viten gerade dem Neuen Testament so viel Forderndes abgewannen.

Man wird mit Überraschung wahrnehmen, daß die von einem Patriarchen Alexandriens verfaßte Antoniusvita keine auffälligen Beispiele alexandrinischer Bibelexegese bietet. Anklänge an allegorische Schriftdeutung mögen in der Ambrosiusvita aufgefunden werden: Die *turris David contra faciem Damasci, hoc est contra perfidiam haereticorum*, dies ging von der historischen Gegnerschaft Israels als des Gottesvolkes gegen das heidnische Syrien aus und erkannte darin das irdische Bild der Kirche als des neuen, endgültigen Gottesvolkes in Auseinandersetzung mit der unter der Maske der Häresie auftretenden Satansmacht.[605]

Fulgentius konnte in Rom im Prunk des Einzuges Theoderichs (500) das himmlische Jerusalem erahnen; für Caesarius war der Mensch – nach Paulus – jener Tempel Gottes, den er aus der Gefangenschaft freikaufen wollte; dafür durfte man Gerät des irdischen Tempels (Kathedrale) versetzen. Gregor dem Großen war das der Zerstörung preisgegebene Monte Cassino jenes Schiff, dessen Untergang Paulus vorausgesehen hatte. Die Unversehrtheit der Passgiere kündigte die Unversehrtheit der Seelen der *fratres* im Kloster an. Erst die Adalhardvita macht wieder Gebrauch von den Möglichkeiten allegorischer Deutung. Der Verfasser Radbert gehört als Kommentator mehrerer biblischer Bücher zu den bedeutenden Köpfen der karolingischen Gelehrtenwelt. Schon im Prolog, unentschieden zwischen der Trauer um den Verlust Adalhards und der Freude, die er über dessen nun gewonnene Seligkeit empfinden mußte, zitiert er das Canticum: *Iam enim tibi hiems, mi Pater, abiit et*

---

[605] S. vorige Anm. Dieses Beispiel gehört wohl eher zur Typologie als zur Allegorese. Zur Allegorie VAN UYTFANGHE, Stylisation (wie Anm. 23) S. 54f, dessen überzeugendste Beispiele nicht von ungefähr Prologen entstammen.

recessit imber. Dies ist das Thema des irdischen und des ewigen Lebens. Das historische Unterpfand von Winter und Frühjahr widerspricht den menschlichen Empfindungen diametral: Die Canticumallegorie legt die Freude auf das ewige Leben (2,12), ist somit an Adalhard selbst orientiert. Radbert aber befindet sich noch im irdischen Leben (*hiems*) und trauert um Adalhard.

Die Zeuxisallegorie sei übergangen, sie betrifft nicht biblischen, sondern antiken Stoff, auch die allegorische Deutung der Braut des Canticum auf die Menschenseele bleibt außer Betracht, da sie allgemein bekannt war. Ein einziges Beispiel mag für viele stehen: Die Worte der Braut, die im Canticum ihren Bräutigam schildert, enthalten tropologischen Sinn: (*senex noster*) *candidus et rubicundus, electus ex millibus*; Adalhard war nicht mehr jugendlich anziehend, er war *virtutum splendore ornatus*. Der Begriff der Schönheit selbst wird in solcher Weise über seine sinnliche Bedeutung hinausgehoben, ohne sie zu verlieren, so daß er die sittliche Vollkommenheit anzeigt. Eigentümlich noch einmal, und wohl Radberts Eigentum, wenn er zur Sterbestunde Adalhards die Worte jener von Sunamits Schönheit geblendeten Männer nutzt: *Revertere, Sunamitis, revertere*. Dies wurde Ausdruck der trauernden Sehnsucht Radberts und spielte erneut auf Adalhards gewinnende „Schönheit" an, wie sie zuvor geschildert worden war. Zur Canticumallegorie gehört auch noch Adalhard als die aus dem von wilden, gefährlichen Tieren bewohnten Gebirge triumphierend heraustretende Braut; Löwe und Leopard als Bedrängnisse Satans, die Braut als Seele, die nun von Christus freudig empfangen wird.

Der Ansgarvita ist die Allegorese wieder so fremd, wie sie den älteren Texten war. In einigen Visionen mag man Anklänge finden: Jene Geißelung Christi, bei der Ansgar sich mühte, Christi Körper mit dem eigenen zu schützen, ohne dessen ragendes Haupt erreichen zu können. Mag man es in die Nähe der allegorischen Deutung stellen, daß mit den Geißelschlägen ganz unkörperliches Leid gemeint war: Hohn, Spott, Gotteslästerung; daß Ansgar in Christi Haupt Gott-Vater als Haupt Christi wiedererkannte. Mag man jenes Tränental als Sinnbild dieser Welt, aus dem nur selten Engel Menschen herausreißen und himmelwärts geleiten, als allegorische Deutung eines Psalmwortes betrachten. Die Ausbeute bleibt schmal, und man wird kaum die reichere Benutzung allegorischer Deutung der Schrift in der Adalhardvita der karolingischen Gelehrtenwelt schlechthin zurechnen.

Wenn Ansgar- und Adalhardvita in diesem Punkt sich so deutlich unterscheiden, so ist dies von besonderer Bedeutung. Beide Texte gehören zum Umkreis der Abtei Corbie. Ansgar kam dorther und kannte Adalhard und Radbert; Rimbert war Schüler Ansgars – wir berühren hier jenes dichte Geflecht der Beziehungen unter den bedeutenden Gestalten der Karolingerzeit. So kann es nicht selbstverständlich sein, wenn die Ansgarvita ohne den Einfluß des Exegeten Radbert geschrieben worden ist, obwohl es andere Berührungspunkte zwischen diesen Texten gibt. Zwar sind die Lebensläufe der Heiligen zu unterschieden, als daß darin Ähnlichkeiten gefunden werden müßten. Die einleitenden Abschnitte aber beider Viten geben dem Gedanken breiten Raum, daß der Heilige nun bei seinem Schöpfer sei und sind zugleich von der Trauer über den Verlust des Lehrers bestimmt; mit unterschiedenen und eigenen Bildern geben sie dieser Empfindung lebhaften Ausdruck.

Um feststellen zu können, ob die Möglichkeit gelehrter Exegese, Typologie und Allegorese der Vita und den Heiligenleben überhaupt fremd sind und nur in Ausnahme darin Eingang finden, bedürfte es breiterer Textgrundlage. Hier war zu beachten, daß Heilige und die Autoren ihrer Viten der Schrift sich in unmittelbarer Weise gestellt haben nicht nur da, wo sie das Bibelwort als direkte Verpflichtung aufnahmen, sondern auch, wo daraus der Horizont, die unwandelbaren Bedingungen menschlichen Lebens gewonnen wurden.

Das Leben eines Mönchsheiligen – und mit Ausnahme des Ambrosius haben sich die Heiligen, von denen hier die Rede war, zum monastischen Leben entschlossen – kennt zwei Ereignisse von überragender Bedeutung: Die *conversio* als den Beginn und den Tod, nicht einfach als Lebensende, sondern als Vollendung des Mönchs- und Christenlebens schlechthin.

Conversio: Es war aufgefallen, daß schon Antonius und noch Adalhard gerade jene Forderungen dem Neuen Testament, ja Christusworten abgewonnen haben, die mit besonderer Schärfe in ihr Leben eingriffen. Es war freilich auch Christus selber, der die Bindung des Menschen an Gott vor jede andere noch so enge Bindung stellte – eine Forderung, die an Schärfe jede mosaische Gesetzesvorschrift übertraf. Immer wieder überrascht dabei die unvermittelte Annahme eines Schriftwortes, als gelte es dieser Person; als sei es neu an sie gerichtet worden. Dies zeigt eine freie Wendung des Menschen zu seinem Schöpfer, wie sie auch sonst in den Texten beobachtet werden kann. Für die asketischen Bemühungen mochten Patriarchen und Propheten des Alten Testamentes als Vorbilder gelten, Elia zumal; sie alle nahmen ihre Berufung zu schier unerfüllbaren Aufträgen, die zeitweilige asketische Kargheit ihres Lebens als ein von ihrem Herrn Verhängtes hin. Seit Antonius haben wir gute Überlieferung von Menschen, die sich in willigem und freudigem Verzicht zu ihrem Herrn aufmachten; dies war kein alttestamentlicher Zug.

Der Kanon der Schriftworte, die zur *conversio* herangezogen wurden, war nicht eng fixiert, mochte auch oft genug aus guter Überlieferung stammen; zumindest ist es sehr wahrscheinlich, daß der Heilige sich der Worte, die solch weittragende Entscheidung in ihm bewirkt hatten, genau entsann und davon erzählte. So ist es nicht unglaubwürdig, daß die Geschichte der Apostel, die alles verließen, um Christus zu folgen, die freiwillige Armut der ersten Gemeinde zu Jerusalem, die Geschichte vom reichen Jüngling, wie auch jenes: „Sorget nicht für den morgigen Tag" Antonius den entscheidenden Anstoß gaben. Dem so geschilderten Verzicht stand von Anbeginn die Hoffnung auf ein Leben im Jenseits bei Gott gegenüber. Die Pachomiusüberlieferung ist hier zu konfus, die lateinische Überlieferung allein kann solche Überlegungen nicht stützen. Ambrosius war kein Mönch. Die Fulgentiusvita fügt dem Bericht einen sehr persönlichen Ton hinzu. Im Amt noch eines Prokurators erregte das monastische Leben des Fulgentius Aufmerksamkeit und Sympathie. Langdauernde Beschäftigung und Abwägen gehen hier einer Entscheidung voraus. Es überzeugte schließlich die Hoffnung der Mönche auf ein höheres Leben nach dem Tod. Der *conversio* aber stand zunächst die Vorstellung entgegen, daß der Beruf eines Prokurators sündig sei. Fulgentius mußte sich deutlich machen, daß Christus selber den Matthäus, einen Zöllner, in seine Jüngerschar berufen hatte, deshalb der Psalmruf: *Refugium nostrum Deus est.*

Anders als Antonius oder Fulgentius stand Caesarius in noch kindlicher Sorge für andere Menschen früh im Gegensatz zu seinen Eltern; den Eintritt in bischöfliche Dienste vollzog er heimlich. Dies alles ist ohne biblische Anlehnung geschildert. Des Caesarius Weg ins Kloster führte über die Vorstufe eines geistlichen Amtes, doch auch der Eintritt in Lérins ist nur mit unbestimmten, allgemeinen Anklängen an die Bibel umschrieben, auffällig ist vor allem die Beschreibung des Klostereintritts mit Begriffen der Sklaverei: Nicht der monastische Gehorsam gegenüber dem Abt ist damit gemeint, sondern *semet ipsum servitio divino mancipare*.

Von der *conversio* Severins ist keine Nachricht auf uns gekommen, Benedikts Entschluß zum Asketenleben wird ohne Anlehnung an Schriftworte berichtet. Gregor markiert mit Schriftworten erst den Beginn einer durchaus unbeabsichtigten öffentlichen Wirksamkeit, und diese Schriftworte sind Kommentar und Urteil des Verfassers, nicht Überlieferung, die auf den Heiligen zurückgehen könnte.

Anders Columban. Aus der frühen Erfahrung der Versuchbarkeit des Menschen suchte er Rat bei einer Einsiedlerin, die ihn mit dem Gedanken einer *peregrinatio* vertraut machte. Den unbeschränkten Vorrang Gottes im Menschenleben faßte sie in das Christuswort vom Pflüger, der nicht zurückschauen dürfe. Dieses Wort war im Kontext der *conversio* noch nicht begegnet, verließ jedoch nicht den Rahmen der sonst benutzten Christusworte. Neu war in diesem Zusammenhang auch die Warnung vor der verderblichen Rücksicht auf die Frau: Adam/Eva; Samson/Delila; David/Berseba und das Schicksal Salomos waren biblische Beispiele der Gefährdung. Columbans Bruch mit dem Elternhaus übertrifft an Schärfe alles sonst Bekannte und steht unter Christi Ausspruch: „Wer Vater oder Mutter mehr liebt als mich, ist mein nicht wert." Nach einer vorbereitenden Lehrzeit bei einem Einsiedler trat Columban in Bangor ein, und hier ist vom leichten Kreuz Christi, der Selbstverleugnung etc. die Rede. Jener Satz, der bei den Iren so große und spezifische Bedeutung gehabt hat, der an Abraham ergangene Befehl, Verwandtschaft und Vaterhaus zu verlassen und in ein Land zu ziehen, das Gott ihm zeigen werde, war in den Worten der Einsiedlerin vielleicht angedeutet, wird aber erst im Zusammenhang mit Columbans Entscheidung, Irland zu verlassen, zitiert. So vollzog sich auch Columbans *conversio* in mehreren Stufen, war von ungewöhnlicher Radikalität der Entscheidung gekennzeichnet. Neu war, daß im Anbeginn der *conversio* die Versuchung durch das andere Geschlecht stand, neu deshalb auch der Hinweis auf einige alttestamentliche Frauengestalten, deretwegen so bedeutende Menschen wie Samson, David, Salomo sich selber aufs Spiel gesetzt hatten.[606]

Auch die *conversio* des Wandregisel durchlief mehrere Stufen. Die Vita faßt schon das vorige Leben Wandregisels unter einem Christuswort zusammen: Er gab dem Kaiser, was des Kaisers, Gott aber, was Gottes ist. Der Vorbereitung der *conversio* wird einiger Raum gegeben. An seiner vorigen, Friede wirkenden Tätigkeit ist zu erkennen, daß Wandregisel seine Autorität letztlich nicht aus dem Amt bezog. Die Vita zeigt den Heiligen gerade in seiner Amtsführung im Gebet; Gott habe seine Macht an seinem Knecht erwiesen. Wandregisel begab sich zunächst wie Columban zu einem Einsiedler, als dessen Hauptverdienst hier die Armut genannt wird –

---

606 Vgl. Text zu den Anm. 51, 239 und nach 377.

in camino paupertatis petiet obsedendum; dies nach einem Jesaiawort, das eine von Gott verordnete Läuterung seines Volkes bezeichnet. Wieder steht die Freiwilligkeit des christlichen Asketen dem schicksalhaft Verordneten der alten Zeit gegenüber. Erst nach einer Auseinandersetzung mit dem König, deren Schriftworte nicht auf die *conversio* verweisen, begann Wandregisel, in einer eigenen Zelle zu leben.

Genauer als alle bisher besprochenen Texte geht die Adalhardvita auf Vorgeschichte und Bedingungen der *conversio* des Heiligen ein. Adalhard übertraf seinen königlichen, später kaiserlichen Vetter an sittlicher Strenge; Karls Zurückweisung seiner langobardischen Gemahlin traf bei Adalhard auf die schärfste Ablehnung.[607] Vielleicht darf man in jenen Vergleichen mit Johannes/Herodes und Pharao/Mose noch einen Niederschlag des Urteils Adalhards sehen, der dieses Vorfalls wegen den Hofe verließ. Johannes der Täufer und Moses, diese Gestalten deuteten schon auf Adalhards monastische Zukunft. Für den Eintritt ins Kloster bezeugt Radbert noch die hohe Bedeutung einiger Christusworte: Wer nicht alles verlasse, könne sein Jünger nicht sein; das Wort von der schmalen Pforte; den Psalmvers vom Weg der Gebote Gottes und dann ein Satz, der als Radberts Urteil sich zu erkennen gibt: *Corbieae, imo Christi ibidem expetiit fontem velut cervus ille Davidicus*. Das darin ausgesprochene Dem-Herrn-Entgegenstürzen wird uns noch beschäftigen.

Ansgar war Oblate, so war eine *conversio* nicht zu berichten. Daß er das Mönchsein von innen ergriff, ist ein anderes, bedeutendes Thema; Visionen spielten dabei eine wichtige Rolle.

Der Tod war die Vollendung des Heiligenlebens, dies war von Fr. Graus beobachtet und mit Nachdruck ausgesprochen worden.[608] Hier ist dies von den Texten her zu beobachten.

Athanasius war u. a. gefragt worden, *qualem etiam habuerit* (Antonius) *terminum vitae*. Die Frage nach dem Tod hat also von Anbeginn des Mönchtums ihre volle Bedeutung, und was immer der Mönch zuvor von sich verlangt hatte, zielte nicht auf das Abtöten der kreatürlichen Todesfurcht, nicht darauf, auch in diesem Augenblick ‚Haltung zu bewahren', sondern spannte den Geist auf eine Existenz nach dem Tode. Askese, die Summe der Tugendforderungen, sollte die schöpfungsgemäße Reinheit des von Gott geschaffenen Menschen wieder freilegen, bereit machen für diesen Herrn. Die spätere Schilderung der Gestalt des Antonius konnte zeigen, daß auch der kreatürliche Anteil des Menschen davon Gewinn hatte. Angesichts des Todes als grundlegender Bedingung irdischen Lebens kannte Antonius offenbar eine tiefer liegende Furcht als nur die vor dem endgültigen Ende irdischen Lebens: Die Furcht vor dem Urteil in Gottes Gericht. Diesem Gericht nicht zu verfallen, sollte das Leben des Mönchs gewidmet sein. Die ganze, auf Geschichte gerichtete Dämonologie des Antonius legte vor allem die Gefährdung des Menschen auf diesem Weg dar.

---

[607] Es verdient Beachtung, daß nirgends verlautet, Adalhard habe Karls Vorgehen gegen die Langobarden verurteilt.

[608] Fr. GRAUS, Volk, Herrscher und Heiliger (wie Anm. 6) S. 63f. S. nun auch VON DER NAHMER, der Heilige und sein Tod, Darmstadt 2013.

Antonius trat in vollem Bewußtsein seines nahen Todes vor seine Schüler, die ihn am Kolzim umgaben. Er ermunterte in seiner Abschiedsrede zum Kampf der Tugenden, der sein Leben ausgemacht hatte. Auch in dieser Rede lag der Grund der Forderungen darin, daß das eigentliche Leben des Menschen erst nach dem Tode erreicht wird. Der in der Höhe des Kolzim Lebende, so auch äußerlich über die anderen erhobene Eremit geht nun die *via patrum* – Patriarch, der war er anders als alle Späteren: Er war in seinem stellvertretendem Kampf gegen Satan mehr noch, denn als Gründergestalt monastischer Lebensweise. Daß Antonius sich selber aber den *patres* zuordnen konnte, daß die Heiterkeit auf dem Antlitz des Sterbenden den Zeugen dieses Todes die Ankunft der Engel anzeigte, dies alles bezeichnete den Rang, den Antonios im Tode erreicht hatte, zeigte vielleicht sogar ein eigenes Bewußtsein der Vollendung dieses Lebens.[609]

Auch Pachomius beschritt im Tod die *via patrum*, und er fuhr fort: *nam video me a Domino protinus evocari*; es ist keine Frage, daß dies der Höhepunkt des Pachomiuslebens ist, an dem dieser nach seinen Worten zu den *patres* trat.[610] Und doch gibt es zu Antonius einen Unterschied. Den eigenen Tod kündigt er nach einigen Ermahnungen erneut an mit Worten des Paulus an Timotheus (2. Tim. 4,6). Dann schlägt er einen Nachfolger für die Leitung des Klosters vor. Es ist der große Lehrer, der die Institution des Klosters begründet hatte, der vom eigenen Tod mit des Lehrers Paulus Worten spricht. Die darin liegende Apostelnachfolge war Antonius fremd gewesen. Jenes zuvor vermerkte Wort der Todesankündigung, daß Pachomius sich von Gott gerufen erkannte, erinnert an des Pachomius Vision einer düsteren, tiefen Schlucht, aus der nur wenige mit voller Anstrengung sich emporarbeiten können (c. 45). Diesen allein kommt ein Licht zur Hilfe: *quibus in ascensu ipso lux protinus occurrebat, in qua constituti referebant Deo gratias, quod evadere potuissent*. Bezeichnet nicht jenes Eintauchen in das rettende Licht die Todesgrenze, das Zu-Gott-Gerufen-Sein, von dem Pachomius sterbend sprach?

Paulinus beobachtete, als er ein Diktat des Ambrosius über den 43. Psalm aufnahm, wie eine Feuerzunge in des Ambrosius Mund eindrang und dessen Gesicht weiß wie Schnee leuchtete. Dieses zum Lebensende berichtete Ereignis (vgl. die Ausgießung des Heiligen Geistes, Act. 2, 1–13) bezeichnet sicher auch den zum Tode hin erreichten Rang des großen Bischofs: Des Ambrosius Zugehörigkeit zu den Aposteln, nicht nur im Hinblick auf sein Amt. In der Gemeinschaft der Engel weile er, als des Elias Genosse – letzteres mit Worten, die seine Unerschrockenheit gegenüber den Kaisern in Erinnerung rufen. Beides zeigte die große Distanz zwischen den Gründergestalten des ägyptischen Mönchtums und dem Mailänder Bischof, der an monastischem Leben keinen Anteil hatte, dessen Tätigkeit im Unterschied zu Antonius oder Pachomius so sehr auf die Öffentlichkeit gerichtet war. Paulinus hatte nur wenig davon in alttestamentlichen Geschichten einfangen können, hier aber versuchte er, den Propheten neben die Apostel zu stellen.

---

609 Zum Bewußtsein der Sündhaftigkeit noch auf dieser Stufe s. Text zu Anm. 82.
610 Zu den Patriarchenzügen gehört gewiß auch die ebenfalls für Pachomius belegte Vorstellung eines stellvertretenden Kampfes gegen Satan, c. 17f der Vita.

Severin ergriff umfangreiche Vorbereitungen für seinen Tod. Gegenüber seinen Mönchen wußte er sich in der Pflicht des Patriarchen Jakob. Solches Maß glaubte er nicht erfüllen zu können. So stellte er statt des eigenen Beispiels die *exempla maiorum* hin, deren Lebensende insbesondere zu beachten sei; vor allem von Abraham sprach er als Glaubensbeispiel; darin Paulus und dem Hebräerbrief folgend. Abraham zog aus Mesopotamien auf Gottes Geheiß hin, ohne das ihm bestimmte Ziel zu kennen. Das vertraute Land aber der Väter und das Land, das Gott ihm zuweisen will, diese werden nun zum irdischen und zum himmlischen Vaterland; *terrena despicite, patriam caelestem semper inquirite*. Dies soll nicht nur die Mönche davor bewahren, sich an irdische Ziele zu verlieren: Abrahams Auszug ins Ungewisse war das Bild des Todes, also auch des Todes Severins. Severin, der diese Schwelle zu einem unbekannten Land nun überschritt, tat dies im Vertrauen Abrahams auf seinen Herrn, der ihm befohlen hatte und ihn leiten wollte. Eigentümlich, und an anderen Texten nicht beobachtet, sind Severins letzte Handlungen, die einen liturgischen Charakter tragen. Er empfing die Kommunion, dann bezeichnete er seinen Körper mit dem Kreuz und ordnete an, daß man Psalmen singen möge, die er jedoch selber anstimmen mußte, seinen Mönchen versagte die Stimme.

Fulgentius war anders als Ambrosius, seiner Neigung nach Mönch. Das bischöfliche Amt versah er mit Eifer, seine Auftritte vor Königen hatte er nicht gesucht. Den Tod ahnend verließ er sein Bischofsamt, um auf einer Insel vor der afrikanischen Küste in vollkommener Askese zu leben. Fulgentius wollte dem Tod als seiner letzen Höhe in solcher Konzentration entgegenleben. Ferrandus freilich sagt: ... *veluti sciret appropinquare sibi novissimum diem*. Die Trauer der Gemeinde zwang Fulgentius zur Rückkehr und die Abschiedsrede des Sterbenden galt vor allem der Bitte um Vergebung, wo seine Mühe nicht ausgereicht habe, und der Sorge um einen Nachfolger.

In vielfältigen biblischen Wendungen ist von des Caesarius Tod die Rede. Wie für Mattathias im 1. Macchabäerbuch heißt es: *appositus est ad patres suos*, hier freilich die Erzväter der Bibel meinend. *Suos*, das Possessivpronomen fehlte in den beiden ägyptischen Viten, es stellte Caesarius als Sohn gleichsam unter die Väter. Doch konnte die Vita wie die Bibel von Abraham sagen, er starb in *senectute bona, in Christi nomine, plenus dierum*. Sollte trotz solch hochgreifender Worte Zweifel bestehen, daß dies die Schilderung der eigentlichen Höhe und Vollendung des Caesarius ist, dann sei darauf hingewiesen, daß zu des Caesarius Tod gesagt wird, dies sei der Auszug Israels aus Ägypten. Eine genaue Deutung dieses Bildes würde nicht nur Größe und Schönheit der Zukunft nach dem Tode darstellen müssen, in diesem Bild des Auszugs ist auch die kreatürliche Ungewißheit des Ausziehenden, der ja auf ein Versprechen Gottes hin seinen Weg beginnt, unausgesprochen enthalten; die Severinvita hatte dies mit dem Auszug Abrahams ausgesprochen. Ein anderes Bild noch hält die Vita bereit. Bei der Schilderung des von Caesarius erbauten Caesaria-Klosters nannte der Verfasser Caesarius einen neuen Noah, der die Arche des Klosters wegen der Stürme und Wirren der Zeit erbaut habe. Entsprach das Bild der schützenden Arche auch nicht den kämpferischen Akzenten der Antonius- und Pachomiusvita, der größte Augenblick für Noah und die Seinen war es doch, als sie der Arche nach der Flut entsteigen konnten auf eine Erde, die Gott unter eine neue Verheißung gestellt hatte. So aber entstieg man der *archa monasterii* nur im Tod.

Erstmals begegnet im Kreise der hier besprochenen Texte die Vorstellung eines Wunschtages für den eigenen Tod. Caesarius wollte in der Nähe des Todestages Augustinus' sterben. Man mag solche Vorstellung – sie wird noch wieder begegnen – dem priesterlichen Beruf des Heiligen zurechnen und dabei beobachten, daß er nicht ein wichtiges Fest wie etwa den Marientod im Blick hatte, sondern sich offenbar dem großen Theologen, dem Erklärer biblischer Bücher und der Geschichte, dem Kämpfer gegen Irrlehren verpflichtet fühlte.

Gregor der Große hatte, die Dialoge einleitend, den Tod als Tor zum Leben bezeichnet; dies war ein radikaleres Urteil über das irdische Leben, als die bisher besprochenen Texte es gefällt hatten. Irdisches Leben war der eigentliche Tod zumindest im Vergleich zu dem, was danach sein sollte. Die Dialoge geben immer wieder in Frage und Antwort zu Themen des Wundertuns, der Prophetie, in Visionsberichten u. ä. Ausblick auf das, was in solcher Vorstellung das eigentliche Leben ist. Benedikts Tod selbst ist in wenigen Worten als eine doch gewaltige Szene berichtet. Seinen Tod wissend ließ er sich in das Oratorium tragen, empfing Leib und Blut Christi, und von zwei Mönchen in seiner körperlichen Schwäche gestützt, stand er aufrecht mit zum Himmel erhobenen Händen und schied im Gebet. Nicht nur eine verhaltene Siegesstimmung liegt über dem Ereignis, zwei *fratres* sahen ihn von der Zelle auf einer hell erleuchteten, mit Teppichen ausgelegten Straße nach Osten himmelwärts ziehen – dies mag die triumphale Gebärde ergänzen; ein wahrhaft erzväterlicher Gestus des Mose, der der Unterstützung bedurfte, als er den Sieg über die Amalekiter erbetete. Um einen Sieg betete auch Benedikt, nicht nur für sich; war nicht seine Aufgabe gegenüber dem Konvent die des Mose?

Die Columbanvita ist dem Tod des Heiligen gegenüber eigentümlich indifferent. Außer der Tatsache des Sterbens und der Tagesangabe überliefert Jonas nichts. Man darf wohl annehmen, daß er darüber auch nichts wußte, was eine bedeutende Schilderung hätte fordern können.[611]

Ganz anders die Wandregiselvita. Der alte, kranke Wandregisel bezeichnete mit einem Psalmwort sein Leben als lange Pilgerschaft, ein Wohnen unter Bürgern der Finsternis; er bat um Befreiung zu einer Zukunft bei Christus: Die schon aus den Anfängen des Mönchtums bekannten Proportionen diesen und jenen Lebens. Wandregisel fiel für einige Tage in eine körperliche Starre, *hilari vultu* gen Himmel blickend: *mens eius translata erat in gloriam Dei*. Angesichts der Todesnähe überkam Trauer und Ratlosigkeit die Mönche. Als Wandregisel noch einmal aufwachte, konnte er Abschiedsworte sprechen, beantwortete die Frage, was man nach seinem Tod tun solle – *aperiens os suum respondens ad eos, dicens* – so forderte Christus zur Folgsamkeit gegen seine Verkündigung auf (Mt. 5,2). Man mag darin das Christus-Jüngerverhältnis wiedererkennen; man mag überlegen, ob dies alles nicht bedeutet, daß Wandregisel im Geist nicht mehr auf dieser Erde war. *Pauca eis verba in breve expressit, eo quod iam prope erat advocatus ille, qui enim recipiebat in*

---

611 Unergiebig darin auch Jonas' Vedastis- und Johannesvita. Buch II der Columbanvita berichtet mehrere Sterbeszenen, die aber solchen Ranges nicht sind.

sino requiem suam. Von Gesichten war Wandregisels Tod begleitet. Er selber konnte berichten, wie Gott Satan vertrieb, der seinem Aufstieg wehren wollte. Er sah sich von Heiligen umgeben, in deren Gesang mit Psalmen einzustimmen er seinen Mönchen befahl, wiewohl diese nichts hörten. *Ille autem splendeta facie letabat in domino et cum ipsis corde psallebat.* So wurde er von Christus in die Schönheit des Paradieses aufgenommen (*reservavit Christus ei amoenitatem paradisi*), die Mönche aber sangen in großer Trauer – *decantabant cum magno plancto.* Mit voller Überzeugung stellt der Autor dies gegeneinander: Die Trauer der Irdischen *pro separationem carnis* und die Freude der Engel *pro iunctionem animae.*

Mit diesem Gegensatz leitet Radbert seine Adalhardvita ein, nun aber als der sehr persönliche Schmerz des Schülers, von sicherem Wissen um die volle Wahrheit kaum überwunden: Nicht Verzweiflung über den Tod, sondern Liebe zu dem als heilig verehrten Lehrer. Worte aus Paulusbriefen, aus dem Johannesevangelium hält er sich selber vor, seine Trauer zu vertreiben, ja zu verbieten; sich Adalhards neues Leben bei Christus bewußt zu machen; und er rechtfertigt sich doch mit Christi Tränen über den toten Lazarus. Ein Canticumzitat leitet Radberts Beruhigung ein: *Iam enim tibi hiems, mi Pater, abiit et recessit imber* – der Freudenruf des jungen Paares, das nach der Kälte und Unwirtlichkeit des Winters nun sich der Pracht und Milde des Frühlings hingibt. Die Hochzeit des Lammes – ein Wort der Apokalypse – wirkt an dieser Stelle fast als dem Hohenlied zugehörig. Unser karolingischer Text sucht nach Worten und Bildern leidenschaftlicher, freudiger Empfindung, von Adalhards Tod, oder Überwindung irdischen Lebens zu handeln.

Was Radbert für sich selber bezeugt, bestätigt sich am Leben Adalhards immer wieder, etwa, wenn von Adalhards Tränen die Rede ist. Radbert erklärt diese aus dem Rang der Erkenntnis und der Reinheit des Lebens; auf das Erschaute nicht zuschreiten zu können; die aufgeschobene Hoffnung habe die Trauer verursacht. Die darin liegende Sehnsucht nach einer Existenz bei Gott setzt das Sterben-Wollen voraus. Radbert nutzt wieder Worte des Canticum, Worte der Braut, die den Bräutigam erwartet, dem Klopfenden öffnet und tief betroffen ist, als sie ihn nicht findet. Dies sollte, so Radbert, Adalhards Bereitschaft und Sehnsucht steigern;[612] ein Ausspruch Adalhards in der Todesstunde mochte dies beweisen: Adalhard habe mit dem Psalter gesungen: „Meine Seele dürstet nach Gott, nach dem lebenden Gottherrn; wann darf ich kommen, mich sehen lassen vor Gottes Antlitz" (Buber)?[613]

Jene Texte, die wie die Antonius- oder die Wandregiselvita eine stufenweise Steigerung des Lebens kannten, schilderten nicht nur den Tod des Heiligen als eigentlichen Höhepunkt, als Vollendung, sondern führten das Leben des Heiligen auf diesen Augenblick hin. Radbert tat etwas Neues. Zur theologischen Erörterung des Begriffes der Freude griff er auf die Stufenlehre des Augustinus (*de quantitate animae*) zurück. In dieser Stufenlehre gibt es einen Punkt, an dem die kreatürliche Furcht vor dem Tod das Hindernis weiteren Aufstiegs ist; die Hilfe des Schöpfers,

---

612 Vgl. Auch in c. 44 die Zitate von Phil. 3,20 und Col. 3,1–4.
613 Ps. 41, 3: *Sitivit anima mea ad Deum fontem vivum; quando veniam et apparebo ante faciem Dei?*

die eigene Anstrengung führen zur nächsten Stufe, der Reinheit, die es dann zu behaupten gilt. Die nächste Stufe ist nach Augustinus das Emporsteigen zur Kontemplation; bis hierhin sei Adalhard vorgedrungen. Hierauf konnte als letztes nur die *contemplatio* als dauernder Zustand, als *mansio*, das Leben nach dem Tod also folgen. Der Tod war die Grenze zur letzten Stufe. So war auch auf diese Weise dargelegt, daß das Leben des Heiligen dem Tod in aufsteigender Vollkommenheit entgegenstrebte. Radbert erinnert erneut an Adalhards Ausspruch des Psalmwortes von der nach Gott dürstenden Seele, und sein Tod gemahnt ihn an die Himmelfahrt des Elia in feurigem Wagen; er selber, Radbert, bleibt als Trauernder zurück. Es sind wieder Canticumworte, mit denen Radbert seine Sehnsucht nach der Gegenwart Adalhards ausspricht, etwa jenes der Männer, die Sulamit nachschauen: „Dreh dich, dreh dich, Schulamitin, dreh dich, dreh dich, daß wir dich beschauen" (Buber)! Und es folgen Worte, die der Schönheit und Unnahbarkeit dieses Mädchens galten. Was der äußeren Erscheinung Sulamits galt, mochte hier die geistig-sittliche Erscheinung Adalhards in Erinnerung rufen.

In einer letzten Vermächtnisrede schildert er den Mönchen seine Lage als Hirt, der nun über seine Herde Rechenschaft ablegen muß, eine Rechenschaft, der auch die Herde selber unterliegt. Er werde zeigen müssen, ob er die Talente gemehrt habe. Radbert schildert Adalhard dann als strengen Urteiler über sich selber, seinen Aufstieg zu Gott sah er abhängig von der Hilfe Christi gegen Satan.

Adalhards Leben war offenbar überhaupt als Vorbereitung auf den Tod anzusehen. Radbert nennt ihn so *Simeon senex*, greift das Bild der klugen Jungfrauen auf, die dem Bräutigam mit brennenden Lampen entgegenliefen (*occurrere*). Noch das zum Tode führende Fieber ist – mit Worten des Hohenliedes – die Glut der Liebe, die freudige Erwartung, im Tode zu Christus zu gelangen. Adalhard erbat das Sakrament und brach dann in die Worte Simeons aus: Herr, nun lässest Du Deinen Diener in Frieden fahren, *quia percepi omnia tui mysterii sacramenta* – eine eher priesterliche Wendung. Zum Tode hin ist Adalhard in freudiger Erwartung: *Nox praecessit, dies autem appropinquavit* – Licht und Finsternis kennzeichnen den Unterschied diesen und jenen Lebens; sagen, wohin es den Menschen zieht. Das Liturgische des Adalhardtodes mag so neu nicht gewesen sein, da war schon bei Severin, bei Benedikt Verwandtes beobachtet worden. Adalhard hatte keinen Märtyrerehrgeiz, jedoch was Radbert über den leidenschaftlichen Drang zu Christus hin, an den Tod überschreitender Liebe schildert und gerade in Bibelworten nicht nur des Canticum faßt, das läßt sich nur als ein In-die-Hände-Gottes-Stürzen bezeichnen und war so noch nicht beobachtet worden.

Den Historiker hat die Ansgarvita vor allem wegen ihrer Berichte zur nordischen Mission interessiert; im Vitentext selbst und so wohl auch für das Leben Ansgars ist das Thema des Todes von mindestens ebensogroßer Bedeutung. Gleich jene erste Vision, die nicht ohne Anklänge an die Johannesapokalypse den nachlässigen und verspielten Schüler wachrüttelte, übersprang den Tod und zeigte dem im Sumpf steckenden Knaben die in Reinheit Lebenden – nach irdischen Maße Tote – darunter vor allem die Mutter. So war das Kind schon auf ein jenseitiges Ziel gerichtet, alle menschliche Anstrengung konnte nur durch den Tod dahin führen. Nach vielen Jahren erschütterte der Tod Kaiser Karls Ansgar so sehr, daß er sich wieder jener ersten Vision entsann, zur Strenge seines Lebens zurückkehrte. Eine zweite Vision führte ihn über den Tod hinaus; Apostel geleiteten den Furchtsamen durch die Bedrängnis ewiger Finsternis, zeigten ihm die lobpreisenden Ordnungen apokalyptischer Ältester und Heiliger in dem von Gott ausgehenden Glanz. Mit dem Versprechen, er werde *martyrio coronatus* zurückkehren, wurde er zur Erde zurückgeführt, und diese Rückkehr in die irdische Existenz erschien als der eigentliche Tod. In einer weiteren Vision stand Ansgar vor Christus als dem Richter der Apokalypse, Beichte fordernd und dann die Vergebung mit Prophetenworten verkündend. Diese Welt drang in Visionen mit solcher Gewalt in Ansgars Leben, daß sie kaum ohne Einfluß auf seine Entscheidungen gewesen sein kann. Seine Missionstätigkeit, sein Standhalten gegenüber Mißerfolgen, ist vielleicht ohne dies nicht denkbar, nicht nur wegen der geweckten Bereitschaft zum Martyrium.

Ansgar wünschte sich, am Fest Mariae Reinigung zu sterben – Wunschtag des Todes, schon bei Caesarius war ähnliches beobachtet worden. Für den Tod am Tage dieses Festes traf er umfangreiche Vorbereitungen zur Speisung Armer, zur Ausschmückung des Marien-, Petrus- und Johannesaltares. Diese Heiligen, Jenseitsführer seiner Visionen, sollten seine Seele im Tod empfangen. Um die Sicherung des Bistums und der Mission bemüht, hielt er seinen Geistlichen Mahnreden. Dann beherrschte Liturgie den Abschluß seines Lebens: Singen der Litanei, der Psalmen, des Tedeums, des Athanasianums; eine Messe, in der er die Kommunion erhielt. Er selber aber erbat in einem eigenartig aus Bibelworten zusammengesetzten Spruch – Worte des Psalmisten, des Zöllners, ja auch Christi am Kreuz – Vergebung und gütige Aufnahme. Dies mag mit jener Vision einer finsteren Schlucht Zusammenhang haben, aus der nur selten Engel den einen oder anderen herausrissen.

Mit der Ausnahme Columbans – und hier versagt vielleicht die Überlieferung – haben alle hier genannten Heiligen um ihren Tod früh gewußt. Und ist der Lebens- ja Tageslauf dieser Menschen schon in ungewöhnlichem Maße gestaltet und geformt, so gilt dies in noch höherem Maße von der Todesstunde, deren liturgische Formung vor allem bei den karolingischen Texten bezeugt war, in anderer Weise auch schon bei Severin, der seinen Körper mit dem Kreuz bezeichnete und den Gesang der Psalmen selber anstimmen mußte. Groß war des Benedikt mosaische Gebärde, Patriarchen gleich nahmen Antonius und Pachomius Abschied von unterschiedlicher Schülerschar, wenn auch diese beiden Texte die Todesstunde nicht zur Liturgie formten. Das Leben der Heiligen war in seiner letzten Stunde noch, ja gerade darin gegen alle Alltagserfahrung ein vollkommen gestaltetes Leben. Dabei war die Todesstunde nicht eine überraschende Sternstunde, sondern Frucht einer darauf gerichteten Lebensführung. Der Kürze halber sei nur an Texte erinnert, die wie die Antoniusvita, die Wandregiselvita Stufen des Aufstiegs zeichnen, wie die Adalhardvita eine Stufenlehre darlegen. Mönchsregeln, wie die Benedikts oder des Magister, die Werke Cassians lehren ebenfalls Stufen der Vollendung.[614] Es lag

---

[614] Cassian, Inst. IV 39, anders Collationes XIV 1und 2. RM X, hier sollte der Übergang der letzten Stufe in eine Paradiesschilderung beachtet werden; RB VII. Claude DAGENS, S. Grégoire le Grand (wie Anm. 328) widmet dem Tod ein Kapitel (La mort et les preuves d'un au-delà de la mort, S. 405–410). Die Vollendung des menschlichen Lebens zum Tode hin, der Tod als die

also in der Konsequenz des ganzen Lebens, wenn in der Darstellung der Tod als die gestaltetste Stunde des Lebens erscheint, auf ein neues, nun schlechthin vollkommenes Leben abzielend, das den Autoren zu beschreiben unmöglich war, da es menschlicher Beobachtung sich entzieht.

Eine die Antoniusdarstellung beherrschende Gestalt der Bibel gibt es nicht. Mit dem Grab, dem Brunnenhaus, dem Berg Kolzim schließlich sind Etappen des Aufstiegs dieses Eremiten bezeichnet, und der in die Höhe des Kolzim hinaufgestiegene alte Antonius, der sich dem Zulauf der Menschen hat entziehen wollen, ist das abschließende Bild dieser frühen Eremitengestalt, das die Vita im Leser zurückläßt. Ist so nicht eine neue Gestalt neben die bekannten und verehrten Gestalten der Bibel – Patriarchen, Propheten, Apostel – gestellt worden? Daß Athanasius ihn diesen zugesellen wollte, diesen Rang für Antonius beanspruchte, läßt sich vor allem zu Beginn und am Ende der Vita ablesen: Die Charakterisierung der Jugend des Antonius mit Worten des liber Genesis zur Jugend Jakobs und jenes Wort aus des Antonius Mund über den Tod als die *via patrum*, den Weg der Patriarchen.

Elia wurde ein frühes Vorbild des Asketen Antonius, doch schildert Athanasius den Heiligen nicht unter dem Bilde des Propheten. In der Abruptheit ihrer Berufung und Entscheidung für Christus spielten die Jünger bei des Antonius *conversio* eine bedeutsame Rolle, aber sie sind noch weniger als Patriarchen oder Propheten die Gestalten, unter deren Zeichen Antonius geschildert wäre.

Die Pachomiusvita nennt im Prolog Abraham als den eigentlichen Vater der Mönche und leitet eine Geschichtsdarstellung mit diesem Namen ein. Bedeutsam für die Schilderung des Pachomiuslebens ist er damit nicht. Pachomius hatte die Vision einer finsteren Schlucht und erkannte darin die Zukunft des Mönchtums; darin wird er Daniel verglichen, der den Traum des Nebukadnezar sicher deutete. Mit dem Danielnamen war der Rang solchen Deutens bezeichnet, so wie ja den Mönchen als Nachkommen Abrahams ein Rang zugeteilt worden war. Aber Daniel war keine für das Leben des Pachomius bedeutsame Gestalt. Wichtiger ist, daß Pachomius in seiner Abschiedsrede wie schon Antonius von der *via patrum* sprach, die er nun gehen werde. War damit auch Pachomius neben die Patriarchen gestellt, nicht aber unter das Bild eines bestimmten, so trat zu charakteristischer Unterscheidung von Antonius ein Pauluswort hinzu, das Pachomius als Lehrer der Mönche neben den Lehrer der Christenheit stellte.

An der Ambrosiusvita war eine gewisse Unsicherheit in der Anwendung von Schriftzitaten beobachtet worden. Gleich in dem Bericht der Berufung des Ambrosius zum Bischof von Mailand entstand mit dem *peccatum tuum super nos* eine Christusparallele, die Paulinus selber wieder zerstören mußte, doch wohl, weil sie letztlich blasphemisch gewesen wäre. Auf die Möglichkeit, Ambrosius gegenüber den Kaisern als Elia oder Nathan zu schildern, hat der Autor verzichtet. Eigenartig ist es da, daß in des Paulinus Darstellung Theodosius das Beispiel des sündigen

---

Stunde der Vollendung, wie dies gerade in Benedikts Todesszene Gregor so bedeutsam geschildert hat, werden dort nicht behandelt; dagegen nehmen die Furcht vor dem Tod und deren erzieherischer Wert, die Gewißheit eines Lebens nach dem Tod großen Raum in diesem Abschnitt ein.

David für sich beansprucht und so von Ambrosius auf Davids Buße hingewiesen wird. Am weitesten reicht jene Schilderung aus der Zeit vor des Ambrosius Tod: Jene Feuerzunge, die Paulinus sah, gesellte als Zeichen der Ausgießung des Heiligen Geistes Ambrosius zu den Aposteln, doch nahm Paulinus dies nicht weiter auf und nannte den Verstorbenen nun einen Genossen des Elia, der sich in seinem Gottesauftrag nie vor den Königen gefürchtet habe.

Severins plötzliches Erscheinen, seine Berufung zur Wirksamkeit in Noricum, erinnert an Propheten wie an den Apostel Paulus; dann aber sind es Prophetengestalten und Mose, die angesichts bestimmter Situationen benannt werden. Mit Moseworten zum Auszug aus Ägypten forderte Severin zum Kampf gegen Barbarenscharen auf, wie Mose erwirkte er betend einen Sieg, war aber nicht der Führer des Auszuges der norischen Römer. Sein Verhältnis zu diesem Ereignis ist dem des Joseph verglichen, dessen Gebeine beim Auszug mitgenommen wurden. Severins Wechsel zwischen öffentlichem Wirken und zeitweiliger eremitischer Askese in einer Zelle bei Favianis erinnert an Elia. Bedeutsamer als solch spezielle Anklänge ist eine fundamentale Parallele zwischen Severin und den Propheten, die Eugipp durch keinerlei Zitate oder Anspielungen hervorzuheben brauchte.[615] Wie die Propheten mahnte Severin zu reinerem, Gott ergebenen Leben, zur Buße. Das Unglück Noricums war ihm durch Gottlosigkeit bewirkt, also Strafe; wie die Propheten trat er vor die Barbarenkönige mahnend, drohend, als Prophet Furcht erregend, letzteres nicht als Person oder Amtsträger. Und da tauchen Parallelen auf, wieder ohne daß Eugipp diese im Leser durch Bibelzitate erzeugte: Ahab-Isabel-Elia scheinen sich in Feletheus-Giso-Severin zu wiederholen. Es ist die gesamte Erscheinung Severins, die an Propheten erinnert; weiterreichende Parallelen in Einzelheiten einer Situation mögen dies unterstreichen, nicht aber begründen. Ein solches Verhältnis zu biblischen Gestalten war an keinem bisher besprochenen Text aufzuweisen.

Es gehört zur Genauigkeit Eugipps oder auch zur Sicherheit Severins in seinem Handeln, daß er selbst eine von außen herangetragene Parallele zu Christus zerstörte. Man hatte Severin eine totkranke Frau vor die Tür gelegt in der Hoffnung, er könne sie heilen. Dies erinnert deutlich an Christi Heilungswunder, etwa an die Geschichte des Gichtbrüchigen, zu dessen Heilung Christus zunächst die Vergebung der Sünden verkündet hatte. Wenn Severin schließlich um die Gesundheit der Frau betete, so daß sie gesund wurde, so erklärt er doch zuerst, daß er solches nicht vermöge, mithin nicht wie Christus sei; auch er suche die Vergebung der Sünden. Mit diesem Wort ordnete sich Severin dem Gichtbrüchigen zu; deutlicher konnte der Unterschied zu Christus an dieser Stelle kaum ausgesprochen werden. Biblische Gestalten des Alten Testamentes spielen im Commemoratorium sancti Severini des Eugipp eine bedeutende Rolle. Hatte der Diakon Paschasius in seinem Antwortbrief an Eugipp mit Worten des Paulus und des sterbenden Mattathias auf die Bedeutung großer und vorzüglicher Gestalten hingewiesen, die zum Nacheifern anspornen, so mochte dieser Satz nun auch für Severin als beispielhafte Person Geltung haben. Die biblischen Gestalten haben in der Vita eine vorwiegend andere Bedeutung.

---

615 Gelegentliche Prophetenworte in Severins Mund in c.5; c. 12; c. 28 und c. 30.

Die Erinnerung an biblische Gestalten, die die Caesariusvita im Leser weckt, hat nicht die bestimmte Bedeutung, die ihr in der Severinvita zukam. Cyprianus stellt z. B. fest, daß *per misericordiam et fidem seu orationes* des Caesarius Arles in den Stürmen der West- und Ostgoten sowie der Franken bewahrt geblieben sei. Dies mochte an Abraham erinnern, der im Gebet Gott abgerungen hatte, daß Sodom um zehn Gerechter willen nicht zerstört werde; eine flüchtige Assoziation, die der Autor nicht weiter verfolgt, obwohl unter diesem Bilde Abrahams ein wichtiger Anteil des Caesariuslebens hätte dargestellt werden können. Eine falsche Anschuldigung wegen Verrats brachte den Bischof in Lebensgefahr. Darin ist er *Danihel noster*. Dies ist nur die Verwandtschaft der Situation: Zwei zu Unrecht beschuldigte Gerechte, die man auf schändliche Weise aus dem Weg räumen will, die aber von ihrem Herrn beschützt werden. Es wird keine Parallele zu den Propheten Israels aufgebaut. Gewichtiger, wenn auch ebenso punktuell, ist die Darstellung des Caesarius als *recentior temporis nostri Noe*, da er das Caesaria-Kloster, die Arche, baut. Dies ist das Bild der Arche, das Kloster mit seinen Nonnen in einer turbulenten Zeit, einem entfesselten Element. Die Propheten- und Patriarchengestalten gewinnen keinen beherrschenden Einfluß auf die Darstelllung des Heiligen wie etwa in Eugipps Severinleben. Wesentliche Anteile seines Lebens faßt die Vita als Apostelnachfolge. Dies mag überhaupt mit dem bischöflichen Amt zusammenhängen, speziell aber spricht es die Vita aus, als sie berichtet, daß Caesarius Ordinatoren und Diakone einsetzte, um selber frei zu sein für die höhere Aufgabe des Predigers. Diese Maßnahme habe er wie die Apostel ergriffen

Gregor der Große schildert den sterbenden Benedikt in wahrhaft erzväterlicher Gebärde. Benedikts Trauer über die vorhergesehene Zerstörung Montecassinos erinnert vielleicht an die Trauer des Jesaia oder gar Christi über die Zerstörung Jerusalems, vor allem aber an Abrahams Bitten für Sodom und Gomorrha. Ungeachtet der hohen Bedeutung jener Mosegebärde im Tod scheint Gregor eher skeptisch gegenüber vorschneller Benennung mit großen biblischen Gestalten. Auf die Vorsicht Gregors in der Annäherung Benedikts an die Christusgestalt war schon hingewiesen worden[616]. Als der fragende Diakon Petrus in den Wundertaten Benedikts gleich eine ganze Anzahl biblischer Wundertäter wiedererkennen wollte, schob Gregor mit einem Satz solche Voreiligkeit beiseite: In allen wirke derselbe eine Geist.

Auch Jonas kannte in seiner Columbanvita die Abgrenzung gegen die Christusgestalt. Zwar fuhr der Heilige mit 12 Begleitern zu Schiff ins Frankenreich, jedoch *Christo duce*. Dies sollte davor bewahren, in der Zwölfzahl der einen Abt umgebenden Mönche sogleich Christus und seine Jünger wiedererkennen zu wollen.[617] Als Columban in der Felsregion der Vogesen seinen Diener an das Mosewunder des aus dem Fels geschlagenen Wassers erinnerte, bedeutete das keine Parallele Columbans zur Gestalt des großen ‚Gesetzgebers‘, eigentlich Gesetzesempfängers, und Führers des alten Israel; Columban wollte Domoalis Vertrauen zu einer gleichartigen Aufgabe geben. Wenn der dux Waldelenus und seine Gemahlin

---

616 S. Anm. 349.
617 Die Fußwaschung an den Gefangenen zu Besançon war sicher ein Demutsgestus, wie ihn Christus vorgemacht hatte; aber dadurch wird Columban auch kein „alter Christus".

ihrer Kinderlosigkeit wegen Zacharias und Elisabeth verglichen werden, so bezeichneten die Eltern des Täufers tatsächlich ein schweres, in jeder Generation wiederkehrendes Leid.[618]

Columbans Auftreten gegenüber den Merowingerkönigen hat bisweilen prophetenhafte Züge, die Jonas auch benennt. Er erkennt etwa in Brunhilde-Theuderich-Columban Isabel-Ahab-Elia wieder, und dies ist durch Columbans kühnes Auftreten ebenso gerechtfertigt, wie durch das Zurückweichen der Gegenspieler, die seiner Gegenwart nicht standhalten. Der Zusammenhang wird freilich jäh durchbrochen, als Columban eine Ordnung der verwilderten Verhältnisse am Königshof mit einem Ausschluß von den Sakramenten erzwingen will. Das Kirchenrecht war schwächer als die persönliche Gegenwart des prophetenhaft drohenden Columban; hier ist auch ein deutlicher Unterschied zu Severin zu spüren.

Die Wandregiselvita zeichnet ihren Heiligen kaum nach Gestalten der Bibel. Während Wandregisels Wirksamkeit gegen Ende mit Worten Christi an Johannes den Täufer zusammengefaßt wird, der gefragt hatte, ob er, Christus, der Verheißene sei, so ist auch hier kein ‚alter Christus' geschaffen: *per eum Dominus leprosum mundavit*. Es ist der eine Christus, dessen Werkzeug Wandregisel ist.[619] Eine bedeutsame Ausnahme: Wenm Wandregisel im Bilde jener ‚Sünderin' erscheint angesichts einer Versuchung, die er überwindet, so ist dies ein großes Bild eines Gott hingegebenen, nach allen menschlichen Begriffen reinen Menschen, der zugleich den unermeßlichen Abstand zu Gott erkennt; ein Vorläufer vielleicht auch des an der Adalhardvita so greifbaren Sprunges in die Arme des erkannten Herrn.

Radbert hat in der Adalhardvita das Verhältnis des Heiligen zu weltlicher Herrschaft häufig mit biblischen Figurenpaaren beleuchtet. Das Verhältnis zu Karl dem Großen wird mit dem Namen Johannes des Täufers und – unausgesprochen – Herodes, mit Mose und Pharao belegt.[620] Radbert sah damit die Gegensätze im Grundsätzlichen des Gehorsams oder Ungehorsams gegen Gott. Ähnlich ist es später mit Ludwig dem Frommen und Adalhard: Saul und David; Adalhards Rolle am Hof, solange er dort wirken konnte, ist im Verhältnis des Daniel zu Nebukadnezar gefaßt, wie Daniel habe er den König bisweilen zur Gerechtigkeit bestimmen können.

Mose spielte auch außerhalb des Rahmens der Herrschaft eine Rolle. Adalhard glich ihm durch die Erziehung am Königshof. Die Sinaiberufung des Mose wird Adalhards Klostereintritt verglichen. Lag Moses Flucht vom Hofe Pharaos dazwischen, so dürfen wir gerade des Mose-Pharao-Vergleiches wegen das schroffe Verlassen des Karlshofes mitdenken. So, wie Radbert den Namen des Herodes oder Nebukadnezars auszusprechen gemieden hat, mied er in einem letzten Falle den Mosenamen. Nach dem Bericht von Adalhards Tod fordert er den Konvent mit

---

618 Die Parallele geht hier recht weit: Der Sohn wird zu kirchlichen Diensten übergeben, selbst die Namengebung erinnert an Johannes den Täufer.

619 In der Abschiedsrede Wandregisels ist das Verhältnis des Abtes als Lehrer seiner Mönche dem Verhältnis des Lehrers Christus zu seinen Jüngern nahe; man mag an RB II 2 denken.

620 Dies ist ein ganz anderer Anteil des Moselebens als etwa bei Severin oder Benedikt. Wollte man FONTAINES Vorstellung von Typologie (oben Anm. 600–604) folgen, so müßte eine negative Typologie Pharao-Saul-Herodes-Nebukadnezar, dazu die Frauengestalten Eva-Delila-Isabel-Hiobs Weib-Herodias/Salome definiert werden.

Worten des sterbenden Mose an Josua auf zu mutigem und tatkräftigem Einsatz gegen Amalech. Wala sollte der ‚alter Josua' sein – da mußte denn Adalhard als Mose gedacht werden, als gottbestellter Führer des neuen Israel als Mönchsgemeinschaft durch die Fährnisse der Wüste.

Die Bedeutung anderer Gestalten ist z. T. partieller. Elia für Askese: *Alter Elias – non Jezabel sed carnis fugiens voluptatem*; höher hinaufreichend: Johannes als Visionär, die besondere Nähe des Heiligen zu Gott auszudrücken. Hiob als Inbegriff der Demut, des Duldens; Simeon als der in der Erkenntnis Christi zum Tod Bereite. Nach den ausführlichen Worten zu den Canticumzitaten zum Tode Adalhards mag die Braut als Gestalt der zu Christus drängenden, von diesem herzlich aufgenommenen Seele übergangen werden, wiewohl sie von großer Bedeutung ist. Aus den Anfängen der Vita sei aber das Bild der ‚Sünderin', das schon in der Wandregiselvita auffiel, dem zur Seite gestellt. Simeon, die klugen Jungfrauen, die Braut des Canticum, Psalmworte bezeichneten Adalhards leidenschaftliche, den Tod überwindende Liebe zu seinem Herrn in der Nähe des Todes. Es verdient Beachtung, wenn schon zu Beginn, als Adalhard Klostergärtner wurde, die Gestalt der Braut, das Psalmzitat von dem dürstenden Hirsch auf Adalhard angewandt werden und zwar neben der Gestalt der sich Christus demütig unterwerfenden, ihr Kostbarstes ihm opfernden ‚Sünderin'. Bei der so eindeutigen Charakterisierung dieser Frau in der Bibel ist es kaum anders denkbar, als daß ein Autor vom Rang eines Radbert weiß und ausspricht, daß auch der Heilige vor Gott von dessen Gnade lebt.

Ansgar charakterisierend nennt Rimbert einige Gestalten. Apostel für die Trennung von irdischen Bindungen, Johannes den Täufer für die frühe Hinwendung zur Askese. Der Name des Paulus fällt als Stichwort der Mission; Mose ist die Gestalt eines verkündigenden Vermittlers, Johannes, der Visionär unter den Evangelisten, ist wegen Ansgars zahlreicher Gesichte genannt. Keine dieser Gestalten hat einen weitreichenden Einfluß auf die Darstellung Ansgars, sie sind in einer Zusammenfassung eher biblische Rangbezeichnungen für den Heiligen als Zeitgenossen. Ansgar selber hatte andere Gestalten genannt, sie waren ihm als Führer in den Visionen wichtig geworden: Maria, Petrus und Johannes der Täufer. An einem Marienfest wollte er sterben und für diesen Tag sollten die Altäre Mariens, Petri und des Täufers besonders geschmückt werden. Auch diese von Ansgar selber besonders verehrten Gestalten blieben ohne Einfluß auf die Darstellung des Heiligen.

Ganz anders verhält es sich mit der Hiob- und der Christusgestalt. Ansgar ist uns aus der Vita als ein Duldender bekannt, nicht aus eigener Initiative missionierte er im Norden. Adalhard erscheint dagegen durchaus als ein Mann voller Initiative und fand in Corvey ein Tätigkeitsfeld wohl auch in der Mission. Dies wird eine mühsame und schwierige Tätigkeit gewesen sein; Ph. Jaffé druckte in den Monumenta Corbeiensia einen Catalogus Abbatum et Fratrum Corbeiae mit nicht mehr als neun Mönchsnamen für Adalhards vier Abtsjahre[621]. Ansgars Missionsgebiet ließ offenbar noch lange keine dauernden Erfolge zu, und Ansgar war tief betroffen von der Erfolglosigkeit seiner Mühen. Er bedurfte der seelsorgerlichen Aufmunterung des Ebo von Reims, dem Rimbert damit ein schönes Denkmal setzte: ... *ille*,

---

621 Ph. JAFFÉ, Bibliotheca rerum germanicarum I, Monumenta Corbeiensia, S. 66f.

quasi prophetico afflatus spiritu, respondit: Certus sis, inquit, quia, quod nos pro Christi nomine elaborare coepimus, fructificare habet in Domino. Nam ita est fides mea, et sic firmiter credo, immo veraciter scio, quia, etsi aliquando propter peccata quodammodo impeditum fuerit, quod nos in illis coepimus gentibus, non tamen umquam penitus extinguetur, sed fructificabit in Dei gratia et prosperabitur, usquequo perveniat nomen domini ad fines orbis terrae (c. 34). Diese Lehre verkündet zu haben, konnte also vergeblich nicht sein. Als ein eben nicht nur menschliches Wort war sie damit in der Welt; ihr Siegeszug zwang die Menschen zur Entscheidung.

Hiob war die Gestalt des Dulders Ansgar, und Rimbert ging in seiner Darstellung immer wieder von Hiob aus. Nach der Zerstörung Hamburgs durch die Wikinger habe Ansgar Hiobs Worte ständig gesprochen: „Der Herr hat's gegeben, der Herr hat's genommen. Es ist geschehen, wie es dem Herrn gefiel, der Name des Herrn sei gelobt". In der Verarmung Hamburgs nach der Reichsteilung hielt Ansgar aus, bis – mit einem Wort Hiobs – *Dominus quoque humilitatem eius et patientiae fortitudinem conspiciens* Ludwig der Deutsche mit der Übertragung Bremens Abhilfe schuf. So wichtig ist Rimbert die Hiobgestalt, daß noch Ansgars materielle Fürsorge für Bedürftige mit einem Hiobwort beschrieben wird. Schließlich, das ganze Leben des ein Martyrium erwartenden Ansgar umgreifend: Märtyrer sei er wie Hiob, nicht wie Stephanus gewesen. Bedenkt man Ansgars Schicksal, so ist es möglich, ja wahrscheinlich, daß schon Ansgar selber sich in Hiob wiedererkannt hat; wichtiger noch war ihm aber Christus in seinem Leiden. Als Ansgar sich auf den Missionsauftrag vorbereitete, zog er sich in die Ingelheimer Weingärten zurück. Deutlich ist da die Erinnerung an Christus, der sich zu Beginn seiner Passion in den Garten Gethsemane zurückzog. Ansgar mochte sich für die große Aufgabe haben sammeln wollen; erst rückblickend tritt im Vergleich beider Szenen das Leid in den Vordergrund. Wie lebhaft Christi leidvolles Schicksal Ansgar beschäftigt hat, sei an seinem Gesicht der Geißelung Christi ermessen. Ansgar, der die Schmähungen Christi nicht ertrug, vermochte mit seinem Körper den Leib Christi, nicht aber dessen Haupt abzuschirmen, das ihn um Hauptesänge überragte. Ansgar setzte im Nachdenken über das Erschaute sein eigenes Leid zu Christi Passion in Beziehung: Er habe um Christi willen gelitten, aber eigentlich galt, was er zu dulden hatte, doch Christus. Gerade Gott selber als Christi Haupt werde geschmäht und ertrage dies, bis er richten werde. Man wird es von dieser Vision her verstehen müssen, daß unter den Worten, die der sterbende Ansgar sprach, auch Christi letzte Worte waren: „In deine Hand, Herr befehle ich meinen Geist." Daß hier keine hybride Parallele zu Christus gemeint war, sei damit erwiesen, daß unmittelbar neben dem Christusausspruch die Bitte jenes Zöllners stand: „Herr, sei mir Sünder gnädig".

Den Raum weltlicher Herrschaft berührten weder die Antonius- noch die Pachomiusvita.[622] Was anderen als das Bedeutendste im menschlichen Leben erschien, ist hier schlechthin unbedeutend. Anders Ambrosius; er hatte ein hohes

---

622 Die Kaiserbriefe, von denen in c. 50 der Antoniusvita wohl nicht ganz zuverlässig die Rede ist, enthalten nach der Vitendarstellung monastische Mahnungen, die auch die Herrscher als Menschen vor Gottes Gericht stellen. Pachomius war vor seiner Bekehrung als Soldat rekrutiert worden. Zum folgenden vgl. VAN UYTFANGHE, Stylisation, S. 203–228.

weltliches Amt bekleidet in einem christlich gewordenen Reich und sein Mailänder Auftrag galt eigentlich der Schlichtung der dortigen dogmatisch-kirchlichen Streitigkeiten. Er wurde dort zum Bischof gewählt, ehe er Priester war. Die Vita verliert über all dies kein negatives Wort. Als Bischof ist Ambrosius mehrfach Kaisern in schärfster Form entgegengetreten, wo Belange der orthodoxen Glaubensgemeinschaft berührt wurden. Dies vertrug sich offenbar mit der Vorstellung eines heiligen Bischofs, doch die Vita berichtet davon ohne genaue Reflexe dieses Tuns in Bibelanklängen. Da wird die arianische Gegnerschaft des Hofes gegen die Orthodoxie der Gegnerschaft der Juden gegen Christus verglichen, doch dies ist keine spezifische Kennzeichnung von Herrschertum. Ambrosius als *turris David* gegen Damaskus, dies ist eine wehrhafte Kirche. Wenn Ambrosius schließlich als Genosse des Elia bezeichnet wird wegen seines furchtlosen Auftretens vor Herrschern, so zeigt dies, daß nun neben den Mönch oder Eremiten der soviel weltkundigere Bischof gerade in seiner geschickten und mutigen Verteidigung kirchlicher Belange gegen die Herrscher als heilig angesehen werden konnte.

Severin wirkte in einer ständig von Germanen bedrohten römischen Grenzprovinz. Vom Zustand der Provinzialverwaltung wird in der Vita kein vollständiges Bild entworfen. Der Ordnungsmacht des römischen Reiches scheint Severin innerlich stark verpflichtet gewesen zu sein. Seine Verkündigung einer Rückführung der Römer (*romani*, das ist ein Begriff des Rechts, nicht der Ethnologie) nach Italien hat sicher nichts mit der Frage zu tun, ob man im römischen Italien oder in einem rugischen Noricum komfortabler werde leben können. Er vergleicht diesen Vorgang mit Israels Auszug aus Ägypten und möchte seine Gebeine wie einst die Josephs mitgeführt wissen. Das darin liegende Bild der Befreiung aus fremdem oder fremd gewordenem Land, aus der Unterwerfung unter ein Volk von falschen Glaubensüberzeugungen billigt dem römischen Staatswesen einen ungewöhnlichen Rang zu, unabhängig von der Frage, ob Rom zu diesem Zeitpunkt gerecht oder kraftvoll regiert wurde. Severins ganzes Mahnen und Schelten, die Begründung aller Not Noricums als Strafe für einen Lebenswandel, der nicht den Forderungen Gottes entsprach, ist eine unüberhörbare Parallele zu den Propheten des Alten Testamentes. Die christliche Bevölkerung ist so das neue Volk Gottes, ungehorsam wie das alte, deshalb auch der Strafe seines väterlichen Herrn unterworfen. Eine Grenze findet diese Parallele daran, daß Israels Könige zum Guten wie zum Bösen eine so große Rolle spielten, während Roms Kaiser keiner Erwähnung mehr wert waren. Die germanischen Völker nun, die Noricum bedrohten, werden keineswegs in Vervollständigung des Bildes prinzipiell als Assur oder Babylon o.ä. geschildert.

Zunächst bestimmte Severin gegenüber dem Rugierkönig, der sich in seiner Furcht vor den Goten an Severin wandte, den Rang irdischer Herrschaft, indem er die Frage *de vitae perpetuitate* derjenigen nach dem Bestand der Herrschaft vorordnete. Dies gemahnte an jene Christusworte des absoluten Vorranges Gottes vor jeder menschlichen Bindung. Dann freilich ließ sich Severin zu des Flaccitheus Sorgen herab und mahnte mit Jeremiasworten, sich nicht auf Menschen, nicht auf seine eigene Kraft zu verlassen. Deutlicher ist die Darstellung des Feletheus, Sohn des Flaccitheus, der unter dem Einfluß seiner Gemahlin Giso norische Christen gefangen und umgetauft hatte. Das Verhältnis dieses Ahab-Isabell-Paares zu Severin als

Elia mag zeigen, daß hier nicht das Phänomen des Politischen oder irdische Herrschaft überhaupt beurteilt, sondern das individuelle Tun eines Herrschers angeschaut wird, ob es so vor Gott Bestand haben kann. Dabei treten neben den bisher meist hervorgehobenen Patriarchen und Propheten oder Aposteln nun auch die Gestalten der Ferne von Gott hervor, der Auflehnung, der Abgötterei, darunter die Frau, der zuliebe der Mann verhängnisvolle Entscheidungen trifft.

Severin selber ist in seinem öffentlichen Tun unter Prophetengestalten begriffen: Kein weltliches, kein geistliches Amt. Seine Wirksamkeit kann auch nicht als machtvolle, vielleicht sogar geschickte Vertretung der Kirche gegen die Kaiser beschrieben werden. Sein Mahnen, Raten, Drohen reicht überall in das Zentrum herrscherlicher Fürsorge, ohne daß er den Herrschern ihre Entscheidung oder die Mittel zu deren Durchsetzung streitig machte, oder selber über herrscherliche Mittel geböte. Severins Heiligkeit ist gerade in der öffentlichen Wirksamkeit des Mönch-Propheten von Eugipp erkannt und bildhaft genau gezeichnet worden; und es wird nicht leicht sein, vergleichbare Texte zu finden.

Ferrandus ist darin gegenüber Fulgentius sehr zurückhaltend. Des Fulgentius Rolle gegenüber den arianischen Königen der Vandalen ist die des Asketen. Er selber sah seine vorige Prokuratorentätigkeit als sündig wie die der so verachteten Zöllner der Evangelien an; darin lag weltlichem Range nach eine scharfe Abstufung. Als Bischof blieb Fulgentius Asket. Er hat das Exil auf sich genommen, einen theologischen Disput mit einem arianischen König geführt, nicht aber wie Ambrosius versucht, die Könige zum Einlenken gegenüber der Orthodoxie zu zwingen.

Die Caesariusvita beurteilt römische Herrschaft nicht wesentlich anders als die vorigen Texte. Der Gehorsam gegenüber der weltlichen Macht sei vom Apostel geboten, und über das Pauluswort hinaus: Solange diese Gerechtes anordne, die verwerfliche Lehre der Arianer aber sei zu verachten. Dies hinderte nicht, ein sehr günstiges Bild des Arianers Theoderich zu entwerfen, der in Caesarius sofort einen Heiligen erkannt hatte. Caesarius hat noch erlebt, daß Arles von den Franken erobert wurde und soll dies freudig begrüßt haben. Man wird annehmen dürfen, daß er von den rechtgläubigen Frankenkönigen rechte Herrschaft erwartete.

Fälschlich von Goten des Verrates beschuldigt und bedroht, ging Caesarius als *Danihel noster* aus der Gefahr hervor, der unverletzt der Löwengrube entstiegen war. Daniel war von Darius über das Reich gesetzt und Fürsten und Landvögte (Luther) wollten ihn aus Neid beseitigen. Sie erwirkten die Strafe der Löwengrube durch Gesetz für jeden, der einen anderen Gott als den König verehrte. Dessen konnten sie Daniel beschuldigen, so daß er zum Leidwesen des Darius in die Löwengrube geworfen wurde. Auch hier ist keine grundsätzliche Stellungnahme zu weltlicher Herrschaft zu finden, sondern Beurteilung menschlichen Tuns am Einzelfall, grundsätzlich gemeint war nur jenes Christuswort, der Kirche (!) sei zu geben, was Gottes ist, dem Kaiser aber, was diesem gebühre.

Der Prediger und Seelsorger Caesarius erscheint nicht als prophetenhafter Mahner, als der Severin gegenüber den norischen Römern ebenso wie gegenüber den Rugierkönigen auftrat. Und so haben gelegentlichen Erwähnungen von Propheten oder Patriarchen für Caesarius und die Darstellung seines Lebens eine geringere Bedeutung; sie kennzeichnen nicht die öffentliche Wirksamkeit des Heiligen. Diese betraf vor allem die Sorge um das tägliche Brot der Bevölkerung, den Freikauf von Gefangenen durch den Verkauf kostbaren Kirchengerätes. War doch Christi Leben karg, hatte Christus doch seinen Jüngern den Besitz von Silber und Gold verboten; war doch nach einem Pauluswort der Mensch das *verum templum*. Wenn die Vita es der Wirksamkeit des Caesarius zuschreibt, daß Arles in den Völkerkämpfen nicht geplündert und geknechtet wurde, so begründet sie das *per misericordiam et fidem seu orationes beati Caesarii*. Das mag an Abrahams Bitten für Sodom erinnern, ist aber gerade nicht die Darstellung politischer Wirksamkeit, wie sie Severin unter bestimmten Prinzipien unternommen hatte. Auch in der Gegenüberstellung mit Theoderich erscheint Caesarius nicht als Prophet. Theoderich erkannte *angelicum vultum* und *apostolicum virum*.

Benedikt schloß den Bereich weltlicher Herrschaft wieder völlig aus. Seine Berührung damit ist auf wenige Begegnungen mit Goten beschränkt; vor allem ist des Gotenkönigs Totila Versuch zu nennen, Benedikts Gabe des Vorhersehens zu prüfen. Er schickte seinen Waffenträger als König verkleidet mit Gefolge zu Benedikt, der den Schwindel von ferne schon erkannte. Erschrocken fiel Totilas Waffenträger zu Boden, er wagte nicht, näher zu dem Heiligen zu treten. Erschrocken warf sich auch Totila zur Erde. Benedikt mußte zu ihm treten, da der König nicht heranzutreten wagte. Benedikt schalt ihn wegen unrechter Handlungen und sagte ihm ein düsteres Schicksal voraus. Der Prophet vor dem König, gewiß. Man erkennt auch hier das Erschaudern des Mächtigen vor der unnahbaren Gewalt, für die der Heilige stand. Diesem jedoch blieb jedes politische Tun fremd, und was immer an Propheten- oder Patriarchengestalten auf Benedikt bezogen wird, zielt gerade nicht auf ein öffentliches Handeln in den Raum weltlicher Herrschaft hinein.

Columban trat in andere Beziehung zu herrscherlicher Gewalt. Was Sigibert I. – so die Vita irrtümlich – über Columbans Glaubenseifer, sein Wirken im Frankenreich gehört hatte, bewog ihn, Columban im Lande zu halten, indem er ihm die Erfüllung aller Wünsche versprach.[623] Columban jedoch hatte keine Wünsche und nannte ein den Anfängen des Mönchtums zugehöriges Christuswort von der Selbstverleugnung, dem Kreuz, das man in der Nachfolge tragen müsse. Columban schloß damit wohl die Leitung einer großen Königsabtei aus, die es so auch noch nicht gab. Deren Nähe zum Königshof könnte ihm zudem mißfallen haben. Trotz aller Unnachgiebigkeit gegenüber Königen kam es zu jener ersten eremitenhaften Ansiedlung in Annegray. Der König hatte gebeten, Columban möge in seinem Reichsteil einen Ort wählen, wohl überzeugt, die Gottnähe dieses Mönches nütze seiner Herrschaft, mache ihn selber gottgefälliger. Später erbat Theuderich II. öfter Columbans Fürbitte, mußte sich aber der außerehelichen Kinder wegen schelten lassen. Doch die Großmutter Brunhilde verhinderte, daß Theuderich II. Columbans Forderung nach rechtmäßiger Ehe folgte. So wurde sie Isabel, der Gemahlin Ahabs verglichen, erlag den Einflüsterungen Satans, des *antiquus anguis*. Dies erinnert nicht nur an die Apokalypse (dies wäre zugleich Hinweis auf den Sieg Michaels), sondern auch an den Sündenfall, die von der Schlange verführte Eva, die dann

---

623 Hier wäre I 30 zu vergleichen, wo Agilulf Columban ebenfalls die Auswahl eines beliebigen Platzes für ein Kloster angeboten hat.

Adam zum Ungehorsam gegen Gott anstiftete. Erneut tritt die Figurentrias Isabel-Ahab-Elia, die zu niedrigem Handeln anstiftende Frau, der Mann (als Enkel), der sich dem beugt, und der mahnende, gar drohende Prophet auf. Der weitere Verlauf zeigt, daß auch die wütende Brunhilde vor der Anwesenheit des persönlich machtlosen Columban zurückschreckt, daß aber der Schrecken, der von Columban ausgeht, von seiner persönlichen Anwesenheit abhängt. Der später aus der Ferne brieflich ausgesprochene Ausschluß von den Sakramenten blieb ohne Wirkung. Auch hier war mit den alttestamentlichen Gestalten das persönliche Verhalten der beteiligten Personen als immer wiederkehrender Grundtyp erkannt und bewertet. Columban kritisierte weder Herrschaft schlechthin, noch auch speziell die Herrschaft eines Merowingers als seinem Bild von Herrschertum widersprechend. Er schalt eine unsittliche Lebensweise eines Königs und wollte wohl vom König wegen seiner herausragenden Stellung Vorbildliches verlangen. Die Grenzen seines Respekts vor der königlichen Gewalt zeigte Columban mit der Befreiung der Gefangenen zu Besançon; Befreiung jedoch, nicht ohne daß jene Reue und Buße gelobt, einer zeichenhaften Reinigung unterzogen worden waren nach dem Vorbild der Reinigung, die Christus beim letzten Abendmahl an seinen Jüngern vollzogen hatte.

Den priesterlichen Beruf ordnete er dem königlichen Rang vor, so daß er im Streit der Brüder Theudebert nicht zu Hilfe kommen wollte, ihm zu geistlichem Beruf riet und sich auch von Chlotar II. nicht gewinnen ließ. Columbans Rolle als Mahner mit dem Mut des Propheten war anders als bei den meisten Propheten des Alten Testamentes nicht auf die Gesamtheit der Herrschaft gerichtet; auch jene unmittelbare Verknüpfung von rechtem Leben und Erfolg, unrechtem Leben und Strafe Gottes, wie das bei Severin zu erkennen war, ist bei Columban kaum zu beobachten. Äußerungen über Columban, der verstoßen, des königlichen Schutzes als Landfremder verlustig nur unter dem Schutz Gottes stand, führten zu Stichworten, die an Israels Auszug, an Davids Verfolgung erinnernd das Gewicht dieses Schutzes vor Augen hielten. Schutz – gewiß ein Rechtsbegriff, königliche Aufgabe, Grundlage königlicher Macht, hier weit über die Rechtsebene hinausgehoben.

Wandregisel hat zunächst hohe königliche Ämter bekleidet, und darin dem Kaiser gegeben, was diesem gebührte, Gott aber, was Gottes ist. Ein Beispiel seiner Frieden wirkenden Tätigkeit verdeutlicht, daß Wandregisel in weltlichen Geschäften nicht nur sich um den Frieden verdient machte, sondern darin auch nicht einfach auf eigene Fähigkeiten und königliche Autorität baute; er vertraute auf Gottes Macht und Hilfe, den er anrief. Dagobert I. war von Wandregisels Entschluß zu monastischem Leben überrascht worden und rief diesen an seinen Hof. Die hochfahrende Art der Personen um den König gab Anlaß zu scharfem Urteil; das nicht den König, nicht Herrschaft traf. Jene Höflinge spotteten Wandregisels und standen damit an der Seite derer, die Christus verspotteten: Wandregisel entsann sich des Christuswortes: *si paterfamilias Beelzebub vocaverant, quantum magis domesticos eius*? Litt so nicht Wandregisel Spott, der eigentlich Christus galt? Er erscheint als Lamm inmitten von Wölfen, weiß gewandet wie die Seligen der Apokalypse. Der Gegensatz ist im Urteil tief aufgerissen, irdischer Reflex des Gegensatzes zwischen Gott und Satan. Das Urteil freilich trifft wieder nicht Herrschaft schlechthin, darin konnte man Christ sein, sondern nimmt seinen Ausgang vom sittlichen Rang des

Handelns jener Höflinge und führt dies bis ins Grundsätzliche der Religion. Daß Wandregisels Entscheidungen nicht aus prinzipieller Geringschätzung königlicher Herrschaft erwuchsen, mag auch daran abgelesen werden, da er später auf königlichem Grund eine Abtei gründete: Fontenelle (St. Wandrille) im Forst von Jumiège.

Adalhard entstammte der Königsfamilie und nach dem Scheitern des Versuchs, unerkannt Mönch außerhalb des Frankenreiches zu sein, blieb er ständig in Beziehung zum Hof, ja handelte gelegentlich in königlichem Auftrag. Adalhards Entscheidung, den Hof seines Vetters Karl zu verlassen, um Mönch zu werden, war keine Entscheidung gegen Königtum und Herrschaft. Er entzog sich dem Dienst eines Königs, der in seiner Ehe nicht den Normen der Bibel und der Kirche, sondern herrscherlichem Kalkül folgte; und dies wollte Adalhard nicht hinnehmen. Hier blieb Adalhards Urteil im Rahmen des bisherigen, und wenn er auch nicht das Schicksal des Täufers erlitt, so erkannte doch Radbert den Gegensatz Herodes-Johannes, Pharao-Mose in dem Ereignis wieder. Der Mahner mit Gottes Gesetz vor dem Herrscher, der die Mahnung in den Wind schlägt. Den Rahmen des bisher Beobachteten sprengt es, wenn Adalhard, schon Abt, eine Regentschaft in Italien für Pippin (wohl Bernhard), herrscherliche Aufgaben also, übernahm. Radbert rühmt dies als Beispiel gerechten Sinnes. Doch diese Regentschaft wird nicht breit erzählt; die Heiligkeit wird nicht in ihrer Ausübung gefunden, aber dadurch auch nicht gestört. Immerhin wird ein Friedensschluß zwischen Spoleto und Benevent als Adalhards Werk berichtet; Adalhard habe den Streit zwischen christlichen Brüdern verhindern wollen gemäß einem Wort eines Johannesbriefes, das den Haß gegen den Bruder dem Mord gleichsetzt. Wenn weiterhin Adalhards Rolle am Hof und im Reich nur gelegentlich angedeutet wird, so mag das bedeuten, daß dieses nicht das Feld ist, auf dem der Mensch sein Leben bis zur Heiligkeit steigern kann.

Adalhards Verbannung war Teufelswerk, seine Rolle am Hofe die Daniels. Wird Ludwig der Fromme auch nicht direkt als Nebukadnezar bezeichnet, so verbirgt sich doch hinter dem Prophetennamen das Raten und Mahnen in allen Belangen königlicher Herrschaft. Daniel war mit Bedacht gewählt, nur dieser Prophet ist auch als Inhaber hoher Ämter bekannt. Die Schilderung der Verbannung, die jede Feindschaft gegen Ludwig meidende Geduld, erkannte auch in dem irrenden Ludwig ein Organ göttlichen Willens. Saul wird die Gestalt dieses Königs, David, der seinen Verfolger schonte, wo er ihn vernichten konnte, die Gestalt Adalhards.

Die Vita schildert den Heiligen auch als Verwalter des Klostergutes. Nicht üppiges Wachstum, sondern Vermeiden des Überflusses, Fürsorge für die *familia*, Bau eines Hospizes: Christi Aufforderung an den reichen Jüngling steht über diesem Absatz. Schließlich hat Adalhard vor geistlichen Ämtern, deren er ein wichtiges ausübte, gewarnt. Über die Güterverwaltung kämen weltliche Interessen wieder herein; ein solcher Dienst müsse notfalls um Gottes willen ertragen werden: *Nemo militans Deo implicat se negotiis saecularibus* (so mahnte Paulus Timotheus), und *beati sunt pauperes spiritu* ..., Armut um des Geistes willen. Adalhard sah die geistlichen Institute deshalb dem irdischen Reich (*res publica*) dienen, weil dieses wegen der Begehrlichkeit der Geistlichen aus sich allein nicht mehr leben konnte. Umgekehrt haben die geistlichen Institute so ihre Freiheit verloren. Konnte dieser Heilige unbeschadet seiner Heiligkeit in herrscherlichem Rang wirken, in die Geschäfte des Hofes tätig verwickelt sein, so war dies nicht Zeichen einer allseits erreichten Harmonie, sondern persönliche Leistung Adalhards, der der hohen Gefährdung des Hoflebens in mönchischer Reinheit standhielt.

Davon unterscheidet sich Ansgars Verhältnis zur Herrschaft und dies gewiß nicht nur in der Vitendarstellung. Anders als Ansgar gehörte Adalhard zur Königsfamilie, und auch die beiden Autoren können in dieser Hinsicht unterschieden werden. Rimbert bekleidete als Erzbischof eines der wichtigsten Ämter im Karolingerreich, nach geistlicher wie nach weltlicher Rangordnung. Radbert war zwar Abt von Corbie, jedoch ist bekannt, mit welchen Schwierigkeiten der gelehrte Theologe als Abt zu kämpfen hatte. Das Verhältnis zur herrscherlichen Welt des 9. Jahrhunderts mag so für Rimbert weniger kritisch gewesen sein als für Radbert. Die Unterschiede zwischen Adalhard und Ansgar liegen aber wohl bei den Heiligen selber, kaum bei den Autoren. Ansgar ist der, der sich fügt, bereit für einen schwierigen und gefährlichen Auftrag, der ihm Auftrag Gottes war. Keines seiner Tätigkeitsfelder hat er sich selber gesucht oder erstrebt, sondern als ein Zugewiesenes angenommen. Seine Entschlossenheit in Entscheidungen gewann er aus Visionen. Propheten- und Apostelgestalten, wo sie auf Ansgar bezogen werden, kennzeichnen den Missionar oder seine Berufung zu dieser Aufgabe, nicht aber eine öffentliche, auf Herrschaft bezogene Tätigkeit. Vor Ludwig dem Frommen stand Ansgar demütig bereit, Aufträge auszuführen, die der Verkündigung dienten, geduldig und für die Sache unter Harald Klaks Ignoranz leidend, bis er Zugang zu diesem König fand. Er fällte keine heiligen Bäume oder Haine, er wartete heidnische Thingentscheidungen über die Missionierung ab. Aufträge wie Adalhard hat er nicht erhalten. Nicht in energischem Entschluß wie etwa Antonius, hielt sich Ansgar von aller irdischen Herrschaft fern, zu herrschen widersprach wohl auch seiner Natur. Anders als Antonius setzte er den christlichen Herrscher voraus, dessen Ruf zu folgen, dessen Aufträge auszuführen er bis zur Selbstaufgabe und mit größter Ausdauer bereit war, da sie doch dem biblischen Verkündigungsauftrag entsprachen. Das Wort eines solchen Herrschers verpflichtete den Mönch außerhalb aller rechtlichen Bande in einer Weise, wie dies für die frühen Eremiten undenkbar gewesen wäre.

Das Thema ist damit bei weitem nicht ausgeschöpft. Hinweise wurden gegeben auf die Bedeutung der Schriftanlehnung im Vitentext. Dafür wurden Texte ausgesucht, die tatsächlich auch über den Heiligen berichten und nicht in später Zeit von einem Heiligen handeln, über den man kaum noch Genaueres wissen konnte. Schriftzitate und –anlehnungen erlaubten eine oft viel knappere Ausdrucksweise, als eigene Umschreibung es je vermocht hätte und geben durch den im Leser angesprochenen Hintergrund biblischer Geschichte dem Text Farbe und Tiefe; schufen einen Zusammenhang über große zeitliche Distanz mit einer gottgelenkten Geschichte, mit den Gestalten, die Gott beauftragt hatte, oder auch deren Widersachern. Solche Tiefe wäre mit eigenen Worten kaum zu gewinnen gewesen. Die Verbindlichkeit des Gotteswortes hob die Texte über nur biographische Gattungen hinaus. Schriftzitate gaben den Personen und ihrem Leben erst den Horizont, den die Schrift nun einmal menschlichem Leben bestimmte; in diesem Horizont erst konnte der Autor deutlich machen, welchen Ranges der Heilige war, wozu er durch seine herausragende und mahnende Existenz die Nachlebenden aufrief. Das Schriftwort diente so nicht einfach der treffenderen Beschreibung, sondern gerade auch dem Urteil. Darin war es aber nicht nur Element des Vitentextes, sondern schon des Heiligen selber; dies unabhängig von der quellenkritischen Frage, ob nun gerade dieses bestimmte Wort oder jene bestimmte Gestalt schon dem Heiligen selber vor Augen gestanden hat. Die genaue Kenntnis der Bibel, der Wille, diese als Verpflichtung für das eigene Leben zu erkennen, verbanden Autoren mit ihren Heiligen. Ist auf die quellenkritische Frage keine generelle Antwort zu gewinnen, so ist die Wahrscheinlichkeit groß, daß gerade Worte oder Gestalten, die folgenschwere Entscheidungen bewirkt oder beeinflußt haben, Bestandteil bester Überlieferung sind, auf Erzählungen der Heiligen selber zurückgehen. In anderen Fällen ist gut zu erkennen, wie Schriftworte zum Urteil eines Autors gehören.

Die für uns gewohnte trennende Gegenüberstellung der beiden Testamente konnte an der Vitentexten nicht bestätigt werden. Überwog in den meisten Fällen die Zahl der neutestamentlichen Zitate, so waren doch die oft geradezu gesetzhaften Forderungen Gottes nicht vergessen, ja in ihrer größten Schärfe häufig mit Christus- oder Apostelworten ausgesprochen, Worte des Vertrauens und der Zuversicht dem Alten Testament entnommen. Man kannte nur eine Überlieferung von Gott, wie das ja auch kaum anders sein konnte, wollte man nicht die Identität Gottes mit sich selber bestreiten. Das Unterscheidende wäre somit Bestandteil der geschichtlichen Menschenwelt, die so ihren Rang, ihre Herkunft, ihre Bestimmung von ihrem Schöpfer erhielt. Dann aber wurde offenbar gefragt, wie man sich vor diesem Schöpfer neu bewähren konnte; nicht die menschlich bedingten Unterschiede in einer biblischen Überlieferung fingen den Blick. Darin mußte wohl auch die Bedeutung der Heiligen und der Überlieferung von ihnen für jene Zeit liegen.

Die Zahl häufiger wiederkehrenden Schriftworte ist nicht sehr groß, die Zahl der öfter herangezogenen biblischen Gestalten ist deshalb umso eindrucksvoller, weil es nicht allzu viele Patriarchen, Propheten, Apostel gibt – ein deutlicher Unterschied zur Überlieferung von den Heiligen, deren Zahl später das Institut in Frage stellen könnte. Schwankt die Auswahl der Schriftworte und -gestalten von Vita zu Vita so sehr, so mag dies Zeichen eines persönlichen und intensiven Umganges mit diesem Buch sein. Der statistische Befund wird sich vermutlich ändern, je mehr der Kreis der betrachteten Texte zu späten Überlieferungen und Überarbeitungen hin geöffnet wird. Die immer wieder zitierten Schriftstellen z. B. könnten zunehmen.

Zusammenfassend war vor allem auf die Themen der *conversio*, des Todes, irdischer Herrschaft hingewiesen worden – eine rigide Auswahl möglicher Themen. Viele andere hätten zur Seite gestellt werden können, etwa: Die verschiedenen Bedeutungen von Licht und Finsternis und deren innerer Zusammenhang; das Wohlgefallen der Heiligen an der Schöpfung, das bedeutende Thema der Dämonologie, vor allem aber das Thema der Bereitschaft für Gott, zu dem nicht nur das Prinzip der Askese gehört, die in Mönchen auszubilden die Regeln eine Pädagogik entwickelt haben. Dies wäre zwischen den Themen der *conversio* und des Todes auszuspannen gewesen als der angestrebte Inhalt des Heiligenlebens (nicht nur der Mönche), das darin Vorbild des Menschenlebens schlechthin sein wollte. Nicht alles ist in die Zeit übergreifenden Themen menschlichen Lebens rubrizierbar. An jedem Text konnte neu beobachtet werden, wie Schriftworte und biblische Gestalten im

Großen wie im Kleinen das Heiligenleben als höchste Form menschlicher Existenz begleiteten und bestimmten, als die Erkenntnis der allgemeinen Bedingungen menschlichen Lebens von der Schöpfung her zu einem letzten Gericht und zu jenseitigem Leben hin, häufig die sich dazwischen ausspannende Geschichte als Kampf zwischen Gott und seinem Widersacher erklärend, darin der Mensch seinen Platz finden müsse; das Wort, das befolgt sein wollte; dem Heiligen in Freude und im Leid nahe bis zum spontanen Ausruf als Psalmvers etwa. Am Heiligenleben mag so jener dem Mittelalter wohl eigentümliche Name der Bibel seine Erklärung finden, der zugleich genaue Kennzeichnung ist: Nicht die Vielzahl der darin enthaltenen Bücher, nicht die Mehrbändigkeit der Bibelhandschriften rechtfertigt diesen Namen, sondern der das menschliche Leben von seinen Anfängen bis zu seinem Ziel umfassende, es erklärende und bewegende Charakter machte jenen Generationen dieses Buch nicht nur zum ersten aller Bücher, sondern zur *sacra bibliotheca*[624].

---

[624] Schon W. WATTENBACH ist auf diesen denkwürdigen Titel der Bibel aufmerksam geworden (Schriftwesen im Mittelalter, Leipzig ³1896, S. 152–157). A.MUNDÒ (wie Anm. 594) mit weiterer Literatur. Die Zahl der Belege ist groß; MUNDÒ wurde auf zahlreiche Belege in Bibliothekskatalogen aufmerksam. Naturgemäß wird dieser Name an den Fundstellen nicht erklärt. Immerhin schrieb Theodulf von Orléans ein Gedicht (MGH PL I, S. 541), dessen Anfang MUNDÒ S. 76 zitiert: *Nec me (bibliothecam) sperne, precor, quia cernis corpore parvam: Corpore sum modica, viribus ampla tamen.*

14 ENDNOTEN

ENDNOTE I

Friedrich PRINZ, Frühes Mönchtum im Frankenreich, München-Wien 1965, ND mit einem Nachtrag 1988, S. 248–253, „Topos einer Gründung aus wilder Wurzel" S. 259; unbegründete Ausnahme S. 255 (Vita Wynnebaldi). Dazu D. VON DER NAHMER, Die Klostergründung in solitudine – ein unbrauchbarer hagiographischer Topos? Hessisches Jahrbuch für Landesgechichte 22 (1972), S. 90–111; am Beispiel Fuldas und Lérins; dagegen PRINZ eiligst in der Zs. für bayrische Landesgeschichte 33 (1972), S. 162–166, ohne meinen Standpunkt genau zu referieren. VON DER NAHMER erneut in: Über Ideallandschaften und Klostergründungsorte, Studien und Mitteilungen zur Geschichte des Benediktinerordens 84 (1973), S. 195–270, und in Martin von Tours. Sein Mönchtum, seine Wirkung, Francia 15 (1987), S. 1–41, Anm. 66. Bei Ulrich HUSSONG, Studien zur Geschichte der Reichsabtei Fulda bis zur Jahrtausendwende I, Archiv für Diplomatik 31 (1985), S. 1–225, hier S. 24–38; und Chris WICKHAM, European Forests in Early Middle Ages: Landscape and Land Clearence, in: Settimane di Studi del Centro Italiano di Studi sull'Alto Medioevo 37, 1989 (gedr. 1990) S. 479–545, zu Fulda S.481ff, ist die Toposbehauptung Voraussetzung der Darlegungen, nicht deren Ergebnis. Die voraufgehende Zerstörung älterer Besiedlung durch die Sachsen wird außer Acht gelassen, ebenso die dadurch frei gewordene gewere an dem Land und die Tatsache, daß Bonifatius offenbar keine genaue Kenntnis der Gegend hatte. Die Schilderung der Suche Sturmis nach einem Gründungsort ist so genau, daß ein Ortskenner wie VONDERAU den beschriebenen Weg an der Fulda und in ihren Seitentälern ohne weiteres nachgehen konnte! (J. VONDERAU, Die Gründung des Klosters Fulda und seine Bauten bis zum Tode Sturmis, 26. Veröff. des Fuldaer Geschichtsvereins, 1944). Man kann nicht, wie PRINZ, die eindringliche Schilderung eines großen Waldlandes als Topos verwerfen und nachher schreiben „Vor allem die Erfordernisse der Rodung bei den zahlreichen merowingischen Klostergründungen *in eremo* gaben der Heiligung der Arbeit in christlicher Sicht einen starken Auftrieb, der sich in der zeitgenössischen Hagiographie unverkennbar niederschlug" (S. 536). Die Fuldaer Senke war durch Sachseneinfälle weitgehend menschenleer. Archäologen trafen allenthalben auf eine Brandschicht. Die am Domplatz in Fulda gefundenen Gebäudereste hielt man für Ruinen einer Herzogspfalz. Aber Ruinen widersprechen einer *solitudo* nicht. Wenn die Sturmivita solche Gebäudereste nicht erwähnt, läßt sich nicht gleich behaupten, hier werde etwas bewußt verschwiegen, um die Vorstellung der *solitudo* zu retten, oder was immer vorzutäuschen – so noch E. BRUNERT, Fulda als Kloster in eremo, in: Fulda in der Welt der Karolinger und Ottonen, hg. von G. SCHRIMPF, Fuldaer Studien 7 (1996), S. 59–78. Nach den Ausführungen von H. HAHN, Eihloha – Sturmi und das Kloster Fulda, Fuldaer Geschichtsblätter 56 (1980), S. 50–82. war auch ich überzeugt, daß es sich bei den Gebäuderesten um vorklösterliche Bauten einer Pfalz wohl der Heden handelt. Archäologen bestreiten allerdings nach neuen Grabungen mit ernsten Gründen, daß es sich um vorklösterliche Gebäude handelt, man hat wohl die Überreste der ersten Kirche Sturmis gefunden. (Babette LUDOVICI, Archäologische Befunde zur Frühgeschichte des Klosters Fulda, Denkmalpflege in Hessen 1993, S. 30f; D VORLAUF, Die archäologischen Grabungen auf dem Fuldaer Domplatz. Fuldaer Geschichtsblätter 80 (2004), S. 5–44, Matthias UNTERMANN, Kirchen und Klöster. Beobachtungen zum archäologischen Forschungsstand in Hessen, Zeitschrift für Archäologie des Mittelalters 33 (2005), S. 33–48, hier S. 34f). S. nun Thomas KIND, Das karolingerzeitliche Kloster Fulda – ein „monasterium in solitudine". Seine Strukturen und Handwerksproduktion nach den seit 1898 gewonnenen archäologischen Daten, Post-Roman Towns, Trade and Settlement in Europe and Byzantium I, Berlin New York 2007, S. 367–409, besonders S. 368 und S. 401ff. Ders., Pfahlbauten und merowingische curtis in Fulda? In: Geschichte der Stadt Fulda 1, Fulda 2009, S. 45–68, hier besonders S. 63f. Damit zeigt sich einmal mehr, daß die Wissenschaft immer wieder Opfer eigener Topoi wird; sie ist offenbar häufig topischer als bedeutende Heiligenviten. Theo KÖLZER hat in: Bonifatius und Fulda. Rechtliche, diplomatische und kulturelle Aspekte, Archiv für Mittelrheinische Kirchengechichte 57 (2005), S. 25–53, diesen Gegenstand S. 27ff berührt, und glaubt wohl, Eigil habe die Situation „wohl toposhaft überzeichnet", nimmt aber auch von der „merowingische(n) Vergangenheit Fuldas" Abschied. Gern wüßte man, wie die Situation aussehen muß, die in der modernen Forschung als *solitudo* anerkannt wird. Zwei in einiger Distanz an Fulda vorbeiführende Straßen, die erstmals in der Sturmivita genannt werden, und ein schiffbarer Fluß sollen einem *eremus* entgegenstehen. Da muß ja wohl ein dichter Verkehr geherrscht haben! An der Gründung Fuldas waren zwei einander entgegengesetzte Interessen beteiligt: Sturmi wie auch Bonifatius suchten dort die Ruhe für ein ungestörtes, Gott zugewandtes Leben in einem entlegenen ausgedehnten Waldland. Der Hausmeier aber sah dort einen Raum, der gestaltet, wirtschaftlich genutzt und herrscherlich durchdrungen werden sollte, wozu in KÖLZERS Aufsatz etwas zu lernen ist.

ENDNOTE II

C. 61f (immer in der Kapitelzählung der Übersetzung des Evagrius von Antiochien, MPL 73, col. 125–194). Eine wissenschaftlichen Ansprüchen genügende Edition dieser wichtigen Übersetzung fehlt. Zu diesem Text s. auch G. BARTELINK, Einige Bemerkungen über Evagrius' von Antiochien Übersetzung der „Vita Antonii", in: Revue Bénédictine 82 (1972), S. 98–105. Eine ältere lateinische Übersetzung: Vita di Antonio a cura di Christine MOHRMANN, testo critico e commento a cura di G. J. M. BARTELINK, 1974. Es ist bezweifelt worden, daß die griechische Fassung (Athanasius) die ursprüngliche sei. Das Verhältnis der koptischen, syrischen und griechischen Fassungen zueinander ist unklar und von einem Mediävisten ohnehin nicht zu entscheiden. S. M. TETZ, Athanasius und die Vita Antonii, Zeitschrift für neutestamentliche Wissenschaft 73 (1982), S. 1–30, der einen interessanten Weg einschlägt, den Anteil des Athanasius genauer zu bestimmen; ferner T. D. BARNES, Angel of Light or Mystic Initiate. The Problem of the Life of Antony, The Journal of Theological Studies NS 37 (1976), S. 353–368. Hätte die Vita ihren Ursprung im Schülerkreis des Antonius gehabt – direkt und nicht nur mittelbar – so könnte dies den Wert des Textes nur heben und rückte ihn zeitlich noch näher an des Antonius Tod. R. LORENZ, Die griechische Vita Antonii, kehrt zu Athanasius zurück; s. auch A. LOUTH, St. Athanasius and the Greek Life of Antony, Journal of Theological Studies 39 (1998), S. 524–529 und L. ABRAMOWSKY, Vertritt die syrische Fassung die ursprüngliche Gestalt der Vita Antonii? In: Melanges Guillaumont. Cahiers d'Orientalisme XX (1988), S. 47–56. Wichtige Monographien: Annick MARTIN, Athanase d'Alexandrie (wie Anm. 40) S. 481–490 über die Antoniusvita. Im Kontext dieser umfassenden Monographie beanspruchen der Mönch/Eremit und die Vita als Zeugnis seines Lebens nur geringes Interesse; der Ton liegt auf dem Zeugnis für die Orthodoxie; zuvor DERS.: Le Christ et l'homme dans la theologie d'Athanase, S. 286-348 über die Vita. Die Herleitung der Antoniusvita aus der Literatur der griechischen Philosophenviten ist nicht aufrechtzuerhalten (R. REITZENSTEIN, Des Athanasius Werk über das Leben des Antonius, Sb. der Heidelberger Akademie der Wissenschaften, Phil.-Hist. Klasse 1914, Abh, 8). REITZENSTEINS Vergleiche beruhen nicht auf genauen Unterscheidungen, sondern auf der Unschärfe des Ungefähren, Th. BAUMEISTER, Die Mentalität des frühen ägyptischen Mönchtums, Zeitschrift für Kirchengeschichte 88 (1977), S. 145–160, folgt noch völlig unkritisch der älteren Literatur. D. HOSTER, Die Form (wie Anm. 87) hat sich um die Untersuchung des Aufbaus der Vita verdient gemacht und gegen HOLL, REITZENSTEIN und andere gezeigt, daß das literarische Erscheinungsbild der Vita nicht aus antiken Elementen erklärt werden kann, sondern aus dem Gegenstand selbst erklärt werden muß. Karl HEUSSI, Der Ursprung (wie Anm. 56) S. 100 hatte erkannt, daß die Vita den Ruhm des Antonius voraussetzt. William HARMLESS, Desert Christians (wie Anm. 48) gibt S. 59 zu bedenken: „During this same desert exile, sometimes between 356 and 358 [Athanasius befand sich bei den Eremiten in der Wüste], Athanasius composed the first hagiography of a monk, the remarkable Life of Antony". Dort auch S. 83–95 über die athanasianische Theologie in der Antoniusvita. Heinrich DÖRRIES, Die Vita Antonii (wie Anm. 57) geht davon aus, daß Athanasius „nicht eine Romanfigur ersann, sondern sein farbenprächtiges Gemälde nach einer wirklichen Gestalt erschuf, von der er unmittelbare Kenntnis besaß, und die nicht erst in seiner Schilderung den Rang innehatte, den er ihr zuschrieb" (S. 146). Das von der Vita übermittelte Bild überprüft er an den Antoniusapophtegmata. Es bleibt zu fragen, ob die an sich präzise Spruchüberlieferung so vollständig in ihrer Aussage ist, daß Aussprüche und Vita gegeneinander ausgespielt werden können; dazu L. VON HERTLING, Studi storici (wie Anm. 40) Der Eremit hat seine Zeitgenossen sein Ideal von Vollkommenheit gelehrt, nicht der Vitenautor den Eremiten. Somit weiß der Eremit selber besser, was ihm zur Vollendung fehlt. Schon deshalb ist zu erwarten, daß die Äußerungen des Eremiten bescheidener klingen, als die Vitendarstellung. Das Sieghafte hing seinem Leben an, die Schüler und Athanasius nahmen es wahr und schilderten es, aber will man erwarten, daß Antonius selber sich so äußerte? Er mochte von sich bescheiden und von den ständigen Gefährdungen reden, aufrufen zu allem, was den Mönch auf seinem Wege hält und stärkt. Er äußerte sich auch zu den Dämonen (Apophtegma Patrum, MPG 65, col. 71-440, 12, 20, 22; 11 ist wohl verwandt; 20 sehr drastisch). Es ist wohl natürlich, daß der Beobachter das kämpferische Element stärker erfahren hat und betont, als Antonius es selber aussprach, der sich ohnehin kein Verdienst zuschreiben wollte. Der Eremit sah stärker, was vor ihm lag, der Beobachter stärker das Erreichte. U. RANKE-HEINEMANN, Das frühe Mönchtum (wie Anm. 46), zumal S. 57f, sieht in dem Wechsel der Orte, dem Vordringen in die Wüste einen sicheren Beleg für die gegen Dämonen gerichtete kämpferische Haltung des Eremiten, der sich nicht auf seine Kraft, sondern auf Gott verließ. Um dies zu entkräften, muß man die Stationen von Grab bis zum Kolzim überhaupt bestreiten. Mit DÖRRIES ist festzuhalten, daß in der Vita die Bedeutung des Kellions zu kurz kommt; dies wird für Athanasius und seine Adressaten so wichtig nicht gewesen sein und war für den Patriarchen auch nicht erfahrbar. Nicht oft haben wir über eine Person Nachrichten, die sich so sehr mit Selbstzeugnissen ergänzen. Zur theologischen Einordnung der Vita in das Werk des Athanasius: J. ROLDANUS, Die Vita Antonii (wie Anm. 98) S. 194-216. Generell: Hubertus R. Drobner, Lehrbuch (wie Anm. 119) S. 371ff.

Des Hieronymus Vita sancti Pauli primi eremitae läßt sich nicht als Zeugnis von frühem Eremitentum lesen. Es handelt sich um eine Überbietung der Antoniusvita des Athanasius: Paulus ist ein noch früherer und größerer Eremit als Antonius. Des Hiernoymus angebliche Quellen – zwei Schüler des Antonius – sind wohl frei erfunden; zweifelhaft sind die Berichte über die Christenverfolgung des Decius, die andere als geistliche, gar asketische Interesssen bedienen, und der Paulus in die Wüste ausgewichen sein soll. Dort ist er dann gleichsam ohne Vorsatz, zufällig fast Eremit geworden. So ist das ägyptische Ermitentum ganz sicher nicht entstanden. Die ganze Szene der Begegnung und des Gespräches der beiden Eremiten ist eine ganz uneremitische, fast sentimentale Idylle, in deren Zusammenhang Antonius die Vorstellung untergeschoben wird, er sei der größte Eremit gewesen, bis er eben auf Paulus traf. Dieser Paulus hat so nie existiert. Zumal zu den literarischen Künsten des Hieronymus in diesem Text s. St. REBENICH, Der Kirchenvater Hieronymus als Hagiograph. Die Vita Sancti Pauli primi eremitae, in: Beiträge zur Geschichte des Paulinerordens, hg. von Kaspar Elm, Berlin 2000, S. 23–40. Gert MELVILLE, die Welt der mittelalterlichen Klöster. Geschichte und Lebensformen, München 2012, hält S. 14f Paulus offenbar für eine historische Gestalt.

ENDNOTE III

Dies sollte man nicht aus den Augen verlieren. D. BRAKKE, Athanasius and the Politics of Ascetism, Oxford 1995 (S. 200–265 zur Antoniusvita) verfolgt eine schon bei HEUSSI (wie Anm. 56) angelegte Linie, die in dieser Vita eine für die politischen Zwecke des Patriarchen manipulierte Lebensbeschreibung sehen will. Es wäre eine Selbstverständlichkeit, daß Athanasius einen Eremiten rühmt, dessen Lehr- und Lebensweise nicht arianisch, sondern orthodox war und nicht auf eine

Art Laien-Gegenkirche hinauslief. Der Typus der hier erneut unterstellten bloßen Zweckhaftigkeit eines solchen Textes ist wohl eher der Reflex einer modernen politischen Zweckhaftigkeit, die andere als irdische Zwecke einer ausschließlich politisch verstandenen Institution nicht kennt und erkennt. Antonius war dem Patriarchen wohl ca. zwei Jahrzehnte voraus und dürfte, als Athanasius 328 den Patriarchenstuhl übernahm, in Ägypten eine bekannte Gestalt gewesen sein, wenn nicht über Ägypten hinaus. Schon deshalb ergibt sich die Frage, wer hier zuerst auf den anderen geschaut hat, wer von wem gelernt haben könnte. Mit welch undiskutierter Selbstverständlichkeit die Serapionbriefe als die einzig korrekte Quelle für die Gestalt des Eremiten als bloßer Asket und Wundertäter eingestuft wird, erregt das Staunen des Quellenkritikers. Ein Brief ist etwas anderes als eine Vita, und erstrebt schwerlich deren Vollständigkeit. Woher die Gewißheit, daß Antonius im Durchschnittsbild dieser Briefe aufging? Der Antonius der Vita ist mehr als noch asketischer, noch wundertätiger; die Vita ist auch nicht, wie man immer wieder glauben machen will, vor allem auf die Anerkennung des priesterlichen Amtes konzipiert, hatte Antonius mit Priestern doch kaum Berührung. Die Forschung hat nie wahrgenommen, daß Antonius in jenem *castellum dirutum* und später am Kolzim kaum je eine Messe besucht haben kann u. a. m. Seltsamerweise wird die Frage nach den Adressaten der Vita nicht gestellt, obwohl Athanasius sich im Einleitungsbrief dazu klar äußert. S. 253 wird dargelegt, Athanasius habe sich bemüht, die öffentliche Rolle des Mönchs als Wohltäter der exemplarischen Rolle als Beispiel eines Tugendlebens unterzuordnen. Es sei hier nicht auf das Problem der Verwechslung von Religion und Moral eingegangen. Weiter heißt es: „These attempts are not totally successful because Athanasius' own thought had tendencies that supported the view of the monk as particularly connected with divine powers." Ob Athanasius nicht wirklich fähig war, durchzuführen, was er eigentlich wollte? Oder haben wir seine Absicht mißdeutet? Dies zeigt doch wohl die Schwäche der Argumentation. Athanasius und Antonius bewegen sich da völlig im Rahmen biblischer Überlieferung; und es ist, wie die Schilderung des Todes zeigt, des Athanasius' Quintessenz, daß Antonius Patriarch sei im Sinne der großen Gestalten des Alten Testamentes. Das war er selber als Amtspatriarch von Alexandrien nicht! So war Antonius von Athanasius bedeutender gesehen, als er es sich selber zumaß. Und sollte Antonius etwas anderes gesucht haben, als Gottnähe? Die asketischen Tugenden hatten an sich selber keinerlei Wert. Reinheit ist in der Vita schwerlich einfach ein Begriff der Moral. Die Begnadung aber und Gottnähe eines Menschen war und blieb ein wichtiges Thema; Gregor der Große widmete diesem später seine Dialoge. Indem man zwischen der Lehre des Athanasius und der des Antonius – sehr kundig übrigens – Ähnlichkeiten, ja Übereinstimmungen sucht und findet, erbringt man noch keinen Beweis für die Verformung der Wirklichkeit zu Zwecken der Propaganda, der Politik. Der Befund solcher Verwandtschaft ist nie bestritten worden, aber er könnte trotz der in ihrem Blickwinkel wohl verengten Briefe auch eine andere Erklärung verlangen; die Wirklichkeit sieht vielleicht nicht viel anders aus, als die Vita es schildert. Um die bezeichnete Methode auf sie selber anzuwenden: Daß alles Propaganda, Politik sei, entspricht viel zu sehr den Realitäten unserer Zeit, als daß man nicht zu allererst vermuten möchte, daß hier die Angleichung des Athanasius an die

Normalität unserer Tage vorliegt. Wenn S. 23, von den Athansiusbriefen ausgehend, festgestellt wird: „Antony follows the advice that Athanasius gave to virgins, in which he urged them to eat, only up to the measure of the body's necessity", so wird schlicht unterstellt, daß Antonius tatsächlich anders gelebt habe, etwa, daß asketische Höchstleistungen sein Ziel gewesen seien. Nichts berechtigt zu solcher Unterstellung; es wäre sogar unbegreiflich, weshalb Athanasius sich diesen Antonius ausgewählt hatte, da man doch überall anderes von ihm gewußt haben muß. Vortrefflich die folgende Bemerkung: „Antony's discomfort at eating in front of others does not indicate any contempt of the body" – dies sollte man aber auch Antonius lassen. Auf die gründliche Arbeit von Samuel RUBENSON, The Letters of St. Antony. Origenist Theology, Monastic Tradition and the Making of a Saint. Bibliotheca Historico-Ecclesiastica Lundensis 24, Lund 1990, kann hier nicht detailliert eingegangen werden. Er zeigt, daß die Briefe sich nicht derart von der Vita unterscheiden, daß sie die Vita infrage stellen. Es sei aber mit Nachdruck darauf hingewiesen, daß die Briefe als eigenes Werk des Antonius sich von der Vita unterscheiden müssen. Er selber kann sich nicht groß sehen, muß seine Erlösungsbedürftigkeit erkennen. Athanasius erkennt an Antonius aber eine großartige Gestalt, die ihm die Höhe der Patriarchen des Alten Testamentes erreicht hat – über diese notwendige Differenz zwischen einem Heiligen und seiner Vita würde sich eine Arbeit lohnen – größer also, als ein Amtspatriarch. Gerade, wo es um die Dämonen geht, sieht Athanasius, daß Antonius diesen standhält, er selber weiß, daß Christus in ihm diese Leistung vollbringt, nicht er. Als besonders auf die Kirche und ihre Amtsträger hin orientiert wird Antonius auch nicht geschildert, er begegnet diesen in der Vita auch kaum; gerade als junger Mensch bevor er die bürgerliche Welt verläßt, im Messbesuch und später bei seinem Auftritt in Alexandrien gegen die Arianer. Hinsichtlich seiner „Bildung" nötigt wohl nichts, einen traditionellen Schulbesuch anzunehmen. RUBENSON erarbeitet den platonischen/plotinischen Hintergrund der Briefe sorgfältig heraus, ebenso Beziehungen zu origenistischer Exegese. Man muß gegenwärtig halten, daß Lehren des Origines erst nach dem Tode des Athanasius für haeretisch erklärt worden sind. Was den Schulbesuch angeht, so ist doch zu bedenken, was der heranwachsende junge Mensch in einem wohlhabenden Elternhaus in täglichem Gespräch über Jahre hinweg alles aufgenommen haben mag; selbst lesen und schreiben ließ sich dort auch ohne Lehrer lernen, ohne daß man all den Fragwürdigkeiten ausgesetzt war, von denen Augustinus in den Confessiones berichtet.

ENDNOTE IV

Das Buch Henoch, Übersetzung und Einleitung von G. BAER, Die Apopkryphen und Pseudoepigraphen des Alten Testamentes, hg. von Emil KAUTZSCH, Bd. 2, Tübingen 1900 u. ö. S. 217–310; Äthiopische Version: The Ethiopic Book of Enoch, ed. M. A. KNIBB, 2 Bde., Oxford 1978. Siegbert UHLIG: Das äthiopische Henochbuch. In: Werner Georg KÜMMEL, Hermann LICHTENBERGER (Hrsg.): Jüdische Schriften aus hellenistisch-römischer Zeit. Bd. 5: Apokalypsen, L. 6, Gütersloh

1984, S. 461–780 (Einleitung, deutsche Übersetzung, Kommentar), einleitend zu Entstehung, Datierung und zu den Kreisen, in denen Autoren bzw. Redakteure zu suchen sind. P. SACCHI, Henochgestalt und Henochliteratur, TRE XV, 1986, S. 42–47. L. ROST, Einleitung in die alttestamentlichen Apokryphen und Pseudoepigraphen einschließlich der großen Qumranhandschriften, Heidelberg 1971, zum äthiopischen Henochbuch S. 101–106.

Im 2. Band der Apokryphen des Alten Testamentes findet man auch das Buch der Jubiläen, dt. von E. LITTMANN, Die Apopkryphen und Pseudoepigraphen des Alten Testamentes, hg. von Emil KAUTZSCH, wie oben, S. 31–119, von dem es ebenfalls eine äthiopische Übersetzung gab. C. 5 berichtet vom Abfall der Engel. In demselben Band das Leben Adams und Evas, dt. von C. FUCHS, Die Apokryphen und Pseudoepigraphen, Bd. 2, S. 506–528. S. 512 legt Satan den Grund seines Aufbegehrens dar. Auch solche Texte können als Hintergrund der Engelsturzvorstellung in der Antoniusvita infrage kommen. Es kann und soll hier nicht behauptet werden, die Vitenstellen gingen auf das Henochbuch zurück, dieses erscheint nur als der beste Repräsentant dieser Vorstellung. Sie ist weiträumig auf Geschichte angelegt, mit dem Abfall der Engel von Gott beginnend und das Gericht über die abgefallenen Engel vorhersagend. Die cc. 18,111–19,3 behandeln den Strafort der Abgefallenen; cc. 85—90 ein Traumgesicht, die Weltgeschichte des erwählten Volkes als Tiererzählung, darin der Abfall und auch die Vernichtung höherer Wesen behandelt werden (91,5). Ferner trifft ein Satz wie „… also ist auch die Sünde nicht auf die Welt geschickt worden, sondern die Menschen haben sie von sich selbst aus geschaffen" durchaus die Vorstellungen der Vita. Freilich interessiert der Vitentext sich gar nicht für die Erzählung von den Engeln, die mit menschlichen Frauen Riesen zeugten – so der Henochbericht vom Abfall der Engel (anders das Leben Adams und Evas). Umgekehrt: So sehr Henoch die Menschen zu gottgefälligem Lebenswandel mahnt, die Sündhaftigkeit der menschlichen Geschlechter darstellt und beklagt, so kennt er doch keinen Dämonenkampf. Insofern gibt es Berührungen zwischen den Texten aber keine Gleichheit. Eine Beziehung zu Henoch und dem Jubiläenbuch in Bezug auf den Satan und die Dämonen findet G. J. M. BARTELINK Le diable et les démons, dans les œvres de Jérôme, Studia Patristica XVII/2 (1982), S. 463–471, bei Hieronymus.

Ein Überblick: K. L. SCHMIT, Lucifer als gefallene Engelsmacht, Theologische Zeitschrift 7 (1951), S. 161–179; s. J. DANIELOU, „Démon" in DSAM III, col. 142–239; E. J. MONTANO, The Sin of the Angels, The Catholic University of America Studies in Sacred Theology, 2nd Series 89, Washington 1955, 4ff biblische Belegstellen, S. 9ff zu biblischen Apokryphen; zwar wird auch die Patristik behandelt, doch liegt das Gewicht auf der Lehre des Thomas von Aquin. Zur Vorgeschichte der Satansvorstellung die eindrucksvolle Arbeit von N. FORSYTH, The Old Enemy. Satan and the Combat Myth, Princeton 1987, der den bedeutenden Stoff vom Gilgameschepos bis Augustinus mit ausgreifenden Perspektiven behandelt. Wenn auch unbestreitbar ist, daß es bei allem, was in der Erstarrung des Begriffs nicht lebendig und fruchtbar behandelt werden kann, das Problem der darstellenden und erzählenden Mitteilung gibt – man könnte verkürzt sagen, daß Augustinus' theologische Leistung zugleich eine poetische sei – so möchte ich dennoch sagen, daß die

Reduktion auf „narrative tradition", auf „plots" zwar in ihrer Systematik modernen Bestrebungen und herrschenden Trends entsprechen mag, aber geeignet ist, den Rang, die Bedeutung der Bemühungen so vieler Generationen zu unterlaufen, statt sich ihnen zu stellen. Was bleibt von unseren Bemühungen in den Wissenschaften, wenn wir sie solchen Methoden und Anschauungen unterwerfen? Dies soll nicht ablenken von dem großen Bogen der Diskussion in diesem wichtigen Buch. Hier ist wichtig das Kapitel über Origines (S. 358–383) und Augustinus (S. 385–440), der die Antoniusvita kannte. Die Schriftzitate, die die Vita zu diesem Thema verwendet, hat z. T. schon Origines verwandt. Elaine PAGELS, Satans Ursprung, Berlin 1996 verfolgt auch noch andere, z. B. apologetische Zwecke. Ihr Versuch, der Dämonisierung von Gegnern vom Ursprung her nachzugehen, führt in die spätjüdische und frühchristliche Welt an ausgewählten Texten.

ENDNOTE V

Edition: Adalbert DE VOGÜÉ, Grégoire le Grand, Dialogues, SC 251,260,265, Paris 1978–1980; Übersetzungen s. Literaturverzeichnis. Nach den Besprechungen von R. GODDING, A. DE VOGÜÉ und P. MEYVAERT erübrigt sich jedes weitere Eingehen auf Francis CLARK, The Pseudogregorian Dialogues, Studies in the History of Christian Thought 37, Leiden 1987. Wichtig auch Conrad LEYSER jr., St. Benedict and Gregory the Great: another Dialogue, in: Sicilia e Italia suburbana tra IV ed VIII secolo, ed. Salvatore PRICOCCO ed altri, Soveria Manelli (CZ) 1991, 21–43. G. JENAL, Italia ascetica atque monastica, Monographien zur Geschichte des Mittelalters XXXIX, 2 Bde., Stuttgart 1995, läßt die von CLARK aufgeworfene Autorenfrage unentschieden. CLARK, The ‚Gregorian' Dialogues and the Origin of Benedictine Monasticism, Studies in the History of Christian Thought 118, 2003 als Antwort auf die ablehnende Kritik hat nichts Neues gebracht. Aufbau und Gedankenführung der Dialoge haben CLARK nicht interessiert. Dies gilt auch für Johannes FRIED, Der Schleier (wie Anm. 326) zu Benedikt S. 344–356. Gregor wollte keine Benediktvita schreiben, er gibt nur die notwendigsten Rahmendaten, wie unsicher sie uns immer erscheinen mögen. An den Fragen und Antworten ist zu ermitteln, was Gregor an Benedikt suchte, und das ist nicht der Wundertäter, sondern der Mensch, der Gott nahe war. Alle Wundergeschichten sind nur Beispiele dafür. „Mirakelberichte" (S. 346) waren nicht Gregors Ziel; ein „Idealbild eines Abtes" (S. 352) wird weder entworfen, noch angestrebt; dann hätte Gregor nicht in II 36 für die Kenntnis des Lebens Benedikts auf die Regel verwiesen, die im Kontext seiner Dialoge kein besonderes Interesse findet. Es überrascht nicht, daß nach der Auflösung alles Berichteten die freie Spekulation über Benedikt, über Gregors Gewährsleute u.v.a.m. einsetzt. Daß Gregors Daten belastbar sein können, zeigt der Bericht über Honoratus von Fondi in Buch I (B. BORCK. D. VON DER NAHMER, Das Kloster des Honoratus (wie Anm. 326), s. auch VON DER. NAHMER, Gregor der Große (wie Anm. 326). Im übrigen hält FRIED noch immer an HALLINGERS (wie Anm. 326) unhaltbarer Meinung fest. Zu Gregors Thema s. VON DER NAHMER, Die Bedeutung der Fragen des Petrus (wie Anm. 322). Klagen über die Last pastoraler Aufgaben:

s. die Briefe I, 4, 5, 6, 7, 30, 41. Hier nur Nr. 5 an Theoctista, eine bewegte Klage über die Bürde des päpstlichen Amtes. Unter dem Vorwand bischöflicher Würde habe man ihn in die Welt zurückgeholt, mit irdischen Sorgen belastet, die er als Laie nie gekannt habe. Diese Entgegensetzung beherrscht den Text. Der Verlust der Einsamkeit bedeutet Verfall des Inneren; nur äußerlich scheint er emporgestiegen (*intus corruens ascendisse exterius*), vom Antlitz des Schöpfers sieht er sich vertrieben (*unde me a conditoris mei facie longe expulsum deploro*): Zahlreich sind im Alten Testament die Stellen, die von der Verborgenheit des Angesichts Gottes reden; der Psalmist fragt (41,3): „Wann werde ich dahin kommen, daß ich Gottes Angesicht schaue?" Aber er versucht auch, vor Gottes Angesicht zu fliehen (138,7). Den direktesten Bezug hat Gregors Satz zur Erzählung von Schöpfung und Sündenfall. Adam, da er Gottes Gebot mißachtet hatte und seine Schuld erkannte, versteckte sich mit seinem Weibe vor dem Angesicht Gottes (Gen.3,8). Gregor wurde durch die auferlegte Bürde des ursprünglichen Zustandes beraubt. Vor dem Angesicht des Schöpfers lebte Adam also im Paradies vor dem Sündenfall, und wenn Adam vom Angesicht des Schöpfers vertrieben wurde, so ist Gregors Wechsel vom vorigen klösterlichen Leben in das Amt des Papstes der Vertreibung aus dem Paradies zu vergleichen, so unterschiedlich die Gründe sein mögen. Der neue Zustand steht gleichsam unter dem Fluch von Gen. 3,17: Mit Kummer soll er sich nähren sein Leben lang. Es folgen Worte, die an den Prolog der Dialoge erinnern, von der aufgewandten Mühe, sich über die Welt und das Fleisch zu erheben (weitergehend: *cuncta fantasmata corporis ab oculis mentis abigere ...*), die himmlischen Freuden geistig zu schauen; das Psalmwort wird da sein eigenes: „Mein Herz hat zu dir geredet, dein Angesicht habe ich aufgesucht, dein Angesicht, Herr, will ich suchen" (26,2). Das vorige Leben als Mönch erschien ihm fast die Erfüllung der Verheißung des Propheten: „Ich will dich erheben über das, was auf Erden hoch ist" (*altitudines terrae;* Is. 58,14). Höhe ist hier, so Gregor, was diese Welt erhaben dünkt; und wer sich von solchen Urteilen freigemacht hat, auf solchen Glanz herabschaut, der ist über die Höhen dieser Welt erhoben. Der Jesaiavers mochte noch eine neu aufblühende Herrlichkeit Israels meinen; Gregors Verständnis ist davon weit entfernt, wie ja auch Christi messianische Sendung vom Thron Davids. Wußte Gregor sich höher als irdische Gipfel, so drangen die neuen Geschäfte wie Fluten über ihn herein: Seine Klage faßt er wieder in ein Psalmwort: „Ich bin gekommen in die Tiefe des Meeres, und der Sturm hat mich versenkt" (68,3); er beherrscht nicht mehr die Bahnen seiner Gedanken: Daß er unfähig geworden ist, der Forderung des Jesaia zu folgen: „Kehret in euer Herz zurück, ihr Übertreter" (48,8); man vergleiche die Erklärung von *in se habitare* in Buch II der Dialoge. Deshalb klagt er mit dem Psalm: „Mein Herz hat mich verlassen" (39,13). Der Wechsel, den Gregor an sich erlebt hat, war in der Bibel in beiden Testamenten als Gegensatz zweier Gestalten dargestellt worden: Das schauende Leben hatte Gregor geliebt als die schöne Rahel, die zwar wegen ihrer Ruhe weniger Kinder gebar, aber das Licht klarer schaute (das Mönchsleben hatte also nach Gregors Erkenntnis geringe sichtbare Folgen, beabsichtigte solche auch nicht). Die neue priesterliche Aufgabe ist ihm als Lea beigesellt, fruchtbar zwar (er sieht also die Möglichkeit segensreichen Wirkens), aber triefäugig (vgl. Gen. 29,16ff). Und er gedenkt noch des Unterschiedes zwischen

Martha und Maria, deren eine hörend zu Füßen Christi saß (Lc.10,38–42) – Bild des bisherigen Lebens im Kloster, während er nun mit Martha Dienste leisten muß, der Zerstreuung durch das Vielerlei des Alltags ausgesetzt. Das Mönchsleben war ihm im Vergleich zu seinem vorigen Leben als vornehmer Römer wie die Austreibung einer Legion böser Geister erschienen (Mc. 5,9; Lc. 8,30). Und nun geschah ihm gegen seinen Willen auch das weitere Schicksal jenes besessenen Gadareners, der von den bösen Geistern befreit worden war. Jener hatte gebeten, bei Christus bleiben zu dürfen, und solcher Jüngerschaft sah Gregor sein Klosterleben verwandt. Doch wie der Gadarener mußte er in die alte Umgebung zurück: „Kehre in dein Haus zurück und verkündige, wie Großes der Herr an dir getan hat." Gregor geht über die Geschichte hinaus: Die irdischen Sorgen verhindern das Verkünden des Wunderbaren, da sie kaum noch zulassen, daran auch nur zu denken. Die beiden Frauenpaare mochten in der jeweiligen Entgegensetzung Grundhaltungen des Menschen zu seinem Schöpfer, oder wie hier Grundgegebenheiten darstellen, die Geschichte des Gadareners nahm stofflich das Gregorschicksal in einem Punkte vorweg, ohne jedoch den Rang der unterschiedenen Lebensweise zu bezeichnen. Diese Möglichkeit bot der Psalter, in dessen Worte Gregor zudem seine Bewegtheit fassen konnte. Er erinnert sich des Satzes: „Du hast sie gestürzt, da sie erhoben wurden" (Ps. 72,18). Und was ihn daran so betroffen macht, seine eigene Lage so scharf beleuchtet, ist, daß in diesen Worten Erhebung und Sturz eines sind. (*Deiecisti eos dum allevarentur,* nicht: *postquam levati sunt*), wie er das zuvor dargelegt hatte. Die Erhebung ist äußerlich, betrifft irdische Würde, vergänglichen Ruhm; der wahre Ruhm ist verloren, die Seele kommt zu Fall. In weiteren Psalmversen sucht er denselben Gedanken wieder auf (36,2 und 82,14): Die zur Schau getragene Größe bedeutet den wahren Untergang, dargestellt etwa an der Bewegung des Rades. An der einen Seite steigt es auf – wachsender Ruhm auf Erden, doch auf der anderen Seite sinkt es herab – nicht nur Verlust irdischen Ruhmes, sondern des ewigen Lebens. Paulus bestätigte diese Vorstellung: „Ich vergesse, was hinter mir liegt und strecke mich nach dem, was vor mir liegt" (Phil. 3,13), ein Wort, das anders als Gregors Brief nicht aus der Gefahr des Verlustes geschrieben ist und eigentlich vorbildliche Haltung beschreibt. Sehr eigenartig der Abschluß: Klang alles Bisherige wie die Feststellung eines unausweichlichen letzten Niederganges, so erinnert er sich für die Möglichkeiten seiner neuen Tätigkeit eines Wortes Elihus an seinen leidgeprüften, fälschlich beschuldigten Freund Hiob: „Gott verwirft die Mächtigen nicht, da er selber mächtig ist" (Job 36,5). Größer noch die Zuversicht Salomos in den Sprüchen: „Der Verständige kommt ans Ruder" (*gubernacula possidebit,* 1,5). Dies hätte Gregor als tätigen Menschen ansprechen können, möchte den mittelalterlichen Versuch ankündigen, die ruhmvolle irdische Tätigkeit dem Gott zustrebenden Leben zu verbinden. Gregor schien es jedoch für seine Person sehr mühsam, weniger um objektiver Hindernisse willen, sondern „was der Geist nicht freiwillig auf sich nimmt, das greift er nicht geschickt an". In dieser bewegten Briefklage überwiegen die Psalmworte. Dies mag leicht mit dem Charakter dieses altisraelitischen Liederbuches erklärt sein, doch muß man zugleich erkennen, daß es sich keineswegs um emotionale Ausrufe einer erschütterten Person handelt. Jedes dieser

Worte klärt und beleuchtet den in diesem Brief vorgetragenen Gedanken, die zugrunde gelegte Bestimmung dessen, was groß oder gering ist, die Vorstellung eines vollkommenen Lebens. Gregor ergreift jede vom Psalmwort gebotene Gelegenheit, in der Erklärung immer zugleich nicht rückgewandtes Historisches zu verdeutlichen, sondern Grundgegebenheiten menschlichen Lebens zu bezeichnen; und indem er Begriffe wie Höhe und Tiefe klärt, legt er dar, worauf der Mensch sich ausrichten soll. Bei anderem, wie etwa dem Jesaiawort von der Erhebung über die Höhen der Erde hinaus ließ sich im Stofflichen der Geschichte greifen, was auf höherer Ebene Wahrheit und Wirklichkeit war. Höhe und Tiefe bleiben in mehreren Zitaten das irdischen Abbild der eigentlichen, von der Schöpfung her bestimmten Verhältnisse; mit Nähe oder Ferne zu Gott können sie umschrieben werden. Aus dieser Vorstellung heraus formt sich der Begriff des Herzens als des menschlichen Inneren; nicht zum Zentrum der Empfindung, sondern zum Inbegriff des vollkommenen Schöpfungswerkes Mensch: Jesaia rief den von Gott Abgefallenen zu, sie sollten in ihre Herzen zurückkehren. Gregor aber vermag dies aus täglicher Ablenkung nicht, sein Herz hat ihn gemäß dem Psalmwort verlassen. Selber hatte er formuliert: „So ist mir mein Inneres fremd geworden". Der Gegensatz Rahel-Lea ist als Schönheit-Unansehnlichkeit die äußere Gestalt, die Verkörperung der beschriebenen geistigen Verhältnisse; Maria-Martha zeigen in ihren Neigungen schon unmittelbar die gemeinten Lebensweisen. Die monastische Suche nach dem Angesicht Gottes – so das Psalmwort – war der Ausgangspunkt gewesen; dies war als Höhe, als Gipfel bestimmt worden. Und so ist es Erweiterung des Gedankens, wenn nun das irdische Erhoben-Werden in Auslegung eines Psalmverses als Verkehrung der wahren Verhältnisse, als Sturz dargestellt wird. War dies eine Verstärkung des Psalmwortes, so dachte der Psalmist tatsächlich darüber nach, wie die irdische Geltung mit Gottlosigkeit einhergeht und vernichtet werden wird. Die Worte des Psalters und des Propheten fanden ihre Bestätigung an den Beispielen des Neuen Testamentes. Die zuversichtlicheren Wendungen des Briefendes sind eigentümlicher Weise sogar dem Hiobbuch (und den Proverbien) entnommen, und zeigen, daß Gregor auch hier seine individuellen Möglichkeiten mit bedenkt. Nicht grundsätzlich war irdische Größe und Macht das Verworfene, denn er selber – Gott – ist mächtig. Sinn und Bedeutung des eigenen Lebens, der persönlichen Lage, das Grundsätzliche und Überindividuelle an seinem Leben geriet Gregor am Schriftwort zur Erkenntnis. Umgekehrt klärte sich auch das Schriftwort im Nachdenken über die Härte und Wechselfälle des Lebens. Das Thema der Dialoge ist, was einen Heiligen ausmacht, die mögliche Gottnähe des Menschen, nicht aber Mönchtum, Regeln, oder Wunder, so viele Gregor seinem Partner auch erzählt. Die mit den Dialogen befaßten Beiträge in: Gregorio Magno e le Origini dell'Europa, Atti del Convegno internazionale Firenze, 13–17 maggio 2006 sotto la direzione di Claudio LEONARDI, Firenze 2014, gehen auf den Dialogcharakter des Werkes nicht ein. Einen Überblick auf jüngere, zumal italienischer Arbeiten über Gregors Dialoge bietet Guiseppe CREMASCOLI, Sul significato dei Dialogi di Gregorio Magno, S. 237–245. Salvatore PRICOCO in seinen instruktiven Beitrag Gregorio e la tradizione monastica (S. 63–88) S. 65 betont: ... l'interesse preminente dello scrittore ... non è raccontare le esperienze monastiche dei suoi eroi, ma celebrarne l'operato miraculoso. Ähnlich

Adalbert DE VOGÜÉ, Le monachisme vu par Grégoire le Grand, (ibd. S. 159–169) S. 159: ... les quatre Livres de Dialogues avec le diacre Pierre ont pour sujet les miracles accomplis per des saintes en Italie ...

ENDNOTE VI

Prol. 9; Petrus: *in expositione quippe qualiter invenienda et tenenda sit virtus agnoscitur; in narratione vero signorum cognoscimus inventa ac retenta qualiter declaratur. Et sunt nonnulli quos ad amorem patriae celesti plus exempla quam praedicamenta succendunt*; vgl. III 35 Petrus: *magna vitae aedificatio est videre viros mira facente, atque in civibus suis Hierusalem caelestem in terra conspicere.* Gregor denkt nicht zuerst an eine moralische Beispielsammlung. Seine erste Erzählung über Honoratus schließt er: *sed haec ut praediximus infirmis veneranda sunt, non imitanda* (I 1,7). S. auch VON DER NAHMER, Gregor der Große (wie Anm. 326), Anm. 59. W. F. BOLTON The Supra-Historical Sense (wie Anm. 335), führt aus, daß Gregor am Heiligenleben gelegentlich christliche Lehre, nicht Moral erläutert. Sein Bericht besteht großenteils aus der Erzählung wunderbarer Ereignisse, was das Mißtrauen der Wissenschaft begründet. F. H. DUDDEN, Gregory the Great, 2 Bde., London 1905, I, S. 341. Den Weg der Forschung referieren S. BOESCH-GAJANO, La proposta agiografica und Narratio e expositio (beide wie Anm. 322) sowie Dislivelli culturali e mediazioni ecclesiastiche nei Dialogi di Gregorio Magno, in: Quaderni Storici 14 (1979) S. 398–415. Dazu auch P. BOGLIONI, Gregorio Magno, Biografo di San Benedetto, in: Atti del 7° Congresso di Studi sull'Alto Medioevo; Norcia, Subiaco, Montecassino 1980, Spoleto 1982, S.185-220. Giorgio CRACCO, Uomini di Dio (wie Anm. 336). Der Moderne, dem die Natur nur eine Summe technischer Abläufe ist und deren Reproduzierbarkeit ihn interessiert, der auch Geschichte gerne in solche „Gesetzmäßigkeit" zwängen möchte, lehnt jedes Wunder ab; Zweifler wird es zu allen Zeiten gegeben haben. Jenen älteren Generationen begann das Wunder nicht erst, wo bekannte Naturgesetzlichkeiten durchbrochen wurden; Gregor sah das größere Wunder in der Bekehrung durch Verkündigung und Gebet gegenüber der Totenauferweckung. Im übrigen könnten die Ausführungen von IV 6 (dazu BOLTON S. 210) über das Unsichtbare zu der Frage veranlassen, ob die Zeit so wundersüchtig und -gläubig war, wie oft angenommen. Einen gänzlich anderen Weg nahm Wolfram VON DEN STEINEN, Heilige (wie Anm. 230), indem er es hinnahm, daß gerade die großen Gestalten, die ein Zeitalter mitbegründet haben, in Wundererzählungen Bedeutendes fanden; darauf verzichteten, sich „kritisch" über diese zu stellen. Er konnte beobachten, daß gerade die bedeutenden Hagiographen ihre Heiligenerzählungen von festen Daten weitgehend freihielten, und er stellte fest, daß „alle die äußeren Umstände ... für den Heiligen wesenlos" sind. Die Heiligen selber suchten die Distanz zu irdischen Bindungen mit allen Kräften. Wesenlos waren solche Daten auch für den Leser. Grund der Erinnerung und der Erinnerungswürdigkeit lag nicht in der üblichen Verflochtenheit in irdische Verhältnisse, „sondern in dem, was sein Wesen ausmacht, in seinen Tugenden und Begnadungen, in seinen Mühen und Kämpfen" (15). Sehr zutreffend sind die Beobachtungen des

Verzichts auf paradigmatische Darstellung, der Geringschätzung der Kausalität. Dem stellt VON DEN STEINEN „als causae primae, die Wirkungen Gottes, denen sich der Heilige als Gottes Werkzeug zur Verfügung stellt", gegenüber. Ausführlich zum Problem der Wundertätigkeit nimmt er Stellung 26ff. Sieht er darin die stärkste und sinnenfälligste Durchbrechung der Stoffgebundenheit, die über die Askese hinaus denkbar ist, so lenkt er den Blick vor allem darauf, daß gerade die großen Heiligen als Autoren die Wunder überall suchen und sehen (Ausführlicher noch DERS., Vom heiligen Geist des Mittelalters, Breslau 1926, ND. Darmstadt 1968, S. 191–222). Kassius HALLINGER, Papst Gregor der Große (wie Anm.326), fällt hinter die von ihm kritisierte Arbeit von VON DEN STEINENS weit zurück und mißt wieder im technisch-stofflichen Wirklichkeitsbegriff. Ihm wird alles zu beliebig verfügbarer Einkleidung lehrhafter Absicht. W. F. BOLTON, The Supra-Historical Sense, sieht den Sinn der Wundererzählungen in einer übergeschichtlichen Bedeutung, dem mehrfachen Schriftsinn vergleichbar. Dies birgt m. E. die Gefahr, den geschichtlichen Grund jeder höheren Bedeutung zu verlieren und somit den höheren Sinn auf ein stoffliches Nichts aufzubauen. Daß die irdischen Ereignisse sich nicht im Stoff des Geschehens erschöpfen, sondern auf Höheres verweisen, belegt BOLTON mit z. T. sehr schönen Zeugnissen. Neuerdings wendet man sich verstärkt dem Wunder zu: z. B. P. BOGLIONI, Miracle et nature chez Grégoire le Grand, in: Epopées, légendes et miracles, Montreal-Paris 1974, S. 11–102; S. BOESCH-GAJANO, Demoni e miracoli nei ‚Dialoghi' di Gregorio Magno, Hagiographie, Culture et Sociétées IVe-XIIe siècles, Paris 1981, S. 263–281, W. D. MCCREADY, Signs of Sanctity, Miracles in the Thought of Gregory the Great, Studies and Texts 91, Toronto 1989. P. LICCIARDELLO, La santità secondo Gregorio, in: Gregorio Magno e le Origini dell'Europa (wie Endnote V)) S. 327–351 nutzt zwar die Dialoge Gregors, jedoch ohne einen Blick auf den Dialog, d.h. Frage des Petrus und Antwort Gregors. Darin aber wird klar, daß Gregor nicht davon handelt, wie man ein Heiliger wird – was ein hybrider Vorsatz wäre – sondern klären will, daß man die Nähe Gottes suchen muß, was das bedeutet und bewirken kann. Dafür sind die Gestalten, die Wunder zur Erklärung der Antworten ausgesucht. An den Fragen des Petrus wird klar, wie schwer es ist, selbst einem Diakon verständlich zu machen, was dies bedeutet. S. dazu VON DER NAHMER, Bedeutung (wie Anm. 326).

ENDNOTE VII

II Prol 1. Zu Gregors eigenem Verhältnis zur antiken rhetorischen Tradition ausführlich Cl. DAGENS, Saint Grégorie le Grand. (wie Anm. 329) S. 31–54. F. TATEO, La struttura dei Dialoghi di Gregorio Magno, Vetera Christianorum 2 (1965), S. 101–127, S. 105 hat sicher Recht: In realtà la condanna dei ‚flores', del linguaggio vuoto e sonoro, e la convinzione che l'eloquenza sia dono divino, quasi istintivo nell'uomo che si affida a Lui, non significa rifiuto dell'insegnamento retorico, ma rifiuto dell'uso ‚pagano' di esso. Methodisch halte ich es für unzulässig, einen Text systematisch in Rubriken, Motive etc. aufzulösen und diese dann aus dem Zusammenhang herausgelöst in eine Tradition als neuen Zusammenhang einzureihen.

Quellenkritisch ist solches Vorgehen ohne Wert; über die Historizität des Berichteten sind Erkenntnisse so nicht zu gewinnen So ist es völlig unberechtigt, die Erzählung von Benedikt, der die Schule verläßt, bei Gregor gleichsam Einleitung zur eigentlichen Lebenserzählung, auf ein Motiv zu reduzieren (so M. PUZICHA, Vita iusti (dial. 2,2). Grundstrukturen altkirchlicher Hagiographie bei Gregor dem Großen, Pietas. Festschrift für Bernhard Kötting, Jahrbuch für Antike und Christentum, Ergänzungsband 8, Münster 1980, S. 284–312, S. 295; der Autorin entging, daß ihr Titel einer Bemerkung des Petrus entstammt, der nie die Auffassung Gregors ausspricht, die er im Grunde nicht wirklich begreift). Die methodische Vorgabe beraubt unsere Texte ihres Zeugnischarakters und macht sie zum Durchgangspunkt verschiedener sogenannter Traditionen. Hätte Gregor „die Grundmuster und Einzelthemen altkirchlicher Hagiographie" einfach zu Benediktexempla verknüpft (so PUZICHA S. 312), welch unlesbarer Text von absichtsvollem Pastoralmethodismus wäre da entstanden. Zum moralisierenden Mißverständnis der Dialoge s. auch VON DER NAHMER, Gregor der Große (wie Anm. 321), Anm. 59 gegen LE GOFF, Vita et ‚pre-exemplum' dans le 2e livre des ‚Dialogues' de Grégoire le Grand, Hagiographie, cultures et sociétés, Paris 1981, S. 105–120; vgl. auch G. CRACCO, Uomini di Dio (wie Anm. 325) S. 172. Solches Arbeiten ist selber leicht in derartige Traditionen auflösbar – ist es folglich nicht mehr Zeugnis kritischer Auseinandersetzung? Moderne biographische Bemühungen, an denen die Defizite der Vitenliteratur gerne festgemacht werden, befolgen schließlich auch nur moderne Klischees psychologischer und sozialgeschichtlicher Erklärung, haben ihr Klischee geschichtlicher Einordung der Person. Sind sie damit für die Fragen des Geschichtlichen unbrauchbar? Sie überzeugen uns nur, weil wir ihre Kategorien teilen, die Kategorien jener aber sind uns fremd. Schnell sind so Grundmuster, Topoi o. ä. ausgemacht, worüber wir für zeitgenössische Zeugnisse keinerlei Rechenschaft ablegen oder fordern. Im Prinzip, wenn auch weit weniger rücksichtsvoll, verfährt so auch J. M. PETERSEN, The Dialogues of Gregory (wie Anm. 330). MCCREADY (wie Anm. 325) zeigt immer wieder größere Bereitschaft, den Unterschieden des oberflächlich Ähnlichen auch Bedeutung zuzuerkennen. Die methodischen Grundmuster der beschriebenen Vorgehensweisen sind schon bei Autoren wie R. REITZENSTEIN, dann in neuer Ausschärfung bei DIBELIUS und BULTMANN ausgebildet; CURTIUS systematisierte weitere Bereiche möglicher Traditionszusammenhänge. Diesen Verfahren liegt eine höchst technizistische Auffassung von der Entstehung menschlicher Hervorbringungen zugrunde, die dann auf das eigene Vorgehen notwendig auch angewandt werden muß – schwerlich zu dessen Vorteil. Allenthalben ist solches Vorgehen dem Angriff auf die Geschichtlichkeit der Berichte verbunden (zu PETERSEN s. VON DER NAHMER, Gregor der Große). Zum Thema Vita und Geschichte s. auch VON DER NAHMER, Die lateinische Heiligenvita, Darmstadt 1004, das Kapitel „Vita und Geschichte". G. CRACCO, Uomini di Dio bietet u. a. eine anregende Untersuchung zu der Frage, welche voraufgehenden Texte Gregor gekannt und genutzt haben kann. Nun ist Gregors Werk als Ganzes viel zu eigenständig konzipiert, als daß es sich auch nur teilweise aus einem Einfluß Pseudo-Dionysios oder Theodorets von Cyrus erklären ließe. Deshalb sind CRACCOs Bemühungen, die Unterschiede zwischen Gregor und älteren Autoren deutlich zu machen, bedeutsam; Theodoret betreffend führen seine Ausführungen sicher weiter als die von J. M. PETERSEN. Darüber hinaus meine ich, daß es Gregor nicht einfach um die Idee der „uomini divini" und ihres absoluten Vorranges gegenüber einer bloßen Amtshierarchie geht. Man hätte da Gregors Einleitung ernst zu nehmen: Das Gott hingegebene Leben ist sein Thema und seine Sehnsucht. So redet er von Menschen, die, anders als er selber, ungestört so haben leben können. Wunder, Visionen sind das bestätigende Gottesgeschenk. Es trifft aber sicher nicht zu, daß Gregors Dialoge ähnlich wie Theodorets Historia religiosa eine Kette von Wundererzählungen seien. Schon der Dialogcharakter, der immer wieder ignoriert wurde, unterscheidet Gregors Absichten von denen Theodorets. Wenig weiß letzterer über das Verhältnis des Menschen zu Gott zu sagen, für Gregor hingegen war dies von der ersten Zeile an allgegenwärtiges Thema der Erläuterungen und Erzählungen. Anders als Frau BOESCH-GAJANO (Proposta agiografica (wie Anm. 322 S. 651) halte ich die von CRACCO schon im Titel gegebene Unterscheidung Uomini di Dio – uomini di Chiesa für sehr sinnvoll, wenn auch nicht als polemische Entgegensetzung. Eine eher sozialstatistische Beobachtung, daß die Heiligen Gregors allen Rängen angehören, besagt nicht, daß von solch gleichmäßiger Verteilung – soziale Rücksicht? – Gregors Auswahl bestimmt gewesen sei. Warum sollte nicht auch ein Priester oder ein Bischof unter jene Gott Hingegebenen und Begnadeten gehören – jedoch nicht ex officio! Hier wären über CRACCO hinaus bestimmte Erzählungen zu behandeln; ich verweise auf I 4,11ff und II 23,2ff und erwähne die patriarchenhafte Steigerung der Benediktgestalt (dazu weiter unten, s. aber auch VON DER NAHMER, Gregor der Große (wie Anm. 326) ab Anm. 70 und Der Heilige und sein Tod, (wie Anm. 79) S. 122-129.Da ist die Patriarchengestalt Benedikts fraglos bedeutend über den Amtspatriarchen – Papst Gregor selber – hinausgehoben. Aber wer außer Gregor selber hätte dies tun können?

ENDNOTE VIII

Perspektivenreicher Überblick zum peregrinatio-Begriff bei J. LECLERCQ, Mönchtum und peregrinatio im Frühmittelalter, Römische Quartalschrift 55 (1960), S. 212–225. K. HUGHES, The Changing Theory and Practice of Irish Pilgrimage, The Journal of Ecclesiastical History 11 (1960) S. 143–151, untersucht die Gründe des Versiegens des irischen Wandermönchtums nach Art des Columban. Zu ihrer Vorstellung von der Unvereinbarkeit von irischer *peregrinatio* und benediktinischer *stabilitas* A. ANGENENDT, Monachi peregrini (wie Anm. 46) hier S. 150 Anm.49; auch DERS.: Pirmin und Bonifatius, Mönchtum, Episkopat und Adel zur Gründungszeit des Klosters Reichenau, Vorträge und Forschungen 20, Sigmaringen 1974, S. 251–304, und: Die irische *peregrinatio* und ihre Auswirkungen auf dem Kontinent vor dem Jahr 800, in: Die Iren und Europa im Frühen Mittelalter, Stuttgart 1982, S. 52–79, hier: S. 52ff. Nennt der Text das Leben dieser Einsiedlerin nicht deshalb *peregrinatio*, weil sie die unabänderliche, grundsätzliche Situation des Menschen fern seiner Heimat (Reich Gottes) erkannte und annahm, sich nicht auf der Erde heimisch einrichtete? Man mag fragen, ob irische *peregrinatio* nicht als Pilgerfahrt (ein problematischer Begriff, da schwer vom Gedanken der Wallfahrt zu trennen; hier geht es um den Gedanken, die Erfahrung des Fremdseins), sondern wie bei Columban als asketisch-monastische Wanderung davon grundsätzlich abweicht, oder ob sie nicht die weiterreichende Darstellung derselben Überzeugung ist. Im Zentrum stünde dann die „Pilgerfahrt" von dieser zu jener Welt. Dies hätte Beziehung zu 2. Cor. 5,6: ... *dum sumus in corpore peregrinamur in domino*, eine Stelle, die Columban selber zitiert: Instr. 4,3, und 8,2 (ed. G. S. M. Walker, Sancti Columbani Opera, Scriptores Latini Hiberniae II, Dublin 1970), wo es auch heißt: ... *ut cum bona conscientia de via huius saeculi ad beatam patriam nostri Patris aeternam aeterni transire feliciter possimus*. Die Abrahamreise wäre dann die stärkste irdisch sichtbare Ausformung und Abbildung des geistigen Geschehens. Ein Verhältnis wie Literalsinn und allegorische Bedeutung, aber doch gelebt. ANGENENDT verwendet das Wort der Einsiedlerin in Monachi peregrini um zu zeigen, daß *peregrinatio* im Vollsinn für Iren in Irland nicht möglich sei. U. MEINHOLD zu peregrinatio vor allem S. 67ff und S. 271ff. Der verbreiteten Auffassung, die irische *peregrinatio* erkläre sich aus dem irischen Strafrecht, das die Verbannung von der Insel als Strafe gekannt habe, folge ich nicht. Das entscheidende Zitat aus Gen. 12,1 ist eine Verheißung, nicht die Ankündigung einer Bußstrafe! Zuletzt hat sich Alexander O H'ARA mit diesem Thema beschäftigt: Patria, Peregrinatio, and Paenitentia: Identities of alienation in the seventh Century, in: Post-Roman Transitions: christian and barbarian identities in the Early Medieval West, POHL, Walter, HEYDEMANN, Gerda [Hrsg.], Turnhout 2013, S. 89–124; S.96–102 sind Columban gewidmet. Weder auf S. 90, wo zu Anm. 6 das Zitat aus Gen. 12, 1–3 behandelt wird, noch sonst in den Columban gewidmeten Seiten wird deutlich, daß es sich um eine Verheißung handelt; Columban als *peregrinus* läßt sich die *terram, quam demonstrabo tibi* als Ort seines Wirkens von Gott anweisen. Gern übernehme ich von S. 97, daß Columban die *peregrinatio* auf sich nahm „to spending the rest of (his) life in voluntary exile and submitting (him)self completely to the will of God. It is clear that Columbanus had no clear plan as to where he would ultimately go on his arrival of the Continent"... der Gedanke des Fremd-Seins in dieser Welt verbot wohl auch eine Ansiedlung in oder nahe zu einer Stadt oder gar dem Königshof; die *peregrinatio* verlangte wohl auch den *eremus*. Wenn, wie O H'ARA S. 98 in Anlehnung an ältere Literatur ausführt, solch radikale *peregrinatio* „may also have served to raise Columban's legal standing in Irish society", so ist zu bedenken, daß Columban als *peregrinus* nicht mehr in Irland war, so daß für seine Existenz im Frankenreich daraus nichts geschlossen werden kann. Es ist aber quellengemäß, daß Columban auch im Frankenreich ein Fremder blieb und bleiben wollte, und das Zitat S. 100 aus ep.III, 2 (ed.Walker, S. 24) macht deutlich, daß Columban kaum mit der Absicht Irland verlassen hatte, in Gallien eine große Wirksamkeit zu entfalten. Was Fremdsein heißt, hat er bitter erfahren müssen.

15 SIGLEN, ABKÜRZUNGEN UND QUELLEN

SIGLEN DER ZITIERTEN BIBLISCHEN BÜCHER

Gen.	Liber Genesis	1. Buch Mose
Ex.	Liber Exodi	2. Buch Mose
Num.	Liber Numerorum	4. Buch Mose
Deut.	Liber Deuteronomii	5. Buch Mose
Jos.	Liber Josue	Das Buch Josua
Judic.	Liber Judicum	Das Buch der Richter
I. Reg.	I. Liber regum	1. Buch Samuelis
II. Reg.	II. Liber regum	2. Buch Samuelis
III. Reg.	III. Liber regum	1. Buch der Könige
IV. Reg.	IV. Liber regum	2. Buch der Könige
I. Par.	I. Liber Paralipomenon	1. Buch der Chronik
II. Par.	II. Liber Paralipomenon	2. Buch der Chronik
Ezr.	Liber Ezrae	Das Buch Ezra
Tob.	Liber Tobiae	Das Buch Tobias
Est.	Liber Hester	Das Buch Esther
Job.	Liber Job	Das Buch Hiob
Ps.	Liber Psalmorum	Der Psalter
Eccle	Liber Ecclesiastes	Der Prediger
Cant.	Canticum Canticorum	Das Hohe Lied
Sap.	Liber Sapientiae Salomonis	Die Weisheit Salomos
Sir.	Liber Jesu filii Sirach	Das Buch Jesus Sirach
Is.	Liber Isaiae Prophetae	Der Prophet Jesaia
Thren.	Threni, id est lamentationes Ieremiae	Klagelieder Jeremias
Ez.	Liber Hiezecihelis Prophetae	Der Prophet Hesekiel
Dan.	Liber Danihelis Prophetae	Der Prophet Daniel
Jon.	Jona Propheta	Der Prophet Jonas
I. Macc.	Liber I. Macchabeorum	Das 1. Buch der Makkabäer
Mt.	Evangelium secundum Mattheum	Das Evangelium nach Matthäus
Mc.	Evangelium secundum Marcum	Das Evangelium nach Markus
Lc.	Evangelium secundum Lucam	Das Evangelium nach Lukas
Joh.	Evangelium secundum Hohannem	Das Evangelium nach Johannes
Act.	Liber Actuum apostolorum	Apostelgeschichte
Rom.	Epistula ad Romanos	Der Brief des Paulus an die Römer
1. Cor.	Epistula ad Corinthos I.	Der 1. Brief des Paulus an die Korinther
2. Cor.	Epistula ad Corinthos II.	Der 2. Brief des Paulus an die Korinther
Gal.	Epistula ad Galatas	Der Brief des Paulus an die Galater
Eph.	Epistula ad Ephesios	Der Brief des Paulus an die Epheser
Phil.	Epistula ad Philippenses	Der Brief des Paulus an die Philipper
Col.	Epistula ad Colossenses	Der Brief des Paulus an die Colosser

1. Thess	Epistula ad Thessalonicenses I.	Der erste Brief des Paulus an die Thessaloniker
2. Thess.	Epistula ad Thessalonicenses II.	Der zweite Brief des Paulus an die Thessaloniker
1. Tim.	Epistula ad Timotheum I	Der erste Brief des Paulus an Timotheus
2. Tim.	Epistula ad Timotheum II	Der zweite Brief des Paulus an Timotheus
Hebr.	Epistula ad Hebraeos	Der Brief (des Paulus) an die Hebräer
Jac.	Epistula Jacobi	Der Brief des Jakobus
1. Petr.	Epistula Petri I	Der erste Brief des Petrus
Apoc.	Apocalypsis Johannis Apostoli	Die Apokalypse des Johannes

WEITERE BIBLIOGRAPHISCHE ABKÜRZUNGEN

MGH	AA	Auctores antiquissimi
	Capit.	Capitularia regum Francorum
	DD	Diplomata regum et imperatorum Germaniae
	Epp	Epistolae
	PL	Poetae latini
	SS	Monumenta Germaniae Historica, Scriptores
	SSRM	Scriptores rerum Merovingicarum
	SSRG	Scriptores rerum Germanicarum
	SSRG NS	Scriptores rerum Germanicarum Nova series
CCSL		Corpus Christianorum, Series latina
CCCM		Corpus Christianorum, Continuatio medievalis
CSCO		Corpus Scriptorum Christianorum Orientalium
CSEL		Corpus Scriptorum ecclesiasticarum latinorum
SC		Sources Chrétiennes
GCS		Die griechischen christlichen Schriftsteller der ersten drei Jahrhunderte
MPG		Migne, Patrologiae Cursus completus, Series greca
MPL		Migne, Patrologiae Cursus completus, Series latina
BKV		Bibliothek der Kirchenväter
BHG		Bibliotheca Hagiographica Greca
BHL		Bibliotheca Hagiographica Latina
BO		Joh. Fr. Böhmer, Regesta Imperii II
PLRE		The Prosopography of the Later Roman Empire
RB		Regula Benedicti
RM		Regula Magistri
DSAM		Dictionnaire de spiritualité ascétique et mystique
LMA		Lexikon des Mittelalters
TRE		Theologische Realenzyklopädie
DA		Deutsches Archiv zur Erforschung des Mittelalters
RHE		Revue d'Histoire Ecclésiastique
ZKG		Zeitschrift für Kirchengeschichte

QUELLEN

Bibelausgaben

BIBLIA SACRA iuxta latinam vulgatam versionem ad codicum fidem ...cura et studio monachorum ordinis sancti Benedicti ... Roma 1926ff.

BIBLIA SACRA iuxta vulgatam versionem adiuvantibus Bonifatius Fischer OSB u.a. rec. Robertus Weber OSB, 2 Bde. Stuttgart 1969.

NOVUM TESTAMENTUM Domini Nostri Jesu Christi latine secundum editionem S. Hieronymi, ed. John Wordsworth, Henry Julian White, Hedley Frederick Davis Sparks, Claude Jankins, Oxford 1889–1954.

BIBLIORUM SACRORUM LATINAE VERSIONES antiquae seu Vetus Italica, ed. Paul Sabatier, 3 Bde. 1739–49 (ND 1976).

VETUS LATINA. Die Reste der altlateinischen Bibel nach Paul Sabatier neu gesammelt und hg. von der Erzabtei Beuron, 1949ff.

DIE FÜNF BÜCHER DER WEISUNG, verdeutscht von Martin Buber gemeinsam mit Franz Rosenzweig, Heidelberg [9]1976.

BÜCHER DER GESCHICHTE, verdeutscht von Martin Buber gemeinsam mit Franz Rosenzweig, Heidelberg [7]1979.

DIE SCHRIFTWERKE, verdeutscht von Martin Buber, Heidelberg [4]1976.

BÜCHER DER KÜNDUNG, verdeutscht von Martin Buber gemeinsam mit Franz Rosenzweig, Heidelberg [7]1978.

Heiligenviten

VITA S. ADALHARDI: MGH SS II, 524–532 (sehr unvollständig). MPL 120, col. 1507–1552 (56) nach: Mabillon, Acta Sanctorum ordinis s. Benedicti IV 1, 308–344.

VITA S. AMBROSII: Pauli Diaconi Mediolanensis Vita S. Ambrosii, ed. M.G. Kaniecka, Patristic Studies XVI, Washington 1928.
  ed. Krabinger in dess. Ed. von Ambrosius, De officiis ministrorum libri III, Tübingen 1857.
  Paolino di Milano, Vita di S. Ambrogio, a cura di Michele Pellegrini, Roma 1962.
  Vita di Cipriano, Vita di Ambrogio, Vita di Agostino, Introduzione di Christine Mohrmann, testo critico e commento a cura di A.A.R. Bastiaensen, trad. di Luca Canali e Carlo Carena, Vite dei Santi III, Milano 1975.
  Dt.: Das Leben des heiligen Ambrosius. Die Vita des Paulinus und ausgewählte Texte aus den Werken des Heiligen und anderen Zeitdokumenten, eingeleitet von Ernst Dassmann, Düsseldorf 1967, S. 37–69.

VITA S. ANSKARII (RIMBERT): ed. Georg Waitz, MGH SSRG., Hannover 1884; danach die lat.-dt. Ausg. von Werner Trillmich, Ausgewählte Quellen zur deutschen Geschichte des Mittelalters XI, Darmstadt 1961, 3–133.

VITA S. ANTONII (ATHANASIUS), GRIECH.: MPG 26, col. 835ff.
  lat. (Evagrius von Antiochien) MPL 73, col. 125ff.
  Ältere lat. Version: Vita di Antonio. Intr. di Christine Mohrmann, testo critico a cura di G.J.M. Bartelink, trad. di Pietro Citati e Salvatore Lilla Vite dei Santi I, Milano 1974.
  Versio sahidica: ed. G. Garitte, CSCO 117/8, Paris 1949.
  syrisch: ed. R. Draguet, La vie primitive de S. Antoine conservée en syriaque, CSCO 417/18, Paris 1980.
  deutsch von Hans Merkel, BKV2 31 (Athanasius II), München 1917.

VITA S. CAESARII, ed. Bruno. Krusch, MGH SSRM III, Hannover 1906 (ND 1977), 433–501;
ed. Germain Morin, S. Caesarii Arelatensis Opera omnia Bd. II, Maretioli 1942.
VITA S. COLUMBANI: Jonae Vitae SS. Columbani, Vedastis, Johannis, rec. Bruno Krusch, MGH SSRG., Hannover/Leipzig 1905.
ed. Michele Tosi (mit ital. Übers.), Piacenza 1965.
ed. Herbert Haupt (lat.-dt.), in: Ausgewählte Quellen zur Geschichte des Mittelalters IVa, Darmstadt 1982, 395–497 (ohne den Widmungsbrief).
VITA VEL PASSIO S. DESIDERII a Sisebuto rege composita, ed. Bruno Krusch, MGH SSRM III, Hannover 1886 (ND 1977), 630–637.
VITA S. FULGENTII: Ferrand, Diacre de Carthage, Vie de S. Fulgence de Ruspe, ed. G Lapeyre, Paris 1929.
VITA S. HILARIONIS (HIERONYMUS), in: Vita di Ilarione, In memoria della santa Paola, Vita di Martino, Introduzione di Christine Mohrmann, testo critico e commento a cura di A.A.R. Bastiaensen e J. Smit, trad. di L. Canali e Cl. Moreschini, Vite dei Santi IV, Milano 1975.
VITA S. MALCHI (HIERONYMUS), ed. C. C. Mierow, in: Classical Essays presented to J. A.Kleist, St. Louis 1946, 31–60.
VITA S. MARTINI (SULPICIUS SEVERUS): Sulpice Sévère, Vie de S. Martin, ed. Jacque Fontaine, SC 133–135, Paris 1967–1969.
VITA S. PACHOMII, E. Amèlieau, Monuments pour servir à l'histoire de l'Egypte chrétienne au IVe siècle. Histoire de s. Pakhôme et des ses communautés. Annales du Musée Guimet 17, Paris 1889, Bd. 2, 337–711.
L.Th. Lefort, Sancti Pachomii Vita bohairice scripta, CSCO 89, 107, Paris 1925–36 (ND 1953). Ders. Sancti Pachomii Vitae sahidice scriptae, CSCO 99/100, Paris 1933 (ND 1952).
franz.: Ders., Les vies coptes de S. Pachôme et de ses premièrs successeurs, Bibliothèque du Muséon 16, Louvain 1943.
engl.: Armand Veilleux, Pachomian Koinonia. The Lives, Rules and other Writings of St. Pachomius and his Disciples, Cistercian Studies 45–47, Kalamazoo 1980–82.
griech.: S. Pachomii Vitae grecae, ed. Fr. Halkin, Subsidia Hagiographica 19, Bruxelles 1932.
lat.: La vie latine de S. Pachôme, traduite par Denys le Petit, ed. H. van Cranenburgh, Subsidia Hagiographica 46, Bruxelles 1969.
VITA S. PAULI (Hieronymus), MPL 23, col. 17–30.
VITA S. SEVERINI: Eugippii Commemoratorium Vitae s. Severini:
Eugippius, das Leben des heiligen Severin, Einführung, Übersetzung und Erläuterungen von Rudolf Noll, Schriften und Quellen der Alten Welt 11, Berlin 1963 (ND Passau 1981).
ed. Theodor Mommsen, MGH SSRG, Berlin 1898.
ed. Walter Bulst, Editiones Heidelbergenses 10, 1948.
Eugippe, Vie de Saint Séverin, Introduction, Texte latin, Traduction, Note et Index par Ph. Régerat, SC 374, Paris 1991.
VITA WALAE: Radberts Epitaphium Arsenii. ed. Ernst Dümmler, Abhandlungen der kgl. Akademie der Wissenschaften zu Berlin, philos.-hist. Kl. II, Berlin 1900.
VITA S. WANDREGISELI: ed. Bruno Krusch, MGH SSRM V, Hannover 1910 (ND 1979), 1–24.

Andere Quellen

ADAM VON BREMEN, Gesta Hammaburgensis ecclesiae Pontificum, ed. Bernhard Schmeidler, MGH SSRG, Hannover 1917.
lat. - deutsch: Werner Trillmich (s. Vita s. Anskarii).
ALCUINUS, EPISTOLAE, ed. Ernst Dümmler, MGH Epp. Karolini Aevi II, Berlin 1895 (ND 1978).
AMBROSIUS, De interpellatione Job et David, ed. Carolus. Schenkl, CSEL 32,2, Wien 1897.
DERS., De Nabuthe, ed. Carolus Schenkl, CSEL 32,2, Wien 1897.

DERS., De obitu Theodosii, De obitu Valentiniani, ed. O. Faller, CSEL 73, Wien 1955.
DERS., De paradiso, ed. Carolus Schenkl, CSEL 32,1 Wien 1897
DERS., Expositio Evangelii secundum Lucam, ed. Carolus Schenkl, CSEL 32,2 Wien 1902.
 ed. M. Adriaen, CCSL 14, Turnhout 1957.
 ed. G. Tissot, SC 45 und 52, Paris ²1971/1958.
DERS., Expositio in Psalmum 118, ed. M. Petschenig, CSEL 62, Wien 1912.
APOPHTEGMATA PATRUM, MPG 65, col. 71–440.
 deutsch: Weisung der Väter, eingel. und übers. von B. Miller, Sophia 6, Freiburg i. Br. 1965.
ATHANASIUS ALEXANDRINUS, Libri duo contra gentes, MPG 25, col. 1–96.
 ed. R.W. Thomson, Oxford 1971.
 deutsch: Anton Stegmann, BKV² 31, München 1917.
DERS.: De incarnatione Verbi, MPG 25, col. 96–198.
 ed. R.W. Thomson, Oxford 1971.
 griech.-franz.: ed. Chr. Kannengießer, SC 199, Paris 1973.
 deutsch: wie contra gentes.
AUGUSTINUS, CONFESSIONES, ed. Luc Verheijen, CCSL 27, Turnhout 1981.
 lat.-franz.: Texte établi et traduit par Pierre Labriolle, I ⁵1950, II ³1947, Paris.
 lat.-deutsch: Joseph Bernhart, München 21960 u. ö.
DERS., Contra Julianum Pelagianum, MPL 44, col. 641–874.
DERS., Contra Secundium Manichaeum, MPL 42, col. 905–947.
DERS., De civitate Dei libri XXII, ed. D. Hoffmann, CSEL 40 (2 Bde.) Leipzig 1898–1900.
 ed. B.Dombert & A. Kalb, CCSL 47/48, Turnhout 1955.
DERS., De diversis quaestionibus LXXXIII, MPL 40, col. 11–100.
DERS., De moribus manichaeorum, MPL 32. col. 1309–1378.
DERS., De ordine, ed. P. Knoll, CSEL 63, Wien 1922 (ND 1962).
 ed. W.M. Green, CCSL 29, Turnhout 1970.
 lat.-deutsch: Ekkehard Mühlenberg in: Augustinus, Philosophische Frühdialoge, Bibliothek der Alten Welt, Zürich-München 1972.
DERS., De quantitate animae, ed. P. de Labriollle, Bibliothèque Augustiniennne I 5, Paris 1948.
 lat.-deutsch: Karl-Heinrich Lütcke, Bibliothek der Alten Welt, Zürich-München 1973.
DERS., De trinitate, ed. W.J. Mountain & Fr. Glorie, CCSL 50/50A, Turnhout 1968.
BENEDICTUS ANIANENSIS, Codex Regularum, MPL 103, col. 393–664.
DERS., Concordia Regularum, MPL 103, col. 703–1380.
CAESARIUS ARELATENSIS, Regula ad monachos, Regula ad virgines, ed. Germain Morin in der Ausgabe der Opera omnia, Bd. II, Maretioli 1942, 99–155.
CATALOGUS ABBATUM ET FRATRUM CORBEIAE. ed. Ph. Jaffé, Bibliotheca Rerum Germanicarum I, Monumenta Corbeiensia, Berlin 1864.
CICERO: MARCUS TULLIUS CICERO, De inventione, ed. E. Ströbel, Leipzig 1915.
DERS., De officiis, ed. C. Atzert, Leipzig 1963.
 lat.-deutsch: Karl Büchner (Tusculum), München ³1987.
DERS., Tusculanae disputationes, ed. Max Pohlenz, Leipzig 1918.
 lat.-deutsch: Olaf Gigon (Tusculum), München ⁵1984.
S. COLUMBANI OPERA, ed. G.S.M. Walker, Scriptores Latini Hiberniae II, Dublin 1970.
CONCILIAE GALLIAE A. 511–695, cura et studio C. de Clercq, CCSL 148A, Turnhout 1963.
DIVISIO REGNORUM, ed. Alfred Boretius, MGH Capit. I, Hannover 1883 (ND 1984), Nr.: 45, 126–130.
ENNODIUS, Epistolae: in Magni Felicis Ennodii Opera, ed. Frierich Vogel, MGH AA VII, Berlin 1885 (ND 1981).
CONSULTI FORTUNANTIANI ars rhetorica, ed. L.C. Montefusco, Bologna 1979.
GREGORII I. PAPAE Registrum Epistolarum, ed. Paul. Ewald und Ludo Moritz Hartmann, MGH Epp. I, 2 Bde., Berlin 1887–1891 (ND 1978).
 ed. Dag Norberg, CCSL 140/140A, Turnhout 1982.

HENOCH: Das Buch Henoch, in: Die Apokryphen und Pseudoepigraphen des Alten Testamentes, hg. von Emil Kautzsch, Bd. 2, Tübingen 1900 (ND 1967), 217–310 (G. Beer).
äthiop.: The Ethiopic Book of Enoch. A new edition in the light of the Aramaic Dead Sea fragments by M. Knibb in consultation with E. Ullendorff, 2 Bde., Oxford 1978.
deutsch: Siegbert Uhlig: Das äthiopische Henochbuch. In: Werner Georg Kümmel, Hermann Lichtenberger (Hrsg.): Jüdische Schriften aus hellenistisch römischer Zeit. Bd. 5: Apokalypsen, L. 6, Gütersloh 1984, 461–780.
HIERONYMUS, Hebraicae quaestiones in libro geneseos, ed. P. de Lagarde, CCSL 72, Turnhout 1959 (nach der Ausg. Leipzig 1868).
DERS., Liber interpretationis hebraicorum nominum, ed. P. de Lagarde, CCSL 72, Turnhout, 1959 (nach der Ausg. dess., Onomastica sacra, Göttingen 1887; zuvor Ders. Leipzig 1868).
JOHANNES CASSIANUS, Collationes, ed. M. Petschenig, CSEL 13, Wien 1886.
lat.-franz.: ed. E. Pichery, SC 42, 54, Paris 1955, 1958.
deutsch: Antonius Abt und Karl Kohlhund, BKV 2 Bde., Kempten 1879.
DERS., Institutiones coenobiticae, ed. M. Petschenig, CSEL 17, Wien 1888.
lat.-franz.: ed. J.-Cl. Guy, SC 109, Paris 1965.
deutsch: s. oben zu Collationes.
DAS BUCH DER JUBILÄEN, dt. von E. Littman, Die Apopkryphen und Pseudoepigraphen des Alten Testamentes, hg. von Emil Kautzsch, Bd. 2, Tübingen 1900 u. ö.
JUVENCUS, Evangeliorum libri IV, ed. J. Huemer, CSEL 24, Wien 1891.
RICHARD KLEIN, DER STREIT UM DEN VICTORIAALTAR. Texte zur Forschung 7, Darmstadt 1972.
DAS LEBEN ADAMS UND EVAS, dt. von C. Fuchs, Die Apokryphen und Pseudoepigraphen des Alten Testamentes, hg. von Emil Kautzsch, Bd. 2, Tübingen 1900 u. ö.
NOTKER BALBULUS, Gesta Karoli, ed. Hans F. Haefele, MGH SSRG, NS 12, Berlin 1959, verbesserter ND 1980.
lat.-deutsch: Ausgewählte Quellen zur deutschen Geschichte des Mittelalters 7, Darmstadt 1960, 321–427.
ORIGINES, Homiliae in Canticum, ed. W.A. Baehrens, in Origenes, Werke VIII, GCS 33, Berlin 1925.
lat.-deutsch: ed. H. Rahn, Texte zur Forschung 2/3, Darmstadt ²1988.
PACHOMIUS: Pachomiana latina, ed. Amand Boon, Bibliothèque de la Revue d'Histoire Ecclesiastique 7, 1932.
franz.: L.Th. Lefort, Oeuvres de s. Pachôme et des ses disciples, CSCO 159/160, Louvain 1956.
engl.: Armand Veillieux, Pachomiana Koinonia (s. o. Vita s. Pachomii).
PASCHASIUS RADBERTUS, Expositio in Matheo, MPL 120. col. 31–994.
ed. B. Paulus, CCCM 56/56A/56B, Turnhout 1984.
DERS., In Threnos sive lamentationes Jeremiae libri V, MPL. 120, col. 1059–1256.
REGULA BENEDICTI, ed. Rudolf Hanslik, CSEL 75, ²1977.
ed. Adalbert de Vogüé, Sources Chrétiennes 181–183, Paris 1972.
REGULA MAGISTRI, ed. Adalbert de Vogüé, Sources Chrétiennes 105–107, Paris 1964/65.
THEODULF VON ORLEANS, Carmina, ed. Ernst Dümmler, MGH PL Medii Aevi I, 1881 (ND 1978).
VICTORINUS: Q. Fabii Laurentii Victorini Explanationum in Rhetoricam M. Tullii Ciceronis libri duo, ed. Carolus Halm, in: Rhetores latini minores, Leipzig 1893, S. 213ff.
JOHANN FRIEDRICH BÖHMER, Regesta Imperii I, Die Regesten des Kaiserreichs unter den Karolingern 751–918; neu bearbeitet von Engelbert Mühlbacher, vollendet von Johann Lechner; Konkordanztabellen und Ergänzungen von Carlrichard Brühl und Hans H. Kaminsky, Hildesheim 1966.

16 LITERATURVERZEICHNIS

Sigurd ABEL, Bernhard SIMSON, Jahrbücher des fränkischen Reiches unter Karl dem Großen, Bd. I, Leipzig ²1888, Bd. 2 Leipzig 1883 (ND Berlin 1969).

L. ABRAMOWSKI, Vertritt die syrische Fassung die ursprüngliche Gestalt der Vita Antonii? Eine Auseinandersetzung mit der These Draguets, in: Mélanges Guillaumont, Cahiers d'Orientalisme 20 (1988), 47–56.

Arnold ANGENENDT, Die irische Peregrinatio und ihre Auswirkungen auf dem Kontinent vor dem Jahr 800, in: Die Iren und Europa im Frühen Mittelalter I, hg. von H. Löwe, Stuttgart 1982, 52–79.

DERS., Monachi peregrini, Münstersche Mittelalterschriften 6, München 1972.

DERS., Pirmin und Bonifatius, in: Mönchtum, Episkopat und Adel zur Gründungszeit des Klosters Reichenau, hg. von A. Borst, Vorträge und Forschungen 20, Sigmaringen 1974, 251–304.

Carl Franklin ARNOLD, Caesarius von Arelate und die gallische Kirche seiner Zeit, 1894.

Erich AUERBACH, Literatursprache und Publikum in der lateinischen Spätantike und im Mittelalter, Bern 1958.

H. BACHT, Antonius und Pachomius, in: Antonius Magnus Eremita, Studia Anselmiana 38, Roma 1956, 66–107.

DERS., Das Armutsideal des Pachomius und seiner Jünger, Ders., Das Vermächtnis des Ursprungs, 225–243.

DERS., Das Vermächtnis des Ursprungs, Studien zur Theologie des geistigen Lebens V, Würzburg 1972.

DERS., Die Rolle der Heiligen Schrift bei Horsiesius, ders., Das Vermächtnis des Ursprungs, 191–212.

DERS., Vom Umgang mit der Bibel im ältesten Mönchtum, Theologie und Philosophie 41 (1966), 557–566.

DERS., Pakôme et ses disciples, Théologie de la vie monastique, Theologie 49, Paris 1961, 42–48.

Max L. BAEUMER (Hrg.), Toposforschung, Wege der Forschung 395, Darmstadt 1973.

DERS., Dialektik und zeitgeschichtliche Funktion des literarischen Topos, s. ders., Toposforschung, 299–348.

H. BALDERMANN, Die Vita Severini des Eugippius, Wiener Studien 74 (1961), 142–155 und 77 (1964), 162–173.

G. BARDY, L'attitude politique de s. Césaire d'Arles, Revue d'histoire de l'Église de France 32 (1947), 241–256.

T.D. BARNES, Angel of Light or Mystic Initiate? The Problem of the Life of Antony, Journal of Theological Studies NS 37 (1976), 353–368.

G.J.M. BARTELINK, Le diable et les démons dans les oeuvres de Jérôme, Studia Patristica 17,2 (1982), 463–471.

C.M. BATTLE, Die Adhortationes Sanctorum Patrum (Verba Seniorum) im lateinischen Mittelalter. Überlieferung, Fortleben, Wirkung. Beiträge zur Geschichte des Alten Mönchtums und des Benediktinerordens 31, Münster 1972.

Th. BAUMEISTER, Die Mentalität des frühen ägyptischen Mönchtums, Zeitschrift für Kirchengeschichte 88 (1977) 145–160.

P. BAUTERS, Adalhard van Huise (750–826), Oudenaarde 1965.

N.H. BAYNES, St. Antony and the Demons, Journal for Egyptian Archeology 40 (1954), 7–10.

P.F. BEATRICE, La lavanda dei piedi. Contributo alla storia delle antiche liturgie cristiane, Roma 1983.

Samuel BERGER, Histoire de la Vulgate pendant les premièrs siècles du moyen âge, Paris 1893.
Walter BERSCHIN, Biographie und Epochenstil, Bd. I Stuttgart 1986; Bd. II Stuttgart 1988, Bd. III Stuttgart 1991.
DERS., Gallus abbas vindicatus, Historisches Jahrbuch 95 (1975), 257–277.
Helmut BEUMANN, Topos und Gedankengefüge bei Einhard, Archiv für Kulturgeschichte 33 (1951), 337–350; neu in: Ders., Ideengeschichtliche Studien zu Einhard und anderen Geschichtsschreibern des früheren Mittelalters, Darmstadt 1962, 1–14.
DERS., Widukind von Korvey, Weimar 1950.
Martin BIERMANN, die Leichenreden des Ambrosius von Mailand, Hermes-Einzelschriften LXX, Stuttgart 1995.
Sofia BOESCH-GAJANO, Demoni e miracoli nei „Dialoghi" di Gregorio Magno, in: Hagiographie, Cultures et Sociétés IVe - XIIe siècles, Actes du Colloque organisé à Nanterre et à Paris, 2–5 mai 1979, Paris 1981, 263–281.
DIES., Dislivelli culturali e mediazioni ecclesiastiche nei Dialogi di Gregorio Magno, Quaderni Storici 41 (1979) 398–415.
DIES., La proposta agiografica dei „Dialogi" di Gregorio Magno, in: Studi Medievali, 3a serie 21 (1980), 623–664.
DIES., "Narratio" e "expositio" nei Dialoghi di Gregorio Magno, in: Bollettino dell'Istituto Storico Italiano per il Medio Evo 88 (1979), 1–33.
P. BOGLIONI, Gregorio Magno, Biografo di San Benedetto, in: Atti del 7° Congresso di Studi sull'Alto Medioevo, Norcia, Subiaco, Montecassino, 28 sett.-5 ott. 1980, Spoleto 1982, 185 220.
DERS., Miracle et nature chez Grégoire le Grand, in: Epopées, légendes et miracles, Montreal-Paris 1974, 11–102.
W.F. BOLTON, The Supra-Historical Sense in the Dialogues of Gregory I., in: Aevum 33 (1959) 206–213.
Bothilde BORK, Dieter VON DER NAHMER, Das Kloster des Honoratus von Fundi und das Praetorium Speluncae, in: Studi Medievali 3a Serie, XXXVI, II (1995), 617–656.
D. BRAKKE, Athanasius and the Politics of Ascetism, Oxford 1995.
R. BRATOŽ, Severinus von Noricum und seine Zeit, Österreichische Akademie der Wissenschaften, Phil.-hist. Klasse, Kleine Denkschriften 165, Wien 1983.
W. BRÜGGEMANN, Untersuchungen zur Vitae-Literatur der Karolingerzeit, Diss. phil. Münster 1957.
M. E. BRUNERT, Das Ideal der Wüstenaskese und seine Rezeption in Gallien bis zum Ende des 6. Jahrhunderts, Beiträge zur Geschichte des alten Mönchtums und des Benediktinertums XL, Münster 1994II.
Karl BRUNNER, Oppositionelle Gruppen im Karolingerreich, Veröffentlichungen des Instituts für Österreichische Geschichtsforschung 25, Wien 1979.
D. DE BRUYNE, S. Augustin reviseur de la bible, in: Miscellanea Augustiniana II, Roma 1931, 521–606.
Sebastiaen BULLY, Aurélia BULLY et Morana ČAUŠEVIĆ-BULLY avec la collaboration de Laurent FIOCCHI, Les origins du monatère de Luxeuil (Haut-Saône) d'apres les récentes recherche archéologiques, in: L'empreinte chrétienne en Gaule du IVe au IXe siècle, Ètudes réunies par Michèle Gaillard, Turnhout, 2014, S. 311–355.
Walter BULST, Eugippius und die Legende des hl. Severin, Hagiographie und Historie, in: Die Welt als Geschichte 10 (1950), 18–27.
Rudolf BULTMANN, Die Geschichte der synoptischen Tradition, Göttingen 1921 u.ö.
A. CAMERON, Notiz zu Fr. Lotter, Severin von Noricum, in: American Historical Review 83 (1978), 139.
G.G. CARLUCCIO, The Seven Steps to Spiritual Perfection according to St. Gregory the Great, Universitas Cattolica Ottaviensis, Dissertationes ..., Series Theologica 3, Ottawa 1949.
Erich CASPAR, Geschichte des Papsttums, 2 Bde. Tübingen 1930–1933.

Dewas J. CHITTY, Pachomian Sources Reconsidered, in: Journal of Ecclesiastical History 5 (1954), 38–77.
Francis CLARK, The Pseudogregorian Dialogues, Studies in the History of Christian Thought 37, Leiden 1987.
DERS., The 'Gregorian' Dialogues and the Origins of Benedictine Monasticism, Studies in the History of Christian Thought 118, Leiden-Boston 2003.
R.J.H. COLLINS, Cäsarius von Arles, TRE 7, 1981, 531–536.
Pierre COURCELLE, „Habitare secum" selon Perse et selon Grégoire le Grand, Revue des Études anciennes 69 (1967), 266–279.
DERS., Histoire Litteraire des grandes invasions germaniques, Paris 31964.
DERS., La vision cosmique de Saint Benoît, Revue des Études Augustinienne 13 (1967), 97–117.
DERS., Recherches sur Saint Ambroise. "Vies" anciennes, culture, iconographie, Etudes Augustiniennes, Paris 1973.
Giorgio CRACCO, Uomini di Dio e uomini di chiesa nell'Alto Medioevo, Ricerche di Storia sociale e religiosa 12 (1977), 163–202.
Giuseppe CREMASCOLI, Infirmantium persona (Dialogi 4,4,9) Suui i dubbi del diacono Pietro, in: InvigilataLucernis; Scritti in onore di Vincenzi Recchia, Bari 1989, S. 175–195.
DERS., Novissima hominis nei Dialoghi di Gregorio Magno, Il mondo medievale 6, Bologna 1979.
DERS., Sul significato dei Dialogi di Gregorio Magno, in: Gregorio Magno e le Origini dell'Europa, Atti del Convegno internazionale, Firenze 13–17, maggio 2006 sotto la direzione di Claudio Leonardi, Firenze 1014, S. 237–245.
Ernst Robert CURTIUS, Begriff einer historischen Topik, Zeitschrift für romanische Philologie 58 (1938), 129–143 (Zur Literaturästhetik des Mittelalters II 1), neu in M.L. Baeumer, Toposforschung.
DERS., Europäische Literatur und lateinisches Mittelalter, Bern 1948 u. ö.
P.A. CUSACK, The Temptation of St. Benedict, American Benedictine Revue 26 (1976), 143–163.
DERS., The Story of the Ackward Goth in the Second Dialogue of St. Gregory I., Studia Patristica 17 (1979, gedr. 1982), 472–476.
Claude DAGENS, La conversion de saint Benoît selon saint Grégoire, Rivista di Storia e Letteratura religiosa 5 (1969), 384–391.
DERS., Saint Grégoire le Grand, Culture et expérience chrétienne. Études Augustiniennes, Paris 1977.
Jean DANIELOU, Démons, Dictionnaire de Spritualité ascétique et mystique, Bd. III, 1957, col.142–239 (mit St. Lyonnet, A. und C. Guillaumont).
DERS., Les démons de l'air dans la vie d'Antoine, in: Antonius Magnus Eremita, Studia Anselmiana 38, Roma 1956, 136–147.
E. DASSMANN, Ambrosius, TRE II, 1978, 362–386.
DERS., Ambrosius von Mailand, Stuttgart 2004.
Th. DELFORGE, Songe de Scipion et vision de Saint Benoît, Revue Bénédictine 69 (1959), 351–354.
Philippe DEPREUX, Prosopographie de l'entourage de Louis le Pieux (781–840), Sigmaringen 1997.
Martin DIBELIUS, Die Formengeschichte des Evangeliums, Tübingen 1919 u.ö.
Harald DICKERHOFF, De institutione S. Severini, Zeitschrift für bayrische Landesgeschichte 46 (1983) 3–36.
Albrecht DIEM, Monks, Kings, and the Transformation of Sanctity: Jonas of Bobbio and the End of the Holy Man, in: Speculum 82 (2007) S. 521–559.
H.J. DIESNER, Das Vandalenreich, Urban-Bücher 95, Stuttgart 1966.
DERS., Fulgentius von Ruspe als Theologe und Kirchenpolitiker, Arbeiten zur Theologie, I. Reihe Heft. 26, Stuttgart 1966.
DERS., Jugend und Mönchtum des Fulgentius von Ruspe, Helikon 1 (1961) 677–685.

DERS., Kirche und Staat im ausgehenden 4. Jahrhundert, Ders.: Kirche und Staat im spätrömischen Reich, 2Berlin 1964, neu: Das frühe Christentum im römischen Staat, hg. R. Klein, Darmstadt 1971, 415–454.

DERS., Severinus und Eugippius, Wissenschaftliche Zeitschrift der Universität Halle-Wittenberg, geschichtliche und sprachwissenschaftliche Reihe 7 (1957/8), 1165–1172, neu: Ders., Kirche und Staat im spätrömischen Reich, 2Berlin 1964, 155–167.

Peter DINZELBACHER, Vision und Visionsliteratur im Mittelalter, Monographien zur Geschichte des Mittelalters 23, Stuttgart 1981.

Heinrich DÖRRIES, Die Beichte im ältesten Mönchtum, Ders., Wort und Stunde I, Göttingen 1966, 225–250.

DERS., Die Bibel im ältesten Mönchtum, Theologische Literaturzeitung 72 (1947), 215–222, neu: Ders., Wort und Stunde I, Göttingen 1966.

DERS., Die Vita Antonii als Geschichtsquelle, Nachrichten der Akademie der Wissenschaften in Göttingen, phil.-hist. Klasse 1949, 357–410; neu: Ders., Wort und Stunde I, Göttingen 1966.

M. DOUCET, La tentation da Saint Benoît, Relation ou Création par Saint Grégoire le Grand? Collectanea Cisterciensia 37 (1975), 63–71.

DERS., Pédagogie et Théologie dans la „Vie de saint Benoît" de Grégoire le Grand, Collectanea Cisterciensia 38 (1976), 158–173.

Hubertus R. DROBNER, Lehrbuch der Patrologie, Frankfurt a. M. u.a. 2004.

Louis DUCHESNE, L'église du VIe siècle, Paris 1925.

F.H. DUDDEN, Gregory the Great, 2 Bde, London 1905.

E. DÜNNINGER, Politische und geschichtliche Elemente in mittelalterlichen Jenseitsvisionen bis zum Ende des 13. Jahrhunderts, Diss. phil. Würzburg 1962.

Y.M. DUVAL, Ambroise, de son élection à son consécration; Ambrosius episcopus, in: Atti del Convegno internazionale di Studi Ambrosiani nel XVI centenario della elezione di Sant'Ambrogio alla Cattedra episcopale, Milano 2–7 dicembre 1974, Milano 1976, Bd. II, 243–283.

Lothar ECKHART, Die archäologischen Ausgrabungen 1960 bis 1966 in der St. Laurentius-Basilika von Enns-Lorch-Lauriacum; Severin zwischen Römerzeit und Völkerwanderung. Katalog der Ausstellung des Landes Oberösterreich. 24. April bis 26. Okt. im Stadtmuseum zu Enns. Linz 1982, 375–385.

B. EMRICH, Topik und Topoi, s. Baeumer, Toposforschung.

Wilhelm ENßLIN, Theoderich der Große, München 1947 u.ö.

Franz ERBIG, Topoi in Schlachtenberichten römischer Dichter, Diss. phil. Würzburg 1931.

E. FASCHER, Typologie, Die Religion in Geschichte und Gegenwart, 3. Aufl., Bd. 6, Tübingen 1962, col. 1094–1098 (zusammen mit F. Hesse und H. Nakagawa).

Bonifatius FISCHER, Bibelausgaben des Frühen Mittelalters, in: Settimane di Studio del Centro Italiano di Studi sull'Alto Medioevo 10 (1962) Spoleto 1963, 519–60.

DERS., Bibeltext und Bibelreform unter Karl dem Großen, Karl der Große, Lebenswerk und Nachleben, Bd. 2, Das geistige Leben, Düsseldorf 1965, 156–216.

DERS., Beiträge zur Geschichte der altlateinischen Bibeltexte, Vetus Latina. Aus der Geschichte der lateinischen Bibel 12, Freiburg 1986.

J. FISCHER, Die Völkerwanderung im Urteil der zeitgenössischen Schriftsteller Galliens unter Einbeziehung des hl. Augustin., Diss. phil. Würzburg, Heidelberg 1948.

Jacques FONTAINE, Une clé litteraire de la Vita Martini de Sulpice Sévère: la typologie prophetique, in: Melanges Chr. Mohrmann, Utrecht 1963, 64–95.

W. FORSYTH, The Old Enemy. Satan and the Combat Myth, Princeton 1971.

David FRAESDORFF, Ansgar. Apostel des Nordens, Kevelar 2009.

W.J. FREDE, (Einleitung zu seiner Ausgabe der) Epistola ad Ephesos, Vetus latina (s.o.) 24,1, Freiburg i.Br. 1962–1964.

Torsten FREMER, Wunder und Magie: Zur Funktion der Heiligen im frühmittelalterlichen Christianisierungsprozeß, in: Hagiographica 3 (1996), 15–88.

Johannnes FRIED, Der Schleier der Erinnerung. Grundlagen einer historischen Memorik, München 2004.
Baudouin DE GAIFFIER, Miracles bibliques et vies de saints, ders.: Études critiques d'hagiographie et d'iconologie, Subsidia Hagiographica, XLIII, Bruxelles 1967, 50–61.
GESCHICHTE DER KIRCHE, hg. von Rogier, Aubert, Knowles, Bd. I (Henri Irénée Marrou), Einsiedeln, Zürich, Köln 1963.
Günter GLAUCHE, Schullektüre im Mittelalter, Münchener Beiträge zur Mediävistik und Renaissanceforschung 5 (1970).
R. GODDING, Les Dialogues ... de Grégoire le Grand. A propos d'un livre récent, Analecta Bollandiana 106 (1988), 201–229.
W. GÖBELL, Das neue Bild Ansgars, Hamburger Ansgarjahrbuch 1965/66, 17–30.
Hans-Werner GOETZ, Das Erzbistum Hamburg im frühen Mittelalter zwischen zwischen Anspruch und Realität, in: Aspekte der Landesgeschichte, Festschrift für Heinrich Schoppmeyer zum 75. Geburtstag, hg.von Thomas Warda, Dortmund 2011, S. 23–41.
Klaus GRABENHORST, Thorsten SADOWSKY, die Vita des hl. Ansgar: Lebensmodell und Lebenspraxis eines Heiligen, in: Jahrbuch der Gesellschaft für Niedersächsische Kirchengeschichte 87 (1989), 7–21.
František GRAUS, Die Gewalt bei den Anfängen des Feudalismus und die "Gefangenenbefreiungen" der merowingischen Hagiographie, Jahrbuch für Wirtschaftgeschichte 1 (1961), 81–156.
DERS., Volk, Herrscher und Heiliger im Reich der Merowinger, Praha 1965.
Ferdinand GREGOROVIUS, Geschichte der Stadt Rom im Mittelalter, Bde. I, Stuttgart-Berlin 1910.
Elie GRIFFE, La Gaule chrétienne à l'epoque romaine III, La cité chrétienne, Paris 1965.
K. GROSS, Der Tod des hl. Benedictus, Revue Bénédictine 85 (1975), 164–176.
A. und C. GUILLAUMONT, Démons, s. Jean Danielou, Démons.
Wolfdieter HAAS, Foris apostolus - intus monachus, Ansgar als Mönch und Apostel des Nordens, in: Journal of Medieval History 11 (1985), 1–30
H. HAHN, Eihloha, Sturm und das Kloster Fulda, Fuldaer Geschichtsblätter LVI (19809), 50–82.
Carl F. HALLENCREUTZ, Missionary Spirituality - the Case of Ansgar, Studia Theologica 36 (1982), 105–118.
Kassius HALLINGER, Papst Gregor der Große und der hl. Benedikt, Studia Anselmiana 42, Roma 1957, 231–319.
HANDBUCH DER KIRCHENGESCHICHTE, hg. von Hubert Jedin, Bd. I (K. Baus), Freiburg-Basel-Wien 1962; Bd. II (K. Baus u. a.) 1973.
William HARMLESS, Desert Christians, Oxford 2004.
Ludo Moritz HARTMANN, Geschichte Italiens im Mittelalter, Bd. III, Gotha 1908 (ND Hildesheim 1969).
Albert HAUCK, Kirchengeschichte Deutschlands, Bd. II, Berlin/Leipzig 81954.
Karl HAUCK, Tiergärten im Pfalzbereich, in: Deutsche Königspfalzen, Veröffentlichungen des Max-Planck-Instituts für Geschichte 11,1 Göttingen 1963, 30–74.
R. HÄUSLER, Vom Ursprung und Wandel des Lebensaltervergleichs, Hermes 92 (1964), 313–341.
Angelus A. HÄUßLING, Das Commemoratorium des Eugipp und die Regula Magistri und Regula Benedicti, Regulae Benedicti Studia V (1976) 33–42.
Martin HEINZELMANN, Bischofsherrschaft in Gallien, Beihefte der Francia 5, München 1976.
Yitzhak HEN, Roman Barbarians. The Royal Court and Culture in the EarlyMedieval West, New York 2007.
Ludwig V. HERTLING, Studi storici Antoniani negli ultimi trent'anni, in: Antonius Magnus Eremita, Studia Anselmiana 38, Roma 1956.
F. HESSE, Typologie, s. E. Fascher.
Karl HEUSSI, Der Ursprung des Mönchtums, Tübingen 1936.
Karl HOLL, Die schriftstellerische Form des griechischen Heiligenlebens, Neue Jahrbücher für das klassische Altertum 29 (1912), Ders., Gesammelte Aufsätze II, 1928, 249–269.

Dieter HOSTER, Die Form der frühesten lateinischen Heiligenvita von der Vita Cypriani bis zur Vita Ambrosii und ihr Heiligenideal, Diss. phil. Köln 1963.

K. HUGHES, The Changing Theory and Practice of Irish Pilgrimage, in: The Journal of Ecclesiastical History 11 (1960) 143–151.

Wolfgang HUSCHNER, Transalpine Kommunikation im Mittelalter. Diplomatische, kulturelle und politische Wechselwirkung zwischen Italien und dem nordalpinen Reich, 9.-11. Jahrhundert, Schriften der MGH 52, 1–3, 2003.

DERS., Die ottonische Kanzlei in neuem Licht, in: Archiv für Diplomatik 52, 2006, S. 353–370.

Ulrich HUSSONG, Studien zur Geschichte des Reichsabtei Fulda bis zur Jahrtausendwende I, Archiv für Diplomatik 31 (1985), 1–225.

A. ISOLA, Sulla paternità della Vita Fulgentii, Vetera Christianorum 23 (1986), 63–71.

Herbert JANKUHN, Das Missionsfeld Ansgars, Frühmittelalterliche Studien I (1967), 213–221.

Kurt Ulrich JÄSCHKE, Kolumban von Luxeuil und sein Wirken im alemannischen Raum, Mönchtum, Episkopat und Adel (wie A. Angenendt, Pirmin ...), 77–130.

Peter JEHN, Toposforschung, Respublica 10, Frankfurt/Main 1972.

DERS., E.R. CURTIUS, Toposforschung als Restauration, s. Ders., Toposforschung.

Henrik JANSON, Ansgar und die frühe Geschichte des Erzbistums Hammaburg, in: Mythos Hammaburg. Archäologische Entdeckungen zu den Anfängen Hamburgs. Veröffentlichungen des Helms-Museums 107, Hamburg 2014, S. 262–79.

Georg JENAL, Italia ascetica atque monastica. Das Asketen- und Mönchtum in Italien von den Anfängen bis zur Zeit der Langobarden (ca. 150/250–604) Monogarphien zur Geschichte des Mittelalters XXXIX, 2. Bde., Stuttgart 1995.

DERS., Gregor der Große und das abenländische Mönchtum seiner Zeit, in: Gregorio Magno (wie unter G. Cremascoli) S. 143–157.

Hans Joachim KAMPHAUSEN, Traum und Vision in der lateinischen Poesie der Karolingerzeit. Lateinische Sprache und Literatur des Mittelalters, Beiträge zur mittellateinischen Philologie 4, Frankfurt/Main 1975.

Birgit KASTEN, Adalhard von Corbie, in: Studia Humaniora 3. Düsseldorf 1986.

Thomas KIND, Das karolingische Kloster Fulda – ein „monasterium in solitudine". Seine Strukturen und Handwerksproduktion nach den seit 1898 gewonnenen archäologischen Daten, in: Post-Roman Towns, Trade and Settlement in Europe and Byzantium, vol. 1 The Heirs of the Roman West, ed. by Joachim Henning; Millenium-Studien 5/1 Berlin·New York 2007, 367–409.

DERS., Pfahlbauten und merowingische curtis in Fulda? Geschichte der Stadt Fulda, Bd. 1, Fulda 2009, 45–68.

William E. KLINGSHIRN, Caesarius of Arles. The Making of a Christian Community in Late Antique Gaule, Cambridge 1994.

Eric KNIBBS, Ansgar, Rimbert, and the forged foundations of Hamburg-Bremen, Ashgate 2011.

Klaus KOCH, Was ist Formengeschichte? Neukirchen 1964.

Heinrich KOLLER, Die Klöster Severins von Noricum, Der Schild von Steier 15/16 (1978/79), 201–207.

Theo KÖLZER, Bonifatius und Fulda. Rechtliche, diplomatische und kulturelle Aspekte, Archiv für mittelrheinische Kirchengeschichte 57 (2005), 25–53.

DERS., Die gefälschte „Gründungsurkunde" Kaiser Ludwigs des Frommen für Hamburg, in: Archiv für Urkundenforschung 60, 2014, S.

DERS., Die gefälschte „Gründungsurkunde" Kaiser Ludwigs des Frommen für Hamburg, in: Mythos Hammaburg (wie unter Henrik Janson) S. 257–261.

Raimund KOTTJE, Studien zum Einfluß des Alten Testamentes auf Recht und Liturgie des Frühen Mittelalters (6.-8. Jahrhundert), Bonner Historische Forschungen 23, Bonn 1964.

E. LAMIRANDE, Paulin de Milan et la „Vita Ambrosii", Paris-Montreal 1983.

Walter LAMMERS, Ansgar, visionäre Erlebnisform und Missionsauftrag, in: Speculum historiale, Festschrift für J. Spörl, Freiburg i. Br.-München 1965, 541–558.

Georg LANGGÄRTNER, Cäsarius von Arles, Lexikon des Mittelalters II (1983) col. 1360ff (zusammen mit Dieter von der Nahmer).
Henri LECLERCQ, Cenobitisme, Dictionnaire d'archéologie chrétienne et de liturgie 2bis, 1924/25, col. 3041–3248.
Jean LECLERCQ, S. Antoine dans la tradition monastique mediéval, Antonius Magnus Eremita, Studia Anselmiana 38, Roma 1956, 229–247.
DERS., L'Ecriture sainte dans l'hagiographie monastique du haute moyen âge, in: La Bibbia nell'Alto Medioevo, Settimane di Studio (wie B. Fischer, Bibelausgaben ...) X, 1962, Spoleto 1962, 103–128.
DERS., Mönchtum und peregrinatio im Frühmittelalter, Römische Quartalschrift 55 (1960), 212–225.
DERS., Wissenschaft und Gottverlangen, Düsseldorf 1963.
L.Th. LEFORT, Les sources coptes pachômiennes, Le Muséon 61 (1954) 217–229.
Jacques LE GOFF, „Vita" et „pre-exemplum" dans le 2e livre des „Dialogues" de Grégoire le Grand, in: Hagiographie, cultures et sociétés, s. Sofia Boesch-Gajano, Demoni ..., 105–120.
Wilhelm LEVISON, Die Politik in den Jenseitsvisionen des Frühen Mittelalters, in: Festgabe Fr. von Bezold, Bonn 1921, 81–100, neu: Ders., Aus rheinischer und fränkischer Frühzeit, Düsseldorf 1948, 229246.
DERS., Die echte und die verfälschte Gestalt von Rimberts Vita Anskari, Zeitschrift des Vereins für Hamburgische Geschichte 23 (1919), 84–146.
Conrad LEYSER JR., St. Benedict and Gregory the Great: another Dialogue, in: Sicilia ed Italia suburbicaria tra IV ed VIII secolo. Atti des Convegno di Studi, Catania 24–27 ottobre 1989, ed. Salvatore Pricocco et alii, Soveria Mannelli (CZ) 1991, 21–43.
Pierluigi LICCARDELLO, La santità secondo Gregorio, in: Gregorio Magno (wie unter Guiseppe Cremascoli) S. 327–35.
Hans LIETZMANN, Geschichte der Alten Kirche 3, Die Reichskirche, Berlin 21953, Bd. 4, Die Zeit der Kirchenväter, 31961.
H. LJUNDBERG, Die nordische Religion und das Christentum, Gütersloh 1940.
Raphael LOEWE, The Medieval History of the Latin Vulgate, in: The Cambridge History of the Bible, vol. 2, Cambridge 1969, S. 102–154.
R. LORENZ, Die griechische Vita Antonii des Athanasius und ihre syrische Fassung, in: Zeitschrift für Kirchengeschichte 100 (1989), 71–84.
L.Th. LORIÉ, Spiritual Terminology in the Latin Translations of the Vita Antonii, Utrecht/Nijmwegen 1955.
Friedrich LOTTER, Antonius von Lérins und der Untergang Ufernorikums, Historische Zeitschrift 212 (1971), 265–315.
DERS., Severin von Noricum. Legende und historische Wirklichkeit, Monographien zur Geschichte des Mittelalters 12, Stuttgart 1976.
DERS., Zur Interpretation hagiographischer Quellen, Das Beispiel der "Vita Severini", Mittellateinisches Jahrbuch 19 (1984), 37–62.
A. LOUTH, St. Athanasius and the Greek Life of Antony, Theological Studies 39 (1988), 504–509.
St. LYONNET, Démons, s. Jean Danielou, Démons.
M. MÄHLER, Denys le Petit, traducteur de la vie de s. Pachôme, in: La vie latine de s. Pachôme, ed. van Cranenburgh, 28–48.
DERS., Évocations bibliques et hagiographiques dans la vie de Saint Benoît par Grégoire le Grand, Revue Bénédictine 83 (1973), 398–429.
Arthur MALNORY, S. Césaire d'Arles, Bibliothèque de l'École des Hautes Études, Sciences historiques et philologiques 103, Paris 1894.
Edouard E. MALONE, The Monk and the Martyr. The Catholic University of America Studies in Christian Antiquity 12, Washington 1950.

Max MANITIUS, Geschichte der lateinischen Literatur des Mittelalters, I. Teil: Von Justinian bis zur Mitte des 10. Jahrhunderts. Handbuch der klassischen Altertumswissenschaft II 9,1 München 1911.

Raoul MANSELLI, Gregorio Magno e la Bibbia, La Bibbia nell'Alto Medioevo, Settimane di Studio sull'Alto Medioevo X, Spoleto 1963, 67–101.

Annick MARTIN, Athanase d'Alexandrie et l'Église d'Égypte au IVe siècle (328–373), Collection de l'École Française de Rome 216, Rome 1996.

J. MARTIN, Antike Rhetorik, Handbuch der Klassischen Altertumswissenschaft II,3 München 1974.

Gerard MATHON, Pascase Radbert et l'évolution de l'humanisme carolingien, in: Corbie Abbaye Royale, volume du XIIIe centenaire, Lille 1963.

Friedrich MAURER, Über Adel und edel in altdeutscher Dichtung, in: Adel und Kirche, Gerd Tellenbach zum 65. Geburtstag dargebracht von Freunden und Schülern, Freiburg i. Br. 1968, 1–5.

R. MCCLURE, The Pellegriniedition of the "Vita Ambrosii" of Paulinus of Milan, Symbolae Osloenses 48 (1973), 117–130.

W.D. MCCREADY, Signs of Sanctity. Miracles in the Thought of Gregory the Great, Studies and Texts 91, Toronto 1989.

G. MCGINN, The Growth of Mysticism, vol. II The Presence of God. A History of Western Christian Mysticism, New York 1994 (deutsch: Die Mystik im Abendland, II Die Entfaltung, Freiburg-Basel-Wien 1996).

Ulrike MEINHOLD, Columban von Luxeuil im Frankenreich, Diss. phil. Marburg 1981.

Gert MELVILLE, Die Welt der mittelalterlichen Klöster, Geschichte und Lebensformen, München 2012.

E. MERTNER, Topos und Commenplace, s. Baeumer, Toposforschung.

P. MEYVAERT, The Enigma of Gregory the Great's Dialogues: A Response to Francis Clark, in: Journal of Ecclesiastical History 39 (1988), 335–381.

Christine MOHRMANN, Zwei frühchristliche Bischofsviten. Vita Ambrosii. Vita Augustini, in: Anzeiger der Österreichischen Akademie der Wissenschaften, phil.-hist. Klasse 112 (1979) 307–331.

Massimo MONTANARI, Uomini e orsi nelle fonti agiografiche dell'alto medioevo, Il bosco nel medioevo, Biblioteca di Storia Agraria Medievale 4, Bologna 1988, 55–72.

E.J. MONTANO, The Sin of the Angels, The Catholic University of America Studies in Sacred Theology, 2nd Series 89, Washington 1955.

Hubert MORDEK, Dionysius Exiguus, Lexikon des Mittelalters III (1986), col. 1088–1092.

Edouard MOREAU, Saint Anschaire. Museum Lessianum, Louvain 1930.

F. MÜLLER-MARQUARDT, Die Sprache der Vita Wandregiseli, Halle 1912.

A. MUNDO, „Bibliotheca". Bible et lecture de carême d'après saint Benoît, in: Revue Bénédictine 60 (1950), 65–92.

Dieter VON DER NAHMER, Die Bedeutung der Fragen des Petrus für die Dialoge Gregors des Großen, in: Florentissima Proles Ecclesiae. Miscellanea hagiographica, historica et liturgica Reginaldo Grégoire O.S.B. XII lustra complenti oblata, Bibliotheca Civis, IX, Trento 1996, 381–416.

DERS., Columban in seinen Briefen und in der Vita des Jonas, in: Praeterita Facta. Scritti in onore di Amleto Spicciani, a cura di Alessandro Merlo e Emanuele Pellegrini, Pisa 2006, 151–177.

DERS., Die Bibel im Commemoratorium Vitae sancti Severini des Eugippius, in: Wandel und Bestand. Denkanstöße zum 21. Jahrhundert. Festschrift Bernd Jaspert zum 50. Geburtstag, Paderborn 1995.

DERS., Die Inschrift auf der Bernwardstür in Hildesheim im Rahmen bernwardinischer Texte, in: Bernwardinische Kunst, hg. von Martin Gosebruch, Schriftenreihe der Kommission für Niedersächsische Bau- und Kunstgeschichte 3, Göttingen 1988, 51–70.

DERS., Das Kloster des Honoratus von Fundi und das Praetorium Speluncae, s. Bothilde Borck.

DERS., Die Klostergründung in solitudine - ein unbrauchbarer hagiographischer Topos? in: Hessisches Jahrbuch für Landesgeschichte 22 (1972), 90–111.
DERS., Gregor der Große und der hl. Benedikt, in: Regulae Benedicti Studia 16 (1987) 81–103.
DERS., Der Heilige und sein Tod, Darmstadt 2013.
DERS., Martin von Tours. Sein Mönchtum, seine Wirkung, in: Francia 15 (1987) 1–41.
DERS., Über Ideallandschaften und Klostergründungsorte, in: Studien und Mitteilungen zur Geschichte des Benediktinerordens 84 (1973), 195–270.
DERS., Rezension zu Fr. Lotter, Severin von Noricum, in: Mittellateinisches Jahrbuch 15 (1980) S. 228–235.
H. NAKAGAWA, Typologie, s. E. Fascher.
J.L. NELSON, Queens as Jezabels. The Careers of Brunhild and Balthild in Merovingian History, in: Medieval Women, ed. D. Baker, dedicated to Prof. R.M.T. Hill, Oxford 1978, 31–77.
K. NIEDERWIMMER, Zu Eugippius, Vita s. Severini c. 43, Grazer Beiträge 11 (1984), 165–177.
August NITSCHKE, Heilige in dieser Welt, Urban-Bücher 64, Stuttgart 1962.
DERS., Heilige und Tiere, in: Dauer und Wandel der Geschichte, Festgabe für Kurt Raumer, Münster 1965, 62–100.
Rudolf NOLL, Literatur zur Vita s. Severini aus den Jahren 1975–1980, Anzeiger der phil.-hist. Klasse der Österreichischen Akademie der Wissenschaften, 118. Jahrgang 1981, 196–221.
Eduard NORDEN, Die antike Kunstprosa, 2 Bde., Leipzig 51898 u.ö.
August OBERMAYER, Zum Toposbegriff der modernen Literaturwissenschaft, s. Baeumer, Toposforschung.
Alexander O'HARA, Patris, Peregrinatio, and Paenitentia: Identities of Alienation in the Seventh Century, in: Post-Roman Transitions: Christian and Barbarian Identities in the Early Medieval West, ed. By Walther Pohl and Gerda Heydemann, Turnhout, 2013, S. 89–124.
DERS., The Vita Columbani in Merovingian Gaule, in: Early Medieval Europe 17,2009, S. 126–153.
Friedrich OHLY, Hoheliedstudien, Schriften der Wissenschaftlichen Gesellschaft der Johann-Wolfgang-Goethe-Universität Frankfurt/Main, Geisteswissenschaftliche Reihe I, Wiesbaden 1958.
Massimo OLDONI, E.R. Curtius e gli studi mediolatini in Italia, in: E.R. Curtius, Werk, Wirkung, Zukunftsperspektiven, Heidelberger Symposion zum 100. Geburtstag 1986, hg. von W. Berschin und Arnold Rothe, Heidelberg 1989, 209–214.
I. OPPELT, Das Bienenwunder in der Ambrosiusvita des Paulinus von Mailand, Vigiliae Christianae 22 (1968), 38–44.
Ph. OPPENHEIMER, Der hl. Ansgar und die Anfänge des Christentums in den nordischen Ländern, München 1931.
Ileana PAGANI, Jonas - Jonatus: A proposito della biografia di Giona di Bobbio, Studi Medievali, 3aSerie 29 (1988), 45–85.
Elaine PAGELS, Satans Ursprung, aus dem Amerikanischen von J. Hagersedt, Berlin 1996 (or. New York-Toronto 1995).
J.P. PALANQUE, La Gaule chrétienne à l'époque franque, Revue d'histoire de l'Église de France 38 (1952), 52ff.
DERS., La Vita Ambrosii de Paulin, Revue des Sciences Religieuses 4 (1924), 26–42, 405–420.
Daniel Carlo PANGERL, Die Metropolitanverfassung des karolingischen Frankenreiches, MGH Schriften 63, Hannover 2011.
A. PAREDI, Paulinus of Milan, in: Sacris Eruditi 14 (1963), 206–230.
U. PAVAN, Note sul monachesimo di San Severino e sulla cura pastorale nel Norico, in: Vetera Christianorum 15 (1978), 347–360.
Henri PELTIER, Pascase Radbert, Abbé de Corbie, Amiens 1938.
J.M. PETERSEN, The Dialogues of Gregory the Great and their Antique Cultural Background, Studies and Texts 69, Toronto 1984.
Max POHLENZ, Die Stoa. Geschichte einer geistigen Bewegung, Göttingen 31964.

S. PRETE, La Vita S. Columbani di Jonas e il suo prologus, Rivista di storia della Chiesa in Italia 22 (1968), 94–111.

Salvatore PRICOCO, Gregorio Magno e la tradizione monastica, in: Gregorio Magno (wie unter G. Cremascoli) S. 63–88.

Friedrich PRINZ, Frühes Mönchtum im Frankenreich, München-Wien 1965 (ND mit einem Nachtrag 1988).

DERS., Frühes Mönchtum in Südwestdeutschland und die Anfänge der Reichenau, in: Mönchtum etc. (wie A. Angenendt, Pirmin ...) S. 37–76.

DERS., Topos und Realität in hagiographischen Quellen, Zeitschrift für bayrische Landesgeschichte 36 (1972), 162–166.

Michaela PUZICHA, Vita Iusti (Dial. 2,2). Grundstrukturen altkirchlicher Hagiographie bei Gregor dem Großen, in: Pietas. Festschrift für Bernhard Kötting, Jahrbuch für Antike und Christentum, Ergänzungsband 8, Münster 1980, 284–312.

A. QUACQUARELLI, La "Vita sancti Severini"di Eugippio: etopeia e sentenze, Vetera Christianorum 13 (1976), 229–253.

Uta RANKE-HEINEMANN, Das frühe Mönchtum. Seine Motive nach den Selbstzeugnissen, Essen 1964.

St. REBENICH, Der Kirchenvater Hieronymus als Hagiograph. Die Vita Sancti Pauli primi eremitae, in: Beiträge zur Geschichte des Paulinerordens, hg. Von Kaspar Elm, Berlin 2000, 23–40.

A. RECHEIS, Engel, Tod und Seelenreise. Das Wirken der Geister beim Heimgang des Menschen in der Lehre der alexandrinischen und kappadokischen Väter, Temi e Testi IV, Roma 1958.

V. RECCHIA, La visione di San Benedetto e la composizione del secondo libro dei dialoghi di Gregorio Magno, in: Revue Bénédictine 82 (1972), 140–157.

Richard REITZENSTEIN, Des Athanasius Werk über das Leben des Antonius, Sitzungsberichte der Heidelberger Akademie der Wissenschaften, phil.-hist. Klasse 1914, Abhandlung 8.

Pierre RICHE, Éducation et culture dans l'occident barbare, Patristica Sorbonnensia, Paris 1962.

Ders., Le Psautier, livre de lecture élémentaire d'apres les vies des saints mérovingiens, Études Mérovingiennes, Paris 1953.

J. ROLDANUS, Die Vita Antonii als Spiegel der Theologie des Athanasius und ihr Weiterwirken bis ins 5. Jahrhundert, Theologie und Philosophie 58 (1983), 194–216.

Barbara H. ROSENWEIN, Negotiating Space. Power, Restraint, and Privileges of Immunity in Early Medieval Europe, Manchester 1999.

L. ROST, Einleitung in die alttestamentlichen Apokryphen und Pseudoepigraphen einschließlich der großen Qumranhandschriften, Heidelberg 1971.

Ph. ROUSSEAU, Pachomius. The Making of a Community in the Fourth Century Egypt. Berkeley, Los Angelos, London 1985.

Samuel RUBENSON, The Letters of St. Antony. Origenist Theologie, Monastic Tradition and the Making of a Saint. Bibliotheca Historico-Ecclesiastica Lundenensis 24, Lund 1990.

A. RÜEGG, Die Jenseitsvorstellungen vor Dante und die übrigen Voraussetzungen der divina Commedia, 2 Bde. Köln 1945.

Fidelis RUPPERT, Das pachomianische Mönchtum und die Anfänge des klösterlichen Gehorsams, Münsterschwarzacher Studien 20, Münsterschwarzach 1971.

E.M. RUPRECHTSBERGER, Beobachtungen zum Stil und zur Sprache des Eugipp, Römisches Österreich 4 (1976), 227–299.

P. SACCHI, Henochgestalt und Henochliteratur, TRE 15, 1986, 42–47.

Victor SAXER, Bible et Hagiographie, Bern-Frankfurt-New York 1986.

P. Dr. SCHÄFER, Die Fußwaschung im monastischen Brauchtum und in der lateinischen Liturgie, Texte und Arbeiten 1. Abteilung, Heft 47, Beuron 1956.

Theodor SCHIEFFER, Winfrid-Bonifatius und die christliche Grundlegung Europas, Freiburg i. Br. 1954 (ND 1972).

DERS., Adnotationes zur Germania Pontificia und zur Echtheitskritik überhaupt, Archiv für Diplomatik XXXII (1986), 503–343.
J. SCHILDENBERGER, Die Itala des hl. Augustinus, in: Colligere fragmenta, Festschrift A. Dold, Texte und Arbeiten I,2, Beuron 1952, 84–102.
H. SCHMEJA, Zur Latinität der Vita s. Severini des Eugippius, in: Festschrift R. Muth, 1983, 425–436.
K.L. SCHMIT, Lucifer als gefallene Engelsmacht, in: Theologische Zeitschrift 7, Basel (1951), 161–179.
Wilhelm SCHNEEMELCHER, Das Kreuz Christi und die Dämonen; Bemerkungen zur Vita Antonii des Athanasius, in: Pietas (wie M. Puzicha, Vita Iusti ...) 381–392.
H. SCHNEIDER, Die altlateinischen biblischen Cantica, Texte und Arbeiten 29/30, Beuron 1938.
Wolfgang SEEGRÜN, Das Erzbistum Hamburg in seinen ältesten Papsturkunden, Studien und Vorarbeit zur Germania Pontificia 5, Köln-Wien 1956.
Gertrud SIMON, Untersuchungen zur Topik der Widmungsbriefe mittelalterlicher Geschichtsschreiber bis zum Ende des 12. Jahrhunderts, Archiv für Diplomatik 4 (1958), 52–115; 5/6 (1959/60), 73–153.
M. SIMONETTI, Note sulla Vita Fulgentii, in: Mélanges offerts à B. de Gaiffier et Fr. Halkin, in: Analecta Bollandiana 100 (1982), 277–289.
Bernhard SIMSON, Jahrbücher des fränkischen Reiches unter Ludwig dem Frommen, 2 Bde., Leipzig 1874–1876 (ND 1969).
H. SPILLING, Die Visio Tnugdali, Münchener Beiträge zur Mediävistik und Renaissanceforschung 21, München 1975.
H.J. SPITZ, Die Metaphorik des geistigen Schriftsinnes, Münstersche Mittelalterschriften 12, München 1972.
Rolf SPRANDEL, Der merowingische Adel und die Gebiete östlich des Rheins, Forschungen zur Oberrheinischen Landesgeschichte 5, Freiburg i. Br. 1957.
Clare STANCLIFFE, Jonas's Life of Columbanus and his Disciples, in: Studies in Irish Hagiography, ed. By John Carey, Márie Herbert &Pádraig Ó Riain, Dublin 2002, S. 189–220.
B. STEIDLE, Die kosmische Vision des Gottesmannes Benedikt, Erbe und Auftrag 47 (1971), 187–192.
Wolfgang STEIDLE, Sueton und die antike Biographie, Zetemata 1, München 1951.
Wolfram VON DEN STEINEN, Bernward von Hildesheim über sich selbst, Deutsches Archiv 12 (1956), 331–362; neu in: Ders., Menschen im Mittelalter, hg. von P. von Moos, Bern 1967, 121–149.
DERS., Heilige als Hagiographen, Historische Zeitschrift 143 (1931), 229–256; neu: Ders. Menschen im Mittelalter (wie oben) 7–31.
DERS., Notker der Dichter und seine geistige Welt, Darstellungsband, Bern 1948.
Peter STOTZ, Die Bibel auf Latein – unantastbar? Mediävistische Perspektiven 3, 3Zürich 2015.
Fr.E.F. SUTCLIFFE, SJ., Jerome, in: The Cambridge History of the Bible, wie oben R. Loewe, S. 80–101.
F. TATEO, La struttura dei Dialoghi di Gregorio Magno, Vetera Christianorum 2 (1965), 101–127.
M. TETZ, Athanasius und die Vita Antonii, in: Zeitschrift für Neutestamentliche Wissenschaft 73 (1982), 1–30.
Gerhard THEUERKAUF, Urkundenfälschungen des Erzbistums Hamburg-Bremen vom 9. bis zum 12. Jahrhundert, Niedersächsisches Jahrbuch für Landesgeschichte 60 (1988), 71–140.
F. THÜRLEMANN, Der historische Diskurs bei Gregor von Tours, Topoi und Wirklichkeit. Geist und Werk der Zeiten 39, Bern-Frankfurt/M. 1974.
Wolfgang TRILLMICH, Missionsbewegungen im Nordseeraum, Geschichtliche Landeskunde und Universalgeschichte, Festgabe für H. Aubin, Hamburg 1950, 229–240.
Leo UEDING, Geschichte der Klostergründungen der frühen Merowingerzeit, Historische Studien 261, Berlin 1935.

E. ULLENDORFF, An Aramaic Vorlage of the Ethiopic Text of Enoch?, in: Atti del Convegno Internazionale di Studi Etiopici, Roma 1960, 259–271.

DERS., Ethiopia and the Bible, The Schweich Lecture of the British Academy 1967, London 1968.

Matthias UNTERMANN, Kirchen und Klöster. Beobachtungen zum archäologischen Forschungsstand in Hessen, in: Zs. für Archäologie des Mittelalters XXXIII (2005). 33–48.

Marc VAN UYTFANGHE, Élements évangeliques dans la structure et composition de la Vie de saint Séverin d'Eugippius, Sacris Erudiri 21 (1972/3), 147–157.

DERS., La Bible dans la Vie de saint Séverin d'Eugippius, Latomus 33 (1974), 324–352.

DERS., La Bible dans les vies des saints mérovingiennes, Revue d'histoire de l'église de France 108 (1976), 103–111.

DERS., L'empreinte biblique sur la plus ancienne hagiographie occidentale, in: Le monde latin antique et la Bible, hg. J. Fontaine et Ch. Pietri, La Bible de tous les temps 2, Paris 1985, 565–610.

DERS., Les avatars contemporains de l'„hagiologie", Francia 5 (1977), 639–671.

DERS., Scepticisme doctrinal au seuil du Moyen Age? Les objections du diacre Pierre dans les Dialogues de Grégoire le Grand, in: Colloques internationaux du CNRS, Grégoire le Grand, Chantilly 15 - 19 sept. 1982, Paris 1986, 315–326.

DERS., Stylisation biblique et condition humaine dans l'hagiographie mérovingienne, 600–750, Verhandelingen van de Koninklijke Academie voor Wetenschappen, Letteren en Schone Kunsten van België, Klasse der Letteren, Jaargang 49 (1987) Nr. 120.

Armand VEILLEUX, La liturgie dans le cénobitisme pachônien du IVe siècle, Studia Anselmiana 57, Roma 1968.

W. VEIT, Toposforschung (Forschungsbericht von 1962), s. Baeumer, Toposforschung.

Gustavo VINAY, Alto Medioevo latino, Napoli, 1978.

DERS., Filologia e ambizioni storiografiche, in: Studi Medievali 3a serie I (1960), 195–202.

Adalbert DE VOGÜE, Grégoire le Grand et ses „Dialogues" d'après deux ouvrages récents, in: Revue d'Histoire Ecclesiastique 83 (1988), 289–348.

DERS., La mort dans les monastères: Jonas de Bobbio et les Dialogues de Grégoire le Grand, Mémorial Dom Jean Gribomont, Roma, 1988, 593–619.

DERS., La rencontre de Benoît et de Scolastique, in: Revue d'Histoire de la Spiritualité 48 (1973) pp. 257–273.

DERS., Le monachisme vu par Grégoire le Grand, in Gregorio Magno (wie unter G. Cremascoli) S. 159–169.

DERS., Les piéces latines du dossier pachomien, Revue d'Histoire Ecclesiastique 67 (1972), 26–67.

Dirk VORLAUF, Die archäologischen Grabungen auf dem Fuldaer Domplatz, Fuldaer Geschichtsblätter LXXX (2004), 5–44.

D. WALCH, Caritas. Zur Rezeption des mandatum novum in altdeutschen Texten, Göppinger Arbeiten zur Germanistik 62, Göppingen 1973.

Wilhelm WATTENBACH, Das Schriftwesen im Mittelalter, Leipzig 31896 (ND 1958).

Wilhelm WATTENBACH, Wilhelm LEVISON, Heinz LÖWE, Deutschlands Geschichtsquellen im Mittelalter, Vorzeit und Karolinger, Heft 1, Weimar 1952; Heft 2 1953; Heft 3 1957.

Brigitte WAVRA, Salzburg und Hamburg. Erzbistumsgründungen und Missionspolitik in karolingischer Zeit, Osteuropastudien der Hochschulen des Landes Hessen, Reihe 1, Gießener Abhandlungen zur Agrar- und Wirtschaftsforschung des Europäischen Ostens 79, Berlin 1991.

J.H. WASZINK, Biene und Honig als Symbol des Dichters in der griechisch-römischen Antike, Rheinisch-Westfälische Akademie der Wissenschaften, Geisteswissenschaften, Vorträge G 196, Opladen 1974.

W. WEHLEN, Geschichtsschreibung und Staatsauffassung im Zeitalter Ludwigs des Frommen, Historische Studien 418, Lübeck/Hamburg 1970.

Chris WICKHAM, European Forests in the Early Middle Ages: Landscape and Land Clearence, in: L'ambiente vegetale nell'Alto Medioevo, Settimane di Studi del Centro Italiano di Studi sull'Alto Medio Evo 37 (1989, gedr. 1990) 479–545.

H. WOLFF, Über die Rolle der christlichen Kirche in den administrationsfernen Gebieten von Noricum im 5. Jahrhundert nach Chr., in: Religion und Gesellschaft im Römischen Kaiserreich, Kolloquium zu Ehren von Fr. Vittinghoff, Kölner Historische Abhandlungen 35, hg. von W. Eck, Köln 1989, 265–293.

Ian WOOD, Christians and pagans in ninth-century Scandinavia, in: The Christianization of Scandinavia, ed. by Birgit Sawyer, Peter Sawyer, Ian Wood, Alsingsås 1987, 36–67.

DERS., The Missionary Life. Saints and the evangelisation of Europe, 400–1050, Harlow u.a. 2011.

DERS., A Prelude to Columbanus. The Monastic Achievement in the Burgundian Territories, in: Columbanus and the Merovingian Monasticism, ed. By H. B. Clarke and Mary Brennan, 1981, S. 3–32.

DERS., The Vita Columbani and Merovingian Hagiography, Peritia 1 (1982), 63-80.

J. WYTZES, Der letzte Kampf des Heidentums in Rom, Études préliminaires aux Réligions orientales dans L'Empire Romain 56, Leiden 1977.

BEITRÄGE ZUR HAGIOGRAPHIE

Herausgegeben von Dieter R. Bauer, Klaus Herbers, Volker Honemann und Hedwig Röckelein.

Franz Steiner Verlag — ISSN 1439-6491

6. Berndt Hamm / Klaus Herbers / Heidrun Stein-Kecks (Hg.)
Sakralität zwischen Antike und Neuzeit
2007. 294 S. mit 27 Abb., kt.
ISBN 978-3-515-08903-6

7. Uta Kleine
Gesta, Fama, Scripta
Rheinische Mirakel des Hochmittelalters zwischen Geschichtsdeutung, Erzählung und sozialer Praxis
2007. XVI, 481 S. mit 6 Abb. und 6 Ktn., kt.
ISBN 978-3-515-08468-0

8. Dieter R. Bauer / Klaus Herbers / Hedwig Röckelein / Felicitas Schmieder (Hg.)
Heilige – Liturgie – Raum
2010. 293 S. mit 35 Abb., kt.
ISBN 978-3-515-09604-1

9. Christofer Zwanzig
Gründungsmythen fränkischer Klöster im Früh- und Hochmittelalter
2010. 539 S. mit 10 Abb., kt.
ISBN 978-3-515-09731-4

10. Sofia Meyer
Der heilige Vinzenz von Zaragoza
Studien zur Präsenz eines Märtyrers zwischen Spätantike und Hochmittelalter
2012. 383 S., kt.
ISBN 978-3-515-09068-1

11. Waltraud Pulz (Hg.)
Zwischen Himmel und Erde
Körperliche Zeichen der Heiligkeit
2012. 227 S. mit 28 Abb., kt.
ISBN 978-3-515-10283-4

12. Daniel Nuß
Die hagiographischen Werke Hildeberts von Lavardin, Baudris von Bourgueil und Marbods von Rennes
Heiligkeit im Zeichen der Kirchenreform und der Réécriture
2013. 257 S., kt.
ISBN 978-3-515-10338-1

13. Andrea Beck / Andreas Berndt (Hg.)
Sakralität und Sakralisierung
Perspektiven des Heiligen
2013. 210 S. mit 2 Abb. und 20 Farbtaf., kt.
ISBN 978-3-515-10624-5

14. Gordon Blennemann / Klaus Herbers (Hg.)
Vom Blutzeugen zum Glaubenszeugen?
Formen und Vorstellungen des christlichen Martyriums im Wandel
2014. 319 S. mit 12 Abb., kt.
ISBN 978-3-515-10715-0

15. Klaus Herbers / Hans-Christian Lehner (Hg.)
Unterwegs im Namen der Religion / On the Road in the Name of Religion
Pilgern als Form von Kontingenzbewältigung und Zukunftssicherung in den Weltreligionen / Pilgrimage as a Means of Coping with Contingency and Fixing the Future in the World's Major Religions
2014. 152 S. mit 4 Abb., kt.
ISBN 978-3-515-10777-8

16. Klaus Herbers / Larissa Düchting (Hg.)
Sakralität und Devianz
Konstruktionen – Normen – Praxis
2015. 314 S. mit 23 Abb., kt.
ISBN 978-3-515-10921-5

17. Klaus Herbers / Hans-Christian Lehner (Hg.)
Unterwegs im Namen der Religion II / On the Road in the Name of Religion II
Wege und Ziele in vergleichender Perspektive – das mittelalterliche Europa und Asien / Ways and Destinations in Comparative Perspective – Medieval Europe and Asia
2016. 306 S. mit 19 Abb., kt.
ISBN 978-3-515-11464-6

18. Larissa Düchting
Heiligenverehrung in Süditalien
Studien zum Kult in der Zeit des 8. bis beginnenden 11. Jahrhunderts
2016. 321 S. mit 3 Tab., kt.
ISBN 978-3-515-11506-3